개정판

e-Business Management

e 비즈니스 경영

문태수 · 윤종수 · 윤한성 · 천면중

法 文 社

머 리 말

2016년 다보스포럼 이후 4차 산업혁명 이슈가 세계 각국의 산업과 사회에 중요한 영향을 주고 있다. 디지털, 물리적, 생물학적 신기술이 기존의 산업 경계를 무너뜨리고 인류 문명과 경제적 사회적 문화를 바꾸는 시대를 맞이하고 있다. 과거의 집단적, 폐쇄적, 아날로그 사고에서 점차 개인화, 네트워크, 디지털화, 지능화 등으로 전환하는 시대가 되고 있다. 4차 산업혁명에 의해 기존의 많은 일자리들이 사라지고, 인간의 창의적인 영역에 이르기까지 인공지능에 의한 기계학습이 이루어지고, 사물과 사물을 연결하는 초연결사회로 진화하고 있다.

4차 산업혁명이 진행되면서 사물인터넷(IoT), 클라우드컴퓨팅, 빅데이터, 모바일 등과 같은 디지털 기술과 합성생물학, 유전공학, 스마트 의료와 나노기술 등의 생명공학기술, 무인운송, 3D 프린팅, 로봇공학, 신소재 등의 물리학 기술 등이 4차 산업혁명을 주도하는 핵심기술로 활용되고 있다. 특히 본 교재는 기업의 영역에서 웹2.0, 사물인터넷, 블록체인, 스마트팩토리 등을 설명하고 있고, 기업 경영에 필요한 전사적자원관리(ERP), 공급사슬관리(SCM), 고객관계관리(CRM), 지식경영과 지식관리시스템(KMS) 등의 다양한 비즈니스 정보기술을 설명하고 있다.

과거의 산업경제에서 인터넷을 기반으로 하는 디지털경제로 이행하는 과정에서 인터넷 및 정보통신기술의 발전은 국가 경제와 산업 경쟁력을 더 혁신적으로 바꾸고 있다. 특히 디지털 경제에서 인터넷을 기반으로 하는 e-비즈니스의 도입과 활용은 선택이 아닌 성공적인 비즈니스를 위한 필수적인 요소가 되고 있다. 4차 산업혁명 시대에서 e-비즈니스를 신속히 도입한 기업은 시장에서 선도적 지위를 확보하겠지만, 그렇지 못한 기업은 타 기업과의 경쟁에서 생존 자체를 위협받을 수 있다.

본 교재는 4차 산업혁명 시대의 성공적인 기업이 되기 위해 디지털 경제의 기반에서 e-비즈니스 경영을 이해하고 전략을 수립하고 실천하는 방안을 제시하기 위한 취지에서 구성되었다. e-비즈니스 경영의 패러다임을 잘 이해하고 적절히 대응함으로써 디지털 경제시대의 선진기업으로 도약할 수 있는 기회를 가질 수 있다. e-비즈니스 경영은 기업의 가치사슬인 구매, 제조, 유통, 판매, 서비스 뿐만 아니라 인사, 회계, 재무 등의 기업 전반 프로세스에 중요한 기회를 제공하고 있다.

본 교재는 e-비즈니스 경영의 전문성을 높이기 위해 그동안 대학에서 관련분야의 전공교육을 담당하신 교수님들의 전공을 중심으로 원고를 작성하였다. e-비즈니스는 학제적 성격을 가진 학문으로 e-비즈니스 경영을 교육하는 교수님들의 전공영역에 맞게 12개의 장으로 구성하였다. 집필과정에서 교재의 일관성과 충실성을 유지하려고 노력하였으나, 바쁜 일정 속에 저술한 관계로 미진한 부분이 있다면, 저자들의 책임이며 개정판에서 추가적인 노력을 약속드린다. 본 교재 출판을 위해 수고해주신 법문사 편집부 여러분께 감사드린다.

2022년 2월 추운 겨울에…
e-비즈니스 경영 저자 일동

주요목차

세부목차

PART 02　e-비즈니스 기술

PART

03   e-비즈니스 관리

PART

01

e-비즈니스 계획

CHAPTER 01

4차 산업혁명과 e-비즈니스

　다보스 포럼에서 언급되기 시작한 4차 산업혁명은 전방위적으로 경제, 기술, 사회에 혁명적인 영향을 주고 있다. 기기와 기기와의 연결성이 극단적으로 확대되고, 업무에서 사물인터넷으로 데이터가 축적되며, 인공지능에 의한 최적의 알고리즘으로 지능화와 자동화가 진전되면서 인간의 생활은 좀 더 여유 있게 변화할 것으로 예상되고 있다. 4차 산업혁명에 따라 생산성과 효율성의 급진적인 상승으로 일자리는 축소되지만 개개인에게 돌아가는 부가가치는 높아지고 휴가일수의 증가로 인해 소비 규모가 증가될 것으로 예상하고 있다. 소득과 여유시간의 증가로 인간은 문화지향의 삶이 확대되고 재미를 추구하게 되면서 새로운 유형의 비즈니스와 산업의 성장기회가 증대될 것이다. 하지만 4차 산업혁명은 인간만의 영역이라고 할 수 있는 창의성에 인공지능 등의 도전이 예상되는 등 위협 요인도 상존하는 것이 현실이다. 최근까지 조선, 기계, 철강 등의 기존 산업들이 점차 반도체, 모바일, 연료전지 등의 산업으로 성장동력이 옮겨가고 있고, ICT기반의 새로운 성장동력산업이 필요한 시점이다. 국내 주요산업이 새로운 성장동력의 부재와 성장둔화로 인해 어려움을 겪고 있어 4차 산업혁명을 어떻게 활용하고 기회요인을 극대화하느냐에 따라 국가 산업의 발전과 국민들의 경제적 여유로움을 향상시킬 수 있을 것이다. 본 장에서는 이런 추세에 맞추어 4차 산업혁명의 개념을 이해하고 4차 산업혁명 시대의 e-비즈니스는 어떻게 전개되고 있는지에 대하여 학습하고자 한다.

2016년 세계경제포럼(WEF)인 다보스포럼에서 4차 산업혁명에 대한 이슈가 부각되었다. 클라우스 슈밥 WEF 회장은 4차 산업혁명을 "디지털 혁명인 3차 산업혁명에 기반을 두고 있으며, 디지털(digital), 물리적(physical), 생물학적인(biological) 기존 영역의 경계가 사라지면서, 융합되는(fusion) 기술적인 혁명"이라고 개념적인 정의를 내렸다. 디지털, 물리적, 생물학적 영역의 경제가 없어지면서 기술이 융합되면, 현재의 인류가 한 번도 경험하지 못한 새로운 세계를 경험하게 되는 것이다. 증기기관의 개발로 맞은 1차 산업혁명은 제조업 기반의 2차 산업혁명을 거치면서, 컴퓨터와 전자기기 기반의 3차 산업혁명을 경험하였으며, 최근에는 초연결 및 지능화를 기반으로 하는 4차 산업혁명의 시대를 맞이하게 되었다.

1.1 4차 산업혁명이란?

1784년 증기기관과 기계화로 대표되며 영국에서 처음 시작됐던 1차 산업혁명 이후, 1870년 전기를 이용한 대량생산이 본격화된 2차 산업혁명 시대를 지나 1969년 인터넷 탄생과 컴퓨터 정보화 및 자동화 생산시스템이 주도하는 3차 산업혁명 시대를 경험하였으며, 4차 산업혁명은 인공지능, 사물인터넷, 빅데이터, 모바일 등 첨단 정보통신기술이 경제 · 사회 전반에 융합되어 혁신적인 변화가 나타나는 차세대 산업혁명을 의미하고 있다. 4차 산업혁명의 도래 시점에 대해서는 논란의 여지가 많으나 현재 진행형으로 인식되고 있으며 새로운 개념의 도입이라기보다는 여러 영역에 걸쳐 동시 다발적으로 등장하고 있는 산업적 변화라고 규정할 수 있다.

클라우스 슈밥 세계경제포럼(WEF) 회장은 "우리는 아직 4차 산업혁명의 시작점에 서있고, 4차 산업혁명의 가치를 실현하기 위해 완전히 새로운 경제구조와 조직이 필요하다"고 언급하였다. 그가 주장하는 4차 산업혁명에 대하여 일부 학자들은 3차 산업혁명의 연장선상에서 기술의 진보가 이루어지고 있다고 주장하기도 한다. 하지만 그들과 현저히 구별되는 몇 가지 근거를 살펴보면, 다음과 같다.

첫째, 속도(velocity)의 변화이다. 1차~3차 산업혁명과는 달리, 4차 산업혁명은 선형적 속도가 아닌 기하급수적 속도로 전개 중이다. 이는 우리가 살고 있는

그림 1-1 4차 산업혁명의 변화

제1차 산업혁명	제2차 산업혁명	제3차 산업혁명	제4차 산업혁명
18세기	19~20세기 초	20세기 후반	2015년~
증기기관 기반의 기계화 혁명	전기 에너지 기반의 대량생산 혁명	컴퓨터와 인터넷 기반의 지식정보 혁명	IoT/CPS/인공지능 기반의 만물초지능 혁명
증기기관을 활용하여 영국의 섬유공업이 거대산업화	공장에 전력이 보급되어 벨트 컨베이어를 사용한 대량생산보급	인터넷과 스마트 혁명으로 미국주도의 글로벌 IT기업 부상	사람, 사물, 공간을 초연결·초지능화하여 산업구조 사회 시스템 혁신

출처: 정보통신기술진흥센터, http://www.newspim.com/news/view/20160102000009

세계가 다면적이고 서로 깊게 연계되어 있으며, 신기술이 그보다 더 새롭고 뛰어난 역량을 갖춘 기술로 신제품과 서비스를 만들어냄으로써 생긴 결과라고 할 수 있다.

둘째, 범위(breadth)와 깊이(depth)의 변화이다. 4차 산업혁명은 디지털 혁명을 기반으로 다양한 과학기술을 융합해 개개인뿐만 아니라 경제, 사회, 문화, 기업을 유례가 없는 패러다임의 전환으로 유도하고 있다. "무엇을" "어떻게" 하는 방법적인 것의 문제뿐만이 아니라 변화의 주체인 우리가 "누구"인가에 대해서도 변화를 일으키고 있다.

셋째, 시스템 충격(system impact)에 의한 변화이다. 4차 산업혁명은 국가간, 산업간, 기업간 그리고 사회 전체 시스템의 변화를 수반하고 있다. 즉 '공익을 위해 어떻게 변화시키고 활용할 것인가?'와 같은 질문에 답을 제시하기 위해서는 과학기술의 변화와 혁명에 대한 속도와 범위, 깊이 등에 대해 이해하고 다면적 영향에 대한 인식이 필요하다.

표 1-1 산업혁명 단계별 특징 비교

구 분	1차 산업혁명	2차 산업혁명	3차 산업혁명	4차 산업혁명
시기	18세기 후반	20세기 초반	1970년 이후	2020년 이후
혁신부분	증기의 동력화	전력, 노동분업	전자기기, ICT혁명	ICT와 제조업융합
커뮤니케이션 방식	책, 신문 등	전화기, TV	인터넷, SNS 등	IoT, IoS
생산방식	생산기계화	대량생산	부분자동화	시뮬레이션을 통한 자동화생산
생산통제	사람	사람	사람	기계 스스로

출처: 현대경제연구원

1.2 4차 산업혁명의 특징

4차 산업혁명이 과학기술의 혁명과 같은 변화로 인하여 인간의 정체성과 세계관에 영향을 주게 되면서 인간 스스로는 물론이고 그런 기술들이 구현하고 가능하게 할 근본적인 사회의 모습을 면밀히 살펴볼 필요가 있다. 4차 산업혁명은 분열적이고 비인간화(dehumanizing) 되기보다는 인간에게 힘을 불어 넣어주고 인간이 중심이 되게 하는 것으로, 특정 이해관계자나 부문, 지역, 산업, 문화 등의 영역에 한정되는 것은 아니다. 4차 산업혁명의 근본적이고 글로벌한 특성은 모든 국가와 경제, 부문, 개인이 서로에게 영향을 주고 또 영향을 받는다는 것을 의미한다. 그러므로, 다양한 이해관계자들 간의 협력에 관심과 에너지를 투자하는 것이 매우

그림 1-2 4차 산업혁명의 주요 핵심기술

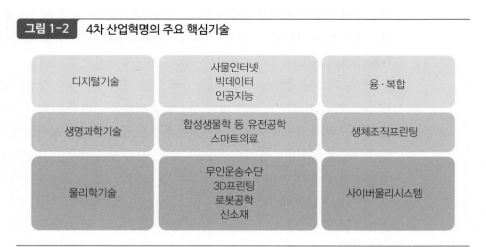

출처: 〈4차 산업혁명의 등장과 시사점〉 현대경제연구원

중요하다고 할 수 있다.

4차 산업혁명에 의한 첫 번째 특징으로는 새로운 기술이 4차 산업혁명을 견인하는 기술주도형 변화를 가져온다는 점이다. [그림 1-2]와 같이 4차 산업혁명은 사물인터넷(IoT), 빅데이터, 인공지능(AI) 등과 같은 디지털 기술과, 합성 생물학, 유전공학, 스마트 의료와 나노기술 등의 생명과학기술이 활용되며, 무인운송, 3D 프린팅, 로봇공학, 신소재와 같은 물리학 기술 등이 4차 산업혁명을 주도하는 핵심기술로 활용하게 된다. 제조업을 예로 들면 제품 수요예측에 빅데이터가 활용되고, 제품 설계에 3D 프린팅이나 홀로그램을 활용하기도 하며, 제조영역에 사이버물리시스템(CPS) 활용할 수 있다. 디지털기술을 중심으로 주요 혁신들 간의 융합이 용이해져 이러한 융합에 의해 실물세계와 가상세계를 연결하는 다양한 혁신제품 및 서비스가 등장하게 된다.

두 번째 특징으로는 모든 것이 서로 연결되고 상호작용하는 초연결형 사회로의 변화를 가져온다는 점이다. 4차 산업혁명은 '초연결성(Hyper-Connected)', '초지능화(Hyper-Intelligent)'의 특성을 가지고 있으며 모든 것이 상호 연결되고 보

표 1-2 **4차 산업혁명의 주요기술**

기 술	내 용
IoT (Internet of Things)	• 사물인터넷이라고도 하며, 사물에 센서가 부착되어 실시간으로 데이터를 인터넷 등으로 주고받는 기술이나 환경을 의미 • IoT가 도입된 기기는 사람의 개입 없이 상호간 정보를 직접 주고받으면서, 필요 상황에 따라 정보를 해석하고 스스로 작동하는 자동화된 형태
CPS (Cyber-Physical System)	• 로봇, 의료기기 등 물리적인 실제의 시스템과 사이버 공간의 소프트웨어 및 주변환경을 실시간으로 통합하는 시스템 • 기존 임베디드시스템의 미래지향적이고 발전적인 형태로서 제조시스템, 관리시스템, 운송시스템 등의 복잡한 인프라 등에 널리 적용이 가능
빅데이터	• 디지털 환경에서 생성되는 다양한 형태의 데이터를 의미하며 그 규모가 방대하고 생성 주기도 짧은 대규모의 데이터를 의미 • 증가한 데이터의 양을 바탕으로 사람들의 행동 패턴 등을 분석 및 예측할 수 있고, 이를 산업 현장에 활용할 경우 시스템의 최적화 및 효율화 등이 가능
인공지능	• 컴퓨터가 사고, 학습, 자기개발 등 인간 특유의 지능적인 행동을 모방할 수 있도록 하는 컴퓨터공학 및 정보기술의 한 분야 • 단독적으로 활용되는 것 외에도 다양한 분야와 연결하여 인간이 할 수 있는 업무를 대체하고, 그보다 더욱 높은 효율성을 가져올 것으로 기대가 가능

출처: 해외 ICT R&D 정책 동향, 정보통신기술진흥센터, 2016

그림 1-3 제조업에서의 4차 산업혁명 기술 활용

다 지능화된 사회로의 변화를 예상하고 있다. 초연결성이란 사물인터넷(IoT), 클라우드 등 정보통신기술(ICT)의 급진적 발전과 확산으로 인간-인간, 인간-사물, 사물-사물 간의 연결성이 확대되는 것을 의미한다. 또한 초지능화는 인공지능(AI)과 빅데이터와의 융합을 통해 기술 및 산업구조의 발달을 의미한다. 즉, 초연결성은 물리적 거리, 시간 그 밖에 인간과 기계간의 소통을 방해하는 다양한 장애들을 제거하는 환경을 의미하며, 초지능화는 비즈니스, 공공 및 민간분야 전반에 투입되는 인공지능(AI)이라 볼 수 있다. 이는 정보통신기술과 인공지능(AI), 빅데이터가 적용되어 자동화, 지능화, 사람, 사물, 공간 등 모든 것이 연결되고 상호 작용하는 것을 말하며, 나아가 4차 산업혁명은 극단적 자동화, 극단적 연결화로 특징지어지며, 사물인터넷, 빅데이터, 인공지능 등의 역할이 확대되는 환경을 의미하고 있다. 경제주체들이 초연결의 인터넷에 의해 영향을 받아, 시장 진입주기의 단축, 개인 맞춤화 시장의 확대, 생산공정의 통합 등이 나타나게 된다.

세 번째 특징으로는 산업, 경제, 사회, 문화 등 분야에서 기존의 개념을 파괴하는 패러다임의 변화를 가져온다는 점이다. 4차 산업혁명의 도래에 따라 미래 사회가 혁명적으로 변화될 것이라는 점을 예고하고 있다. 3차 산업혁명 과정의 기반 위에 문학, 역사, 철학, 문화예술 등에 근간한 다양한 아이디어와 상상력이 첨단기술과의 융복합을 통해 사회변화와 혁신을 주도할 것으로 기대하고 있다. 미래형 기술은 기술-산업 간의 경계를 허물고 산업뿐만 아니라 경제, 사회 나아가 삶의 방식까지 변화시킬 것으로 예상된다. 4차 산업혁명을 통해 2020년까지 선진국에서 710만개의 일자리가 사라질 것이라는 예측하였다. 특히 인공지능이 사람의 일자리를 대체하면서 2015년부터 2020년까지 총 710만개의 일자리가 사라지고 200

그림 1-4 4차 산업혁명의 작동원리

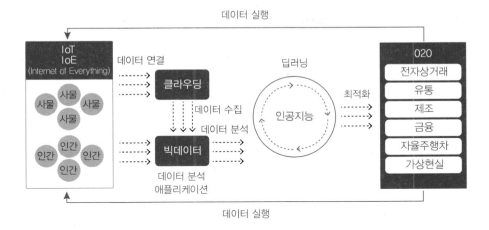

출처: 삼성증권

만개의 새로운 일자리가 창출되어, 총 510만여개 일자리가 감소한다는 보고서를 제출하였다. [그림 1-4]와 같이 자동화 대체에 의한 직업의 변화가 시작되고 있다. 4차 산업혁명은 기존 사회의 패러다임 변화를 의미한다. 이것은 곧 기존 사회와는 다른 모든 분야에서의 새로운 시대라는 의미로 해석될 수 있으며, 산업 경쟁력은 물론 사회구조를 근본적으로 바꿀 것으로 예상할 수 있다.

그렇다면 과연, 4차 산업혁명시대에 우리 중소 · 중견기업의 미래 비전은 무엇일까? 한국의 벤처기업들이 글로벌화를 추진하기 위해 미국의 실리콘밸리를 찾고 있는 최근의 동향을 살펴보면, 한국의 중소 · 중견기업 그리고 대기업의 특정 사업부들이 수년간 미국 글로벌 기업과 연결하기 위해 다양한 프로젝트를 진행하고 있다. 최근 3년간 사물인터넷 IoT라는 생소했던 단어를 시작으로, '4차 산업혁명'이라는 단어까지 일반 사람들에게는 실체를 가늠하기 쉽지 않은 주제로 신문과 방송은 물론이고, 일상의 담론에서 매일 회자되고 있다. 실리콘밸리를 방문하는 한국의 벤처기업가들이나 기업인들도 '변화의 중심지'인 실리콘밸리에서 과연 "4차 산업혁명이 무엇이고 어떻게 진행되고 있나요?"라고 스스로 자문자답하기도 한다. 그럴 때면 당연히 "1차, 2차, 그리고 3차 산업혁명은 무엇이며, 어떻게 사회와 산업, 그리고 기업을 변화시켰는지를 알고 있나요?" 라고 물어볼 것이다. 그때 의례적인 답변은 증기기관, 전기, 컨베이어, 공장 자동화, 통신 등과 같은 개념을 섞어가면서 간단히 1차~3차 산업혁명의 개념을 정리할 수 있다.

자동화 대체율이 높은 직업군과 낮은 직업군

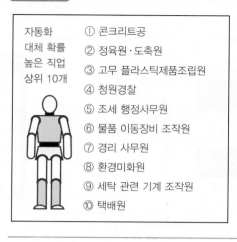

자동화 대체 확률 높은 직업 상위 10개	자동화 대체 확률 낮은 직업 상위 10개
① 콘크리트공	① 화가·조각가
② 정육원·도축원	② 사진작가·사진사
③ 고무 플라스틱제품조립원	③ 작가·관련 전문가
④ 청원경찰	④ 지휘자, 작곡가·연주가
⑤ 조세 행정사무원	⑤ 애니메이터 만화가
⑥ 물품 이동장비 조작원	⑥ 무용가·안무가
⑦ 경리 사무원	⑦ 가수·성악가
⑧ 환경미화원	⑧ 메이크업아티스트·분장사
⑨ 세탁 관련 기계 조작원	⑨ 공예원
⑩ 택배원	⑩ 예체능 강사

출처: 매경이코노미

　4차 산업혁명의 정의는 '3차 산업혁명을 기반으로 한 융합과의 연결'이라고 할 수 있다. 요즘 가장 많이 유행하는 단어들의 나열이다. 실제로 실리콘밸리에서는 융합과 연결을 잘 활용한 회사들이 크게 성장을 했다. 우버와 리프트, 테슬라, 에어비앤비, 아마존, 이베이, 애플, 넷플릭스, 페이스북, 그리고 구글 등은 이미 성장의 단계를 지나서 미래를 이끄는 선두마차 역할을 하고 있다. FAANG(Facebook, Amazon, Apple, Netflix, Google)이라고 하는 미국의 대표적 4차 산업혁명 관련 회사들과 테슬라(Tesla)라는 전기차 기업은 미국 주식시장을 새로운 산업경제의 구조로 이동하고 있다. 테슬라와 애플을 제외하고는 모든 회사들이 하드웨어 제조를 하지 않는다는 공통점이 있으면서도 융합기술에 대한 투자를 우선하고 있는 데 주목할 필요가 있다. 그렇다면 이러한 변화의 물결은 한국의 산업전반에 어떤 긍정적 영향을 미치고 있을까?

　4차 산업혁명이 도래하면서 국내의 산업현황을 살펴보면, 그리 긍정적인 측면만 있는 것은 아니다. 첫째, 우리나라는 지난 10여 년간 소프트웨어의 개발 및 활용에 대한 모멘텀을 놓치고, 새로운 산업을 만들어 낼 인재양성이나 신산업을 사회적으로 받아들이는 법률적 유연성을 확보하지 못하고 있다. 한국의 산업구조는 또다시 산업 혁명기에 선두로 나아가기에는 어려움이 있는 것으로 보인다. 하지만 다행스럽게도 한국 반도체 및 디스플레이, 연료전지 관련 제조업체들의 이익률 향상은 융합과 연결에 필요한 제품들의 필수부품으로 새로운 물결을 타고 성장을 지속하겠지만 그 외 다른 국내 산업군의 혁신은 그 장점을 즐길 수 있는 준비가 안되어 있다는 점이 아쉽다. 그렇다면 무엇이 문제일까? 먼저 실제 경험한 중소·중견기업의 현장을 들여다보면, 미래를 보고 회사를 경영하는 예를 찾아보기 어렵다는 것이다. 대기업 중심의 수직화된 생태계에서 살아남기 위한 경쟁을 치러야 하는 마당에, 미래를 그려서 투자를 한다는 것이 불가능하기 때문이다. 가끔 학생들에게 질문을 던지곤 한다. "테슬라의 앨런 머스크는 왜 화성 정착을 현실화하려는 스페이스 X프로그램을 진행하고 있을까?", "구글, 우버와 애플은 왜 자율주행차를 개발하고 있을까?" 답은 간단하다. 30년 후에도 살아남고 지속성장하기 위해서이다.

둘째, 후진적 산업생태계의 악순환 고리에서 계속 생존 노력만 하는 것이다. 이런 문제를 대다수 회사 경영진은 알고 있을 것이다. 그렇다면 어떻게 해야 할까? 실리콘밸리 기업 문화를 도입할 필요가 있으며, 몇 가지 경험적인 제안을 하면, 다음과 같은 의견이 있다.

1. 이익이 없는 사업은 순차적으로 정리하는 것이 바람직하다.
2. 전문 경영인을 키우고 관리하는 연습을 미리 하는 것이 필요하다.
3. 자식에게 회사 자체를 물려주기 보다는 지분을 넘겨주는 것이 바람직하다.
4. 창의적 인재중심으로 사업구조를 변경하는 것이 필요하다.

위와 같은 경험적인 제안에 대하여 한국의 현실은 많이 다르다고 이야기 한다. 현재 대기업이 산업계의 스타가 되어 고비용의 부담스러운 경영 형태를 많은 중소·중견기업이 답습하고 있는 것이 현실이다. 4차 산업혁명을 준비하고 이끌어가는 것은 멀리 있지 않다. 우선 초심으로 돌아가고 기본을 다시 생각하며, 인재를 중심으로 철저한 이익 실현을 추구하는 기업이 되어야 한다는 점이다. 산업혁명이 어디서부터, 누구에 의해, 왜 시작됐는지, 그리고 단순한 발명 또는 혁신에 그치지 않고 산업의 전반에 영향력을 미치면서 사람들 사이에서 자리를 잡고, 다음의 산업혁명으로 이어지는 기술적 진보는 어떻게 진행이 되고 있는지, 그렇다면 지금 우리는 무엇을 어떻게 준비하고 시작해야 하는지를 좀 더 생각해 보는 계기가 되기를 바란다.

1.3 스마트팩토리(smart factory)

오늘날 기업은 글로벌 경제의 저성장 기조와 생산성 하락으로 인해 신성장 동력의 필요성을 절실히 인식하고 있다. 특히 독일, 미국 등의 선진국 기업들은 4차 산업혁명 대응과 산업 경쟁력 강화를 위해 스마트팩토리에 관심을 두고 있다. 스마트팩토리는 공장자동화(FA)의 진화된 형태이며, ICT기반의 제조업 기술이 융합되어 사물인터넷, 빅데이터, 클라우드컴퓨팅, CPS 등의 공장내 장비와 부품이 상호 연결되어 소통하는 자동화되고 지능화된 공장의 생산체계 구축을 의미한다. 스마트팩토리는 공장 내 설비와 기계에 센서(IoT)가 설치되어 데이터가 실시간으로 수집, 분석되어 공장 내 모든 상황들이 일목요연하게 보이는 관찰가능성(observability)이 있고, 이를 분석해 목적된 바에 따라 스스로 제어가능성(controllability)이 있는 공장을 말한다. 현재 정부에서는 스마트팩토리 지원사업을 통해 지역이나 관계기관을 통하여 중견기업이나 중소기업에 스마트팩토리를 구축하기 위한 예산을 지원하고 있다. 특히 공장 내의 자동화설비, ERP 등의 시스템구축 및 자동생산 구축 등의 지원사업을 정부예산으로 지원하고 있으며, 사전에 공지 및 사업설명회 개최, 사업주 신청 및 평가·진단, 그리고 사업실시 및 성과평가, 사후관리 등으로 일련의 산업자동화 및 지능화를 지원하기 위한 사업을 추진하고 있다.

스마트팩토리는 정보통신기술(ICT)을 기반으로 제품의 설계, 개발, 유통, 물류 등 전 생산과정을 자동화하고 지능화하여 생산성, 품질, 고객만족도를 향상시키는 첨단 시스템이며, 사물인터넷으로 연결돼 있는 공장 내 설비와 기계들을 통해 실시간으로 데이터 수집과 분석이 가능하며, 이를 기반으로 기계들의 능동적 의사결정이 이행됨으로써 생산성을 극대화할 수 있는 혁신적 개념으로 최근 제안되고 있다.

시장조사업체 마켓앤마켓 보고서에 의하면, 2024년 스마트팩토리의 시장규모는 2019년의 1537억달러(173조)에 비해 1.6배 증가한 2448억달러(275조)로 증가할 것으로 예상한다. 전통 제조업과 비교 시 종합 생산 이익률이 최대 7배 증가 가능하며, 독일의 바스프, SAP, 메르세데스벤츠, BMW, 보쉬 등의 기업이 대표적이며, 미국의 테슬라, 시스코, 인텔, GE 등도 미국 스마트팩토리의 선두주자들이라 할 수 있다. 스마트팩토리의 시장규모와 성장률에 대하여 Business Insider의 자료에 의하면 전 세계 스마트팩토리의 시장규모 가치는 연평균 10.4% 성장할 것이며 스마트팩토리 시장의 35%를 유럽이 점유하고 있으며, 아시아태평양 지역국가(APAC)가 29%, 미국이 22%를 차지하고 있다.

그림 1-6 스마트팩토리 세계시장 점유율

포브스(Forbes)에 따르면 스마트팩토리 도입률은 산업 생산 (67%), 항공 및 방위 (62%) 등의 산업에서 높게 나타나는 것으로 분석하고 있으며, 자동차 및 운송 산업은 50%, 에너지 및 유틸리티산업은 42%의 도입률을 보이는 것으로 추정된다고 발표하였다. 스마트팩토리가 세계 경제에 미치는 영향으로는 앞으로 5년간 세계 경제에 500억 달러에서 1,500억 달러의 부가가치를 창출할 것으로 전망되고 있으며, 2022년까지 제조공장 중 21%가 스마트팩토리로 재구성될 전망이며, 이로 인한 총부가가치 산출량과 세계경제 기여도는 5,000억 달러(600조원)에 이를 것으로 예상된다.

미국의 혁신적 스마트팩토리 활용사례를 살펴보면, 추진기업 대부분이 자사

그림 1-7 산업별 스마트팩토리 도입율

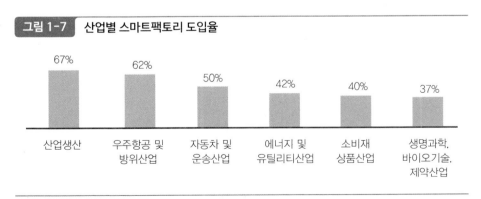

플랫폼을 중심으로 다양한 외부 기업과 연결시켜 새로운 사업모델과 수익 원천을 창출해 나가고 있다. 스마트팩토리를 기존 사물인터넷의 연장선 개념으로 추진하고 있으며, 기존 기계나 공장에 빅데이터를 분석해 즉각적인 생산성 개선을 이루어내고 있다. 앞으로 고려해야 할 스마트팩토리의 시사점으로는 첫째, 해외 기업들의 전략동향을 지속적으로 주시해 향후 스마트팩토리시장 구도 예측과 이들과의 연계 및 협력을 통해 부족한 기술력을 확보하는 방안 모색이 필요하다. 둘째, 국내 스마트팩토리 도입 시, 해외 기업들의 전략을 참고하되 반드시 국내 제조업 특성에 잘 부합하는 차별적인 스마트팩토리 생태계의 구축이 필요하다. 셋째, 4차 산업혁명 시대에서 경쟁력을 갖추기 위해 스마트팩토리산업 활성화를 위한 기업과 정부 간의 협력이 필요하다.

이와 같이 ICT 기반의 생산과정을 통해 최소비용과 시간으로 고객 맞춤형 제품을 생산하며 원가 절감, 납기 단축, 불량품 감소 등을 실현시킬 미래형 공장으로 발전을 예상할 수 있다. 또한 인공지능이 결합된 생산시스템 속에서 다양한 기기

표 1-3	미국의 산업별 스마트팩토리 도입사례
기업명	스마트팩토리 추진내용
TESLA Tesla	• 3DX 시스템을 도입해 다품종 생산·대량 생산 기업으로 플랫폼을 전환 • 배터리 대량 생산이 가능해져 전기자동차 비용의 40%를 차지하는 배터리의 원가를 낮추고, 전기차의 가격 경쟁력을 높임 • 배터리를 포함한 자동차 부품 및 외부 재료들이 재활용되며, 태양열 및 풍력 등의 재생 에너지로 운영되는 공장으로 인해 비용 절감 가능
CISCO Cisco	• 최신식 IT 인프라를 도입해 기계들간의 자료 전송이 발전했으며 빅데이터, 소프트웨어, 컨트롤러, 로보틱스를 사용해 자산 운용을 최적화함 • Cisco IOx 프레임워크를 결합시킨 라우터를 사용해 어디에서나 장비 운영 데이터 수집을 가능케 함 • 공장의 기계들이 더 빠른 속도로 효율적인 생산을 이뤄냄으로써 생산비용, 폐기물 배출량 및 다운타임의 감소를 이루어냄
(intel) intel	• 통계 프로세스 제어, 고급 피드 포워드·백 프로세스 제어 및 의사결정지원 시스템을 토대로 일관된 결과를 제공 • 자동화된 제품 라우팅 시스템을 채용해 병목 현상 해결 및 대기 시간을 감소함 • 정확한 정보를 통해 제품주기 시간, 공정 가동 시간, 유지 보수 및 기타 비용 절감
GE GE	• 클라우드 기반의 개방형 데이터 분석 소프트웨어 프레딕스 (Predix)를 출시했으며, 모든 자산을 데이터화한 후 가상공간에 디지털 공장을 구현함 • 16개의 파일럿 팩토리를 적용함으로써 신제품 개발 일정을 30% 앞당김 • 센서를 통해 수집된 데이터는 엔진 정비 및 보수의 최적 시기를 예측하며, 연료비를 절감할 수 있는 최적의 방법을 제시해 추가 수익 창출

출처: 현대경제연구원

들이 스스로 정보를 취합 및 공유하고, 생성된 빅데이터를 토대로 산업현장의 효율성을 최대로 끌어 올릴 것으로 기대할 수 있다. 그리고 스마트팩토리를 통해 절감된 에너지와 비용으로 높아진 생산성을 기대할 수 있게 됐으며 인간 중심의 작업 환경, 개인 맞춤형 제조, 제조 서비스 융합 등의 구현이 가능해질 것이다.

제 2 절　디지털경제의 특징

인터넷과 정보통신기술의 급속한 발전은 1차~3차 산업혁명 이후 인류문명 최대의 경제 사회 문화적 변혁을 불러일으키는 디지털혁명의 근간이 되고 있다. 컴퓨터와 통신기술에 기반한 디지털경제는 경제, 사회, 문화, 기술, 나아가 국가간 관계와 변화를 유발시키고 있다. 앞장에서 최근의 4차 산업혁명의 개념과 과학기술에 의한 파괴적 혁신이 무엇이고, 어떻게 변화될 것인지 설명하였다. 이에 본 절에서는 디지털경제의 개념과 패러다임, 특징에 대해 살펴보고자 한다.

2.1 디지털 경제로의 전환

(1) 디지털경제의 개념

디지털 경제(digital economy)는 재화와 서비스의 생산, 분배, 소비 등에 있어 주요 경제활동이 디지털화되고 네트워크화된 정보와 지식이라는 생산요소에 주로 의존하는 경제를 의미한다. 디지털경제는 기업의 생산방식, 생산제품, 유통구조, 산업구조, 나아가 정부의 역할 등에 이르기까지 광범위한 변화를 가져오고 있다. 특히 디지털경제는 디지털 기술과 관련되어 나타나는 일련의 경제적인 현상으로 정의할 수 있다. 인터넷 확산으로 기업은 인터넷을 통해 문서를 교환하고, 데이터를 수집하고, 기업을 홍보하는 것은 물론 고객과의 마케팅을 통해 물품의 거래계약을 맺고 우수고객을 관리한다. 디지털화된 소비가 통신, 교육 및 보건, 의료, 주거 등의 모든 부문까지 확산될 것으로 예상되어 소비자가 생산자와 동등한 정보를 보유하고 사이버공동체를 형성함으로써 소비자 주권이 강화된다. 디지털경제에서는 기존의 산업경제와 달리 생산성이 더 향상되어 고성장, 저물가의 신경제가 실현될 것이라는 주장에 대해서는 뚜렷한 연구결과가 아직 제시되어 있지 못하

그림 1-8	디지털경제의 전개과정

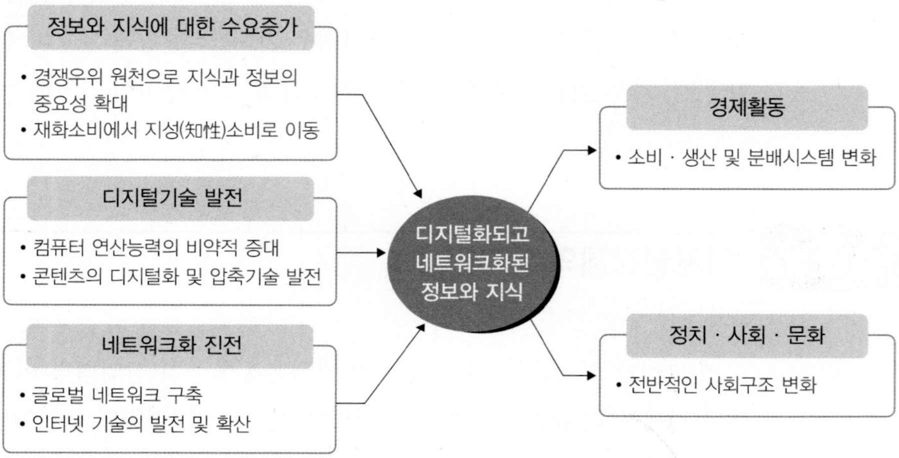

정보와 지식에 대한 수요증가
- 경쟁우위 원천으로 지식과 정보의 중요성 확대
- 재화소비에서 지성(知性)소비로 이동

디지털기술 발전
- 컴퓨터 연산능력의 비약적 증대
- 콘텐츠의 디지털화 및 압축기술 발전

네트워크화 진전
- 글로벌 네트워크 구축
- 인터넷 기술의 발전 및 확산

→ 디지털화되고 네트워크화된 정보와 지식 →

경제활동
- 소비·생산 및 분배시스템 변화

정치·사회·문화
- 전반적인 사회구조 변화

출처: LG경제연구원

다. 하지만 디지털화의 진전에 따라 정보의 균등분배를 통해 효율성을 높일 수 있을 것이라고 기대되며, 이 효과가 경제의 성장단계를 한단계 높여 고성장-저물가의 신경제로 전환할 것이라는 기대감은 더욱 커지고 있다.

(2) 디지털경제의 특징

디지털경제는 새로운 경제체계, 사회문화적 변화, 산업생태계 및 비즈니스 모델의 변화, 구매자 주도의 시장 혁신을 요구한다. 첫째, 디지털경제의 경제적 체계 변화에 대해 살펴보면 산업혁명이 기존 농업경제의 생산성을 급격히 향상시키고 산업기계에 의한 자본, 노동 등의 생산요소 변화를 주도하였다. 특히 육체적 노동에 기초한 물적자원에서 벗어나 전기 에너지와 산업기계에 의해 대량생산을 가능하게 하고, 대량생산은 대량소비를 가능하게 하여 획기적인 경제성장을 이룩하게 하였다. 산업경제의 패러다임은 수확체감의 법칙(diminishing returns to scale)에 따라 운영되는 경제라면, 디지털경제는 지식과 정보의 디지털화를 통해서 제품을 생산해 내는 수확체증의 법칙(increasing returns of scale)이 지배되는 경제이다. 산업경제에서 수확체감의 법칙이란 토지, 자본, 노동의 생산요소 가운데 어느 하나의 생산요소만 증가시키고 다른 생산요소를 일정하게 하면 생산량의 증가분이 점차 감소한다는 것이다. 즉 일정한 면적의 토지에 투입하는 자본, 노동 등을 점차 늘려가면 초기에는 어느 정도 증가하는 것처럼 보이지만, 추가적인 생

그림 1-9 수확체감의 법칙과 수확체증의 법칙

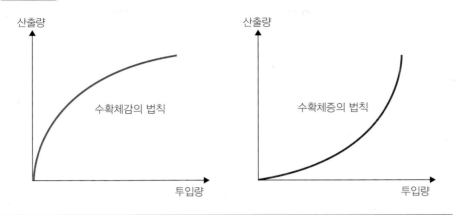

산량이 궁극적으로는 감소한다는 것이다. 디지털경제에서 수확체증의 법칙이란 어떤 생산요소의 투입량을 일정하게 늘려나갈 때, 생산량의 증가분이 점점 더 커지는 현상을 말한다. 즉, 기업의 규모 및 사업범위, 그리고 고객의 수가 증가함에 따라 수익이 점점 커지는 것을 의미한다. 이러한 현상의 원인으로 초기 개발비용이 많다는 점, 사용자에 의한 네트워크 효과, 학습 효과 등을 들 수 있다. 산업경제에서 자동차의 생산은 한정된 공장부지에서 자본과 노동을 계속 투입하면 생산성이 어느 정도 오르나, 과잉투입하게 되면 도리어 생산성이 떨어지게 된다. 하지만 디지털경제에서 IT산업, 제약산업, 온라인게임 등의 경우 초창기 연구개발을 위한 투입은 많으나 제품개발이 완성된 이후에는 단위당 재료비나 인건비가 들지 않기 때문에 막대한 이익을 창출할 수 있다.

둘째, 사회문화적 체계의 변화를 들 수 있다. 사회문화적 변화로 정보 접근성, 정보공유와 유통, 개인 상호간의 관계, 문화적 욕구와 확산 등에 영향을 주고 있다. 소비자의 개인적인 문화생활에서도 인터넷과 정보통신기술의 발전에 의해 개인들의 삶이 영향을 받고 있다. 예를 들면, 웹 정보검색, 홈네트워킹, 원격제어, IPTV 주문형 영화감상, 전자책(e-Book), 디지털 음원 등등의 일이 가능하게 되었다. 산업화 이전에는 농업경제에 의해 3세대가 한 가정을 이루는 경우가 많았다. 하지만 산업화와 도시화가 진행되면서 전통적인 가족의 형태가 소가족, 핵가족으로 변화하고 있고 가족구성원의 수도 감소하고, 다양한 형태의 가족 유형이 나타나고 있다. 산업화와 도시 집중화의 현상으로 취업을 위해 가족의 분화가 이루어지거나 주말부부, 조손가정, 1인 가족 등이 나타나고 국제결혼이 늘어나면서 다문화 가정이 증가하고 저출산 문제가 사회적 쟁점으로 부각되고 있다. 사회문화적 변화에서 다루어야할 가장 중요한 이슈는 정보격차에 대한 것이다. 정보를 가진 사람과 정보를 가지지 못한 사람의 차이를 정보격차(digital divide)라고 1995년 미국 뉴욕타임즈의 저널리스트 개리앤드류 풀(Gary Andrew Poole)이 처음으로 사용한 용어이다. 인터넷이나 웹 접근성을 거론할 때, 가장 많이 거론되는 용어로 과거에는 정보격차에 의한 기기이용 혹은 사용의 불편함을 논의하였다면, 최근에는 불이익의 문제로 깊어지고 있다. 정보격차는 새로운 시대의 문물을 배우려 하지 않는 노인의 문제가 아니라, 디지털 시대에 이득을 보는 자와 손해를 보는 자의 간극을 통칭하는 용어라고 할 수 있다.

셋째, 산업생태계 및 비즈니스모델의 변화를 들 수 있다. 디지털경제에서는 디지털화되고 네트워크화되는 디지털혁명(digital revolution)에 의한 정보와 지식이라는 새로운 생산요소가 변화를 주도하고 있다. 즉, 디지털경제의 동인으로 정보의 디지털화와 인터넷을 통한 디지털정보의 네트워크화가 이루어지면서 경제적 가치(economic value)의 창출도 변화하고 있다. 전통적인 생산자, 유통업자, 소비자간의 관계가 파괴되고 있으며, 제품거래에 있어 거래비용(transaction cost)과 탐색비용(search cost)이 감소되면서 새로운 부가가치 창출과 생산성 증대에 의해 산업생태계와 비즈니스모델의 혁신이 촉진되고 있다. 예를 들면, 기존에 인쇄된 뉴스 서비스만 제공하던 기업이 인터넷상에서 웹기반 뉴스와 광고, 그리고 디지털제품 등을 판매함으로써 새로운 비즈니스 기회와 가치를 창출하게 되었다. 산업경제에서는 물질자산과 금융자산을 포함한 유형자산(tangible asset)이 중요하였다. 하지만 디지털경제에서는 실체가 보이지 않는 무형자산(intangible asset)이 주목을 받고 있다. 아마존, 알파벳, 애플, 마이크로소프트, 델컴퓨터 등은 기업가치의 80% 이상이 무형자산이다. 디지털경제에서는 무형의 디지털제품이 빠르게 국가 간 경계를 넘나들며 판매와 구매가 이루어지고 있다. 예를 들어, 소프트웨어와 같은 무형 제품의 본질은 아이디어(idea)이다. 비록 소프트웨어는 정신적인 노력과 창의성의 산물이지만, 어떠한 물리적인 형태도 취하지 않는다. 그러므로 소프트웨어, 영화, 음악, 애니메이션 등과 같은 디지털제품의 거래가 이루어질 때, 판매자의 서버에서 구매자의 컴퓨터로 디지털제품을 전자적으로 전송하는 데 있어 전자적인 거래에 의해 상거래가 이루어진다. 예를 들어, 음원과 비디오와 같은 디지털제품은 인터넷에 기반하여 전 세계 소비자들과 별도의 비용을 들이지 않고 제품판매를 할 수 있다.

넷째, 공급자에서 구매자 주도의 시장경제로의 변화를 들 수 있다. 산업경제에

표 1-4	4차 산업혁명 참여기업의 주요 전략	
기업명	**전 략**	**응용분야**
폭스콘	로봇 생산 체제 도입	스마트폰
닛산	무인자동차 개발	전지, 자율주행 차
아마존	신개념 쇼핑 체계(아마존고)구축, 인공지능 비서(에코)프로그램 개발	쇼핑, 스마트홈
GE	디지털 트윈 활용 '비포서비스'구현	발전기, 엔진
스타벅스	O2O기술(사이렌오더), 고객 맞춤형 서비스 구축	비콘(Beacon), 커피
아디다스	로봇 생산 체제 도입, 공장 본국(독일)소환	신발, 웨어러블 기기
IBM	인공지능 컴퓨터 시스템(왓슨 · Watson)개발	센서
우버	운송 · 물류 효율화, 스마트 시티 구축	자동차(자율주행)
츠타야	동네 친화적 놀이터, 마을 사랑방 구축	도서, 마일리지 체계
테슬라	무인 전기자동차 개발, 재생에너지 생산	전기차, 솔라시티

출처: IoT와 공유경제, 차두원, 2015

서 제조업은 국가경제를 일으키는 중요한 수단이자 국가경제의 중심축이었다. 하지만 디지털경제에서는 기존의 제조업에 의존하는 산업경제는 새로운 부가가치를 만들어 내는데에 한계가 있다. 특히 ICT 혁명을 근간으로 하는 디지털경제 하에서 중요한 변화는 공급자 주도에서 구매자 주도의 시장으로 변화하는 것이다. 쌍방향성의 특징을 가진 인터넷에서 구매자가 가지는 힘은 과거와는 비교할 수 없을 정도로 다르다. 전자상거래는 단순히 가상공간에서 상품을 사고 파는 것을 의미하지 않는다. 인터넷상에서 상품과 서비스를 구입하기 이전에 구매자 자신이 필요로 하는 정보를 검색하고 수집할 수 있다. 구매자의 복수의 판매자 정보를 수집하여 제품을 비교하고 가격 협상까지 할 수 있다. 또한 많은 소비자들과 상품과 가격 정보를 공유하여 유통구조와 쇼핑 관행을 변화시킬 수도 있다. 과거의 소품종 대량생산, 대량소비에서 일대일 마케팅, 소셜마케팅 등으로 전환하여 맞춤형 서비스를 제공함으로써 개별 소비자들이 주문한 상품만을 생산해 공급하는 방식으로 변화하고 있으며, 다품종 소량생산, 주문소비체제로 변화하고 있다.

그 밖에도 유비쿼터스 컴퓨팅의 발전에 의해 단순히 정보를 가공해서 전달하는 단계에서 창조적으로 만들어 보다 인간의 삶을 편안하게 해주는 단계로 나아가고 있다. 또한 직업측면에서 지식 정보화 분야에 근무하는 지식근로자(knowledge worker)들의 숫자가 공장이나 농장 그리고 건설현장 등에서 일하는 육체적인 근로자들의 숫자보다 많아지고 있으며, 인터넷에 기반하여 지식 근로자들은 그들의 대부분 작업을 온라인으로 처리하고 있다. 정보통신기술 기반구조와 인터넷 웹 사

그림 1-10 Web 3.0과 인공지능

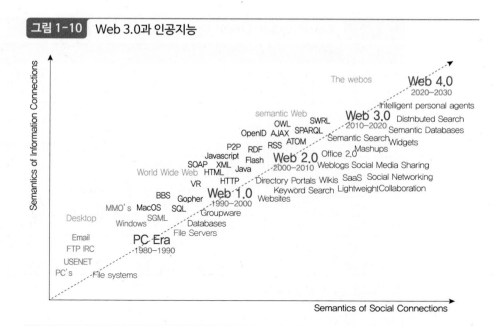

출처: Redar Networks & Nova Spivack, 2007—www.radametworks.com

이트에 기반한 새로운 유형의 신종 직업군이 계속 등장하고 있다. 이와 같은 변화의 토대에는 Web 기술의 진화와 관련되어 있다. 기존의 Web 1.0은 HTML 기반의 일방향에 의한 정보제공으로 기관의 홈페이지와 같은 역할을 하였다면, Web 2.0은 참여, 개방, 공유라는 양방향의 정보교류를 추진하여 블로그나 SNS 등과 같은 정보커뮤니티의 발전을 유도하였다. Web 3.0에서는 콘텐츠의 맥락과 스토리를 이해하는 지능형 웹의 개념으로 발전하고 있으며, 최근에는 인터넷 웹에서 응용프로그램을 공유하며 각종 문서나 계획서를 협업하여 작성하는 협업시스템의 개념으로 발전하고 있다.

2.2 디지털 경제의 영향과 효과

디지털경제를 지배하는 키워드는 외형적 팽창보다는 그 속에서 일어나는 거대한 패러다임(paradigm)의 변화이다. 디지털경제의 확산으로 인해 야기되는 긍정적인 영향과 부정적인 영향에 대해서는 계속되는 논쟁이 있다. 4차 산업혁명에 의한 디지털경제의 확산으로 기계의 인간지배, 고용과 대량실업의 문제, 부의 편중현상과 양극화 심화에 대한 우려, 교육과 제도의 문제, 대기업과 중소기업간의 경쟁, 인간의 효용가치와 개인 프라이버시의 문제 등에 있어서 발생하는 긍정적인 시각과 부정적인 시각이 있다. 4차 산업혁명으로 맞이하는 디지털경제의 확산은 긍정적인 영향과 함께 부정정인 효과에 대해서도 몇가지 논쟁을 살펴볼 필요가 있다.

(1) 기계의 인간 지배

인공지능 바둑 프로그램인 '알파고 리'는 인간 '이세돌'을 상대로 5전 4승을 했을 정도로 빠른 발전을 이루고 21세기 인공지능 발전의 상징이 되었다. 이후 1년의 업그레이드를 거쳐 세계1위 커제를 3대0으로 꺾은 '알파고 마스터'가 있어 전세계에 큰 충격을 주었고 승리 이후 은퇴를 선언하고 사라졌다. 네이처에 따르면 알파고 제로는 바둑을 익힌지 40일만에 기존 알파고와의 대결에서 100전 100승을 기록했다. 승리의 비결은 인간 도움 없이 스스로 학습해 원리를 체득한 뒤 문제해결 알고리즘을 만들었다는 것이다. 바둑을 전혀 모르는 상태에서 독학을 했고, 약 2900만판의 실적 경험 끝에 바둑의 정수를 파악했다. 인공지능이란 인간의 학습능력과 추론능력, 지각능력, 자연언어의 이해능력 등을 컴퓨터 프로그램으로 실현한 기술을 뜻한다. 인공지능이 인간을 앞서가는 현실 속에서 우리 인간은 어떤 존재일까? 어떤 학자들은 '인공지능이 인간의 위에 서는 날이 올까 두렵다'며 경계와 우려를 드러내고 있다. 우리에게 길을 알려주는 네비게이션부터 시작해, 일정한 온도가 되면 작동하는 냉·난방기기, 특정한 시간에 방안을 깨끗이 해주는 청소기 등이 여기에 해당한다. 우리의 삶을 빠르고 편리하게 해주는 인공지능을 적용한 기계들이 점점 확산되고 있다.

(2) 고용과 대량 실업의 문제

4차 산업혁명이 진행되면서 OECD 국가를 기준으로 500만명 정도가 수 년 안에 일자리를 잃을 것이라고 한다. 제3차 산업혁명의 진행과정에서 형성되어온 중간수준의 관리직 약 50% 정도가 조만간 일자리를 잃고, 장기적으로는 반복적인 작업을 하는 육체적 노동뿐만 아니라 단순한 판단을 하는 관리직종 대부분이 사라질 위험에 있다고 전망된다. 문제는 기존의 산업혁명처럼 새로운 일자리가 만들어지면서 기존의 직업군을 대체하고 보충할 가능성이 별로 보이지 않는다는 것이다. 냉정하게 말하자면, 로봇과 AI가 해낼 수 있는 영역에서는 더 이상 인간이 일할 기회가 없어진다고 보아야한다. 제4차 산업혁명이 만들어내는 기술영역과 인간영역 간 절충과 타협이 가능할 수 있을까? 표준적이지 않은 직업군으로 혁신(innovator), 발명(inventor), 자료분석(data interpreter), 경영의사결정(decision makers), 그리고 창작 및 문화예술 활동 등은 별다른 영향 없이 독자 생존할 수 있을까? 현재로서는 AI 기술의 한계가 어디까지인지 아무도 예측할 수 없다는 것이 솔직한 답변일 것이다. 오히려 문제의 해결은 기존 방식이 아닌 새로운 개념으로 일자리를 재규정하는 것이다. 노예가 대부분의 생산 활동을 담당했던 그리스 도시국가 시절, 정치공동체 일원으로서 시민의 역할이 새로운 일자리에 대한 하나의 암시가 될 것이다.

(3) 부의 편중과 양극화 심화

4차 산업혁명의 종합적 기능은 기존의 산업체계와는 비교할 수 없는 효율과 성과를 가져올 것이 분명하다. 그러한 성과가 모든 국가와 개개인 모두에게 골고루 혜택으로 돌아갈 수 있다면 인류의 축복이라고 할 수 있을 것이다. 하지만 진행과정에서 기업간, 국가간 개별 단위의 생존전략과 결합되어 경쟁과 탐욕으로 상호간에 통제할 수 없는 상황으로 치달릴 위험성이 매우 높다고 할 것이다. 우선 빅데이타를 처리하는 핵심 중앙정보센터의 투자 규모만도 수억에서 수십억 달러에 달하며, 전체 시스템 구성에 필요한 다양한 분야의 기술개발에는 천문학적 규모의 투자가 요구된다. 따라서 이를 감당하기 위해 기업간 연합과 합병이 불가피하다. 세계 최대 규모의 제조업체인 GE 조차도 투자의 위험을 상쇄하기 위해 경쟁사였던 프랑스의 알스톰(Alsthom)사를 합병할 수밖에 없었다.

유럽에서는 거의 유일하게 독일의 거대기업인 지멘스(Siemens)그룹만이 독일 정부의 전폭적인 지원하에 독자적인 실행단계에 진입하고 있다. 더구나 승자독식의 성격이 강한 정보통신산업의 경우, 소프트웨어 및 인터넷환경을 미국이 장악한 상태에서 새로운 기술제국주의의 위험성조차 내재되어 있다. 최근 구글 등 미국계 기업과 중국 및 유럽국가 간의 갈등은 이를 암시하고 있다. 미국과 더불어 세계 5위권 경제대국인 독일, 중국, 일본, 영국, 프랑스, 인도, 그리고 한국 정도가 국가의 지원과 전략을 통해 대응하고 있는 것으로 보인다.

그외 대부분의 국가와 기업들은 종속적인 위치에서 부분적 영역에 한하여 하청사업과 협력을 구해야 할 형편이다. 기존의 디지털 격차와 소외에서 거론되었던 것처럼 미래의 4차 산업혁명은 그 규모와 기술적 수준에서 국가간, 지역간, 기업간 새로운 격차를 형성할 가능성이 매우 높다.

(4) 교육과 제도의 문제

미래의 교육에서 암기식, 주입식 교육은 완전 무의미해진다. 무심한 판사의 판결보다 AI의 사안처리 능력이 더 공정하고 투명한 판단을 내릴 수 있다. 단순한 회계학 역시 미래에는 On-line 방식의 회계시스템에 자리를 내주게 된다. 따라서 미래의 교육은 제공된 정보와 지식을 재해석하고, 새롭게 창의하는, 한마디로 적용된 기술이 스스로 해결하지 못하는 영역으로 이동해야 할 것이다. 산업체계 내에서는 복잡한 시스템을 운용하고 분석하고 처리하는 고도 수준의 전문영역군과 전략적인 판단을 하는 책임자군 중심으로 재편될 가능성이 높다. 이러한 과학기술의 성과를 모두가 공유하게 된다면, 업무시간도 대폭 단축되고 대부분의 사람들은 일상적으로 생산과 서비스 산업 영역에서 해방된 영역-교육, 문화, 연구, 취미, 운동, 사회활동 등에 주로 시간을 보내게 되는 행운을 누리게 될지 모른다. 문제는 급격히 변해가는 혁신 환경과 새로운 산업체계 속에서 쏟아지는 재화와 서비스를 소비할 수 있는 시장수요를 만들지 못하고, 공유하는 선순환 과정을 형성하지 못하면, 4차 산업혁명은 감당할 수 없는 무게와 스스로 고립된 조직적 문제가 될 것이다.

(5) 정보자산과 정보보안의 문제

정보화 및 공장 자동화로 일컬어지는 3차 산업혁명에서 기술이 융합되고 인공지능에 의해 지능화가 이루어지는 4차 산업혁명은 초지능 초연결의 사회로 나아가고 있다. 4차 산업혁명의 시대에 무엇보다도 중요한 자원은 정보나 데이터라고 볼 수 있다. 과거 3차 산업혁명 때보다도 더욱 방대한 양의 정보가 실시간으로 활용, 공유 그리고 전달되면서 정보자원의 관리 및 보안의 중요성이 커지고 있다고 볼 수 있다. 동시에 위협요인 또한 증가하여 많은 정보침해 사고와 유출사례들이 늘어나고 있다. 이러한 정보침해와 유출사고로 인해 금융기관이나 기업 조직은 금전적으로나 대외적으로 큰 손해를 볼 수 있는데 이에 대한 철저한 대비책을 마련하는 것이 필요하다. 예를 들어, 머신러닝 기술은 시험 데이터에 대해 높은 성능을 보였지만, 악의적으로 만들어진 데이터에 대해서는 오동작을 하는 경우가 보고되고 있다. 그 외에도 학습데이터 오염시키기, 학습된 모델 탈취 등 새로운 공격유형이 보고되고 있다. 기계학습에 사용된 훈련데이터에 대한 보안과 프라이버시 또한 중요한 이슈이다. 인공지능 기술의 개발 및 적용에 있어 이러한 위험성에 대한 고려와 대비가 반드시 필요하다.

디지털경제에서 인터넷과 정보통신기술의 발전에 의해 우수한 강소기업이 저

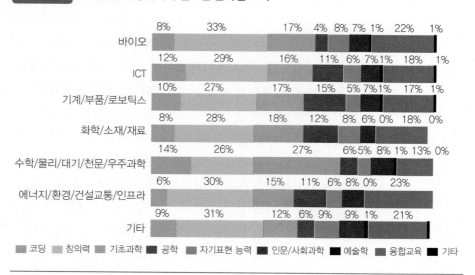

그림 1-11 4차 산업혁명시대에 필요한 분야별 교육

출처: 한국과학기술단체총연합회 설문조사(2017년 5월 13~18일)결과

렴한 비용으로 온라인 글로벌 비즈니스를 수행할 수 있게 되었다. Amazon.com, eBay.com 그리고 Naver.com과 같은 성공적인 닷컴(dot.com)들은 산업경제의 거대한 기업들로부터 디지털경제의 신생기업으로 고객의 선호도가 전환될 수 있음을 입증한 예라고 할 수 있다. 디지털경제에서 중소기업들은 대기업과의 경쟁에서 생존하고 나아가서는 경쟁우위를 확보하기 위한 전략적 접근이 요구된다. 예를 들면, 중소기업들은 유연성(flexibility), 신속성, 사용자 친화력(user-friendliness), 개인화(personalization)와 같은 강점을 살리는 전략적 접근 방법이 요구된다.

위에서 살펴본 바와 같이 21세기 디지털경제에서는 가상의 공간과 물리공간을 통합하고 사람, 사물, 컴퓨터를 하나로 연결해 제3의 공간을 개척함으로써 새로운 르네상스의 도래를 가능하게 할 수도 있다. 제3의 공간에서 일어나는 발상의 전환은 지금까지 정부, 기업, 개인이 영위해 왔던 토대를 근본적으로 변혁시키는 패러다임의 전환이라고 할 수 있다. 과거 농업경제에서는 물이나 바람과 같이 자연력의 이용과 저장에 중점을 두었고, 산업경제에서는 노동, 자본과 같은 산업자원의 이용과 저장에 초점을 맞추었다. 하지만 디지털경제에서는 정보의 흐름과 단절 없는 시간과 공간의 활용에 초점을 두고 있다. 그러므로 디지털경제에서 제기되는 새로운 패러다임의 변화에 능동적으로 대응하여 개인, 조직, 공공부문의 능력을 극대화하여 21세기의 새로운 패러다임 변화에 적극 대응하는 노력이 요구된다.

현대의 기업들은 변화하는 기업환경에 적응하기 위해 부단한 노력을 수행하고 있다. 4차 산업혁명의 새로운 변화가 밀려오면서 기업의 당면과제는 과학기술의 변화에 대응하여 어떻게 적응하고 이를 기회로 활용할 것인가이다. 기업의 가장 중요한 목적은 생존과 성장을 거듭하는 것이다. 이를 위해서는 환경의 변화를 예측하여 기업의 경영활동을 계획하고, 계획에 따른 실행, 그리고 실행결과에 대한 통제를 통해 새로운 사업계획을 수립하는 순환과정을 거치게 된다. 고객이 원하는 제품과 서비스를 생산하기 위해서 기업은 기업이 보유한 경영자원을 효율적이고 효과적으로 운용하여야 하며, 이를 위해서는 체계적인 업무지원체계가 필요하다. 경영자원에 대해 무엇을, 언제, 어디에, 왜 사용할 것인지를 명확히 정의하고, 어떻게 조달하고 누가 실천할 것인가에 대해 체계화된 정의가 필요하다. 이것이 곧 기업의 경영관리이며, 경영관리활동을 수행하기 위해 정보가 필요하다.

3.1 경영관리의 개념

기업은 조직을 구성하고 있는 종사원들의 목적과 목표 그리고 제 기능을 수행하는 조직체이다. 기업은 원재료의 구매에서부터 제품의 생산과 판매, 그리고 조직을 구성하는 인력관리, 현금의 입출금을 담당하는 회계업무, 자본금이나 투자업무를 수행하는 재무관리 등의 여러 가지 기업활동을 통하여 제품과 서비스를 만들어 시장에 공급한다. 이와 같은 기업활동은 더욱 효율적이고 효과적일수록 다른 기업에 비해 더 좋은 제품이나 서비스를 만들게 되며, 동종 산업에서의 다른 기업에 대해 경쟁적 우위를 가지게 되며, 궁극적으로 높은 기업성과를 달성하게 된다. 경영이란 기업이 추구하는 목표를 달성하기 위하여 제한된 인적, 물적 자원을 최적으로 배분하고 이용하기 위한 경영활동이라 할 수 있다. 이러한 경영활동은 [그림 1-12]에서 보는 것처럼 경영관리의 연속적인 순환과정을 통하여 이루어진다.

경영관리는 계획(plan), 실행(do), 통제(see)의 세 가지 과정을 통하여 조직의 목적이나 목표를 달성하기 위한 세부적인 경영활동이 수행된다. 즉, 경영을 통하여 목적과 목표가 설정되면, 계획은 이를 달성하기 위하여 무엇을, 언제, 누가, 그리고 어떻게 할 것인가, 그리고 이를 위해서는 어떠한 자원들이 필요한지를 결정

그림 1-12 경영관리의 과정-PDS 순환과정

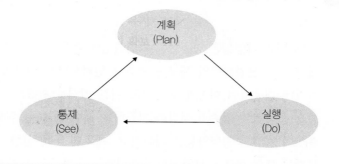

하게 된다. 계획이 설정되면, 계획에 맞게 실행하고, 통제는 계획에 따른 실행이 제대로 수행되었는지의 여부를 평가하게 된다. 최적의 경영목표를 설정하고 이를 효과적으로 달성하기 위한 계획을 수립하기 위해서는 과거의 업적이나 성과, 현재의 상황과 능력, 그리고 시장 및 경쟁환경 등에 대한 정보가 필요하다. 실행과정에서는 현재 수행되고 있는 업무의 진행상황과 문제점 그리고 향후 계획된 작업 등에 대한 정보가 필요하다.

(1) 기획(plan)

경영관리의 가장 기본적인 기능 중의 하나는 모든 조직 구성원으로 하여금 조직의 목적과 사명, 그리고 중장기적인 목표를 제대로 이해하여 이를 달성하기 위해 노력하도록 하는 것이다. 기획은 언제, 어디서, 누가, 무엇을, 어떻게, 왜 하느냐에 대한 논리를 제공하고, 조직의 목표와 관련된 효과적인 달성방안을 설정하도록 한다. 기획은 조직의 중장기 경영계획에서 출발하여, 중기 사업계획, 단기 운영계획 등으로 연결되어 수립되며, 단기 운영계획에 의거하여 구매계획, 생산계획, 판매계획, 재무계획, 인력계획 등의 부서별 계획으로 연결된다. 즉, 기획과정은 기업 전체에서부터 출발하여 작게는 단위 부서의 목적과 목표를 설정하는 척도로서 작용하며, 그 목적 달성을 위해 필요한 여러 가지 대안들을 토대로 경영활동을 수행한다.

하지만, 계획을 수립하는 과정은 조직의 미래를 예측하는 일이기 때문에 미래의 불확실성을 어떻게 예측하고, 평가할 것인지가 관건이 된다. 그렇다고 계획 없이 추진되는 일은 추구하는 목적과 목표가 없으므로 어느 정도의 성과를 내었는지에 대한 판단이 서지 않는다. 그러므로, 조직의 경영환경에 대한 명확한 판단으로 조직 외부의 기회(opportunity)와 위협(threat), 그리고 조직 내부의 강점(strength)과 약점(weakness)을 분석하는 SWOT 분석을 통하여 되도록 계량화한 목표를 제시할 수 있어야 다음 단계의 계획 수립이 용이해진다.

(2) 실행(do)

실행과정은 수립된 계획을 근거로 하여 조직 구성원들의 조직화(organizing)와 구조화(structuring), 지휘(directing) 그리고 업무를 실행(implementing)하는 것이다. 조직화란 경영목표가 결정된 이후에, 이를 가장 효과적으로 달성할 수 있도록 조직의 활동과 장비, 그리고 구성원을 체계적으로 구성하고 배치하는 것을 말하며, 구조화란 결정된 활동을 수행하기 위한 조직내 하위 부서를 결정하는 것을 의미한다. 그리고 이러한 활동이 제대로 수행되기 위해서는 지휘기능이 단위 부서의 관리자에게 필요하다.

지휘는 해당 부서의 목표를 달성하기 위하여 권한(authority)과 책임(responsibility)을 부여하고 정보전달 및 활용을 위한 조정기능(coordinating)을 두도록 해야 한다. 그리고 조직 구성원의 동기부여(motivation)와 의사소통(communication)의 원활화를 위하여 경영관리자에게 리더십(leadership)을 부여하고, 조직 구성원의 욕구와 희망을 만족시킬 수 있는 통솔력이 제대로 발휘될 수 있도록 하는 것이 필요하다.

(3) 통제(see)

통제과정은 경영활동의 결과, 실현된 성과를 수립된 계획과 비교하여, 기업활동의 성과를 향상시키기 위한 조치를 취하는 활동이다. 이 통제기능에는 크게 두 가지의 활동이 포함된다. 첫째는 계획된 기업활동이 제대로 수행되었는지의 여부를 판단하는 것이며, 둘째는 기업활동의 결과를 측정하고 평가하여 향후 더 나은 기업활동을 할 수 있도록 개선사항을 계획과정에 반영하는 것이다. 통제과정에서는 계획과 실행간의 차이에 대한 비교시 세 가지의 상황이 발생한다. 첫째는 계획에 비해 실행의 결과가 미흡한 경우이다. 이때는 그 원인과 문제점을 분석하여 계획이 너무 높게 책정되지는 않았는지 아니면 조직 구성원의 실행이 제대로 되지 못한 이유가 무엇인지에 대해 면밀히 파악하여 목표 및 실행과정의 수정을 통하여 조직 구성원이 계획된 목표를 달성할 수 있도록 유도하여야 한다.

둘째는 계획에 비해 실행의 결과가 높은 경우이다. 이 경우는 통제의 대상으로 될 수 없다고 생각하기 쉬우나 성과가 높은 경우에 그 차이의 원인이 진정한 목표

표 1-5	경영계층과 의사결정유형	
경영계층	의사결정 유형	해당업무
최고경영층	전략계획	중장기 전략계획 수립, 설비의 증설, 입지선정, 매수와 합병, 배당정책
중간관리층	관리통제	사업계획의 실행 및 통제 • 영업계획 • 생산계획 • 구매계획 • 인력계획 • 자금계획
하위관리층	운영통제	부서별 사업의 실행과 통제
운영실무자	업무운영	개인별 업무의 실행

의 초과달성인지 아니면 낮은 목표수준에 기인한 것인지를 분석하여 차후의 목표 설정에 반영하여야 하며, 조직 구성원의 높은 생산성으로 인한 초과 목표달성일 경우에는 인센티브(incentive)를 제공함으로써 조직 구성원에게 동기 부여하는 것이 바람직하다. 셋째는 계획과 실행의 결과가 일치하는 경우이다. 이 경우에는 목표관리(management by objective)에서와 같이 대부분의 조직 구성원이 자신의 목표를 달성한 경우에 해당한다. 이 경우는 조직의 목표 설정과 조직 구성원의 목표 달성이 원하는 데로 달성된 것으로 평가할 수 있지만, 계획 및 실행의 완전성 여부를 조사하여 향후 목표 설정에 반영할 수 있는 피드백 과정이 수립되어야 한다.

대부분의 경우에 조직 구성원들은 예정된 목표를 달성하기 위해 노력한다. 하지만, 경제상황이 갑자기 호전되거나 악화되어 목표를 초과하거나 미달하더라도 주변의 여건에 따라 성과에 대한 평가는 서로 다를 수 있다. 그러므로, 조직의 경영목표가 결정된 이후에는 조직 구성원으로 하여금 개인의 목표와 조직의 목표를 동시에 달성할 수 있도록 조직의 경영여건을 정비하고, 구성원들의 직무만족 및 동기부여를 항상 염두에 둔 경영활동을 수행하여야 한다.

3.2 경영관리의 계층

기업은 조직 구성원이 수행하는 경영활동 및 업무활동을 통해 목표를 달성한다. 이러한 활동이 효과적으로 수행되기 위해서는 경영관리의 기능 또한 체계화되어야 한다. 경영관리는 조직 계층에 따라 서로 다른 특성과 기능으로 체계화되는

데, 경영관리 기능을 수행하는 조직계층을 경영계층이라 한다. 전통적으로 경영계층은 최고경영층, 중간관리층, 하위관리층, 운영실무자 등으로 구분되는데, 조직 전반적으로 상위 경영층으로 올라갈수록 비정형적이고 전략적인 업무를 수행하게 되며, 운영실무자로 내려올수록 정형적이고 일상적인 업무를 수행한다.

앤토니(R. Anthony)는 조직에서 수행되는 다양한 경영활동을 일련의 계층적 활동으로 파악할 수 있다고 하였다. 즉, 경영관리자에 의해 수행되는 활동은 경영계층에 따라서 크게 전략계획(strategic planning), 관리통제(management control), 그리고 운영통제(operational control)로 나뉘어진다는 것이다. 전략계획은 사업방향, 시장전략, 제품믹스와 같은 비정형적이고, 전략적이며 장기적인 경영활동을 의미하며, 관리통제는 중간경영층에 의해 수행되는 경영활동으로서 경영자원의 획득과 조직, 업무의 구조화, 종업원의 채용과 교육 등과 같이 중기적인 경영활동을 수행한다. 마지막으로 운영통제는 생산, 판매의 실적분석 및 관리와 같은 기업의 통상적인 운영에 필요한 단기적인 의사결정과 경영활동들로 하위경영층에 의해 수행된다.

계층별 조직의 규모는 상위경영층으로 올라갈수록 경영관리자의 수가 줄어드는 피라미드의 구조를 가지는 것이 일반적이다. 최고경영층은 회장, 사장, 전무, 상무 등을 포함하는 중역으로 구성되어 있으며, 조직의 중장기 전략계획 수립이나, 설비의 증설, 입지선정, 매수와 합병, 배당정책 등과 같은 중요한 의사결정을 수행한다. 중간관리층은 부장, 차장, 과장 등으로 구성되며, 하위관리층에서 올라오는 사업계획의 실행과 통제업무를 수행하는데, 이와 관련된 업무로는 자금계획,

그림 1-13 경영계층과 의사결정

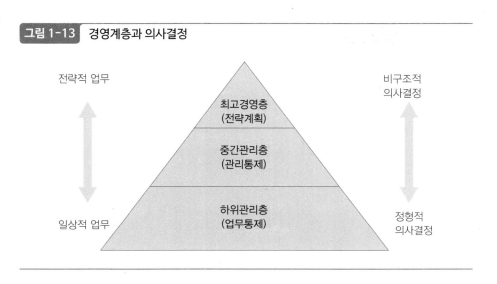

생산계획, 판매계획, 구매계획, 인력계획 등의 업무를 관장한다. 하위관리층은 대리, 계장, 주임 등으로 구성되며, 부서별 세부사업의 실행과 통제업무를 관장하며, 주로 현업부서의 최일선 관리자로서 그 역할을 수행한다. 그리고, 운영실무자는 개인별 업무를 실행하는데, 주로 생산업무, 구매업무, 판매업무, 회계업무, 인사업무 등의 일상적이고 정형화된 업무를 수행한다. [그림 1-13]은 경영계층에 따른 의사결정 유형을 도식화한 것이다.

3.3 계층별 경영관리를 위한 정보시스템

조직의 계층에 따라 정보시스템의 유형을 구분하게 되면, 경영계층의 분류에 따라 정보시스템의 지원기능도 달리 구분할 수 있다. 먼저 업무운영을 위한 정보시스템으로 기업의 경영활동 중 가장 기본적인 업무와 관련되어 데이터를 처리하는 거래처리시스템(Transaction Processing System, TPS)이 있으며, 중간경영층의 정보처리를 위한 경영보고시스템(Management Reporting System, MRS) 혹은 정보보고시스템(Information Reporting System, IRS)이 있으며, 최고경영층의 경영활동을 지원하기 위한 정보처리시스템으로 중역정보시스템(Executive Information System, EIS) 등이 있다. 그 밖에도 경영계층별 정보시스템의 유형과는 달리 조직의 특정분야에 대한 의사결정 지원을 위한 의사결정지원시스템(Decision Support System, DSS)과 조직의 전략적 활동을 지원하기 위한 전략정보시스템(Strategic

그림 1-14 경영계층별 정보시스템

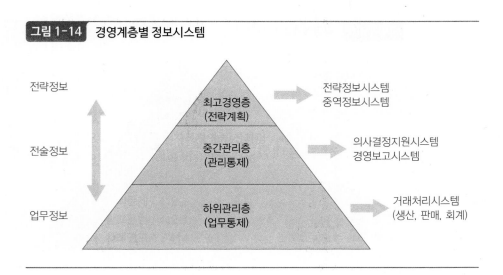

Information System, SIS) 등이 있다. [그림 1-14]는 경영계층에 따른 정보시스템의 유형을 도식화한 것이다.

[그림 1-14]에서 제시된 경영계층별 정보시스템의 유형들은 낮은 수준의 정보시스템에서 생성되는 정보를 이용하여 더 상위 수준의 정보시스템에 데이터 자원으로 활용하게 되며, 상위 수준의 정보시스템은 더 상위 수준의 경영활동을 지원하기 위해 활용된다.

(1) 거래처리시스템(TPS)

거래처리시스템은 조직의 경영활동 중에서 가장 기본적인 업무활동을 지원하기 위한 정보시스템으로 거래활동과 관련된 처리업무를 담당하며, 거래처리로부터 발생하는 데이터를 저장하고 관리한다. 거래처리시스템의 목적은 단지 많은 양의 데이터를 신속하게 처리하는 데에 있으며, 의사결정을 지원하는 것은 아니다. 거래처리시스템은 다음과 같은 특징을 가지고 있다.

- 일상적이고 반복적인 거래처리업무를 수행함.
- 하위관리층이나 운영실무자에 의해 주로 사용됨.
- 의사결정 정보의 지원이 아닌 거래정보를 처리하여 저장함.
- 거래와 관련된 상세한 수준의 데이터를 취급함.
- 조직의 일상적인 업무처리를 위하여 시스템의 활용도가 높음.

거래처리시스템은 원자재의 수급에서부터 입고 및 출고와 관련된 자재관리시스템, 그리고 자재를 이용하여 공장에서의 생산공정과 관련된 생산관리시스템, 생산실적에 의해 완성된 완제품의 재고는 영업관리시스템의 입력자료가 되며, 영업부서의 영업실적은 영업관리시스템을 거쳐 회계정보시스템으로 연결된다. 이와 같이 거래처리시스템은 기업의 생산 및 영업과 같은 기본적인 업무활동에 관한 데이터를 기록, 처리, 관리하는 데 이용된다.

과거에는 거래처리시스템을 EDPS(Electronic Data Processing System)라 불렀다. 이것은 전자적으로 데이터를 처리한다는 의미의 명칭이다. 하지만, 최근에는 전자적으로 처리하는 시스템의 유형이 많아지게 되면서 EDPS 보다는 거래처리시스템(TPS)으로 통상 불리고 있다. 이처럼 거래처리시스템은 기업의 일상적인 업무를 보다 쉽게 처리하고 업무에 관한 데이터를 효율적으로 저장하고 관리하는 데 그 목적이 있다.

(2) 정보보고시스템(IRS)

거래처리시스템은 거래처리의 자동화를 통한 업무의 개선에 중점을 두었기 때문에 업무처리의 효율성은 높였지만, 정보를 종합하여 요약하거나 보고서를 작성하는 중간관리자의 업무에는 큰 도움을 주지 못하였다. 하위관리층의 업무를 감독하고 통제하며, 최고경영층의 의사결정에 필요한 정보를 제공하는 중간관리층의 경영관리업무를 지원하는 시스템을 경영보고시스템(MRS) 혹은 정보보고시스템(IRS)이라 한다.

정보보고시스템은 협의의 경영정보시스템이라고 불리기도 하는데, 그 이유는 중간관리층의 경영활동을 지원하기 위해 구축된 정보보고시스템은 조직의 경영활동인 업무계획, 분석, 의사결정을 위해 필요한 정보를 제공한다는 차원에서 경영정보시스템의 개발목적과 유사하기 때문이다. 하지만 기업경영에 활용되는 모든 종류의 정보시스템을 포함하는 광의의 경영정보시스템과 구별되는 이유는 시스템의 이용대상이 먼저 중간관리층으로 제한되며, 실적관리 및 예외보고 등에 한정되어 시스템이 활용되기 때문이다.

정보보고시스템은 일반적으로 다음과 같은 특징을 가지고 있다.

- 일상적인 거래처리시스템의 업무결과와 실적을 통제하기 위한 정보를 제공함.
- 중간관리층에 대한 하위관리층의 업무성과보고서를 작성하여 제공함.
- 조직내의 관련된 부서간의 데이터를 종합하여 필요한 정보를 생성하고 제공함.
- 경영관리를 위해 통합된 데이터베이스를 활용하여 정보를 관리함.
- 조직내 부서별 업무별 성과를 비교·분석하여 평가한 정보를 제공하며, 필요시에는 성과에 대한 예외보고서나 비정기적인 보고자료를 작성하여 제공함.

(3) 중역정보시스템(EIS)

중역정보시스템이란 최고경영층의 전략적 기획과 각종 의사결정에 필요한 정보를 제공하기 위한 시스템을 말한다. 중역정보시스템은 중역들을 위한 전문화된 의사결정지원시스템(DSS)으로, 조직 내 고위 경영층을 지원하는데 사용되는 모든 하드웨어, 소프트웨어, 데이터, 절차, 그리고 사람을 포함하고 있다.

여기서 중역이란 회장, 사장, 부사장, 전무, 상무 등과 같은 재무, 마케팅, 생산, 회계 등의 주요 기능을 책임지고 있는 이사급 이상의 임원을 의미한다. 때로는 EIS가 주주에 대하여 책임을 지는 이사회의 활동을 지원하기도 한다. 중역정보시스템의 특징을 살펴보면, 다음과 같다.

- 조직 전체의 장기적인 전망이나 비전과 관련된 구체적인 정보를 제공함.
- 조직의 강점 및 약점, 기회와 위협에 관련된 정보를 요약하여 제공함.
- 조직의 인력배치 및 노사관련 정보를 제공하고, 인사기록을 조회할 수 있도록 함.
- 영업이나 생산실적 정보 제공 시에 위기관리를 위한 체계화된 정보를 제공함.

참고로, 중역들에게 제공되는 의사결정 지원정보는 되도록 미래의 불확실성을 감소하기 위한 측면에 중점을 많이 두고 있다. 이를 위하여 EIS 시스템의 추가적인 기능으로 계량화된 모델을 이용하거나 시나리오 기법과 같은 상황에 따른 의사결정 정보를 제공함으로써 최고경영층의 의사결정 위험도를 낮추고 특정상황에 적합한 의사결정을 내릴 수 있도록 도와주고 있다.

일반적으로 중역정보시스템은 중역을 지원하는 독특한 성격으로 인해 사용의 편리성을 제공해야 하며, 모든 수준의 전략적 의사결정을 지원해야 하며, 특정상황에 적합하도록 시스템의 변경관리가 용이해야 하고, 전체적인 접근방법이나 표현이 유연해야 한다. 다음은 중역정보시스템이 가져야 할 시스템의 요건들이다.

- 사용자에게 친근한 사용자 인터페이스 제공
- 중요한 의사결정유형별 정보 지원
- 광범위한 계산기능의 제공
- 전문화된 보고서와 그래픽 기능을 가진 출력화면
- 의사결정 환경의 변화에 따른 유연성 있는 시스템 구축
- 조직 외부 데이터 및 데이터베이스를 연결하여 정보 제공

3.4 경영관리와 정보자원

(1) 경영자원으로서의 정보

오늘날 기업의 경영관리는 시간의 경과에 따라 과거보다 훨씬 경쟁이 심화되고 있으며 복잡한 기업환경을 가지고 있다. 특히 지구촌이라는 글로벌 환경으로

세계를 대상으로 제품과 서비스를 제공해야 하는 기업의 관점에서 세계적인 기업과 경쟁하기 위해서는 더 좋은 기술과 제품으로 고객의 요구를 만족시켜야 하며, 또한 기업 내부적으로도 신속한 의사결정을 수행해야만 한다. 점차 다양해지고 급변하는 시장환경을 분석하고 시장에서의 경쟁우위를 획득하기 위해서는 중요하고 시급한 문제를 합리적이고 과학적인 방식으로 경영관리활동을 수행해야 한다. 특히 한국 기업은 모든 산업에 있어서 시장개방의 압력, 생산기지의 개발도상국 이전, 개발도상국의 가격경쟁 및 선진국의 품질경쟁 심화가 두드러지게 나타나고 있다. 이와 같은 어려운 문제를 신속하고 정확하게 판단하기 위해서는 정보를 기업의 자원으로 인식하는 사고의 전환이 필요하다.

기업은 인력, 자금, 설비 및 원재료 등의 물질적 자원을 이용하여 제품과 서비스를 생산한다. 정보는 이러한 경영자원들이 제품이나 서비스로 생산되는 과정에서 경영자원의 효율적이고 효과적인 변환과정을 지원함으로써 경영자원의 가치를 높여주거나 생산된 제품과 서비스를 결합하여 더 높은 부가가치를 창출할 수 있도록 지원해 주는 역할을 한다. 예를 들어, 새로운 제품을 만들었을 경우, 기업 자체적인 품질검사 및 판단기준으로는 경쟁사와의 비교에서 우수하다는 판정이 있다하더라도 소비자는 그것을 알 수 없다. 결국, 소비자에게 우수한 제품의 생산을 알리기 위해서는 제품의 홍보와 광고에 막대한 예산을 투입하여야 한다. 하지만, 제품의 수급을 선도하는 소비자 집단이 있다는 정보를 파악하여 그 집단만을 대상으로 홍보하여 성과를 올린다면, 그 제품의 판로 개척이나 영업실적은 당연히 예상할 수 있다.

또한, 기업이 데이터를 가공하여 정보를 생산하거나 정보를 재가공하여 부가가치가 높은 새로운 정보를 생산하는 경우 데이터와 정보는 경영자원으로 활용된다. 최근에는 통신으로 판매하는 카드사나 백화점의 경우에 이용실적이 있는 우수고객파일을 만들어 정기적으로 고객에게 사은선물이나 백화점의 신상품 소개 책자를 발송한다면, 정보를 더욱 가치 있게 만드는 것이다.

시스템관점에서 본 기업이란 [그림 1-15]와 같이 기업을 둘러싸고 있는 경영환경으로부터 입력물을 제공받아 가공·처리 과정을 통해 제품이나 서비스를 출력물로 전환하여 이를 다시 환경에 제공하는 시스템을 의미한다. 기업이 필요로 하는 입력물에는 인력, 기술, 원자재, 자금, 데이터 등이 있으며, 기업이 환경에 제공하는 출력물로는 제품이나 서비스 그리고 정보와 같은 부산물이 있다. 기업이 환경에 산출하는 제품이나 서비스에는 기업환경에 있는 고객의 생활 필수품을 비롯한 다양한 제품군과 서비스가 있을 수 있으며, 기업환경에 속한 주주나 채권자

그림 1-15 시스템 관점에서 본 기업

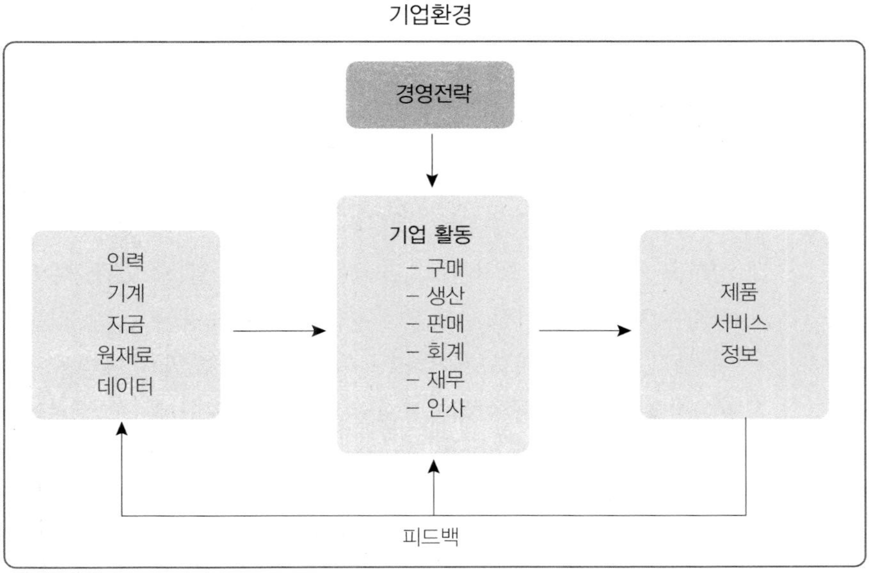

기업환경

경영전략

↓

기업 활동
- 구매
- 생산
- 판매
- 회계
- 재무
- 인사

인력
기계
자금
원재료
데이터

제품
서비스
정보

피드백

에게는 배당이 이루어진다.

현대사회에 접어들면서 경영자원으로서 정보의 활용 가치는 어느 때 보다도 높다고 할 수 있다. [그림 1-15]를 참고해 보면, 인력, 기계, 자금, 원재료, 데이터를 입력요소로 하여 기업의 경영활동이 이루어지고, 경영활동의 결과로 제품 및 서비스와 정보를 창출해 낸다. 이 결과는 다시 입력요소와 기업의 경영활동과정에 피드백 되어 더 좋은 제품과 서비스, 그리고 기업에 필요한 정보를 만들어 간다.

(2) 자료, 정보, 지식 그리고 지능

정보가 기업의 중요한 자원으로 인식되고 철저한 관리와 통제가 이루어지기 위해서는 우선 정보란 무엇이며, 그 가치는 어떻게 측정되는 것이 바람직한지에 대해서 우선 살펴보아야 한다. 정보는 매우 추상적인 개념이며, 보는 관점에 따라서 그 정의가 명확하지 않다. 여기서는 정보와 관련된 데이터, 정보, 지식, 그리고 지능의 개념에 대해 설명하고, 이 개념을 바탕으로 경영자원으로서 정보가 어떻게 활용되는 것이 올바른지에 대하여 설명하도록 한다. 기업의 경영활동에 있어서 데이터와 정보는 거의 같은 의미로 사용되기도 한다. 하지만, 개념적으로 데이터와 정보는 엄격히 차이가 있다. 데이터(data)는 "주다(to give)"라는 의미를 가진 라틴어의 do, dare에서 유래하였으며, 일반적으로 특정한 일에 유용하게 사용될지도 모르는 사실, 이미지, 소리 등을 의미한다. 즉, 데이터(data)는 데이텀(datum)의 복수형으로 하나의 사실이나 숫자, 혹은 일반적으로 대하는 통계적 수치 등을 말하며, 정보를 만들기 위한 원재료로 이해할 수 있다.

정보(information)는 "형식을 주다(give form to)"라는 의미를 지닌 라틴어의 informo, informare에서 유래하였으며, 그 형식이나 내용이 특정한 목적이나 용도에 적합하게 사용될 수 있는 데이터를 의미한다. 정보란 목적과 용도에 맞도록 구성하고, 추출하고, 요약하고, 가공된 데이터라 할 수 있다. 데이터를 정보로 변환하기 위해서는 주어진 문제를 해결하기 위해 도움이 될 수 있는 데이터를 선택하여 부적절한 데이터를 제거하고, 여러 곳에 산재한 데이터를 종합하거나 요약하며, 사용자로 하여금 이해하기 쉬운 형태로 바꾸어 표현함으로써 사용자에게 필요한 정보로 변환시킬 수 있다. 그리고 기업 경영활동에서 업무에 바쁜 경영층을 대상으로 정보를 제공할 경우에는 데이터의 추출, 구성, 요약, 가공 등의 처리과정 이외에도 예외적인 초점사항에 대해 명확한 설명을 함으로써 보고의 효과성을 높이고, 간결한 보고를 수행할 수 있다.

지식(knowledge)은 데이터와 정보와는 또 다른 개념으로, 인간의 행동이나 의사결정에 직접적인 영향을 미치는 것이다. 지식이란 정보를 획득한 이후에 사용자로 하여금 해석하고, 결정하고, 행동한 결과가 인간의 뇌에 축적되고 저장되는 것을 말한다. 다시 말해서, 지식이란 행동과 의사결정에 지침을 제공하는 본능, 아이디어, 규칙 그리고 절차 등을 의미한다.

지능(intelligence)은 지식을 기반으로 행동양식에 영향을 주는 것으로, 지식을 기반으로 행동에 옮기는 것을 말한다. 일반적으로 지식을 가진 사람은 데이터를 정보로 변환하는 과정에서 구성하고, 추출하고, 요약하고, 가공하는 일에 익숙하여 정보를 생성하는 데에 신속하고 정확하다. 그리고 정보를 가지고 해석하고 결정하여 행동할 때에도 지식을 가진 사람은 지능적으로 결과를 도출해 낸다. 그러므로 지능은 지식을 획득하고, 이해하고, 적용할 수 있는 능력과 지식에 대해 사고하고 추론할 수 있는 능력을 의미한다. 지적인 인간(intelligent people)이라고 할 때, 그 의미는 지식을 소유한 것만이 아니라 지식을 소유하고 활용하는 것을 포함하는 개념이다.

[그림 1-16]은 데이터, 정보, 지식, 그리고 지능간의 개념적 관련성을 도식화하여 표현한 것이다. 데이터를 입력물로 하여 구성, 추출, 요약, 가공한 결과가 정보를 만들게 되며, 정보를 기반으로 해석하고, 결정하고 행동한 결과는 지식으로

그림 1-16 데이터, 정보, 지식 그리고 지능간의 관련성

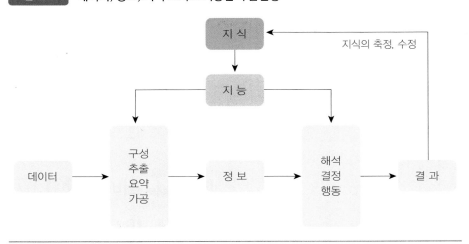

축적되며, 상황에 따라서는 기존의 지식을 수정하는 경우도 발생한다. 그리고, 지식을 기반으로 하여 지능적인 행위를 하게 되는데, 그것은 데이터를 정보로 변환하거나 정보를 지식으로 축적하는 과정에 영향을 주기 때문이다.

(3) 경영과 정보기술의 관계

최근 급격한 경영환경의 변화로 인하여 기업의 경영활동 및 의사결정을 지원하기 위한 정보기술(information technology)의 도입 및 활용이 점차 확산되고 있다. 뿐만 아니라 정보기술의 발전으로 컴퓨터를 비롯한 각종 정보기기들이 기업에 도입되면서 조직의 경영계층에도 정보기술을 이용한 경영관리자들의 경영활동 및 의사결정을 지원하는 사례가 많이 나타나고 있다.

1945년 ENIAC 컴퓨터가 처음으로 나타난 이후, 컴퓨터의 사용이 점차 확산되면서 기업의 경영활동에 사용되기 시작한 것은 1970년대부터라 할 수 있다. 그 이전까지만 하더라도 경영활동에 컴퓨터를 이용하는 것은 학술적인 용도의 컴퓨터 이용, 그리고 통계자료의 집계 및 분석을 위한 용도로 활용되었다.

하지만, 1970년대와 1980년대에는 경영활동에 있어서 정보기술은 사무생산성 및 노동생산성을 높이는 수단으로 그 가치를 높였다. 최근까지만 하더라도 컴퓨터는 사람이 하는 일을 대신하여 수행하는 비싼 기계로 인식되었다. 하지만, 1990년대에 들어서면서 정보기술이 도리어 경영활동을 가능하게 하는 기본활동으로 자리잡게 되었다. 특히 2000년대 이후에는 정보기술에 의해 새로운 비즈니스모델이

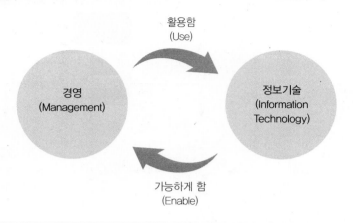

그림 1-17 경영관리와 정보기술의 관계

활용함
(Use)

경영
(Management)

정보기술
(Information
Technology)

가능하게 함
(Enable)

나타나면서 정보기술은 기존 경영활동을 혁신하는 경영기법 혹은 새로운 비즈니스의 창출과 관련된 개념으로 인식하게 되었다.

[그림 1-17]은 경영과 정보기술의 상관관계를 과거의 단순한 도구나 수단의 관계에서 최근에는 경영활동을 가능하게 하는 정보기술의 역할로 발전되고 있다는 개념을 도식화하여 표현한 것이다. 즉, 1980년대까지는 수작업으로 처리하던 업무활동을 컴퓨터로 대체하는 사무자동화의 수단으로 정보기술이 활용되었지만, 1990년대 이후에는 정보기술을 활용함으로써 기존 경영활동을 더욱 가치있게 할 뿐만 아니라 새로운 비즈니스 모델을 만드는 경영혁신과 신사업 창출의 역할로 변화되었다는 것이다.

그 사례로 은행이나 증권회사를 생각해보자. 만약, 은행이나 증권회사에 컴퓨터가 없는 업무활동을 생각해보자. 최근에는 워낙 많은 컴퓨터가 보급되어 당연시하고 있지만, 30여년전 만하더라도 컴퓨터 없이 수기통장에 은행원이 기입을 하였다. 당시의 주식가격을 제공하는 증권전산주식회사는 시스템의 불안정으로 인해 자주 시스템이 멈추어 버리는 경우가 자주 발생하여 고객들의 원성을 사야만 했다. 만약 최근에도 이와 같이 시스템이 빈번하게 정지하는 은행이나 증권회사가 있다면, 며칠 가지 못해 그 은행이나 증권회사는 문을 닫아야 할지도 모른다. 이렇게 세상은 변해가고 있고, 우리가 모르는 사이에 정보기술은 벌써 기업의 경영이나 업무활동에 깊숙이 유입되어 활용되고 있는 것이다.

21세기 디지털경제에서는 유비쿼터스 컴퓨팅(ubiquitous computing)과 네트워크 기술을 이용하여 가상의 공간과 물리공간을 통합하고 사람, 사물, 컴퓨터를 하나로 연결해 제3의 공간을 개척함으로써 새로운 경영 패러다임의 변화를 가능하게 하였다. 제3의 공간에서 일어나는 발상의 전환은 지금까지 정부, 기업, 개인이 영위해 왔던 토대를 근본적으로 변혁시키는 패러다임의 전환이라고 할 수 있다. 인터넷에 기반하여 기업 내 또는 기업간 정보화를 통한 생산성 향상과 국경을 초월한 전자거래 등으로 비즈니스의 모습이 근본적으로 변화되고 있다. 이러한 인터넷 혁명은 기업 가치사슬상의 구매, 제조, 유통, 판매, 서비스로 이어지는 프로세스에 엄청난 영향을 미치고 있다. 본 절에서는 인터넷 혁명에 대한 이해와 인터넷에 의한 기업의 e-비즈니스 개념과 영역, 그리고 효과에 대해 알아보기로 한다.

4.1 인터넷의 확산

(1) 인터넷의 발전

인터넷은 정보의 바다로 네트워크 중의 네트워크(network of networks)로서 사용자 인터페이스 향상과 다양한 프로그램 개발을 통해 글로벌하게 연계되어 있다. 인터넷은 최초 상업용이나 범용 네트워크로서 개발된 것이 아니라 동서 냉전시대에 소련의 핵공격으로부터 국가의 네트워크를 보호하기 위해 개발된 분산 네트워크(distributed network)인 알파넷(ARPANET)에서 시작되었다. 1960년대 초에 인터넷은 미국 정부기관과 대학간의 네트워크로 연결하여 국가방위체계가 확립된 이후, 연구 프로젝트 수행, 메시지 전송 그리고 협업을 위한 네트워크로 발전하였다. [그림 1-18]과 같이 인터넷의 주요한 발전을 4단계로 구분하여 살펴볼 수 있다.

첫번째 인터넷 발전단계는 1961년부터 1974년까지의 구현기이다. 이 시기에 인터넷의 기본적인 구축전략인 패킷 전송방식, 클라이언트 서버 컴퓨팅, 그리고 TCP/IP에 기반한 통신망 구축계획이 수립되어 대학과 연구기관들간의 네트워크 연계가 이루어지기 시작하였다. 두번째, 1975년부터 1994년까지의 확산기에는 미국방성, 국가과학원 등과 같은 대규모 기관간에 인터넷에 기반한 연계가 이루어졌

그림 1-18 인터넷의 발전단계

| 구현기 1961~1974 | → | 확산기 1975~1994 | → | e-비즈니스 도입기 1995~2010 | → | e-비즈니스 확산기 2010~ |

는데, 이 때 구축되었던 네트워크를 ARPANET이라고 부른다. 1986년부터는 군사용으로 사용되던 군용망을 따로 분리하고, 민간인들을 대상으로 한 네트워크로 확장하기 시작하였다. 세번째 단계인 e-비즈니스 도입기는 1995년에 최초의 인터넷 비즈니스 기업인 Amazon.com, eBay.com 등이 설립되어 인터넷이 상업적인 용도로 본격적으로 사용되면서 시작되었다. 이때부터 일반 개인이나 가족 등과 같이 순수 시민들을 위한 지역 네트워크와 인터넷 백본이 확충되기 시작하였다. 네번째 단계인 e-비즈니스 확산기는 인터넷 기간망을 구축한 이후에 기업이나 일반 시민들이 상업적인 용도 이외에도 웹기반의 소셜네트워크(SNS)를 이용한 정보유통이 이루어지면서 e-비즈니스가 확산되고 있다.

(2) 인트라넷과 익스트라넷

인터넷 기술은 새로운 비즈니스 기회라든가 경쟁우위를 확보하기 위하여 광범위하게 이용되고 있다. 현재까지 인류의 역사에서 인터넷만큼 빠르게 확산된 기술은 존재하지 않았다. 인터넷이 이렇게 빠르게 확산된 이유는 무엇인가? 첫째, 인터넷은 사람들이 어디에 있든지 간에 상호연결이 가능하다. 예를 들면, 사람들이 집, 직장, 혹은 공공장소 등 어디에 있든지 간에 상호 연결할 수 있다. 두번째, 인터넷이 비즈니스의 가치를 증대시키고 있다. 조직에서 고객, 공급자, 거래 파트너, 그리고 근로자들과의 관계를 형성한다든가 혹은 시장의 기회를 탐색하기 위해 인터넷을 사용한다. 이러한 인터넷을 조직 내외부에서 보다 효과적으로 이용할 수 있게 지원하는 것이 인트라넷(intranet)과 엑스트라넷(extranet)이다. 인트라넷은 조직내부 구성원들이 기업내부의 정보를 공유하거나 협력적인 정보를 액세스 하게끔 지원하는 기업내부 네트워크이다. 엑스트라넷은 고객, 공급자, 거래 파트너들과의 전자적인 서비스와 협력을 공유하기를 원하는 조직들에 의해 이용되는 인터넷 기술이다. 보안, 인증, 방화벽 등과 같은 인터넷 기술은 조직의 정보와 시스템의 안전한 보호를 위해 엑스트라넷에서 핵심적으로 요구되는 기술들이다.

4.2 e-비즈니스의 출현

(1) e-비즈니스의 개념

실무에서는 e-비즈니스와 전자상거래(electronic commerce)라는 용어가 혼재되어 사용하고 있으나 본 교재는 거래목적을 위한 상거래 행위에 한정하여 전자상거래의 개념을 정의하고자 하며, 인터넷 기반에서 전자상거래를 포함한 기업의 비즈니스 활동 전체를 e-비즈니스로 정의하고자 한다. e-비즈니스의 개념을 정의해보면, IBM(1997)은 "인터넷 기술의 사용을 통한 핵심적인 비즈니스 프로세스의 전환(transformation)"이라고 정의하였다. 가트너그룹(1999)은 e-비즈니스를 "디지털기술을 통한 기업 비즈니스 행위(activities)의 최적화(optimization)"라고 하였다. 또한 Kalakota & Robinson(2000)은 "e-비즈니스는 최상의 비즈니스 모델을 실현하기 위한 비즈니스 프로세스, 기업 애플리케이션, 그리고 조직구조의 복잡한 통합(complex fusion)"이라고 정의하였다.

이에 대해 전자상거래의 개념 정의를 보면, Wigand(1997)는 "전자적 연계(electronic connection)에 기반하여 수행되는 경제적 행위(economic activity)의 어떤 유형(any forms)"이라고 정의하였다. Zwass(1998)는 전자상거래를 "정보통신 네트워크에 기반하여 비즈니스 정보의 공유, 비즈니스 관계 유지, 그리고 비즈니스 트랜잭션을 수행하는 것"이라고 정의하였다. Turban 등(2010)은 "전자상거래는 인터넷과 네트워크에 기반하여 전자적으로 수행되는 새로운 방식의 비즈니스"라고 정의하고 있으며, 전자상거래에 EFT(전자자금이체), EDI(전자자료교환), 전자우편, IOS, CALS 등과 같은 개념이 포함된 인터넷 기반의 비즈니스 상거래를 의미하고 있다.

e-비즈니스와 전자상거래의 개념이 유사하긴 하나, 이 책에서는 인터넷 기반의 비즈니스 상거래를 전자상거래의 범위로 한정하고, 전자상거래의 영역을 포함하여 네트워크상에서 제품의 판매와 구매 이외에도 조직 내외의 상거래에 필요한 비즈니스 프로세스와 행위(activities)를 포함하는 개념으로 e-비즈니스를 정의하고자 한다. e-비즈니스는 전자적인 거래와 연관된 비즈니스 영역에만 국한하지 않고 전자상거래와 관련된 경영 프로세스 이외에 기술, 사회, 문화, 경제 영역을 포괄하는 개념으로 정의하고자 한다.

e-비즈니스는 조직(organization)에 기반한 개념인 반면에 전자상거래는 시장(market)과 고객(customer) 지향적인 개념이라고 할 수 있다. 즉, e-비즈니스는

정보통신기술에 기반하여 구매, 생산, 판매, 서비스로 이어지는 비즈니스 프로세스에 경영활동의 효율성과 새로운 사업기회를 창출하기 위한 활동으로서 비즈니스 모델의 재설계, 내외부 가치의 통합, 전사적 자원관리 등과 같이 조직적인 영역을 기반으로 하고 있다. 그에 반하여 전자상거래는 인터넷과 같은 정보통신기술을 활용하여 기업이나 소비자를 위한 조직 내외부의거래 프로세스 뿐만 아니라 시장과 고객과의 관계 등을 포괄하고 있다.

(2) e-비즈니스 프레임웍

e-비즈니스는 인터넷 기반의 조직 경영 프로세스와 활동이기 때문에 조직 전반의 업무 프로세스를 개선하여 생산성을 향상하고, 조직의 성과를 획기적으로 개선하기 위해서는 e-비즈니스의 범위와 업무 영역에 대한 이해가 선행되어야 한다. 새로운 비즈니스 패러다임인 e-비즈니스의 특징을 보다 잘 이해하기 위하여 [그림 1-19]는 e-비즈니스의 구성요소(components)를 정리하여 프레임웍(framework)으로 나타낸 것이다. e-비즈니스는 기존의 경영활동을 기반으로 인터넷 기술을 응용한 새로운 비즈니스 프로세스의 개선에 의해 계속 진화되고 있으며, 앞으로 새로운 서비스가 나타나면서 더욱 복잡해질 수 있기 때문에 체계적인 분석과 이해를 필요로 한다. 이 절에서 제시한 e-비즈니스 프레임웍은 e-비즈니스의 전체적인 개념과 응용영역을 이해하는 유용한 개념적 틀로써 활용될 것이다. [그림 1-19]와 같이 e-비즈니스는 거시환경으로 경제적, 사회적, 기술적, 정책적 요인

그림 1-19 e-비즈니스 프레임웍

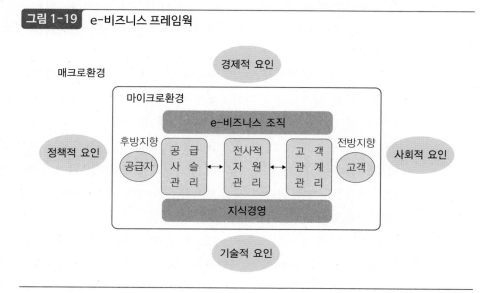

을 가지고 있으며, 미시환경으로는 고객과 공급자, 기업조직 등의 구성요소를 가지고 있다.

1) 경제적 요인

산업경제 환경에서는 "토지, 노동, 자본과 같은 생산요소나 대량생산을 추구하는 전통산업에서 특정 사업규모를 초월하면 수익이 급격히 저하한다"라는 수확체감의 법칙(diminishing returns to scale)이 주로 적용되었으나, 디지털경제 환경에서는 "수요가 아무리 증가해도 생산비용이 추가로 들어가지 않아 수익이 더 커지게 된다"라는 수확체증의 법칙(increasing returns of scale)을 따르게 된다. 그러므로 수확체증의 법칙이 관철되는 디지털경제에서 주력산업이라 할 수 있는 정보산업, 소프트웨어산업, 문화산업, 서비스산업에서 생산량이 증가하더라도 추가비용이 거의 들지 않는 전형적인 수확체증 특성이 있다. 디지털경제하의 e-비즈니스는 경제주체의 거래방식 변화, 조직구조의 변화, 시장구조의 변화, 나아가서는 산업구조까지 변화시키고 있다. 산업경제에서 토지, 노동, 자본이 주로 생산활동에 투입이 된 반면에 디지털경제에서는 지식, 정보 등이 생산 및 유통, 소비 등의 경제활동에 투입되는 특징이 있다. 이와 같은 e-비즈니스의 확산으로 인해 제품 거래에 있어 발생하는 탐색비용(search cost), 이동비용(moving cost), 그리고 물류비용(logistics cost)과 같은 거래비용(transaction costs)이 절감되고 있다.

2) 사회적 요인

e-비즈니스의 확산에 따라 주요하게 고려해야 될 부분이 사회적 요인이다. 사회적 측면은 경제활동의 추진에 따른 사회적 변화를 요구하는 것으로 윤리 및 도덕적 이슈, 소비자 및 개인정보 보호, 사회적 불평등의 해소와 같은 요인을 들 수 있다. 과거의 산업경제에서는 상점이나 백화점에서 물건을 직접 보고 구입하던 소비자들의 상관행 등이 있었으나 인터넷 이용자 및 컴퓨터, 스마트폰의 보급 확대로 인하여 경제활동에 대한 대상 영역이 확대되어 사회적인 활동의 범위가 넓어지고, 이에 따른 e-비즈니스의 확대 적용으로 대상 콘텐츠의 확대와 네트워크 확대에 따른 사회적 교환 범위가 자연스럽게 넓어져야 한다. 하지만 제공되는 콘텐츠가 부족하거나 수ㆍ배송관련 물류 유통체계가 취약하다면, 이에 대한 적절한 대응이 요구된다. 즉, 산업경제에서 노동과 자본의 양에 따라 수익의 크기가 결정되는 반면에 디지털경제에서는 디지털 숙련도와 소유하고 있는 지식과 정보의 양과 질에 의해 결정되는 디지털 격차와 디지털 불평등이 나타나게 된다. 이와 같은 e-비

즈니스의 거래 활성화를 통해 발생할 수 있는 다양한 위험요소들의 효과적 관리를 필요로 한다.

3) 법·제도적 요인

인터넷과 정보통신기술에 기반한 e-비즈니스는 기존의 관습과 규범 그리고 법규에 새로운 변화와 개정을 필요로 한다. 기술이 앞서가고 제도나 규범이 마련되지 않으면 많은 혼란과 위험을 야기시킨다. 그러므로 e-비즈니스의 성공적 확산을 위한 관련 제도 및 법규상의 정비가 이루어져 e-비즈니스에 참여하는 조직, 소비자, 공공기관 등에게 신뢰와 안전한 토대를 제공해 주는 것이 중요하다. 법률적 측면에서 전자거래의 분쟁해결 메커니즘 마련, 전자데이터에 대한 지적소유권, 특허권, 가상세계에서의 상표 유지 및 양도 등의 문제도 주요하게 고려되어야 된다. 특히 소비자 보호 측면에서 소비자 개인정보의 노출, 거래사기 반발, 허위·과장 광고로 인한 손실 등에 관련된 법과 제도적 측면의 정비가 필요하다. e-비즈니스의 전반적인 정책과 표준 설정, e-비즈니스 관련 제도 및 법규 등의 정비가 체계적으로 이루어져야 할 것이다.

4) 기술적 요인

e-비즈니스의 확산은 e-비즈니스 관련 핵심 요소기술의 계속적인 개발과 응용, 발전에 의해 지속된다. 특히 e-비즈니스의 활성화를 위해서는 안전한 상거래를 위한 보안, 거래의 편의성을 위한 전자결제시스템, 조직 내부의 ERP시스템과 유기적인 통합, 적절한 네트워크 기반구조, 보안 및 인증 등 기술적인 이슈에 대한 고려가 필요하다. e-비즈니스를 보다 활성화시키기 위해서는 다양한 개발자에 의해 만들어진 소프트웨어에 대한 표준이 제정되어 국가 표준과 산업 표준으로 제안되어 공유할 필요가 있다. 뿐만 아니라 e-비즈니스의 확산에 따른 조직 내외부의 불법 침입자로부터 정보의 손상, 변조, 및 유출 등에 대한 보안 및 인증문제가 특히 중요하게 대두되고 있다.

(3) e-비즈니스의 효과

새로운 도전과 기회를 제공하는 e-비즈니스는 기존의 산업경제에서 조직들이 직면했던 환경과 전혀 다른 디지털 경영 환경에 적합한 새로운 법칙과 전략적 접근이 요구된다. 성공적인 e-비즈니스 기업들의 공통점은 디지털경제의 기회를 인식하고 새로운 기회 창출을 위해 인터넷과 정보통신기술에 기반하여 e-비즈니스 정보기술을 적극 활용하고 있다는 점이다. 이처럼 e-비즈니스 기술을 조직에서 성공적으로 구현함으로써 얻을 수 있는 기대효과를 정리하면 다음과 같다.

1) 디지털경영 기반조성

e-비즈니스는 인터넷과 최신 정보기술을 활용하여 기존의 산업경제 지향적인 비즈니스 유형, 비즈니스 프로세스, 조직구조, 조직문화 등을 디지털 경영 방식으로 근본적으로 변화하는 것을 말한다. 그러므로 조직에서 e-비즈니스를 도입하게 되면 구매, 생산, 유통, 서비스 등의 경영자원관리 및 공급사슬 프로세스의 최적화, 효율적인 고객관계관리, 그리고 전략적 의사결정 지원을 위한 체계적인 자원관리가 필요하다. 특히 인터넷과 같은 네트워크로 긴밀하게 연계되어 조직내부의 효율화뿐만 아니라 새로운 비즈니스 기회와 가치를 창출하도록 한다. 디지털경영을 위한 기반구조는 정보기술의 도입에 따라 단번에 이루어지는 것이 아니라 점진적으로 경영활동 영역을 대상으로 구체적인 계획을 수립하고 실행하는 것이 필요하며, 조직문화에서도 e-비즈니스의 활성화를 위한 추가적인 노력이 필요하다.

2) 새로운 가치 창출

인터넷 기반의 e-비즈니스는 전통적인 비즈니스와 비교하여 구매, 생산, 판매, 운영 등에 있어 보다 저렴한 비용으로 비즈니스 활동을 가능하게 한다. 사람들이 인터넷에 접속하는 이유는 그들이 얻게 되는 가치(value) 때문이다. 만약 사람들이 인터넷상에서 제품이나 서비스를 구매하는 것이 오프라인 구매보다 더 저렴하여 가치가 있다고 판단한다면 컴퓨터를 켜고 브라우저를 접속하는 행위를 하게 될 것이다. 그러므로 인터넷에 기반한 e-비즈니스의 중요한 혜택 중의 하나는 사람들이 인터넷에 계속적으로 접속하도록 유도하는 새로운 가치창출이 필요하다. 일반적으로 가치는 가격에 대하여 균형적이다. 그러나 만일 사람들이 지각하는 가치가 가격보다 큰 경우에는 보다 많은 사람들이 인터넷에서 필요한 제품이나 서비스를 구입할 것이다. e-비즈니스를 통한 거래비용의 절감, 물리적인 운영비용의 절감, 비즈니스 인력 감축 등의 비용절감을 제품가격에 반영함으로써 기존 비즈니스와 비교하여 동일한 제품을 보다 저렴한 가격에 고객들에게 판매함으로써 고객들은 낮은 가격 대비 높은 가치를 인식하게 되어 e-비즈니스의 경쟁우위를 지속하게 할 것이다.

3) 효과적인 프로세스 관리

조직에서 e-비즈니스를 도입할 때 네트워크 인프라를 갖추거나 온라인 채널을 추가하는 것만 아니라 조직의 업무 프로세스를 혁신적으로 변화시켜 디지털경제 시대에 적합한 비즈니스 모델을 만들어 내야 한다. 왜냐하면 산업경제에서의 기존 조직 프로세스로는 디지털경제에서 경쟁우위를 지속시키기에는 한계가 있기 때문이다. 그러므로 인터넷에 기반한 효과적인 프로세스 관리를 통해 비용을 절감하고 고객요구에 신속히 대응하는 것은 e-비즈니스의 주요한 혜택 중의 하나이다. 즉, 조직 내외의 가치사슬과 주문시스템을 통합함으로써 비용절감, 시간단축, 그리고 새로운 사업확장이 가능하다. 예를 들면, 생산자, 구매자, 판매자들은 e-비즈니스에 기반하여 적절한 재고수준에 대한 정보를 통합함으로써 구매와 재고관리에 관련된 비용을 절감할 수 있다. 또한 공급자와 구매자와의 응답시간(response time)도 인터넷 기반의 비즈니스 거래 신속화로 인해 향상될 수 있다.

4) 고객 서비스와 충성도 향상

성공적인 기업의 웹 사이트는 기업과 브랜드(brand)의 이미지를 유지하고 제고시키기 위한 중요한 수단이 되고 있다. 인터넷을 통하여 제품정보나 품질정보, 매출규모나 판매량, 그리고 소비자의 불만사항이나 이용후기 등은 고객이 쉽게 접근하도록 정보를 제공할 수 있으며 고객지향적인 제품판촉이 가능하게 되었다. 대부분의 고객들에게 e-비즈니스는 적절한 장소에서 원하는 시간에 필요한 제품이나 서비스를 구입하는 것을 의미한다. 그러므로 이러한 새로운 유형의 고객들을 적절하게 만족시킬 수 있는 기업의 고객서비스가 대단히 중요하다. e-비즈니스에서 우수고객 서비스와 고객충성도(customer loyalty) 제고는 기업의 지속적 경쟁우위에 많은 도움을 줄 것이다.

5) 새로운 판매채널 확대

기업들은 e-비즈니스에 기반하여 고객들을 위한 새로운 판매채널(sales channels)을 제공할 수 있다. 웹사이트 혹은 소셜미디어를 이용하여 제품정보, 기술지원, 그리고 고객불만 정보를 획득할 수 있으며, 인터넷을 이용하여 기업과 소비자 간의 양방향 의사소통을 수행함으로써 더 높은 가치활동을 추구할 수 있다. 즉, e-비즈니스에 기반하여 기업들은 언제 어느 때나 신속 정확하게 시장의 새로운 기회에 능동적으로 대응할 수 있다. 즉, 인터넷을 이용하여 전 세계의 고객들과 1년 365일 24시간 계속하여 최신의 정보와 최상의 서비스를 제공하면서 글로벌 비즈니스를 전개할 수 있게 되었다. e-비즈니스는 물리적인 장소의 한계를 벗어나 새로운 고객을 만날 수 있으며, 새로운 부가서비스의 개발과 응용으로 새로운 사업기회를 만들어 갈 수 있다.

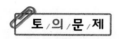

01 2016년 다보스포럼에서 제안된 4차 산업혁명의 개념적 정의를 내리고, 4차 산업 혁명을 일으킨 주요 3대 핵심기술을 설명하시오.

02 1차 산업혁명은 증기기관의 개발에 의한 기계화 혁명이라면, 2차, 3차, 4차 산업 혁명을 1차 산업혁명과 비교하여 생산방식의 변화와 특징에 대해 설명하시오.

03 4차 산업혁명은 초연결성과 초지능화된 특징을 가지고 있다고 한다. 4차 산업혁 명에서 제안하고 있는 초연결성과 초지능화에 대하여 예를 들어 설명하시오.

04 4차 산업혁명을 통해 경제, 산업, 사회, 개인들의 삶의 방식까지 변화시킬 것으 로 예상하고 있다. 2020년까지 선진국에서 710만개의 일자리가 사라지고, 새로 운 일자리가 200만개 만들어질 것이라는 예측이 있다. 4차 산업혁명에 의해 사 라질 직업군은 무엇이며, 새로 만들어질 직업군은 무엇인지 설명하시오.

05 4차 산업혁명에서 가장 중요한 개념 중의 하나가 스마트팩토리(smart factory)이 다. 스마트팩토리가 제조업에 왜 필요한지, 기존의 공장 자동화로는 불가능한 것인지 선진국 사례를 들어 설명하시오.

06 디지털경제의 개념을 기존 산업경제와 비교하여 설명하고, 새로운 디지털경제 의 패러다임에 대하여 설명하시오.

07 Web 2.0은 참여, 개방, 공유라는 양방향의 정보교류를 추진하여 블로그나 SNS 등과 같은 정보커뮤니티의 발전을 유도하였다. Web 3.0은 기존 Web 2.0과 어 떻게 다른지 설명하시오.

08 4차 산업혁명에 의한 디지털경제의 확산으로 기계의 인간지배, 고용과 대량실 업의 문제, 부의 편중현상과 양극화 심화, 교육과 제도의 문제, 대기업과 중소기 업간의 경쟁, 인간의 효용가치와 개인 프라이버시의 문제 등에 있어서 발생하는 긍정적인 시각과 부정적인 시각이 있다. 디지털경제의 확산에 대해 긍정적인 영 향과 부정적인 효과에 대해서 주제별로 설명하시오.

09 기업의 경영계층에 대하여 경영층, 중간관리층, 하위관리층으로 구분하여 설명 하고, 다양한 계층별 경영활동에 따라 전략계획, 관리통제, 운영통제 등의 업무 활동이 수행된다. 조직의 계층별 의사결정과 경영활동에 따른 정보시스템 유형 을 설명하시오.

10 산업사회에서 조직의 경영자원은 인적, 물적, 재무적 자원을 3M(Man, Material, Money)으로 인식하고 있다. 디지털 경제에서 정보자원은 기업의 경영활동 과정 에 피드백 되어 더 좋은 제품과 서비스, 그리고 가치활동의 수준을 높여준다. 기 업의 중요한 정보자원에 대하여 예를 들어 설명하시오.

11 컴퓨터가 도입된 1970~80년대의 기업은 컴퓨터가 사무생산성이나 통계자료의 집계 및 분석을 위한 용도로 사용이 되었다. 하지만, 1990년대 이후의 정보기술은 기존 업무의 생산성 향상뿐만 아니라 기존 경영활동을 혁신하고 새로운 부가가치를 창출하는 새로운 비즈니스 도구가 되고 있다. 이렇게 변화된 경영관리과 정보기술의 관계를 도식화하여 설명하시오.

12 성공적인 e-비즈니스 기업들의 공통점은 디지털경제의 기회인식과 신규 기회창출을 위해 인터넷과 정보통신기술에 기반한 e-비즈니스 정보기술을 적극 활용하고 있다는 점이다. e-비즈니스 정보기술을 조직에 성공적으로 구현하여 얻을 수 있는 기대효과를 설명하시오.

참고문헌

References

- 김우주 · 백동현 · 서우종 · 서창교 역, 경영정보시스템, 13판, Laudon K.C. and Laudon J.P. 저서, 시그마프레스, 2015년 2월.
- 김창수 · 김승욱 · 문태수 · 윤종수 · 윤한성 · 천면중, e비즈니스 원론, 3판, 법문사, 2011년 6월.
- 이장우 저, 퍼스트 무버-4차 산업혁명의 선도자들, 21세기북스, 2017년 3월.
- 클라우스 슈밥 저, 송경진 역, 클라우스 슈밥의 제4차 산업혁명, 새로운현재, 2016.
- 타일러 코헨 저, 신승미 역, 4차 산업혁명-강력한 인간의 시대, 마일스톤, 2017.
- 이용만 · 이근태 · 전종규, 디지털경제의 도래와 우리경제에의 시사점, LG경제연구원, 2000.
- Chaffey, D., *E-Business and E-Commerce Management*, Prentice Hall, 2010.
- Kalakota, R. and Robinson, M., *E-Business: Roadmap for Success*, Addison Wesley, 2000.
- Kroenke, D. M., Experiencing MIS, 4th ed., Pearson, 2013.
- Turban, E., King, D., Lee, J., Liang, T. P., and Turban, D., Electronic Commerce 2010: A Managerial Perspective, 6th ed., Pearson, 2010.
- Wigand, R. T., "Electronic Commerce: Definition, Theory, and Context," *The Information Society: An International Journal*, Vol. 13, No. 1, 1997, pp.1-16.
- www.ibm.com/e-business: IBM

"4차 산업혁명이 요구하는 인재상은 하이브리드형 인재입니다. 컴퓨터 같은 기계장치를 이용하여 새로운 가치를 만들고, 이를 공유하여 세상을 이롭게 만들 수 있는 사람이 바로 하이브리드형 인재인 것입니다" 어렵게만 느껴지는 과학을 문화와의 융합을 통해 새로운 시각에서 접근해보자는 취지로 열린 '2020 세계 과학문화 포럼' 행사장. 기조강연자인 원광연 국가과학기술연구회 이사장은 다가오는 4차 산업혁명 시대를 맞아 인재가 갖춰야 할 자격요건에 대해 설명하며 이같이 말했다. 대덕연구개발특구와 한국과학기술단체총연합회의 공동 주관으로 2020년 10월 7일 온라인 개최된 이번 행사는 과학과 문화의 상호 소통을 통해 글로벌 과학 이슈에 대한 일반 국민들의 이해도를 높이고자 하는 목적으로 마련되었다.

'제4차 산업혁명시대의 인재상'이라는 주제로 발제한 원 이사장은 4차 산업혁명의 기술적 핵심 요인으로 '정보의 재평가'와 '물질의 반격', 그리고 '주객의 전도'를 꼽았다. 정보의 재평가는 인공지능이나 빅데이터 같은 정보 위주의 기술을 말한다. 그리고 물질의 반격은 3D프린터나 로봇 같은 하드웨어 형태의 기술이고, 주객의 전도는 기계장치의 기능에 매여 살게 되는 인류의 미래를 설명한 요인이다.

원 이사장은 "최근에는 약을 언제 먹어야 하는지, 그리고 걷기 운동을 끝내려면 몇 걸음 더 걸어야 하는지 등을 알려주는 기능이 모두 스마트폰 같은 기계장치에 저장되어 있다"라고 설명하며 "과거에는 모두 사람 스스로가 알아서 했지만 이제는 기계장치가 알려주면서 점차 기계장치에 사람이 의지하는 주객전도 현상이 발생하고 있는 것"이라고 덧붙였다. 사람과 기계장치의 주객전도 현상은 세계적 시사주간지인 '타임'의 표지에서도 잘 나타나 있다. 타임지는 매년 연말 '올해의 인물(Person of the Year)'을 선정해 표지에 싣는데, 지난 1982년에는 'The Computer Moves In'이라는 제목의 일러스트를 올린 적이 있다. 단순히 컴퓨터가 우리 생활 속으로 들어왔다는 것을 넘어 컴퓨터에 인격을 부여한 것이다. 이후 2006년에는 컴퓨터 앞에 앉아있는 '당신(You)'이 선정됐다. 개인이 정보를 수동적으로 받아들이는 존재가 아니라 정보를 생산하는 주체라는 뜻으로서, 이는 개인도 네트워크를 구축하면 정부나 기업 같은 거대 조직에 못지않은 영향력을 가질 수 있음을 알려주는 이미지였다. 그럼 앞으로 타임지의 표지는 어떤 이미지를 장식하게 될까. 이에 대해 원 이사장은 "4차 산업혁명 시대로 진입하고 있는 시점에서 예측해 볼 때 올해의 인물로 '그들(They)'이라는 제목의 이미지가 올라가지 않을까 생각한다"라고 전망하며 "인공지능이나 로봇, 또는 사물인터넷이나 자율주행자동차 같은 첨단 기술이 바로 그들"이라고 전망했다.

하이브리드는 이질적인 요소가 서로 섞여있는 것을 의미한다. 흔히 하이브리드를 번역할 때 '융합'이라고 표현하지만 엄밀히 말하면 하이브리드와 융합은 조금 다른 개념이라는 것이 전문가들의 설명이다. 융합은 A와 B가 만나 C가 될 때 많이 사용한다. 시너지 효과를 일으켜 C가 된 이후에는 A와 B의 모습을 찾기 어렵다. 반면에 하이브리드는 A와 B가 만나서 AB가 될 때 주로 사용한다. 이질적인 것들이 각자의 정체성은 유지한 채, 상호 보완과 상승작용을 통해 최적의 결과물을 제시하는 것이 하이브리드의 핵심인 것이다. 원 이사장은 "4차 산업혁명에서는 하이브리드 사례가 폭발적으로 증가하게 되어있다"라고 설명하며 "아날로그와 디지털, 그리고 하드웨어와 소프트웨어 및 알고리즘과 데이터 같은 경우가 바로 하이브리드의 좋은 비유가 될 수 있다"라고 밝혔다. 예를 들어 바둑 프로그램을 개발하고자 할 때 과거에는 알고리즘을 중요하게 생각했다. 상대방이 돌을 바둑판 위에 놨을 때 이에 대응할 수 있는 방법을 논리적으로 개발하기 위해 애를 쓴 것이다. 하지만 알파고 같은 첨단 바둑 프로그램은 수많은 대국 관련 데이터를 기반으로 다음 수를 계산하는 등, 딥러닝 학습방법을 통해 바둑 실력을 진화시키고 있다. 알고리즘보다 데이터가 더 유용하다는 것을 보여주는 사례다.

그렇다면 4차 산업혁명시대의 인재상인 하이브리드형 인재는 어떤 경우를 말하는 것일까. 이 같은 의문에 대해 원 이사장은 "기계장치로 이루어진 시스템을 활용하지만 기계가 할 수 없는 일, 즉 새로운 가치를 만들어내고, 이를 공유하며, 함께 사유(思惟) 할 수 있는 사람을 하이브리드형 인재라고 할 수 있다"라고 정의했다. 이를 다시 표현하자면 하이브리드형 인재가 되기 위해 갖춰야 할 능력은 '공감'과 '소통', 그리고 '협력'이라는 것이 원 이사장의 의견이다. 4차 산업혁명으로 인해 인공지능 및 사물인터넷 등 주변 환경이 첨단 기술에 의해 많은 변화가 생기겠지만, 공감과 소통 같은 사람만이 할 수 있는 분야는 변하지 않는다는 것이다. 발표를 마무리하며 원 이사장은 "하이브리드 자동차의 경우, 가솔린과 전기가 상호 간에 공존하면서도 시너지 효과를 일으켜 최고의 성능을 만들어낸다"라고 소개하며 "사람과 기계도 협력하여 시너지 효과를 만드는 것이 중요하지만, 결국에는 기계가 하지 못하는 것을 할 수 있는 하이브리드 인재들이 많아져야 진정한 4차 산업혁명 시대를 맞이할 수 있다"라고 강조했다.

〈https://www.sciencetimes.co.kr/?p=211875, 사이언스타임즈, 2020-10-08〉

미래형 모빌리티 활성화 위해 제도 등 정비 필요

"미래의 모빌리티라고 하면 공상과학 영화에서나 등장할 법한 놀라운 기능을 가진 이동 수단을 생각하지만, 사실 미래형 모빌리티는 이미 지금 거리를 누비고 있거나 조만간 거리를 누빌 이동 수단을 뜻합니다. 바로 전기차나 수소차 같은 친환경 모빌리티와 자율 주행 모빌리티가 그것이죠" 스마트카를 비롯한 미래 모빌리티의 발전상을 전문가들과 함께 조망해 보는 '2020 스마트카 & 미래 모빌리티 세미나'가 열리고 있는 온라인 행사장. 주제발표를 맡은 김규옥 한국교통연구원 미래차교통연구센터 센터장은 모빌리티의 미래가 이미 우리 옆에 가까이 와 있음을 강조하며 이같이 말했다. '모빌리티 산업, HW와 SW를 넘어 서비스 시대를 열다'라는 주제로 과학기술정보통신부가 주최한 이번 행사는 미래 모빌리티 산업의 현재 상황을 분석해 보고, 전문가들과 함께 미래의 교통 시스템 변화에 대해 논의해 보자는 취지로 마련됐다.

'국내 모빌리티 서비스 변화와 미래 전망'에 대해 발표한 김규옥 센터장은 "테라푸지아(Terrafugia) 같은 미래지향형 모빌리티들이 등장하면서 시민들이 이용하는 교통수단에도 일대 변화가 찾아오고 있다"라고 전망했다. 김 센터장이 언급한 테라푸지아 자동차는 플라잉카(Flying Car)의 하나다. 미 MIT공대 출신 과학자들이 설립한 벤처기업에서 제작한 미래형 자동차로서 활주로가 없어도 비행할 수 있는 수직이착륙형 방식으로 제작되었다. 평상시에는 날개를 접은 채 도로를 달리다가 이륙이 가능한 장소에 도착하면 날개를 펼쳐 헬리콥터처럼 날아오르기 때문에 꿈의 자동차로 여겨지고 있다. 김 센터장은 "테라푸지아 같은 미래형 모빌리티의 등장은 교통정체라는 사회적 문제와 경제성장에 따른 새로운 이동 수단의 필요성을 모두 충족시켜 주기 위해 개발된 신개념 교통수단"이라고 설명하며 "시대적 변화에 발맞춰 이 같은 교통수단 간의 연계가 이루어지게 되면, 이동 시 효율성을 증진시킬 수 있다"라고 덧붙였다. 김 센터장의 설명에 따르면 미래의 교통 시스템은 개인형 교통수단과 대중교통 수단 간의 자유로운 연계 및 이동의 자유를 보장하는 구조로 이루어진 것으로 나타났다. 따라서 미래의 교통 시스템은 대중교통 전체의 효율화를 추구하면서도 최적화된 개별 통행 스케줄링까지 제공할 수 있을 것으로 기대를 모으고 있다. 그가 속해 있는 미래차교통연구센터는 4차 산업혁명 중에서도 모빌리티 분야의 변화에 대응할 수 있도록 전기차를 비롯한 자율주행차, 그리고 개인형 이동 수단과 공유 자동차 시스템 등에 대한 제도적 지원 및 추진 과제를 주로 연구하고 있다. 특히 새로운 모빌리티 서비스에 대한 법규 및 제도의 표준화 업무를 중점적으로 추진하고 있다.

교통 시스템의 미래가 개인형 이동 수단과 대중교통의 효율적 융합을 통해서 발전할 것으로 전망된다면 국내의 경우는 어떻게 전망하고 있을까. 이 같은 물음에 대해 김 센터장은 "세계적

흐름처럼 친환경 자동차와 자율 주행 자동차가 상호 융합된 형태로 진화하게 될 것"이라고 예측했다. 실제로 한국교통연구원이 발간한 보고서에 따르면 여러 종류의 친환경 자동차 중에서도 전기자동차 시장이 대폭 확대되고 있는 것으로 나타났다. 전기 승용자동차의 경우 보급이 확대되고 있는 중이며, 버스 같은 전기 승합 자동차나 전기 화물자동차 등은 시장 태동기를 거치고 있는 중이다. 특히 2015년 이후 승용차에서 전기버스로 교통수단의 전기화가 확산되면서, 전 세계적으로 다양한 전기버스 도입 및 제작사가 증가하고 있는 점은 눈여겨볼 만한 현상이라는 것이 김 센터장의 설명이다. '교통수단의 전기화'라는 표현이 어울리듯이 현재 국내에서는 약 7개의 기업들이 16개 차종의 전기차를 개발 중인 것으로 파악됐다. 또한 전기차 사용 확산을 위해 우정사업본부는 우편사업용으로 초소형 전기차 3개 모델을 선정하여 9개 지방청에서 1,000여 대가 보급되어 있는 상황이다.

친환경 자동차와 더불어 또 다른 미래형 모빌리티 모델인 자율 주행 자동차는, 친환경 자동차보다 보급 속도는 느리지만 자동차의 종류에 맞게 기술이 개발되고 있는 중이다. 예를 들어 승용자동차와 상용 자동차의 경우 운전자의 운전기능을 지원하기 위한 '운전자보조기술(ADAS)' 등이 접목된 자율 주행 자동차로 진화하고 있다. 그리고 도심형 대중교통수단의 경우는 도심지 교통환경에서 교통 서비스를 제공할 수 있는 셔틀과 공유 차량 등이 자율 주행 기능을 갖춘 자동차로 개발되고 있다. 이뿐만이 아니다. 미래의 교통 체계는 모빌리티 자체의 진화가 많은 영향을 주겠지만, 그에 못지않게 신교통 운영 전략이나 통행 시스템에 따라서도 많은 변화가 생기게 된다는 것이 김 센터장의 생각이다. 발표를 마무리하며 김 센터장은 국내 모빌리티 산업의 미래상에 대해 "한마디로 말해 단절 없는 서비스를 제공하게 될 것"이라고 기대하며 "버스나 렌터카, 또는 초소형 전기차나 공유 자전거처럼 서로 다른 이종의 교통수단을 유기적으로 연결하여 끊김 없는 경로 정보가 제공되는 것이 가까운 미래에 볼 수 있는 교통 시스템이 아닐까 전망한다"라고 말했다. 그러면서 "단절 없는 모빌리티 서비스가 제공되려면 통합 모빌리티 서비스 제공 외에도 기술 표준과 제도, 그리고 보안 시스템 등에 대한 정비도 필요하다"라고 덧붙였다.

〈https://www.sciencetimes.co.kr/?p=211504, 사이언스타임즈, 2020-09-25〉

C·H·A·P·T·E·R **02**

e-비즈니스 전략

　　e-비즈니스 분야의 경쟁이 격화되면서 경영전략의 개념은 관련 기업에게 경쟁우위를 제공하고 유지시켜 줄 수 있는 중대한 의사결정이라는 경쟁 전략적 개념으로 발전하기에 이르렀다. 또한 e-비즈니스에 대한 경영진의 장기적인 비전과 전사적 차원에서의 전략적 접근이 어떻게 수행되느냐에 따라 기업의 성장 및 생존에 영향을 미치는 중요한 요인으로 대두되고 있다. e-비즈니스의 확산은 국경 없는 전 세계라는 특성 때문에 국제적으로 비교 가능한 포괄적이고 체계적인 e-비즈니스 현황과 영향 파악이 요구되고 있으며 글로벌한 통계조사 체계가 구축되고 있는 추세이다. 이러한 추세를 반영하여 개별 기업 측면뿐만 아니라 산업 및 국가의 거시적 수준에서 분석이 필요한데, 이는 기업수준, 산업수준, 국가수준에서 각각 고유하고 실질적인 e-비즈니스 활동이 존재하기 때문이다. e-비즈니스는 온라인 혹은 무선으로 상품이나 서비스의 구매를 가능하게 하고 이에 필요한 비즈니스 거래의 정보를 교환할 수 있게 해준다. 그리고 지역 개발과 같은 분야에서도 유용하게 활용될 수 있는 등 모든 분야에서의 필수적인 경영정보기술이라고 볼 수 있다. 따라서 e-비즈니스의 충분한 활용을 위해 비즈니스의 환경변화와 조직문화요인에 따른 e-비즈니스 전략이 필요할 것이다. 이에 본 장에서는 e-비즈니스 전략이론과 관련된 주요한 이슈들인 경영전략의 개념 그리고 e-비즈니스 전략과 관련된 내용에 대해 학습하고자 한다.

제 1 절 e-비즈니스와 전략이론

1.1 자원의존이론

기업은 불확실한 미래와 급변하는 환경변화에 신속하게 대응하기 위해 끊임없이 노력해 왔다. 딱히 정해진 규칙이 없는 불확실한 경영환경은 기업으로 하여금 긴장감을 놓지 못하게 한다. 시장을 지배하는 기업일지라도 기업을 둘러싸고 있는 환경은 대부분의 기업에 있어 예측할 수 없는 불확실성을 발생시키기 때문에 생존과 직결된 매우 중요한 요인이다. 따라서 기업은 현실에 안주하지 말고 끊임없이 환경으로부터 기회와 위협을 이해하고 개념화해야 한다.

Barnard는 기업의 생존은 환경과의 지속적인 균형을 이루는 능력에 달려 있고, 이 능력은 기업내부 프로세스를 환경과 일치시킴으로써 가능하다고 하였다. 하지만 환경변화에 맞춰 기업이 지속적으로 혁신한다고 해도 환경은 때때로 너무나 가혹하다. 그 이유는 기업을 둘러싸고 있는 환경이 세계경제의 변화, 정치사회의 변화, 기술의 변화, 고객 및 공급자 관계의 변화, 기업 간 경쟁의 변화 등을 포함하는 다차원적인 개념이기 때문이다.

환경 불확실성을 중요하게 다루는 자원의존이론(Resource Dependence Theory)은 Pfeffer와 Salancik에 의해 체계화되었다. 자원의존이론의 가장 기본적인 전제조건은 기업이 환경에서 자원을 획득하고 보존함으로써 생존한다는 것이다. 이 가정은 환경이 기업의 생존에 본질적인 어떤 희귀하고 가치 있는 자원의 원천이며, 기업은 목표를 달성하는데 있어 필요한 자원을 기업 스스로 모두 자급자족할 수 없다는데 기초한다. 그래서 투입과 산출 자원의 자기 충족성의 결여는 자원을 통제하는 부분에서 의존성을 일으키고 대부분 그러한 자원을 외부에서 얻거나 그 자원을 통제하는 조직과의 제휴를 통해 획득한다. 자원의존이론에서 기업이 가장 많이 선택하는 전략적 제휴도 그 이유가 여기에 있다.

그러나 자원의존이론은 앞의 주장과 동시에 기업은 스스로 자율성을 유지하고 다른 기업의 의존성을 감소시키려는 특성을 지니기 때문에 자사만의 독특한 핵심 자원을 개발하고 활용하여 그 자원의 의존성을 높인다고 강조하고 있다. 즉 환경이 불확실해질수록 기업은 자사의 핵심역량에 더욱 의존하여 선택과 집중하려는 경향이 있다. e-비즈니스 관점에서 살펴보면 성공적인 e-비즈니스를 위한 자원을 개발하고 그 자원을 전략적으로 활용해야 한다. 또한 자사의 강·약점을 분석하고 기업브랜드 인지도와 고객 및 공급자와의 관계를 규명하는 것, e-비즈니스의 필요성과 중요성을 인지하는 것 등 역시 환경 불확실성과 e-비즈니스가 밀접한 관계가 있음을 말해준다.

자원의존이론은 환경이 기업의 자원뿐만 아니라 전략수행에도 많은 영향을 미친다고 강조한다. Hrebiniak와 Joyce는 환경과 기업전략은 서로 배타적이고 않고 밀접한 관계가 있다고 하였다. 그래서 많은 연구들은 환경 불확실성에 따라 기업이 수행해야 할 전략과 환경과 전략의 관계가 조직효과성에 미치는 영향이 어떠한지를 조사하였다. 그러한 연구들은 대부분 환경과 전략 간의 적합성을 논의하고 성과 차이를 제안하는 것으로 환경 불확실성의 정도와 기업전략 간의 상호작용을 중요하게 다루었다. 하지만 반드시 상호작용 관계만을 따지는 것은 무리가 있다. 왜냐하면 기업이 차별적인 전략을 수립하고 실천하는 것보다 현재 직면하고 있는 환경이 전략에 어떠한 영향을 미치는지를 조사하는 것이 우선이기 때문이다.

모든 기업이 차별화전략을 수립한다고 해도 성공하는 기업은 그리 많지 않다. 왜냐하면 대부분의 기업이 차별화전략 수립에 따른 효과성에만 초점을 둔 나머지 동태적인 관점에서 전략을 수행하지 못했기 때문이다. e-비즈니스 전략은 급변하는 환경에서 기업을 생존하게 하고 경쟁우위를 획득하게 하는 경영혁신 전략임에는 틀림없다. 이러한 전략은 전략 자체가 크게 변화하지는 않겠지만 다차원적인 환경 불확실성이 전략을 실행하고 실천하는 데에는 많은 영향을 미칠 것이다. 그래서 환경변화에 대응하기 위해 새롭게 수립된 전략이 기업에 맞게 조정되고 구성원이 이에 따라 유기적으로 움직여 주는 전략으로 운영될 필요가 있다. Badri 등은 전략에 환경변화가 중요하게 작용하는 것은 효과적인 기업전략이 성과에 중추적으로 작용하는데 있어 환경이 핵심요인이기 때문이라고 하였다.

이러한 관점에서 e-비즈니스를 위한 자원의존이론은 기업이 직면하고 있는 환경 불확실성 수준이 e-비즈니스 자원과 그 자원의 활용능력에 어떠한 영향을 미치며 조직의 e-비즈니스 전략에 미치는 상황은 무엇인지를 규명하게 한다. 그리고 이러한 결과가 궁극적으로 e-비즈니스 성과에 미치는 영향은 어떠한지를 규명하게 하는 이론적 근거를 제공한다.

1.2 자원기반이론

자원기반이론(Resource-Based Theory)은 최근 몇 십 년 동안 전략경영뿐만

그림 2-1   e-비즈니스 진화단계

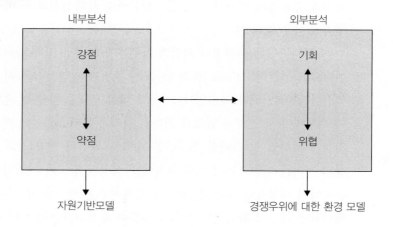

따라서 [그림 2-2]와 같이 기업의 내부분석에 초점을 두는 자원기반이론은 자

아니라 경제학, 조직이론, 심지어 e-비즈니스에 이르기까지 많은 관심을 받아 왔다. 이 이론의 기본적인 가정은 차별적인 기업성과가 산업의 구조에서 비롯되기보다는 근본적으로 기업의 이질적인 자원에 기인한다는 것이다. 자원기반이론은 Penrose의 연구에 유래하는데 그녀는 기업을 생산적인 자원의 집합체로 간주하여 기업의 성장은 부족한 자원의 적절한 활용에 달려 있다고 주장하였다.

이를 토대로 Wernerfelt는 자원기반이론을 처음으로 제시하면서 자원은 기업의 강점과 약점이 되고 이는 기업을 반영구적으로 결합시키는 유·무형의 자산이라고 하였다. 이어 Barney는 기업자원과 지속된 경쟁우위의 관계를 규명함으로써 자원기반이론을 더욱 체계화하였고 전략경영에 많은 영향을 미쳤다. 그에 따르면 [그림 2-1]과 같이 기업은 외부위협은 와해시키고 내부약점은 피하는 동시에 환경적 기회를 통한 내부강점을 활용하는 전략을 수립함으로써 지속가능한 경쟁우위를 획득할 수 있다.

따라서 [그림 2-2]와 같이 기업의 내부분석에 초점을 두는 자원기반이론은 자

그림 2-2   자원의 이질성 및 비이동성과 경쟁우위의 관계

- 자원의 이질성
- 자원의 비이동성

→

- 가치성
- 희귀성
- 비대체성
- 비모방성

→

지속가능한 경쟁우위

원의 이질성과 비이동성을 전제로 한다. 자원기반이론은 위와 같은 전제조건하에서 기업자원이 지속가능한 경쟁우위를 창출하는가를 규명한다. 다시 말해 자원기반이론은 오랫동안 축적된 이질적이고 모방할 수 없는 자원에서 경쟁우위가 발생한다고 본다. Barney는 기업의 독특한 자원을 모방할 수 없는 이유가 다음과 같은 이유 중에서 하나 혹은 세 가지의 결합 때문이라고 하였다. 첫째, 자원은 독특한 역사적 산물이라는 것, 둘째 자원과 지속가능한 경쟁우위 간의 인과적 관계가 모호하다는 것, 셋째 자원은 사회적으로 복잡하다는 것이다.

Barney는 또한 자산, 능력, 조직프로세스, 조직특성, 정보, 지식뿐만 아니라 기타 기업에 의해 통제된 모든 것을 기업자원에 포함시켰으며, 이러한 자원이 기업으로 하여금 효과성과 효율성을 개선시키는 전략을 수립하고 실현하게 한다고 하였다. 즉 자원과 이의 활용능력(Capability)을 가지는 기업은 지속가능한 경쟁우위를 달성할 수 있다는 것으로, 이를 위해 자원은 가치 있고 희귀하며 모방할 수 없고 대체할 수 없는 특징을 지녀야 한다.

하지만 여기에서 중요한 것은 경쟁우위의 지속성은 경쟁기업의 복제가능성에 달려 있다는 점이다. 다시 말해 한 기업의 경쟁우위는 다른 경쟁기업이 모방함으로써 경쟁력을 상실할 수 있다. 때문에 경쟁우위는 경쟁기업이 관련 기업의 경쟁우위를 복제하려고 노력한 후에도 그 기업을 능가하는 우위를 가질 때만이 지속된다. 이 말은 결국 지속가능한 경쟁우위는 영원하지 않다는 뜻이다. 오늘날 많은 기업이 지속적인 경쟁우위를 외치고 이를 획득하기 위해 고군분투하는 것도 바로 이 때문이다.

Grant는 자원기반이론에 기초해 경쟁우위를 위한 전략수립에서 기업의 자원과 활용능력을 규명하였다. 여기에서 능력은 자원 간의 결합에 의한 시너지를 의미하고 상이한 자원을 결합시키는 행위는 자원의 활용을 나타낸다. 그래서 기업의 이질적인 자원은 시너지를 창출하는 원천이 되고 그러한 자원과 활용능력은 기업전략 수립에 중요한 역할을 한다. 또한 자원기반이론은 역량(Competence), 능력(Capability)을 차별되게 사용하는 조직 간에 성과 차이가 생긴다고 강조한다.

이러한 관점에서 e-비즈니스를 위한 자원기반이론은 경쟁기업이 모방하거나 대체할 수 없는 기업의 자원과 그 자원의 활용능력을 규명하게 하고, 이의 전략적인 활용이 e-비즈니스 성과에 어떠한 영향을 미치게 하는지를 규명하게 하는 이론적 근거를 제공한다.

1.3 경쟁전략이론

기업의 경쟁력을 분석하는데 있어 가장 잘 알려진 분류체계(framework)는 Porter의 경쟁세력모형(5-forces model)을 들 수 있다. 기업들은 그들의 경쟁력을 증가시키기 위한 전략을 개발하기 위하여 경쟁세력모형을 사용하여 왔다. 이러한 경쟁세력모형은 정보기술이 기업의 경쟁력을 향상시킬 수 있는 방법을 시사하고 있다. 또한 주어진 산업 내에서 기업의 위치를 위험하게 할 수 있는 다섯 가지의 주요 세력들을 제시하고 있다. 비록 경쟁세력모형의 구체적인 내용은 산업별로 차이가 있으나 일반적인 구조는 [그림 2-3]에서와 같이 동일하다. 다섯 가지의 주요 세력은 다음과 같이 일반화될 수 있다.

- 신규 진입업체의 위협
- 공급업체의 협상력
- 고객(구매자)의 협상력
- 대체 제품 및 서비스의 위협
- 동일산업 내에서 경쟁업체 사이의 경쟁

또한 각 세력의 힘은 〈표 2-1〉과 같은 산업구조의 여러 요인들에 의해서 결정

그림 2-3 경쟁세력모형

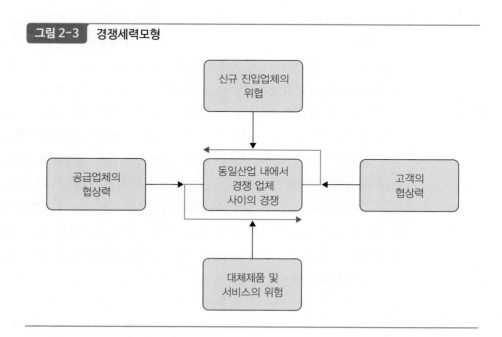

표 2-1	경쟁세력의 결정요인
경쟁세력	**결정요소**
진입장벽	규모의 경제, 제품차별화, 상표인식, 교체비용, 소요자본, 유통경로저지, 절대적 비용우위, 정부정책, 보복
경쟁강도의 결정요소	산업성장, 고정비/부가가치, 제품차별화, 상표인식, 교체비용, 독점정보 및 균형, 정보의 복잡성, 경쟁자의 다양성, 각 기업 이해관계, 탈출장벽
공급자능력의 결정요소	투입물의 차별화, 공급자의 교체비용/기업 연륜, 대체 투입물의 유무, 공급자 독점정보, 공급자의 규모, 산업전체 구입액 대비 비용, 투입물이 비용 및 차별화에 미치는 영향, 산업내 기업 통합의 위협
대체재위협의 결정요소	대체재의 상대적 가격과 성능, 교체비용, 대체재에 대한 구매자의 성향
구매자능력의 결정요소	협상능력, 구매자 집중대비 기업집중, 구매자의 규모, 구매자 교체비용 대비 기업의 교체비용, 구매자의 정보, 수직적 통합 능력, 대체상품, 가격 민감도, 가격/총구입액, 제품차별화, 상표인식, 품질/성과에 대한 영향, 구매자이윤, 의사결정자의 유인

된다. 1980년대 초반에 파악된 대부분의 세력들과 이러한 세력을 결정하는 요인들은 여전히 타당하며 기업의 e-비즈니스 전략과 직접 관련이 있다.

제 2 절 e-비즈니스와 경영전략

2.1 경영전략의 개념

기업의 목표는 궁극적으로 이익 극대화이므로 경영전략이란 이익 극대화를 위한 방법과 계획을 수립하는 것을 의미한다. 경영전략은 '기업이 환경의 기회와 위협, 조직의 강점과 약점을 적절하게 대비하여, 사업을 위해 장기적으로 유지되는 우위를 성취하려는 시도'이다. 특히 포터는 전략을 기업의 여러 활동들을 결합하여 독특하고 가치 있는 전략적 입지(Strategic Position)를 창출해 내는 것으로 제시하고 있다. 이렇게 볼 때 경영전략이란 궁극적으로 '기업에게 경쟁우위를 제공·유지시켜 줄 수 있는 주요한 의사결정'이라고 할 수 있다.

오늘날 전략이 경쟁상황에 대처하기 위한 것이라면 경영전략은 구체적으로 전략적 비전과 경쟁우위의 실현을 위한 것이다. 전략적 비전이란 기업이 전략적으로 지향하고자 하는 미래상으로서 장기적인 안목에서 현실과 미래 목표를 연결시키는 전략구상이다. 그리고 경쟁우위란 '독특한 능력'이나 시장에서의 '우월한 지위'를 말하기도 하고, 우월한 지위에 의한 성과로서 '높은 시장점유율'이나 '탁월한 수익성'을 의미하기도 한다. 여기에서 경쟁우위의 원천은 경쟁적인 지위를 확보할 수 있도록 해주는 원천으로 독특한 기술 및 자원을 말하며, 경쟁적인 지위는 경쟁업체와 비교할 때 경쟁 산업 내에서 더 우월한 지위에 있다는 것을 의미한다.

2.2 본원적 경쟁전략

기업은 경쟁자에 대해 수많은 강점과 약점을 갖지만 기본적으로 원가우위와 차별화 우위라는 두 가지 유형의 경쟁우위를 가진다. 이 두 가지 유형의 경쟁우위는 산업 내에서 평균 이상의 성과를 달성하기 위해 수행하는 전략의 경쟁범위와 연계되어 있다. 즉 기업은 경쟁우위의 유형과 경쟁범위를 어떻게 정하느냐에 따라 [그림 2-4]와 같이 비용선도 전략, 차별화 전략 및 집중화 전략 등 세 가지의 경쟁전략을 취할 수 있다.

여기서 e-비즈니스의 경쟁전략은 "기업이 타사와의 경쟁우위를 달성하기 위해 인터넷 및 정보기술 또는 관련 애플리케이션을 활용하는 e-비즈니스의 초점과 방향"으로 정의할 수 있다. 이 밖에 기업의 e-비즈니스가 성숙한다는 개념에 기반하여 e-비즈니스 추진 활동을 성숙도(예: 진입, 생존, 성장 활동)에 맞춘 전략 수립이 필요하다.

그림 2-4 본원적 경쟁전략

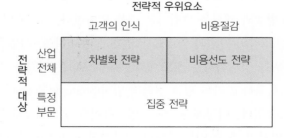

(1) 비용선도 전략

비용선도(cost leadership) 전략은 특정기업에서 원가를 낮추기 위한 일련의 노력을 통하여 원가 면에서 우세한 위치를 확립하는 것이다. 이를 위한 구체적인 방법으로는 설비규모의 적정화, 원가와 간접비의 절감, 연구 개발, 판매 및 광고비용 최소화 등을 실현하는 것이 있는데 이는 높은 수익을 실현해 줌은 물론 강력한 진입장벽을 구축하고 경쟁사와 대체 상품에 대해서도 우월한 위치를 차지하게 해준다.

(2) 차별화 전략

차별화(differentiation) 전략은 기업이 제공하는 제품이나 서비스를 차별화함으로써 산업전반에 걸쳐 그 기업이 우월하다는 이미지를 창출하는 것이다. 차별화는 고객에 대한 서비스, 디자인, 상품 이미지 등의 차별화에서 제품과 운송시스템, 마케팅 접근 방법에 이르기까지 다양한 요소들과 함께 광범위한 영역에서 이루어질 수 있다. 이들 기업은 차별화를 위한 비용을 능가하는 높은 가격으로 제품과 서비스를 제공함으로써 평균 이상의 성과를 얻는다.

(3) 집중 전략

집중(focus) 전략은 산업 내에서 세분화된 시장에 초점을 맞추어 제품과 서비스를 판매하는 전략이다. 집중 전략은 목표시장에서 비용선도를 추구하는 비용 집중(cost focus) 전략과 차별화를 추구하는 차별 집중(differentiation focus) 전략의 두 측면을 갖는다. 비용 집중 전략은 세분시장 내에서 비용선도를 이용하는 반면, 차별 집중 전략은 시장에서 구매자의 특별한 욕구를 이용한다. 목표시장을 설정하고 집중 전략을 추구하는 기업은 비록 전체 산업 내에서는 경쟁우위를 획득하지 못하더라도 세분시장 내에서는 경쟁우위를 얻게 된다.

이러한 개념은 e-비즈니스에서도 동일하게 적용될 수 있으므로 경쟁우위에서 비용선도전략과 차별화 전략을 통해 추구하는 것이 중요할 것이다.

2.3 e-비즈니스 가치사슬

Porter의 가치사슬모형(value chain model)에 따르면 제조 기업에서 수행되는 활동들은 주요활동과 지원활동으로 구성되어 있다. 주요활동은 (1) 입고물류(투

그림 2-5 제조기업의 가치사슬모형

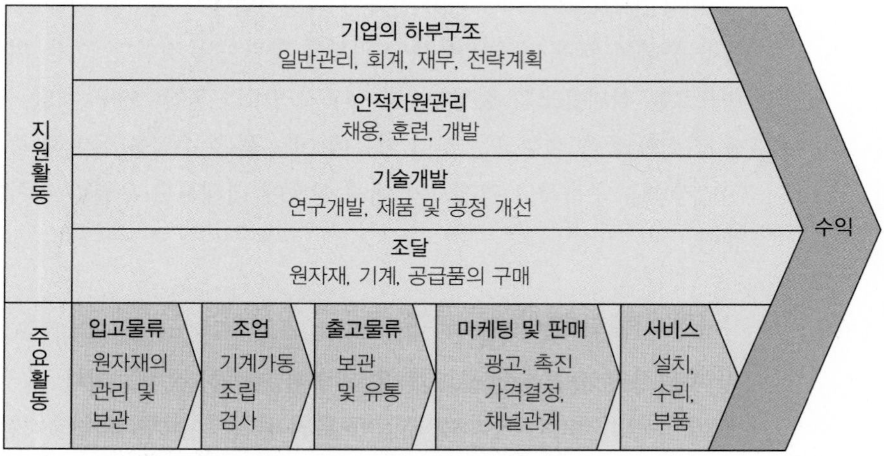

입), (2) 조업(제조와 검사), (3) 출고물류(저장과 유통), (4) 마케팅과 판매, (5) 서비스이다. 지원활동과 함께 이러한 주요활동은 [그림 2-5]에서 보여 주고 있다.

주요활동은 순서적으로 이루어지며 다음과 같은 방식으로 작업이 진행되면서 각 활동에 가치가 추가된다. 들어오는 자재들은 인수, 저장 등으로 처리되면서 입고 물류활동에서 자재들에게 가치가 추가된다. 그 다음 자재들은 조업에서 사용되는데 여기에서 제품을 만드는 것에서 더 많은 가치가 추가된다. 제품들은 배달을 위한 준비(포장, 저장, 운송)가 필요하다. 그래서 출고 물류활동에서 더 많은 가치가 추가된다. 그 다음 마케팅과 판매는 제품을 고객에게 전달한다. 마지막으로 판매 후 서비스가 고객을 위해 수행된다. 이러한 모든 부가가치 활동들이 수익을 창출한다. 이러한 주요활동은 다음과 같은 지원활동에 의해서 지원을 받는다. 지원활동은 (1) 기업의 하부구조(회계, 재무, 관리), (2) 인적자원관리, (3) 기술개발(연구개발), (4) 조달업무이다.

한 기업의 가치사슬은 가치시스템(value system) 혹은 산업가치사슬(industry value chain)이라는 보다 큰 흐름의 활동들의 일부분이다. 가치시스템은 기업에 필요한 투입물을 제공하는 공급기업들과 그들의 가치사슬들을 포함하고 있다. 기업이 제품을 생산하면 유통기업의 가치사슬을 통하여 구매자에게 최종 전달된다. 경쟁우위를 확보하여 유지하고 정보시스템의 수단으로 이러한 경쟁우위를 지원하기 위해서는 [그림 2-6]에서 보는 바와 같이 가치시스템에 대한 전체적인 큰 흐름을 이해할 필요가 있다.

그림 2-6   가치시스템

왜냐하면 가치사슬과 가치시스템의 개념은 모든 기업의 제품과 서비스를 위해서 적용할 수 있기 때문이다. 가치사슬모형의 원래 목적은 기업의 효율성, 효과성, 경쟁력을 증가시키기 위한 기업의 내부적 운영을 분석하는 것이지만, 현재는 정보기술이 제공하는 지원을 설명하는 기반으로 활용되고 있다.

가치사슬모형은 여러 가지 방법으로 e-비즈니스 전략에 사용될 수 있다.

첫째, 가치사슬모형은 기업의 핵심 업무프로세스와 핵심역량의 체계적인 평가를 통하여 기업분석을 위해서 사용할 수 있다. 모든 활동의 강점과 약점 그리고 각 활동에서 추가되는 가치를 중심으로 분석할 수 있다. 보다 많은 가치를 추가하는 활동이 전략적 우위를 제공하는 활동이다. 그 다음에 정보기술을 추가함으로써 보다 큰 가치를 창출할 수 있는지 그리고 어떤 활동에 정보기술의 활용이 적절한지를 조사한다. 예를 들면 기업은 전자조달시스템을 활용해서 입고물류 활동에 가치를 추가할 수 있다.

둘째, 가치사슬모형은 산업분석을 위해서 사용될 수 있다. 다양한 활동들을 파

그림 2-7   e-비즈니스 가치사슬

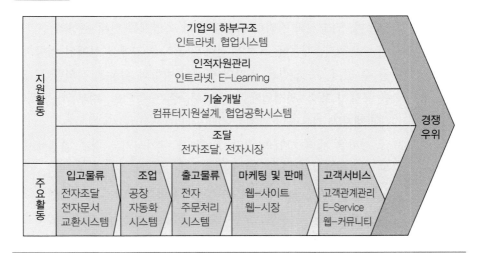

악한 다음에 이러한 활동들을 용이하게 하기 위한 구체적인 정보기술을 모색하는 것이 가능하다. 예를 들면 마케팅과 판매 활동을 위해서 웹사이트를 이용하여 광고를 할 수 있으며 멀티미디어는 영업사원의 훈련을 향상시킬 수 있다.

마지막으로 가치사슬모형은 개별 기업 혹은 개별 산업을 위해서 사용될 수 있다. 구체적인 활동을 지원하기 위해서 서로 다른 유형의 정보기술을 구축하여 활용할 수 있다. 예를 들면 전자문서교환(EDI)시스템은 입고와 출고 물류를 지원하는 반면에 가상현실 시스템은 광고와 제품 개발을 지원한다. [그림 2-7]은 e-비즈니스 정보기술이 가치사슬에서의 활동에 적용될 수 있는 경우를 제시하고 있다.

제 3 절 e-비즈니스 전략

3.1 e-비즈니스 전략의 개념

전략이란 고차원의 구체적인 목표를 달성하기 위해서 채택한 계획과 광범위한 목표로 정의된다. 즉 전략은 조직변화의 실행 또는 ERP 시스템과 같은 대규모 소프트웨어 패키지의 구현과 같은 구체적인 목표를 달성하기 위해서 수립된다. 또한 전략은 기업환경에서의 기업의 장기적 입지에 관한 계획과 관련이 있다. 이러한 견지에서 전략계획은 경쟁 환경에서의 외부입지와 관련이 있다. 전략계획은 의사결정(계획이란 미래를 위해 결정된 의사결정의 집합)과 구체적인 목표로 구성되어 있으며, 전술계획(기업의 자원구성)과 운영계획(현재 운영의 수익성 극대화) 이전에 수립된다. 때문에 조직의 전략은 조직 환경에서 선택된 역할과 기능으로 정의될 수 있다. 즉 전략은 조직의 미래의 방향과 활동을 정의한다. 조직은 전략계획을 통해서 고객, 경쟁업체, 공급업체, 주주, 종업원, 정부, 대중 등과 같은 주요 이해관계자와 기본적인 관계를 정의한다.

전략은 개별 기업의 전략적 변화를 야기시키는 경쟁 환경에서의 변화와 관련이 있으며, 시장에서의 기업의 역할과 기능에 영향을 미친다. 새로운 경쟁업체, 신상품의 개발, 고객취향과 수요패턴의 변화는 기업으로 하여금 전략을 재평가하도록 요구한다. 이러한 변화의 빈도, 역동성, 그리고 예측가능성은 기업의 전략계획 활동의 강도를 결정한다. 안정적이고 예측 가능한 환경에서 전략계획의 필요성은 낮거나 중간정도이지만, 불안정한 환경에서는 전략계획의 빈번한 변화를 요구한다. 기업의 전략이란 장기적인 관점에서 조직의 방향과 범위이며, 이는 이해관계자의 기대를 충족시키고 시장의 니즈를 만족시키기 위해, 변화하는 환경에서 다양한 자원들을 이용해 조직의 경쟁우위를 달성하게 한다.

따라서 e-비즈니스 전략이란 전자적으로 가능한 내부 및 외부 커뮤니케이션을 기업의 전략에 맞게 적용하는 계획과 광범위한 목표의 집합이다. 기업은 다양한 이유로 e-비즈니스 전략을 구현할 수 있으며 구현의 목적이 전술적일 수도 있다. 이는 기존의 정보시스템이 새롭게 적용될 기술로 교체되거나 그에 따른 절차가 수행되는 경우이다. 예를 들어 우편을 이용한 주문신청과 확인을 위한 정보를 보내는 대신에 전통적인 EDI 혹은 최신 인터넷-기반 XML EDI 시스템을 사용할 수 있다. 이러한 정보기술의 활용은 주문 처리와 관련된 비용을 줄여 효율성을 증가시킨다. 또한 주문 처리에서 오류 없는 정보의 전송으로 자료품질을 개선하여 높은 수준의 효과성을 제공한다.

e-비즈니스 전략은 기업전략 목표뿐만 아니라 마케팅과 공급사슬관리와 같은 기능/부서 전략까지도 지원해야 한다. 이러한 관점에서 [그림 2-8]은 e-비즈니스 전략과 기업전략 및 조직의 기타 전략(예: 공급사슬관리(SCM), 마케팅, 구매, 인적자원관리(HRM)전략, 정보시스템전략)들과의 연결을 제시하고 있다. 기능/부서 전략 가운데 SCM과 마케팅전략은 e-비즈니스 전략과 매우 밀접하게 관련되어 있으나, 인적자원관리 및 재무전략과 같은 기능/부서 전략들도 e-비즈니스 전략에 서로 영향을 미친다. [그림 2-8]에서 전략들 사이에 화살표 방향이 양방향인 것은

그림 2-8 e-비즈니스 전략과 조직전략과의 관계

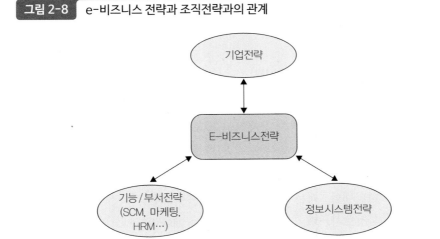

상호간의 전략에 도움을 주고 영향을 미친다는 것을 의미한다.

(1) 공급사슬관리전략

공급사슬관리전략은 조직을 주요활동과 지원활동으로 분류하고 각 활동별 부가가치를 결정하기 위한 가치사슬 분석에 기반을 두고 있다. 기업은 이러한 분석으로 가치사슬 내 각 활동에서 자원이 얼마나 효율적으로 사용되었는가를 평가할 수 있다. 공급사슬관리전략은 가치사슬의 각 활동에 소모되는 자원의 효율성을 증가시키기 위해서 정보기술을 활용한다. 또한 공급사슬관리 전략수립을 위해서는 조달 프로세스에 관한 정확한 이해가 필요하고 이러한 조달 프로세스가 비용절감뿐만 아니라 공급업체의 시스템을 통합하기 위한 통합 전자조달시스템의 구현에 어떠한 영향을 미치는지도 이해해야 한다.

(2) 마케팅전략

마케팅전략은 경제적 성과를 개선함으로써 기업의 가치를 창출하는 시장 환경에서 취해지는 활동의 일치된 패턴이다. 즉 조직은 경쟁업체와 경쟁하기 위해서 새로운 제품을 제공하거나 낮은 가격을 제시한다. 마케팅전략은 브랜드구축, 투자, 그리고 효율적 계약을 통해서 시장점유를 확보하거나 수익성을 개선하는데 중점을 둔다. e-비즈니스 및 마케팅전략 목표를 추진하는 핵심 요인은 서로 다른 시장에서 e-비즈니스 서비스를 위한 현재 및 미래의 고객수요를 예측하는 것이다. 마케팅은 수요분석에 기반을 두는데, 이 수요분석은 서로 다른 목표시장에서 현재 및 예측되는 각 고객의 디지털 채널에 대한 사용을 조사한다. 예를 들어 제품구매를 위해 웹-기반 및 e-비즈니스 시설을 사용하려고 준비하는 고객의 백분율을 조사할 수 있다.

(3) 정보시스템전략

정보시스템전략은 장기적으로 조직의 광범위한 목표를 지원하기 위해서 정보시스템의 활용에 관한 구체적인 목표와 계획의 집합이다. 정보시스템전략은 [그림 2-9]와 같이 수요전략(정보전략)과 공급전략(정보기술전략)으로 구성되어 있다.

수요전략은 비즈니스 관점에서 정보시스템과 정보를 위한 요구사항 혹은 수요를 나타낸다. 때문에 이러한 전략을 "정보전략"이라고도 한다. 구체적으로 이 전략은 정보시스템, 조직이 필요로 하는 애플리케이션의 포트폴리오, 기대되는 비즈니스 효과 등을 정의한다. "정보기술전략"이라고도 하는 공급전략은 정보시스템

그림 2-9 정보시스템전략

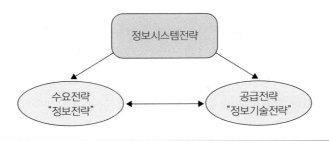

을 위한 기업의 수요를 어떻게 정보기술(예: 하드웨어, 소프트웨어, 네트워크, 소프트웨어개발 및 사용자지원과 같은 서비스)에 의해서 지원되는가를 정의한다. 공급전략은 정보기술과 서비스의 자원조달(인소싱 혹은 아웃소싱) 그리고 정보기술을 운영하는데 있어 내부적으로 필요한 능력이 어떤 것인가를 구체화한다. 앞에서 정의한 것처럼, e-비즈니스 전략은 전자 커뮤니케이션과 연관이 있으며 정보시스템전략의 중요한 부분이다.

정보시스템전략의 구체적인 목표는 정보시스템과 정보기술개발을 기업의 우선순위와 나란히 정렬시키는 것이며, 기업 환경에 최첨단 정보기술의 확산을 용이하게 하는 것이다. 정보시스템전략은 조직이 고객, 공급업체, 종업원, 그리고 협력업체들과 상호작용하는 방식을 변화시킨다. 이는 다음과 같은 특징을 포함하는 정보기술전략을 개발함으로써 가능하다.

- 기업의 새로운 비즈니스 계획들의 통합
- 현재 정보기술 투자의 최적화
- 새로운 정보관리 기술의 함유
- 핵심 업무프로세스의 리엔지니어링

정보관리를 위한 일반적인 기술-중심 접근방식과는 다르게 정보시스템전략은 다음과 같은 중요한 역할을 한다.

- 비즈니스 변혁에 초점을 둔다.
- 정보기술 전략과 기업 업무프로세스 정렬을 지원한다.
- 기업에게 가장 높은 실질적인 가치를 제공하는 분야에 초점을 둔다.
- 개선되어야 하는 목표 분야를 해결한다.
- 재무성과를 향상시킨다.

3.2 e-비즈니스 전략의 차원

전략은 기업의 상이한 계층마다 존재한다. 경영전략은 기업의 많은 활동들을 통합하고 조정하여 전체의 활동들을 최적화하고, 전반적인 조직방향을 조직사명에 명시되어 있는 정책과 일치하게 한다. 그러나 전략계획에서 다루는 주제들은 전략계획이 수행되는 기업차원에 따라서 다양할 수 있다.

궁극적으로 e-비즈니스는 조직단위내, 조직단위들 사이, 그리고 독립 조직들 사이의 커뮤니케이션에 관한 것이다. 전자 커뮤니케이션을 위해서는 사용되는 정보시스템과 커뮤니케이션하는 상대방과의 합의가 필요하다. 일반적으로 정보시스템전략의 개발과 구현, 기업의 경쟁전략을 지원하는 e-비즈니스 계획은 [그림 2-10]과 같이 3차원 전략에서의 활동을 필요로 한다.

(1) 공급사슬 차원

e-비즈니스는 공급사슬에서 기업의 역할, 부가가치, 그리고 입지의 관점을 필요로 한다. 공급사슬에서 기업의 현재와 미래의 입지를 이해하기 위해서 중요하게 생각해야 할 이슈는 다음과 같다.

- 누가 기업의 고객인가?
- 고객에게 제공하는 기업의 가치는 무엇인가?
- 공급업체는 누구인가?
- 기업은 어떻게 공급업체에게 가치를 부가하는가?
- 총수입, 수익성, 재고수준, 업무처리시간 등의 차원에서 공급사슬의 현재 성과는 무엇인가? 요구되는 성과수준은 무엇인가? 성과수준에 미치는 기업의

그림 2-10　e-비즈니스 전략의 3차원

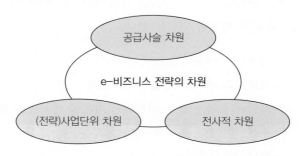

공헌은 무엇인가?

- 공급사슬에서 현재의 문제점은 무엇인가?

이와 같은 분석은 공급업체 측면(upstream)과 고객 측면(downstream)에서 자료와 정보의 흐름과 공급사슬에서 e-비즈니스 개발을 가능하게 하는데 있어 어떠한 정보기술 인프라(예: 조직간 정보시스템)가 필요한지를 알게 한다. 또한 공급사슬에서 인터넷-기반 기술이 어떻게 기업의 입지에 영향을 미치는지를 이해하게 한다.

(2) (전략)사업단위 차원

가치사슬에서 기업의 입지에 관한 이해는 인터넷-기반 기술이 개별 사업단위의 경쟁전략에 어떻게 기여하는가를 분석하는 출발점이다. 이 차원은 특정 제품을 위한 특정 시장에서의 경쟁전략이 개발되는 곳, 즉 전략적 입지가 만들어지는 곳이다. Porter의 3가지 본원적 전략(비용선도 전략, 차별화 전략, 집중 전략)도 여기에 속한다. 여기에서 중요한 이슈는 다음과 같다.

- e-비즈니스 계획은 경쟁전략과 개별 사업단위의 조직성과에 어떻게 기여할 것인가?
- e-비즈니스 프로세스와 기술은 개별 사업단위가 고객과 공급업체에게 제공해야 하는 구체적인 가치제안에 어떻게 기여할 것인가?
- 해결해야 할 사업의 과제와 문제점은 무엇인가?
- e-비즈니스 기술 개발이 과제와 문제점을 어떻게 해결할 것인가?
- e-비즈니스 기술이 사업을 얼마나 가능성 있게 변화시킬 것인가?

(3) 전사적 차원

전사적 차원은 (전략)사업단위를 집성한 차원으로, 광범위하게 활용할 수 있는 공동의 정보기술 인프라를 통한 시너지 문제를 다룬다. 이 차원을 위한 e-비즈니스 응용프로그램의 동일성은 다음과 같은 이유에서 필요하다.

첫째, 효율성(efficiency) 차원이다. 서로 다른 업무부서에 같은 기능을 가진 응용프로그램을 소유한다는 것은 불필요한 비용만 초래한다. 이러한 문제를 해결하기 위해서는 서로 다른 업무부서의 차이점을 고려하는 중앙집중식 정보기술의 개발이 필요하다.

둘째, 효과성(effectiveness) 차원이다. 이를 위해서는 업무부서의 커뮤니케이선과 자료의 공유가 필요하다. 만약 기업의 각 부서가 서로 다른 활동(예: 금융서비스 조직에서의 보험업무, 은행업무, 주식투자업무)을 수행한다면, 업무 부서간의 협업과 정보공유가 필요하다. 업무 부서간의 커뮤니케이션과 자료의 공유는 전사적 정보시스템(Enterprise Information Systems: EIS) 인프라의 설치로 가능하다. 또한 서로 다른 업무 부서간의 커뮤니케이션에 필요한 업무 프로세스에 대한 정의와 이를 가능하게 하는 공통의 표준화가 필요하다. 이 모든 것은 전사적 e-비즈니스 정책에 관련된 주제이다.

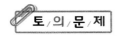

01 e-비즈니스에서의 전략은 기존의 경영 전략과 어떻게 차별화되어야 하는지 토의하시오.

02 e-비즈니스 가치사슬상에서 각 기업이 핵심역량을 가지고 있는 기업들에 대해 조사하시오.

03 e-비즈니스 전략 측면에서 성공적인 기업으로 대두되고 있는 기업들의 특징에 대하여 비교 설명하시오.

04 전략적 우위를 확보하기 위한 '경쟁우위', '비용우위', '차별화우위'의 내용을 서로 비교하고 차이점과 유사점에 대하여 논의하시오.

05 국내기업에서의 e-비즈니스 전략 수립 사례를 조사하시오.

참고문헌 References

• 천면중 · 이민화 · 허명숙, 경영정보시스템(2판), 비앤엠북스, 2016.
• 천면중 · 허명숙, 지식경영: 이론과 사례, 한경사, 2019.
• Barnard, C. I., The Functions of the Executive, Harvard University Press, Cambridge, M.A., 1938.
• Barney, J. B., "Firm Resources and Sustained Competitive Advantage", Journal of Management, 17(1), 1991.
• Farjoun, M., "Toward an Organic Perspective on Strategy," Strategic Management Journal, 23(7), 2002.
• Grant, R. M., "The Knowledge-Based View of the Firm: Implications for Management Practice," Long Range Planning, 30(3), 1997.
• Hafsi, T. and Thomas, H., "The Field of Strategy: In Search of a Walking Stick," European Management Journal, 23(5), October 2005.
• Henderson, J. C., "Plugging into Strategic Partnership: The Critical IS Connection," Sloan Management Review, 31(3), Spring 1990.
• Hrebiniak, L. G. and Joyce, W. F., "Organizational Adaptation: Strategic Choice and Environmental Determinism," Administrative Science Quarterly, 30(3), 1985.
• Kalakota, R. and Whinston, A. B., Frontier of Electronic Commerce, Addison-Wesley, 1996.
• Kalakota, R. and Whinston, A. B., Electronic Commerce-A Manager's Guide, Addison-Wesley, 1997.

- Malone, T. W., Yates, J., and Benjamin, R. I., "Electronic Markets and Electronic Hierarchies," Communications of the ACM, 30(6), June 1987.
- Minzberg, H., "The Strategy Concept I: Five Ps For Strategy," California Management Review, 30(1), Fall 1987.
- Minzberg, H., "The Strategy Concept II: Another Look at Why Organizations Need Strategies," California Management Review, 30(1), Fall 1987.
- Papazoglou, M. P. and Ribbers, P., e-Business: Organizational and Technical Foundations, Wiley, 2006.
- Penrose, E. T., The theory of the Growth of the Firm, 3rd ed., Oxford University Press, New York, 1959.
- Pfeffer, J and Salancik, G., The External Control of Organizations: A Resource Dependence Perspective, Pitman Press, Boston, M.A., 1978.
- Porter, M. E. (1985), Competitive Advantage: Creating and Sustaining Superior Performance, The Free Press, New York.
- Porter, M. E. (1991), "Towards a Dynamic Theory of Strategy," Strategy Management Journal, 12(8), 1991.
- Poter, M. E., "Clusters and the New Economics of Competition," Harvard Business Review, 76(2), 1998.
- Poter, M. E., Competitive Strategy: Techniques for Analyzing Industries and Competitors, Free Press: New York, 1980.
- Porter, M. E. and Miller, V. E., "How Information Gives You Competitive Advantage," Harvard Business Review, 63(4), July-August 1985.
- Schendel, D. E and Hofer, C., Strategic Management: A New of Business Policy and Planning, Boston: Little, Brown, 1979.
- Turban, E., King, D., Lee, J., Warkentin, M., and Chung, H. M., Electronic Commerce: A Managerial Perspective, Prentice Hall, 2002.
- Wernerfelt, B., "A Resource-Based View of the Firm," Strategic Management Journal, 5(2), 1984.

'양손잡이 경영'을 하라

시어스(Sears)는 1970년대 초 미국 전역에 매장 3,500개를 운영하는 최대 유통 업체였다. 1900년대 초 작은 시계 점포로 출발한 시어스는 제2차 세계대전 후 미국 국민이 TV와 냉장고, 세탁기, 식기세척기 같은 가전제품을 구입하는 대표 쇼핑몰로 자리 잡았고, 50년 가까이 미국 유통업계 1위 자리를 지키며 '유통업의 거인'으로 불렸다. 시어스 직원들은 은퇴할 때 수백만달러의 퇴직금을 받았고 회사 내부엔 시어스의 최고 전성기를 일궈온 노장 임직원들이 자리를 지키고 있었다.

1970년대 후반부터 유통업계에 변화의 바람이 불었다. 홈디포 · 베스트바이처럼 특정 분야 제품을 파는 소매 업체와 월마트 · 타깃 같은 할인 매장을 찾는 소비자가 늘어나기 시작했다. 반대로 시어스에서 가전제품을 사는 소비자는 줄어들었다. 그러나 시어스 경영진은 변화를 애써 외면했다. 저가 제품을 판매하는 월마트는 고품질 제품을 제공하는 시어스의 경쟁 상대가 아니라고 봤다. 창고형 매장으로 성공을 거둔 코스트코를 인수할 기회가 왔을 때에도 시어스 경영진은 "창고형 매장은 구식"이라며 거절했다. 시어스의 점유율이 낮아지자 경영진은 제품 광고에 패션모델을 등장시키고 기존 매장을 더 화려하게 꾸미는 데 투자했다. 하지만 소비자들은 월마트와 타깃처럼 다양하고 값싼 제품을 파는 할인 매장으로 차를 돌렸다. 결국 시어스는 1989년 월마트에 '미국 1위 유통 업체' 타이틀을 내줬다. 1992년부터 2000년까지 시어스의 최고경영자(CEO)를 지낸 아트 마티네즈는 "시어스는 100년 동안 쌓아올린 거대한 관료주의와 옛 시절 영광의 노예가 된 회사"라고 말했다. 시어스는 2005년 헤지펀드 매니저 에디 램퍼트(현 시어스 CEO)에게 팔렸지만 여전히 적자에서 벗어나지 못하고 있다.

시어스처럼 한때 업계 선두를 달리던 기업이 시장 변화에 대응하지 못하고 실패하는 이유는 무엇일까. 반대로 민첩하게 변화를 감지하고 사업을 재정비할 줄 아는 기업의 비결은 무엇일까.

"선두 기업들은 돈 · 직원 · 자원 · 고객이 많고 브랜드도 갖췄다. 혁신하고 실험하기 좋은 환경을 다 갖춘 셈이다. 하지만 이런 기업들이 지속적으로 혁신하지 못하고 쓰러지는 것은 잘나가는 기존 사업을 유지하는 일에만 매달리기 때문이다."

40년 넘게 기업의 성공과 실패 요인을 연구해 온 찰스 오라일리(O'Reilly · 74) 스탠퍼드대 경영대학원 교수는 시어스처럼 변화를 읽지 못하는 기업들이 "성공 증후군에 빠져 혁신에 실패했다"고 진단했다. 그는 "대기업들이 오랫동안 업계 선두를 지키며 살아남으려면 '기존 사업의 유지(exploitation)'와 '미래 사업의 실험(exploration)'이라는 두 가지를 동시에 잘하는 '양손잡이 경영'을 해야 한다"고 강조했다.

▶ 성공 증후군에서 벗어나라

■ 잘나가던 기업들이 시간이 지나면 쇠퇴하고 혁신에 실패한다. 이유는 무엇인가.

"'성공 증후군'의 덫에 갇히기 때문이다. 기업은 일단 성공하면 그 분야에 나머지 조직과 문화, 프로세스를 맞추기 시작한다. 잘하는 것을 계속 잘하기 위해 조직 전체가 그것에 집중하는 것이다. 직원들 사이에도 '이렇게 하면 보상받는다'는 기업 문화가 깊이 자리 잡는다. 시간이 지날수록 잘하던 것은 더 잘하게 된다. 하지만 외부 환경 변화에 무뎌지고 내부 혁신에 거부감을 느끼게 된다. 하던 일을 계속하려는 관성이 강해진다. 이것이 성공 증후군이다. 기업이 성공하기 위해 조직적으로 태세를 갖추고 기업 문화까지 형성했으나, 그 성공이 오히려 덫이 되어 발목을 잡게 되는 것이다. 수많은 대기업이 성공 증후군에 빠져 쉽게 변화하지 못하고 밀려나곤 한다. 시어스 경영진이 그랬다. 월마트라는 새로운 경쟁 업체가 등장했는데도 시어스 경영진은 위기라고 느끼지 않았다. 시장이 어떻게 변할지 내다보는 혜안도 없었다. 오직 회사를 크게 키우는 일에만 매달렸을 뿐 변화에 적응하고 새롭게 혁신할 줄은 전혀 몰랐다."

■ 세계적인 혁신 기업인 애플에 대해서도 성공 증후군을 조심해야 한다고 지적했는데.

"애플도 성공 증후군에 걸려 있을 가능성이 있다고 본다. 지난 5~6년간 애플이 완전히 새로운 시장을 창출한 적이 있는지 생각해보라. 애플은 이전에 개발한 제품을 계속 만들고 있을 뿐이다. 이달 8일 미국에서 출시된 아이폰 신모델도 기존 제품의 후속 제품에 불과하다. 애플의 기업 문화는 스티브 잡스 때부터 폐쇄적이기로 유명했다. 회사 내 조직들이 서로 의사소통하기 어렵다는 얘기다. 폐쇄적 조직 문화는 회사 내 실험 정신을 약화시킨다. 모든 업무 절차가 중앙집권적이고, 간부들이 CEO 한 사람에게 모두 보고해야 한다. 한때 잡스에게 직접 보고하는 간부 숫자가 17명이 넘었다. 한 사람의 리더가 내리는 결정이 언제나 옳다면 좋겠지만, 현실적으로는 절대 그럴 수 없다."

■ 성공한 기업이 성공 증후군에서 벗어나 변화하고 혁신하려면 어떻게 해야 하나.

"기업이 혁신하기 위해선 기존에 하던 사업만 잘하면 되는 게 아니라 신규 사업을 위한 실험을 꾸준히 해야 한다. 품질 개선, 비용 절감처럼 기존 사업을 지속하기 위한 '관리' 업무와 앞으로 다가올 미래에 대비하고 새로운 시장을 발굴하는 '탐사' 업무를 동시에 능숙하게 할 줄 알아야 한다. 기존 사업을 관리하는 것과 혁신을 가져올 사업을 탐사하는 것은 완전히 다른 일이다. 이 두 가지 다른 일을 동시에 할 수 있는 '양손잡이 경영'이 필요하다."

오라일리 교수가 말하는 '양손잡이 경영'의 대표적 사례는 넷플릭스다. 1997년 설립된 넷플릭스의 초기 사업 모델은 매월 일정 금액을 받고 우편으로 DVD를 대여하는 것이었다. 하지만 DVD 대여 시장엔 이미 1992년부터 1위를 지켜온 블록버스터가 자리 잡고 있어, 후발 주자인 넷플릭스가 점유율을 확대하는 일은 좀처럼 속도가 붙지 않았다. 리드 헤이스팅스 넷플릭스 창업자는 정보통신기술 변화를 예의 주시하다 인터넷 속도가 충분히 빨라진 것을 확인하고 2007년 동영상 스트리밍(주문형 비디오) 사업에 전격 진출했다. 소비자들은 DVD를 주문하고 도착할 때까지 기다릴 필요가 없는 스트리밍 서비스로 몰렸다. 동영상 스트리밍 서비스는 인터넷을 타고 국경을 넘어 전 세계로 시장을 확대하면서 가입자가 급격히 늘었다. 2016년 현재 전 세계 넷플릭스 가입자는 8,300만명에 이른다.

넷플릭스는 여기에 만족하지 않고 동영상 콘텐츠를 직접 제작하는 완전히 새로운 사업에 뛰어들었다. '하우스 오브 카드' 등 인기 드라마를 만들어 HBO 같은 전통적인 콘텐츠 제작사와 경쟁하고 있다.

오라일리 교수는 "기존 시장에서 경쟁하면서 동시에 미래를 내다보고, 필요하면 기존 사업 매출 감소를 감수하며 혁신해야 한다"고 말했다.

찰스 오라일리 스탠퍼드대 경영대학원 교수는 "대기업이 계속해서 업계 선두를 지키며 살아남으려면 기존 사업을 유지하면서 동시에 미래 사업의 실험을 하는 '양손잡이 경영'을 해야 한다"고 말했다.

▶ 회사의 자원을 신규 사업에 활용하라

■ 양손잡이 경영에서 지금 잘하는 사업도 잘하고, 동시에 미래 성장 사업도 실험하라는 것은 다소 원론적인 얘기로 들린다.

"당연하게 들릴 수 있지만 이를 실천하지 못해 쇠락하는 대기업들이 늘고 있다. 경영진이 둘 다 잘해내지 못했기 때문이다. 미국·일본·독일·영국 등 선진국에서 전통적으로 강했던 기업들이 갑자기 파산하거나 헐값에 팔리는 경우가 많아졌다. 내가 컨설팅하는 미국 기업의 경영자들만 봐도 '지금 이익 수준을 유지하기 위해서 회사 내 혼란을 불러일으킬 수는 없다'는 생각에 사로잡혀 있다. 최고 경영자들이 단기 실적에만 매달려왔기 때문이다. 2000년 초반 미국 DVD 대여업체 블록버스터 경영진은 넷플릭스가 나타났을 때 얕보고 무시했다. 결국 넷플릭스는 성공했지만 블록버스터는 2010년 파산했다. 위기의식을 가지면 잠재적 경쟁업체를 보는 관점이 달라진다."

■ 양손잡이 경영을 잘하는 기업이 되기 위한 조건은 무엇인가.

"첫째, 꾸준히 새로운 사업 아이디어를 내는 기업 문화를 갖춰야 한다. 민첩하고 변화를 잘 파악하는 직원을 키우고, 외부에서도 아이디어를 받아들여야 한다. 둘째, 신사업 아이디어를 적극적으로 실험할 수 있어야 한다. 대기업은 다양한 사업을 실험할 수 있는 자본과 직원, 고객 네트워크를 충분히 갖추고 있다. 멈추지 않고 실험해야 한다. 셋째, 최고경영자가 해야 할 가장 중요한 일은 실험 결과 좋은 사업이 될 것으로 판단하면 이를 사업화하기 위해 조직의 자원을 조정하고 재분배하는 것이다. 대부분 기업이 첫째와 둘째는 잘하지만 셋째 과제에서 막힌다. 사업 아이디어가 성공할 수 있다고 예상되면 예산을 새로 책정해 투자해야 하는데, 조직 내 갈등이 많이 발생한다. 이때 경영진의 역할이 중요하다. 다른 비용을 절감하고 조직을 재정비하는 동시에 기업 문화를 크게 흔들지 않으면서 성장 가능성 있는 사업을 아낌없이 밀어줄 수 있어야 한다. 특히 신사업 탐사를 맡는 혁신 조직은 기존 사업과 별도로 운영되더라도 같은 경영진 아래에서 시작해야 기존 조직의 자원을 최대한 활용할 수 있다. 기존 조직과 완전히 분리된 혁신 조직을 만들면 기존 조직의 자본을 끌어다 쓸 수 없고, 브랜드 · 마케팅 · 인사 역량도 활용하기 어렵다."

▶ 신사업 실험에 실패해도 보상하라

■ 신사업 실험이 성과를 내지 못하면 어떻게 해야 하나.

"IBM은 2000년대 초 사내에 '신흥 기회' 조직을 따로 만들어 크고 작은 신사업 실험을 했다. 실험이 실패해도 그 실험을 시도한 직원을 적극적으로 승진시켰다. 이런 방식으로 직원들에게 새로운 사업 실험에 성공하지 않아도 직장에서 잘리지 않고 오히려 승진할 수 있다는 신호를 보냈다. 실험 정신을 고취한 것이다. 그 결과 IBM의 신흥 기회 조직은 2000년부터 2005년까지 152억달러 이익을 냈다. 실리콘밸리 벤처투자자들은 스타트업에 투자할 때 단계적인 성과를 보고 투자 여부를 결정한다. 사전에 정해 놓은 목표 수준까지 성과를 내지 못하면 추가 투자를 집행하지 않는다. 기업도 마찬가지다. 새로운 실험이 어느 정도 단계까지 성과를 내면 계속해서 투자하면 된다. 그러나 너무 단기 성과에만 치중하면 안 된다."(Weekly BIZ, 2016년 9월 24일)

사례연구 토의

1. 잘나가던 기업들이 시간이 지나면 쇠퇴하고 혁신에 실패한다. 그 이유를 설명해 보시오.
2. 양손잡이 경영을 잘하는 기업이 되기 위한 조건은 무엇인지 설명해 보시오.
3. 신사업 실험이 성과를 내지 못하면 어떻게 해야 하는지 설명해 보시오.

사례연구 2

전략이란 구슬, 아무리 많아도 실행해야 보배

백 마디 말보다 한 번 보는 게 낫고, 백번 보는 일보다 한 번 체험하는 게 기업의 생존을 결정하는 디지털 전환의 시대다. 컨설팅 역시 큰 틀의 구상을 짜는 전략 컨설팅보다 실제로 전략을 현실화하는 '전략 실행' 컨설팅이 주목받고 있다. 스웨덴에 본사를 둔 글로벌 컨설팅사 BTS는 '전략 실행'에 경쟁력을 갖춘 회사다. 지난 30년간 고객사가 직원의 역량을 최대한 활용해 비전과 전략을 실행에 옮기도록 돕는 프로그램에서 경쟁력을 갖추고 있다.

SAP와 Bancomer 모두 BTS 컨설팅의 도움을 받았다. 포천 선정 미국 100대 기업 가운데 60곳이, 100대 글로벌 기업 중 30곳이 BTS의 고객사이거나 과거 고객사였던 적이 있다. 한 번 컨설팅을 받으면 재구매율이 80%에 달한다. 마이크로소프트, 코카콜라, 유니레버, HP, 트위터 등 현재도 450여 개 기업과 협력하고 있다. 기업과 정부 및 공공기관, 비영리단체를 막론하고 현재 전 세계에서 가장 널리 쓰이는 성과 평가 방법은 '균형성과표(BSC · Balanced Score Card)'에 뿌리를 둔다. 1987년 아트 슈나이더만(Art Schneiderman)이 초기 형태의 균형성과표 개념을 정립한 이후 1992년 로버트 캐플런 하버드 경영대학원 교수와 데이비드 노턴 박사가 기업 전략과 전략 실행을 연계한 모델로 균형성과표를 체계화하면서 인기를 얻었다.

매출이나 수익 같은 재무지표만으로는 기업의 경영 성과를 제대로 평가할 수 없다는 문제의식에서 출발한 균형성과표는 기업 성과를 네 가지 성과지표(재무, 내부프로세스, 고객, 학습과 성장)로 나눠 종합적이고 균형적으로 평가 · 관리할 수 있도록 돕는 유용한 관리 도구로 거듭났다.

균형성과표를 도입한 기업은 조직의 목적과 전략에 총체적 역량을 집중시킨다. 전략 목표 달성을 위한 세부 사항 중 핵심성공요인(CSF · Critical Success Factor)을 파악하고 핵심성과지표(KPI · Key Performance Index)로 계량화해 효율적으로 경영 전략을 실행하고 조직성과를 관리하려 한다.

기업은 조직성과를 종합적으로 평가하는 일 외에도 경영 전략을 실행에 옮기는 데도 유용한 도구로서 균형성과표를 사용할 수 있다. 균형성과표는 전사적 차원의 전략을 사업본부, 팀, 개인 차원까지 체계적으로 연계해 하위 조직과 개인이 하는 일을 기업 전략 방향에 일치하게 행동하도록 만들어준다.

국내에서 균형성과표를 경영에 도입해 처음 성공한 대표적인 사례는 이랜드다. 1997년 외환위기 당시 경영 사

책상머리 시장 분석은 그만
밖으로 나가 직접 부딪쳐라

정이 어려워진 이랜드는 강력한 구조조정에도 불구하고 생산성이 향상되지 않자 1998년부터 균형성과표를 도입했다. 전략 지도를 새로 구성하고, 고객 관점에서 수립한 전략을 매달 평가회의 등을 거쳐 성과지표로 관리했다. 균형성과표에서 얻은 피드백을 전 직원이 전략을 통해 성공하고 개인적 성장을 이루는 학습 조직을 구축하려 했다. 당시 균형성과표에서 얻은 피드백을 축적한 이랜드 지식몰에는 2만6,000건의 지식 노하우가 등록될 수 있었고 이는 이랜드 매장의 재고량 감소와 순이익 증대에 기여할 수 있었다.

그러나 여전히 경영 현장에서는 '전략'과 '실행'이 괴리돼 있다. 캐플런 교수는 균형성과표가 정립된 지 15년이 지난 2008년 당시에도 "대부분의 기업에서 전략 수립과 전략 실행 사이의 단절로 인해 비전과 실질적 성과 사이에 좁혀지지 않는 간극이 남아 있다"고 하버드비즈니스리뷰(HBR) 기고를 통해 밝힌 바 있다.

인공지능(AI)과 로보틱스 기술이 발전하면서 최근 비즈니스의 화두가 된 '디지털화'에서 생존하기 위해 조직과 개인 모두 '애자일(기민함)'해질 것을 요구받고 있다. 이 과정에서 디지털화 전략을 어떻게 실행하고 실질적 성과로 연결하는지가 관건이 되고 있다.

기업용 소프트웨어(SW) 글로벌 강자 SAP는 클라우드 컴퓨팅에 집중하는 전략을 강력한 리더십 개발 프로그램으로 실행에 옮긴 경우다.

SAP가 가동한 리더십 프로그램은 평균적인 직원들의 참여도를 77%에서 85% 수준까지 증가시켰고, 이후 SAP는 기업용 SW 회사에서 세계적인 클라우드 기업으로 변모했다.

멕시코 최대 은행인 BBVA반코메르(Bancomer)는 은행지점 관리자들의 행동을 변화시켜 수익성을 강화하는 새로운 전략을 안착시켰다. 반코메르는 새 사업모델을 가상의 체험 프로그램으로 직원들에게 제공해 디지털화된 경쟁사에 밀리지 않도록 서비스를 강화했다. 그 결과 9개월 만에 반코메르는 기업금융 부문에서 11%, 중소기업금융 부문에서 15%의 수익성을 개선할 수 있었다.

전략실행 3가지 핵심요소

전략의 중요성 · 실행에 필요한 행동 이해

실행에 대한 의지 · 믿음 · 열정 · 집념 중요

의사결정 능력 · 리더십 · 영업능력 갖춰야

■ **전략 실행의 중요성은 이미 오래전부터 언급됐다. BTS의 전략 실행 컨설팅은 어떻게 차별화되는가**

▷ BTS는 25년 넘게 쌓은 방대한 경험과 노하우를 바탕으로 전략 실행의 세 가지 핵심 요소를 규명했다. 실행은 성공을 위한 핵심 요소다. 과거 한 연구에 따르면 최고경영자(CEO)가 해고되는 가장 주된 원인은 '실행의 부족함'에 있었다. 성공적으로 전략을 실행하려면 세 가지를 달성해야 한다.

첫째는 '이해(Alignment)'다. 이는 회사의 전략이나 회사의 성공에 전략이 왜 중요한지, 전략 실행에 필요한 행동은 무엇인지 전 직원이 이해하고 있는 정도를 뜻한다. 모든 사람이 같은 생각을 공유해야 전체 회사가 하나의 팀처럼 유기적으로 움직일 수 있다.

둘째는 '동의(Mindset)'다. 전략이 무엇이고 어떻게 행동해야 하는지 이해하는 것만으로는 충분하지 않다. 누구라도 전략 실행에 대한 의지와 믿음, 열정, 집념 등이 필요하다. 회사의 전략을 열정적으로 실행해서 개인의 성취와 연계해야 한다.

셋째는 '역량(Capability)'이다. 전략 실행을 효과적으로 수행하기 위한 비즈니스 감각, 의사결정 능력, 리더십, 조직 관리 및 영업 능력 등이다. 이 세 가지를 결합하면 전략 실행으로 놀라운 성과를 얻을 수 있을 것이다.

■ 파괴적 혁신과 디지털화 등이 최근 비즈니스 지형을 바꾸고 있다. BTS가 보는 요즘 글로벌 비즈니스 환경은 어떤 모습인가

▷매우 강력한 4가지 변화가 동시에 일어나고 있다. 우선 소비자가 변하고 있다. 소비자는 점점 더 까다로워지고 있다. 이 때문에 우리는 신속하게 고객사와 브랜드를 바꾸려고 한다. 소비자를 잡기 위한 전쟁이 눈앞에 펼쳐질 것이고 경쟁 상황은 계속 치열해지고 있다.

둘째는 새로운 인재들이 밀려온다. 밀레니얼 세대가 빠르게 기업에 참여하고 있다. 젊은 세대는 일하기 원하는 회사를 향한 다양한 기대치를 갖고 있다. 과거보다 더 많은 자유와 일의 의미를 원한다. 인구 감소로 인해 좋은 인재의 수가 부족하다. 인재 전쟁과 밀레니얼 세대의 바뀐 기대에 적응할 필요가 있다.

셋째는 소셜미디어, 모바일, 인공지능 같은 거대한 기술 변화다. 회사가 어떻게 조직화되고 이끌어지고, 필요한 역량은 무엇인지 영향을 미칠 것이다.

넷째는 경쟁이다. 경쟁이 더 치열해지고 있다. 아직 세계 경제는 호황이고 기업들은 대부분 좋은 실적을 내고 있지만 시장 상황은 급격히 변하고 있다. 오늘날의 기업들은 다가올 도전과 응전을 위한 투자를 준비하기 위해 남는 이윤을 써야 한다고 본다.

■ 빠르고 민첩한(애자일) 기업이 큰 기업을 이길 수 있는 시대가 열리고 있다. 한국은 어떻게 하고 있다고 보는가

▷ 글로벌 선도기업들은 급변하는 시장 환경에서도 우선적으로 혁신과 기술, 인재에 투자한다. 왜냐하면 이전보다 더 빠르게 움직여야 하고, 소비자들을 더 폭넓게 수용해야 하기 때문이다. 과거 같은 방식으로 더 이상 조직을 구성할 순 없다. 위계서열에 관료제적인 조직에서 리더가 빠르게 움직일 수 있는 네트워크 지향 조직 구조로 진정 바뀌어야 한다. 이는 새로운 세대의 인재를 끌어들이기 위한 요소로도 중요하다.

지난 10년간 최고경영자(CEO)들에게 '가장 중요한 투자처는 어디인가'라고 물었을 때 전형적인 대답은 '기술'이었다. 지난 2년간 바뀌었다. 이제 같은 질문을 던지면 '기술'이란 답변은 2위에 머무른다. 가장 많이 나온 대답은 '리더와 사람'이다. 개방형 혁신이 확산되면서 기술은 모든 기업이 사용할 수 있게 됐다. 궁극적인 경쟁 우위로 작용하는 건 리더와 직원들이다. BTS의 미션 중 하나는 고객사가 이전보다 더 민첩(agile)해지도록 돕는 일이다. 많은 프로젝트가 고객사의 민첩한 향상에 중점을 둔다. 리더부터 더 민첩해지고 빠르게 움직이고 효율적으로 행동해야 한다.

한국 기업을 보면, 일반적으로 우수한 기술과 헌신적인 인재란 큰 강점을 가졌다. 그러나 평균적으로 새로운 시대에 충분히 준비되지는 않았다고 생각한다. 시장 변화에 충분히 빠르게 적응하지 못하고 있다.

■ 시장 변화에 빠르게 적응하려면 어떻게 해야 하는가

▷ 기업이 빠르게 적응하고 기민하게 움직이기 위해선 실험해야 한다. 너무 시장 조사와 분석에 공들이기보다 실험하는 차원에서 신시장에 진출해봐야 한다. 테스트하고 학습하고, 실수를 저지른 뒤 이를 바로잡으며 발전할 수 있다.

최근 구글에 매각된 스타트업 웨이즈(Waze)의 공동설립자인 유리 레빈(Uri Levine)을 만났을 당시 그는 내게 "성공적인 혁신은 당신이 최대한 빠르게 저지른 실수로부터 배우고 솔루션을 얻을 수 있는 일련의 흐름"이라고 말했다. 나 역시 이 같은 접근법에 동의한다. BTS 혁신 실무 프로세스에서 교육하는 내용이다.

기업은 작은 규모의 실패를 허용할 필요가 있다. 큰 실패는 타격이 클 수도 있지만, 작은 실패를 통하면 빠르게 배우고 수정할 수 있다. 과거 삼성이나 LG, 현대차와 일한 결과, 한국 기업의 주요 임원들은 단 한 번도 실패한 경험이 있는 걸 보지 못했다. 실패에 대한 공포와 압박이 오너 일가로부터 만들어지는 것 같다. 순전히 '어느 정도 규모 있는 비즈니스'를 만들어 내기 위해서다. 그러나 상당한 규모의 비즈니스는 하루아침에 이뤄지지 않는다. 반드시 시간을 들여 사업모델을 구축하고 성장시켜야 한다. 성공은 '실패'라는 작은 베팅의 결실이다. 우리는 늘 기업들에 작은 프로젝트 단위를 많이 테스트해 보라고 조언한다. 그러나 이렇게 하는 회사는 한국에선 극소수에 불과하다. CEO나 이사회, 오너 일가가 실패 이후 성공하기까지 열린 자세로 올바른 보상을 제공하는 게 중요하다. (Biz Times, 2018년 9월 21일)

사례연구 토의

1. BTS의 전략 실행 컨설팅은 어떻게 차별화되는지 설명해 보시오.
2. 파괴적 혁신과 디지털화 등이 최근 비즈니스 지형을 바꾸고 있다. BTS가 보는 요즘 글로벌 비즈니스 환경은 어떤 모습인지 설명해 보시오.

C·H·A·P·T·E·R **03**

e-비즈니스 모델

제1절 e-비즈니스 모델의 개념
제2절 e-비즈니스 모델의 유형
제3절 e-비즈니스 모델의 사례
제4절 e-비즈니스 모델의 성공전략

▶ 토의문제
▶ 참고문헌
▶ 사례연구

인터넷을 포함하여 다양한 종류의 정보기술을 이용하고자 하는 기업은 이들 기술을 적용하여, 비즈니스를 효과적으로 운영하며, 지속적으로 수익을 창출할 수 있는 e-비즈니스 모델(e-business model)을 보유하고 있어야 한다. 특히, 빅데이터, 사물인터넷, 클라우드, 메타버스 등의 다양한 정보기술이 새롭게 등장하고 있는 최근의 비즈니스 환경에서는 이러한 정보기술을 통해 이윤을 창출하고 수익을 유지할 수 있도록 하는 계획서를 준비해야 한다. 따라서 e-비즈니스 모델이 훌륭하게 작성된다면 기업의 경쟁우위를 가져오는 동시에 경쟁사보다 더욱 많은 수익을 얻을 수 있는 기초를 확보하게 되는 것이다. 기업이 어떤 산업에 속해 있든지 혹은 기업의 행동이 어떠하든지 간에 e-비즈니스 모델은 고객에게 어떤 가치를 제공하는가, 고객에게 제공하는 가치의 가격은 어떻게 측정하는가, 고객에게 차별적 가치를 제공하기 위한 구체적 전략은 무엇인가, 고객에게 가치 제공을 통해 얻을 수 있는 기업의 이익은 무엇인가 등에 대한 내용을 포함하고 있어야 한다. 이러한 질문에 대응하기 위해서, 기업은 자사가 속해 있는 산업과 해당 산업의 주요 추진 주체, 고객 및 고객이 가치로 인식하고 있는 사항, 고객에 대한 가치 제공을 위해 필요한 활동, 이러한 활동들을 지원하기 위한 정보기술의 종류, 기업의 차별적 특성과 이를 활용하기 위해 어떻게 해야 할 것인가 등에 대하여 세밀한 정의가 필요하게 된다.

따라서 본 장에서는 최근의 e-비즈니스 환경, 즉 디지털경제제제에서 기업이 사업을 전개하고 생존하기 위한 핵심적 요소로서 e-비즈니스 모델의 개념, e-비즈니스 모델의 유형, e-비즈니스 모델의 사례, 그리고 e-비즈니스 모델의 성공전략 등에 대하여 살펴본다.

전통적 기업이든 신생의 인터넷 기업이든, 최근 기업들에게 있어서 이제 e-비즈니스 모델은 기업이 새로운 경영환경에서 생존하기 위해 그리고 조직의 효율성을 제고하기 위해 준비해야 하는 핵심적 요소로 인식되고 있다. 이에 본 절에서는 e-비즈니스 모델의 정의, 특징 및 구성요소, 역할 등에 대하여 학습하고자 한다.

1.1 e-비즈니스 모델의 정의

e-비즈니스 모델은 현대적 기업의 전략, 수익원, 활동 등을 얘기할 때 가장 많이 회자되는 주제로서 1990년대 중반 이후부터 본격적으로 논의되기 시작하였다. 이러한 e-비즈니스 모델은 현재까지도 산업구조의 변화와 정보기술의 발달 등에 힘입어 지속적으로 진화 발전하고 있다. e-비즈니스 모델은 크게 순수 온라인 e-비즈니스 모델(pure e-business model)과 기존 기업에 인터넷과 정보기술이 적용된 형태의 혼합 e-비즈니스 모델(clicks-and-mortar e-business model)로 구분할 수 있다. 즉, 특정 기업이 과거의 굴뚝형 비즈니스 모델(bricks-and-mortar)을 갖고 있는 상황에서 인터넷 등의 새로운 정보기술을 적용시켜 개발한 e-비즈니스 모델은 혼합 e-비즈니스 모델로 분류할 수 있으며, 이와는 달리 온라인 기업들과 같이 다양한 정보기술을 적용하여 새로운 온라인 e-비즈니스 모델을 개발한 경우 순수 온라인 e-비즈니스 모델로 분류할 수 있다.

e-비즈니스 모델은 매우 단순한 형태에서 매우 복잡한 형태에 이르기까지 다양하다. 따라서, e-비즈니스 모델에 대한 문헌적 정의 역시 학자들마다 매우 다양하게 정의되고 있으며, 그 구성요소 역시 매우 다양한 요소들이 제시되고 있다. 이와 관련하여, e-비즈니스 모델은 기업의 수익을 달성하기 위한 방안을 정의해야 하며, 거래에 관여한 당사자들과 각각의 역할을 포함하여 상품, 서비스와 정보의 흐름, 거래에 참가하는 당사자들에게 주어지는 편익, 수입원에 대한 정확한 묘사를 포함하고 있어야 한다는 것이 일반적인 관점이다.

기업에서 e-비즈니스 모델을 정의하려는 목적은 크게 해당 e-비즈니스 모델이 기술적으로 실현 가능한 것인가, 그리고 이러한 e-비즈니스 모델이 사업으로서의 가능성이 존재하고 있는가 등을 판단하기 위해서이다. 한편, 단순한 e-비즈니스 모델 그 자체를 보고 사업성을 종합적으로 파악하기에는 한계가 존재한다. 그 이유는 e-비즈니스 모델의 사업성이란 경영환경, 고객, 경쟁기업 등의 시장상황에 대한 분석과 함께 e-비즈니스 모델을 추진하는 데 필요한 마케팅전략, 재무전략, 조달전략, 생산전략 등의 여러 가지 요소들에 의해 결정되기 때문이다. 결국, 특정의 e-비즈니스 모델이 기술적으로 실현 가능한지 혹은 사업성이 있는지 여부는 생산규모는 어느 정도로 유지할 것인가, 기업활동을 위한 자본조달은 어떻게 할 것인가, 기업의 경쟁우위는 어떻게 구축할 것인가, 시장에서 어떻게 포지셔닝 할 것인가, 마케팅믹스는 어떻게 구성할 것인가 등의 다양한 기능영역별 전략들과의 조화와 연계에 달려있다고 해도 과언이 아니다.

위에서의 논의를 종합해 볼 때, e-비즈니스 모델은 기존에 제시된 e-비즈니스 모델들이 조금씩 변형되고, 여러 모델들이 서로 결합되어 새로운 형태의 e-비즈니스 모델들이 계속적으로 제시되고 있으나, 기본적으로는 '인터넷을 포함한 다양한 정보기술을 이용함으로써 기업들이 어떻게 사업을 유지하며 수익을 창출할 것인가, 즉 어떠한 사람에게, 어떤 상품을, 어떤 방식으로 제공하여, 수익을 지속적으로 창출할 것인가를 보여주는 것'으로 정의할 수 있다.

한편, 매우 다양한 형태로 나타나고 있는 e-비즈니스 모델을 구분하기 위해서 보편적으로 비즈니스 참여자(기업과 소비자간 거래, 기업과 기업간 거래, 소비자와 소비자간 거래 등), e-비즈니스 모델의 수입원(광고형, 수수료형, 이용료형, 회비형 등), 거래에 참여하는 당사자들의 상호작용 형태(1 to 1, 1 to M, N to M 등), 그리고 비즈니스 방식(소매형, 경매형, 역경매형, 포털형, 카탈로그 판매형, 주문판매형 등) 등의 분류 기준이 이용되고 있다.

1.2 e-비즈니스 모델의 구성요소

최근의 경영환경에서 e-비즈니스 모델을 설계하는 것이 중요하게 인식되고 있는 이유는 e-비즈니스 모델이 사업의 시작단계에서 사업 자체의 목표를 명확히 규정하는 설계도의 역할을 함으로써 비즈니스의 성공가능성을 높여 줄 수 있기 때문이다. 물론, 비즈니스가 성장함에 따라 목표 시장과 고객, 고객에게 제공되는 가치와 상품 등을 변경하는 경우도 있으나, 사업의 시작 단계에서는 명확한 e-비즈니스 모델을 정의하는 것이 무엇보다도 중요하다. 이에 따라, 여러 학자들이 e-비즈니스 모델의 구성요소, 즉 e-비즈니스 모델을 설계하는 데 있어서 필요한 요

표 3-1	e-비즈니스 모델의 구성요소
연구자	**e-비즈니스 모델의 핵심 구성요소**
Slywotzky and Morrison	• 고객선택, 가치창출, 차별화/전략적 통제, 기업활동범위
Markides	• 목표고객, 제공물, 제공물 전달방법
Hammel	• 핵심전략, 전략적 자원, 고객과의 접점, 가치 네트워크
Timmers	• 비즈니스 참여자의 역할 및 상품/서비스/정보의 흐름, 편익, 수입원
Afuah and Tucci	• 고객가치, 범위, 가격설정, 수익원천, 연계된 활동, 실행, 사업 수행능력, 지속가능성
Osterwalder et al.	• 고객, 가치제안, 의사소통 및 유통채널, 고객관계, 수익원, 핵심자원, 핵심활동, 핵심파트너십, 비용구조
Johnson et al.	• 고객가치제안, 수익공식, 핵심자원, 핵심프로세스
Laudon and Traver	• 가치제안, 수익모델, 시장기회, 경쟁환경, 경쟁우위, 시장전략, 조직개발, 경영팀
Rayport and Jaworski	• 가치제안, 시장제공물, 자원시스템, 재무적 모델

소들을 〈표 3-1〉과 같이 다양한 형태로 제시하고 있다.

위에서 제시한 바와 같이, 각 연구자들마다 e-비즈니스 모델의 구성요소를 제시하는 데 있어서 다소간의 차이를 나타내고 있다. 그러나 이들 모든 e-비즈니스 모델은 기업으로 하여금 장기적으로는 돈을 벌 수 있는 방안(revenue model)을 설계한다는 측면에서 공통점을 찾아볼 수 있다. 즉, e-비즈니스 모델은 기업이 지속적으로 돈을 벌기 위해서 자사의 고객들에게 차별화된 그 어떤 것을 끊임없이 제공하기 위해서 중점적으로 관리해야 하는 것들을 정의하고 있는 것이다.

Timmers(1998)는 인터넷 기반의 전자상거래가 점차 보편화됨에 따라 전통적 비즈니스에 대비할 때 새로운 형태의 e-비즈니스 모델에는 어떠한 것들이 있는가? 그리고 이러한 e-비즈니스 모델을 실현하기 위해 어떠한 전략적 마케팅 접근법이 요구되는가? 등을 중심으로 e-비즈니스 모델의 핵심 구성요소와 함께 현재 인터넷 기반하에 운영중인 11가지 e-비즈니스 모델을 정리하여 제시하였다.

그는 e-비즈니스 모델의 대표적 구성요소로서 비즈니스에 참여하는 당사자의 역할을 포함하여 당사자간의 상품/서비스/정보의 흐름(business actors and roles, product/service/information flows), 비즈니스에 참여하는 당사자에게 주어지는 편익(potential benefits for business actors), 비즈니스에 참여하는 당사자의 수입원(sources of revenues)을 제시하였다. 그가 제시한 e-비즈니스 모델은 전자상점형(e-shop), 전자조달형(e-procurement), 전자경매형(e-auction), 전자쇼핑몰형(e-mall), 제3자시장형(third-party marketplace), 가상커뮤니티형(virtual communities), 가치사슬서비스제공형(value-chain service provider), 가치사슬통합형(value-chain integrators), 협력플랫폼형(collaboration platforms), 정보중개형(information brokerage), 위탁 및 기타 서비스형(trust and other services) 등이 포함된다.

Afuah and Tucci(2001)는 〈표 3-2〉에서 보는 바와 같이 e-비즈니스 모델의 구성요소로서 고객가치, 범위, 가격설정, 수익원천, 연계된 활동, 실행, 사업수행능력, 지속가능성 등을 제시하였다. 그들에 주장에 따르면, 기업은 고객에게 제공하는 고객가치(customer value)를 차별화된 혹은 저비용의 제품 형태를 유지해야 한다.

이와 함께, 기업은 적절한 범위(scope)의 시장이나 제품, 즉 제품가치 믹스를 보유한 제품이나 서비스가 있는 적절한 세분시장을 목표로 설정해야 한다. 왜냐하면, 특정의 고객가치가 모든 고객들에게 의미가 있는 것은 아니기 때문이다.

또한, 기업은 제품이나 서비스의 가격을 적절한 수준으로 결정해야 하며, 고객에게 가치를 제공하기 위한 일련의 활동(activities)을 수행해야 한다. 이러한 활동들은 여러 사람들에 의해 수행되거나 실행(implementation)되므로 이들 활동에 관여하는 사람들에 대한 관리 역시 제대로 이루어져야 한다. 그 이유는 기업의 비즈니스 수행능력(capability)은 사람들이 가치를 창출하는 활동을 얼마나 잘 수행하는가에 달려있기 때문이다.

대부분의 기업들은 흔히 하나 이상의 수익원천을 보유하고 있으므로, 고객에게 어떤 가치를 제공할 것인지, 가격결정을 어떻게 할 것인지, 어떤 활동을 수행할 것인지 등을 결정하는 데 있어서 이러한 모든 수익원천들을 고려해야 한다. 또한, 기업이 돈을 벌기 시작하면 여러 경쟁사들과 치열한 경쟁을 해야 하기 때문에, 경쟁우위를 가진 기업이라 할지라도 벌어들인 수익의 지속가능성(sustainability)을 충분히 고려해야 한다.

Osterwalder et al.(2010)는 당시 비즈니스 모델이라는 용어를 포함하고 있는 자료에 대한 조사와 전문가 인터뷰 등을 통해 실제 기업에서 비즈니스 모델에 포함되어 있는 구성요소를 중심으로 포괄적 분석을 실시하였으며, 이를 통해 비즈니스 모델 캔버스(business model canvas)라는 비즈니스 모델 설계 도구를 제시하였다. 비즈니스 모델 캔버스는 비즈니스를 기획 및 설계하는데 있어서 반드시 고려되어야 하는 9가지의 핵심요소(building blocks)를 한눈에 볼 수 있도록 지원하는 그래픽 기반의 비즈니스 모델 설계 도구이다.

비즈니스 모델 캔버스에 포함되는 구성요소는 크게 가치생산 영역과 가치전달

표 3-2	e-비즈니스 모델의 구성요소별 특징	
구성요소	모든 비즈니스 모델에 대한 질문사항	e-비즈니스 모델에 대한 질문사항
고객가치	• 기업이 경쟁사보다 저비용으로 혹은 차별화된 어떤 것을 고객에게 제공하고 있는가?	• 고객에게 차별화된 어떤 것을 제공하는 데 인터넷(정보기술)이 무엇을 할 수 있는가? • 인터넷(정보기술)은 고객을 위한 새로운 일련의 문제들을 해결할 수 있는가?
범위	• 기업은 어떤 고객에게 가치를 제공하고 있는가? • 이러한 가치를 내포하고 있는 제품 및 서비스의 범위는 무엇인가?	• 기업이 인터넷(정보기술)을 이용하여 도달 가능한 고객의 범위는 무엇인가? • 인터넷(정보기술)이 기업의 제품이나 서비스 믹스를 변화시키는가?
가격설정	• 기업은 가격을 어떻게 매기는가?	• 인터넷(정보기술)은 가격책정을 어떻게 변화시키는가?
수익원천	• 돈은 어디에서 유입되는가? • 어떤 가치를 위해서 누가 그리고 언제 지불하는가? • 각 시장에서 마진은 어느 정도이고 무엇이 이러한 마진을 유발하는가? • 각 원천에서 가치를 유발시키는 것은 무엇인가?	• 인터넷(정보기술)을 이용하면 수익원천이 달라지는가? • 인터넷(정보기술)을 이용하면 새로운 수익원천이 무엇이 있는가?
연계된 활동	• 가치를 제공하기 위해서 기업이 수행해야 하는 일련의 활동들은 무엇이고, 그 활동의 시기는 언제인가? • 이러한 활동들은 어떻게 연결되어 있는가?	• 인터넷(정보기술)의 결과로 얼마나 많은 새로운 활동들이 수행되어야 하는가? • 기존의 활동들을 수행하는 데 인터넷(정보기술)이 얼마나 많이 도움을 줄 수 있는가?
실행	• 활동을 수행하는데 기업이 필요로 하는 조직적 구조, 시스템, 인력, 환경은 무엇인가? • 이러한 구성요소들은 조화를 이루고 있는가?	• 인터넷(정보기술)이 당신의 기업의 전략, 구조, 시스템, 인력, 환경에 무엇을 제공하는가?
사업 수행 능력	• 기업의 고유한 능력은 무엇이고 보강되어야 할 사업수행능력의 차이는 무엇인가? • 이러한 사업수행능력의 격차를 어떻게 채울 것인가? • 기업이 다른 기업보다 더 나은 가치를 제공할 수 있도록 하고 모방하기 어렵도록 만드는 이러한 사업수행능력을 위해 차별화된 어떤 것이 있는가? • 이러한 사업수행능력의 원천은 무엇인가?	• 당신은 어떠한 새로운 사업수행능력이 필요한가? • 기존 사업수행능력에 대해 인터넷(정보기술)이 미치는 영향은 무엇인가?
지속 가능성	• 다른 기업이 모방하기 어렵도록 만드는 요소는 무엇인가? • 기업은 어떻게 계속 돈을 벌 수 있는가? • 기업은 어떻게 경쟁우위를 유지하는가?	• 인터넷(정보기술)은 지속가능성을 더욱 쉽게 혹은 더욱 어렵게 만드는가? • 기업은 어떻게 이것을 이용할 수 있는가?

출처: Afuah and Tucci, 2001

그림 3-1   비즈니스 모델 캔버스의 구성요소

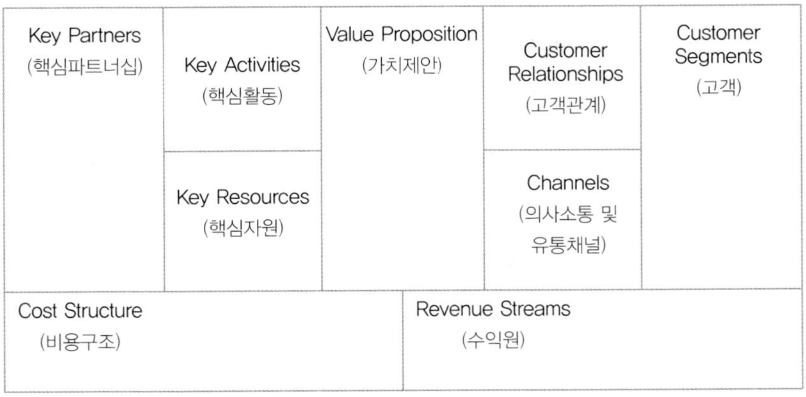

Key Partners (핵심파트너십)	Key Activities (핵심활동)	Value Proposition (가치제안)	Customer Relationships (고객관계)	Customer Segments (고객)
	Key Resources (핵심자원)		Channels (의사소통 및 유통채널)	
Cost Structure (비용구조)			Revenue Streams (수익원)	

영역으로 구분될 수 있으며, 가치생산 영역에는 기업이 비즈니스 모델의 구성요소를 통해 어떻게 가치를 만들어내는가를 보여주는 영역으로서 핵심자원(key resources), 핵심활동(key activities), 핵심파트너십(key partnerships), 비용구조(cost structure)가 포함된다. 또한, 가치전달 영역은 기업이 고객에게 어떠한 가치를 전달하고, 그 가치를 어떻게 전달하고, 고객과 어떠한 관계를 형성해 나가는지 등을 표시하는 영역으로서 고객(customer segment), 가치제안(value proposition), 의사소통 및 유통채널(channels), 고객관계(customer relationships), 수익원(revenue streams)이 포함된다.

(1) 고　객

'고객'은 우리 기업의 제품이나 서비스를 이용하고 있는 대상 시장 및 고객을 의미한다. 비즈니스 모델 캔버스에서 고객은 기업이 제각기 얼마나 상이한 유형의 사람 혹은 조직을 타켓으로 하고 있는가를 표시한다. 어떠한 비즈니스 모델을 설계하든지 고객이라는 요소가 없다면 비즈니스 자체가 성립할 수 없다. 따라서, 기업이 고객을 효과적으로 만족시키기 위해서는 비즈니스 모델을 설계하는데 있어서 고객의 요구사항이나 행동 특징, 그 이외의 다른 특성 등을 심도 있게 분석 및 이해하고 접근해야 할 것이다.

(2) 가치제안

'가치제안'은 시장 및 고객이 필요로 하는 가치를 창조하기 위해 제공되는 상품과 서비스의 조합을 의미한다. 고객들이 자사의 상점에 찾아와 주는가 혹은 발길을 되돌리는가 여부는 바로 그 기업이 시장이나 고객에게 어떠한 가치를 제공해 주느냐에 따라 달라진다. 여기에서 말하는 가치란 고객이 처한 갈증을 해결해 주거나 니즈를 충족시켜 주는 등의 물리적 가치와 감정적 가치를 모두 포괄한다. 결국, 기업은 고객이 가진 니즈에 부합하는 상품과 서비스의 조합을 어떻게 제공할 것인가를 비즈니스 모델 설계시 고민해야 할 것이다.

(3) 의사소통 및 유통채널

'의사소통 및 유통채널'은 기업이 시장 및 고객에게 가치를 전달하는 방법, 즉 기업이 시장 및 고객에게 가치를 제안하기 위해 의사소통하거나 상품과 서비스를 전달하는 채널을 의미한다. 의사소통 및 유통채널은 기업과 고객간에 이루어지는 다양한 경험(상품 및 서비스에 대한 고객의 이해도 제고, 기업의 대고객 가치 전달, 상품 및 서비스의 구매, 고객에 대한 사후서비스 제공 및 고객으로부터의 피드백 수용 등)에 직간접적 영향을 미치는 접촉수단이기 때문에 매우 신중하게 설계 및 관리되어야 할 것이다.

(4) 고객관계

'고객관계'는 기업이 고객을 확보하고 유지하기 위해 사용하는 방법으로서 시장 및 고객과 어떻게 상호작용하고 어떤 형태의 관계를 맺을 것인가를 의미한다. 기업이 비즈니스를 성공적으로 유지하기 위해서는 공략하고자 하는 시장 및 고객과 어떤 형태의 관계를 수립하고자 하는가를 명확히 정의해야 한다. 여기에는 기업이 고객관계(고객확보, 고객유지, 판매촉진 등) 수립을 위해 취하는 개별적인 방식과 자동화된 방식 모두를 포함할 수 있다(커뮤니티 생성, 개인맞춤광고 노출, 개인화서비스 제공 등).

(5) 수익원

'수익원'은 기업이 시장 및 고객에게 가치를 전달함으로서 얻게 되는 결과물로서 수입에서 비용을 공제한 수익금을 의미한다. 비즈니스 모델의 구성요소 중 핵심이 고객이라면 수익원은 그 핵심을 공략함으로써 기업이 얻고자 하는 궁극의 대상이라고 할 수 있다. 이러한 측면에서 기업은 시장 및 고객이 어떤 가치를 위해 기꺼이 돈을 지불하는가? 라는 질문을 끊임없이 던지며 이에 대한 답을 할 수 있어야 하며, 이러한 경우 기업은 시장 및 고객으로부터 하나 이상의 수익원을 창출

그림 3-4 전자조달형 e-비즈니스 모델

시장으로 확대함으로써 수요를 확충하는 동시에 매출 증대를 도모할 수 있다. 반면에, 고객은 저렴한 가격, 폭넓은 선택 기회, 보다 많은 정보, 시간과 공간을 초월한 구매부터 대금지불까지의 편리성을 느낄 수 있다.

(2) 전자조달형(e-procurement)

전자조달형 e-비즈니스 모델은 전통적인 전자문서교환시스템(EDI)이나 광속전자상거래시스템(CALS)과 유사한 형태로서, 인터넷을 이용하여 입찰공고와 협상을 실시함으로써 재화나 용역을 구매할 수 있는 모델이다. 구매자는 공급선 선택폭 확대, 구매원가 절감, 품질수준 제고, 조달 및 구매 용이성 등의 효과를 얻을 수 있다. 공급자는 입찰정보에 대한 접근 용이성, 입찰시장의 글로벌화 가능, 입찰비용 절감, 부분 입찰 가능성 제고, 공동입찰 가능 등의 입찰과정에서의 유연성을 확보할 수 있다.

(3) 전자쇼핑몰형(e-mall)

전자쇼핑몰형 e-비즈니스 모델은 여러 종류의 전자상점을 한곳에 모은 형태를 의미한다. 취급하는 제품군에 따라 소비재를 다루는 전자쇼핑몰과 산업재 혹은 특정 서비스를 특화한 B2B 전자상거래의 형태를 지닌다. 전자쇼핑몰의 운영자는

그림 3-5 전자쇼핑몰형 e-비즈니스 모델

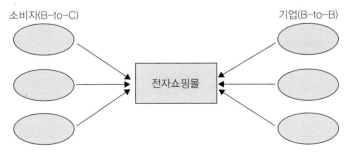

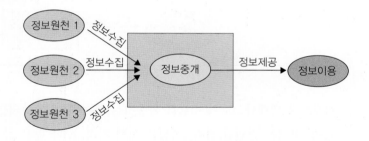

그림 3-6 정보중개형 e-비즈니스 모델

지원기술의 판매, 지원서비스의 제공, 사용시간 및 양에 따른 요금 부과, 광고등을 통해 수익을 확보한다. 고객들은 이용의 편리성과 함께 다양한 쇼핑을 즐길 수 있다.

(4) 정보중개형(information brokerage)

정보중개형 e-비즈니스 모델은 인터넷상에서 구할 수 있는 수많은 정보를 수집 및 가공하여 이를 필요로 하는 고객들에게 제공하는 형태를 말한다. 즉, Yahoo나 Daum 등의 정보포털사이트 사용자들의 신상정보를 모아서 판매하거나, 주변에서 쉽게 구할 수 없는 문서나 보고서 등을 확보하여 판매하는 경우 등이 이에 속한다. 따라서, 정보판매사업형으로도 불리며 주 수입원은 정보사용료와 광고 수입이 속한다.

(5) 위탁 및 기타 서비스형(trust and other services)

위탁 및 기타 서비스형 e-비즈니스 모델은 사용자들이 요구하는 공증서비스나 인증서비스 등을 인터넷을 통해 대행하여 제공해 주는 형태이다. 이러한 e-비즈니스 모델의 주요 수입원은 전자서비스 제공에 따른 위탁 수수료와 소프트웨어 판매 등이 있다.

그림 3-7 위탁 및 기타 서비스형 e-비즈니스 모델

그림 3-8　전자경매형 e-비즈니스 모델

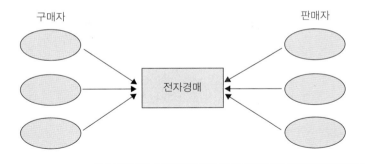

(6) 전자경매형(e-auction)

전자경매형 e-비즈니스 모델은 전통적인 경매시장을 인터넷 공간으로 옮겨옴으로써 인터넷이 가지고 있는 장점을 극대화하고자 하는 모델이다. 이러한 모델은 경매되는 제품이나 서비스를 멀티미디어 정보로 제공하는 것뿐만 아니라 계약이나 대금결제, 배달 등의 여러 가지 기능을 포함하고 있다. 사업의 수입원은 인터넷 경매와 관련한 기술 플랫폼 판매, 거래수수료, 광고수입료 등이 주류를 이룬다. 이 모델은 실제로 경매가 이루어지기 이전까지는 제품의 물리적 배송이 요구되지 않으며 제품의 글로벌 소싱 역시 가능하다. 경매에 참여하는 사람들은 낮은 가격에 양질의 제품을 판매 혹은 구매할 수 있다는 장점이 있다.

(7) 가치사슬서비스제공형(value chain service provider)

가치사슬서비스제공형 e-비즈니스 모델은 전자지불기능, 물류 및 배송기능 등과 같이 산업의 가치사슬상에 존재하는 특정한 기능을 특화하여 온라인 서비스를 제공하고자 하는 모델이다. 이 모델은 기업의 생산관리, 재고관리, 판매관리 등의 영역을 중심으로 가치사슬상의 주활동이나 보조활동을 지원하는 데 초점을 둔다. 이러한 e-비즈니스 모델의 주 수입원은 서비스 이용료, 수수료 등이다.

그림 3-9　가치사슬서비스제공형 e-비즈니스 모델

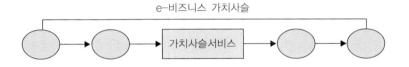

그림 3-10 가상커뮤니티형 e-비즈니스 모델

(8) 가상커뮤니티형(virtual community)

가상커뮤니티형 e-비즈니스 모델은 특정 영역에 관심을 갖고 있는 사용자 회원들을 관리하는 형태이다. 이를 통해, 사업자는 가입 회원들의 회비와 광고수입을 통해 수익을 확보할 수 있다. 이 모델은 주로 기업들이 자사 고객의 피드백 정보를 확보하기 위한 목적으로 혹은 고객서비스 제공을 통한 관계의 구축을 위해 많이 활용된다.

(9) 협력플랫폼형(collaboration platform)

협력플랫폼형 e-비즈니스 모델은 여러 기업들간에 공동작업에 필요한 각종 도구나 소프트웨어 등을 동일한 인터페이스로 제공하는 형태이다. 따라서, 이 모델은 여러 기업들이 공동으로 참여하는 협력 디자인, 협력 엔지니어링, 협력 프로젝트 컨설팅 등의 영역에 있어서 많이 적용되고 있다.

그림 3-11 협력플랫폼형 e-비즈니스 모델

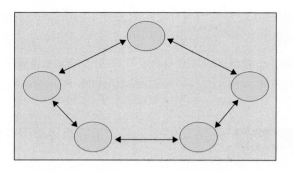

그림 3-12 제3자시장형 e-비즈니스 모델

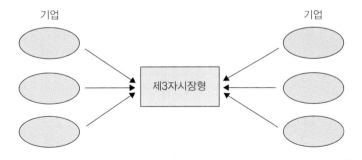

(10) 제3자시장형(third party marketplace)

제3자시장형 e-비즈니스 모델은 오프라인 기업의 제품 카탈로그를 수요자의 인터페이스를 통해 제공하는 형태로서 브랜딩, 대금지불, 배달, 주문 등의 매매거래 절차와 관련된 모든 단계의 서비스를 제공한다. 사이버상에서의 중개시장을 제공하는 사업자의 주 수입원은 회원가입비, 서비스 수수료, 거래수수료, 광고료 등이 있다.

(11) 가치사슬통합형(value chain integrator)

가치사슬통합형 e-비즈니스 모델은 특정 기업이나 산업의 가치사슬상의 여러 활동단계와 관련한 서비스를 통합적으로 제공하는 모델이다. 특히, 이 모델은 기업이나 산업의 가치사슬상의 여러 연계된 활동들을 통합적으로 지원하는데 초점을 두며, 주 수입원은 컨설팅서비스 용역 수익과 관련 기술판매에 따른 수수료 등이 있다.

그림 3-13 가치사슬통합형 e-비즈니스 모델

2.2 Rappa의 분류

Rappa는 Timmers가 제시한 e-비즈니스 모델을 포괄할 수 있는 총 9가지 형태의 e-비즈니스 모델을 제시하였다. 또한, 이들 모델을 여러 가지 특성을 기준으로 보다 세분화된 형태로 제시하였다.

(1) 중개형(brokerage)

중개형 e-비즈니스 모델은 사이버 시장을 창출하는 모델로 인식되고 있다. 이 모델은 [그림 3-14]에서 보는 바와 같이 구매자와 판매자를 한곳에서 거래를 할 수 있도록 지원하는 형태로서 매도 및 매수 주문 소화형, 시장거래소형, 고객모집형, 유통 및 배급형, 가상몰, 메타중개형, 경매중개형, 역경매형, 항목분류형, 검색대행형 등의 여러 가지 세부 유형으로 구분할 수 있다. 이들 중개형 e-비즈니스 모델은 기본적으로 구매자와 판매자를 중개해 주는 특성을 지니며, 이에 따라 대부분 모델들의 주 수입원이 구매자와 판매자간의 거래수수료이다. 중개형 e-비즈니스 모델은 B2C, B2B, C2C 등의 전자상거래 영역에서 모두 적용될 수 있다.

그림 3-14   중개형 e-비즈니스 모델의 적용 사례: 옥션

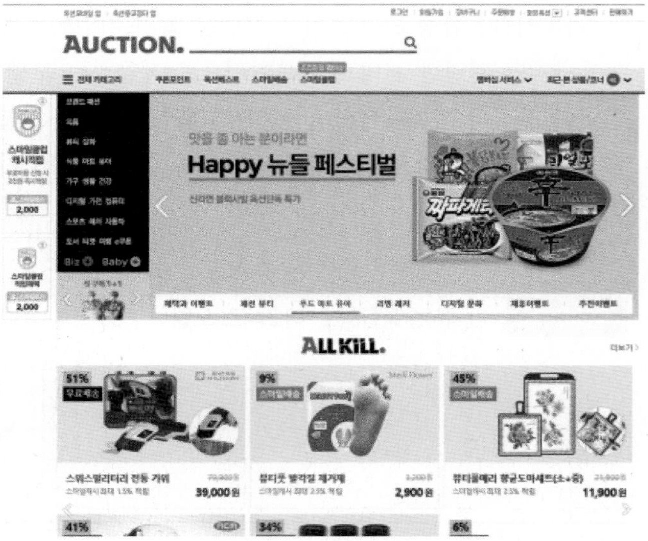

그림 3-15　광고형 e-비즈니스 모델의 적용 사례: 네이버

(2) 광고형(advertising)

　[그림 3-15]에서 보는 바와 같이, 광고형 e-비즈니스 모델은 전통적인 방송미디어 모델을 인터넷에 적용시킨 모델로서, 웹 사이트의 소유자는 방문자들을 매혹시킬 수 있는 콘텐츠와 서비스를 제공한다. 이 모델의 주 수입원은 방문자의 수 및 배너광고의 게시를 통해 확보되는 경향이 있기 때문에, 웹 사이트에 다양한 종류의 콘텐츠를 제공하는 동시에 e-메일, 채팅, 포럼서비스 등을 제공한다. 광고형 e-비즈니스 모델은 웹 사이트 방문자를 확보하는 방법에 따라 일반 포털형, 개인화 포털형, 전문 포털형, 보상형 마케팅형, 무료 모델형, 바겐세일형 등으로 세분화 할수 있다.

(3) 정보중개형(infomediary)

　정보중개형 e-비즈니스 모델은 인터넷에서 고객 및 고객의 구매습관 등의 유용한 정보를 모아서 이를 필요로 하는 기업에게 가공하여 판매하는 모델이다([그림 3-16] 참조). 여기에서, 개인 고객의 정보는 무료로 인터넷 접속이나 하드웨어 서비스를 제공하는 등의 방법을 통해 수집 및 가공한다. 이 모델은 고객들에게 정보 및 서비스를 제공하는 형태에 따라 크게 등록모델형과 추천시스템형으로 세분화 할 수 있다. 등록모델형은 사용자가 개인의 정보를 등록하면 무료로 정보이름

그림 3-16   정보중개형 e-비즈니스 모델의 적용 사례: 잡코리아

권이나 사이버 쿠폰 등을 제공하는 유형이고, 추천시스템형은 사용자들이 특정제품 및 서비스에 대하여 의견을 교환할 수 있는 장을 만들어 주는 동시에 사용자의 검색 및 구매 습관을 분석하여 관련 제품을 추천하는 형태이다.

(4) 상인형(merchant)

상인형 e-비즈니스 모델은 도매업자와 소매상이 인터넷상에서 상품과 서비스

그림 3-17   상인형 e-비즈니스 모델의 적용 사례: 아마존닷컴

를 판매하는 형태로서 e-Tailer형 모델로도 불린다. [그림 3-17]에서 보는 바와 같이, 이 모델은 크게 가상상인형(웹상에만 존재하며 판매하는 경우), 카탈로그형(통신판매업자가 인터넷 사업을 하는 경우), 혼합형(오프라인 매장이 있는 기업이 웹상에 상점을 낸 경우), 비트벤더형(디지털 상품 및 서비스만을 판매하는 경우)으로 세분화 할 수 있다. 여기에서 판매되는 상품 및 서비스는 표시가격에 기초하여 혹은 경매를 통해서 판매될 수 있다.

(5) 제조형(manufacturer)

제조형 e-비즈니스 모델에서 제조업자가 도매업자나 소매업자를 거치지 않고 인터넷을 통해서 직접 최종사용자에게 도달한다([그림 3-18] 참조). 이를 통해 기업은 비용을 절감할 수 있으며, 고객이 무엇을 원하는가를 직접 파악함으로써 보다 나은 서비스를 제공할 수 있게 된다. 이 모델에서는 흔히 채널갈등(channel conflict)이 발생하는 경우가 많으므로, 유통채널에 관계되는 업체들에 대한 보상과 관리가 핵심적 요소로서 작용한다.

(6) 제휴형(affiliate)

제휴형 e-비즈니스 모델은 최근 대다수 온라인 기업들이 채택하고 있는 형태의 e-비즈니스 모델로서, 고객이 인터넷을 항해함에 있어서 언제 어디서든 구매

그림 3-18 제조형 e-비즈니스 모델의 적용 사례: 델컴퓨터

그림 3-19 제휴형 e-비즈니스 모델의 적용 사례: 다나와

할 수 있는 기회를 제공한다는 데 특징이 있다([그림 3-19] 참조). 이 모델에서 기업은 자신의 웹 사이트에 링크로 연결되는 다른 웹 사이트들과 제휴하여 사업을 전개한다. 특히, 웹 사이트 방문자가 제휴한 사이트를 통해 자사의 사이트를 클릭하고 무엇인가를 구매할 때마다 제휴 사이트는 수수료를 받는 형태가 대부분이다.

(7) 커뮤니티형(community)

커뮤니티형 e-비즈니스 모델은 인터넷 사용자들이 자사의 사이트에서 제공하는 커뮤니티에 많은 시간과 노력을 투자하도록 유도함으로써 사업을 전개하는 형태이다([그림 3-20] 참조). 따라서, 이 모델의 핵심성공요소는 사용자들의 커뮤니티에 대한 충성도(loyalty)이며, 이러한 사용자들을 대상으로 광고, 정보중개, 전문포털서비스 등을 제공하여 수익원을 확보한다.

(8) 가입형(subscription)

가입형 e-비즈니스 모델은 사용자가 신문이나 잡지를 구독하는 것처럼 자사의 사이트에 가입하도록 하는 형태이다([그림 3-21] 참조). 이 모델에서 사용자들의 웹 사이트에 대한 접근은 무료가 아니다. 회원들은 가입비를 지불하는 대신에 고품질의 콘텐츠를 제공받는다. 일부의 사이트들은 유료 콘텐츠와 무료 콘텐츠간에

서비스 차이를 두고 양자를 함께 제공하기도 한다. 한편, 이 모델은 일종의 도덕적 해이(moral hazard) 문제가 존재할 수 있다. 즉, 고객이 일단 가입비용을 지불한 이후에 기업에서 제공하는 콘텐츠의 질이 매우 낮은 경우가 이에 해당된다.

그림 3-22　사용료형 e-비즈니스 모델의 적용 사례: 본디스크

(9) 사용료형(utility)

사용료형 e-비즈니스 모델은 수도요금이나 전기요금처럼 사용자들이 서비스를 이용한 양이나 시간 등에 따라 사용요금을 지불하도록 하는 형태로서, 주로 인터넷 접속 서비스를 제공하는 ISP나 통신업체 등에서 활용될 수 있는 모델이다([그림 3-22] 참조). 이러한 e-비즈니스 모델에서는 사용자들이 서비스를 얼마나 많은 정보바이트 단위를 이용하였는가, 얼마 동안의 시간 단위에 걸쳐 해당 서비스를 이용하였는가, 몇 건의 서비스를 제공받았는가 등을 확인할 수 있는 기능이 반드시 요구된다.

2.3 Jutla의 분류

Jutla et al.(1999)는 제품이 공급자로부터 소비자까지 전달되는 과정 및 상품의 제조 위치를 중심으로 e-비즈니스 모델 유형을 제시하였다. 그가 제시한 e-비즈니스 모델은 크게 중개자형, 제조업자형, 경매형 등으로 분류할 수 있다.

그림 3-23 중개자형 e-비즈니스 모델에서 제품 및 정보의 흐름

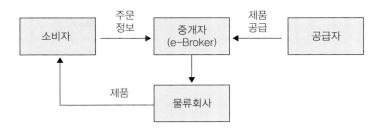

(1) 중개자형(e-broker)

중개자형 e-비즈니스 모델은 사이버중개자(cybermediary) 혹은 정보중개자(informediary) 라고도 불리며, 공급자와 소비자 사이에서 중개인 역할을 한다는 특성을 지닌다([그림 3-23] 참조). 이 모델은 공급체인 과정에서 재고를 통제하기 위해 필요한 인적자원, 창고, 자본 등을 필요로 하지 않고, 무엇보다도 제조업자(공급자)에서 소비자에 이르기까지의 전 과정에서 전문성을 추구할 수 있다는 장점을 지닌다. 특히, 상품 공급자는 제조, 생산계획, 재고통제 등의 기능에 집중하며, 중개자는 마케팅 과정을 전문적으로 수행하기 때문에, 소규모 기업들에게 적합한 모델이라고 할 수 있다.

여기에서, 각자의 역할에 최선을 다하면 다할수록 소비자가 구매하게 되는 상품의 질은 더욱 우수해지게 된다. 또한, 중개자는 직접 공급자의 제품을 Fedex나 UPS 등의 제3자 물류채널을 이용하여 소비자에게 전달하며, 자신은 상품에 대해서 아무런 가치도 더하지 않는다. 이러한 중개형 e-비즈니스 모델의 대표적인 사이트는 아마존(www.amazon.com)이 포함된다.

(2) 제조업자형(e-manufacturer)

제조업자형 e-비즈니스 모델에서는 제품을 생산하는 제조업자가 다수의 부품 공급자로부터 확보한 부품들을 기업 내부의 제조과정을 통해 완성된 제품에 대해서 새로운 가치를 부여하여 판매하는 방식을 취한다([그림 3-24] 참조). 이 모델은 재조합이 가능한 제품을 생산하며, 전문적인 마케팅 부서를 가지고 있으며, 세련된 서비스를 수행할 수 있는 기업에 적합한 모델이다. 델 컴퓨터(www.dell.com), 시스코(www.cisco.com) 등이 이러한 모델을 채택한 대표적 기업이며, 이 외에도 자동차 제조회사나 컴퓨터 테크놀로지 기업 등이 이러한 모델을 많이 채택한다.

그림 3-24　제조업자형 e-비즈니스 모델에서 제품 및 정보의 흐름

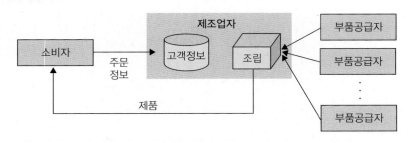

위에서 보는 바와 같이, 제조업자형 e-비즈니스 모델의 장점은 소비자가 자신이 원하는 제품을 직접 설계할 수 있다는 점에 있다. 예를 들어, 델 컴퓨터에서는 컴퓨터를 구입하려는 소비자가 웹 사이트에서 자신이 원하는 컴퓨터의 선택사항들을 직접 선택하고, 컴퓨터의 가격부터 배달방법에 이르기까지 다양한 정보를 지정할 수 있다.

(3) 경매형(e-auction)

경매형 e-비즈니스 모델은 최근 인터넷상에서 가장 각광받고 있는 e-비즈니스 모델 중의 하나이다([그림 3-25] 참조). 이 모델에서는 상품을 구매하고자 하는 사람이 먼저 상품의 구입가격을 제시하며, 판매자가 그러한 제시 가격에 동의하게 되면 상품의 거래가 이루어지게 된다. 따라서, 경매형 e-비즈니스 모델에서는 판매자도 고객이 되며, 경매사이트 자체가 행하는 일은 고객과 판매자를 단지 연결시켜 주는 일이다.

경매형 모델에서 사이트 운영자는 소비자에게 요금을 부과하지 않고 거래가 성사된 경우에 한해서 판매자로부터 수수료를 받는 형태를 취한다. 따라서, 이 모델은 가격에 민감한 소비자들에게 매우 매력적인 모델로 인식되고 있으며, 다양한

그림 3-25　경매형 e-비즈니스 모델에서 제품 및 정보의 흐름

제품 정보를 필요로 하는 소비자에게는 매우 유용한 편이다. 국내의 옥션(www.auction.co.kr) 및 외국의 이베이(www.ebay.com) 등이 경매형 e-비즈니스 모델을 채택하고 있는 대표적 경우이다.

제 3 절 e-비즈니스 모델의 사례

e-비즈니스 모델을 설계하고 이를 실행하는 과정에서 기업들이 수익 원천을 확보하기 위해서 중점적으로 관리하는 요소는 기업들마다 다소 차이가 존재한다. 즉, 기업이 새로운 형태의 e-비즈니스 모델을 개발하여 적용하는 형태는 해당 기업들마다 처해 있는 상황과 여건에 따라 매우 다양한 형태로 구현될 수 있으며, 특정의 통일된 방식을 통해 동일한 비즈니스 성과를 거두는 경우는 그리 많지 않은 편이다. 따라서, 본 절에서는 비즈니스를 성공으로 이끈 온·오프라인 기업들의 사례를 살펴봄으로써, e-비즈니스 모델의 설계 및 추진에 있어서 기업들이 중점적으로 고려하고 있는 사항들이 어떠한 것들이 있는가를 파악해 보고자 한다.

3.1 Priceline의 사례

프라이스라인은 비행기 좌석정보 및 예약정보를 할인된 가격으로 제공하면서 사업을 시작하였으며, 이후로 호텔 예약, 자동차 구매, 가계 금융상품 판매 등으로 사업영영을 확대해가며 성장해 가고 있는 기업이다.

프라이스라인은 온라인상에서 역경매(reverse auction)를 최초로 도입하여 특허를 획득한 기업으로 유명하다. 프라이스라인은 전 세계적으로 매일 비행기 좌석이 50만석 이상이 비고 있다는 사실에 착안하여, 항공 수요자들에게 할인된 가격으로 비행기 좌석정보 및 예약정보를 제공하는 기업으로 사업을 시작하였다.

프라이스라인의 성공은 '당신이 생각하는 가격을 제시하시오(Name your price!)'라는 아이디어를 이용한 역경매 시스템의 개발 및 이에 따른 온라인상에서의 역경매 e-비즈니스 모델 특허 취득에 기초하고 있다. 즉, 당시까지만 해도 현실적 한계(장소와 시간의 제약, 경매물품 관련 정보 취득의 어려움 등)로 인해 거래 자체가 이루어지지 않았던 것을 인터넷과 정보기술의 힘을 이용한 역경매 시스템을 개발하여 다양한 주체들간의 역경매 거래가 이루어지도록 지원하였다는 점이 핵심 성공비결로 언급되고 있다.

프라이스라인은 항공권과 호텔예약 영역에서는 거래가 성사되는 경우 거래중개 수수료를 받고 있으며, 자동차 구매와 가계 금융상품 등의 판매 영역에서는 커뮤니티를 구성하여 회원을 대상으로 정액제에 기초한 요금체계를 운영하고 있다.

3.2 Dell의 사례

델컴퓨터는 컴퓨터 제조업체로서 Michael Dell이 자신이 다니던 대학의 기숙사에서 비즈니스를 시작한 것으로도 유명하다. 델컴퓨터는 1980년대 중반에 기존 컴퓨터 시장에서는 존재하지 않았던 주문수주생산(build-to-order) 방식을 처음으로 도입하면서 고객의 차별적 요구에 초점을 맞춘 e-비즈니스 모델을 중심으로 사업을 시작하였다.

델컴퓨터는 이러한 주문수주방식을 컴퓨터 제조업에 도입함으로써, 기존에 마치 기성복처럼 만들어져 시장에 공급되고 있던 컴퓨터 제품들의 시장판매 및 고객 응대방식을 획기적으로 변화시켰다.

주문수주방식은 고객이 주문한 컴퓨터의 조립에 필요한 다양한 부품들을 빠른 시간 내에 확보하고 완성품을 얼마나 빠르게 고객에게 인도하느냐에 성패가 달려 있다. 이에 따라, 델컴퓨터는 이러한 업무처리방식의 성공을 위해서 시간을 적극적으로 관리할 필요성이 있었으며, 이는 결국 충분한 수준의 컴퓨터 부품 재고를 보유하도록 유도하였다. 델컴퓨터는 부품 재고의 확보에 따른 재고관리비용 상승에도 불구하고 '고객의 요구에 대한 신속한 대응'이라는 목표에 우선적인 초점을 맞추며 과감하게 비즈니스를 전개하였다.

결과적으로, 델컴퓨터는 고객의 요구사항에 적극적으로 부응하지 못하여 사업기회를 놓쳐버리기 보다는 당시의 다른 경쟁업체들과는 달리 '충분한 수준의 부품재고 확보' 및 '고객에게 빠르게 완성품 인도'라는 획기적 관리노력을 통해 전례 없는 성공신화를 만들게 되었다.

3.3 Google의 사례

구글은 인터넷 사용자들에게 무료 검색엔진을 제공하는 대신에 다양한 광고수익을 통한 이윤을 창출하면서 자사와 고객, 그리고 유관 기업들 모두가 윈-윈할 수 있는 e-비즈니스 모델을 혁신적으로 제시한 사례에 해당된다.

일반 인터넷 사용자들의 입장에서 구글이 제공한 검색엔진을 이용하는데 소요되는 비용은 전혀 없다. 인터넷 사용자들은 인터넷에 접속하여 언제 어디에서든 구글의 검색엔진을 무료로 사용할 수 있으므로, 구글 사이트를 수시로 방문하게 된다.

구글에 엄청난 수준의 광고비를 지불하고 있는 기업들의 입장에서는 구글을 이용하고 있는 전 세계의 인터넷 사용자들을 대상으로 개인별 혹은 집단별 맞춤형 광고를 전달할 수 있다는 장점이 존재한다. 즉, 기존의 TV, 라디오, 신문, 잡지 등의 매체와는 달리 구글 사용자들을 대상으로 기업이 원하는 메시지를 매우 효과적으로 전달할 수 있다.

이와 같이, 구글의 성공배경에는 비즈니스 이해 당사자들의 이해를 효과적으로 이해하고 설계한 e-비즈니스 모델이 존재하고 있다. 즉, 탁월한 검색성능을 제공하는 구글의 검색 알고리듬 개발, 검색엔진에 대한 인터넷 사용자들의 수요, 그리고 전 세계 인터넷 사용자들을 대상으로 광고메시지를 전달하고자 하는 광고주들의 이해가 동시에 맞아 떨어진 결과로 볼 수 있다.

3.4 Southwest Airlines의 사례

세계의 항공사 중에서 비교적 소규모에 속하는 저비용 항공사인 Southwest Airlines은 고객 관점에서 가장 큰 불편함이 무엇인가를 적극적으로 파악하고 이러한 불편함을 해결할 수 있는 대안을 e-비즈니스 모델에 실현하여 성공한 사례이다.

기존의 대형 항공사들은 운영효율성을 높이기 위한 방법으로 허브 도시를 중심으로 운항해왔다. 이로 인해 작은 도시에 살고 있는 승객들은 자신이 원하는 목적지에 가기 위해서 중간 허브 공항에서 다른 항공편으로 갈아타야 하는 불편함을 겪어 왔다.

Southwest Airlines는 기존 대형항공사들이 추구하던 Hub and Spoke 방식에

서 벗어나 중소 도시와 도시를 바로 연결하여 운행하는 Point-to-Point 방식을 도입하였다. 이러한 운항 방식의 변화는 고객 관점에서 어떠한 불편함과 요구사항이 있는가를 분석하는 작업으로부터 시작되었다. 또한, 고객요구 분석을 통해 고객들이 원하는 목적지를 저렴한 요금으로 직접 갈 수 있도록 지원하기 위해서 기내식 등 단거리 여행에서 불필요한 부분을 과감하게 정리하였다.

Southwest Airlines는 이러한 e-비즈니스 모델을 실현하기 위해 항공기의 기종을 중단거리용 보잉 737로 통일하여 변경하였다. 이와 함께, 고객의 식사, 라운지, 좌석선택, 허브 연결 등을 제한하는 대신에 낮은 요금, 정시 출발, 근거리 운항 서비스 등을 제공하면서 고객 입장에서 최고의 가치를 창출하였다.

제 4 절 e-비즈니스 모델의 성공전략

경쟁력 있는 e-비즈니스 모델의 개발 및 추진을 위해서는 고려해야 할 요소들이 매우 다양하다. 이러한 요소들은 기업이 속한 업종과 영역에 따라서 크게 달라질 수 있으나, 기본적으로 e-비즈니스 모델은 자사가 속한 시장환경 및 기업이 추구하는 목표에 부합하도록 만드는 작업이 가장 중요한 요소로 언급되고 있다. 한

그림 3-26 e-비즈니스 모델의 성공전략

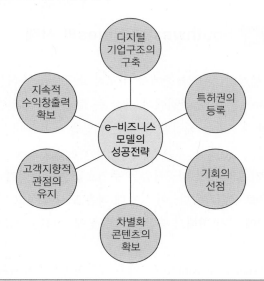

편, e-비즈니스 모델은 비즈니스를 수행하는 기업의 개별적 특성 차이에도 불구하고 몇 가지 공통적인 요건이 존재한다. 이 중에서 몇 가지 중요한 사항들을 요약하여 정리하면 [그림 3-26]과 같다.

4.1 디지털 기업 구조의 구축

성공적인 e-비즈니스 모델을 수립하는 과정에서 우선적으로 고려해야 할 사항은, 최근의 디지털경제시대에 적합한 기업 구조를 구축하는 것이다. 이를 위해서는 기업의 내부 프로세스뿐만 아니라 관계되는 업체들이 참여하는 공급체인관리, 재고관리, 유통채널관리 등을 디지털 방식으로 전환시켜야 한다. 기업 내부의 프로세스를 디지털화 한다는 의미는 향후 새롭게 적용될 정보기술이 업무를 수행하는 데 있어서 효과적으로 활용될 수 있으며 나아가 기업의 생산성을 높이는 데 기여할 수 있도록 업무 프로세스를 변경해야 한다는 의미이다.

특히, 여러 기업들간의 연결된 업무 프로세스를 구축하기 위해서는 새로운 디지털 구조의 구축과정에 참여하는 기업들 각각의 업무 프로세스의 변화 및 정보시스템을 변화시키는 데 필요한 투자비용을 모든 기업이 공정하게 부담해야 한다. 또한, 이를 통해 발생하는 제반 비용절감 효과는 다시금 기업간 디지털 구조 구축에 참여하는 모든 기업들에게 공정하게 분배될 수 있는 구조를 갖추어야 한다. 결국, 새롭게 개발하는 e-비즈니스 모델은 이와 같은 기업 내 혹은 기업간 디지털 구조를 구축하는 내용을 반드시 포함해야 한다.

4.2 지속적인 수익 창출력 확보

전통적인 기업에 있어서나 e-비즈니스 기업에 있어서나 수익의 극대화라는 명제는 인식에 차이가 있을 수 없다. 인터넷과 함께 다양한 정보기술이 등장하고 전자상거래가 활성화되기 시작한 초기 단계에서는 무조건 고객을 많이 확보하는 것이 시급한 과제였다. 하지만, 최근에 닷컴 기업들의 쇠락을 통해 알 수 있듯이, e-비즈니스 모델은 견고한 수익구조가 보장되지 않고서는 효과적이라고 할 수 없다.

특히, 전자상거래 관점에서 볼 때, e-비즈니스 모델이 잠깐 동안 인기를 받다가 금방 사라지지 않도록 하기 위해서는 고객에게 차별화된 가치의 제공, 다양한 콘텐츠의 개발, 효율적 상거래 방식의 운영, 거래되는 제품 및 서비스의 다양화 등의 끊임없는 변신을 통해 지속적으로 수익을 창출할 수 있도록 준비해야 한다.

4.3 고객지향적 관점의 유지

전통적인 기업들은 구매업무나 조달업무 등을 인터넷 기반의 환경으로 전환하여 가치체인의 재구성을 통한 효율성을 제고하고자 하는 경우가 많다. 한편, 이러한 경우 간혹 기업이 단순히 자사의 경영합리화를 위한 수단으로 e-비즈니스 시스템을 활용하려는 경우가 존재하기도 한다. 그러나 e-비즈니스를 단지 경영합리화의 수단으로만 인식한다면 고객 중심(customer-centric)으로 재편되고 있는 최근의 경영환경에서 생존하기가 매우 어렵게 될 것이다. 따라서, 장기적인 관점에서 기업의 경쟁력을 높이기 위해서는, 자기 회사의 이익과 경영합리화에 치중한 e-비즈니스 모델보다는 오히려 자사와 관계를 맺고 있는 모든 개인이나 기업들을 중요한 고객으로 인식함으로써 고객지향적이며 상호 호혜적인 관계 속에서 e-비즈니스 관리체계를 갖추어야 할 것이다. 이는 날로 경쟁이 극심해지는 디지털경제 환경 속에서 여러 기업들간의 전략적 제휴를 통해 시장을 지배하고자 하는 디지털 사업 공동체들이 많이 나타나고 있다는 점에서도 그 필요성을 인식할 수 있다.

4.4 차별화된 콘텐츠의 확보

e-비즈니스에 있어서 콘텐츠의 차별화는 기존의 전통적 기업들이 중요시하던 제품차별화와 유사한 의미를 지니고 있다. 제품차별화는 기업간 혹은 제품간의 경쟁이 심화되어 가격경쟁보다는 비가격경쟁에 의존하게 된 경우에, 소비자의 욕구를 유발할 목적으로 자사의 제품에 경쟁 기업의 제품과 다른 상표를 붙이거나, 자사의 제품을 적극적으로 광고하거나, 제품 판매와 관련성을 지니는 부가적 서비스를 제공하는 형태의 제반 마케팅 활동을 의미한다.

이에 따라, 최근의 급변하는 경영환경에 적합한 e-비즈니스 모델이라 함은 개별 기업들의 창의적인 아이디어를 지속적으로 수용할 수 있으며 나아가 이에 기반한 새로운 콘텐츠를 계속적으로 제공할 수 있어야 한다. 만일, 하나의 기업이 독자적으로 콘텐츠를 차별화하기가 어려운 경우에는 외부 기업들과의 제휴와 인수

합병 등을 통해 양질의 그리고 차별화된 콘텐츠를 보완해야 한다.

4.5 사업기회의 선점

기본적으로 e-비즈니스는 속도(speed)와의 전쟁이라고 해도 과언이 아닐 정도로 속도는 기업을 운영하는 데 매우 중요한 요소 중의 하나이다. 기업이 속도에 있어서 선두를 차지하지 못하면 경쟁자를 이겨낼 수 없으며, 시장을 선점한 기업은 그 자체만으로도 경쟁 기업에게 상당한 진입장벽을 구축하고 있는 것이다. 이러한 배경에는 특정 시장에서 선점한 기업은 그만큼 브랜드 가치를 높여 고객에게 빠르게 접근할 수 있기 때문이다.

따라서, 기업은 완벽한 e-비즈니스 모델을 구축하기보다는 시장에서 제공되고 있는 기회를 선정할 수 있는 모델을 개발해야 한다. 즉, e-비즈니스 모델은 실제로 사업을 추진해 가는 과정에서 수정될 수도 있기 때문에, 가능하면 빠른 시간내에 시장을 선점하여 수익을 창출할 수 있으며 기업성장의 기틀을 마련할 수 있는 계획을 담고 있어야 한다.

4.6 특허권의 보호

특허는 기업으로 하여금 시장에서 독점적 권리를 행사할 수 있도록 한다. 특히, 최근에는 e-비즈니스 모델에 대해서도 특허의 출원과 등록이 세계적인 붐을 이루고 있다. 기존 산업 부문에서와 마찬가지로 e-비즈니스에 있어서도 특허는 경쟁자를 제어하는 힘을 지닌다. 예를 들어, 세계적인 인터넷 서점인 아마존닷컴은 과거에 원클릭 서비스(one click service)에 대한 특허출원을 받은 지 23일 만에 대규모 도서 판매기업인 반즈앤노블(Barnes & Noble)의 자회사인 반즈앤노블닷컴을 상대로 e-비즈니스 모델 특허 침해에 관한 소송을 제기함으로써, 반즈앤노블 닷컴의 시스템을 변경하도록 유도하였다.

따라서, e-비즈니스 모델은 가급적 특허권을 확보할 수 있는 요소를 담고 있는 것이 바람직하다. 또한, 그와 같은 특허의 요소는 확실히 차별화될 수 있어야 하며, 경쟁자의 공략을 방어할 수 있어야 하며, 법적으로 효과적인 구속력이 있어야 할 것이다.

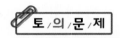

토/의/문/제

01 e-비즈니스 모델의 개념과 대표적 구성요소를 제시하시오.

02 사업을 전개하는 데 있어서 e-비즈니스 모델이 차지하는 비중과 역할에 대하여 설명하시오.

03 e-비즈니스 모델을 구분하기 위해서 보편적으로 이용될 수 있는 기준들을 제시하고, 이에 따른 e-비즈니스 모형의 다양한 유형을 제시하시오.

04 Timmers가 제시한 e-비즈니스 모델의 유형과 특징을 설명하시오.

05 Osterwalder가 제시한 비즈니스 모델 캔버스의 구성요소와 특성을 설명하시오.

06 Jutla가 제시한 e-비즈니스 모델은 기존의 모델과 비교하여 어떠한 특성이 있는지 논하시오.

07 기업이 e-비즈니스 모델을 개발하고 추진하는 데 있어서 고려해야 하는 성공전략들을 제시하시오.

참고문헌

• Afuah, A., Studyguide for Business Model Innovation: Concepts, Analysis, and Cases. 서우종 역, 비즈니스 모델 혁신: 개념 분석 사례, 시그마프레스, 2017.

• Afuah, A. and Tucci, Christopher L., Internet Business Models and Strategies. 조남기 · 이경전 역, 인터넷 사업모형과 전략, 학술정보, 2001.

• 박종석, 비즈니스 모델 혁신에 성공한 기업들, LG비즈니스인사이트, 제1282호, 2014.

• Baden-Fuller, C. and Morgan, M. S., "Business Models as Models," Long Range Planning, 43(2), 2010.

• Chaftey, D., E-Business and E-Commerce Management, Prentice Hall, 2002.

• Debelak, D., Successful Business Models, Entrepreneur Press, 2003.

• Durie, B., E-Business Essentials, Parkwest Publications, 2004.

• Eisenmann, T. R., Internet Business Models: Text and Cases, McGraw-Hill, 2002.

• Grant, R. M., Contemporary Strategy Analysis: Text and Cases Edition, John Wiley & Sons, 2016.

• Jelassi, T. and Enders, A., Strategies for E-Business, Prentice Hall, 2004.

• Jutla, E., Bodorik, P., Hajnal, C., and Davis, C., "Making Business Sense of Electronic Commerce," IEEE, March 1999.

• Kalakota, R. and Robinson, M., E-Business Roadmap for Success, Addison-Wesley, 2000.

- Laudon, K. C. and Traver, C. G., *E-Commerce*, Addison Wesley, 2001.
- Magretta, J., "Why Business Models Matter," *Harvard Business Review*, May, 2002.
- Mahadevan, B., "Business Models for Internet-based e-Commerce," *California Management Review*, 42(4), Summer 2000.
- McGrath, R. G., "Business Models: A Discovery-driven Approach," Long Range Planning, 43(2), 2010.
- Osterwalder, A., Peignerm Y., and Clark, T., Business Model Generation, John Wiley & Sons, 2010.
- Johnson, M. W., Christensen, C. M. and Kagermann, H., "Reinventing Your Business Model," Harvard Business Review, Dec. 2008.
- Osterwalder, A., Pigneur, Y. and Tucci, C. L., "Clarifying Business Models: Origins, Present, and Future of the Concept," Communications of the ACM, 16(1), 2005.
- Prasarnphanich, P. and Gillenson, M. L., "The Hybrid Clicks and Bricks Business Model," Communications of the ACM, 46(12), Dec. 2003.
- Rappa, M., "Business Models on the Web," ecommerce.ncsu.edu/business_models. html, 1999.
- Rayport, J. F. and Jaworski, B. J., *Introduction to E-Commerce*, McGraw Hill, 2002.
- Richardson, J., "The Business Model: An Integrative Framework for Strategy Execution," Strategic Change, 17(5), 2008.
- Schneider, G. P. and Perry, J., *Electronic Commerce*, Course Technology, 2001.
- Soliman, F., *Managing E-business*, Sage Publications, 2004.
- Timmers, P., "Business Model for Electronic Markets," *Electronic Markets*, 8(2), 1998.
- Zhao, J. J., *Web Design and Development for E-business*, Prentice Hall, 2002.
- Zott, C., Amit, R., Massa, L., "The Business Model: Recent Developments and Future Research," *Journal of Management*, 37(4), 2011.

비즈니스 모델 혁신에 성공한 기업들

총성 없는 전쟁터와 다른 없는 오늘날의 시장에서 기업들은 고객에게 조금 더 가까이 다가가고 선택받기 위해 제품 차별화에 많은 노력을 기울인다. 그러나 이러한 차별화 요인으로 부각시킬 수 있는 부분이 점차 줄어들고 있는 것이 오늘날의 현실이다. 따라서, 많은 기업들이 제품 차별화 이외에도 비즈니스 프로세스 차별화를 꾀하거나 마케팅이나 유통의 차별화를 시도하기도 한다. 이와는 달리, 보다 창의적인 기업들은 비즈니스 모델의 혁신을 통해 기업의 성과를 획기적으로 높이기 위해 노력한다.

▶ 고객의 비용 부담 최소화: Pay As You Go

ESCO(Energy Service Company)의 비즈니스 모델은 Pay As You Go 방식을 훌륭하게 실현한 비즈니스 모델 혁신의 사례이다. ESCO는 다양한 에너지 절감 프로젝트를 수행하거나 건물 래트로피팅, 에너지 인프라 아웃소싱, 전력 공급 및 리스크 관리 등의 포괄적인 에너지 솔루션을 제공한다. 우리가 흔히 알고 있는 에너지 절감형 형광등부터 시작해서 공조시스템에 이르기까지 빌딩의 여러 구성 요소들에 빌딩 소유주들이 갖고 있는 선투자에 대한 부담은 상당히 크다. ESCO는 이를 획기적으로 줄일 수 있는 비즈니스 모델을 제시하였다.

즉, ESCO는 빌딩 소유주에게 에너지 절감 솔루션을 제안하고 사업이 성사되었을 경우 에너지 절감분에 대한 수익 공유 및 투자비 회수 등을 통해 빌딩 소유주의 초기 투자금을 최소화하도록 한 것이다. 과거 양질의 에너지 절감형 형광등이 개발되었을 때 에너지 절감 효율성이나 뛰어난 성능에도 불구하고 시장은 생각만큼 늘어나지 않았다. 이는, 아무리 제품이 우수하다 하더라도 이를 도입하는 입장에서는 초기 투자 비용이 큰 부담이 될 수 밖에 없기 때문이다. 그러나 에너지 절감분으로부터 나오는 이익을 공유하는 ESCO 방식이 시장에 도입되면서 관련 시장이 폭발적으로 성장할 수 있었다. 이와 같이, ESCO의 비즈니스 모델은 기업이 고객의 관점에서 그동안 지향해 왔던 인식의 변화를 추구하는 경우 신제품에 대한 시장의 수요를 확장시킬 수 있다는 것을 보여주는 좋은 사례이다.

▶ 선택과 집중의 위력: Concentration

2011년 The Economist Innovation Award를 수상한 인도의 Narayana Hrudayalaya 병원은 심장수술에 특화하는 비즈니스 모델의 혁신을 통해 선진국인 미국이나 인도내에 있는 다른 사립병원들보다 저렴하면서 높은 수술성공률을 보이고 있다. 이 병원의 수익률은 7.7%인데 반해 미국 병원들의 평균 수익률은 6.9%에 그치고 있다. 게다가, 수술 후 30일 이내의 환자 사망률이 미국 평균 1.9% 대비 Narayana는 1.4%에 불과하여 매우 우수한 수술이 이루어지고 있다.

Narayana에서 시술하는 관동맥 우회로 이식술(coronary artery bypass graft surgery)의 평균 수술비는 미화 2천 달러인 것에 비해 인도의 타 사립병원에서는 미화 5천 달러, US Medicare 평균 미화 2만 달러에서 4만 2천 달러에 육박하고 있다. 2008년 이 병원에서 시행한 관동맥 우회로 이식술은 총 3,174건으로 Cleveland Clinic의 1,367건과 Massachusetts General Hospital의 536건 보다 월등히 높다는 것을 알 수 있다. 이와 같이, 이 병원은 다른 수술 분야들에 고른 투자와 관리노력을 기울이기보다는 하나에 집중하면서 비용을 줄이고 효율성을 높일 수 있었다. 기존 종합병원들이 다양한 분야를 다루다보니 여기에 수반되는 고각의 장비, 각각의 분야에 특화된 의료진, 병원 유지비용 등 원가 측면에서 전문병원 대비 비용 열세에 처할 수밖에 없었다. 그러나 Narayana Hrudayalaya 병원은 심장수술에만 특화하면서 규모의 경제를 이룰 수 있었으며 이는 병원의 유지비용을 기하급수적으로 낮출 수 있는 원동력이 되었다. 또한, 심장전문의들이 심장수술만 집도하면서 축적되는 수술 노하우 및 기술, 심장질환 환자 케어 역량 등이 합쳐져 수술성공률은 물론 수술후 환자들의 회복력 또한 수수한 것으로 분석되고 있다. 이와 같이, 때로는 Narayana Hrudayalaya 병원의 비즈니스 모델은 선택과 집중이 사업 다각화 대비 리스크 요인을 동반할 수도 있겠지만, 어느 정도 선택과 집중에 따른 선순환 구조를 확보하게 되면 경쟁상대들이 쫓아올 수 없는 엄청난 경쟁력으로 작용할 수 있다는 것을 잘 보여준다(LG Business Insight, 2014년 11월).

사례연구 **토의**

1. ESCO와 Narayana Hrudayalaya 병원이 비즈니스 모델의 혁신을 추진하게 된 배경은 무엇인지 토의하시오.
2. Narayana Hrudayalaya 병원이 사업영역의 선택과 집중을 행하지 않았을 때 수반될 수 있는 리스크 요인에는 어떤 것들이 있을까에 대해 토의하시오.
3. 비즈니스 모델의 혁신을 성공적으로 이루기 위해 창의성 이외의 또 다른 필요 요소들이 있는지 토의하시오.

소유가 아닌 공유의 개념과 모바일 결제가 결합한 중국의 공유 경제 비즈니스는 합리적인 소비 생활을 추구하는 중국인들의 소비 패턴 및 생활 습관을 바꾸고 있다. 일반택시를 대체한 공유 차량 서비스는 이미 대중화된 서비스로 자리 잡았고, 공유 자전거는 작년 중국인의 자전거 사용 습관을 빠르게 변화시키며 승승장구하고 있다. 이러한 성공에 힘입어 각종 공유 서비스가 새롭게 생겨나고 있다. 그 중에 가장 뜨거운 분야는 공유 보조배터리 서비스다. 이 분야 기업들의 투자 유치 소식이 지난 두 달 사이에 10건 이상, 투자 총액이 12억위안(약 2,000억원)을 넘어서고 있다.

▶ 무엇이든 다 공유한다: 공유 제국 중국

중국의 공유 경제 서비스는 온라인 플랫폼과 모바일 결제 시스템을 기반으로 매우 빠른 속도로 성장하고 있다. 차량, 숙박, 사무실 등의 고가 소비부터 자전거, 배터리, 우산 등 저가 일상소비까지 다양한 공유 서비스가 존재한다. 공유 경제는 절약하고 합리적인 소비를 하고자 하는 중국인들의 소비 기조와 부합하고, 중국의 IT 인프라는 공유 서비스를 더욱 더 손쉽게 접근하고 사용할 수 있도록 도와주었다. 공유 경제는 경제 성장이 둔화된 중국에 새로운 경제 성장의 엔진으로 큰 기회를 제공하고 있으며, 중국 정부는 사회 자원 이용 효율을 높이고 국민의 생활을 편리하게 하는 공유 경제 발전을 적극 지원하고 있다.

중국 공유 경제를 대표하는 핵심 영역은 공유 교통(자동차, 자전거 등) 분야이다. 공유 교통 서비스는 기존 대중교통 또는 대여 서비스보다 편리한 시스템으로 대중의 사랑을 받고 있다. 모바일 GPS 시스템을 탑재하여 근처 운송수단을 빠르게 검색할 수 있게 하였고, QR코드를 통한 서비스 접근 방식은 탑승과 결제를 더 쉽게 이루어지도록 하였다. 모바일 결제를 위해 본인 인증을 거침으로써 분실과 고장에 대한 대비가 가능해졌다.

중국의 공유 경제 기업들이 급속 성장함에 따라 업계 경쟁은 더욱 더 치열해지고 있으며, 이에 따른 대규모 인수 합병 체결이 이루어지고 있다. 2012년에 설립된 공유 차량 서비스 디디추싱(滴滴出行)은 알리바바, 텐센트, 애플 등의 투자사로부터 대규모 투자를 유치하고, 우버 차이나를 인수하며 중국 내 시장 점유율 90% 이상을 차지하는 기업으로 성장하였다. 모바이크(摩拜), 오포(ofo)등의 공유 자전거 서비스는 공유 차량 서비스보다 성장 속도가 더 빠르다. 2015년 오포가 설립된 이후 2년 만에 약 20여개가 넘는 공유 자전거 업체들이 생기고, 중국 50개 도시에 약 300만대의 공유 자전거를 운영하고 있다. 디디추싱이라는 공유 경제 성공 모델을 또다시 기대하는 글로벌 투자자들은 공유 자전거 서비스 투자에 공격적으로 참여하고 있다.

▶ **새롭게 떠오르는 공유 모델: 공유 보조배터리 서비스**

공유 차량, 공유 자전거에 이어 무수히 많은 공유 서비스들이 생겨났지만, 또다시 투자자들이 주목하는 서비스가 있다. 8억명 이상의 중국 스마트폰 유저를 대상으로 언제 어디서든 쉽게 충전할 수 있도록 도와주는 공유 보조배터리 서비스가 바로 그것이다. 앞선 성공사례를 주시한 많은 투자자들은 더 과감해졌고, 더 빨라졌다. 공유 보조배터리는 공유 자전거보다 잠재적 사용자 및 사용횟수가 훨씬 많고, 상대적으로 원가가 저렴하여 수익성이 낫다고 평가받으며 짧은 시간 안에 대규모로 투자를 유치하고 있다.

공유 보조배터리 서비스는 공유 자전거 서비스와 사용 맥락을 같이 한다. 스마트폰으로 위치를 검색하고 QR코드로 접근하고 위챗페이, 알리페이 등으로 간편하게 결제한다. 보조배터리를 대여한 곳과 반납하는 곳이 달라도 상관없다. 충전 비용은 서비스마다 다르지만 보증금 100위안, 시간당 1위안 정도로 저렴하고 보증금 환불 역시 실시간으로 이루어진다. 공유 자전거 서비스 패턴에 익숙해진 소비자들은 공유 보조배터리 서비스 사용에 큰 어려움 없이 손쉽게 이용할 수 있다.

공유 보조배터리 서비스는 2가지 유형으로 나뉘어진다. 하나는 카페, 식당 등의 테이블에 거치된 충전기에 직접 충전할 수 있는 테이블 거치식이고, 다른 하나는 쇼핑몰, 지하철역 등의 공공장소에 비치된 자판기에서 보조배터리를 대여해서 사용 후 반납하는 자판기 대여식이다. 테이블 거치식 모델로는 2016년 12월에 설립된 샤오뎬(小電)이라는 업체의 규모가 가장 크다. 6개월 만에 1만개 이상의 점포와 가맹을 맺었으며 현재까지 유사 서비스 중 가장 큰 규모의 투자금(4.5억 위안, 한화 약 730억 이상)을 유치하였다. 자판기 대여식 모델로는 지에뎬(街電), 라이뎬(來電) 등이 있다. 지에뎬의 경우 레스토랑, 카페, 극장 등에 거치된 자판기에서 충전기가 포함된 보조배터리를 직접 대여해주고 있다. 크기가 크지 않아 좁은 장소에도 유동적으로 설치가 가능하다. 라이뎬은 좀 더 공개된 장소인 쇼핑몰, 지하철역 등의 공공장소를 중심으로 확산되고 있다.

▶ **중국 자본 시장의 급격한 관심: 공유 보조배터리 투자 현황**

중국 투자계(投資界)에 따르면, 중국에는 현재 12개 이상의 공유 보조배터리 서비스가 있으며, 40여개의 투자기관으로부터 12억위안(약 2,000억원) 이상의 투자금을 유치했다고 한다. 이 중 대부분의 투자가 올해 3월 31일 이후 진행되었으며, 10개 기업이 투자를 유치하였다. 약 두달 사이에 2,000억원이 넘는 자금이 공유 보조배터리 기업들에게로 들어간 셈이다. 이는 2015년, 2016년 공유 자전거 투자의 5배 속도로 추정된다. 이렇게 빠르게 공유 보조배터리 기업들이 초기 자금을 확보할 수 있었던 이유는 디디추싱 등의 선례로 인해 공유 경제 서비스로부터 많은 이익 실현을 기대하는 투자자의 관심을 집중적으로 받았기 때문이다.

중국의 공유 경제 시장에 투자가 이루어지는 형태는 이미 패턴화되어 버렸는데, 진사장창업투자(道生投資金沙江創投)라는 엔젤투자자가 업계에 진입하면, 뒤따라 텐센트, 알리바바, IDG 캐피탈, 세콰이어 캐피탈 등이 뒤따라 투자하는 형태이다. 공유 보조배터리 서비스 역시 이와 유사한 투자 패턴을 보이며, 거대 자본의 영향을 받아 서비스를 확장하고 있다. 아직 유휴 자본이 많은 중국 자본 시장에서 디디추싱, 모바이크, 오포 등의 투자 기회를 놓친 투자사들 역시 공유 보조배터리 기업에 집중적으로 과감한 투자를 진행하였다. VC 뿐 아니라 대기업들도 자사 서비스와 연계하여 시장 점유율을 높일 수 있는 방안으로 공유 보조배터리 기업에 대규모의 투자를 진행하고 있다. 공유 경제 서비스로 사업을 다각화하고 오프라인 시장에서 새로운 사용자를 유입하기 위해 전략적 협력 관계를 구축하고 있다(Platum, 2017년 5월).

사례연구　토의

1. 중국에서 다양한 형태의 공유 경제 서비스가 활성화될 수 있는 배경에는 무엇이 있는지 토의하시오.
2. 새로운 비즈니스 모델로서 공유 보조배터리 서비스가 성장하는데 있어서 필요한 요건들을 토의하시오.
3. 공유 보조배터리 서비스가 제공되는 과정에서 나타날 수 있는 문제점들에 대해서 토의하시오.

e-비즈니스 기술

웹2.0과 사물인터넷

    1990년대 중반부터 상업적 활용이 시작한 인터넷 웹은 초기의 폭발적인 성장에 연이어 1999년경 시작된 닷컴의 거품붕괴로 인터넷 웹에 대한 기대의 실현이 쉽지 않다는 인식이 있었다. 그 이후 새로운 인터넷 웹의 개념으로 닷컴붕괴 이후 생존한 업체와 새로이 등장하여 성장한 업체들의 특징을 분석하기 위해 시도된 개념이 '웹2.0(Web 2.0)'이다. 웹2.0과 비교하여, 웹2.0 출현 이전의 초기의 웹을 '웹1.0'이라고 한다. 그리고 사물인터넷(the Internet of Things, IoT)은 만물인터넷(the Internet of Everything) 또는 산업인터넷(the Industrial Internet)으로 일컫기도 하며, 기존의 산업수준을 혁명적으로 변화시키는 4차 산업혁명의 핵심요소로 인식되고 있기도 하다. 본 장에서는 이러한 웹2.0과 사물인터넷과 관련한 기술과 서비스, 그리고 비즈니스의 진화를 e-비즈니스 관점에서 정리하기로 한다.

1.1 웹2.0의 출현

(1) 웹의 진화

1) 초기의 웹(웹1.0)

1989년 CERN의 팀 버너스 리(Tim Berners Lee)가 웹(web) 기술을 처음으로 개발하고 1994년 웹기술의 표준화를 위해 W3C가 만들어진 이후, 1995년경부터 Amazon.com, eBay.com, Lotte.com 등 인터넷 전자상거래 기업의 태동으로 웹의 상업적 활용이 폭발적으로 증가하게 되었다. 인터넷 웹이 초기에 급격히 성장한 배경에는 인터넷과 웹에 대해 과도하게 낙관적인 전망, 즉 "인터넷이 우리의 생활을 완전히 변화시킬 것이며, 인터넷으로 인해 기업의 비즈니스모델이 완전히 바뀔 것이다" 등의 의견이 사회전반에 파급된 측면이 있다.

이와 같은 당시의 장밋빛 전망은 증명되지 않은 닷컴기업의 미래가치에 대한 과잉투자로 이어져 주식가격이 폭등하는 현상을 가져왔다. "웹을 통한 정보탐색과 정보취득의 비용이 0에 가깝고 시장 및 제품의 탐색과 비교가 완벽한 완전시장에 접근할 것이고, 각 소비자가 필요로 하는 상품이 정확히 전달될 수 있다" 또는 "웹에서는 정보의 생산 · 배포가 누구나 가능하므로 정보의 독점이 사라질 것이다" 등이 이러한 낙관적 전망의 사례이다.

그러나 인터넷과 웹에 대한 이러한 기대에 대해 회의가 생기기 시작하였고, 이는 1999년 이후 몇 년간 닷컴 버블이 꺼지게 되는 이유가 된다. 웹에서의 정보검색도 시간과 노력을 포함한 비용이 필요하며, 웹을 통하더라도 개인별 맞춤식 상품이 확보가능한 완전시장이 가능하지 않다고 생각하게 된 것이다. 심지어는 온라인기업의 생존방식과 비즈니스법칙이 오프라인기업의 그것들과 차이가 거의 없다는 의견이 나오기까지 하였다.

2) 웹2.0의 출현

초기 웹을 통한 온라인기업의 버블붕괴와 이에 대한 수년간의 비관적 견해에도 불구하고, 성공하는 온라인기업들이 새로운 비즈니스모델과 함께 나타나기 시작하였다. 대표적인 몇 가지 사례를 들면 다음과 같다.

- 1998년 개인회사로 출발한 구글(Google)은 수년 사이에 최고의 정보소프트웨어 기업인 마이크로소프트를 위협하는 수준으로 성장
- 2001년 자원 참여자(volunteer)에 의한 웹(web)기반의 비영리 다언어 백과사전 서비스를 시작한 위키피디아(Wikipedia)는 오프라인상에서 가장 오래된 최고의 백과사전이었던 브리태니커(Britanica)보다 훨씬 더 방대하고 정확한 정보를 보유
- 2000년 커뮤니티중심의 온라인 티셔츠판매를 시작한 쓰레드리스(Threadless)는 수십만 사용자(웹을 통해 자신의 디자인을 알리려는 디자이너들과 구매고객)들을 연결하여, 티셔츠판매의 성공요인인 디자인과 고객확보를 동시에 해결
- 사용자간의 자발적인 온라인 지식교류 서비스인 네이버(Naver)의 지식iN은 2008년 7월 당시 약 1천만 명의 사용자와 5천만 건 이상의 지식교류

이상의 새로운 성공사례에 덧붙여, 초기 웹과 함께 출현한 온라인 기업들 중에서 생존은 물론 큰 수익실현과 함께 두각을 나타낸 아마존(Amazon), 이베이(eBay), 야후(Yahoo) 등의 사례가 인터넷 온라인 기업의 잠재력을 새로이 평가하는 계기가 되었다. 한국에서도 2001년 1조8천억이었던 온라인 쇼핑몰의 매출액이 2005년 10조원으로 4년 만에 5배 이상 증가하였고, 포털사이트인 네이버(Naver), 다음(Daum) 등의 수익도 크게 향상되었다.

초기 인터넷 온라인기업의 부진과 함께 모색된 새로운 웹 기술과 용용, 그리고 이상에서 소개된 온라인 기업의 성공사례들의 전반적인 범주에 대해 초기 웹과 비교하여 "웹2.0"이라고 부른다. 웹2.0이라는 용어는 2004년과 2005년의 "O'Reilly Media Web 2.0 conference"에서 Tim O'Reilly(O'Reilly Media의 대표)가 사용하기 시작한 것으로 알려져 있다. 웹2.0의 출현이전에 존재한 과거의 웹을 "웹1.0"으로 구분하여 일컫는데, 웹1.0의 개념적인 특징은 정보의 독점, 일방향, 통제, 집중 등이라 할 수 있다. 이와 비교하여 웹2.0은 정보의 공유, 양방향, 자치, 분산, 참여 등의 개념적인 특징을 가진다. 웹의 대표적인 특성을 통해 웹1.0과 웹2.0간의 차이를 정리해보면 〈표 4-1〉과 같다.

3) 웹의 미래

웹2.0의 출현은 웹2.0 이후의 웹의 가능성에 대해 생각할 수 있는 계기를 제공한다. 즉, 웹의 형태와 응용방식이 고정된 것이 아니라 미래에도 발전하고 진화

표 4-1	웹1.0과 웹2.0의 요소별 특성의 차이	
요 소	웹1.0	웹2.0
기본 특징	미디어로서의 웹	플랫폼으로서의 웹
	상호작용이 낮은 정적인 웹	상호작용성이 높은 동적인 웹
	기술 중심	사람중심
관리방식	하향식(Top Down)	상향식(Bottom-Up)
커뮤니케이션 관계	사람과 기계	기계와 기계, 사람과 사람
정보탐색	검색과 브라우징	출판과 가입
콘텐츠 구조	문서, 페이지(HTML)	태그 객체(XML-tagged Objects)
애플리케이션 구조	폐쇄적, 독점적	개방적, 표준에 기반
기술적 특징	Html, Active-X	XML, AJAX, Tagging, RSS 등
사례	하이퍼링크 중심의 웹 사이트	Wikipedia, 야후(Flickr.com, del.icio.us), 구글(Adsense, Google Map) 등

한다는 평가가 웹2.0의 출현으로 인해 가능해졌다는 것을 의미이다. 이러한 미래의 웹, 즉 웹2.0 이후의 웹을 웹3.0 또는 웹2.0+ 등으로 부르기도 하지만, 미래의 웹이 가질 수 있는 특성에 대해서 웹3.0 또는 웹4.0 등으로 여러 예견이나 추측이 있다.

웹2.0+ 또는 미래의 웹이 가지는 모습에 관한 여러 다양한 의견들이 있으며, 새로운 형태가 여전히 제안될 수 있다. 미래의 웹이 가질 수 있는 몇 가지 언급되는 형태들은 다음과 같다.

- 웹의 지능화를 의미하는 '시맨틱웹(semantic web)과 개인화'의 조합
- 웹2.0의 모바일화
- 3D UI(user interface)
- 명확한 비즈니스모델을 갖춘 앱스토어 모델
- 웹2.0의 특징인 일반대중의 참여보다는 전문가와 권위가 회귀하는 형태 등

(2) 기술기대주기와 웹2.0 출현배경

웹2.0 출현의 배경 또는 근거에 대해 기술기대주기(technology hype cycle)에 의한 설명이 설득력을 가진다. 가트너(Gartner, Inc)는 '기술기대주기'라는 모형을 통해 새로운 기술이 세상에 등장하여 성장하고 정착하는 과정을 설명해주고 있다. 즉 처음 등장한 새로운 기술은 기술생애주기(technology life cycle) 단계와 가시성(시장의 호응도)에 따라 [그림 4-1]과 같은 5단계의 성숙도 과정을 거치게 되

그림 4-1   e-비즈니스 진화a기술기대주기단계

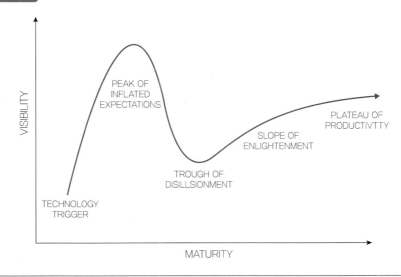

며, 각 단계의 의미는 [표 4-2]와 같이 요약된다. 참고로, 기술기대주기로써 2020년 시점에서 기술에 대한 성숙도전망을 평가한 사례는 [그림 4-2]와 같다.

기술기대주기를 통해 웹의 발전과정을 살펴보면, 먼저 (1) 인터넷 웹의 상업적 활용이 시작된 1990년대 중반시점이후 초기의 웹1.0에 대한 관심 및 닷컴기업에 대한 투자가 폭증하였다. (2) 이러한 관심과 투자는 1990년대 말 최고점을 이룬다. (3) 2000년대 초반 닷컴기업의 붕괴는 웹1.0에 대한 기대가 최저점으로 추락함을 보여준다. (4) 웹1.0의 실망감 속에서도 웹기술의 발전이 지속되고 새로운 온라인

표 4-2   기술기대주기의 5단계 성숙도

성숙도 단계	내 용
(1) 기술의 시발 (technolog trigger)	새로이 등장한 기술이 시장(사용자)으로부터 잠재력을 인정받는 단계
(2) 과장된 기대의 정점 (peak of inflated expectation)	기술에 대한 시장의 기대가 급격히 상승하여 정점(peak)에 도달하는 단계
(3) 거품붕괴 (trough of disillusionment)	기술에 대한 기대수준이 급격히 하락하여 최저수준에 도달하는 단계
(4) 기술의 잠재력 실현 (slope of enlightenment)	시간이 지나면서 필요한 기술진보와 인프라가 구성됨에 따라 초기에 기술이 가졌던 잠재력의 실현이 이루어지는 단계
(5) 생산안정기 (plateau of productivity)	기술과 구현된 상품의 시장이 크게 확대되는 단계

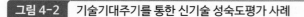

그림 4-2	기술기대주기를 통한 신기술 성숙도평가 사례

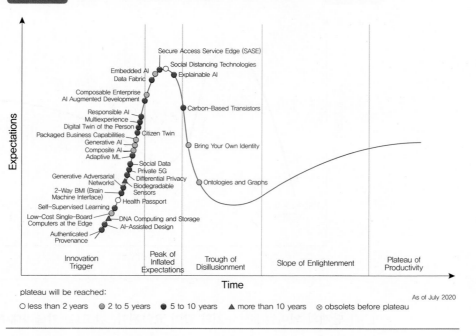

기업의 출현과 성공사례 등으로 인터넷 웹에 대한 기대가 서서히 증가하는데, 이 단계가 웹2.0의 출현시기이다.

매크로(macro)한 관점의 기술기대주기 이외에, 웹2.0 출현의 배경 및 근거를 웹2.0 출현·확산의 직접적인 동인인 웹의 '열린 공간'과 '사용자의 참여'에서도 찾아볼 수 있다. 즉, 정보·지식 중심의 네이버, 구글 등, 인맥 기반의 커뮤니티 중심의 페이스북 등, 각종 멀티미디어 정보의 공유를 위한 플리커(Flickr), 유튜브(YouTube), 판도라TV 등은 열린 공간에서 정보의 생산·유통에 사용자의 적극적

표 4-3	웹2.0의 기술·사회적 인프라 및 혁신적 비즈니스모델
분 야	내 용
기술·사회적 인프라	• 디지털 기기(카메라, 캠코드, 휴대폰 등)의 대중화 • 다양한 웹 기술(XML, RSS, AJAX 등)의 개발 • 유·무선 초고속 통신망(브로드밴드)의 확산
혁신적 비즈니스모델	• 콘텐츠 소비욕구를 자극하고 사용자간 공유를 일상화 (대표 사례) Napster, IPod/ITunes를 통한 Podcasting 등
	• 사회적 반향을 일으킨 웹2.0 비즈니스모델의 성공사례 출현 (대표 사례) Twitter, Facebook, Google Earth, Gmail 등

인 참여가 크게 작용했다는 것이다. 이는 [표 4-3]에 나열한 바와 같이, 콘텐츠의 제작·유통을 쉽고 적은 비용으로 가능하게 한 '기술·사회적 인프라' 및 웹2.0의 사업적 가능성을 확인한 '혁신적 비즈니스모델'에 힘입은 바가 크다고 할 수 있다.

1.2 웹2.0의 트렌드와 특징

(1) 웹2.0의 트렌드

정보·지식의 생산자와 소비자가 대체로 나누어진 웹1.0에서는 [그림 4-3]과 같이 주로 사업자가 정보의 생산, 관리, 배급 등을 주로 수행하는 경향이었다. 그러나 참여(participation), 공유(sharing), 개방(openness) 등으로 대변되는 웹2.0의 기본 개념에서는 "사용자(users)가 적극적으로 참여하여 정보·지식을 만들고 공유하는 열린 인터넷"의 형태로 변화하였고, 사업자에게는 "사용자참여를 통한 정보와 지식"이 기업진화의 주요 바탕이 되는 트렌드(trend)를 가진다.

예를 들어, Ofoto(현재, 서비스 중단됨) 및 Flickr는 각각 웹1.0 및 웹2.0 시대의 대표적인 사진공유 서비스라고 볼 수 있다. 각각이 '웹을 통한 사진공유'라고 하는 동일한 서비스의 범주에 속하더라도, Ofoto는 '사업자와 사용자간 사진공유'에 국한된 측면이 큰 반면 Flickr는 웹2.0의 특징인 '사용자간 사진공유'가 주된 서비스로 확대되었다. 웹2.0의 특징을 가지는 동영상 공유사이트인 유튜브(You-Tube)에서는 서비스개시 2년 만에 1억개 이상의 동영상이 게시되었으며, 최근에는 하루에 업로드되는 동영상 분량이 한 사람의 60년 이상 연속관람 분량이 될 만큼 폭증하고 있다. 이는 웹2.0의 저변확대와 성장이 급격히 이루어졌음을 보여주

그림 4-3 웹에서 사업자와 사용자간의 관계변화

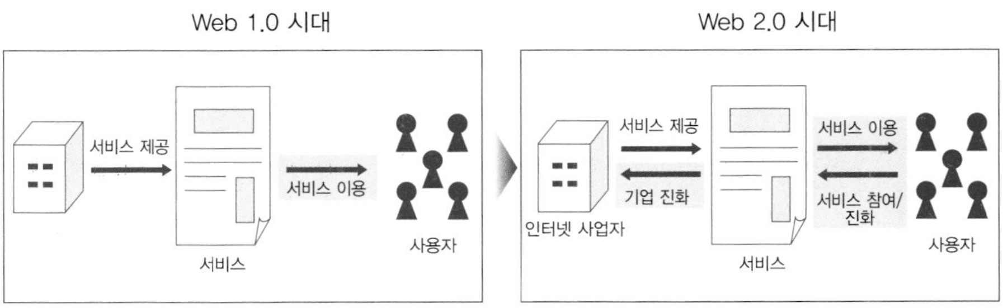

표 4-4	웹2.0의 성공적인 미국기업 주요 사례	
기업	서비스 유형	서비스 규모
Google	정보 · 지식형(검색)	• 美인터넷검색 시장 47% 점유 (2006.12.) • 시가총액 1,494억 달러 (2006.12.)
MySpace	커뮤니티형(인맥커뮤니티)	• 가입자 1.3억명 (2006.11.) • 뉴스코퍼레이션이 6억 달러에 인수
YouTube	오락형(동영상 공유)	• 매일 1억 회 이상의 비디오 클립 조회 • Google이 16.5억 달러에 인수 (2006.10.)
eBay	상거래형(인터넷상거래)	• 상품 거래액 236억 달러(2017) • 한국 G마켓(국내 오픈마켓 점유율 35%) 소유 • 구매 회원수 1.7억 명, 세계 33개국에 진출

는 사례이다.

웹2.0이 가지는 특징적인 변화와 트렌드는 사회전반에서 인정되었으며, 그 사례로서, 매년 '올해의 인물'을 선정하는 Time지는 2006년 12월 'You'를 올해의 인물로 뽑았다는 사실을 들 수 있다. 이는 새로운 웹(Web)의 등장을 인정한 것이며 여기서 'You'는 세계경제에 혁신을 가져온 웹2.0을 가능하게 한 개인들(You)을 뜻한다. 즉, Wikipedia, YouTube, MySpace, Facebook, Second Life 등의 웹사이트에서 보여주는 일반 사용자들의 참여가 핵심적인 역할을 한 것으로 판단한 것이다.

(2) 웹2.0의 특징

1) 사용자 참여를 통한 가치창출

네이버의 지식iN, 야후의 Answer 등에서는 수많은 네티즌이 서로 자신의 지식을 제시하여 공유하고 있고, 오프라인 백과사전인 브리태니커에 수록된 약 7만 건의 항목에 비해 150만 명이 참여하는 위키피디아는 160만 건 이상의 항목을 수록하고 있다. 예전처럼 웹에서 정보를 소비하는 '소비자'의 입장을 고수하는 것이 아니라, 사용자생성 정보(UCC: user created contents)와 같이 사용자가 직접 정보를 창출하여 제공하는 '참여자'의 역할을 병행하고 있다. 즉, 정보지식의 피동적인 소비자와 동시에 적극적인 생산자가 되는 프로슈머(prosumer)의 역할을 사용자가 수행한다.

웹이 수많은 자발적인 사용자들의 지성을 모아주는 집단지성(collective intelligence 혹은 wisdom of crowds)을 구현하는 역할을 하고 있다. UCC와 같이 사용자에 의한 정보 · 지식의 창출뿐만 아니라, 생성된 정보 · 지식의 사용자간 자치적인 평가·선택·배열 등을 수행하는 사용자여과 정보(UFC: user filtered contents) 방식에 의해 정보·지식의 품질을 유지하는 경향이 크다. UFC가 이루어지는 방식에 대해 다음과 같은 형태를 참고할 수 있다.

- 사용자간 피드백(feedback) 체계: UCC에 의해 생성된 수많은 정보의 품질을 유지하기 위해 서비스제공 사이트의 관리자가 직접 관여할 수 있으나, 웹2.0에서는 사용자의 자발적인 피드백으로 이루어지는 경우가 많다. [그림 4-4]와 같은 오픈마켓(open market)은 판매자와 구매자 모두가 사용자인 플랫폼 구조의 하나이며, 여기서 구매자의 구매후기 및 판매자평가가 사용자간 피드백의 사례가 될 수 있다.
- 폭소노미(folksonomy) 방식: 폭소노미는 '관심분야가 유사한 사람끼리 자치적으로 정립하는 분류방식'의 의미를 가지는 용어이다. 사용자들에 의한 자치적인 정보분류가 전형적인 사례인데, 위키피디아에서는 정보의 사용자가 정보를 생산할 뿐만 아니라 정보의 평가, 정리, 유통 등에 관여하며, 웹상의 백과사전에 포함되는 항목의 분류도 사용자간 온라인 의논으로 거쳐 결정한다. [그림 4-4]와 같은 사용자의 피드백 정보, 지식iN에서 게시된 정보지식에 대한 사용자의 평가, 아마존 등에서 사용자의 사용후기 등도 폭소노미가 필요한 대상이 된다.

| 그림 4-4 | Gmarket에서의 구매자의 구매상품 평가 사례 |

2) 웹 플랫폼으로 진화

웹2.0에서는 웹이 소프트웨어의 차원을 넘어 플랫폼(platform)의 역할을 하고 있다. 웹이 가지는 플랫폼으로서의 특징을 웹을 통한 정보검색, 광고, 상품거래 등의 '서비스 분야', 그리고 인터넷상에서 정보를 처리하는 '시스템 분야'로 나누어서 살펴볼 수 있다.

'서비스 분야'에서 두 가지 형태로 나타나는 웹의 플랫폼화를 살펴보기 위해, 구글과 아마존의 두 사례를 살펴보기로 하자. 구글의 검색기능은 [그림 4-5]와 같이, 초창기의 키워드 중심 웹문서 검색 이외에 이미지, 동영상, 지도, 뉴스 등 다양한 콘텐츠의 검색기능은 물론 다국어 번역기능에 이르기까지 웹을 통해 여러 서비스가 제공되는 플랫폼 형태의 서비스가 확대되고 있다. 즉, 사용자의 입장에서 동일한 웹브라우저를 사용하여 (동일한 웹 플랫폼으로부터) 소프트웨어적 변화가 없이 다양하고 향상된 기능과 서비스를 이용한다. 한편, 아마존(amazon.com)의 초창기 사업 분야는 온라인 서적판매였으나, 지금은 [그림 4-6]과 같이 수많은 일반 개인이나 사업자가 Amazon의 Webstore에 등록하고 일정 수수료의 지불을 통해 상품의 구매자뿐만 아니라 판매자가 될 수 있다. Yahoo에서도 유사한 방식이 운영되고 있다. 즉, 아마존이 제공하는 웹 기반의 거래 플랫폼 서비스를 통해 판매자와 구매자가 사용자가 되는 플랫폼의 특성을 가지게 된다.

'시스템 분야'에서 나타나는 웹의 플랫폼화는, 개인용 컴퓨터에 탑재된 프로그램을 통해 주로 처리하였던 작업들이 웹을 통해 수행되는 (웹을 플랫폼으로 하여 활용하는) 형태로 점차 변화하는 것으로 설명할 수 있다. 소프트웨어의 개발 및 판매도, 기존의 패키지 형태가 아니라 웹으로 제공되는 서비스로 변화하고 있다. 사용자 컴퓨터에 재설치하는 번거로움이 없이, 업그레이드(upgrade)된 서비스가

그림 4-5   Google의 다양한 검색기능

그림 4-6 판매자의 Amazon Webstore 등록과정 일부

그림 4-7 Google Docs의 사례

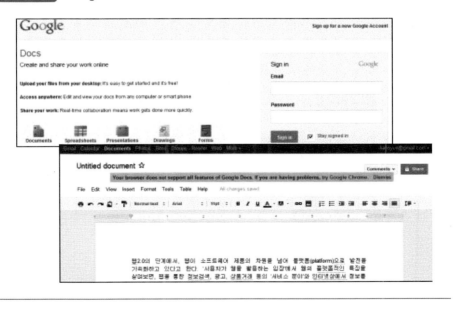

항상 웹을 통해 이루어진다. 구글에 인수되어 [그림 4-7]의 'Google Docs'로 서비스되고 있는 라이틀리(writely.com)가 전형적인 사례가 된다. 시스템이 웹 플랫폼의 서비스로 이루어지는 기술방식은 웹기반 ASP(application service provider), 웹기반 SaaS(software as a service)를 포함하는 클라우드 컴퓨팅(cloud computing) 방식으로 이루어질 수 있다.

3) 다양성과 긴꼬리 분포

경제학자 Vilfredo Pareto의 이름을 따서 만들어진 파레토 법칙(Pareto Principle)은 이탈리아 20%의 인구가 국가 전체 자산의 80%를 소유한다는 의견에서 유래된 것이며, '80:20 법칙'으로 불리기도 한다. 경영분야에서는 Joseph M. Juran이 '중요한 소수, 하찮은 다수(vital few and trivial many)'라는 입장을 통해, 소수의 20%가 80%의 결과를 초래할 수 있다는 질적 경영의 중요성을 지적하였다.

그런데 인터넷잡지 와이어드(Wired)지의 편집장 크리스 앤더슨(Chris Anderson)은 긴꼬리(the long tail)라는 개념을 통해 파레토 법칙에 반대되는 시장의 특성을 제시하였다. 인터넷 웹의 분야에서는 파레토 법칙보다 긴꼬리 분포(또는 긴꼬리 경제, long-tail economy)가 타당성이 크다는 것이다. 서적판매의 사례를 든다면, 80%의 수익을 창출하는 20%의 베스트셀러에 의존하는 마케팅으로는 디지털 인터넷 시장에 대응하기에는 미흡하다는 것이다. 디지털경제에서 성공한 기업들은 파레토 법칙에서 긴꼬리에 해당하는 '사소한 다수 (trivial many)'인 80%의 틈새상품에 대한 중요성을 인식하는 것으로 보인다. 긴꼬리 경제의 전형적인 사례들

그림 4-8 긴꼬리 분포를 표현한 그래프

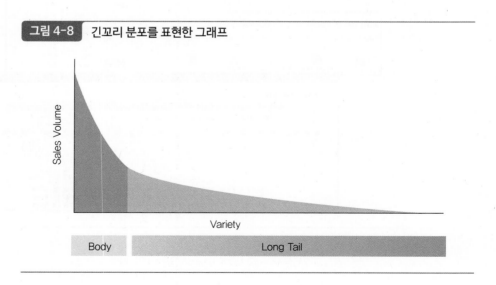

은 다음과 같다.

- 인터넷 서적판매 분야에서 아마존의 주수익원은 20%의 베스트셀러보다 많은 부류의 소수 구매자들이 구입하는 희귀한 80%의 책들에서 이루어진다고 한다.
- 진입초기에 실패가 예상되던 회원제 인터넷 DVD 대여업체로 시작한 넷플릭스(Netflix)가 성공한 것도 기존의 대형 비디오대여 체인망에서는 구하기 힘든 종류의 비디오나 DVD를 제공하였다는 점이 크게 작용했다.
- 구글이나 네이버의 수익구조에서도 기존 광고시장에서 광고매체를 이용하기 힘들었던 중소업체, 인터넷 신흥 벤처, 심지어는 개인들이 검색광고의 주 고객이며 수익을 안겨주는 긴꼬리 개미군단을 형성하고 있다.
- 디지털 음악파일을 유통하는 랩소디(Rhapsody.com)의 경우, 40% 이상의 매출이 오프라인 음반시장에서 거래되지 않는 틈새상품에서 발생하고 있다.
- 평범한 학생이 유튜브(YouTube)에 올린 한편의 동영상으로 세계적인 화제의 인물이 되기도 있다.

이상의 사례와 같이, 웹2.0에서는 다양한 특성을 가지는 소비자가 여러 틈새(niche) 제품에 대한 정보를 공유함으로써 제품구매를 촉진하며 다수의 틈새시장이 긴꼬리 경제를 형성한다고 할 수 있다. 긴꼬리 경제의 특징이기도 한 세분화된 다수의 소수가 가지는 중요성은 다품종 소량생산 경제로의 전환 촉진, 중소기업 및 1인 기업의 활동공간 확대, 다양한 소수의 의견이 교환되는 사회·문화적 저변 확대 등과 같이 경제·사회 전반에 다양성을 증진하는 효과를 가져오고 있다.

1.3 웹2.0의 기술적 특징과 요소

(1) 웹2.0의 기술적 특징

웹2.0은 특정기술의 표준을 일컫는 말이 아니라, 사용자들이 웹을 사용하는 새로운 방식과 이에 대응하는 복합적인 비즈니스의 관점을 통틀어 부르는 용어로 볼 수 있다. 즉, 웹2.0의 경향과 특징들이 웹에 관련된 기술적인 발전과 응용에서 출발한 것으로 보기는 어려우며, 특정기술이 활용되어야만 웹2.0이고 그렇지 않으면 웹2.0이 아니라는 식의 표현은 적절하지 않다. 웹2.0을 위한 기술적 요소의 전반적인 특징은 기존의 웹 기술들을 활용하면서 동시에 웹2.0에 더 중요시되는 기술들이 출현하고 발전되어가는 과정에 있다고 할 수 있다.

차세대 웹(NGWeb: next generation Web)의 시작으로 일컬어지는 웹2.0의 기술적 발전의 방향은 다양한 디바이스, 네트워크, 서비스, 데이터 등을 통합하며 보다 편리한 사용자 환경을 제공하기 위한 "플랫폼으로서의 웹 기술"이라고 정의할 수 있다. 그리고 "웹 2.0 기술의 범위"는 이를 위한 제반 기술들을 포괄하는 것이라 할 수 있다. 이러한 기술들을 통하여 다양한 사용자의 참여를 촉진하고, 그러한 참여로써 지식과 서비스의 재생산과 재활용이 촉진될 수 있는 생태계(eco-system)를 제공한다는 점이 웹 2.0의 가장 중요한 특징인 것이다. 이와 같은 정보 기술적인 입장에서, 웹2.0에서 보여주는 기술적 특징을 정리하면 다음과 같이 요약될 수 있다.

① **콘텐츠 유통과 상거래 방식의 변화**: 사용자 중심의 콘텐츠 생산방식과 콘텐츠 소비방식이라는 변화가 생겼다. 즉, 콘텐츠의 생산이 블로그(blog) 등을 활용하여 사용자에 의해 직접 이루어지고, 콘텐츠의 소비 또한 RSS(RDF Site Summary, Really Simple Syndication 또는 Rich Site Summary) 또는 Atom 등을 통하여 재활용이나 재배포가 사용자에 의해 쉽게 이루어진다. 그리고 개방형(Open) API, 매시업(mash-up) 등을 통해 새로운 서비스의 개발에 소비자 참여나 직접 수행이 용이한 환경이 제공되고 있다. 아마존과 같은 기업의 위치와 역할도 단순한 판매자가 아니라 플랫폼 제공자가 되고 있다.

② **브라우징 방식의 변화**: HTML문서를 기반으로 단순하게 브라우징(browsing)하는 기존의 형태에서 탈피하여, 다양한 사람들과 정보들 사이의 관계를 이용하는 소셜 브라우징, 태깅(tagging), 폭소노미(folksonomy) 등을 이용하는 네비게이션 방식, RSS 및 Atom 등을 통해 한 번에 여러 개의 콘텐츠 채널들을 수집·가공·재배포하는 방식들이 활용되고 있다.

③ **웹 응용환경의 변화**: 웹의 응용이 단순한 HTML 기반의 브라우징이 아니라, 웹서비스(Web Services)와 개방형 API의 기반 위에서 인터넷에 연결된 다양한 정보서비스가 복합적인 응용의 형태로 사용자들에게 다가가고 있다. 사용자들이 직접 웹브라우저에서 이와 같은 환경의 활용이 용이한 RIA(Rich Internet Application)와 AJAX(Asynchronous JavaScript and XML) 등의 클라이언트 확장 기술을 통해 웹 응용 및 활용의 범위가 확대되고 있다.

④ **서비스 제공방식의 변화**: 개방형 API를 활용한 매시업, 웹서비스(Web Services) 등을 통해 서로 다른 서비스를 융합하여 새로운 서비스를 손쉽게 만드는 환경과 SOW(Services On the Web)와 같은 서비스 기반의 환경으로 변화하고 있다. 여러 컴퓨터의 기능들이 인터넷 기반하에 서로 연결되어 서비스를 활용하는 구조로 이루어지는 소프트웨어의 개발환경인 SOA(Service Oriented Architecture) 또는 클라우드 컴퓨팅 등의 소프트웨어 패러다임과도 개념적으로 유사성이 있다. 비록 이런 흐름은 웹 2.0을 통해 촉발된 것은 아니지만, 웹 2.0을 통해 더욱 구체화 되고 있다.

(2) 웹2.0의 기술적 요소

웹2.0의 범위에 반드시 포함되거나 배제되어야 하는 특정기술이 있다고는 할 수 없으나, 웹2.0에서 중요하게 다루어지는 기술들은 독자적인 개념과 영역을 형성하고 있다. 웹2.0에서 다루어지는 중요 기술요소들의 주요 항목은 다음과 같다.

1) 콘텐츠 유통과 상거래 방식의 변화: 블로그, RSS 등

블로그(blog)는 web과 log를 합친 말의 약자로서 웹에서 개인(또는 그룹)의 의견이 기록되고, 날짜순으로 나열되며, 공개된다는 특징을 가진다. 1997년 John Barger라는 사람이 자신의 사이트를 웹로그(weblog)라는 단어로 호칭한 것이 블로그의 유래가 되었다고 한다. 주요 포털(국내의 경우 다음, 네이버, 야후 등)에 의해 제공되는 블로그 서비스는, 직접 HTML의 편집을 통한 텍스트위주의 기록 환경에서 시작되어 자동화된 편집·저장·출판기능 등이 추가되고 그림블로그나 비디오블로그(vlog)도 만들어지고 있다. 트랙백(trackback), 핑백(pingback), 퍼머링크(permalink) 등과 같이 블로그 간의 연결기능, RSS 및 Atom을 활용한 콘텐츠 신디케이션(syndication) 기술들이 결합되면서, 블로그는 수많은 개인기록 또는 개인미디어의 플랫폼으로서 콘텐츠의 생산·유통·재생산의 주요 수단으로 발전하고 있다.

RSS는 웹상의 신디케이션(syndication: 다양한 웹 사이트로부터 콘텐츠를 수집·가공·조합하고, 이를 타인에게 제공하는 것)을 위한 대표적인 표준이다. RSS는 XML로 표현되는 콘텐츠 신디케이션 포맷을 통해 콘텐츠(또는 피드)를 전송할 수 있다. 콘텐츠 자체와 메타 데이터로 구성되는 각각의 피드(feed)에는 헤드라인 내용 또는 스토리에 대한 링크만 있을 수도 있으며, 사이트의 전체 콘텐츠가 포함될 수도 있다. 뉴스, 이벤트캘린더, 신상품정보 등과 같이 새로운 정보가 누적되

그림 4-9 RSS 사례(구글Reader에서 chosun.com RSS서비스 구독)

거나 변화하는 정보에 대해 타인의 홈페이지에서 손쉬운 링크가 가능하게 한다. RSS로 링크된 사이트의 내용이 갱신되면, 링크한 사이트에 링크된 내용도 동시에 갱신된다. RSS기술은 RSS 1.0, RSS 2.0, Atom 1.0의 순으로 발전된 표준이 제안되고 있다.

2) 브라우징 방식의 변화: 태깅, 소셜 브라우징 등

태깅(Tagging)은 웹의 사용자들이 웹상의 사진, 웹페이지, 동영상 등의 다양한 온라인 정보에 개인이 주제어(태그, Tag)를 자발적으로 붙이고, 태그의 정보를 다른 사용자와 공유하거나 그 태그를 키워드로 하여 검색하거나 자신의 의견을 표현하는데 사용되는 방식이다. 태깅을 통해 사용자들은 자발적으로 정보들을 체계화시키고, 이를 공유함으로써 웹상의 다양한 정보자원 간의 체계와 연결관계를 구성할 수도 있다.

태깅과 같이 구성원들의 자발적 참여에 의해 개별 정보에 대한 의미나 평가가 이루어지고 정보가 체계화되는 특징이 웹2.0에서 볼 수 있는 폭소노미(folksono-my)의 개념이다. Flickr나 Rojo 등을 통해 널리 알려진 폭소노미는 'folk(people)', 'order', 'nomos(law)'의 합성어로서, 사용자가 자유롭게 선택한 키워드(태그)를 통해 정보를 체계화시키는 "참여에 의한 분류법"이라고 할 수 있다. 전문가 또는 관리자에 의한 분류를 뜻하는 택소노미(taxonomy)가 일반적으로 통제적이고 정형

그림 4-10   사용자에 의한 태깅 형식의 사례(일부)

제목, 설명, 태그

적인 특성을 가진다면, 폭소노미는 사용자간에 상호작용을 통해 비정형적이고 통제되지 않는 분류방식이라고 할 수 있다.

소셜 브라우징(social browsing)은 인터넷상의 다양한 인적관계를 뜻하는 소셜 네트워크(social network)에 기반한 브라우징 방식을 일컫는다. 소셜 브라우징에 속하는 방식으로 소셜 북마킹, 소셜 브라우저, FOAF 등이 있다. 소셜 북마킹(social bookmarking)은 웹 브라우저의 '즐겨찾기' 목록을 온라인에 저장하여 공유함으로써 다른 사람들이 주제 또는 태그 등으로 접근하여 활용할 수 있도록 한다. 최근에는 페이스북 또는 트위터 등의 소셜 네트워크 서비스(SNS)에 특화된 브라우저가 제공되고 있다. 예를 들어, 소셜 브라우저 락멜트(RockMelt)는 페이스북, 트위터 등 SNS의 활용을 용이하게 제작된 웹브라우저이며, 트위터는 공개된 API를 통해 트위터를 위한 애플리케이션 개발을 지원하고 있다. 그리고 세계적으로 존재하는 많은 SNS들이 서로 연동되도록 표준화가 시도되고 있으며, FOAF(Friend Of A Friend) 표준이 대표적인 사례이다.

3) 웹 응용환경의 변화: RIA, AJAX 등

RIA(Rich Internet Application)는 일반 컴퓨터 응용프로그램(application)의 특징과 기능을 가지는 웹(web)상의 응용프로그램을 뜻하며, 일반적으로 웹에서 보는 '페이지 이동' 및 '새로 고침'에서 나타나는 화면의 끊김없이 서비스의 제공이

그림 4-11　Ajax를 활용한 사례들

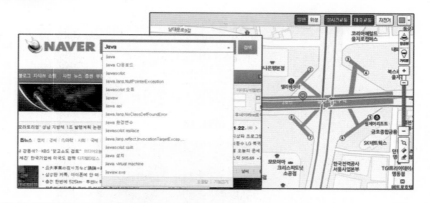

가능하다. 플래시, 콜드퓨전(CFML) 등으로 개발될 수 있으며, 기존의 여러 단계의 웹페이지로 제공되는 서비스를 한 개의 웹페이지에서 구현되어 기존의 웹이 가졌던 사용자인터페이스(UI)의 한계를 극복할 수 있다.

Ajax는 'Asynchronous JavaScript'+'XML'의 줄임말로 '비동기 자바스크립트 XML'로 번역된다. Ajax의 장점은 웹페이지를 '새로 고침'할 필요가 없이 필요한 부분의 정보가 실시간으로 제공되며, 웹서버 측과 필요한 데이터만을 교환하여 불필요한 트래픽의 감소를 통해 서버의 부담을 줄이고 사용자 체감속도를 높인다. 별도 프로그램(액티브엑스, 자바애플릿 등)의 설치없이 실시간 접속자 체크, 실시간 쪽지 등 구현이 가능하다. 또한 웹서버에서 원하는 자료가 도착하기 전에 웹브라우저에서 다른 작업을 (비동기적으로) 처리할 수도 있다.

4) 서비스 제공방식의 변화: 매시업, REST, SaaS 등

음악에서 2가지 이상의 곡을 조합하여 하나의 곡으로 만드는 것을 매시업(mash-up)이라고 한다. 인터넷 소프트웨어 분야에서 매시업은 복수의 소프트웨어 소스를 조합(mix)하여 소프트웨어를 개발하거나, 복수의 응용시스템 기능이나 데이터를 인터넷으로 연결하여 조합된 서비스를 웹(web)상에 제공하는 것을 뜻한다. 독자적 개발의 형태보다, 개방형 API를 이용해 새로운 서비스를 쉽게 창출하는 매시업은 웹의 도약에 가장 큰 영향이 될 수 있다. 국내 포털사이트인 네이버와 다음이 자사의 주요 서비스를 오픈 API로 개방하는 것이 매시업 활성화로 이어진다고 할 수 있다.

웹서비스(Web Services)는 인터넷상에 흩어져 있는 여러 시스템과 데이터

그림 4-12　Wikipedia와 Google Map의 매시업 활용사례(Wikimapia)

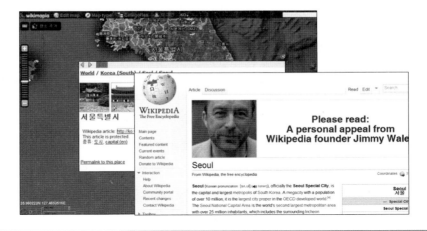

송·수신하는 SOAP(Simple Object Access Protocol)방식을 통해 연계함으로써 새로운 서비스를 제공할 수 있다. REST(REpresentative State Transfer)는 기존의 SOAP방식을 단순화시킨 것이다. 동일한 범주의 개념인 SaaS는 소프트웨어를 직접 개발하는 것이 아니라, 인터넷으로 연결된 다양한 기능의 여러 소프트웨어를 웹으로 연결하여 서비스로 활용하는 것이다.

1.4　웹2.0기반의 e-비즈니스 전략

글로벌 트렌드로 일상화된 웹2.0에 의한 e-비즈니스 혁신의 가속화는 e-비즈니스의 성공요인에도 변화를 가져왔다. 이를 뒷받침하는 기업경영 경향들을 다음과 같이 확인할 수 있다.

(1) 크라우드소싱

크라우드소싱(crowdsourcing)은 기업이 인터넷을 활용하여 새로운 아이디어를 모으고 문제를 해결하는 것을 의미하며, 인터넷잡지인 와이어드(Wired)지에서 처음 사용한 용어이다. 신제품 아이디어의 발굴이나 기술개발 과정에서 소비자와 외부 전문가의 폭넓은 참여가 중요한 성공요인이 되고 있고, 이와 같은 흐름은 인터넷 웹을 기반으로 활성화된다. 사용자의 참여로 상품을 거래하는 인터넷 오픈마켓은 물론, 인터넷을 통한 폭넓은 전문가 커뮤니티를 통해 기업이 원하는 최적의 솔루션을 발견하거나, 일반인이 직접 만든 UCC가 제품개발 및 서비스의 원천으로 활용되는 사례 등이 크라우드소싱을 활용한 사례가 된다.

(2) 웹2.0 방식의 기존사업 혁신

개방과 공유라는 웹2.0의 기본 접근방식이 기존사업 고도화에 주요 수단이 될 수 있다. 사용자들의 용이한 인터넷 접근이나 콘텐츠의 업로드나 다운로드가 손쉽게 이루어지고, 이를 활성화하는 스마트폰이나 스마트TV와 같은 제품과 더불어 새로운 시장이 형성되고 있다. 특히 스마트폰은 e-비즈니스 사업자들에게 SNS나 편의성이 필요한 모바일 비즈니스의 활성화에 새로운 기회가 되고 있다. 여행정보 사이트, 부동산사이트 등을 포함한 여러 분야에서 SNS, 매시업 등을 활용하여 기존의 서비스와 사업방식을 고도화하고 있기도 하다.

(3) Enterprise2.0

웹2.0의 기본 개념인 공유, 개방, 참여를 기업 내·외부의 협업과 소통의 과정에 적용하여 새로운 비즈니스 가치를 창출한다는 개념이 Enterprise2.0이다. 2006년 맥아피(Andrew P. McAfee) 교수가 소개한 것으로, 그동안 개별 사용자의 수준에서 활용되던 웹2.0의 개념과 기술을 기업경영의 수준으로 확장한 것이라고 볼 수 있다. Social Software, Social Networking 등을 활용해 기업 내부직원·외부파트너·고객들이 정보를 공유하고 협업함으로써 업무 생산성의 향상과 새로운 가치창출이 가능하다는 비전을 제시하고 있다.

맥아피 교수는 [그림 4-13]의 SLATES라는 6가지 요소를 엔터프라이즈2.0의 기능적 핵심 요소로 규정하고 있다. 각각의 의미는 다음과 같다.

- Search: 기업내부의 통합적 지식 검색
- Links: 지식 간의 연결을 통한 다양한 지식 체계 구성
- Authoring: 기업 내 블로그, 위키 등을 통한 지식저작 도구의 제공
- Tags: 태그(Tag)를 통한 사용자경험 기반의 동적 지식 분류
- Extensions: 기존 지식을 바탕으로 새로운 지식을 창조 및 확장
- Signals: 새롭게 발생된 지식을 선별하여 자동으로 전달하는 장치 제공

Enterprise2.0와 유사한 개념이지만, 좀 더 근본적이고 폭넓은 변화의 의미가 있는 'Collective Enterprise'의 개념을 활용할 수 있다. Collective Enterprise는 '다수의 개인'이 참여하여 인터넷 네트워크 기반 하에서 비즈니스를 수행하고 수익을

그림 4-13　맥아피의 SLATES 사이클

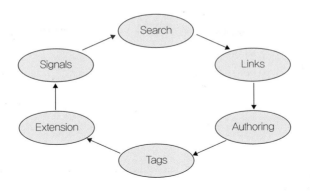

창출하는 모델을 뜻하며, 참여하는 '다수의 개인'은 기존의 '고용주-직원'의 관계가 아닌 다른 관계로 사업을 수행한다. 몇 가지 사례를 들어보면 다음과 같다.

- 온라인 백과사전인 Wikipedia의 경우 초창기에 전일제(full time) 직원은 2명이었고, 의견을 게재하기 위해 외부의 등록된 기고자(contributor)는 3만 6천명에 달한다.
- [그림 4-14]와 같이 온라인 티셔츠 판매를 하는 Threadless.com은 티셔츠

그림 4-14　Threadless.com의 티셔츠 디자인과 평가 사례

제조·판매 사업의 핵심기능인 제품 디자인과 주문을 외부의 50만 명 이상의 웹 사용자들이 해결하고 있는데, 2007년의 경우 13만 건 이상의 티셔츠 디자인, 8천만 건 이상의 디자인 평가, 140만장(22백만 달러)의 티셔츠 판매가 이루어졌다.

- 온라인거래 사이트인 쿠팡(coupang.com)에서 서비스를 구성하는 거래(구매 또는 판매) 사용자가 거의 2020년 현재 1,700만 명에 이르고 있다.

제2절 사물인터넷

사물인터넷(the Internet of Things, IoT)은 만물인터넷(the Internet of Everything) 또는 산업인터넷(the Industrial Internet)으로 불리기도 하며, 기존 산업의 방식과 수준을 혁명적으로 변화시키는 4차 산업혁명의 핵심요소로 인식되고 있다.

2.1 사물인터넷의 개념과 의의

사물인터넷은 컴퓨터를 포함한 물리적인 객체(physical object) 또는 사물(thing)들이 서로 유·무선 통신기능으로 연결되어 상호작용하는 글로벌 네트워크를 지향하는 기술 패러다임이다. 여기서 물리적인 객체(즉, 사물)는 장치, 운송수단, 기계, 건물, 차량 등과 같이 일상생활이나 산업현장에서 접하는 모든 항목을 포함한다. 이와 같은 사물에 컴퓨터 칩(chip)과 같은 전자장치, 소프트웨어, 센서(sensors, 감지기), 네트워크 연결장치 등이 내장(embedded)되어 인터넷과 연결되고 통신과 정보처리를 통해 상호작용함으로써 폭넓은 범위의 기능과 서비스를 제공할 수 있다.

기존의 인터넷은 주로 사용자(사람) 위주의 정보서비스를 위해 지구상의 컴퓨터들을 서로 연결한 형태라고 볼 수 있다. 반면 사물인터넷은 [그림 4-16]의 사례를 포함하여 사람과 사물, 사물과 사물, 사물과 비즈니스운영 등을 서로 연결시켜 기존 설비나 운영체계를 최적화하는 기술을 의미하며, 다양한 여러 사물(things)들을 연결하는 현상으로 이해할 수 있다. 사물에는 기존의 인터넷에 연결된 컴퓨터를 비롯하여 다양한 종류가 포함되며, 사물인터넷의 규모를 인터넷에 연결된 사

그림 4-15 사물인터넷의 연결과 서비스

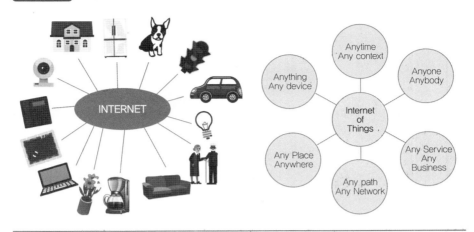

물의 수로써 표현하기도 한다. 통신설비 회사인 Cisco에 따르면 인터넷에 연결된 사물은 [그림 4-17]과 같이 2000년 약 2억 개에서 2013년 약 100억 개로 증가했으며, 이와 같은 추세로 2020년에는 약 500억 개의 개체가 인터넷에 연결된 것으로 추측하고 있다. 가트너(Gartner)(2014)의 경우 사물인터넷에 접속한 장치의 수가 2009년 9억 개 정도에서 2020년 260억 개 수준으로 증가한 것으로 추측하고 있다.

사물인터넷에 대해 사람, 사물, 공간, 데이터 등 모든 것이 인터넷으로 서로 연결되어 정보가 생성, 수집, 공유, 활용되는 초연결 인터넷이라고 정의할 수도 있다([그림 4-18]). 그리고 ITU-T는 기기 및 사물에 통신 모듈이 탑재되어, 유무선 네트워크로 연결됨으로써 사람과 사물 간, 사물과 사물 간에 정보 교환 및 상호

그림 4-16 사물인터넷 응용서비스 사례

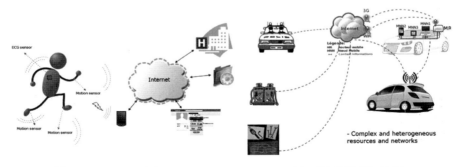

(1) 원격 의료진단 서비스   (2) 차량 운행지원 서비스

그림 4-17 사물인터넷의 예상규모

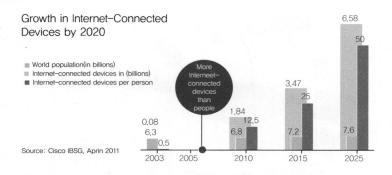

Growth in Internet-Connected
Devices by 2020

■ World population(in billions)
■ Internet-connected devices in (billions)
■ Internet-connected devices per person

More Interneet-connected devices than people

Source: Cisco IBSG, Aprin 2011

소통할 수 있는 지능적 환경이라고 사물인터넷을 정의하고 있다.

사물인터넷에 의해 이루어지는 [그림 4-18]의 '초연결 혁명' 단계는 산업혁명의 산물인 기계와 인터넷혁명의 산물인 네트워크(인터넷)의 결합에 의한 발전단계로 보는 시각이다. 한편 [그림 4-19]와 같이 사물인터넷에 의한 변화와 혁신을 산업혁명으로부터 연속적인 진화단계로 간주하여, 사물인터넷이 '4차 산업혁명'의 핵심요소로 받아들여진다. 역사학자인 아널드 토인비(Arnold Joseph Toynbee)가 처음 사용한 용어인 '산업혁명'의 단계를 다음과 같이 1~4차로 나누기도 한다.

• 1차 산업혁명: 18세기 기계의 발명으로 생산의 체제가 공장산업 체제로 변화되고 원활한 이동으로 연결성이 강화된 '기계혁명'의 시기

그림 4-18 초연결혁명: 미래창조과학부 사물인터넷 기본계획(2014)

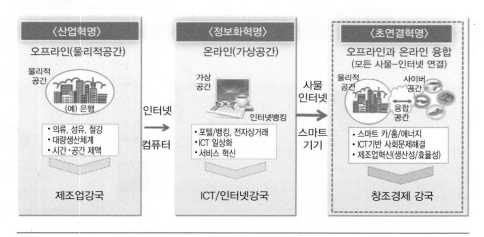

그림 4-19 산업혁명의 발전단계

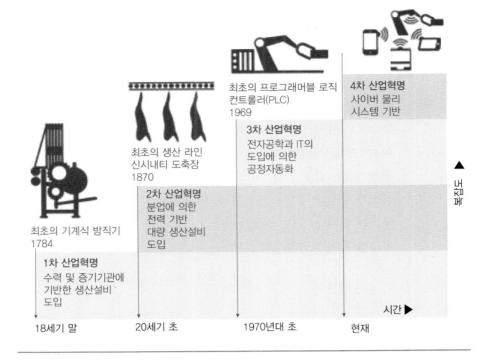

• **2차 산업혁명**: 전기동력의 에너지원 활용으로 대량생산체제가 이루어진 '에너지혁명'의 시기

• **3차 산업혁명**: 인터넷을 비롯한 정보통신기술의 발달로 정보화 및 자동화로 인해 사람, 환경, 기계 등의 연결성이 강화된 '디지털혁명' 또는 '지식정보혁명'의 시기

• **4차 산업혁명**: 초연결혁명과 인공지능으로 대변되는 연결성과 자동화가 극대화되는 '지능혁명'의 시대

이상과 같이 사물인터넷으로 촉발되는 변화와 혁신은 인터넷혁명과 결합된 산업혁명의 혁신적 진화단계로 받아들여지고 있다. 그리고 본서에서는 사물인터넷 정보기술을 활용한 비즈니스를 '사물인터넷 비즈니스'로 호칭하고 정리하기로 한다. 또한 사물인터넷이라는 용어가 일반화하기 이전에 이미 활용되던 유비쿼터스(ubiquitous) 비즈니스 또는 u-비즈니스는 '사물인터넷 비즈니스'와 서로 동일한 개념을 가진 것으로 이해할 수 있으며, 사물인터넷 비즈니스는 기존의 u-비즈니스가 시간적으로 연속선상에서 발전하고 있는 것으로 볼 수 있다.

2.2 사물인터넷의 기술요소와 구현상의 특징

(1) 사물인터넷의 기술요소

사물인터넷은 유무선 네트워크 연결된 사람, 사물 등 각각에 대해 담겨있는 데이터와 내재된 프로세스까지 서로 유기적으로 연결하여 새로운 서비스와 가치를 창출하는 기회를 제공한다. 사물인터넷의 구성과 응용에 기본적으로 필요한 기술요소로는 센서, 디바이스, 네트워크, 미들웨어, 애플리케이션 등의 범위에서 정리할 수 있다. 여기에 덧붙여 클라우드 컴퓨팅, 빅데이터 및 분석, 보안 등의 다양한 정보기술이 필요할 것으로 보이며, 사물인터넷 환경에 필요한 새로운 기술들도 다양하게 등장할 것으로 평가된다. 이와 같이 다양한 기술요소를 본 절에서 모두 다루기는 쉽지 않으며, 사물인터넷의 이해를 돕는 입장에서 몇 가지 분야에 관하여 다음과 같이 정리하기로 한다.

1) RFID

RFID(Radio Frequency Identification)는 '무선인식 전자태그'로 이해할 수 있으며 무선파(radio waves), 리더(reader, 판독기), 태그(tag)를 활용하여 자동인식(automatic identification) 및 데이터 수집(data capture)을 자동화하는 수단이다. 전자태그는 운영체계(operating system), 저장장치, I/O 기능 등을 갖춘 소형 컴퓨터라고 볼 수 있는 칩(chip)과 이에 연결된 안테나로 구성된 태그(tag)의 형태를 가지며, [그림 4-20]의 좌측 상단과 같이 특정 사물에 부착하게 된다. 물류, 재고, 판매, 교통, 지불 등의 다양한 분야에서 활용되고 있으며, [그림 4-20]의 응용사례를 확인할 수 있다.

RFID에 활용되는 태그는 흔히 태그의 동력원에 따라 수동형, 능동형, 반수동형으로 분류된다.

- 수동형(passive RFID tags)은 가장 흔한 형태의 RFID 태그로서 필요한 동력원은 리더(reader)로부터 태그로 전달되는 무선파의 에너지에 의존하며, 응용분야로는 물류 및 공급사슬, 여권, 전자통행료, 품목별 추적 등 다양하다.
- 능동형(active RFID tags)은 동력원으로 자체의 배터리(건전지)를 사용하며 리더(reader)와의 교신을 시도할 수 있다. 온도, 압력, 화학물질 등을 감시할 수 있는 외부 센서(sensor)를 보유할 수 있으며 생산현장, 병원 실험실, 원격 감지 자산관리 등 보다 적극적인 관리수단으로 활용할 수 있다.

그림 4-20   RFID 응용사례

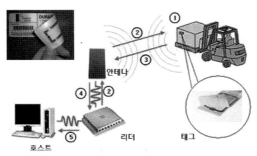

① 특정정보가 입력된 전자태그를 제품이나 설비(자동차 등)에 부착
② 계산대, 케이트 등에 부착된 리더의 안테나에서 발사된 전파가 전자 태그에 접촉
③ 전자태그는 전파에 반응하여 입력된 데이터를 안테나로 전송
④ 안테나는 전송받은 데이터를 리더로 전달
⑤ 리더는 데이터를 해독하여 컴퓨터(호스트)로 전달

- 반수동형(semi-passive RFID tags)은 대개 리더(reader)의 무선파 에너지와 칩 내부의 작동에는 자체 배터리를 병행하여 사용한다. 반수동형은 수동형과 능동형을 결합한 방식으로, 평상시에는 수동형으로 존재하다가 필요시 선택적으로 자체 전원을 이용하는 것으로 이해할 수 있다.

2) 무선센서네트워크(WSN, wireless sensor network)

무선센서네트워크는 감지기능을 가지는 센서(sensor)를 갖추고 자율적으로 작동하는 많은 수의 장치(단말기)들이 공간적으로 분산되어 서로 무선으로 연결된 통신네트워크로 구성되며, 물리적 또는 환경적 상태를 감시하는 기능을 가진다. 유비쿼터스라는 개념에서 비롯한 USN(ubiquitous sensor network)으로 불리기도 하며, USN과 WSN을 서로 동일하게 간주하여도 무방하다.

그림 4-21   무선센서네트워크 구성사례

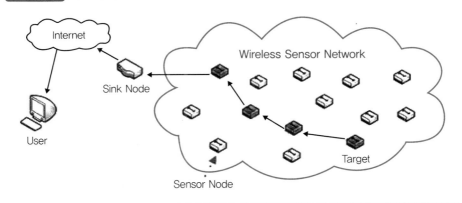

[그림 4-21]의 WSN 사례는 많은 수의 무선센서장치가 단말 노드 또는 중간처리 노드의 역할을 하고, 감지된 모든 정보가 인터넷으로 연결된 정보시스템과 사용자에게 전달되는 형태를 보여준다. 온도, 기압 등과 같은 물리, 환경 등의 현황을 측정하기 위하여 (a)분산되어 설치된 센서 노드들과 센서 노드로부터 정보를 수집하여 이를 중앙 서버로 전달하는 게이트웨이(또는 싱크노드), (b)센서 노드들과 싱크 노드를 무선으로 서로 연결하는 센서 네트워크, (c)응용분야의 소프트웨어를 쉽게 개발할 수 있도록 해주는 미들웨어, (d)응용서비스의 제공을 위해 수집된 정보를 저장·관리·분석 및 활용을 지원하는 응용 소프트웨어 등으로 이루어진다.

3) 사물인터넷 미들웨어(IoT middleware)

사물인터넷 미들웨어의 기본적인 기능은 응용서비스(응용분야의 소프트웨어)로부터 주어지는 다양한 질의들에 대한 응답을 신속히 제공하기 위해서 수많은 이(異)기종의 센서 노드들로부터 센싱(sensing) 정보를 수집하고 가공하는 것이다. 또는 개발자들이 응용분야의 소프트웨어를 쉽게 개발할 수 있도록 개발 플랫폼 역할을 해주는 기반 소프트웨어 계층을 말한다. [그림 4-22]는 사물인터넷 미들웨어의 기능범위가 응용분야의 소프트웨어(applications)와 센서 노드(objects) 사이에 존재하는 것을 표현하는 사례이다.

그림 4-22 **사물인터넷 미들웨어 사례(중간이 3계층)**

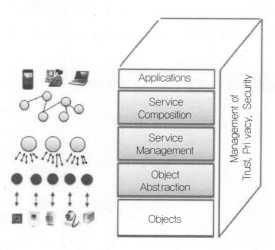

4) 클라우드 컴퓨팅(cloud computing)

인터넷에 연결된 외부의 다양한 정보자원(네크워크, 서버, 운영시스템, 저장공간, 응용시스템, 소프트웨어 등)을 필요에 따라 서비스(service)로 활용한다는 것이 클라우드 컴퓨팅의 개념이다. 사물인터넷의 여러 응용분야는 대량 데이터의 저장공간, 실시간 의사결정을 위한 고속처리, 대량 데이터 전송을 위한 고속의 광대역(broadband) 네트워크 등을 필요로 한다. 이에 대해 클라우드 컴퓨팅은 사물인터넷 장치들과 사용자가 필요로 하는 대규모 또는 고도의 시스템 기능과 성능을 제공할 수 있다.

5) 사물인터넷 응용 소프트웨어(IoT application software)

사물인터넷이 응용되는 산업분야 및 특정 사용자의 요구사항을 만족하는 수많은 응용 시스템들이 '사용자(human)-장치(device)'간 또는 '장치-장치'간 상호작용을 적절한 수준 이상의 신뢰성(reliable)과 적응성(robust, 이상조건(unusual condition)에서도 성능을 유지)을 유지하면서 처리되어야 한다. 사물인터넷 미들웨어에 기반을 두고 개발된 응용 시스템 또는 응용 소프트웨어는 데이터 또는 메시지의 전달이나 작동에 있어서 적시성(timely manner)을 제대로 갖추는 것이 필요한 것으로 강조된다. 그리고 사용자 중심의 사물인터넷 응용 소프트웨어는 사용자가 직관적으로 이해하기 쉽도록 시각화 등을 통한 정보전달 방식이 필요하며 응용환경과 사용자 간의 상호작용이 원활하도록 구성하는 것이 필요하다.

(2) 사물인터넷 구현상의 특징

산업혁명과 인터넷 정보혁명의 결합, 또는 가상공간(cyber space)과 물리공간(physical space)의 통합 등으로 사물인터넷 비즈니스의 성격이 표현되기도 한다. 사물인터넷을 활용한 솔루션(solutions)의 설계, 개발, 구현, 평가에 걸쳐 고려할 수 있는 일반적인 특성요소를 다음과 같이 나열하였다.

① **센서 데이터 발생 및 동작**: 사물인터넷 센서 네트워크의 감지데이터 처리 구조는 이벤트위주((even driven) 또는 시간위주(time driven)의 방식이다. 이벤트위주의 방식은 특정 사건이 발생할 때 데이터가 생산되는 방식이며(예: door sensor), 시간위주의 방식은 특정 시간간격 마다 데이터가 지속적으로 생산된다(예: temperature sensor). 사물인터넷 및 센서 네트워크는 이벤트위주의 방식을 많이 활용하며, 이때 사물인터넷 시스템의 동작은 주로 event-condition-action(ECA)

규칙에 의한다.

② **지능(intelligence):** 데이터 수집, 모델링, 여러 센서 데이터를 결합을 통한 상황추론(context reasoning) 등에 의해 집적한 데이터로부터 지식을 추출하게 된다. 습득한 지식은 보다 지능적인 상호작용 및 커뮤니케이션에 활용된다.

③ **복잡성(complex system):** 사물인터넷은 다양한 표준의 통신방식으로 서로 연결되어 자율적으로 상호작용하는 많은 수의 서로 다른 기능과 처리능력을 가지는 센서와 작동기(actuators)를 포함하는 복잡성을 가진다. WSN 등 사물인터넷에 연결된 각각의 객체 또는 사물들은 새로이 접속되기도 하고 사라지기도 하며, 각 객체의 기억용량, 데이터처리, 추론능력 등의 처리능력(capability)도 서로 다양하다.

④ **규모(size):** [그림 4-17]과 같이 인터넷에 접속한 사물의 수는 확산일로에 있다. 사물인터넷은 연결된 객체들이 상호작용할 수 있도록 하는 것이 필요하며, 접속한 객체의 수가 증가할수록 상호작용하는 정보량도 급격히 증가할 것이다.

⑤ **시간(time):** 사물인터넷은 연결된 수많은 객체들과 객체들 간의 대량의 상호작용으로 인해 동시적으로 발생하는 이벤트에 관한 데이터를 실시간(real-time)으로 병행 처리해야 하는 것이 중요하다.

⑥ **공간(space):** 상황인지 컴퓨팅(context-aware computing)과 이와 밀접한 지리적 위치(geographic location) 정보의 역할이 사물인터넷에서 커짐에 따라, 사물인터넷에 연결된 객체의 정확한 위치의 파악 및 추적(tracking)이 중요하다. 연결된 객체의 수가 많을수록 위치의 추적이 중요하며, 객체 간의 상호작용은 위치, 환경, 타 객체의 존재여부 등과 밀접한 관련성이 있다.

⑦ **클라우드 컴퓨팅:** 사물인터넷의 구현을 위해서는 상당한 규모의 정보자원을 요구할 것이며, 이에 대한 해결안은 클라우드 컴퓨팅이 될 것이라고 한다. 즉 필요로 하는 정보자원을 자체적으로 보유하는 것이 아니라 인터넷에 연결된 외부의 자원을 서비스로 활용한다는 것이다. 클라우드 컴퓨팅은 Everything-as-a-Service의 의미로 이해되어, 인터넷을 통해 광범위한 종류의 서비스나 응용시스템이 필요에 따라 네트워크 접속을 통해 활용될 것이다. 이러한 개념은 사물인터넷의 정보기반으로서 클라우드 컴퓨팅의 역할이 더욱 중요해짐을 의미한다.

2.3 사물인터넷 비즈니스모델

사물인터넷이 사물과 사물의 연결, 그리고 사물과 사람의 연결을 통해 새로운 부가가치를 제안하고 구현함으로써 기존의 비즈니스모델 및 수익구조와 비교하여 혁신적인 변화가 기대된다. 본 절에서는 앞서 언급한 바와 같이 e-비즈니스의 관점에서 사물인터넷을 활용한 비즈니스모델, 즉 '사물인터넷 비즈니스'모델의 전략 요소와 주요 응용분야 등을 정리하기로 한다.

(1) 사물인터넷 비즈니스모델의 전략요소

가트너가 선정한 기술전략 트렌드를 [그림 4-23]에서 보면, 2021년 현재 사물 인터넷과 관련한 기술요소의 특징인 어디서나 운영(anywhere operation), 지능적 결합가능 비즈니스(intelligent composable business), 분산 클라우드(distributed cloud), 인공지능공학(AI engineering) 등이 전략적 기술방향으로 자리잡고 있음을 알 수 있다. 기술기대주기(technology hype cycle)의 관점에서 보면, 사물인터 넷이 기술적 또는 비즈니스모델 측면에서 기술적 잠재력이 구현되는 시점이 도래하고 있음을 의미한다고 볼 수 있다.

그림 4-23 Gartner Top Strategic Technology Trends for 2021

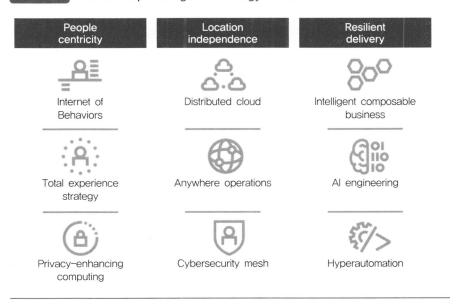

1) 사물인터넷을 통한 서비스구성의 기본 요소

사물인터넷 비즈니스의 상품 즉 제품 또는 서비스가 성공적이기 위해, 사물인터넷 정보기술을 활용한 서비스의 구성에 기본적인 다음의 요소를 먼저 확인하는 것이 비즈니스 전략의 수립과정에 필요하다.

- 연결(connectivity): 서비스의 구현하고 제공할 기업 시스템이 사물인터넷 제품 및 서비스와 연결여부를 검토하고, 사물인터넷으로 수집하는 데이터의 전달에 적정한 네트워크 대역폭의 확보가 가능하여야 한다.
- 통합(integration): 비즈니스모델에서 제안하는 제품·서비스의 시장제공물(offering)이 기능적으로 사물인터넷 환경과 통합되는지 또는 이에 필요한 통합 도구, 기술, 표준 등을 확인하여야 한다.
- 보안(security): 제품·서비스의 개발단계부터 정보유출 방지, 개인정보 보호 등 정보보안 방안의 적용, 관련 기준 및 정책을 마련하여야 한다.
- 분석(analytics): 사물인터넷을 통해 획득·저장된 데이터의 분석·해석·활용이 비즈니스의 목적으로 실행되도록 분석대상 정의 및 분석방법 선정 등이 필요하다.

2) 사물인터넷 비즈니스모델의 가치창출 및 가치포착

가치창출(value creation) 및 가치포착(value capture) 측면에서 사물인터넷 비즈니스모델이 가지는 특징을 기존의 전통적인 비즈니스모델과 비교해보기로 한다. 기업의 상품을 비롯한 시장제공물(market offering)의 가치향상과 고객의 지불의향(willingness to pay) 촉진을 위해 이루어지는 다양한 활동들을 포함하는 가치창출(value creation)은 비즈니스모델의 핵심부분이다. 가치창출과 마찬가지로, 고객의 상품에 대한 가치가 금액화(monetization)되는 것을 의미하는 가치포착(value capture)에 대해서도 사물인터넷 비즈니스에서는 새로운 사고방식이 필요하다.

전통적으로 기업의 가치창출은 고객요구의 지속적 파악 및 고객에게 이에 대응하는 솔루션(상품)의 제공이라 할 수 있다. 시장에서 상품의 경쟁은 출시 초기에는 주로 상품의 기능에서 발생하고, 기능혁신이 정체되는 시기에는 가격경쟁이 심화되며 그 이후 노후화되어 시장에서 사라지는 경향을 가지는 일회성의 특징이 강하다. 이와 달리, 사물인터넷에서의 제품은 연결된 상태에서 데이터와 정보의 지속적인 업데이트로 인해 새로운 기능을 일정하게 고객에게 제공함으로써 기존의 일회성이 가지는 단점을 극복해 갈 수 있다. 사용중인 제품은 추적이 가능하므

표 4-5	사물인터넷 가치창출 및 가치포착		
구분	요소	기존 산업	사물인터넷 산업
가치 창출	고객니즈	기존의 니즈 및 생활방식을 대응하는 방식으로 해결	실시간 및 긴급한 니즈를 예측하는 방식으로 해결
	시장제공물	시간에 따라 노후되는 독립된 제품	제품이 무선 업데이트로 갱신되고 시너지 가치 보유
	데이터의 역할	단일 위치의 데이터가 미래 제품의 요구에 활용	정보통합을 통해 현 제품의 경험 창조와 서비스 제공
가치 포착	이익의 구현	제품 또는 장치의 판매	반복적인 수익의 창출
	제어포인트	상품의 이점, 특허소유권, 브랜드 등	개인화 및 상황 대응수준 확대, 제품간 네트워크효과
	능력의 개발	핵심역량, 기존 지원 및 프로세스 등을 활용	사물인터넷 생태계 파트너의 가치포착 능력을 이해

로 고객의 행동에 대응할 수 있고, 다른 제품 및 서비스와 연결이 가능하므로 효과적인 예측, 프로세스 최적화 및 고객서비스 경험을 위한 새로운 분석 및 새로운 서비스로 확대할 수 있다.

대부분의 기업에서 가치포착의 중심은 상품의 판매에 있으며, 판매이익을 최대화하기 위해 상품의 판매가격 결정에 관심이 크다. 한편 특별한 경우로 받아들여지는 질레트(Zillette)의 '면도기·면도날 모델'에서는, 제품출시(면도기)에 대해서는 핵심역량을 활용하고, 가치포착을 위한 마진에 대해서는 제품가격 이외에 원자재(면도날) 가격, 특허 또는 브랜드 강점 등과 같이 가치사슬의 핵심포인트에 대해 제어가능한 범위에서 최대화하고 있다. 사물인터넷 비즈니스에서도 연결된 공간에서 가치포착, 즉 매출의 발생은 초기제품의 판매에 국한되지 않으며, 초기 판매가격을 초과하는 부가가치 서비스(초기제품 판매이후 유료가입 및 앱 등)를 포함한 추가적인 다른 수익흐름의 가능성이 크다.

사물인터넷의 연결된 상품의 경우, 가치포착에 영향을 주는 고객잠금(customer locked-in) 효과가 시간이 갈수록 커지는 경향을 가질 수 있다. 그 근거로 첫 번째는 시간에 따라 축적되는 정보를 통해 고객에 대한 개인화(personalization)와 상황(context) 대응수준이 커진다는 점과, 두 번째는 플랫폼에 참여하는 상품의 증가에 따른 네트워크효과의 크기가 기존고객의 유지를 강화한다는 것이다.

또한 사물인터넷 생태계에서 기업의 핵심능력(core capability) 구성은, 기업내부의 능력구성 이외에 타기업의 가치포착을 이해하고 외부 파트너쉽(partnership)의 확대를 중요시하는 것이 장기적인 성공에 중요한 것으로 지적되고 있다. 자사의 상품을 통한 가치포착 만큼, 타기업이 자사의 상품을 통한 가치 창출과 집적을 고려하는 것도 필요하다. 기존 산업의 경쟁구도와는 달리, 사물인터넷과 같이 연결된 산업에서는 차별화(differentiation), 비용우위(cost leadership), 집중(focus) 등의 경쟁요소가 타기업에 대하여 배타적이 아니라 오히려 가치창출 또는 가치포착에 있어서 상호 강화할 수 있는 것으로 지적된다.

3) 사물인터넷 비즈니스모델의 유형

Porter와 Heppelmann은 하버드 비즈니스 리뷰(2014.11.)에서, '스마트(smart)'와 '연결(connectivity)'을 특징으로 하는 사물인터넷이 제공할 수 있는 제품의 능력을 다음의 모니터링, 제어, 최적화, 자율성의 4단계 유형으로 제시하였다. 이 네 가지의 단계별 유형은 사물인터넷으로 제공할 수 있는 e-비즈니스모델의 (전체 또는 부분적인 영역의) 기본적인 유형으로 고려될 수 있다.

- 모니터링(monitoring): 사물인터넷으로 연결된 스마트(smart)한 제품은 센서(sensor) 및 외부의 데이터소스를 통해 제품의 상태, 작동, 외부환경 등을 포괄적으로 모니터링할 수 있으며, 상황 또는 작동의 변화를 감지하여 사용자에게 경보신호를 제공할 수 있다. 모니터링은 사용자 또는 기업이 제품의 작동특성 및 기록의 추적을 가능하게 하고, 이를 통해 제품의 사용특성에 대해 보다 나은 이해와 제품디자인, 시장세분화, 애프터서비스 등에 새로운 가능성을 제공한다. 모니터링 능력은 원격의 여러 제품에 걸쳐 확장될 수도 있는데, 예를 들어 여러 원격지에 설치된 운전설비들의 작동상태, 안전장치의 허용치, 계기장치의 측정치 등을 동시에 파악할 수 있다.
- 제어(control): 사물인터넷 제품은 제품의 장치에 끼워져 설치(embedded)되거나 제품의 클라우드(cloud)에 존재하는 명령, 또는 알고리즘을 통해 원격으로 제어될 수 있다. 알고리즘(algorithm)은 제품상태 또는 환경의 특정변화에 제품이 자율적으로 반응하도록 하는 규칙을 뜻하며, 압력이 높으면 밸브를 끄게 한다든가 주차시설의 차량이 일정수준 이상이 되면 안내조명등이 켜지는 경우를 사례로 들 수 있다. 또는 스마트폰을 통해 원격지의 전구를 켜고 끄거나, 밝기나 색깔을 조절하는 경우와 같이 사용자가 직접 제어할 수도 있을 것이다.
- 최적화(optimization): 사물인터넷으로 연결된 제품에서 전송되는 다량의 모니터링 데이터는 제품의 작동을 제어(control)하는 기능과 결합되어 다양한

방식으로 제품의 성능을 최적화할 수 있다. 제품의 출력, 활용도, 효율성 등을 극적으로 향상시키기 위하여 사용중인 또는 과거 데이터에 대해 최적화를 위한 알고리즘과 분석방식을 적용하는 형태로 응용될 것이다. 예를 들어, 풍력발전기에서 각 날개(blade)를 매 회전시마다 제어장치를 통해 조절하여 자연의 풍력을 최대한으로 포집할 수 있을 것이다. 또 제품의 상태에 관한 실시간 모니터링 데이터와 제품제어 기능은 임박한 고장에 대해 원격정비를 통한 예방정비를 실행함으로써 제품 고장시간과 정비인력 파견을 줄이는 등의 서비스 최적화를 기할 수 있다. 이 경우 현장정비가 필요하더라도 고장정보 파악과 진단을 통해 수리방안을 미리 준비하여 서비스비용 절감과 높은 수리성공률을 기대할 수 있다.

- **자율성(autonomy):** 모니터링, 제어, 최적화의 결합된 기능을 통해 사물인터넷에 연결된 스마트 제품의 자율성을 이전에는 도달하기 힘든 수준으로 이룰 수 있다. 가장 간단한 자율제품(autonomous product)의 사례로서, 다른 레이아웃(layout)의 방들을 스캔(scan)하고 청소하기 위해 센서와 소프트웨어를 사용하는 진공청소기를 사례로 들 수 있다. 좀 더 세련된 제품으로는 주어진 환경에 대해 학습(learning)하고 서비스 니즈(needs)를 스스로 진단하며 사용자의 선호에 따라 적응할 수 있는 형태이다. 자율성은 인적 조작의 필요성을 줄이고, 위험한 환경에서 고려되는 작업안전성과 원격지작동을 촉진한다. 자율제품은 타 제품 및 타 시스템과 상호 조정을 통해 동작하는 기능이 필요하며, 보다 많은 수의 제품이 연결될수록 이러한 기능의 가치는 기하급수적으로 커지게 된다. 사물인터넷상의 제품은 궁극적으로 완전한 자율성을 가질 수 있다고 하는데, 필요한 요소로는 (a) 전체 서비스를 구성하는 타 제품의 움직임을 포함하여 자신의 성능과 환경에 관한 데이터를 활용하는 알고리즘의 적용과 (b) 타 제품과 이루어지는 통신능력의 활용이다.

이상에서 분류한 모니터링, 제어, 최적화, 자율성의 4분야 각각은 [그림 4-24]와 같이 앞 단계의 능력에 기초를 두고 단계별로 구성되어진다. 즉, 최적화 능력을 가지기 위해서는 모니터링 능력과 제어 능력을 갖추는 것이 필요하다. 특정 제품이나 비즈니스모델이 여러 단계의 기능을 모두 포함할 수도 있겠으나, 다른 제품 또는 다른 비즈니스와 서로 협업하는 형태로 다른 단계의 능력수준과 연결·통합될 수 있다.

그림 4-24 사물인터넷을 통한 제품기능의 유형

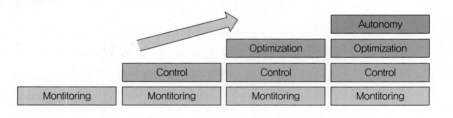

(2) 사물인터넷 비즈니스모델의 구현

사물인터넷을 통한 다양한 제품과 서비스, 그리고 이에 바탕을 둔 비즈니스의 응용이 일상생활부터 산업현장까지 들어서고 있다. 사물인터넷을 통한 다양한 제품과 서비스를 활용하여 구성할 수 있는 비즈니스모델의 산업분야별 응용 유형을 [표 4-6]에서 참조할 수 있다. 일상생활에서 이미 제공되고 있는 사물인터넷 응용 서비스의 사례들을 다음과 같이 살펴볼 수 있다.

- 아파트와 같은 생활공간에 이미 활용되고 있는 IoT서비스는 스마트폰을 클릭해 원격으로 보일러를 미리 가동하고, 집에 도착해 스마트폰을 갖다 대면 현관문이 열리며, 거실조명과 공기청정기가 자동으로 켜진다.
- 학습하는 인공지능(AI)이 적용된 IoT서비스의 경우 집주인의 생활습관을 파악해 출근시간에 맞춰 커피머신을 작동하고, 주말에는 커튼과 로봇 청소기가 알아서 움직이는 등 보다 적응적인 서비스가 가능하다.
- 건설현장에서는 지능형 CCTV, 가스센서, 진동센서, 화재감지센서 등을 설치해 사고가 발생했을 때 위험상황을 감지하고 빠르게 대응할 수 있다.

기업들은 사물인터넷의 제품 또는 서비스를 활용하여 비즈니스 및 업무의 혁신, 모니터링 및 데이터분석 등을 통한 가시성 확보 및 효율향상, 산업리스크 및 다운타임(downtime)의 극적인 감소 등을 기대할 수 있을 것이다. 소매유통 분야의 새로운 맞춤형 고객경험의 제공 및 마케팅·판매 효과의 증대, 의료산업 분야의 의료수준 향상 및 의료장비 운영, 공공기관의 공공시설 운영관리 및 시민서비스 등 여러 분야에서 사물인터넷을 통해 혁신적인 수단이 다양하게 출현할 것으로 기대되고 있다. 사물인터넷 비즈니스모델과 서비스의 구현을 통한 혁신의 추진에 있어서, 참고할 수 있는 선도기업의 몇 가지 동향과 사물인터넷 장치들을 사례로 살펴보면 다음과 같다.

표 4-6	사물인터넷 비즈니스 사례
산업분야	사물인터넷 비즈니스 사례
에너지 분야 (smart energy, smart utility)	에너지원, 전력망, 전력·에너지소비 등에 관해 지속적인 측정정보를 배전회사·소비자에게 제공하며, 전력의 분산된 수요·공급이 균형을 이루는 지능형 서비스
교통·운송 분야 (smart transport)	더 안전하고 편리하도록 여러 운송 및 교통체계를 통합하여 관리하는 진보된 정보체계와 응용
제조업 분야 (smart manufacturing)	전 생산공정에서 필요정보를 필요시점에 유용한 형태로 취합하여 파악할 수 있는 실시간 통합정보 응용
의료 분야 (smart health)	사물인터넷 기기(모바일·스마트 장치, 센서, 액츄에이터 등)를 통해 접근성이 향상된 공공·개인 의료서비스
공공 분야 (smart government·environment)	시민의 생활과 안전에 필요한 정보의 실시간 제공과 이를 활용한 다양한 고차원의 공공서비스
고객서비스 (smart customer experience)	구매, 사용자경험, 엔터테인먼트 등에서 고객의 관심분야와 상호작용하는 맞춤형 응용서비스
주거 분야 (smart house)	주거공간의 시설 및 설비에 대한 실시간 모니터링 및 최적 제어, 주거생활 향상과 관련한 다양한 응용서비스
금융 분야 (smart finance)	은행, 증권, 보험, 신용 등에서 사물인터넷 환경과 연계 및 통합된 다양한 혁신적인 원격 금융·지불 응용서비스

참고자료: European Commission (2015)

- **GE의 '프리딕스'**: 항공기엔진, 발전장비, 철도장비, 의료기기 등을 생산·공급하는 제너럴일렉트릭(GE)은 사물인터넷 기반의 디지털전환(digital transformation)을 진행하고 있다. 항공, 의료보건, 에너지, 수송 분야 등의 기업을 대상으로 자사에서 공급하는 의료장비와 항공기엔진 등 온갖 사물에 부착되는 센서, 즉 산업용 사물인터넷을 통해 생산되는 방대한 양의 데이터에 대하여 자사에서 제공할 수 있는 다양한 서비스는 물론 고객사들의 효과적인 처리를 지원하는 것을 목표로 프리딕스(Predix)라는 소프트웨어 플랫폼을 개발하였다. GE는 이를 통해 자사의 비즈니스역량 강화 및 향후 사물인터넷 시장에 도전하고 있다.

- **Amazon의 '아마존 대시'**: 식품 판매서비스인 '아마존 프레시(Fresh)' 이용자에게 2014년 4월 선보인 '아마존 대시(Dash)'는 바코드 스캔과 음성인식 기능을 이용해 구매할 물품을 주문목록에 자동으로 추가하고, 웹페이지에서 주문목록을 확인하여 주문하는 방식이다. 2015년 3월경 간편한 주문을 위한 상품별 '대시 버튼(Dash Button)' 서비스도 공개하였는데, 사용자 스마트폰에 설치된 아마존 앱(app)을 통해 필요정보(대시의 wifi접속, 회원정보, 주

문정보, 지불정보, 배송지 등)를 등록한 후 버튼을 눌러 주문정보(바코드, 음성, 버튼 등)를 인터넷을 통해 간편히 전달할 수 있다.

- Nike의 'Nike+': 나이키(Nike)는 운동화에 부착해 신체활동을 측정하는 '플러스센서', 손목에 착용해 신체활동을 측정하는 팔찌인 '나이키+ 퓨얼밴드' 등 정보기술(IT)을 적용한 신제품을 통해 혁신기업으로 발돋움했다. 97년 이후 6년간 100억 달러 미만에 정체됐던 매출액이 2008년 186억 달러, 2013년 253억 달러로 상승하는 효과를 가져왔다고 전해진다. 나이키퓨얼(NikeFuel)은 신체동작 측정, 활동추적, 운동 등을 보조하는 나이키의 퓨얼밴드(Fuel-Band)와 스마트폰 앱(app)이 연결된 장치(connected device)이다. 이 장치를 통해 트레이닝(training)이 재미와 체계를 갖출 수 있고, 사물인터넷이 기존의 장치를 지능적으로 변환시켜 일상생활의 활동을 보다 스마트하게 개선하는 방향으로 전환시키는 것을 보여준다. 최근에는 마이크로소프트와 함께 전용 피트니스 게임인 '나이키+ 키넥트트레이닝 (Nike+ Kinect Training)'을 개발하는 등 사물인터넷 시대에 혁신의 길을 가고 있다.

- Starbucks의 '클로버 커피머신': 스타벅스는 매장에 커넥티드(connected) 커피머신으로 유명한 클로버 커피머신을 설치하고, 이를 클라우드(cloud) 기반 서비스인 클로버넷과 연결하고 있다. 이를 통해 본사에서는 고객의 취향과 커피머신의 성능·상태를 원격에서 모니터링할 수 있다. 커피 추출시간·온도 등과 레시피를 디지털 방식으로 원격 또는 자동으로 갱신할 수도 있다. 커피머신뿐만 아니라 커넥티드 냉장고도 구상하고 있으며, 정보기술을 활용한 서비스의 혁신으로 인해 스타벅스를 기술기업(technology company)로 보는 견해도 있다.

- Nest의 'Thermostat': 구글이 인수한 NEST의 Thermostat은 동작감지 센서가 내장된 온도조절기로서, 인터넷에 연결되어 실내온도가 실시간으로 기록되며 원격으로 온도조절도 가능하다. 동작감지 센서는 실내에 사람이 있는지, 얼마나 움직이는지 등을 측정하고, 측정한 데이터는 NEST의 클라우드 서버에 저장되어 집주인이 선호하는 온도를 자동으로 분석한다. 분석결과를 통해 사용자 취향에 맞는 온도를 자동으로 제시해주거나 절전모드로 바꿔주기도 한다.

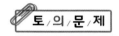
토/의/문/제

01 기존의 오프라인 사업방식에서도 중요하게 다루어진 '사용자 참여'에 대해 e-비즈니스에서 가지는 차이점과 특별히 더 중요한 점을 정리해보시오.

02 모바일 환경의 e-비즈니스 서비스에서 웹2.0의 특징이 가지는 강점과 기회를 토의해보시오.

03 지향하는 목적 또는 서비스 범위에서 기존의 e-비즈니스와 사물인터넷 간에 존재하는 차이점 또는 상호 보완점 등을 정리해보시오.

04 사물인터넷의 자율형 서비스가 가능한 서비스 방식 및 사용상의 시나리오를 제안하고, 가능한 한계점을 정리해보시오.

05 웹2.0의 성공적인 인터넷 서비스 또는 성공기업의 사례가 향후 변화하는 인터넷 환경 및 시장에서 가지는 지속성, 한계, 발전방향 등에 관하여 정리해보시오.

참고문헌 References

- 이준기 · 임일, 웹2.0 비즈니스 전략, 시그마인사이트닷컴, 2006.
- 임재현 · 최정환, Web 2.0시대의 인터넷 사업 성공 요건, LG Business Insight, 2008. 11. 26.
- 전종홍 · 이승윤, 웹2.0 기술 현황 및 전망, 전자통신동향분석, 제21권, 제5호, 2006.
- 한국과학기술원, 웹 3.0 환경에서의 모바일 소셜네트워크 기반 서비스 실현 기술, 2015.
- 홍상기 등, 사물인터넷 소프트웨어 플랫폼 기술동향, 전자통신동향분석, 제30권, 제5호, 2015.
- Dave Chaffey et al., Digital Business and E-Commerce Management(7'th Ed.), Pearson, 2019.
- Gordon Hui, How the Internet of Things Changes Business Models, *Harvard Business Review*, July 29, 2014.
- Michael E. Porter and James E. Heppelmann, How Smart, Connected Products Are Transforming Competition, *Harvard Business Review*, Nov. 2014.
- Laudon, K. C. and Traver, C. G., E-Commerce(7'th Ed.), Pearson, 2015.
- Turban, Efraim et al., *Electronic Commerce: A Managerial Perspective*, Pearson, 2008.

1. '웹3.0'이 뭐길래 … 실리콘밸리 거물들 '설전' (파이낸셜뉴스 2021년 12월 26일)

올 하반기 새로운 투자테마로 주목받은 '웹3.0'을 둘러싸고 실리콘밸리 거물들의 설전이 확산되고 있다. 가상자산 옹호론자인 잭 도시 블록 CEO(최고경영자)가 벤처캐피탈(VC)들의 집중투자가 웹3.0의 기본 정신인 탈중앙화를 훼손하고 있다며 연일 저격한 것이 시초였다. 일론 머스크테슬라 CEO 역시 잭 도시와 유사한 주장을 펼쳐왔다.

이번 논쟁에 벤처캐피탈은 물론 실리콘밸리 IT(정보기술)기업 주요 인사들도 참여하며 블록체인과 인터넷의 미래에 대한 치열한 논쟁이 전개됐다. 웹3.0이 현실의 변화를 가져올 수 있도록 노력할 필요가 있다는 지적도 나왔다. 26일 업계에 따르면, 잭 도시는 최근 트위터에 "당신은 웹3.0을 가지고 있지 않다"며 "벤처캐피탈(VC)과 그들에게 돈을 대는 기관투자자가 가지고 있을 뿐"이라고 지적했다. 이어 "(웹3.0은) 결코 그들의 이해관계에서 탈출하지 못할 것"이라며 "(웹3.0은) 이름표만 다르게 가지고 있는 궁극적으로 중앙화된 실체"라고 비판했다. 블록체인 기술을 통해 분산화된 앱을 지향한다는 웹3.0의 기본정신이 벤처캐피탈 때문에 훼손되고 있다고 비판한 것이다. 잭 도시의 트위터 팔로어는 600만명에 달한다.

잭 도시는 웹3.0에 주도적 영향력을 미치는 실리콘밸리 벤처캐피탈로 a16z(안데르센 호로위츠)를 지목하기도 했다. 월스트리트저널은 잭 도시의 트윗을 전하면서 그가 블록체인과 가상자산을 포함해 웹3.0의 기초로 여겨지는 많은 주제를 옹호해왔기 때문에 그의 목소리가 특히 중요하다고 평가했다.

앞서 일론 머스크는 지난 4일(현지시각) 트위터에 웹3.0 지지자들을 비꼬는 듯한 한 장의 사진을 올렸다. 그는 최근 트위터에 "웹3.0이 진짜라고 제안하는 것이 아니다"라며 "웹3.0은 지금 당장은 현실보다는 마케팅 유행어처럼 보인다"고 쓰기도 했다.

웹3.0은 아직 모호한 개념이지만 최근 가상자산 투자테마로 많은 주목을 받아왔다. 웹2.0 시대의 아이콘인 구글이나 아마존, 애플 등 거대 IT기업들이 인터넷을 통제하고 광고주에게 사용자 정보를 판매해온 것을 비판하는 목소리가 담겨있다. 웹3.0시대에는 블록체인과 관련 기술을 이용해 새로운 형태의 금융이나 사용자가 콘텐츠를 더 많이 제어할 수 있는 대체 소셜 미디어 플랫폼 등이 등장할 수 있다는 것이다.

웹 3.0 주창자들은 블록체인을 기반으로 데이터를 분산시켜 해킹에서 자유롭게 하고 데이터의 소유권을 플랫폼에서 개인으로 전환해 사용자에게 더 많은 인터넷 자유를 제공하자고 주장한다. 이곳에서 사람들은 자신의 데이터를 직접 관리하고 종속된 이용자가 아닌 자유로운 개인으로서 활동할 수 있다는 것이다. 실리콘밸리 인사들의 반박도 이어졌다. 잭 도시가 비판한 a16z의 파트너 크리스 딕슨은 월스트리트저널에 "웹3.0에서는 모든 코드와 데이터, 소유권이 오픈소스"라며 "그것을 읽고 스스로 결정하라. 벤처캐피탈들은 거의 소유하고 있지 않다"고 반박했다.

초기 비트코인 옹호자인 에릭 부르히스 쉐이프시프트 CEO 역시 "벤처캐피탈이 일부를 소유하기 때문에 웹3.0을 소유하지 않는다면 벤처캐피탈이 일부 가지고 있는 비트코인을 사지 않겠다고 말하는 것과 같다"고 비판했다. 웹2.0의 창시자로 평가받는 팀 오라일리도 최근 블로그 게시글을 통해 논쟁에 참여하며 웹3.0이 실제 현실에서 변화를 가져올 수 있도록 노력해야 한다고 강조했다. 그는 "웹3.0 시대가 새로운 경제시스템의 탄생을 예고한다면 웹3.0을 진정한 부의 증대를 위한 도구로 만들어야 한다"며 "단지 일찍 들어갈 수 있는 만큼 운이 좋은 사람에게만 제공되는 것이 아니라 모든 사람들의 삶을 더 낫게 만드는 실제적인 삶의 변화를 웹3.0이 가져올 상품과 서비스를 통해 만들어야 할 것"이라고 지적했다.

2. 세계인구 절반 모바일로 연결 … '초연결사회' 가속화 (조선일보 2020년 6월 8일)

신종 코로나바이러스 감염증(코로나19)으로 인한 사회적 거리두기가 전 세계에서 일반화된 가운데 모바일 기기, 사물인터넷(IoT), PC 등의 기기를 이용한 비대면 솔루션이 활성화되면서 5G 이동통신 기반의 '초연결사회'가 가속화할 것이라는 분석이 나왔다. 세계이동통신사업자연합회(GSMA)는 최근 발간한 보고서에서 현재 세계 인구의 49%가 모바일 기기를 통해 인터넷, 클라우드 등에 연결돼 있다는 분석을 내놨다. 이를 인구수로 환산하면 무려 37억9500만명에 달하는 사람들이 인터넷 생태계를 이루고 있다는 설명이다.

특히 이동통신 기기의 상당 부분은 빠르게 성장하고 있는 5G 이동통신을 채택할 것으로 관측된다. GSMA는 5년내로 18억개의 5G 기기가 상용화될 것으로 예상했다. 국가별로 보면 한국, 중국, 일본 등 아시아 지역에서 5G에 앞선 나라들의 경우 전체 이동통신 기기 중 절반 이상이 5G 기기가 차지할 것으로 예상됐다. 북미 지역도 전체의 48% 수준이 5G 이동통신을 지원하며 빠른 성장세를 나타낼 것으로 전망됐다. 이어 유럽(34%), 아시아 개발도상국(22%), 러시아(12%), 남미(7%) 등의 순이었다. 통신업계에서는 5G의 초저지연, 초고속 통신이 모바일 기기뿐 아니라 공장, 자동차, 로봇 등 새로운 분야에서 수요를 창출하면서 하나의 인터넷 생태계에 묶인 기기수가 급증할 것으로 전망하고 있다.

실제 지난 3년간 추이를 살펴보면 모바일 기기, IoT 디바이스로 서로 연결돼 있는 기기의 숫자가 매년 꾸준히 증가하고 있다. 코로나 사태 이후에는 더욱 급증하는 추세다. GSMA에 따르면 현재 전 세계적으로 스마트폰, 웨어러블 등 각종 IoT 기기를 망라해 88억502만4140여개의 기기가 서로 연결돼 있다. 지난 3년간 매년 6.2%씩 증가해온 셈이다. 국내 이동통신업체 관계자는 "그동안 인터넷을 이용한 다운로드와 소프트웨어 설치의 개념이 5G 이후 클라우드 기반의 스트리밍, 컴퓨팅으로 빠르게 전환하고 있다. 영화나 드라마를 다운로드해서 볼 필요가 없어진 것과 마찬가지로 게임을 비롯한 각종 엔터테인먼트, 각종 소프트웨어나 비즈니스 도구 역시 클라우드를 통해 실시간으로 제공가능한 환경이 됐다"고 설명했다.

모바일 디바이스 보급이 확산되면서 이를 기반으로 한 구독 서비스 역시 가파르게 세를 불리고 있다. GSMA에 따르면 2010년대 초반만 해도 가입자수가 미미했던 넷플릭스를 비롯해 애플뮤직, 유튜브 프리미엄 등 각 대형 IT 기업이 쏟아내고 있는 구독형 서비스에 가입한 사람들의 숫자는 현재 51억명 수준이다. 최근 3년간 연 평균 3.72%의 성장세다. 국내 기업들도 이같은 트렌드에 맞춰 새로운 비즈니스 모델(BM) 발굴에 나섰다. SK텔레콤, KT, LG유플러스 등 국내 통신3사는 증강·가상현실(AR·VR), 클라우드 게임을 비롯해 올해는 스마트팩토리와 자율주행자동차 등 기업서비스(B2B) 영역으로도 사업을 확장하고 있다. KT 경제경영연구소는 오는 2030년까지 5G 융합 산업 영역에서만 약 42조원의 사회·경제적 가치가 발생할 것으로 관측했다.

3. 닭 키우는 AI 기술 나왔다 … 스마트 양계장 주목 (중앙일보 2021년 11월 8일)

LG유플러스가 인공지능(AI)과 사물인터넷(IoT)을 이용해 닭을 관리하는 기술을 양계장에 적용한다. 병아리와 닭에 가장 잘 맞는 생육환경을 AI가 관리하기 때문에 양계농가의 일손 부족 문제에 도움이 될 것으로 기대된다. LG유플러스는 국립축산원 가금연구소, 전북대학교와 함께 육계·산란계의 정밀 모니터링과 지능형 사양관리 기술을 실증하는 사업을 한다고 28일 밝혔다.

국내 양계농가는 가구당 육계 5만6000만수, 산란계 7만8000만수를 사육하고 있지만 농가인구 고령화와 인력 부족으로 생산성 향상에 한계가 있는 실정이다. 이에 LG유플러스는 기존 계사의 환경을 개선하고 농가소득 향상에 기여할 수 있는 '정밀 사양관리' 기술을 개발했다. 육계와 산란계를 실시간으로 모니터링하고 수집한 데이터를 스마트 양계 통합관제시스템에서 분석하는 기술이다. 닭의 건강을 유지하고 유전능력을 최대한 발휘할 수 있도록 관리하는 일을 AI가 맡는다.

닭장 내에 설치된 각종 센서와 CC(폐쇄회로)TV 등은 닭의 생육환경에 맞는 온도와 습도, 암모니아(NH_3), 이산화탄소(CO_2)와 같은 공기질을 살핀다. AI는 센서가 보내온 데이터를 기반으로 냉난방 장치와 환풍구를 자동으로 제어한다. 사료와 물 공급량도 관리한다. 닭장 내 상황은 전문가가 실시간 영상으로 살핀 뒤 원격으로 지원할 수도 있다.

강종오 LG유플러스 스마트시티사업담당은 "이번 기술은 계사 농가의 일손 부족을 해소하고 생산성을 향상시킬 수 있어 농가 수익을 늘리는데 기여할 수 있을 것"이라며 "향후 축사·돈사 등으로도 확대해 국내 스마트팜 산업 발전에 기여하겠다"고 밝혔다.

사례연구 **토의**

1. 웹3.0의 가능한 방식을 열거해보고 토론해보시오.
2. 사물인터넷을 통해 디지털 세계와 물질세계가 융합된다는 개념이 자주 언급된다. 이와 같은 입장에서 위 사례를 참고하여 제공가능한 서비스를 고안해보시오.
3. 웹2.0 또는 사물인터넷의 특징적 개념이 기존의 산업 또는 기업의 운영방식에 영향을 끼친 사례와 성과를 조사해보시오.

e-비즈니스 기술

e-비즈니스를 지속적으로 가능하게 해주는 기술(enabling technology)의 범위와 종류는 기준에 따라 다양하게 분류 및 정리될 수 있다. 예를 들어 e-비즈니스 구현에 필요한 기술범위를 다음과 같이 기본 인프라(infra)에 속하는 정보기술과 이를 기반으로 하는 상위의 서비스응용 기술로 분류해 볼 수 있다.

- **기본 인프라 기술**: 인터넷과 웹(web)상의 정보시스템 및 데이터처리 기술
- **서비스응용 기술**: 웹을 통해 가치제공 및 수익을 구현하는 비즈니스모델 구현

e-비즈니스 기술의 범위는 통신기술로부터 인터넷상의 데이터 및 정보처리, e-비즈니스 또는 전자상거래의 처리절차(process) 및 운영에서부터, 나아가 인터넷 및 e-비즈니스가 주도하는 디지털경제로 연결된다고 할 수 있다. e-비즈니스 기술의 범위를 e-비즈니스가 가능하게 하는 정보기술의 범위로 한정한다면, e-비즈니스 기술을 인터넷 통신기술, 메시징(messaging) 기술, 정보처리기술, 보안기술, 프로세스 지원기술 등으로 분류할 수 있다. 본 절에서는 e-비즈니스 기술의 범위나 분류 등에 관한 논의보다는 e-비즈니스를 구현하는데 필요한 정보기술 위주로 살펴보기로 한다.

웹기반 시스템

인터넷(Internet)은 1969년 미국의 ARPANET으로부터 시작되었으며, 웹브라우저(web browser)를 통해 웹서버(web server)의 디지털 콘텐츠에 접속하는 WWW(World-Wide Web) 서비스는 인터넷에서 1992년부터 가능하게 되었다. 인터넷을 통한 전자상거래라는 용어와 개념의 확산은 1995년경 처음으로 WWW를 이용한 인터넷 전자쇼핑몰이 생기면서부터 시작되었다. WWW은 HTTP(Hyper Text Transfer Protocol)라는 통신표준(protocol)을 활용하는데, 사용자는 흔히 사용하는 웹브라우저(web browser)를 통하여 인터넷에 연결된 지구상의 모든 웹서버(web server)가 제공하는 정보를 HTTP라는 통신방식에 의하여 접근할 수 있다. 본 절에서는 WWW를 이루는 정보교환방식에 대하여 정리해 보기로 한다.

1.1 HTTP를 통한 인터넷 정보교환

(1) TCP/IP와 HTTP

인터넷은 TCP/IP 통신프로토콜(통신규약)로써 정보교환이 되는데, 실제로는 TCP/IP suite(TCP/IP 꾸러미)를 활용한다는 말이 더 적절하다. 왜냐하면, 인터넷을 통한 정보교환이 TCP(Transmission Control Protocol) 또는 IP(Internet Protocol)와 같이 하나의 통신방식(프로토콜)만으로 이루어지지 않기 때문이다. 대개 인터넷 사용자들은 [그림 5-1]의 Telnet, FTP, HTTP 등과 같이, TCP 또는 IP 등을 하위 통신방식으로 활용하는 상위의 통신프로토콜을 활용하는 시스템을 활용한다. TCP와 IP는 인터넷 정보시스템에서 가장 많이 사용되는 통신프로토콜이며, 인터넷상의 대표적인 응용시스템인 웹브라우저의 통신방식(HTTP)도 TCP와 IP를 하위 프로토콜로 활용한다. 또한 TCP와 IP도 하위의 통신매체별(동축케이블, 이중나선, 무선매체 등) 신호전달방식을 통해 원격지의 컴퓨터와 연결된다.

웹에서 사용하는 HTTP 그리고 Telnet, Email, FTP 등은 TCP를 통하여 처리되지만, 인터넷 동영상이나 인터넷 실시간 방송 등은 UDP를 주로 사용한다. TCP의 경우에는 전송할 전자문서를 구성하는 모든 패킷의 수신확인이 이루어져야 전송이 완료되지만, UDP에서는 패킷 단위별로 전송을 할 뿐 수신 전송도중 일부정보의 손실이 발생하더라도 정보전달을 유지하는 특성이 동영상이나 인터넷폰 등의

그림 5-1   TCP/IP 꾸러미(suite)의 구성과 OSI모델과의 비교

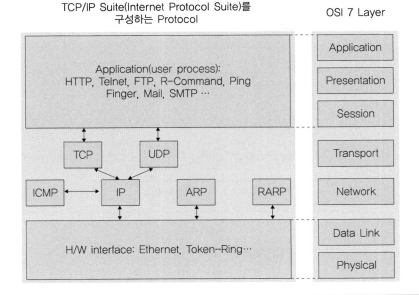

사용에는 더 적절하기 때문이다. [그림 5-1]에서 TCP와 IP는 하위의 네트워크 접속 프로토콜(Ethernet 등)을 활용하여 패킷(packet) 단위의 정보를 원격의 컴퓨터와 교환한다. TCP/IP 꾸러미의 하위 프로토콜에는 일반 LAN에서의 이더넷(Ethernet), 일반 가정에서 사용되는 DSL(Digital Subscriber Line) 방식이나 광케이블을 활용하는 FTTH(Fiber To The Home), 휴대폰에서 무선인터넷으로 활용하는 이동통신망 등이 포함된다.

웹브라우저와 웹서버는 인터넷을 연결매체로 HTTP 통신프로토콜을 활용하는 클라이언트-서버(client-server) 형태이며, 앞서 언급한 하위의 통신프로토콜을 통하여 [그림 5-2]와 같이 웹브라우저(웹클라이언트)의 정보요청에 대하여 웹서버가 저장된 해당 정보를 응답하는 형식으로 이루어진다. 웹서버는 필요시 [그림 5-2]의 CGI(Common Gateway Interface), 자바 서블릿(Java servlet) 등의 외부 프로그램을 활용하여 생성한 정보를 웹브라우저에게 전달하기도 한다.

그림 5-2   HTTP를 통한 인터넷상의 정보요청과 제공

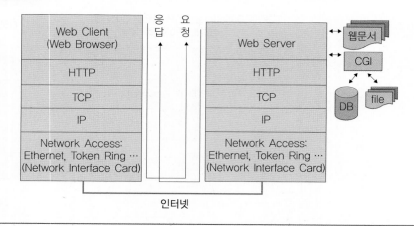

(2) HTTP의 처리방식

1992년 스위스 CERN(Conseil Europeen pour la Recherche Nucleaire: 유럽 입자물리학연구소)의 하이퍼미디어(hypermedia) 프로젝트의 결과인 WWW (World-Wide Web)은 인터넷기반 정보시스템의 기본 플랫폼으로 활용되고 있다. 웹(web)은 웹브라우저와 웹서버간 클라이언트/서버 형태로 웹서버가 관리하는 웹사이트(web site)의 정보(웹페이지)를 웹브라우저로 제공하는 통신서비스이다. 웹브라우저와 웹서버간 HTTP 프로토콜에 의한 정보의 요청(request)과 답신(response)을 위한 처리과정은 [그림 5-3]과 같다. 기본적으로 HTTP를 사용하는 웹브라우저(클라이언트)와 웹 서버는 필요시마다 [그림 5-3]의 처리과정을 반복한다고 할 수 있다.

웹은 정보를 요청하고 응답하는 HTTP 프로토콜은 여러 필요한 기능요소와 연계된다. 기본적인 기능요소들은 인터넷 주소체계인 URL(Uniform Resource Locator) 및 요청(request)과 응답(response)을 위한 전송 문서(message)의 해석, 실제 응답(response)의 내용을 구성하는 전자문서, 실제로 웹상의 클라이언트와 서버의 역할을 하는 소프트웨어들이다.

URL은 인터넷에 접근가능한 모든 자원의 주소를 고유하고 일관되게 식별하기 위해 부여된 주소체계를 뜻한다. URL은 문서, 이미지, 음성, 프로그램 등의 주소를 모두 표현할 수 있으며, 아래의 예를 보자.

• "http://www.w3.org:80/2001/Annotea/User/Writeclient.html"

그림 5-3 HTTP의 처리과정

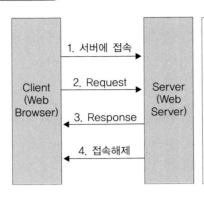

[처리과정의 설명]

1. 서버에 접속
   - URL에 명시된 서버(IP address: Port number)
   - default 포트 번호: 80
2. Request
   - Request Header 구성
   - 보낼 데이터 준비
3. Response
   - Response Header와 Message Body로 구성
   * Header: 성공/실패여부, Data Type으로 구성
4. 접속해제
   - Response전송 이후 서버에서 접속해제

여기서 'http'는 사용하는 프로토콜이 HTTP임을 의미하며, 보통의 웹브라우저는 HTTP 이외에 ftp, telnet, mailto 등도 지원하고 있다. 'www.w3.org'는 웹서버 컴퓨터의 이름을 뜻하며 네임서버(name server)에 의하여 IP주소로 전환된다. ':80'은 웹서버가 설치된 컴퓨터에서 제공하는 HTTP 서비스의 포트(port) 번호를 뜻하며, HTTP 프로토콜의 디폴트(default) 포트번호는 80이지만 임의의 포트번호를 사용할 수도 있다. '/2001/Annotea/User/Writeclient.html'은 웹서버 컴퓨터에 존재하는 요청 정보자원의 위치경로와 파일명(file name)을 나타낸다.

웹브라우저와 웹서버가 [그림 5-3]의 요청(request)과 응답(response)을 하기 위하여 서로에게 전송하는 전자문서는 헤더(header)와 보디(body)로 구성되며, MIME(Multi-purpose Internet Mail Extensions) 표준에 의하여 작성된다. 헤더(header)에는 컴퓨터가 인식해야 하는 여러 가지 정보가 포함된다. 요청문서의 보디(body)에는 사용자가 입력한 데이터가 포함될 수 있으며, 응답문서의 경우에는 웹브라우저에서 요청한 웹페이지의 내용이 포함되어 전달된다.

웹페이지는 문자, 그림, 소리, 영상을 포함하는 멀티미디어 문서의 성격을 가진다. 기본적인 웹페이지 문서의 구성은 HTML(Hyper Text Markup Language)로써 이루어진다. HTML은 웹 문서의 내용을 기술하는 태그(tag) 언어이며, 인터넷 상의 다른 웹페이지나 그림, 동영상, 음성 등의 멀티미디어 자료에 접근할 수 있는 하이퍼링크(hyper link)를 포함할 수 있다. HTML로 작성되는 웹페이지는 ASCII 파일로 구성되어 웹서버 컴퓨터가 저장하며, 클라이언트(웹브라우저)의 요청에 의하여 웹브라우저에게 전송된 후 화면상에 출력(display)된다.

1.2 웹브라우저와 웹서버의 기능확장

HTTP에 의한 정보전달은 기본적으로 요청받은 웹페이지(web page, 즉 html file)를 전달(응답)하는 형식으로 이루어진다. 그런데 웹(web)에서는 모든 정보처리가 요청과 응답으로만 이루어진다면, 다음과 같은 문제가 발생한다.

- 웹서버는 모든 필요한 정보를 웹페이지로 준비하여 응답하여야 한다.
- 웹브라우저에 응답하기 위해 데이터나 정보의 가공이 필요한 경우 웹서버가 직접 처리하여 응답하기 어렵다.

위 문제에 대해, 요청과 응답으로 이루어지는 웹브라우저와 웹서버의 기능확장을 통해 해결할 수 있다. 각각에 대하여 정리하면 다음과 같다.

(1) 웹브라우저의 기능확장

웹브라우저가 웹서버에게 모든 처리내용을 요구하지 않고, 웹브라우저의 기능을 확장하여 가능한 정보처리를 직접 실행할 수 있다. 그러면, [그림 5-3]의 요청과 응답을 상당부분 생략할 수 있고, 웹서버의 입장에서 일일이 응답을 준비하지 않아도 되며 요청건수가 줄어들어 부담도 줄게 된다. 웹브라우저의 기능확장은 다음의 두 종류로 나눌 수 있다.

- 실행 프로그램을 통한 기능확장: 자바애플릿(Java Applet), 플러그인(Plug-In) 프로그램, ActiveX 등
- 스크립트(script)를 통한 기능확장: VBScript, JavaScript 등

실행 프로그램을 통한 기능확장에는 컴파일되어 실행이 가능한 프로그램이 웹브라우저 측의 컴퓨터에 설치되어 있거나 웹서버가 지정한 URL을 통하여 프로그램을 미리 다운로드 받아 설치를 하여야 한다. 자바애플릿의 경우에는, 자바가상머신(Java Virtual Machine)이라는 Java byte code에 대한 해석기 기능을 웹브라우저가 갖추어야 한다. 경우에 따라, 실행프로그램은 웹브라우저가 설치된 사용자 컴퓨터의 보안에 문제가 되기도 한다.

그리고 흔히 활용되는 JavaScript는 거의 모든 웹브라우저에서 사용가능한 스크립트(script)형 프로그래밍 언어로써 간편하게 사용할 수 있다. 스크립트(script)형 프로그래밍 언어는 컴파일(compile)이 필요없이 웹브라우저가 가진 해석기(interpreter) 기능에 의해 번역되어 수행되는 프로그램을 의미한다. 필요한 스크립트

는 HTML 웹페이지 내에 일반 문자열로 포함되어 있으며, 코드(code)가 웹브라우저를 통해 사용자에게 노출된다. 실행은 웹브라우저에 의해서 이루어지지만, 스크립트 프로그램 소스의 저장 및 전송은 주로 웹서버 측에서 이루어진다.

(2) 웹서버의 기능확장

웹브라우저의 요청에 대하여, 웹서버는 다른 프로그램 또는 컴퓨터를 통해 실행한 결과로써 응답할 수 있다. 이때 다른 프로그램이 실행한 결과는 웹브라우저가 인식할 수 있는 웹페이지의 구성형식, 즉 html과 같은 문서형식으로 구성된다. 이같이 웹페이지 형식을 갖춘 처리결과를 웹서버가 웹브라우저 측에 HTTP방식으로 전달하게 된다. 이러한 방식은 웹을 통해 기업이나 조직의 복잡한 정보의 처리·제공 수단이 될 수 있다. 웹서버의 기능확장에는 다음과 같은 방식들이 있다.

- CGI(Common Gateway Interface) 방식: C, C++, Visual Basic 등
- 자바서블릿(Java Servlet) 방식
- 스크립트(script)를 통한 기능확장: ASP, JSP 등
- 웹서버 API(Application Program Interface)방식: ISAPI, NSAPI 등

CGI방식은 C와 같은 기존의 3세대 언어로써 작성한 프로그램이 HTML 형식의 전자문서를 생성하는 방식으로 웹을 지원하는 방식이다. 자바서블릿(Java Servlet) 방식은 Java라는 프로그래밍언어에 기반을 둔 것으로, 자바가상머신(Java Virtual Machine)의 역할을 수행하는 서블릿 엔진(Tomcat, Jrun 등)이 웹서버 측에 추가로 필요하다. 자바애플릿(Java Applet)이 웹브라우저 측에서 실행되는 것이라면, 자바서블릿(Java Servlet)은 웹서버 측에서 실행되는 Java 프로그램이다. 다음으로 서버측 스크립트(server-side script)를 활용하는 방법으로는 ASP(Active Server Page)와 JSP(Java Server Page)가 있다. ASP는 Microsoft사의 IIS 웹서버와 연동하는 스크립트형 언어이며, JSP는 자바서블릿의 상위에 존재하면서 손쉽게 웹서버의 기능구성을 위해 고안된 언어이다. 웹서버 API방식은 특정 웹서버와 연동할 수 있는 프로그램 라이브러리(library)를 통하여 필요한 기능을 개발하는 방식이다. IIS (Internet Information Server) 웹서버 또는 Netscape 웹서버의 경우, 각 웹서버의 개발사(Microsoft사 또는 및 Netscape사)에서 필요한 기능을 개발할 수 있는 라이브러리를 제공하고 있다.

1.3 XML

XML(eXtensible Markup Language)은 인터넷 및 응용 소프트웨어에서 자료 처리를 가능하게 할 목적으로 개발된 것으로 문서를 이루는 구성요소의 '의미'를 태그(tag)로써 표현하는 마크업(markup) 언어이다. XML은 첫 번째 특징은 문서를 '정의하는 규칙(문법)'과 '내용'을 분리할 수 있다. XML은 주어진 태그만을 사용하는 HTML과는 달리 태그를 정의하여 사용할 수 있는데, 정의할 태그는 DTD(Document Type Definition) 또는 XML 스키마(XML Schema)를 통하여 이루어진다. 그리고 DTD 또는 XML 스키마에 의해 정의된 문법에 따라 구성되는 실제 XML 문서에 대해, XSL(eXtensible Style Language)이라는 형식의 파일을 통하여 XML문서를 HTML형식으로 변환 및 웹브라우저에서 다양한 시각적 표현이 가능하다.

HTML과 같이 웹브라우저상의 색깔, 글자크기 등과 같은 표현방식과 다르게, XML은 주문량, 주문번호 등과 같이 문서의 의미요소를 위한 태그를 사용함으로써 컴퓨터에 의한 전자문서 처리에 유용하다. 따라서 XML문서는 문서내용에 포함된 자료를 체계적으로 관리할 수 있으며, 인터넷 EDI와 같이 컴퓨터시스템을 통한 분석 및 활용에 용이하다.

제 2 절 정보보안

2.1 정보보안의 의미와 구성

정보환경에서 정보자원(하드웨어, 소프트웨어, 데이터 등)을 위·변조, 유출, 훼손 등과 같은 정보보안 사고로부터 보호하는 것을 정보보안(information security 또는 정보보호)이라고 광범위하게 정의할 수 있다. 정보보안은 대개 다음과 같은 정보보안 구성요소로써 이루어진다.

- 물리적 보안(physical security): 컴퓨터실이나 중요한 정보를 보관하는 공간에 대하여 물리적인 접근이나 출입을 통제하는 방식이다.
- 관리적 보안(administrative security): 정보보호의 지침이나 기준 등을 규정한 보안정책(security policy) 수립, 정보관리자 또는 사용자의 업무처리 중에 필

요한 보안절차(security procedure) 관리, 정보보안에 밀접한 관리자 또는 사용자의 선정에서부터 정보보안 교육에 이르는 보안인원(security personnel)의 관리, 정보보안 사고시 피해를 최소화하는 복구절차(recovery procedure) 수립 등으로 구성된다.

- **컴퓨터 보안(computer security)**: 서버시스템, 응용시스템, 데이터베이스, 운영시스템 등으로 구성되는 컴퓨터시스템이 보안위협으로부터 정보보안을 유지·강화하는 것이다.
- **네트워크 보안(network security)**: 근거리통신망(LAN), 광역통신망(WAN), 인터넷(Internet) 등과 같은 네트워크를 통한 컴퓨터통신 상에 발생하는 보안위협을 막자는 것이다.

위 4가지 보안의 구성요소는 상호보완적으로 고려되어야 한다. 예를 들어, 특정 컴퓨터시스템과 관련 데이터베이스에 대한 정보보안을 위해 보안시스템을 구성하더라도 외부의 불법접근이나 관리자의 부주의 또는 불법사용 등에 대한 방안이 없다면 효과적인 정보보안을 이룰 수 없다. 그리고 컴퓨터 보안과 네트워크 보안은 '기술적 보안'이라는 보안의 범주로 고려하기도 하는데, 본서에서는 주로 컴퓨터 보안과 네트워크 보안으로 이루어지는 기술적 보안에 관해 살펴보기로 한다. 정보보안 기술의 분류와 응용 분야를 몇 가지로 정리해 보면 다음과 같다.

(1) 암호화(cryptography)

암호화의 기술적인 방법은 비대칭형 및 대칭형 암호화 방식, 그리고 해쉬 알고리즘을 기본으로 하여 암호화 및 복호화, 전자문서(메시지)의 전달방식 또는 보관방식 등으로 구성된다. 전자문서 교환을 위한 정보암호화 방식은 전자서명 또는 전자봉투의 방법을 주로 활용한다. 암호화 또는 복호화의 효율을 위해 일회성 비밀키(one-time secret key)의 교환에만 비대칭형 방법을 사용하고(즉 전자봉투를 사용하고), 전달정보는 일화성 비밀키로만 암호화하는 경우가 많다.

응용분야로는 전자지불, 인터넷상의 응용시스템에서 전송문서 보안(S/MIME), 네트워크 상에서 사용자나 코드(code)의 인증, 데이터의 보호, 가상사설망 등을 들 수 있다. 특히 가상사설망(virtual private network)은 두 개 이상의 네트워크 간에 정보교환을 인터넷을 통해 처리하는 방법인데, 교환되는 모든 정보를 암호화 처리하여 인터넷을 통해 정보가 교환되더라도 전송정보가 외부로 유출되거나 훼손되지 않도록 하는 방법이다.

(2) 방화벽(firewall)

여러 개인이나 조직이 접속하는 인터넷 환경에서는 인터넷을 통해 근거리통신망(LAN)으로 구성되는 특정 조직의 내부망에 원격침투하는 것이 가능하다. 즉 인터넷을 통해, 인터넷에 접속된 기업 내부의 LAN에 설치된 서버 컴퓨터에 불법으로 로그인(login)하여 저장된 데이터를 엿보거나 파괴할 수 있다는 것이다. 한편, LAN이나 WAN 등으로 구성된 기업의 내부망을 필요에 따라 여러 개의 하부망(sub-net)으로 구성하고 하부망 간의 정보교환을 단절할 필요도 있을 것이다.

이같이 외부로부터의 내부망에 대한 접속차단이나 하부망 간의 정보접속 분리를 위해 사용되는 기술이 방화벽(firewall)이다. 방화벽의 기본원리는 정보의 전송단위인 패킷(packet)의 헤더(header) 정보에 포함된 송·수신 컴퓨터의 주소(address)와 응용시스템을 구별하는 포트번호(port number)로써 패킷의 출입을 통제하는 것이다. 또는 특별한 패스워드 등을 통한 사용자의 인증을 통해 네트워크의 접근을 통제할 수도 있다. 방화벽은 주로 내부망과 인터넷이 연결되는 위치(gateway)에 설치되며, 구성하는 방법과 기능에 따라 패킷 필터링(packet filtering), 스크린 호스트(screened host), 듀얼 홈 게이트웨이(dual homed gateway), 스크린 서브넷(screened subnet) 방식 등이 있다.

(3) 백신(Vaccine) 프로그램

흔히 컴퓨터 바이러스라고 일컬어지는 악성코드(malicious code)는 활동가능시기, 감염능력에 따라 바이러스, 트로이목마 및 웜으로 분류한다. 바이러스(virus)는 숙주가 되는 컴퓨터 파일이 실행되는 경우에만 다른 파일을 감염시켜 증식하거나 보안 침해행위(정보의 삭제, 훼손, 백도어 등)가 실행된다. 트로이목마(Trojan horse)도 바이러스처럼 숙주가 되는 컴퓨터 파일이 실행되는 경우에 보안 침해행위를 할 수 있으나, 다른 파일을 감염시키지는 않는 경우이다. 그리고 가장 나중에 나타난 웜(worm)의 경우에는 숙주 파일의 실행 여부와 관계없이, 독립적으로 실행이 가능할 뿐만 아니라 자기증식이 가능한 경우이다.

이러한 악성코드를 막기 위한 백신(Vaccine) 프로그램은 컴퓨터상에 저장된 정보 또는 네트워크를 통해 전달되는 정보에 대하여 악성코드의 정보 패턴(pattern)을 확인하고 제거하는 기능, 즉 코드 스캐닝(code scanning)을 수행한다. 그러나 백신 프로그램은 이미 알려진 악성코드의 패턴에 대해서만 확인 및 제거가 가능하며, 신종의 악성코드에 대해서는 효과가 가지기 어려운 한계가 있다.

2.2 암호화와 응용

(1) 암호화의 목적

정보보안을 위해 정보 또는 데이터를 암호화하는 기본적인 목적은 다음의 4가지로 요약된다.

① **기밀성(confidentiality)**: 비밀성(secrecy)이라고 불리기도 하며, 허가된 사용자 이외에는 암호문을 해독하여 원문을 확인할 수 없도록 한다는 것이다.

② **인증(authentication)**: 인증의 의미는 암호문(ciphertext)을 통해 원문의 작성자 또는 작성원(source)을 파악할 수 있어야 한다는 것이다. 이를 인증(authentication) 또는 메시지 인증(message authentication)이라고 한다. 예를 들어, A라는 사람이 전송한 정보가 실제 A라는 사람이 작성하여 전송하였는지를 확인하는 문제이다. 전송받은 정보의 작성자가 IP(Internet Protocol) 주소나 사용자ID를 도용하여 위조한 불법정보가 아니고, 적법한 사용자가 작성한 정보임을 증명할 수 있어야 한다.

③ **완전성(integrity)**: 무결성으로 불리기도 하며, 보관정보 또는 전송정보가 작성시점 이후 수신자에게 전달되는 과정에서 훼손되거나 불법으로 변경되는 것을 방지하는 것을 의미한다. 암호화 방법을 통하여 원래의 정보내용이 훼손·변경되는 것을 방지하거나, 훼손·변경이 발생한 경우 이를 확인할 수 있어야 한다.

④ **부인방지(non-repudiation)**: 정보의 전송자 또는 수신자가 전송과정 또는 수신과정을 거쳤는데도 불구하고 전송이나 수신을 부인하는 것을 방지하는 것이다.

(2) 대칭형 또는 비대칭형 암호화

대칭형 암호화(symmetric cryptography)는 대칭키 암호화(symmetric key cryptography) 또는 비밀키 암호화(secret key cryptography)로 불리기도 한다. 용어가 의미하는 바와 같이, 대칭형 암호화는 암호화 키(encryption key)와 복호화 키(decryption key)가 동일한 방식을 말한다. 정보보안을 위하여 암호화 키와 복호화 키는 제 3자에게 공개하지 않아야 하며, 동일한 값의 암호화 키 및 복호화 키를 비밀키(secret key)라고 한다. 원문에 대한 암호화와 복호화 처리과정은 [그림 5-4]와 같이 나타낼 수 있다.

그림 5-4 | 비밀키(key)를 통한 대칭형 암호방식

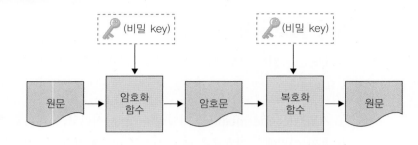

| 표 5-1 | 대칭형 암호 알고리즘 종류 |

대칭키 알고리즘	블록 크기(bits)	비밀키 크기(bits)
DES	64	56
3DES(Triple DES)	64	56, 168
IDEA	64	128
Rijndael	128	128, 192, 256
Seed	128	128

대칭형 암호화를 구현하는 암호화 알고리즘에는 〈표 5-1〉과 같이 여러 방식이 있다. 여기서 블록 크기(block size)는 암호화하는 정보의 단위를 말하며, 블록 단위로 비밀키를 통하여 암호화 또는 복호화한다. 대칭형 암호화 알고리즘으로 DES(Data Encryption Standard)가 널리 사용되었으나, 안전성이 강화된 AES(Advanced Encryption Standard)로 불리는 Rijndael 알고리즘으로 대체되고 있다.

한편, 비대칭형 암호화(asymmetric cryptography)는 공동키 암호화(public key cryptography)로 불리기도 한다. 비대칭형 암호화는 암호화 키(encryption key)와 복호화 키(decryption key)가 동일하지 않지만, [그림 5-5]와 같이 반드시 서로 키짝(key pair)을 이룬다. 짝을 이루는 두 키(key)를, 하나는 공동키(public key) 그리고 다른 하나는 개인키(private key)라고 부른다. 개인키는 반드시 키짝(key pair)의 주인(owner)만이 보관해야 하며 누구에게도 유출하지 않아야 하고, 공동키는 키짝 주인 이외에 누구나 보관할 수도 있고 활용할 수 있다.

[그림 5-5]와 같이, 두 개의 키(key) 중에서 어느 하나의 키로써 암호화하면, 반드시 나머지 다른 하나의 키만이 암호문을 복호화할 수 있다. 즉, 공동키로 암호화하면 개인키로만 복호화할 수 있고, 개인키로 암호화하면 공동키로만 복호화할 수 있다. 키짝의 주인은 키짝(2개의 키)을 보관하다가, 정보를 교환할 상대방에

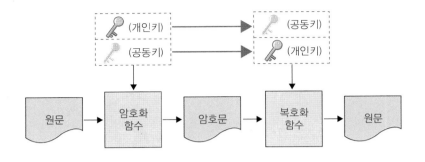

그림 5-5 비대칭형 암호방식의 암호화와 복호화

게 공동키를 제공한다. 자신의 공동키를 가진 누구와도 암호문으로써 정보를 교환할 수 있다. 비대칭형 암호화 알고리즘은 〈표 5-2〉와 같이 여러 알고리즘이 개발되고 있으며, 현재까지 RSA 알고리즘이 대표적인 비대칭형 암호 알고리즘으로 활용되고 있다.

대칭형 방식과 비대칭형 방식은 암호화를 통한 정보보안에 가장 기본적으로 사용되는 방법이다. 이 두 가지 방법은 '키(key)의 운영규칙'에 따라 앞에서 언급한 암호화의 목적을 이루는데 차이를 보인다. 대칭형 방식에서는 정보를 교환하는 모든 상대자에 대해 각각의 서로 다른 비밀키를 모두 보관하여야 하는 반면, 비대칭 방식에서는 정보를 교환하려는 각 참여자가 자신의 키짝(공동키와 개인키)만을 보관하면 된다는 것이다. 암호화 목적에 대해 두 암호화 방식의 충족에 관한 사항은 다음과 같으며, 대칭형 방식으로는 부인방지를 이룰 수가 없으므로 인터넷상에서는 비대칭형 방식을 근간으로 암호화를 처리하는 것이 일반적이다.

표 5-2 비대칭형 암호 알고리즘

알고리즘	개발연도	활용이론
RSA	1978	소인수 분해 문제
Knapsack	1978	부분합 문제(배낭문제)
McEliece	1978	대수적 부호(coding) 이론
ELGamal	1985	이산대수 문제
ECC	1982	타원곡선 이산대수 문제
NTRU	1996	다항식의 혼합(격자이론)
Lattice	1997	근접벡터 탐색문제

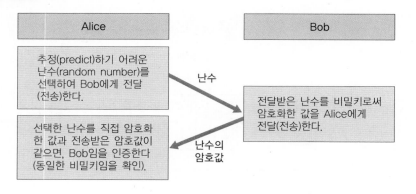

그림 5-6 challenge and response 프로토콜

Alice

Bob

추정(predict)하기 어려운 난수(random number)를 선택하여 Bob에게 전달(전송)한다.

난수

전달받은 난수를 비밀키로써 암호화한 값을 Alice에게 전달(전송)한다.

선택한 난수를 직접 암호화한 값과 전송받은 암호값이 같으면, Bob임을 인증한다(동일한 비밀키임을 확인).

난수의 암호값

① **기밀성**: 대칭형 방식에서는 정보교환의 당사자만이 비밀키를 가진다. 따라서 제3자는 암호문을 복호화할 수 없으므로 기밀성을 유지할 수 있다. 반면 비대칭형 방식에서는 수신자의 공동키로 암호화하면 수신자만이 보관하는 개인키로 복호화할 수 있으므로 기밀성의 구현이 가능하다.

② **인증**: 대칭형 방식에서는 정보교환의 상대방이 동일한 비밀키를 가지고 있다는 것을 확인함으로써 상대편을 인증하게 되는데, 상대편 비밀키가 자신의 것과 동일하다는 것은 [그림 5-6]의 'challenge and response 프로토콜'로써 가능하다. 비대칭형 방식에서는 개인키를 키짝의 주인만이 보관한다는 키운영 규칙을 활용하면, 정보의 수신자는 작성자의 개인키로 암호화된 암호문으로써 정보의 전달자가 원문의 작성자임을 인증할 수 있다. 원문의 작성자 신분을 확인하는 인증은 일반적으로 '전자서명'을 통해 이루어진다.

③ **완전성**: 대칭형 및 비대칭형 방식 모두에서 해쉬함수(hash function)가 생성하는 메시지 다이제스트(message digest)를 활용하여 완전성을 보장한다. 해쉬함수([표 5-3] 참고)는 원문의 내용이나 크기(size)에 관계없이 일정한 크기(대개160 bits)의 랜덤(random)한 이진수(binary digit)로 구성된 정보(메시지 다이제스트)를 생성한다. 따라서 서로 다른 원문의 메시지 다이제스트가 같을 확률은 거의 없다. 대칭형 또는 비대칭형 암호방식을 통해 완전성(integrity)이 보장되는 과정을 살펴보면 다음과 같다.

(1) Alice는 원문과 원문의 메시지 다이제스트 D_{Alice}를 각각 대칭형 방식의 비밀키(또는 Bob의 공동키)로 암호화하고, 두 암호문을 Bob에게 전달한다.

(2) Bob은 Alice로부터 받은 원문의 암호문과 다이제스트의 암호문을 비밀키(또

표 5-3	해쉬 알고리즘의 종류와 메시지 다이제스트 크기
해쉬 알고리즘	메시지 다이제스트 크기
MD2, MD4, MD5	128 bits
SHA-1	160 bits
SHA-2	256, 384, 512 bits
RIPEMD	128, 160, 256, 320 bits

는 자신의 개인키)로 복호화한다.

(3) Bob은 복호화한 원문에 대해 Alice의 것과 동일한 해쉬 함수로 다이제스트 D_{Bob}를 구한다.

(4) '$D_{Alice}=D_{Bob}$'임이 확인되면, Bob은 Alice가 작성한 원문이 변경·훼손되지 않았음을 알 수 있다.

④ **부인방지**: 대칭형 방식으로 Alice가 작성한 어떤 원문의 암호문을 Bob이 전달받은 후, 복호화하였다. Bob이 전달받은 암호문에 대하여, Alice는 자신이 보낸 것이 아니라고 부인(repudiation)할 뿐만 아니라 Bob이 받은 암호문은 Bob이 직접 작성한 것이라고 주장한다. 이러한 상황에 대해서, 대칭형 암호방식에서는 반박할 근거가 없다. 따라서 대칭형 암호화로는 부인방지를 보장할 방법이 없다. 비대칭형 암호화 방식에서는 인증(authentication)과 마찬가지로 송신자가 작성한 전자서명을 활용함으로써 부인방지(non-repudiation)가 가능하다. 전달받은 원문과 전자서명을 일정기간 보관하고 작성자의 공동키를 확보할 수 있다면, 원문의 작성자가 부인하더라도 보관중인 작성자의 전자서명 및 원문을 통해 부인방지를 할 수 있다.

(3) 전자서명과 전자봉투

인터넷과 같은 통신망을 통하여 컴퓨터시스템에서 교환하는 정보(또는 전자문서)의 보안을 위해 일반적으로 사용하는 암호화 방식은 전자서명 및 전자봉투이다. 각각에 대하여 설명하면 다음과 같다.

작성자(송신자)의 개인키로 암호화한 암호문을 통틀어 전자서명(digital signature)이라고도 하지만, 흔히 원문의 해쉬함수 결과(메시지 다이제스트)를 작성자의 개인키로 암호화한 결과를 '전자서명'이라고 말한다. 전자서명을 통해 메시지의 인증, 완전성, 부인방지까지 확인할 수 있다. 전자서명의 생성 및 처리과정은 다음과 같다.

① 송신자의 문서(또는 해쉬처리로 구한 다이제스트)를 개인키로 암호화한 전자서명을 생성한다.

② 전사서명을 전자서명된 문서 및 전자인증서와 함께 전송한다. 전자인증서는 전자서명 작성키가 누구의 소유라는 것을 증명하는 것으로 인증기관의 전자서명, 비밀키 소유자 정보, 유효기간, 일련번호, 공개키 등을 포함한다.

③ 수신자는 인증서에서 송신자의 공개키를 꺼내 전자서명을 원문으로 변환한다.

④ 원문서(또는 원문서의 다이제스트)와 변환된 문서(또는 전자서명에서 구한 다이제스트)의 일치성 여부를 검증한다.

전자봉투는 대칭형 방식을 비대칭형 방식에 활용하는 경우인데, 수신자의 공동키로 암호화된 일회용 비밀키를 '전자봉투'라고 한다. 즉, 전자봉투는 암호화된 일회용 비밀키를 뜻하고, 전자봉투 속의 내용은 일회용 비밀키로 암호화된 전자문서의 내용이라고 할 수 있다. 일반적인 우편봉투에서 적법한 수취인만이 봉투의 내용을 볼 수 있듯이, 암호화된 원문의 내용을 복호화할 수 있는 일회용 비밀키는 수신자만이 자신의 개인키로써 복호화할 수 있다.

(4) 공인 인증기관 및 전자인증서

비대칭형 암호화 방식의 정보보안을 위해서는 인증기관(certificate authority)이라는 별도의 기능이 필요하다. 인증기관의 임무는 전자인증서(digital certificate)를 적법한 사용자에게 발급하는 것이다. 전자인증서가 포함하는 주요 내용은 사용자의 공개키와 공개키에 대한 인증기관의 전자서명이다.

인증기관은 판매자, 구매자, 지불자, 피지불자, 지불게이트웨이 등 다수의 전자상거래 참여자에 대하여 필요한 전자인증서를 발급하는 공공성을 띠는 임무를 수행하여야 한다. 따라서 대개 정부나 공공기관 등에서 인증기관 서비스를 제공하는 기관을 공적으로 인증하는데, 이러한 공적인 인증을 갖춘 인증기관을 공인 인증기관이라고 한다. 공인 인증기관의 역할과 처리내용은 다음과 같다.

① 전자인증서발급 신청자로부터 신상정보를 제출받아 본인의 신분을 확인하고(오프라인으로 이루어지는 경우가 많음.), 신청자의 시스템을 통해 생성되어 제출한 전자서명 검증키(공개키)가 신청자의 전자서명 생성키(개인키)와 합치하고 안전한지를 확인한다(challenge and response 프로토콜 등을 활용).

그림 5-7 인터넷 익스플로러에서 볼 수 있는 전자인증서

② 인터넷을 통해 인증서 신청자에게 전자인증서를 발급한다. 전자인증서에는 신청자의 공개키 및 이에 대한 인증기관의 전자서명이 포함된다.

③ 동일한 전자인증서를 인증기관의 저장소에 저장하고 관리한다.

④ 외부 요청의 경우 인증서를 공개하고, 효력변경(정지, 폐지)이 발생한 경우 이를 관련 사용자에게 통지하고 공표한다.

전자인증서는 비대칭형 암호화를 사용하는 사용자의 적법성을 인증(user authentication)할 수 있는 수단이 된다. 그리고 웹브라우저(web browser)에서는 웹브라우저-웹서버 간의 메시지 암호화를 처리하는 SSL방식을 위해 민간 인증서를 보관하는데, [그림 5-7]의 사례와 같다.

한편, 국내에서 온라인뱅킹 등의 이용을 위해 디지털로 발급·활용되는 "공인인증서(public certificate)"에 대해 불편함의 지적이 많다. 이에 대한 해결방안의 일환으로, 본인인증으로 활용되는 공인인증서 대용으로 "금융인증서"가 활용되고 있다. 그리고 기존의 "공인인증서"는 "공동인증서"로 부르고, 일반 민간서비스를 통해 디지털 인증서를 발급받을 수도 있게 한 것으로 알려진다. 여기서 "금융인증서"는 기존의 공인인증서와 기본 개념은 같으나, 인증서의 저장을 개인이 설정한 저장장치가 아니라 서비스 제공기관의 클라우드 저장소에서 처리하는 차이가 있다. 사용자 입장에서는 별도의 id 및 패스워드 등이 필요하거나, 기존의 공인인증서와 비교하여 사용절차상의 차이가 있을 수 있다.

2.3 방화벽을 활용한 네트워크 접근통제

방화벽(firewall)의 원래 의미는 화재발생시 불이 번지는 것을 막기 위하여 건물의 경계 지점이나 내부에 불연성 재료로 만들어 세운 벽을 의미한다. 컴퓨터통신 분야의 보안수단으로서 방화벽이 뜻하는 바는, 단위조직(기업 등)의 컴퓨터통신 네트워크(LAN) 전체 또는 일부에 대하여 모든 통신 내용의 출입을 통제하는 시스템이다. 조직내부의 근거리통신망이 외부의 인터넷(Internet)과 통신상의 연결은 라우터(router)라는 통신장비에 의해서 처리되는데, 비교적 간단한 수준의 방화벽 기능은 라우터에 포함되는 경우가 많다. 모든 출입 통신내용을 통과하도록 설치한 게이트웨이 컴퓨터에 방화벽을 설치하여 출입통제를 할 수도 있다.

TCP/IP 통신프로토콜에 기반을 둔 인터넷에서 방화벽의 통제는 기본적으로 전달되는 통신 패킷(packet)의 헤더(header) 내에 기록되어 있는 ①송신 컴퓨터(source)와 수신 컴퓨터(destination)의 IP(Internet Protocol) 주소(213.255.7.81 등으로 표현)와, ②웹브라우저 등의 응용시스템을 의미하는 포트(port) 번호를 통해 이루어진다. 즉, 허용하지 않은 IP주소 또는 포트번호에 대하여 통신을 허용하지 않음으로써 출입을 통제하는 것이다. 또는 접속행위의 패턴에 이상한 징후가 발견되는 경우에도 접속을 차단하여 내부의 정보자원을 보호하게 된다.

방화벽은 역할과 구성에 따라 패킷 필터링(packet filtering), 스크린 호스트(screened host), 듀얼 홈 게이트웨이(dual homed gateway), 스크린 서브넷(screened subnet) 방식 등 여러 방식이 있으나, 기본적인 방식인 패킷 필터링(packet filtering)과 게이트웨이(gateway) 방식에 대하여 정리해보면 다음과 같다.

(1) 패킷 필터링

패킷 필터링 방식은 인터넷 전송 메시지의 IP 패킷에 대해 헤더(header)에 명시된 출발지(source) 및 목적지(destination) 컴퓨터의 IP주소와 서비스 포트(port) 번호를 확인하고, 필요한 경우에 전송을 통제한다. 패킷 필터링을 적용한 방화벽은 인터넷의 최하위 통신 패킷에 대하여 직접 동작하기 때문에 다른 방식의 방화벽에 비해 접속차단과 통과를 처리하는데 속도가 빠르며 효율적이다. 따라서 패킷 필터링은 적용하기 쉽고 사용이 간편한 장점이 있다. 그러나 외부에서 IP 패킷의 헤더 부분(IP주소와 포트번호)을 임의로 수정하거나 타 컴퓨터를 우회하여 접속을 시도한다면, 차단(필터링)되지 못하고 내부망에 침투할 위험이 있다.

(2) 게이트웨이 방화벽

게이트웨이 방화벽은 프록시서버(proxy server) 방식을 활용하여, 내부 네트워크에 접속된 보호할 컴퓨터(웹서버(web server) 등)의 IP주소와 포트번호 등을 외부에 노출시키지 않도록 한다. 프록시서버는 보호해야 할 특정 컴퓨터를 대신하여 공개한 자신의 IP주소, 서버기능(예를 들면, 웹서버)을 통해 접속이 이루어지며([그림 5-8] 참고), 외부와 보호할 컴퓨터의 중간 위치에서 접속관리와 데이터 전달을 수행한다.

보호하고자 하는 컴퓨터가 웹서버인 경우 프록시서버의 역할은 다음과 같다. 외부의 사용자가 자신의 웹브라우저(클라이언트)를 통해 해당 웹서버에 접속을 요구하면, 접속요구사항은 프록시서버에게 전달된다. 프록시서버는 실제 웹서버에게 요구사항을 전달하여 재요구하고, 웹서버의 답변(response)을 자신이 받은 후 클라이언트에게 전송하는 동시에 프록시서버의 캐쉬(cache) 메모리에 저장한다. 만일 클라이언트가 요구하는 내용이 이미 프록시서버의 캐쉬에 저장되어 있었다면, 프록시서버와 웹서버의 접속은 생략된다. 이와 같이 프록시서버를 웹서버의 게이트웨이로 사용하며, 클라이언트는 웹서버의 직접 접속이 허용되지 않는다. 프록시서버를 사용하면 웹서버의 실제 IP주소는 외부에 공개되지 않기 때문에, 패킷 필터링과는 다른 형태로 웹서버를 보호하는 효과가 있다.

| 그림 5-8 | 프록시서버를 통한 웹서버 접근방식 |

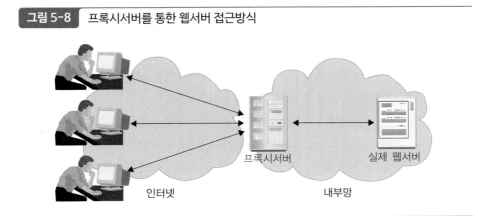

인터넷　　　　프록시서버　　　실제 웹서버

내부망

통신네트워크는 인터넷을 통하여 정보교환을 이루는 기반요소이다. 본 절에서는 인터넷의 구성과 접속에 필요한 통신네트워크의 기본사항에 관해 정리하기로 한다.

3.1 정보전송방식과 네트워크의 구성

(1) 정보전송방식

컴퓨터 네트워크를 통해 전달되는 정보는 모두 이진(bit: binary digit) 디지털신호로 이루어지며, 디지털신호의 전송방식에는 병렬전송(parallel transmission)과 직렬전송(serial transmission)이 있다. 병렬전송에서는 여러 가닥의 전송매체를 통해 가닥수 만큼의 이진신호(bit signal)를 동시에 전송하는 한편, 직렬전송에서는 여러 이진신호를 한 가닥의 매체를 통해 순서대로 전송한다. 병렬전송은 복수개의 전송매체를 사용하므로 직력전송에 비해 고비용이고 각각의 전송매체간 이진 신호의 전송속도 차이로 인한 전송오류발생 가능성으로 원거리 전송이 힘든 단점이 있으나, 짧은 거리의 전송에는 고속전송이 가능하다. 직렬전송은 병렬전송에 비해 원거리 전송은 가능하나, 병렬전송에 비해 전송속도가 느리다.

원거리 전송에 유리한 직렬전송은 다시 비동기전송(asynchronous transmission)과 동기전송(synchronous transmission)으로 나누어진다. 비동기전송은 송신기와 수신기간 합의된 전송단위의 이진신호(대개 1 byte)를 불규칙한 주기로 전송하는 방식이다. 전송단위의 앞뒤에는 보통 0과 1의 값을 가지는 시작비트(start bit)와 정지비트(stop bit)가 추가된다. 비동기전송은 컴퓨터의 키보드와 같이 전송단위 사이에 불규칙적인 휴지기가 있으며 저속통신의 상황에서 경제적인 전송방법이다. 동기전송방식은 다수의 바이트(byte)로 구성되는 전송신호를 프레임(frame)이라는 단위로 합쳐서 전송하는 방법이다. 각 바이트를 구분하는 별도의 신호는 포함되지 않으며, 개별 비트(bit)의 시작과 끝을 인식해야 하는 동기화 기능을 수신기가 갖추어야 한다. 동기전송방식은 다량의 데이터를 비교적 원거리에 전송할 수 있으므로 컴퓨터간 또는 네트워크간의 고속전송에 주로 활용되는 방식이다.

특정지역에 다수의 통신기기가 존재하고, 지역간 통신이 이루어지는 송신기–

그림 5-9　다중화 활용여부에 따른 네트워크 구성

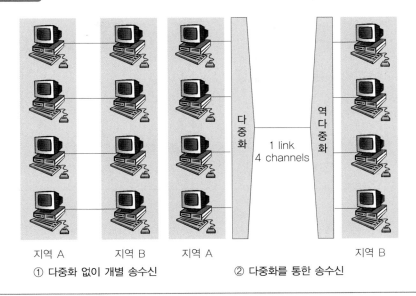

지역 A　　　지역 B　　　지역 A　　　　　　　　　지역 B
① 다중화 없이 개별 송수신　　　　　② 다중화를 통한 송수신

수신기 짝의 수만큼 통신회선을 운영하는 것은 비효율적이다. 이러한 경우 [그림 5-9]와 같이 지역단위별로 다중화(multiplexing)를 통하여, 특정지역간 통신량을 전송율이 높은 하나의 회선으로 한꺼번에 송·수신할 수 있다. 지역단위별로 다중화기(multiplexer)를 통한 송신과 다중복구기(demultiplexer)를 통한 수신을 통하여 다수의 통신기기간 다량의 정보를 한꺼번에 처리한다.

(2) 네트워크의 구성

인터넷을 비롯한 데이터통신망을 이루는 통신네트워크의 구성은 흔히 통신망의 구성형태(topology)에 따라 [그림 5-10]과 같이 3가지 방식으로 분류한다. 버스형 접속형태(bus topology)는 중추(backbone)를 이루는 네트워크에 컴퓨터들이 탭(tap)과 유도선(drop line)으로 연결된 구조이다. 성형 접속형태(star topology)는 허브(hub)를 사용하여 모든 컴퓨터를 방사형의 연결을 이루며, 가장 많이 사용되는 형태로서 관리가 쉬운 장점이 있다. 환형 접속형태(ring topology)는 컴퓨터간 링(ring) 형태로 중계기(repeater)에 의해 접속한 네트워크 구성형태이다.

통신 네트워크를 네트워크의 규모, 소유자, 물리적인 연결구조 등에 따라 근거리통신망(LAN: local area network), 도시통신망(MAN: metropolitan area network), 광역통신망(WAN: wide area network) 등으로 나눌 수 있다. LAN은 주

그림 5-10 네트워크의 구성형태

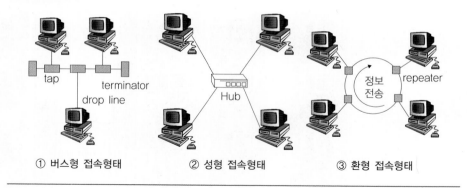

① 버스형 접속형태　　　　② 성형 접속형태　　　　③ 환형 접속형태

로 단위조직의 사무실이나 학교 등의 내부사용을 목적으로 구성되는 통신망이다. MAN은 케이블 TV(CATV)망과 같이 단위도시 전체를 대상으로 하는 통신망이며, WAN은 원격지의 LAN 간 연결 또는 원격지 컴퓨터의 LAN 접속 등과 같이 장거리 통신을 위한 네트워크이다.

단위조직 또는 단위서비스를 위한 지역의 네트워크들을 상호연결함으로써 다양한 정보교환이나 정보서비스를 가능하게 하고 상거래까지 이루어지게 된 인터넷은 [그림 5-11]과 같이 여러 네트워크를 상호연결하는 개념으로 구성된다. 개별 네트워크를 연결 또는 접속하는 인터넷 통신서비스는 인터넷서비스제공자(ISP: Internet service provider)의 역할을 제공하는 통신사업자가 수행한다.

그림 5-11 단위 네트워크와 인터넷의 구성

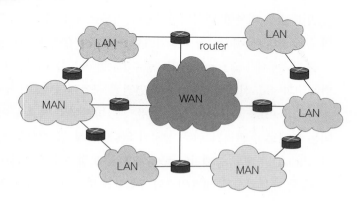

3.2 인터넷 접속

(1) 통신 네트워크상의 연결

이진방식의 디지털 전송신호를 통신매체에 접속하여 전송 또는 수신하는 인터넷통신의 기본기능은 [그림 5-1]의 하위에 존재하는 계층(OSI모델의 Data Link계층과 Physical계층)에서 이루어진다. 사용자의 입장에서 [그림 5-12]와 같이 우리가 흔히 볼 수 있는 인터넷에 연결된 LAN 케이블을 이더넷(Ethernet) LAN카드가 설치된 컴퓨터의 LAN포트에 끼우거나, 또는 일반 가정에서는 전화선과 LAN 케이블을 DSL모뎀을 통해 연결하여 인터넷에 접속하는 서비스가 제공되었다. 오랜 기간 일반 가정에서 기존의 전화선을 활용한 DSL서비스는 다음의 형태로 연결방식이 구성되었다.

- 컴퓨터내 LAN카드 ⇔ LAN케이블 ⇔ DSL모뎀 ⇔ 분배기(splitter)⇔ 통신사 (전화국)

위 분배기는 컴퓨터신호와 전화음성신호를 분리 또는 통합을 처리한다. 한 개의 통신케이블(전화선)로 전송되는 디지털 컴퓨터신호와 음성신호의 사용주파수가 다르게 처리하여 분배기가 이를 분리하여 처리하게 된다. 근래에는 전화선 대신 광케이블을 활용하는 FTTH(fiber to the home) 또는 FTTC(fiber to the curb) 등이 도입되어, 웹(web)의 활용을 포함하여 IPTV, 인터넷전화 등과 같이 인터넷을 통해 여러 디지털 서비스의 복합적 제공이 가능하다.

그림 5-12 네트워크 접속장치 사례

① LAN카드 사례　　　　　　② DSL MODEM 사례

---

(2) 이동통신망의 인터넷 연결

스마트폰이 아닌 일반 휴대폰으로 유선인터넷에 접속하기 위해서는 단말기 성능과 이동통신망의 통신속도 등을 고려하여 이동통신사가 접속을 관리하는 무선 포털과 같은 별도의 게이트웨이와 처리방식을 통해 이루어졌다. 이때에는 유선 인터넷 수준과 비교하여 극히 제한된 이동인터넷 서비스가 제공되었다고 볼 수 있다.

풀브라우징(full browsing)이 가능한 휴대폰과 스마트폰의 등장, 그리고 이동통신망의 전송속도 개선으로 인해 게이트웨이와 같은 중간과정 없이 유선인터넷 수준의 서비스가 그대로 제공되고 있다. 이동통신사가 인터넷서비스를 제공하는 입장에서는, 이동단말기가 인터넷 IP주소를 독립적으로 가지고서 유선인터넷의 서비스를 원활히 활용할 수 있도록 유선 인터넷과 무선 셀룰러통신망이 통합되도록 연결하는 것이다.

공인 인터넷 IP주소의 고갈, 인터넷 접속지점이 한곳에 고정되지 않은 이동단말기의 위치 등의 이유로 인해, 일반적으로 이동통신사들이 이동인터넷을 위해 이동단말기에 제공하고 있는 IP주소는 유동(dynamic) 및 비공인(사설) IP주소이다. 사설 IP주소를 가지는 인터넷 단말기가 IP주소에 대한 적절한 처리 없이 공인 IP주소를 가지는 유선인터넷의 서버컴퓨터에 접근하여 서비스를 제공받는 것은 유·무선에 관계없이 불가능하다.

이러한 상황에 대해 보통 사설 IP주소와 공인 IP주소를 변환해주는 NAT(Network Address Translation) 방식을 통해서 유선 인터넷 환경을 그대로 이동인터넷에서 활용할 수 있게 한다([그림 5-13] 참조). 이동통신사들은 수백만 대의 이동단말기에 유동의 사설 IP주소를 부여하고, 유선 인터넷에 접근하는 이동단말기에 대해 준비하고 있는 공인 IP주소를 할당하여 처리한다.

그림 5-13 | 이동통신망의 유선인터넷과 통합된 구성

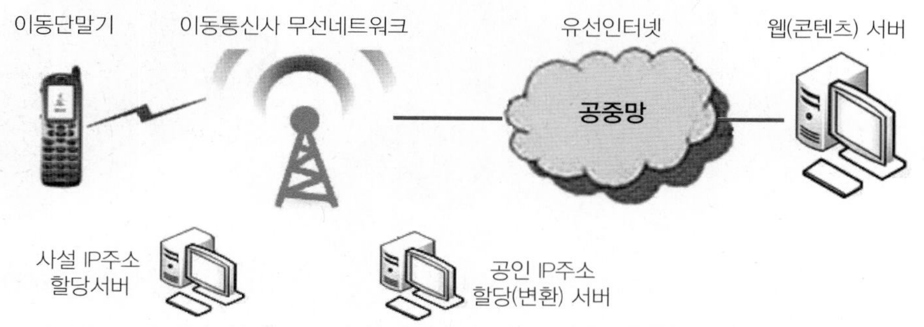

이동단말기   이동통신사 무선네트워크   유선인터넷   웹(콘텐츠) 서버

공중망

사설 IP주소
할당서버

공인 IP주소
할당(변환) 서버

(3) IP주소와 도메인이름

인터넷에 접속하여 정보를 교환하는 모든 컴퓨터장치들은 기본적으로 유일한 IP(Internet Protocol) 주소(address)를 가진다. 인터넷에 접속하기 위한 개별 컴퓨터는 IPv4의 경우 32개의 이진수로 구성되는 IP주소를 가지는데, 이진수 8개를 0~255사이 값을 가지는 십진수 4개(205.255.8.207 등)로 표현하여 사용한다. 숫자로 표현되는 IP주소값의 사용을 편하게 하기 위하여, IP주소를 가지는 컴퓨터가 도메인 네임을 등록하게 되면, 도메인 네임 서버(DNS: domain name server)가 등록한 호스트 이름과 IP주소를 연결시켜 주는 역할을 한다. 인터넷에 접속한 서버 컴퓨터(server computer)는 ISP에서 제공하는 DNS(domain name server) 또는 도메인(domain) 내에서 관리되는 DNS에 자신의 IP와 호스트 이름을 등록함으로써, 인터넷에 연결된 다른 컴퓨터가 호스트이름을 통하여 접속할 수 있게 한다. 참고로 인터넷 웹을 통해 접속가능한 웹서버 컴퓨터(호스트)의 이름은 다음과 같이 구성된다.

- 호스트 이름: (서버 이름: server name)+(도메인 이름: domain name)
  (예) www.gsnu.ac.kr 및 mis.gsnu.ac.kr은 각각의 인터넷상의 서버 컴퓨터로서, 도메인 이름은 'gsnu.ac.kr'이며 서버 이름은 각각 'www'와 'mis'이다.

[그림 5-14]는 개별 컴퓨터의 인터넷주소에 관한 사례로서 컴퓨터의 IP주소는

그림 5-14 인터넷 프로토콜 등록정보 사례

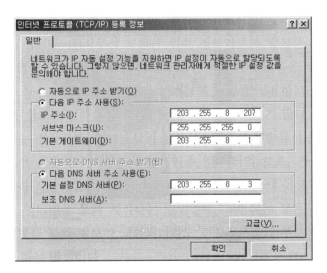

'203.255.8.207'이다. 사례의 서브넷마스크(subnet mask)를 통하여 단위 네트워크를 분할하여 접속할 수 있다([그림 5-14]의 사례에서는 분할되지 않음). 그리고 기본 게이트웨이는 외부 네트워크와 연결되는 통신장치(라우터 등)의 IP주소를 의미한다. DNS서버는 위에서 언급한 IP주소와 호스트이름을 연결하는 기능을 가지는 컴퓨터의 IP주소이다.

(4) IPv6의 출현과 특징

오늘날 전 세계적으로 연결되어 이용되는 인터넷은 1980년대 이후 사용되어 온 인터넷프로토콜인 IPv4(Internet Protocol version 4)에 의해 안정적으로 구현되고 확산되어 왔다. 그러나 32bits 체계인 인터넷주소의 고갈과 새로운 기능의 필요성이 지적됨에 따라 1995년경 인터넷프로토콜의 새로운 버전인 IPv6(Internet Protocol version 6)가 발표되었다. IPv6의 주요 특징은 다음과 같다.

• 큰 주소공간 및 호스트주소 자동할당

IPv4의 32bits 주소체계보다 훨씬 큰 128bits의 주소체계를 통해 2128개의 IP주소를 가질 수가 있으므로 무한에 가까운 주소공간을 가진다. 그리고 네트워크 ID와 호스트ID로 구분되는 IPv4의 2단계 주소체계와는 달리, IPv6에서는 서브넷 (subnet) 체계를 다단계의 계층적인 형태로 구성할 수 있다. 또한, 단일 네트워크에서 호스트주소가 자동으로 할당된다.

• 향상된 보안기능과 개선된 QoS

IP수준에서 IP 패킷단위로 암호화 처리가 가능한 IPsec(IP security)이 IPv6에서는 기본 요구사항에 포함된다. 따라서 별도 시스템의 설치없이 IPsec을 통한 전송정보의 보안처리가 가능하다. 그리고 IP 패킷의 헤더(header)에 대해 새로운 형식으로 해당 패킷에 대한 트래픽 제어 및 구분방법을 정의하고, 이에 통해 차별화된 서비스가 가능하다. 이러한 방식은 계층적인 인터넷 주소체계와 함께, 인터넷상의 IPv6 라우터가 IPv4 라우터에 비해 더 빠르게 트래픽을 전달하는 수단이 된다.

128bits로 구성되는 IPv6의 주소는 4bits씩 16진수로 나타내고, 16진수를 4개씩 콜론(:)으로 나누어 8개의 블록으로 표시한다. 예를 들어 '3ffe:8311:1:0:0:6eff:feb0:e5b9' 또는 '3ffe:8311:1::6eff:feb0:e5b9'와 같이 표시할 수 있으며, 연이은 '0'에 대해서는 한 번에 한하여 2개의 콜론(::)으로 표시할 수 있도록 하여 사례의

두 주소는 동일한 주소를 나타낸다. IPv4와 IPv6가 공존하는 경우 상호간에 변환(translation)하여 연동하는 것이 필요하다. 변환방식에는 헤더변환방식, 전송계층 릴레이 방식, 응용계층 게이트웨이 방식 등이 있다. 이중 헤더변환방식은 IPv4와 IPv6로 운영되는 네트워크의 중간지점에 상호 IP주소와 패킷헤더를 변환하는 라우터(NAT-PT: network address translation-protocol translation)가 있어야 한다.

제 4 절 데이터베이스의 응용과 빅데이터

4.1 데이터베이스와 관련 시스템

문서철 또는 문서 파일(file)은 여러 문서들을 미래에 사용하기 위해 보관한 것이다. 이러한 문서철처럼 데이터베이스(database)도 비슷한 개념을 가진다. 즉, 데이터베이스는 '컴퓨터로 처리되는 데이터(data)의 저장소(repository)'라고 정의할 수 있다. 데이터베이스는 데이터(자료)를 단순하게 모아놓은 것이라기보다는 조직 내에서 여러 사람이 공유하여 사용할 목적으로 구조적이고 논리적으로 생성되고 관리되는 데이터의 집합이라고 할 수 있다. 데이터베이스는 데이터 저장의 논리적 구조에 따라 계층형 데이터베이스(hierarchical database), 네트워크형 데이터베이스(network database), 관계형 데이터베이스(relational database), 객체지향 데이터베이스(object-oriented database) 등의 종류로 구분되며, 특수한 목적 이외에는 주로 관계형 데이터베이스를 활용한다.

데이터베이스관리시스템(DBMS: data base management system)은 데이터베이스 자체와 응용 프로그램(application program)의 중간에 존재하는 소프트웨어(software)로서 데이터관리자(data manager)라고 부르기도 한다. 즉, DBMS는 재무관리시스템, ERP 등과 같은 특정 응용 프로그램의 성격과 무관하게 응용 프로그램이 필요로 하는 데이터의 조작이나 관리(데이터 정의, 읽기, 쓰기, 갱신 등) 기능을 효율적으로 실행하기 위한 소프트웨어이다.

데이터베이스를 이용하는 전체 시스템을 흔히 데이터베이스시스템(database system)이라고 한다. 데이터베이스시스템은 데이터베이스, 하드웨어, 소프트웨어, 사용자의 4요소로 구성되며, 정보를 유지하고 그 정보가 필요에 따라 사용될 수 있도록 하는 것을 전반적인 목표로 하는 컴퓨터시스템이라고 할 수 있다. 여기

그림 5-15　데이터베이스시스템의 구성

사용자

| 응용 프로그램 |
| DBMS |
| 데이터베이스 |

서 하드웨어는 하드디스크, 컴퓨터 프로세서나 메인메모리 등을 의미하며, 소프트웨어는 DBMS와 응용 프로그램을 의미한다. 데이터베이스 시스템의 구성요소를 계층적으로 표현하면 [그림 5-15]와 같다.

4.2　데이터베이스시스템의 개발 및 응용

(1) 데이터베이스의 구성

데이터베이스 구성의 첫 단계는 데이터모델링(data modeling)으로, 데이터베이스화할 대상에 대해 데이터모델(data model)을 설계하는 것이다. 데이터모델은 데이터베이스를 구성하기 위한 개념적인 모형을 의미한다. 데이터모델링의 절차는 다음과 같이 3단계의 과정으로 수행된다.

- (1단계) 개체-관계 모델링(entity-relationship modeling): 데이터베이스를 구성할 대상범위에 대하여 정보단위인 개체(entity)를 결정하고 개체들 간의 관계(relationship)를 파악하여, 개체-관계 다이어그램(ERD: entity-relationship diagram)을 작성한다.
- (2단계) 데이터모델의 작성: 1단계의 결과인 ERD를 전환하여 사용할 DBMS의 데이터모델로 작성한다. 즉, ERD으로부터 사용될 DBMS에서 채택하고 있는 데이터베이스모델을 고려하여 데이터모델을 구체화하는 것이다. 많이 사용되는 데이터베이스 모델은 관계형 데이터베이스모델(relational database model)이다. 관계형 데이터베이스모델에 의한 데이터모델은 테이블로써 표

현이 된다. 그리고 테이블을 구성하는 속성들의 특성을 서술하는 자료사전 (data dictionary)을 작성한다.

- (3단계) 정규화 및 최적화: 2단계의 데이터 모델 작성시 발생하는 이상 현상을 제거하는 정규화(normalization)와 시스템의 성능을 고려한 조정을 거친다. 최종적으로 사용할 데이터베이스를 구성하는 스키마(schema, table)를 작성하며, 필요한 인덱스(index)도 구성한다.

데이터베이스모델이 완료되면 DBMS를 통하여 데이터베이스를 구성한다. 이때 데이터베이스 언어를 사용하는데, 일반적인 관계형 데이터베이스(relational database)의 구성을 위해서는 관계형 데이터베이스 언어인 SQL(structured query language)을 사용한다.

(2) 웹(web)상에서 데이터베이스시스템의 개발

데이터베이스시스템의 개발을 위한 응용프로그램에는 다양한 종류가 있다. 인터넷 웹과 연동하는 응용프로그램의 경우에는 웹서버측 기능을 확장하는 CGI(Common Gateway Interface), 자바서블릿(Java Servlet), ASP, JSP 등을 DBMS와 연동시켜야 한다. 이때에는 응용 프로그램과 DBMS간의 인터페이스 역할을 하는 ODBC 또는 JDBC 등을 활용하여야 한다. 응용 프로그램을 구성하는 프로그램 언어는 내장된(embedded) SQL기능을 가지고 있어야 한다.

(3) e-비즈니스에서의 응용

1) 데이터베이스의 활용과 데이터웨어하우스의 구성

수많은 고객의 나이, 주소, 직업 등의 프로필(profile) 데이터, 주문과 주문처리 과정에 관한 데이터, 판촉 이벤트(event)의 판매효과 데이터, 고객의 웹사이트 방문기록 데이터, 지역별/기간별/상품별 판매현황 데이터 등과 같이 여러 분야의 데이터베이스는 필요한 업무나 분석을 가능하게 한다. 데이터베이스의 활용은 기업 운영 또는 나아가 사업운영 전체를 시스템으로 처리하는 인터넷쇼핑몰과 같은 경우에 있어서는 데이터베이스를 통한 자료처리가 더욱 중요해진다.

e-비즈니스 운영에 필요한 모든 과정 및 결과는 웹서버(web server) 컴퓨터와 연결된 데이터베이스(database)에 저장할 수 있다. 고객정보, 상품정보, 주문정보 및 처리현황정보, 거래내역정보 등의 데이터가 데이터의 성격에 따라 여러 데이터베이스에 분산 또는 집중되어 저장된다. 과거로부터 현재까지 발생하는 수많은 데

이터에 대하여 필요한 부분만을 정제·추출하여 보다 전략적인 목적으로 사용하기 위해 정해진 기준에 따라 별도로 구축하여 축적된 대형 데이터베이스를 특별히 데이터웨어하우스(data warehouse)라고 한다. 데이터웨어하우스와 비교하여 비교적 특수한 범위와 목적을 가지고 구성되는 경우, 예를 들어 고객활동데이터마트, 고객데이터마트, 제품데이터마트 등과 같이 상대적으로 좁은 범위의 단기적 요구에 부합하는 목표를 가지는 경우를 데이터마트(data mart)로 구분하기도 한다. 기업내부의 운영 또는 기업외부 등과 같이 다양한 원천으로부터 획득되는 데이터는 데이터웨어하우스(또는 데이터마트)에 정의된 데이터 구조와 형태로 변환되어 입력된다. 데이터 변환 과정은 변환, 요약, 정제, 압축 과정으로 이루어진다.

2) 데이터웨어하우스와 데이터마이닝

데이터웨어하우스의 활용을 위해서는 축적된 데이터에 대한 데이터질의 및 리포팅, 애플리케이션 개발, 중역정보시스템, OLAP(on-line analytical processing), 데이터마이닝 등의 도구가 필요하다. 이와 같은 도구들을 통하여 최종 사용자가 데이터웨어하우스 또는 데이터마트의 축적된 데이터를 직접 검색하고 분석하여, 마케팅, 생산, 재무 등의 여러 분야에서 전략적인 정보를 신속하게 추출하고 필요한 대응을 할 수 있게 한다. 특히 인터넷쇼핑몰과 같은 B-to-C e-비즈니스에서 고객정보와 판매기록과 관련한 데이터웨어하우스와 데이터마이닝 기법은 소비자 마케팅의 주요 방법인 고객관계관리(CRM: customer relationship management)의 주요 도구가 되고 있다.

데이터웨어하우스의 활용을 위해 데이터웨어하우스에 저장된 다량의 데이터를 분석하여 의미있는 정보와 지식을 발견하는 전반적인 과정을 데이터마이닝 (data mining)이라고 한다. 데이터마이닝은 다량의 데이터가 내포하고 있는 일정한 패턴(pattern)이나 변수들 간의 관계를 분석모형을 통하여 찾아내는 과정이며, 거대한 데이터베이스에서 가치 있는 정보나 지식을 찾는 일련의 과정이나 시스템이 데이터마이닝의 처리과정에 필요하다. 데이터마이닝의 목적을 효과적으로 이루기 위해 통계, 근접이웃분석, 의사결정나무, 인공신경망 등의 다양한 기법들이 활용되는데, 일반적으로 [표 5-4]와 같은 작업들을 위한 것이다.

데이터마이닝은 인터넷 비즈니스, 마케팅, 금융, 제조 등 여러 분야에서 활용될 수 있다. 데이터마이닝의 주요 활용분야의 사례를 살펴보면 다음과 같다.

표 5-4	데이터마이닝의 활용
활용방안	**내 용**
분류 (classification)	데이터가 가지는 값 또는 값의 범위별로 데이터를 분할(사례: 고객의 거주도 시별 분류, 상품의 산업별 분류(농산품, 공산품, 수산품 등))
군집 (clustering)	유사한 특성을 가지는 데이터들이 정해진 수의 그룹으로 분할하며, 그룹으로 나누기 위한 범위의 값의 범위는 미리 주어지지 않음. (사례: 키, 나이, 성별 등 여러 요소의 값을 가지는 고객을 5개의 그룹으로 나눔)
연관관계 (association)	발생하는 사건들 간의 인과관계 (사례: 분류를 구매하는 고객은 30%의 확률로 기저귀를 동시에 구매)
시각화 (visualization)	수 많은 데이터들을 도표나 그래프 등으로 표현하여 전반적인 경향이나 특성을 인지할 수 있도록 지원
예측 (prediction)	시계열, 통계분석, 인공신경망 등을 통한 추정이나 예측
요약 (summarization)	분석대상의 데이터를 종합하여 판단할 수 있는 값을 제시

- 인터넷 쇼핑몰에서 고객의 분류 및 고객별 구매성향의 발견
- 충성도에 따라 고객을 군집화 하고, 그룹별 서비스차별화 전략 수립
- 고객주문의 처리단계별 현황 진단 및 이상상황 발견
- 이벤트 행사의 효과분석
- 신용카드의 부정사용 거래 데이터 분석 및 부정사용 행위의 패턴발견
- 제조기업의 공정별 불량원인 파악 등

4.3 빅데이터

(1) 빅데이터의 정의와 유래

가트너는 2012년 빅데이터(big data)에 대해 "빅데이터는 높은 용량(Volume), 높은 증가속도(Velocity), 높은 다양성(Variety)을 갖는 정보자산으로 통찰력, 의사결정, 프로세스 자동화를 제고시키기 위해서는 비용 효과적이면서도 혁신적인 정보처리가 요구되는 분야"로 정의하고 있다. 또는 3V에 진실성(Veracity)과 가치(Value)를 추가하여 5V로써 개념을 정의하기도 한다.

1980년대에 등장한 데이터베이스 기술이 성숙되고, POS(Point-of-Sale)와 SCADA(Supervisory Control and Data Acquisition) 시스템 등과 같이 데이터를 발생시점에서 자동획득할 뿐만 아니라 '대용량 거래처리시스템'의 구축이 활발히 이

루어져 축적되는 데이터의 양도 급격히 증가하게 되었다. 1990대 초반 데이터웨어하우스(data warehouse) 개념의 등장과 데이터마이닝에 대한 관심이 급격히 증가하여 축적된 데이터를 체계적으로 의사결정에 활용할 수 있는 기반이 구축되어 갔으며, 데이터마이닝에 대한 관심이 급격히 증가하였다.

2000년대 이후 인터넷 활성화를 통한 '정보의 홍수'를 맞아 데이터마이닝 대상의 크게 확장되었으나, 웹(WWW)상의 자료가 텍스트, 이미지, 동영상 등의 비구조적 자료(unstructured data)들이라는 문제가 동시에 증가하고 있다. 이는 데이터마이닝 입장에서도 새로운 도전 과제가 되고 있다. 또한 2007년 이후 모바일 스마트폰의 등장과 확대, 트위터와 페이스북 등의 사회망 서비스(SNS)의 등장으로 생성되는 데이터의 양에서 경험하지 못한 폭증을 보이고 있다. 이와 같은 배경하에 빅데이터라는 용어에 대해 자연스럽게 사회적 수용이 확대되었으며, 경우에 따라 데이터의 저장·조작·분석 등 관련 모든 작업들을 '빅데이터'라는 용어로 표현하기도 하고 심지어 대단치 않은 양의 데이터도 빅데이터라고 부르는 경향이 빈번하다.

(2) 빅데이터와 데이터과학

2000년대 이후 인터넷(WWW)·모바일 기술의 발전·확대, 기업 경영활동과 거래의 디지털화 등으로 인해 엄청난 규모로 데이터량이 폭증함에 따라, 2012년 정도를 기점으로 '빅데이터'란 용어가 보편화되기 시작되었다고 판단된다. 연이어 사물인터넷(IOT) 시대의 도래와 발전으로 분석대상 데이터의 폭발적 증가로 'Big-big' 데이터 시대의 추세를 맞고 있다고 할 수 있다.

데이터과학은 구조적 또는 비구조적인 "다양한 형태의 데이터"로부터 "지식과 통찰력"을 추출하기 위하여 과학적 방법, 절차, 알고리즘 및 시스템을 사용하는 복합학문으로 그 개념과 해결방식이 본질적으로 데이터마이닝과 유사하거나 거의 동일한 것으로 받아들여진다. 즉, 데이터마이닝과 데이터과학은 실제 현상을 데이터를 통해 이해 분석하기 위하여 통계학, 데이터 분석, 기계학습 및 관련 방법들을 통합하는 개념이라고 할 수 있다. 단지 기존의 데이터 마이닝이라는 명칭이 분석방식과 계산능력의 발전, 관련 소프트웨어의 보편화 등으로 '데이터 과학(Data Science)'으로 변경되어 정착화되어 가고 있다고 할 수 있다. 이는 산업적 요구에 초점을 맞추었던 데이터 마이닝으로부터 "빅데이터 시대"에 요구되는 보다 정교한 분석기술의 개발과 학문적 엄격함을 강조하기 위한 방향이라 할 수 있다.

5.1 블록체인의 의미

블록체인(block chain)이란 네트워크를 통해 관리되는 분산 데이터베이스의 한 형태로 볼 수 있으며, 거래내역 정보를 저장한 원장(ledger 또는 장부)을 중앙 서버컴퓨터 한 곳에 저장하지 않고 해당 블록체인 네트워크에 연결된 여러 컴퓨터에 분산하여 저장 및 관리하는 기술방식으로 정의된다. 블록체인을 응용한 방식에서는 중개 또는 중앙기관 없이 블록체인에 연결된 참여자끼리 직접 거래가 가능한 P2P(peer-to-peer) 방식을 지원할 수 있다.

블록체인 분야에서 제공하는 스마트계약(smart contract)의 방식으로 이루어진다. 비트코인(Bit Coin)과 같은 암호화폐를 사례로 하여, 스마트계약의 처리방식을 요약하면 다음과 같으며 [그림 5-16]으로 표현된다.

- A가 B에게 거래요청(송금 희망 등)을 하는 거래정보가 담긴 블록이 생성된다.
- 해당 블록을 블록체인의 모든 참여자에게 전송한다.
- 참여자들은 해당 블록의 거래정보에 대해 유효성을 상호 검증한다.

그림 5-16 블록체인을 통한 거래방식

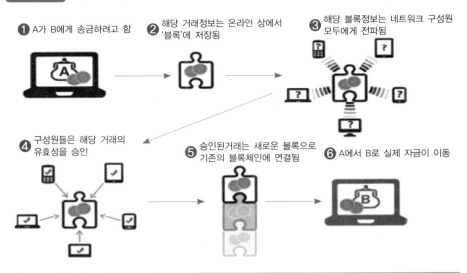

❶ A가 B에게 송금하려고 함

❷ 해당 거래정보는 온라인 상에서 '블록'에 저장됨

❸ 해당 블록정보는 네트워크 구성원 모두에게 전파됨

❹ 구성원들은 해당 거래의 유효성을 승인

❺ 승인된거래는 새로운 블록으로 기존의 블록체인에 연결됨

❻ A에서 B로 실제 자금이 이동

- 참여자 과반수의 데이터(해시값)와 일치하는 거래내역은 정상 원장으로 검증된다.
- 정상 원장으로 검증된 블록은 이전 블록에 연결되고, 사본이 만들어져 참여자의 컴퓨터에 분산·저장된다.
- A로부터 B에게 송금이 완료된다.

5.2 블록체인의 기술적 개념

(1) 해시함수의 활용

블록체인에서는 공개키(public key) 기반 암호화를 정보교환의 기본적인 보안수단으로 활용하는데, 일반적인 PKI 방식과는 다르게 해시함수를 중요하게 활용한다. 특정 데이터에 대해 해시함수를 처리하면 '원본 데이터를 복원할 수 없는, 원본 데이터에 따라 일정 크기(SHA-256 해시함수를 사용하는 경우 256 bits)의 서로 다른 비트열(bit stream)의 해시값'을 출력하는 것이 해시함수의 기본 기능이다. 블록체인에서 해시함수를 사용하는 목적을 2가지로 살펴보면 다음과 같다.

첫째, 블록체인 참여자의 공개키에 대한 해시값을 참여자시스템(암호화폐에서는 전자지갑)의 주소로 활용하여 익명 거래를 수행한다. 즉 개인정보 없이 익명화된 거래에 사용자ID로 활용한다는 것이다. 둘째, 해시함수로써 2가지 무결성(integrity)을 검증한다. 첫 번째 무결성은 [그림 5-17]과 같이 체인으로 연결된 이전 블록의 블록헤더(block header)에 대한 해시값(블록 해시)을 사용하여, 해시값 체인으로 연결된 블록의 무결성 검증이다. 두 번째 무결성은 블록별로 기록된 거래

그림 5-17 블록체인을 통한 거래방식

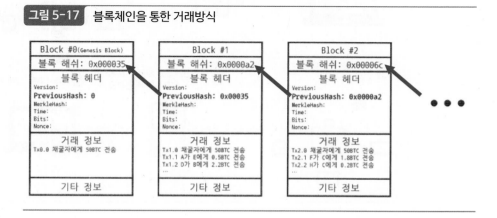

그림 5-18 블록의 구성

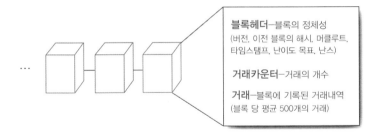

블록헤더—블록의 정체성
(버전, 이전 블록의 해시, 머클루트,
타임스탬프, 난이도 목표, 난스)

거래카운터—거래의 개수

거래—블록에 기록된 거래내역
(블록 당 평균 500개의 거래)

전체에 대해 하나의 해시값(머클해시, mercle hash)을 저장하고, 필요시 머클루트 값으로써 해당 블록에 포함된 거래의 위·변조를 확인할 수 있다.

블록체인은 분산처리와 암호화 기술을 활용하여 높은 보안성과 거래과정의 신속·투명성을 확보할 수 있는 것으로 받아들여진다.

(2) 머클트리(mercle tree)

블록체인에서 연결된 블록은 [그림 5-18]과 같이 블록헤더, 거래카운터, 거래내역으로 구성된다. 이 중에서 블록헤더는 다음의 3가지를 포함한다.

- 해당 블록이 이전의 블록과 연결되어 있음을 나타내는 이전 블록의 해시값
- 난이도, 타임스탬프, 난스(nounce) 등 암호화폐 채굴과 연관되는 내용
- 해당블록의 거래내역 정보에 관한 해시값인 머클루트(mercle hash)

그림 5-19 머클트리 방식의 거래내역 정보 해시값 구성(8건 거래 사례)

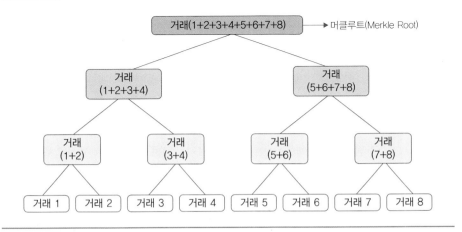

머클루트로 분류된 머클해시는 머클트리의 최상위(루트, root)에 해당하는 해시값이다. 머클루트는 해당 블록의 거래내역 정보를 [그림 5-19]와 같이 이진트리(binary tree) 형태의 머클트리(mercle tree)로 묶어서 각각의 해시값을 구하게 되는데, 이를 통해 거래내역 정보 일부 또는 전체의 위·변조를 확인하여 방지할 수 있다.

(3) 분산 원장(distributed ledger)

블록체인에서 분산 원장은 해당 블록체인에서 발생하는 모든 거래정보를 참여자들의 검증과정을 거쳐 기록되며, 모든 참여자가 동일한 정보를 유지한다. 거래나 정보의 검증이 필요하면, 먼저 참여자 개개인이 유지하고 있는 분산 원장에 이미 기록되어 있는 정보와 연결성을 확인하고 참여자들 간의 합의를 거쳐 적법한 거래나 정보만이 블록체인의 분산 원장에 저장된다. 거래나 정보의 저장시에는 이들을 일정 시간 동안 누적하여 블록이라는 단위에 저장하고 이 블록 간의 연결성을 부여한 상태에서 분산 원장에 저장한다.

블록체인의 모든 참여자들이 동일한 분산 원장을 유지하기 때문에, 특정 데이터의 위·변조 또는 이중거래를 위해서는 분산 원장의 절반 이상에 대해 공격이 필요하므로 사실상 무결성의 보장이 이루어진다. 그러나 지속적으로 용량이 증가하는 분산 원장의 저장은 블록체인의 참여자들에게 부담이 될 수 있으며, 이는 블록체인의 확장성과 사용성을 제한하는 요인이 된다.

5.3 블록체인의 응용

(1) 블록체인과 암호화폐

암호화폐(cryptocurrency)는 "crypto(암호화)"+"currency(화폐)"의 합성어로서, 화폐를 조폐하는 중앙은행 없이 일정한 주기마다 블록(block)을 찾아내고(생성하고) 보상을 받아가는 식으로 화폐가 생성된다. 연결된 블록체인의 모든 참여자가 동시에 블록을 만들 수 없게 하고, 블록의 생성은 정해진 기준에 의하며 일정범위 이내(예를 들어, 10분당 1~2개)로 한정되는 형식으로 이루어진다.

일반적으로 암호화폐는 블록체인(block chain)에 기반한 분산 원장(distributed ledger)을 바탕으로 동작하며, 분산된 원장에서 모든 사용자의 화폐 지불/피지불 내역이 위조없이 기록되도록 유지된다. 이는 기존의 은행과 같은 기관이 기관별로 중앙집중화된 장부를 유지관리하는 것과 비교된다.

비트코인(Bitcoin)의 경우, 블록체인으로 연결된 채굴자(miner)의 역할을 하는 참여자가 분산된 원장(block)을 유지하며, 모든 분산된 원장은 일정 주기마다 모두의 거래내역 정보가 서로 오류없이 연결되도록 유지된다. 비트코인의 일반 지불자 및 피지불자는 암호화폐 거래소 역할을 하는 참여자의 서비스를 통해 지불 및 피지불을 하게 되며, 지불거래 정보는 참여자의 원장(block)에 포함된다. 암호화폐의 지불거래 및 지불기록의 교환·유지 등에 필요한 암호화는 일반적인 암호화 방식(공개키 암호화를 기본)과 해시함수를 이용한다. 암호화폐의 종류로는 비트코인 이외에 이더리움, 리플, 비트코인캐시, 이오스 등 많은 종류가 제시되고 있다.

(2) 블록체인 응용 서비스

블록체인은 분산화된 기술방식의 이점을 바탕으로 가상화폐를 비롯하여 공인인증서를 대체할 개인 인증, 금융문서 관리, 보험가입 등에서 관심이 커지고 있다. 특허나 예술품 등에 대한 인증기술로 활용이 가능한 대안으로 검토되기도 한다. 이러한 응용에 대해서 시스템개발 분야도 컨소시엄의 구성(R3CEV, ChinaLedger, HyperLedger 등)을 통해 규모가 확대될 것으로 예측된다.

그리고 일반 대중들에게 암호화폐의 거래 서비스가 암호화폐거래소(cryptocurrency exchange)를 통해 이루어지고 있다. 암호화폐거래소는 암호화폐와 실제 화폐를 환전해주는 거래소의 개념으로 이루어지며, 달러나 엔화를 환전해주는 외환거래소와 유사한 개념으로 운영된다. 해외에서는 암호화폐 시장(cryptocurrency market)으로 부르기도 하며, 국내에서는 업비트, 빗썸, 코인원, 코빗 등의 업체들이 암호화폐 거래를 중개하고 있다. 그러나 2021년 현재, 국내에 이루어지는 암호화폐 거래중개에 대해서 관련 법규가 완전하지 않은 측면이 지적되고 있다.

6.1 메타버스의 의미와 등장배경

메타버스(metaverse)는 현실의 나를 대리하는 아바타를 통해 일상 활동과 경제생활을 영위하는 3D 기반의 가상세계로 정의될 수 있다. 여기서 일상 활동과 경제생활은 현실과 분리된 것이 아닌, 현실의 연장선상에서 일어나는 행위가 포함된다. 현실 세계가 가상공간과 결합하여 마치 현실이 가상공간으로 확장된 것을 의미한다.

메타버스는 1992년 SF소설가 닐 스티븐슨의 'Snow Crash'라는 소설에서 처음 사용된 용어로 알려져 있는데, '초월, 그 이상'을 뜻하는 그리스어 메타(meta)와 '세상 또는 우주'를 뜻하는 유니버스(Universe)의 합성어로 현실을 초월한 가상의 세계를 의미한다. 유력 IT기업 대표들이 메타버스라는 용어를 언급하면서 화제가 되기도 하지만, 메타버스와 관련한 연구 분야이며 지난 수십 년간 꾸준한 기술 개발 및 응용이 되어왔다고 볼 수 있다. 코로나19 사태로 대면활동이 어려워진 우리의 일상생활과 경제활동을 위한 유력한 시도의 형태이기도 한 메타버스는 가상세계의 진화된 형태로 볼 수 있다.

비대면 온라인의 한계로 지적되는 '현장성 결여'의 극복수단으로 메타버스를 고려할 수 있다면, 오히려 역설적으로 메타버스가 오프라인의 제약을 극복하는 시도로서 평가되기도 한다. 로블럭스, 마인크래프트 등의 대표적인 메타버스의 사례로 여겨지는 게임 외에도, 메타버스를 다양한 비즈니스모델로 활용하기 위한 여러 시도가 다음과 같이 이루어지고 있다.

- 문화콘텐츠 분야에서의 팬미팅이나 공연
- 주택, 자동차 등의 내부를 가상으로 전시하는 디지털 쇼룸
- 실감 콘텐츠를 활용한 비대면 교육
- 운동경기, 군대 등에서의 가상훈련
- 그외 제조, 서비스, 미디어 등의 다양한 분야

인공지능, 디지털트윈, 가상현실, 증강현실, 확장현실(extended reality, XR) 등의 다양한 기술들을 기반으로 하여 메타버스라는 패러다임이 차세대 디지털 서비스가 될 것이라는 인식이 크다. 따라서 페이스북이나 애플 등과 같은 여러 선도

표 5-5	메타버스 얼라이언스 프로젝트 그룹 구성(www.rapa.or.kr)	
분 야	내 용	
제조	제조, 건설, 조선 등 산업 현장의 설계 운영 관리 등을 위한 XR 서비스	
서비스	교육, 유통, 물류, 전시 등 B2B 서비스 제공을 위한 XR 서비스	
공공	국방, 소방, 행정 등 공공분야에서 활용 가능한 XR 서비스	
라이프	쇼핑, 전시, 공연, 커머스, 금융, 헬스케어, SNS 등을 위한 XR 서비스	
커뮤니케이션	원격회의,협업 등 원격 사용자간 실감나게 소통이 가능한 XR 서비스	
미디어	방송 미디어 창작·유통·소비 과정에서 활용하는 3차원 융합미디어 서비스	

기업들이 메타버스 산업과 관련한 기술개발 및 서비스를 예고하고 있다 국내에서도 초지연성 및 초고용량의 5G 통신기술 등을 통해 현실과 유사한 수준의 서비스를 가상공간에서 체험할 수 있는 메타버스의 구현 환경이 조성되고 있는데, 〈표 5-5〉의 추진을 시도하는 '메타버스 얼라이언스'를 예로 들 수 있다. 게임 기반의 로블록스와 포트나이트, 제페토와 같은 대규모 사용자가 확보된 엔터테인먼트 기반의 공연, 게임 등의 콘텐츠산업과 같이 국내 메타버스의 성공사례가 만들어지고 있다.

6.2 메타버스의 특성

메타버스의 특성은 여러 기준과 관점에서 따라 설명할 수 있겠으나, 다음과 같이 인터넷의 기능과 진화, 기술의 관점에서 메타버스의 특성을 정리할 수 있다.

- 인터넷의 기능: 인터넷으로 제공가능한 정보검색(포털), 소통(소셜 네트워킹 서비스), 유희(게임) 기능과 요소를 모두 통합한 기능으로 [그림 5-20]과 같이 메타버스의 특성을 설명할 수 있다.
- 인터넷의 진화: 기존의 인터넷이 3D 기반으로 진일보한 새로운 인터넷으로 [그림 5-21]과 같이 메타버스를 설명할 수 있다.
- 기술: 가상세계를 완전히 또는 부분적으로 구현할 수 있는 기술과 개념의 복합체로써 메타버스를 설명할 수 있다.

포털(정보검색환경)＋SNS(환경)＋게임(여가환경)＝ 메타버스 (metaverse)

- 3D기반 인터넷
- 현실에 가까운 경험 제공
- 아바타가 대리함
- 생활 환경을 혁신

| 그림 5-21 | 인터넷의 진화 관점에서 설명되는 메타버스 |

1990년대 후반 포털의 시대	2010년대 소셜네트워킹의 시대	코로나 전후, 현재 메타버스의 시대
[배경] PC, 초고속인터넷 확산 **[특징]** PC를 활용해 고정 장소(집, 사무실 등)에서 필요한 기능(정보검색공유, 쇼핑)을 이용	**[배경]** 스마트폰 대중화 **[특징]** 스마트폰, 모바일 앱을 활용, 언제 어디서나 필요한 기능(친목, 쇼핑, 학습 등)을 이용하고 공유	**[배경]** 코로나 확산, 5G보급 **[특징]** '아바타'를 통해 통합된 가상환경에서 게임·소통·여행·관광·생산소비 등 일상생활을 영위
[정보] 네이버, 다음 카페 **[쇼핑]** 옥션, 이베이	**[친목]** 트위터, 페이스북 **[쇼핑]** 쿠팡 **[학습]** 에듀피아 **[여가]** 유튜브, 넷플릭스	**[SNS 기반]** 제페토 **[게임 기반]** 로블록스, 포트나이트, 동물의 숲

6.3 메타버스의 유형과 사례

기존의 가상현실과 증강현실에서 좀 더 진보된 개념으로 받아들여지는 메타버스에 대해 증강현실(augmented reality), 라이프로깅(life-logging), 거울세계(mirror worlds), 가상세계(virtual worlds)로 분류된 4가지 유형으로 나누기도 하는데, 메타버스는 개념적으로 크게 4가지 유형의 하나이기도 하고 서로 융복합된 형태일 수도 있다.

- **증강현실**: 현실 환경에 3차원 가상 이미지를 겹쳐서 보여주는 기술로 지난 몇 년간 주목을 받아왔는데, 예시로 '포켓몬 고'를 들 수 있다.
- **라이프로깅**: 현실의 일상적인 경험 및 정보를 온라인 공간에서 공유하는 것으로 스마트 와치 등의 웨어러블 디바이스와 IoT기술의 결합으로 가능해졌다.

그림 5-22   메타버스의 4가지 유형과 사례(SPRi(2021), 로그인 메타버스)

- **거울세계**: 현실 환경의 공간 및 정보를 복사하여 온라인에서 현실의 정보를 제공하는 디지털 트윈 기술을 활용한 디지털 세계를 뜻한다.
- **가상세계**: 다양한 디지털 기술을 활용하여 가상공간에서 현실세계를 공유하여 확장시키는 것으로 제페토와 세컨드라이프를 사례로 들 수 있다.

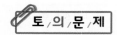

01 웹브라우저의 웹주소(URL)에 명시한 컴퓨터(웹서버)로부터 정보가 전송되어 자신의 웹브라우저에 표현(display)되기까지 HTTP 프로토콜은 어떻게 동작하는가?

02 전자서명의 작성방식과 정보보안 효과를 설명하시오.

03 블록체인의 응용 분야를 제안하고 가능한 장점을 제시해보시오.

04 메타버스 방식을 활용한 정보서비스 및 비즈니스모델을 고안해보시오.

참고문헌
References

• 고선영 등, 메타버스의 개념과 발전 방향, 제28권, 제1호, pp.7-16, 2021.
• 김광집, 메타버스 사례를 통해 알아보는 현실과 가상 세계의 진화, 방송과 미디어, 제26권, 제3호, pp.10-19, 2021.
• 윤한성, 정보보안과 암호화: 개념과 해설, 21세기사, 2001.
• 이동영 등, 블록체인 핵심 기술과 국내외 동향, 정보과학회지, 제35권, 제6호, pp.22-28, 2017.
• 조현승 등, 블록체인 산업 현황과 활용 확산을 위한 정책 방향, 산업연구원, 2019.
• Laudon, K. C. and Traver, C. G., E-Commerce 2015 (7'th Ed.), Pearson, 2015.
• William Stallings, Business Data Communications (4'th Ed.), Prentice Hall, 2001.

1. 이번 주말에는 무엇을 할까, 일상 고민 덜어줄 '크레디오' (전자신문 2017년 10월 29일)

크레디오는 일상의 가벼운 고민을 해결 할 수 있는 문화생활 간편 검색 서비스 '렛플레이'를 개발하고 있다. 렛플레이는 가족과 연인이 주말 또는 기념일을 어떻게 보내야 할지 공연 정보 등을 제공하는 검색 서비스다. 티켓 예매, 할인 정보까지 한 번에 제공한다. 대부분 사람이 여가 생활에 대한 정보를 찾을 때 포털 서비스에 의존하는 것에 착안해 서비스를 개발했다. 포털은 다양한 정보를 주지만 소비자가 원하는 정보만을 제공하지는 않기 때문이다.

렛플레이는 특정 공연이나 장소를 정하지 못한 소비자를 위해 문화생활 정보를 한 곳에 모았다. 이를 바탕으로 일시·장소·이벤트 종류 등 사용자가 원하는 조건에 맞춰 의사결정을 할 수 있도록 했다. 사용 방법은 간단하다. 사용자는 PC나 모바일 등을 통해 웹사이트에 접속 후 자신이 원하는 일자, 지역, 이벤트 종류를 선택해 검색한다. 해당 조건에 맞는 문화생활 정보는 렛플레이 추천에 따라 한 번에 보여준다.

사용자는 추천리스트 가운데 원하는 이벤트의 자세한 정보를 확인할 수 있다. 티켓을 구매하는 등 실제 공연을 관람하기까지 필요한 모든 절차도 렛플레이에서 처리할 수 있다. 렛플레이는 문화공연 플랫폼을 기반으로 티켓 판매로 얻는 수익과 공연기획사 홍보 채널로 자리매김하는 것이 목표다. 광고비 등의 수익도 얻을 것으로 예상하고 있다.

국내 문화관련 티켓팅 시장은 빠르게 성장하고 있다. 문화체육관광부 자료에 따르면 국내 이벤트 티켓팅 시장은 2015년 기준 3조2000억원 규모다. 매년 6~7%가량 꾸준하게 성장한다. 렛플레이는 올해 7월 론칭 후 다양한 성과를 만들었다. 이달 SBS와 토이 리퍼블릭이 공동 주최하는 '미드나잇 할로윈 파티 2017' 온라인 판매처로 멜론과 공동 선정됐다.

크레디오는 향후 렛플레이 모바일 애플리케이션(앱) 개발로 사용자 접근성을 높이고, 온라인 플랫폼으로 발전시킬 계획이다. 최근 검색 정확성을 높이기 위해 사용자인터페이스(UI), 사용자경험(UX) 개편을 진행하고 있다. 크레디오 렛플레이 서비스 성공 가능성은 높다. 우리나라 소비 수준이 높아지면서 공연 등 문화 관련 소비가 빠르게 증가 할 것으로 내다보고 있기 때문이다. 다만 흐름을 선도하기 위해 최신 공연 문화 소식을 빠르게 업데이트하고 효과적으로 전달해야 한다. 고객 DB를 꾸준하게 쌓고 온라인 소셜네트워크서비스(SNS) 마케팅을 결합해 입소문을 타는 것도 중요하다.

2. MZ세대 구직자 절반 "'메타버스 채용'이 더 좋아" (동아일보 2021년 12월 25일)

올해 구직활동을 했던 MZ세대 구직자 절반 이상은 가상의 세계에서 채용설명회 및 면접을 진행하는 메타버스 채용 과정을 더 선호한다고 밝혔다. 채용 플랫폼 잡코리아에 따르면 올해 취업활동을 한 MZ세대 구직자 390명을 대상으로 '메타버스 채용 선호도'에 대해 조사한 결과 51.0%가 대면 면접 등 '오프라인 채용 프로세스'보다 아바타 면접 등 '메타버스 채용 프로세스'를 더 선호한다고 응답했다.

메타버스 채용을 더 선호하는 이유(복수응답)로는 '대면 면접 및 설명회보다 더 편하게 질문하고 대답할 수 있어서'라는 응답이 40.7%로 가장 많았으며 다음으로 ▲코로나 감염에 대한 위험이 없다(38.2%) ▲이동 시간 및 비용을 절감할 수 있다(31.2%) ▲발품을 팔아야 하는 오프라인 박람회보다 간편하다(29.1%) ▲원하는 정보를 더 쉽게 얻을 수 있다(26.6%) 등이 있었다. 이 외에 ▲아바타 면접 등 취업활동 과정이 재미있다(10.1%) ▲현실 세계와 크게 다르지 않아 더 편리하다(4.5%)는 응답도 있었다.

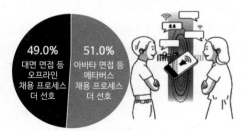

MZ세대 구직자
메타버스 채용 선호도
※ 올해 취업활동을 한 MZ세대 구직자 390명 대상 조사, 자료: 잡코리아

49.0% 대면 면접 등 오프라인 채용 프로세스 더 선호

51.0% 아바타 면접 등 메타버스 채용 프로세스 더 선호

JOBKOREA

반면에 오프라인 채용을 더 선호한다고 응답한 구직자들은 그 이유(복수응답)에 대해 '메타버스 면접의 경우 면접관의 의도를 정확히 파악하기 어렵다'(31.0%)는 응답을 가장 많이 꼽았다. 다음으로 ▲메타버스에 익숙하지 않아 정보격차가 더 벌어질 우려가 있다(25.7%) ▲현실 면접보다 긴장감이 풀려 집중도가 떨어진다(17.5%) ▲AI를 활용한 평가 과정에서 데이터 편향적인 면접 결과가 우려된다(11.4%) ▲현실 세계를 기피하는 메타폐인 증가(9.1%) 등을 들었다.

또 올해 실제 취업활동을 한 MZ세대 구직자 중 17.4%는 기업들의 메타버스 채용설명회에 참석한 경험이 있었으며 13.1%는 자신의 아바타를 활용한 메타버스 면접 경험이 있는 것으로 나타났다. 한편 응답자들은 향후 선호하는 근무 방식으로 실제 일터로 출근하는 것(44.6%)보다 아바타가 가상세계 일터로 출근하는 것(55.4%)을 더 많이 꼽았다. 그 이유(복수응답)로는 ▲출퇴근

시간을 절약할 수 있어서(48.6%) ▲자유롭게 시간 활용이 가능해서(37.5%) ▲출·퇴근 시간 대중교통 이용 스트레스가 없어서(34.3%) ▲교통비 및 식비를 절약할 수 있어서(17.6%) ▲코로나 감염 걱정을 덜 수 있어서(13.9%) ▲편안한 근무 복장이 가능해서(13.4%) ▲상사와 비대면으로 소통할 수 있어서(11.6%) 등이 있었다.

사례연구　토의

1. 인터넷 구매고객에게 맞춤식 상품추천을 위해서 데이터를 활용하는 방안을 조사해보시오.
2. 메타버스의 궁극적인 발전수준과 서비스에 관해 상상과 제안을 해보시오.

C·H·A·P·T·E·R **06**

e-비즈니스 지불관리

판매자와 구매자간 상품거래에 반드시 수반되는 지불과정은 온라인 또는 오프라인에 관계없이 화폐가치의 안전한 전달을 필요로 한다. 인터넷 쇼핑몰을 통해 상품을 거래하는 경우, 상품거래에 따른 지불처리는 지불자와 피지불자가 서로 원격에서 인터넷을 통해 처리된다. 오프라인(off-line) 거래에서는 상품 구매자가 판매자에게 직접 거래대금을 현금으로 전달하거나 신용카드 등을 통해 지불할 수 있으나, 인터넷상에서 원격으로 이루어지는 온라인 상품주문과 지불처리에서는 인터넷 지불이 보다 안전하고 원활하게 이루어져야 한다. 인터넷을 통한 온라인 지불수단이 아니더라도, 오프라인 지불의 많은 영역이 전자적으로 처리된다. 오프라인상의 일상적인 신용카드 또는 직불카드에 의한 지불은 은행 등 금융기관이 연결된 통신 인프라를 통한 컴퓨터시스템의 처리를 통해 전자적으로 처리된다. 최근 모바일 거래가 폭증함에 따라 지불편의성 및 핀테크(fintech)의 확장과 더불어 모바일 금융거래 및 지불의 규모도 급격히 증가하고 있다.

e-비즈니스 지불의 구성

인터넷 상의 온라인 상품거래가 이루어지기 위해서는 「상품주문」 및 상품주문에 따른 「지불처리」과정의 전부 또는 일부가 인터넷상에서 안전하고 편리하게 처리되어야 한다. 지불처리는 지불수단에 따라 지불시점, 지불에 따른 정산시점, 처리방식 등에서 다양하게 구성될 수 있다. e-비즈니스 상의 거래에서 이루어지는 지불의 과정이 상품주문과 별개로 존재하는 것이 아니므로 이 두 과정을 같이 고려하는 것이 일반적이다. 그리고 e-비즈니스상의 지불에 필요한 전 과정이 인터넷을 통해 처리되지 않을 수도 있으며, 본서에서는 지불과정의 전부 또는 일부에서 인터넷을 포함하여 전자적으로 처리되는 전자지불의 입장에서 정리하기로 한다.

1.1 전자지불의 개념

초기(1990년대 중반)의 전자상거래에서는 웹상에서 상품을 주문하고 대금지불은 은행을 통해 별도로 입금하거나 웹 화면을 통해 지불자가 자신의 신용카드번호를 쇼핑몰로 전송하는 방식이 이용되기도 하였다. 이러한 방식은 거래과정(상품주문과 지불처리)이 통합되지 않은 불편함과 개인의 지불정보가 유출되는 정보보안상의 문제점이 존재하기 때문에 새로운 지불체계가 요구되었으며, 사용자(구매자)의 편의성을 위해 웹브라우저(web browser)에서 상품주문과 지불처리가 통합된 형태로 안전하게 이루어지는 전자지불서비스가 구성되어 제공되고 있다.

금융서비스 측면에서 인터넷 전자지불수단의 특징을 보면, 거래당사자 입장에서 기존의 지불특성이나 기능이 그대로 컴퓨터 신호와 전송방식으로 변환되었다고 볼 수도 있다. 예를 들어, 고객의 입장에서는 기존의 인쇄된 지폐나 동전과 전자현금(electronic cash) 간에 개념적인 차이가 크게 없을 수 있고, 여러 전자지불수단들이 비록 인터넷을 통한 전자적인 환경이라 하여도 지불자나 피지불자의 입장에서는 기존의 지불형식, 즉 현금이나 수표, 신용카드 또는 계좌이체 등의 개념을 크게 벗어나지 않는 경우가 많다.

그러나 e-비즈니스 전자지불에서는 화폐가치의 보관, 전달, 정산(clearing), 기존 금융기관과의 연계 등 모든 방식이 컴퓨터 시스템 및 인터넷을 비롯한 디지털

네트워크를 통하여 처리된다. 더욱이 지불처리 프로세스가 상품거래 프로세스와 서로 혼재하는 경우가 많다. 따라서 인터넷 전자지불은 이와 같이 상거래 과정에서 상품구입 대금을 전자적으로 안전하게 지불하는 목적 이외에 지불수단의 특성이 전자적으로 적절히 구현되도록 여러 기준과 방식이 필요하다.

1.2 e-비즈니스에서의 주문과 지불

인터넷 쇼핑몰(shopping mall)이나 경매 사이트 등에서 물건을 구매할 때, 지불처리는 대개 가격과 배달조건 등을 확인한 후 처리하는 과정이다. 가상공간(virtual space)에서 지불이 이루어지는 과정은 오프라인(off line)의 실세계에서 이루어지는 지불처리과정과 다른 특성과 기술적인 면이 있다. 우리는 종종 인터넷상에서 웹(web)을 통해 상품을 주문하고 지불하는 사례를 [그림 6-1]과 같이 접할 수 있다. 고객(구매자, 지불자, customer, cardholder, payer)의 입장에서 [그림 6-1]은 상품구매를 위하여 처리하는 거의 마지막 단계라고 할 수 있다. 그러나 웹(web) 상에서 상품을 판매하는 인터넷 쇼핑몰 입장에서는 [그림 6-1]이 고객의 주

그림 6-1 인터넷 쇼핑몰에서의 상품주문·지불 사례

| 그림 6-2 | 상품주문과 지불처리를 위한 일반적인 정보흐름 |

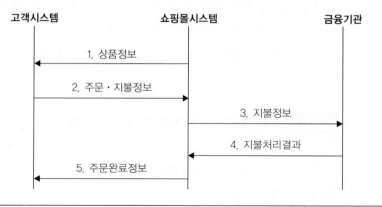

문과 지불을 실제 이행해야 하는 시작단계라고 볼 수 있다.

인터넷 쇼핑몰의 입장에서 상품주문과 지불을 위한 정보의 흐름은 일반적으로 [그림 6-2]와 같이 도식화할 수 있으며, [그림 6-1]은 [그림 6-2]의 단계2에 해당하는 "주문·지불정보"를 고객이 결정하여 쇼핑몰시스템 및 전자지불서비스 제공사로 전달하기 위한 단계이다. 인터넷을 통한 일반적인 상품거래과정 속에서 처리되는 전자지불과정을 이해하기 위하여 [그림 6-2] 상의 개별 전달정보와 처리사항의 일반적인 내용을 살펴보면 다음과 같다.

〈단계1: "상품정보"의 전달 및 처리〉: 상인시스템(인터넷쇼핑몰 등을 포함하는 merchant system)에서는 판매할 상품에 대하여 가격, 규격, 품질, 배송조건, 반품 등 여러 판매조건과 함께 고객이 원하는 상품을 쉽게 선택할 수 있도록, 웹(web)을 통해 컴퓨터 화면상에 전자카탈로그(electronic catalog)의 형태로 고객에게 제공한다. 고객은 웹브라우저(web browser) 상에서 전자카탈로그의 상품정보를 검색하는 등의 과정을 통하여 선택한 상품을 자신의 전자장바구니(electronic cart)에 담는다.

〈단계2: "주문·지불정보"의 전달 및 처리〉: 고객은 구매하기로 선택한 상품의 정보(주문정보)와 함께 지불정보(신용카드번호 또는 전자이체 등의 계좌번호, 비밀번호, 지불금액 등)를 선택하거나 입력하여 상인시스템으로 전송한다. 이때 전송되는 지불정보는 인터넷상의 전송정보 보호를 위하여 적절한 형태로 암호화되거나, 또는 개인의 민감한 지불정보(신용카드번호, 비밀번호 등)는 암호화된 상태로 쇼핑몰시스템을 거치지 않고 바로 금융기관 또는 전자지불서비스 제공사로 전송될 수 있다.

〈단계3: "지불정보"의 전달 및 처리〉: 고객 시스템(주로 웹브라우저)을 통해 상인시스템으로 전송된 지불정보는 주문정보와 상호확인과정을 거친 후, 지불처리를 위하여 관련 금융기관으로 전송된다. 이 때 전송되는 지불정보는 의미상 지불승인요청(payment authorization request) 정보가 된다. 신용카드번호 등과 같이 민감한 정보는 피지불자(인터넷 쇼핑몰)가 직접 확인할 수 없도록 적절한 암호화과정을 거치거나 바로 전자지불서비스 제공자에게 전달될 수 있다. 만일, 지불되는 금액이 실재 통용되는 화폐가 아니고 쇼핑몰 자체에서 관리하는 고객 마일리지(mileage) 등이라면 〈단계3〉과 〈단계4〉는 생략되거나 내부에서 처리될 수 있다. 지불정보 전송 및 처리결과 수신에 포함되는 정보도 적절한 형태의 암호화를 거친 후 전송된다.

〈단계4: "지불처리결과"의 전달 및 처리〉: 신용카드 또는 은행간 전자이체를 통한 전자지불의 경우에는 실제 구매금액을 처리할 금융기관, 즉 신용카드회사 또는 은행 등의 지불처리결과(지불승인: payment authorization)를 전송받아 확인한다.

〈단계5: "주문완료정보"의 전달 및 처리〉: 고객의 지불수단(신용카드, 전자이체 등)을 처리하는 금융기관의 구매금액 지불승인 결과와 구매내역에 관한 정보를 쇼핑몰시스템으로부터 전달받음으로써, 고객은 자신이 주문한 상품에 대하여 주문이 완료되었다는 결과를 확인하게 된다.

1.3 전자지불서비스의 필요사항

거래당사자의 컴퓨터 또는 모바일 단말기 등을 통해 지불자의 선택에 따라 전자적으로 처리되는 전자지불서비스의 활용 및 구현에서 고려할 사항을 정리하면 다음과 같다.

(1) 지불처리 프로세스의 신속성과 다양성

기존의 오프라인 지불처리 프로세스는 지불방식(현금, 수표 등)에 따라서 대개 고정된 프로세스로 처리된다. 현금의 경우에는 일정 금액을 전달함으로써 지불이 처리되며, 수표는 지불자가 피지불자에게 금액을 명기하여 전달하고 피지불자는 거래은행에 받은 수표를 제출하여 정산(clearing) 처리를 요구·처리함으로써 지불과정이 완료되게 된다. 전자지불의 경우에는 온라인으로 지불정보가 실시간(real time)으로 전달되어 실시간으로 처리될 수 있으며, 지불처리서비스가 온라인(on-line) 컴퓨터시스템으로 이루어지므로 새로운 지불서비스의 고안이 용이할 수 있다. 단순한 예로서, 수표의 수취인(피지불자)이 지불시점에 지불자의 신용조회를 할 수도 있고, 매 지불시 지불자의 수표 지불한도 금액을 온라인으로 조정하는 것도 가능할 것이다. 또는 전자지불서비스에서 제공하는 여러 지불수단의 선택적인 지불, 금융서비스(대출 등) 및 소매기업과 연계한 프로모션 등과 연계한 지불도 가능할 수 있다.

(2) 기존 금융기관과의 연계성

전자지불이라는 용어와 기능은 인터넷과 더불어 일반화되었다고 할 수 있다. 지금처럼 지불자가 직접 지불가치를 인터넷과 자신의 스마트폰 등을 통해 처리하지는 않으나, 기존의 금융기관 간에는 금융망을 통해 전자적으로 지불을 처리할 수 있는 기반이 이미 활용되고 있다. 예를 들어, 폰뱅킹(phone banking)이나 은행창구를 통한 은행간 전자이체서비스(electronic fund transfer) 등이다. 또는 기업들이 은행과 협조를 통해 전용 네트워크로 연결하여 사용하는 금융서비스인 펌뱅킹(firm banking)이 있다. 기존 금융기관의 기능이 인터넷 전자지불과 연계됨으로써, 기존 금융망을 통한 전자지불 및 전자금융서비스에 대해 사용자에 의한 인터넷 실시간 처리가 가능하다.

(3) 지불정보 보안의 중요성

인터넷 전자지불을 위해 신용카드번호 또는 계좌번호(account number), 지불금액, 비밀번호 등의 지불정보를 전달하는 경우, 지불정보가 안전하고 정확하게 처리되어야 한다. 즉, 지불정보나 금융거래정보의 파손이나 변경의 방지, 제 3자의 도청·탈취 방지, 지불거래 정보나 당사자의 인증 등과 같이 네트워크상의 지불정보 전달에 대해 적절한 보안기능이 제공되어야 한다. 이와 같은 지불정보의 보안처리사항은 통신네트워크 상의 정보전송 보안기능을 활용함으로써 구현이 가능하다.

1.4 e-비즈니스로서의 전자지불서비스

인터넷상의 원활한 거래와 지불편의성을 위해 선호되거나 새로운 지불서비스를 e-비즈니스 사업으로 제공할 수 있다. 이때에 큰 금액 또는 소액 등의 지불금액 크기, 기업간 또는 개인간 지불과 같이 참여자 종류, 신용지불의 허용여부, 지불처리참여자의 익명성, 신용·직불 또는 선불·후불 등의 혼합지불, 대출 등의 금융서비스 연계 등 여러 기준과 방안이 고려될 수 있다.

인터넷 전자지불에서 기존의 오프라인 지불수단과 마찬가지로 각국의 중앙은행(central bank)에서 발행하는 화폐가치(한국의 「원」, 미국의 「달러」 등)에 기반을 두는 경우가 아직도 대부분이지만, 가상의 화폐단위를 통해 지불서비스를 제공하는 방식도 활용될 수 있다. 가상의 화폐단위에 의한 경우에는 오프라인 지불가치와 동일한 또는 별개의 교환비율을 둘 수도 있다. 또는 인터넷 마케팅과 관련성이 깊은 고객로열티 보상시스템(customer loyalty reward system)과 연계될 수도 있다. 지불자와 피지불자 간에 지불금액이 직접 전달되는 경우도 있으나, 신용카드 지불과 같이 지불서비스 회사가 지불자의 신용을 기반으로 지불의 대행 및 중개하는 경우도 고려하여야 한다.

1.5 인터넷 전자지불의 구성

(1) 전자지불참여자

지불자와 피지불자를 포함하는 전자지불참여자는 전자지불을 완결하기 위해 필요한 기능의 주체들을 의미한다. 동일한 전자지불 유형이라도 처리 메커니즘에 따라 전자지불참여자의 구성은 다양해질 수 있다. 예를 들어, 아래의 전자현금 방식으로 지불자(payer)와 피지불자(payee) 간에 지불처리가 되는 다음의 두 사례를 보자.

(사례-1) 화폐가치가 저장된 지불자의 전자지갑으로부터 지불금액 만큼의 화폐가치가 피지불자의 전자지갑으로 전달된다.

(사례-2) 지불자와 피지불자 간의 지불처리방식은 (사례-1)과 같으나, 개인이 보유하는 화폐가치 정보를 지불서비스 제공자의 서버(server) 컴퓨터가 저장하고 지불시마다 지불금액 만큼 지불자와 피지불자의 잔고를 갱신한다.

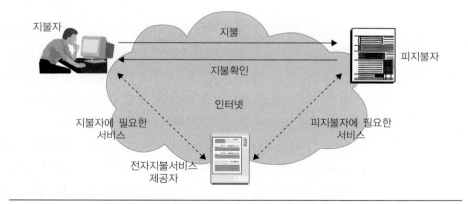

그림 6-3　인터넷 전자지불의 기본적인 참여자 구성

지불자

지불

지불확인

인터넷

피지불자

지불자에 필요한
서비스

피지불자에 필요한
서비스

전자지불서비스
제공자

　(사례-1)의 경우에는 지불당사자(지불자와 피지불자)의 전자지갑(컴퓨터시스템 또는 저장장치)에 의해서 지불처리가 완료되며, 전자지불참여자는 지불자와 피지불자이다. 이러한 과정이 순수하게 P2P(peer-to-peer)로 처리되고, 인증과정에 블록체인을 활용할 수도 있으며 지불처리서비스 제공자가 관련 보안인증 서비스를 제공할 수도 있다. (사례-2)의 경우에는 매 지불시마다 지불서비스 제공자의 컴퓨터에서 필요한 과정이 처리되어야 지불처리가 완료될 수 있으며, 전자지불의 참여자는 지불자와 피지불자 그리고 지불서비스 제공자 등의 세 참여자로 구성된다. 이와 같이 인터넷상의 전자지불처리 참여자는 지불서비스에 따라 차이는 있으나 대개 [그림 6-3]과 같은 형태로 구성된다.

　인터넷상의 일반적인 전자지불 처리에서 기본적인 참여자가 [그림 6-3]과 같이 구성될 수 있으나, 이 세 참여자로써 모든 지불처리가 가능하지 않은 경우가 많다. 그 이유는 신용카드나 계좌이체 등과 같이 기존의 지불수단을 인터넷상에서 활용하는 경우, 신용카드회사 또는 은행도 전자지불을 처리하기 위한 참여자가 되어야 한다. 특별한 지불방식으로, 인터넷상에서 발생하는 지불금액을 지불자의 전화요금 등의 청구과정(billing process)에 통합하여 처리하는 경우에는 전화서비스회사도 전자지불처리의 참여자가 되며 [그림 6-3]의 전자지불서비스 제공자가 된다.

　신용카드(credit card)또는 은행계좌간 전자이체(electronic fund transfer)가 연계되는 전자지불을 고려한다면, 인터넷뿐만 아니라 기존의 금융망을 같이 고려하여야 한다. 기존의 신용카드회사 또는 은행은 금융기관 외부로는 패쇄적인 금융망(financial network)에 연결되어 지불서비스를 할 수 있기 때문이다. 신용카드나 은

그림 6-4　기존의 금융망을 고려한 전자지불참여자의 구성

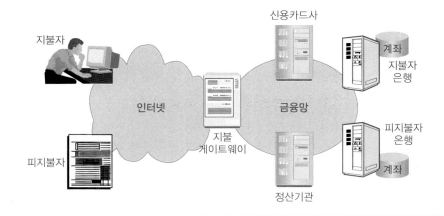

행계좌간 전자이체와 같은 기존의 금융지불서비스의 활용이 가능한 인터넷 전자지
불 참여자의 구성은 금융망과 연계된 형태의 [그림 6-4]와 같이 나타낼 수 있다.

비록 인터넷상의 전자거래일지라도 지불수단은 기존 금융기관을 통한 지불서
비스를 활용하는 경우가 중요한 부분을 차지하고 있으며, 또는 기존 금융기관의
역할을 유사하게 활용하는 범위가 여전히 중요하다. [그림 6-4]에 나타나 있는 전
자지불 참여자 각각의 역할을 정리하면 다음과 같다.

- **지불자(payer)**: 인터넷쇼핑몰에서는 지불을 하는 고객(customer)이며, 신용
카드 지불인 경우에는 카드소유자(cardholder)로 불리기도 한다. 웹상의 선
택 버튼(button)이나 별도의 지불처리시스템을 통하여 지불수단 선택 및 지
불금액의 결정을 한다.
- **피지불자(payee)**: 지불자의 지불가치를 가능한 지불수단을 통해 전달받으
며, 인터넷 쇼핑몰에서는 상품을 판매하고 대금을 지불받는 판매자(mer-
chant)가 해당된다.
- **지불게이트웨이(payment gateway)**: 지불처리가 지불자와 피지불자 간 인터
넷상의 정보교환만으로 충분하지 않은 경우가 많다. 지불게이트웨이는 인터
넷과 금융망 사이에 존재하면서 지불처리에 필요한 정보전달의 가교역할을
수행한다. 인터넷과 금융망이 연결되는 구조의 전자지불서비스에서는 [그림
6-3]의 전자지불서비스 제공자가 지불게이트웨이의 역할을 맡게 된다고 볼
수 있다. 자세한 기능은 다음 절에서 살펴보기로 한다.
- **신용카드사, 은행 등의 금융기관**: 인터넷 이전부터 우리 생활에 익숙한 신용

카드 또는 은행간 계좌이체 서비스는 기존의 금융망을 통하여 제공되는 전자지불서비스라고 할 수 있다. 인터넷상에서 지불자의 전자지불수단이 신용카드인 경우에, 지불게이트웨이는 지불자의 지불금액에 대해 지불가능 여부의 확인을 위한 정보(지불승인정보)를 금융망을 통하여 신용카드사와 교환한다. 계좌간 전자이체인 경우, 지불게이트웨이는 지불자의 은행과 지불승인정보를 교환한다.

- 정산기관(clearing center 또는 clearing house): 신용카드, 수표 또는 계좌간 전자이체의 방식을 통한 전자지불시에 필요한 정산기능을 처리하는 금융기관이다. 지불자의 계좌(account)를 관리하는 은행(payer's bank)과 피지불자의 계좌를 관리하는 은행(payee's bank)이 다른 경우에는 두 은행 간에 지불금액 만큼 서로 주고받아야 한다. 즉, 지불자의 계좌에서 지불금액을 차감하고 피지불자의 은행에게로 지불금액을 이체하여 피지불자의 계좌에 지불금액을 더해야 하는 과정(정산, clearing)이 필요한 것이다. 이러한 정산의 역할을 정산기관이 수행하며, 우리나라에는 금융결제원이 이에 해당된다.

(2) 전자지불정보의 구성 및 흐름

상품제공과 지불로 이루어지는 일반적인 인터넷 상거래에서 따른 전자지불정보의 흐름은 기본적으로 상품을 구매하고 지불하는 고객(customer, 지불자)과 상품을 판매하는 판매자(merchant, 피지불자)와 사이에 발생한다. 그리고 기존의 금융기관(신용카드사, 은행 등)과 관련되는 지불서비스인 경우에는 지불게이트웨이의 지불승인 처리가 필요하다. 그리고 지불참여자의 인증(authentication) 및 전송

| 그림 6-5 | 지불승인이 필요한 전자지불체계 |

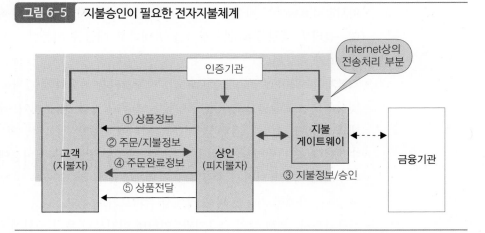

정보의 암호화처리를 위해 필요한 경우에 공인 인증기관(certificate authority)이 정보처리부분이 포함된다([그림 6-5] 참고).

전자이체형(직불형) 지불의 경우 매 전자지불마다 지불자 계좌의 잔고가 지불금액보다 커다는 것을 확인한 후 지불이 허락(승인)될 것이다. 마찬가지로 신용카드형의 지불은 신용한도 금액 내에서 지불이 승인될 것이다. 이와 같은 과정의 흐름을 전체 거래상에서 나타내면, 전자지불정보의 흐름은 [그림 6-5]로 설명할 수 있다. 여기서 이중실선(=)은 전달되는 정보가 보안을 위해 암호화 처리되는 부분

표 6-1 SET상의 참여자간 세부구성 전송 메시지 종류

receiver \ sender	C (Cardholder)	M (Merchant)	PG (PG)	CCA (Cardholder CA)	MCA (Merchant CA)	PCA (PG CA)
C	−	PInitReq PReq InqR		CardCInitReq RegFormReq CertReq CertInqR		
M	PInitRes PRes InqR	−	AuthReq CapReq AuthRevReq CapRevReq CredReq CredRevReq PcertReq BatchAdminR		Me-Aq-CInitReq CertReq CertInqR	
PG		AuthRes CapRes AuthRevRes CapRevRes CredRes CredRevRes PCertRes BatchAdminR	−			Me-Aq-CInitReq CertReq CertInqR
CCA	CardCInitRes RegFormRes CertRes CertInqR				−	
MCA		Me-AqCInitRes CertRes CertInqR			−	
PCA			Me-AqCInitRes CertRes CertInqR			−

이다. 웹(web) 상에서 지불정보가 전달([그림 6-5]의 ②)되는 가장 흔한 방법은 웹에서 일반적으로 제공되는 SSL(secure Socket Layer)을 이용하는 방법이다. SSL은 비대칭형 방식에 의해 일회성 비밀키로 암호화한 지불정보를 피지불자에게 전달하는 방식을 이용한다.

인터넷쇼핑몰에서 피지불자는 지불이 승인되었다는 정보를 확인한 후 거래상품을 전달하게 된다. 지불승인과는 별도로, 지불금액의 실제 정산은 지불형태에 따라 다양하게 처리된다. 전자이체 지불(직불)의 경우에 정산은 지불승인과 동시에 처리되지만, 신용카드 지불의 경우에는 지불승인 이후 일정시점에 지불자의 계좌에서 차감되어 정산된다. 인터넷상의 신용카드에 의한 지불을 위해, [그림 6-5]의 ②, ③, ④의 처리와 인증기관의 전자인증서 발급처리를 대상으로 1997년 제안된 SET(secure Electronic Transaction) 표준에서 여러 참여자, 즉 지불자(payer, cardholder), 피지불자(payee, merchant), 지불게이트웨이(PG), 인증기관(certificate authority) 간에 정의한 전송 메시지의 종류를 참고하면 〈표 6-1〉과 같다.

(3) 지불정보의 보안

인터넷쇼핑몰에서 상품주문에 따른 전자지불을 신용카드로써 처리하는 경우, 신용카드 번호와 같은 개인의 비밀정보를 [그림 6-6]과 같이 웹을 통해 입력하여야 하는 경우가 일반적이다. 이러한 경우에 고객의 입장에서 두 가지 보안사항을 우려할 수 있다. 첫 번째는 인터넷을 통한 지불정보의 전송중 불법도청과 이에 따

| 그림 6-6 | 웹(web)의 신용카드 지불정보의 입력 |

그림 6-7 웹브라우저상의 SSL 보안처리 과정

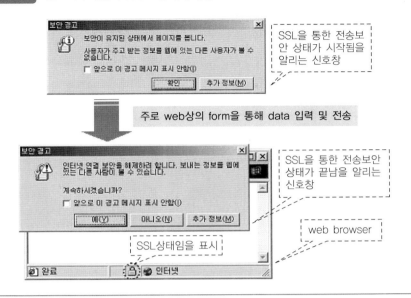

른 악용의 우려이다. 두 번째로는 신용카드번호 또는 계좌번호 등의 지불정보가 해당 금융기관 이외에 인터넷쇼핑몰에 유출된다는 우려이다.

　이 같은 정보보안상의 우려사항을 회피하기 위하여 암호화를 응용한 방법이 활용된다. 첫 번째 우려사항인 「지불정보의 전송 중 도청」의 방지를 위해서는 주로 공동키 암호화방식을 활용한 전자봉투 방식을 활용한다. 일반적으로 이를 응용한 SSL(Secured Socket Layer) 방식이 흔히 활용되는데, SSL이 지원되는 웹브라우저와 웹서버(Secure HTTP를 지원하는 웹서버)를 통해 처리된다. [그림 6-7]은 웹브라우저측의 SSL 암호화처리를 보여주는 사례이다.

　쇼핑몰 측에서 「지불정보가 악용될 수 있다는 우려」를 방지하기 위해서는, 지불정보가 쇼핑몰시스템을 거치지 않고 금융기관에 전달되거나 또는 쇼핑몰시스템을 거쳐서 금융기관에 전달되더라도 쇼핑몰 측에서 지불정보(구좌번호 등)의 내용을 알 수 없도록 해야 한다. 이를 위한 방안으로 다음의 ① 주문정보와 지불정보를 개별 처리하는 방법과 ② SET(Secure Electronic Transaction)에서 제안된 'Dual Signature' 방법을 구현사례로 들 수 있다.

1) 주문정보와 지불정보의 개별 전송

　주문정보와 지불정보를 각각 개별 전송하여 처리하는 방법으로 [그림 6-8]의

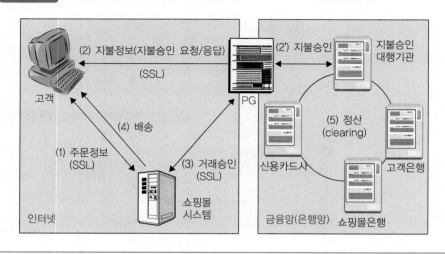

그림 6-8 SSL을 통한 주문정보와 지불정보의 보호

형태로 구현된 사례를 볼 수 있다. [그림 6-8]에서 고객 시스템은 주문정보 및 지불정보를 분리하여 각각 SSL 암호화 전송을 통해 쇼핑몰시스템 및 PG에게 별도로 전송한다. 주문정보는 쇼핑몰시스템으로 그리고 지불정보는 PG에게 전달되어 앞서 지적된 보안상의 우려를 해소할 수 있다. 쇼핑몰시스템은 지불게이트웨이(PG)로부터 지불승인 결과를 확인(거래승인과정)한 후, 주문상품을 배송하게 된다.

2) Dual Signature의 활용

Dual Signature의 작성과정은 [그림 6-9]와 같으며, 고객(cardholder)의 시스템에서 처리한다. 주문정보(Ordering Information)와 지불정보(Account Information)에 대해 각각 작성한 두개의 다이제스트(digest)을 연결한 후, 해쉬(hash) 과정을 한번더 처리한 결과값을 고객의 개인키로 암호화한 것이 Dual Signature이다. Dual Signature의 작성과 처리에 사용되는 해쉬, 다이제스트, 암호화(encrypt), 개인키(private key), 전자봉투 등의 의미는 참고서적을 참고하기 바란다.

SET에서 제시하는 상품주문·지불 과정을 표현한 [그림 6-5]에서, Dual Signature는 '②주문/지불정보'의 전달시에 고객의 시스템으로부터 '상인'의 시스템을 전달되며, 연이은 '③지불정보'의 전달시에 상인의 시스템을 거쳐 '지불게이트웨이'까지 전달된다(이때 주문정보는 '상인'의 공동키로 암호화되고 지불정보는 지불게이트웨이의 공동키로 암호화되어 전달된다.).

Dual Signature를 통해 쇼핑몰(상인) 시스템은 자신이 처리하는 주문정보에 대

그림 6-9 SET에서 'Dual Signature'의 생성과정

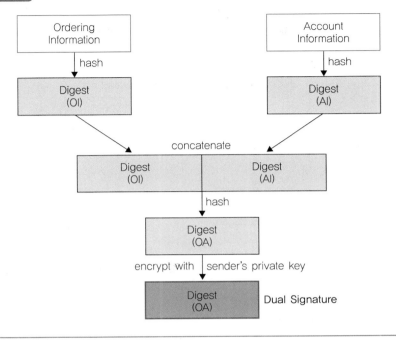

응하는 지불정보가 지불게이트웨이(PG)에게 전달되어 처리된다는 사실을 확인하게 된다. [그림 6-10]을 보면, 쇼핑몰시스템의 공동키로 작성된 전자봉투에 의해 전달받은 여러 정보들에 대해 쇼핑몰시스템에서 시스템에서 직접 구한 'Digest OA'를 고객이 작성한 Dual Signature와 비교한다. 이를 통해 상점은 자신이 받은 주문정보의 무결성을 확인함과 동시에 주문에 해당하는 지불정보가 PG에게 전달됨을 확인한다.

그리고 쇼핑몰시스템은 PG에게 지불승인요청(Payment Authorization Request) 정보를 전송하게 되는데, 고객측 시스템이 PG의 공동키로 작성된 전자봉투 내용과 Dual Signature을 PG에게 그대로 전달한다. PG는 전달받은 여러 정보들에 대해, [그림 6-11]과 같이 직접 구한 'Digest OA'를 고객의 시스템이 작성한 Dual Signature와 비교한다. 이를 통해 PG는 자신이 받은 지불정보를 확인함과 동시에 처리한 지불정보에 대응하는 주문정보가 쇼핑몰시스템에서 처리되었음을 확인한다.

그림 6-10 SET에서 쇼핑몰시스템의 'Dual Signature' 처리

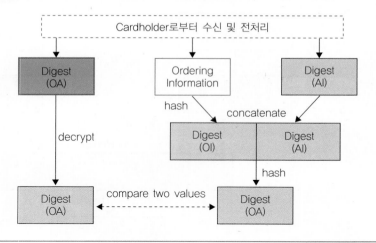

그림 6-11 SET에서 PG의 'Dual Signature' 처리

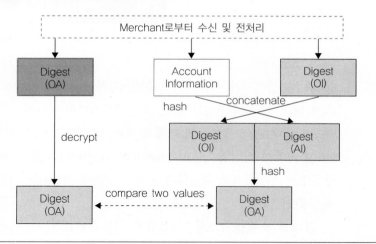

전자지불수단의 유형

전자지불수단의 유형은 사용자(지불자 및 피지불자)의 입장, 지불서비스제공자의 입장, 지불시스템의 특성, 기존 금융기관과의 관계 등에 따른 여러 가능한 분류기준에 의해 나누어 볼 수 있다. 본 절에서는 기존의 「전통적 지불방식의 속성」, 「상품거래·지불의 시점」, 「지불정보의 보관/전달 방식」 등의 기준에 따라 전자지불의 유형을 정리해보기로 한다.

2.1 전통적 지불방식의 속성에 따른 유형

전통적인 실생활의 지불수단에서 기본적인 사항은 지불하는 금액의 금전적 가치기준을 실제 유통되는 현금에 둔다는 것이다. 덧붙여 지불처리의 편의성이나 효율성 등을 위해 신용카드나 전자이체서비스 등이 활용된다. 전자지불시스템에서도 일반적으로 기존의 전통적 지불방식의 개념이 활용될 수 있도록 지불서비스를 제공하는 경향이 크다. 전통적 지불수단이 가지는 속성을 확인해보면 [표 6-2]와 같으며, 이러한 속성들은 전자지불수단을 설계·분석하는데 활용할 수 있다.

[표 6-2]의 속성과 내용에 따라 전통적인 전자지불의 유형을 [표 6-3]과 같이 정리할 수 있다. 각 형태의 기본적인 특징은 다음과 같으며, 국내·외에서 제안되어온 여러 유형의 전자지불수단이나 표준 등의 사례를 (현재시점에 서비스제공 여부에 관계없이) 예시하였다.

표 6-2 **전자지불의 유형을 분류하기 위한 속성**

분류속성	내 용	속성값
현금 등가성	익명유통(circulation with anonymity), 현금과 교환가치가 동일, 지불자와 피지불자간 정산 불필요	Yes/No
이체시기	지불시점과 지불자 계좌로부터 지불금액 이체 시점간 시간차이	Before/Direct/After
정산과정	지불자(payer)와 피지불자(payee)간 지불에 따른 현금 정산(clearing) 과정	Direct/Indirect

표 6-3	기존 지불수단의 속성에 따른 전자지불의 유형 분류		
전자지불 유형	속성/속성값		
	현금등가성	이체시기	정산과정
전자현금형태	Yes	Direct	Direct
전자수표형태	No	After	Direct
전자이체형태	No	Almost Direct	Direct
신용카드형태	No	After	Indirect

(1) **전자현금 형태**: 실세계에서 사용하는 현금처럼 지불의 익명성(즉, 지불수단인 현금에는 지불자 및 피지불자의 신분을 확인할 아무 정보가 포함되지 않는다.)이 적정수준 보장되며, 현금과 동일한 화폐가치를 가지며, 지불시점에 지불금액이 바로 전달되어 이체·정산이 바로 완료된다.

[국내] 충전형 교통카드, K-Cash 등
[국외] DigiCash의 eCash, VisaCash, Mondex 등

(2) **전자수표 형태**: 익명성이 보장되지 않으며(지불시, 지불자와 피지불자의 신분 및 계좌번호 등이 노출), 지불시점 이후 지불자가 명기한 날짜 또는 피지불자의 청구일자에 지불금액이 피지불자에게 이체되며, 지불자의 계좌에서 중간 경유없이 직접(Direct)피지불자의 계좌로 이체된다.

[국외] NetCheque, NetBill, CheckFree 등

(3) **전자이체 형태**: 전자수표형태와 거의 같으나, 지불 즉시(Directly) 지불금액이 지불자의 계좌에서 피지불자의 계좌로 이체된다.

[국내] 데이콤의 eCredit 등
[국외] SFNB의 QuickPay 등

(4) **신용카드 형태**: 익명성이 보장되지 않으며, 지불시점 이후(After)에 지불자의 계좌에서 지불금액이 차감된다. 그리고 지불자와 피지불자 사이에 계좌간 직접 정산되는 것이 아니라 신용카드사 또는 은행 등이 지불자와 피지불자 사이를 매개하여(Indirect) 정산이 이루어진다.

[국내] 데이콤의 eCredit, 이니시스의 이니페이, KICC의 EasyPay 등

[국외] First Virtual, CyberCash, SET, Visa의 3-D Secure, MasterCard의 Secure Payment Application 등

전자지불 유형의 사례에서 신용카드 형태가 상대적으로 많은 편이며, 국내의 경우 전자수표 형태의 사례는 거의 없는 편이다. 신용카드 형태가 많은 이유로는, 기존 신용카드 지불서비스 처리과정의 상당부분이 전자적으로 처리되어 왔고 사용자의 지불선호도가 크다는 것으로 설명된다. 그리고 전자수표 형태는 비교적 큰 금액 위주의 지불에 선호되는 지불유형이라고 할 수 있으며, 기업간 전자상거래의 발전이나 인터넷상의 신용조회 또는 지불상의 안전 등에 따라 사용규모에 변화가 있을 것으로 예상된다. 최근 일반 은행이나 신용카드 기업뿐만 아니라 특히 정보기술과 금융서비스가 결합된 형태의 핀테크(fintech) 서비스를 중심으로 제공되는 모바일 지불서비스에서는 전자이체와 신용카드 형태의 지불을 복합적으로 서비스하고 있다.

특별한 전자지불의 형태로서, 전화사업자와 같이 대규모 고객을 상대로 하는 과금체계를 활용하는 경우도 있다. 전자지불 완료 이후에, 실제 지불금액은 특정 서비스요금청구서(전화요금고지서 등)에 합산·지불된 후 정산된다. 이와 같은 방식은 [표 6-3]의 전자수표와 속성상 일부 유사하기도 하지만, 관습상 전자수표라고 부르기는 곤란하다.

그리고 [표 6-2]의 지불속성들의 조합을 통해 새로운 전자지불 형태를 고안할 수도 있을 것이다. 예를 들어, "익명으로 유통되고 정산과정을 간접(indirect)" 처리하는 전자지불 형태를 생각해 볼 수 도 있다. 이를 실현하기 위해서는 시스템 처리방법이나, 여러 협력자의 역할, 사용자의 지불 선호도, 서비스의 사업성 등을 같이 고려해야 한다. 한편, 데이콤의 eCredit 서비스 체계는 전자이체형태와 신용카드형태의 지불을 같이 처리할 수 있는데, 이는 전자지불 시스템 체계상 유사성을 최대한 활용한 사례라고 할 수 있다. 즉, 기존 금융기관의 역할에서 전자이체형태에서는 '은행'이, 그리고 신용카드형태에서는 '신용카드사'가 지불승인 기능을 수행하는 것이다. 그러나 지불에 따른 이체시기와 정산과정은 두 형태에서 엄연히 다르게 처리된다.

2.2 화폐가치 전달시점에 따른 유형

지불자 또는 피지불자의 입장에서 상품거래에 따른 화폐가치의 전달시점은 거래조건을 결정하는데 필수적인 요소이다. 특히 거래상품의 가격이 큰 경우이거나 기업간 거래에서는 더욱 중요할 것이다. 전자지불서비스를 제공하는 입장에서는 시스템의 구성, 관련되는 금융기관과의 서비스제휴, 지불서비스의 가치나 사업성에 중요하게 고려되는 부분이다.

흔히 상품거래·가치전달 시점에 따른 전자지불의 유형을 분류할 때에는, '지불자의 입장'에서 실제 지불금액에 해당하는 화폐가치의 전달(이체)이 상품의 거래에 따른 지불시점보다 「먼저」, 「동시」, 또는 「차후」에 이루어지느냐에 따라 구분한다. 이는 [표 6-3]의 속성 중 '이체시기'와 관련되는 요소이다. 「먼저」 이루어지는 경우는 '선불(pre-payment)', 「동시」에 이루어지면 '직불(direct payment 또는 debit)', 「차후」에 이루어지면 '후불(post-payment)'로 구분된다. [표 6-3]에서 전통적인 지불방식에 따라 분류한 전자지불 유형에 대해 화폐가치 전달시점을 판단해 보면 [표 6-4]와 같다.

[표 6-4]에서 전자현금형태는 지불자가 미리 실제 화폐가치를 지불하고 해당 금액 만큼의 화폐가치를 전자현금의 형태로 보관하는 형태로서, 지불자의 입장에서 선불로 분류할 수 있다. 그리고 전자수표형태는 전자이체형태와 유사하나, 실제 금전적 가치의 이전(정산)이 지불자 및 피지불자가 동의한 지불시점 이후의 날짜에 이루어진다는 차이점이 있다. 신용카드의 경우 피지불자의 입장에서는 거의 지불시점과 동시에 거래금액을 신용카드사로부터 지급받으므로 직불의 성격을 가지나, 지불자는 일정기간 이후에 거래금액을 신용카드사에게 지불하는 후불의 성격을 가진다.

유사한 분류기준으로, 상품거래·지불의 동시여부에 따른 전자지불의 유형을

표 6-4	상품거래·가치전달 시점에 따른 전자지불 유형		
전통적 지불방식에 따른 유형	**상품거래 · 가치전달 시점에 따른 유형**		
	지불자의 입장	피지불자의 입장
전자현금	선불	직불
전자수표	후불	후불
전자이체	직불	직불
신용카드	후불	직불

「원스톱(one-stop) 형태」와 「비원스톱(non one-stop) 형태」로 나누기도 한다. 지불자의 입장에서, 하나의 응용시스템(application system)을 통해 상품의 거래와 지불을 동시에 처리되는 경우를 '원스톱 형태'라고 한다. 대부분의 인터넷 쇼핑몰에서는 원스톱 형태의 방식을 취하고 있다. '비원스톱 형태'는 상품주문과 지불이 별도로 이루어지는 경우를 말한다. 상품주문은 인터넷 쇼핑몰에서 처리하고, 지불은 은행의 무통장 입금이나 인터넷 은행(Internet banking)을 통해 처리하는 경우를 예로 들 수 있다.

2.3 전자지불수단의 저장/전달 방식에 따른 유형

[표 6-3]과 같은 전자지불 유형의 구분과는 달리, 「네트워크형」과 「IC카드형」으로 나누기도 한다. 이는 지불수단의 정보를 저장하고 전달하는 방식을 분류기준으로 하여 나눈 것으로 각각의 처리과정과 특징은 다음과 같다.

(1) 네트워크형 전자지불

네트워크형(network type) 전자지불은 사용자 컴퓨터의 저장장치(하드디스크, 플로피디스켓, IC카드 등)에 저장된 지불정보로부터 지불금액을 포함하여 인터넷(네트워크)을 통해 피지불자의 컴퓨터로 전달되는 형식으로 처리된다. 전자지불정보의 발급, 저장, 지불을 처리하기 위해서는 별도의 소프트웨어(프로그램)가 활용된다. 네트워크형 전자현금은 항상 네트워크(인터넷)를 통해 개인용 컴퓨터에 설치된 전자지갑 시스템을 통해 충전되고 지불된다. 네트워크(network)형 전자지불수단의 사례로서 전자현금 형태인 eCash의 기본적인 처리과정을 살펴보면 다음과 같다.

- 사용자(지불자 또는 피지불자)는 eCash서비스를 위하여, 웹(web)상에서 eCash 서버에 등록한다: 서비스제휴 은행의 계좌를 온라인 또는 오프라인상에서 미리 개설하고, 전자현금 사용(인출 또는 적립 등)을 위한 전용계좌로 등록한다.
- 지불자는 서비스제공기관(주로 은행)에서 관리하는 자신의 계좌로부터 전자현금 (전자기호) 형태로 네트워크(인터넷)를 통해 현금을 인출하여 컴퓨터에 설치된 전자지갑 기능의 소프트웨어에서 보관한다. [그림 6-12]의 우측에

그림 6-12　네트워크형 전자현금(eCash) 사례

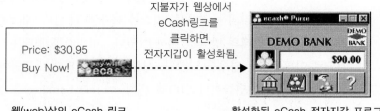

웹(web)상의 eCash 링크　　　　　　　활성화된 eCash 전자지갑 프로그램

나타난 eCash 전자지갑의 4가지 버튼은 각각 전자현금 인출 또는 적립, 거래일지, 지불, 안내 등의 기능을 위한 것이다.

- 웹상에서 상품주문시에 eCash로 지불하는 경우에는, 활성화된 eCash 전자지갑을 통해 현금가치를 인터넷상에서 피지불자(상인)의 전자지갑으로 전달한다.

(2) IC카드형 전자지불

IC카드형(Integrated-Chip type) 전자지불은 네트워크형 전자지불과는 달리 전자지불의 주요정보(전자현금형의 경우 현금가치를 포함)를 포함하는 전자기호를 IC카드에 보관하고 이를 휴대함으로써 온라인뿐만 아니라 오프라인에서도 활용한다는 것이다. 이는 개인 컴퓨터의 저장장치(주로 하드디스크)에 보관되는 네트워크형 전자현금에 비해 다음과 같은 장점을 가진다.

- 대부분의 IC카드는 일반 신용카드와 동일한 크기로 제작되는 경우가 대부분으로, 사용자의 휴대성이나 사용에 편리하다. 최근에는 기존의 IC카드에 포함된 IC칩(IC chip)만을 휴대전화 내에 장착하여 서비스를 제공하는 경우도 있다.
- IC카드가 분실이 되는 경우를 제외하고는 네트워크형 전자지불방식(주로 자신의 컴퓨터에 전자지갑시스템이나 관리현금 등을 관리)에 비하여 관리의 부담이 적다.

일반적으로 IC카드형 전자지불방식은 휴대성이 용이하므로, 전자현금형의 경우에 이용자가 사무실 밖의 ATM(automatic teller machine)기를 통해서 전자현금을 충전할 수 있다. 카드리더기를 보유하는 식당이나 공중전화 등의 이용도 가능

그림 6-13 IC카드형 전자현금의 활용(MONDEX 사례)

① 컴퓨터에 부착하는 IC카드리더기   ② IC카드내 충전잔액 확인   ③ 전자현금 충전

할 것이다([그림 6-13] 참고). 한편, 사용자의 컴퓨터에 연결할 수 있는 카드리더기(card reader)를 인터넷 쇼핑도 가능할 것이다. 인터넷에 연결된 컴퓨터를 통해 IC카드에 저장된 전자현금을 충전 또는 지불하는 경우에는 네트워크형 전자현금과 IC카드형 전자현금의 구분이 모호해지는 상황이 된다.

　　IC카드가 단순한 저장기능 이외에 카드운영체제(COS: chip operating system)와 계산기능을 갖추고 있는 경우에는 스마트카드(smart card)라고 불린다. 전자현금을 충전하거나 인출하기 위해 IC카드가 외부시스템과 자료교환을 하는 경우에는, 스마트카드(smart card)는 독립된 내부의 연산기능을 통해 암호화 된 정보를 교환함으로써 전자현금 정보의 보관 및 전달을 안전하게 처리한다. 스마트카드의 외양 및 내부구조는 [그림 6-14]와 같다. 스마트카드 내부의 EEPROM(electrically erasable & programmable ROM)에 전자현금의 금액가치를 기록하거나 보안에 관

그림 6-14 IC카드의 외양과 내부구조

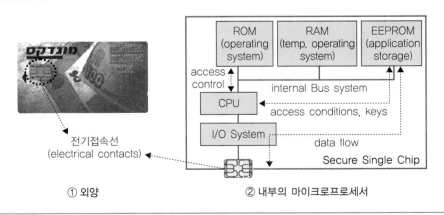

① 외양   ② 내부의 마이크로프로세서

련한 데이터를 저장할 수 있다. IC카드 또는 스마트카드의 처리에 카드리더기와의 I/O 접촉여부에 따라 접촉식(contact type)과 비접촉식(contactless type)으로 나누어진다.

IC카드 내에 전자현금을 저장하는 방식의 IC카드형 전자현금은 앞서 언급한 바와 같이, IC카드의 분실은 현금의 분실과 마찬가지로 사용자에게는 피해가 발생한다. 그런데, 일부 IC카드형 전자현금은 IC카드용의 화폐가치를 마치 은행의 예금계좌처럼 별도의 계좌에서 보관한 후, 기존의 직불(debit) 형태로 전자지불하는 경우도 있다. 이러한 경우에는 IC카드가 분실되더라도 현금의 분실과 같은 피해는 막을 수 있으나, 사용자(지불자와 피지불자) 간에 직접 전자지불(화폐가치의 이전)은 불가능하다.

즉, 전자지불시에 전자현금을 보관하는 전자지불서비스제공자의 서비스를 거쳐야 하며, 지불자와 피지불자가 이용하는 전자지불서비스제공자가 동일하거나 서로 제휴관계에 있는 전자지불서비스제공자끼리여야 한다. 이와 같은 형태의 전자지불은 마치 전자이체형/직불형 전자지불과 비슷한 방식이며, 특별히 '폐쇄형 IC카드 전자현금'이라고 부르기도 한다. 상대적인 의미로 사용자(지불자와 피지불자) 간에 직접 전자지불(화폐가치의 이전)이 가능한 경우를 '개방형 IC카드 전자현금'이라고 한다. 개방형 IC카드 전자현금의 사례로써 충전식 교통카드, 영국에서 개발된 MONDEX 등을 사례로 들 수 있다. 폐쇄형 IC카드 전자현금의 사례로서는 미국의 VisaCash, 독일의 GeldKarte, 덴마크의 Danmont, 벨기에의 Proton 등을 들 수 있다.

제 3 절 **핀테크의 성장 및 전자지불 동향**

최근 무선 인터넷 서비스의 통신속도 개선, 휴대성 및 편의성의 장점 등으로 인해 스마트폰 이용이 보편화되어 소비자의 소비행태가 모바일 중심으로 변화하고 있다. 또한 소셜네트워크서비스(social network service) 등에서 모바일 비즈니스의 성장과 금융서비스가 새롭게 만나면서 나타나는 현상으로 해석되기도 하는 핀테크(fintech, financial technology)는, 기술을 핵심요소로 하여 금융서비스의 파괴적 혁신이라는 특징을 지닌다. 그리고 이러한 동향에 따라 국내에서는 그동안 활발하지 못했던 P2P 전자지불방식이 크게 확대되고 있다. 본 절에서는 핀테크,

모바일 지불서비스, P2P 전자지불방식에 대하여 알아보기로 한다.

3.1 핀테크의 성장

(1) 핀테크의 개념

핀테크(fintech)는 '정보기술을 핵심요소로 하는 금융서비스 혁신'의 의미를 가지는 financial technology의 약어이며, 금융(finance)과 기술(technology)의 합성어이다. 핀테크에서 테크놀로지, 즉 기술은 모바일, 소셜, 클라우드, 빅데이터를 비롯하여 IoT, VR(Virtual Reality) 등 다양한 기술을 포괄한다고 볼 수 있다. 이러한 기술은 금융서비스를 혁신하는 데 주요한 역할을 하며, 핀테크의 추진주체는 창의적인 아이디어를 보유한 스타트업 또는 혁신적인 기존 금융기관이 될 것으로 전망하고 있다.

핀테크를 금융업에서의 디지털 혁명으로 정의하기도 하고, 인터넷기업이 금융업에 본격적으로 진출하여 산업을 구조적으로 변화시킬 것으로 전망도 있다. 핀테크가 은행이 디지털을 비즈니스의 핵심으로 삼고 있는 과정이라고 평가할 수도 있으며, 디지털 전환이 은행 비즈니스 생존에 중요한 사항이라는 측면에서 핀테크의 중요성이 강조되고 있다.

핀테크를 전통적 핀테크(traditional fintech)와 신흥 핀테크(emergent fintech)로 구분하기도 한다. 전통적 핀테크는 기존 전자금융과 같이 기존 금융서비스의 가치사슬상에 포함되어 서비스의 효율을 높이는 조성자(facilitator)의 역할을 담당한다. 이러한 전통적 핀테크는 금융회사의 가치사슬에 포함되어 금융업무가 ICT를 통해서 자동화, 효율화될 수 있도록 지원하는 역할을 담당하는 '금융회사의 금융인프라 지원' 성격으로 은행지점 업무의 온라인화도 주요한 사례이다. 즉, 전자금융은 금융회사가 가치사슬의 핵심에 위치하고 ICT 기업은 이를 후방에서 지원하는 역할을 담당하는 것이다. 신흥 핀테크는 기존 금융서비스 전달체계를 와해시킬 수 있는 파괴자(disruptor)의 속성을 가지고 서비스를 혁신한다. 핀테크기업은 금융회사의 솔루션 역할에서 벗어나 고객과 직접 소통함으로써 금융업 가치사슬의 핵심을 담당한다. 고객과의 접점이 모바일 기기에 쏠림에 따라 핵심 가치사슬은 앱을 제공하는 소프트웨어 기업이 담당하고, 금융회사는 금융거래의 후방에서 보조적인 업무만을 담당한다.

(2) 핀테크의 출현배경

핀테크의 출현 및 발전의 배경을 4가지로 구분하여 정리할 수 있다. 첫째, 정보기술의 발전과 모바일의 급속한 확산에 기인한다. SNS, 클라우드컴퓨팅, 빅데이터, IoT, 증강현실 등 첨단 ICT의 발전과 모바일의 급속한 확산으로 금융소비자들이 수준 높은 금융정보에 접근이 가능해졌기 때문이다. 둘째, 금융소비자의 라이프 패턴 변화이다. 디지털 모바일 세대를 중심으로 모바일 중심의 소비행태로 전자상거래가 변화 및 증가하고, 금융소비자의 선택권과 주도권이 강화되었기 때문이다. 셋째, 2008년 글로벌 금융위기 이후 금융기관의 새로운 성장 모멘텀을 찾기 위한 대안금융의 모색에 기인하는 측면도 평가된다. 넷째, 각국 정부의 일자리 창출과 성장동력을 위한 지원과 규제해제도 핀테크기업의 출현과 성장의 주요 배경이 된다.

그리고 금융시장에서 고객이 기존의 은행에서 핀테크기업으로 이동해 가는 주요 동인으로 다음 사항들을 생각해볼 수 있다.

- 전통적 은행과 고객 간의 관계형성 미흡
- 기술발달로 인한 새로운 고객형태 출현
- 금융위기 이후 금융산업 평판 하락
- 디지털에 익숙한 세대로의 이행 등

(3) 핀테크의 성장 및 금융시장의 변화

핀테크기업은 기술, 가격, 서비스 등의 분야에서 우위를 통해 금융시장의 고객기반에 침투하고 있으며, 핀테크의 온라인 전용 상품 및 서비스에 호의적인 고객들이 늘어나고 있다. 오늘날 대다수의 고객이 온라인뱅킹을 이용하는 만큼, 많은 금융고객은 핀테크기업 또는 핀테크 서비스 등의 온라인 전용 금융서비스로 이동할 가능성이 큰 것으로 평가된다. 또한 핀테크기업들의 전방위적인 시장침투가 보다 가시화되고 기존의 금융기업은 중대한 위협에 직면할 가능성이 크다.

향후 고객과의 관계를 둘러싼 금융분야에서 핀테크기업과 전통적 은행 간의 경쟁이 격화될 것이며, 경쟁이 가장 거셀 것으로 예상되는 분야를 소매금융, 전자지불 분야가 될 것으로 예상된다. 소매금융, 전자지불 등의 분야에서 핀테크기업들은 진입이 쉽고 기술우위를 활용하여 은행을 비롯한 기존 금융권의 수익을 잠식할 것이다. 기존의 금융권들도 핀테크기업과의 경쟁을 위해 고객중심의 프로세스 혁신 및 디지털 기술혁신 등에 보다 많은 관심을 보일 것으로 보인다.

(4) 핀테크기업의 성장

핀테크를 선도하는 대표적인 기업으로 애플, 페이팔, 알리바바 등을 들 수 있다. 애플은 5억 명의 아이튠즈 가입자를 보유하고, 유수의 금융기관 및 카드사와 제휴, NFC(근거리무선통신) 기반의 결제기술 바탕의 편리한 전자지불 금융서비스를 제공하고 있다. 페이팔은 큰 가입자 기반을 보유하고 있으며, 페이팔히어(Paypal Here)라 불리는 스마트폰 기반 결제서비스를 제공하여 가맹점은 POS 단말기 설치 없이 결제가 가능하다. 중국의 알리바바는 알리바바그룹의 알리바바닷컴(B2B), 알리익스프레스(타오바오, B2C), 알리페이(결제서비스, O2O), 마이뱅크(은행) 등의 운영을 통해 전자상거래에서 금융서비스에 이르는 핀테크 생태계를 구축하고 있다. 알리페이는 가입자 8억 명, 모바일 사용자 2억 명으로 중국 모바일 결제시장의 70%를 차지하고 있는 세계 최대 결제시스템이다. 알리페이의 경쟁력은 사용자 수나 결제 규모뿐만 아니라 알리페이에 충전된 금액을 위어바오 펀드(MMF)상품과 연계하여 운영함으로써 은행보다 1~2% 높은 금리를 지급하여 일난 금융권에 대해 경쟁력을 확보하고 있다.

국내 핀테크는 2017년 인터넷은행의 출범으로 주목받기 시작했다. 인터넷전문은행인 카카오뱅크와 케이뱅크는 20~30대를 중심으로 점유율을 높이고 있으며, 카카오뱅크의 기업가치는 수십조에 이르는 것으로 추정되고 있다. 또한 종합금융플랫폼 토스는 송금 서비스로 시작해 금융기관 및 핀테크 업체와 제휴를 통해 자산투자와 소액대출, 환전 등으로 진출 분야를 확장하여 핀테크의 일상화를 앞당긴 것으로 평가되며 부동산·차량 시세 조회와 모임통장, 더치페이 기능 등도 다양한 지불금융서비스를 제공하고 있다. 코나아이는 교통카드 시스템으로 시작한 IC칩 선두주자로서 지역화폐 결제플랫폼을 제공하고 있다. 갤럭시아머니트리는 디지털 모바일상품권 및 쿠폰 등과 휴대폰 소액결제 등 전자지불 서비스를 제공한다. 또한 간편송금(전자이체) 및 지불 핀테크기업으로 다날과 KG모빌리언스 등이 있다. 금융산업이 전통적으로 거대 금융사의 전유물이었던 반면, 핀테크 분야의 확대는 다양한 스타트업과 새로운 비즈니스모델로 이어지고 있다. 2019년 말 기준 국내 핀테크기업은 대략 600여개 이상으로 추정된다.

3.2 모바일 지불 서비스

(1) 모바일 지불 개요

모바일 지불(mobile payment, m-payment)은 온라인과 오프라인에서 상품구매 등에 따른 지불이 현금이나 카드형태가 아닌 모바일 단말기를 이용하여 이루어지는 형태를 말한다. 모바일 지불은 휴대폰이나 태블릿과 같은 모바일 장치를 사용하여 모바일 머니 또는 모바일 지갑을 통해 결제가 이루어지며 현금, 수표 또는 신용카드 등의 기존 지불수단을 보완 또는 대체의 수단으로 받아들여지고 있다. 모바일 지불은 지불자의 스마트폰, 태블릿 등과 같은 무선장치를 활용하여 NFC(Near Field Communication), SMS기반 지불, 다이렉트 모바일 지불 등 같은 다양한 기술을 통해 지불의 보안 및 편의성을 제공한다. 또한 은행고객에게 편리하고 빠르고 안전한 지불처리가 가능하여 여러 은행 및 금융기관에서 모바일 지불 서비스를 제공하고 있다.

(2) 모바일 지불의 규모

스마트폰으로 폭증한 모바일 비즈니스(m-business)의 성장은 모바일 지불 서비스의 성장요인이지만, 모바일 시스템의 정보보안 문제는 모바일 지불의 성장을 억제시키는 요인이기도 하다. 빠르고 간편한 거래 서비스에 대한 수요는 모바일 지불 서비스의 지속적인 확대를 증가시키는 기회요인으로 볼 수 있다. [그림

> **그림 6-15** 전 세계 및 한국의 모바일 지불 시장규모 전망

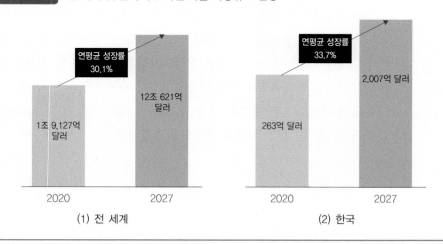

출처: Allied Market Research, Mobile Payment Market, 2020

그림 6-16 한국의 분야별 모바일 지불 규모 및 전망

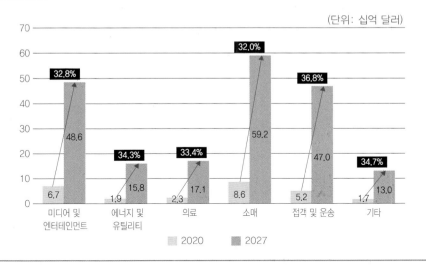

(단위: 십억 달러)

출처: Allied Market Research, Mobile Payment Market, 2020

6-15]를 보면 전 세계 모바일 지불의 시장규모는 연평균 30.1%로 성장하여, 2027년에는 12조를 상회할 것으로 전망된다. 특히 우리나라 모바일 지불의 규모 및 전망을 분야에 따라 나누어 살펴보면 [그림 6-16]을 참고할 수 있으며, 소매 분야와 미디어 및 엔터테인먼트 분야에서 지불규모가 크게 나타난다.

(3) 모바일 지불서비스 방식

모바일 지불서비스의 지불정보의 흐름을 순서대로 나열해보면, '지불자의 휴대용 단말기(스마트폰 등)' ⇨ '이동전화망 통신사' ⇨ '가맹점' ⇨ '인터넷 PG(필요시 VAN사 협조)' ⇨ '은행 또는 신용카드사'로 나타낼 수 있다. 여기서 모바일 지불서비스의 가능한 참여자를 파악해보면 '모바일 단말기 제조사', '이동통신사', 'PG사 및 VAN사', '은행 또는 신용카드사' 등이며, 이러한 참여자들이 모바일 지불서비스와 관련하여 협력자 또는 경쟁자로서 모바일 지불시장 참여를 시도하고 있다. 예를 들어 이동통신사가 'PG사 및 VAN사'의 서비스를 시도한다거나, 고객층을 기반으로 하는 가맹점 또는 소매점(고객을 기반으로 하는 핀테크기업 포함)이 자체의 신용카드 서비스를 직간접적으로 시도할 수 있다는 것이다.

일반적으로 제공되는 모바일 지불은 실물카드의 소지없이 스마트폰을 통해 직불카드 또는 신용카드를 이용할 수 있는 '모바일 카드' 및 '모바일 간편결제'가 대표적 방식이다. 각각의 지불방식은 다음과 같다.

그림 6-17　모바일 인터넷에서 일반지불과 간편결제의 처리 비교

(1) 모바일 인터넷에서 일반지불의 처리

(2) 모바일 인터넷에서 간편결제의 처리

- **모바일 카드**: 직불카드 및 신용카드 등의 정보를 스마트폰의 유심(USIM)칩 혹은 앱에 저장하여 사용하는 방식으로, 개별 은행 또는 신용카드사의 앱을 통해 지불서비스 제공
- **모바일 간편결제**: 개인이 소지한 신용카드 등을 전자지갑 앱(app)에 등록하고 간단한 본인인증만으로 지불하는 방식으로, 국내에서는 카카오페이, 네이버페이, 삼성페이, 애플페이 등 주로 비금융권 사업자가 제공

모바일 간편결제는 새로운 지불수단이라기보다 기존 카드 방식의 지불을 좀 더 편하게 사용할 수 있게 한 기술적 서비스 개념이다. 사용자의 지불절차에 대해 모바일 웹을 통한 일반지불과 간편결제를 [그림 6-17]에서 비교하였다. 모바일 간편결제는 기존 모바일 카드에 의한 지불의 복잡성을 축소해 편의성을 향상시킨 것이라고 볼 수 있으며, 모바일 간편결제의 지불규모는 향후 보다 확대될 것으로 예상되고 있다.

모바일 지불서비스의 특징은 모바일 인터넷을 통한 온라인 지불뿐만 아니라, 오프라인에서도 일상생활에서 모바일 단말기(스마트폰)를 마치 지불수단처럼 활용하는 형태가 가능하다는 점이다. 모바일 카드 또는 모바일 간편결제에 의한 온라인 또는 오프라인상에서 지불방식을 정리하면 [표 6-5]와 같다.

방식		지불서비스 형태
모바일 카드	온라인	• 모바일 지불 앱에서 1회용 결제코드를 입력하는 형태로 지불(모바일 간편결제 방식을 접목)
	오프라인	• USIM 방식: 스마트폰에 사용하는 USIM칩에 카드를 저장하고 NFC를 이용해 전용단말기에 접촉하여 지불 • 앱 방식: 스마트폰에 전용 앱을 설치하여 카드를 등록하고 이를 실행하여 NFC(근거리통신방식)·QR·바코드 등으로 결제
모바일 간편결제	온라인	• 신용·직불카드 정보를 미리 입력(또는 등록) • 지불시 비밀번호, SMS, 생체인식 등을 통한 본인인증으로 지불 (예: 카카오페이, 네이버페이)
	오프라인	• 신용·직불카드 정보를 미리 입력(또는 등록) • 본인인증 후 NFC 또는 마그네틱 전용단말기에 스마트폰을 접촉하거나 QR/바코드를 스캔하여 지불(예: 삼성페이, 애플페이)

표 6-5 온라인 및 오프라인상에서 모바일 지불방식

(4) 모바일 지불 서비스의 참여자

지불자와 피지불자 이외에 모바일 지불의 서비스를 구성하는데 가장 중요한 참여자는 이동통신사, 금융기관, 모바일PG 등이며, 각 참여자의 역할은 다음과 같이 정리할 수 있다.

- **이동통신사업자**: 이동전화망(wireless cellular network)을 통해 지불처리를 위한 정보전송의 통신인프라 역할을 통해 은행 또는 신용카드사의 모바일 지불서비스를 위한 전송망으로서의 역할을 하며, 요금청구서(phone bill)를 통한 통합과금형을 위한 지불승인과 과금대행 업무의 역할을 수행한다.
- **은행, 신용카드사 등 금융기관**: 소비자 및 판매자의 지불처리에 사용되는 소비자 계정을 발급·유지·관리하고, 거래승인 및 거래내역을 관리한다.
- **모바일PG**: 이동통신사업자 또는 금융기관과 제휴하여 모바일 지불 솔루션을 제공하고, 상품 판매자로부터 무선으로 전송된 거래내역을 이동통신사나 금융기관에 전송하여 지불처리를 매개하는 역할을 수행한다. 국내에는 다날, 모빌리언스, 엠차지정보기술, 인포허브, 파네즈 등의 사업자가 있다.

3.3 P2P 전자지불방식

'P2P 지불'에서의 P2P는 '개인간'이라는 의미의 person-to-person을 뜻한다.

| 그림 6-18 | 페이팔(Paypal)의 서비스 사이트 |

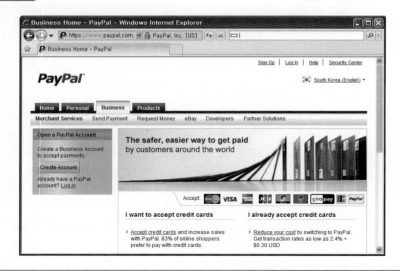

1999년 미국의 페이팔(www.paypal.com, [그림 6-18])에 의해 본격화된 P2P 지불방식은 이메일(e-mail)을 통해 마치 개인간 직접지불이 이루어지는 형태로 보이기 때문에 'e-mail지불' 또는 'e-mail뱅킹' 등으로 일컬어지기도 하였다. P2P 지불서비스는 '전자지불의 우수한 기능성(보안성, 편의성, 안정성 등)'과 '기존 금융기관 서비스와 원활한 연계'를 장점으로 하여 폭발적인 성장세를 보였으며, 현재 동일한 서비스를 제공하는 업체가 경쟁하고 있다.

P2P 지불서비스는 국내에서도 2000년대 초에 은행을 중심으로 다수 서비스가 제공되었다. 페이레터(www.payletter.com), 메일캐스터(www.mailbanking.co.kr), 주택은행(www.npaykorea.com), 신한은행(www.moneymail.co.kr) 등의 초기 국내 P2P 지불서비스는 P2P 지불의 전용계좌, 일반 은행계좌, 또는 신용카드 등에서 지불금액이 인출되는 방식을 사용하였으나, 예상과 달리 크게 확산하지 못하였다. 그러나 모바일 인터넷 환경 및 핀테크기업의 서비스 확산에 힘입어 P2P 지불서비스가 국내에서도 급속히 확산되고 있다.

일반적인 P2P 지불과정에서 지불자 'A'가 피지불자 'B'에게 금액 'C'원을 지불하는 경우의 처리과정은 다음과 같다.

〈단계 1〉 지불자 'A'는 P2P 지불서비스의 회원으로 가입한다. 이때 반드시 본인의 e-mail주소 또는 SNS 계정 등에 등록되어 있어야 한다.

〈단계 2〉 'A'는 자신이 '지불 또는 청구할 은행 및 은행계좌번호'(또는 '지불할

그림 6-19   국내 P2P 전자지불서비스 사례(www.mailbanking.co.kr 참조)

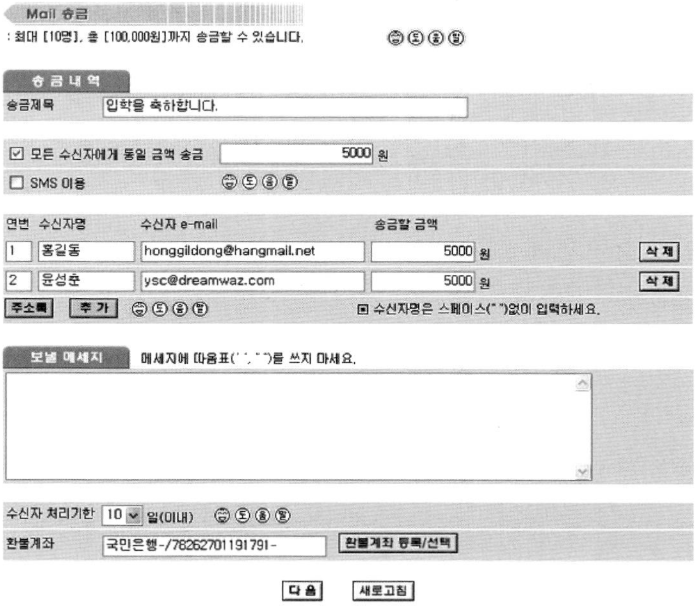

신용카드번호')를 서비스제공자의 사이트에서 저장한다. 이때 복수개
의 은행계좌나 신용카드도 무방하다.

〈단계 3〉 'A'가 피지불자 'B'에게 지불할 경우, 〈그림 6-19〉와 같이 P2P 지불서
비스 사이트에서 'B'의 e-mail과 지불금액 'C'를 중심으로 내용을 명
시한 후 지불(송금)을 확인한다.

〈단계 4〉 P2P 지불서비스 제공자는 명시된 'B'의 e-mail주소로 송금이 되었다
는 내용을 전송한다.

〈단계 5〉 e-mail을 받은 'B'는 P2P 지불서비스 사이트에 접속하여 지불받을 은
행계좌를 입력 또는 미리 입력된 은행계좌 중에서 선택하거나, 또는
미리 구좌를 선정하여 바로 입금처리되도록 한다. ('B'가 해당 서비스
에 회원이 아닌 경우 신규로 회원가입을 하여야 한다.)

〈단계 6〉 P2P 지불서비스 제공자는 'B'가 지정한 은행계좌로 지불금액을 입금
하건, 미리 선정된 'B'의 구좌로 입금처리한다.

모바일 인터넷 환경과 SNS 서비스와 같은 정보서비스의 혁신으로 이상에서 정
리한 P2P 지불의 처리과정은 지불 편의성의 향상을 위해 여러 변형과 보완된 방식

의 제공이 가능할 것이다. 그리고 P2P 전자지불서비스의 시스템구성은 [그림 6-4]와 거의 유사한 방식으로 구성되어 있다고 할 수 있다. 즉 금융망 서비스와 연결되는 P2P 지불시스템이 지불게이트웨이(PG)의 역할을 한다고 할 수 있다. 다른 지불방식과의 차이점으로는, P2P 지불서비스 제공자가 가입자의 계좌 또는 신용카드 정보를 보관해야 하고 피지불자들에게 지불을 통지할 e-mail, SMS, SNS 등의 송수신 기능이 추가로 필요한 것으로 볼 수 있다.

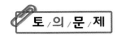 **토/의/문/제**

01 전자지불서비스의 구성에 주요역할을 하는 지불게이트웨이의 기능 및 사업적 수익에 관하여 토의하시오.

02 인터넷 쇼핑몰에서 상품주문을 위해 신용카드로 지불한 경우, 기존 금융사(신용카드사, 은행, 금융결제원 등)가 처리하는 내용을 설명하여 보시오.

03 인터넷상에서 게임이나 정보거래 등에 필요한 소액거래를 위해 전자지불서비스가 가져야 하는 특성에는 어떤 것들이 있겠는가?

04 모바일 지불서비스에서 가능한 편의성과 이를 위해 추가적인 기능에는 어떠한 것들이 있겠는가?

참고문헌

- 김홍식, 간편결제서비스에 관한 연구: 전자지급결제대행(PG)을 중심으로, 경영법률, 제 30권, 제4호, pp.189-224, 2020.
- 박병주 · 곽진, 국내외 핀테크 서비스 및 동향, TTA journal, 제172호, pp.16-20, 2017.
- 박재석 등, 핀테크의 발전 배경과 주요 동향, 한국통신학회지, 제33권, 제2호, pp.52-58, 2016.
- 삼정KPMG 경제연구원, 간편결제 시장의 경쟁 심화와 기업의 대응방향, 2018.
- 서승우, 전자결제/금융보안, Industry Report, 2014.
- Laudon, K. C. and Traver, C. G., E-Commerce 2015 (7'th Ed.), Pearson, 2015.
- Turban, Efraim et al., Electronic Commerce: A Managerial Perspective, Pearson, 2008.

1. '반란군' 핀테크, 금융산업을 점령하다 (조선일보 2021년 9월 10일)

지금 한국을 대표하는 금융회사는 어디일까. 신한금융이나 KB금융을 떠올리기 쉽지만, 주식 시장이 평가하는 기업가치로 본다면 단연 카카오뱅크다. 8일 현재 이 은행의 시가총액은 34조 3497억원으로 국내 양대 금융지주인 KB금융(21조8299억원)과 신한금융(19조9407억원)을 가볍게 따돌린다. 핀테크〈키워드〉 기반의 이른바 인터넷 은행이 수십 년 넘는 역사를 자랑하는 한국 대표 은행을 모두 제친 것이다.

이는 한국만의 현상이 아니다. 7월 초 영국에서는 국제 송금 스타트업 '와이즈(Wise)'가 상장 첫날 주가가 급등. 시가총액이 120억달러(약 14조원)에 육박했다. 이는 런던증권거래소에 상장한 기술 기업 사상 최대 규모일 뿐 아니라, 금융 시장 전망치(60억~70억달러)를 두 배 가까이 웃돈 것이다. 와이즈는 2011년 "은행의 비싼 해외 송금 수수료를 낮추겠다"는 목표로 만들어진 핀테크 기업이다.

본래 핀테크는 전통 금융의 빈틈을 메우는 틈새 비즈니스로 시작했다. 하지만 적극적 인수ㆍ합병(M&A)으로 은행ㆍ증권ㆍ결제ㆍ환전ㆍ송금 등 금융 전 영역을 장악, 기존 금융회사들을 밀어내고 주류로 등극하고 있다. 시류에 민감한 돈(투자)의 흐름이 이를 증명한다. 5년 전, 글로벌 금융주 시가총액 최상위는 중국공상은행(3,080억달러), 웰스파고(2,250억달러), JP모건(2,180억달러), 중국은행(1,853억달러) 등 기존 은행들의 독무대였다. 하지만 이 중 지금도 시가총액 최상위에 남아 있는 기존 은행은 JP모건(4,766억달러)과 뱅크오브아메리카(3,454억달러) 단 2개뿐이다. 나머지는 첨단 기술로 무장한 핀테크 중심의 금융회사들이다. 세계 최대 결제 서비스 업체 비자(4,940억달러)가 1위, 페이팔(3,397억달러)과 마스터카드(3,357억달러)가 각각 4, 5위다.

글로벌 시장조사 기관 CB인사이트에 따르면 올해 2분기 글로벌 벤처캐피털(VC) 전체 투자액 (1,562억달러)의 약 22%인 337억달러(약 39조원)가 핀테크로 흘러들어 갔다. 같은 기간 전자 상거래(163억달러)나 인공지능(154억달러), 사이버 보안(67억달러) 등에 몰린 투자액의 2~5배에 달한다. 영국 이코노미스트는 "핀테크에 놀라운 일이 벌어지고 있다"며 "금융시장의 반란군이었던 핀테크가 이제 기득권(the establishment)으로 올라섰다"고 했다.

기존 은행들은 이중의 위기에 처했다. 저금리 장기화로 주(主) 수익원인 예대마진(대출 이자 수익과 예금 이자의 차이)이 악화해 수익이 줄어든 데다. 어느새 어깨를 나란히 한 핀테크와 생존 경쟁까지 해야 한다. 제이미 다이먼 JP모건 회장은 지난 4월 주주 연례 서한에서 "은행들은 핀테크 및 빅테크 기업과의 광범위한 경쟁에 직면해 있다"며 "결제·예금·대출 같은 상품들이 기존 은행 시스템에서 이탈하고 있다"고 우려했다.

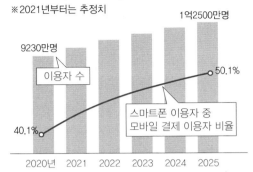

미국 핀테크(모바일 결제) 이용자 수 전망
※2021년부터는 추정치

자료: 이마케터

글로벌 은행들은 우선 구조 조정에 나섰다. 주요 고객을 부유층과 기업으로 좁히고. 조직의 덩치를 줄이고 있다. 시티그룹은 올들어 한국을 포함해 중국. 호주 등 13국에서 개인 고객을 상대로 한 소비자 금융 업무를 철수키로 했다. 웰스파고는 올해 상반기에만 전체 지점의 3%인 지점 154곳을 폐쇄하고. 인력을 6% 감축했다. 국내에서도 KB국민·신한·하나·우리·NH농협 등 5대 시중은행이 지난 한 해 동안 점포 216곳 문을 닫았다.

동시에 핀테크 기업 인수. 핀테크 기업과 파트너십 체결 등의 보완책을 내놓고. 디지털 전환도 도모 중이다. 미국 최대 은행 JP모건은 작년 12월 이후 6개월 동안 자동 재무 포트폴리오 구축업체 '55ip', 영국 로보어드바이저 업체 '넛메그', ESG(환경·사회·지배구조) 특화 자산운용사 '오픈인베스트' 등 핀테크 업체 세 곳을 인수했다. 이로 인해 올해 2분기 JP모건과 골드만삭스. 모건스탠리. 뱅크오브아메리카. 시티그룹 등 미국 5대 은행의 비용 지출은 전년 동기 대비 10% 넘게 급증했다. 액수로는 66억달러(약 7조7,000억원)에 달한다.

국내 대형 금융지주들은 금융 당국에 "인터넷 전문 은행 허가를 달라"는 요청까지 한 것으로 알려졌다. 기존 대면 금융을 보완하는 모바일 앱 만으로는 독점 메신저 카카오톡에 기반한 카카오뱅크는 물론. 다음 달 출범할 토스뱅크 등과도 경쟁이 어렵다고 판단한 것이다. 금융권에선 "내년 대선 이후 본격적 논의가 이뤄질 것"이라는 전망이 나온다.

2. 디지털금융 협력, LG전자·신한금융 사업제휴 (디지털타임즈 2017년 11월 9일)

LG전자와 신한금융그룹이 정보기술(IT)과 금융을 접목한 '디지털금융' 사업에 손을 잡았다. 지난 8일 LG전자 최고기술책임자(CTO)인 안승권 사장과 임영진 신한카드 사장은 서울 소공로 신한카드 본사에서 '디지털 금융사업 제휴'를 맺었다. 두 회사는 LG전자의 모바일 결제 서비스인 'LG페이'. 신한카드의 모바일 생활금융 플랫폼인 '신한카드 FAN(판)' 등의 인프라를 활용해 간편하게 결제할 수 있는 플랫폼을 구축하기로 했다.

특히 LG전자의 인공지능(AI) 플랫폼과 연동해 스마트폰뿐 아니라 냉장고. 로봇. 스피커. 커넥티드카. 사물인터넷(IoT) 기기 등 다양한 제품에 이를 확대 적용하기로 했다. 또 LG전자의 인공지능

(AI) 기술, 신한카드의 빅데이터 분석 기술 등을 결합해 맞춤형 추천·주문·결제 등 새로운 서비스를 공동 발굴하고, 마케팅에서도 협력하기로 했다. 예를 들어 스마트 냉장고 센서를 통해 보관 중인 식품이나 식재료 양을 스스로 인식한 뒤 필요한 경우 소비자 구매 패턴에 따라 관련 상품을 추천, 간편하게 결제할 수 있게 하는 방식이다.

사례연구 **토의**

1. 핀테크 기업들이 전통적인 은행에 대해 우위를 점할 수 있는 기회와 강점 요인들에 관해 정리해보시오.
2. 전자분야와 같은 기술산업과 금융분야가 서로 시너지효과를 가질 수 있는 서비스분야 또는 비즈니스모델을 제안하여 보시오.
3. 인터넷 전자지불 분야의 진보와 발전에 공공의 규제 또는 제약이 미치는 필요성과 부담을 나열해 보시오.
4. Web 3.0 또는 사물인터넷이 가져오는 변화에 따라 전자지불서비스의 가능한 발전방향에 관하여 토의해보시오.

PART

03

e-비즈니스 관리

CHAPTER 07

전사적자원관리

글로벌 경쟁시대라고 불리는 오늘날의 경영환경은 연구개발, 생산제조, 물류관리, 재무회계 등의 활동이 여러 곳으로 분산되어 관리되는 기업환경을 가지게 되었으며, 변화하는 환경에 적응하기 위해 많은 기업들은 경쟁우위(competitive advantage)를 확보하기 위한 수단으로 정보기술의 활용을 적극적으로 고려하고 있다. 특히 1990년대 중반에 등장한 전사적자원관리(Enterprise Resource Planning: ERP)는 기존의 부문별 정보시스템을 전사적 자원으로 통합하여 관리하고자 하는 새로운 통합정보시스템으로 인식되고 있다.

ERP시스템은 정보기술(IT) 시장의 수요 규모나 발전에 있어서 기존의 다른 정보기술보다 훨씬 높은 성장률을 가지고 있으며, 그 확산 정도가 넓다고 할 수 있다. 특히 업무재설계(BPR)와 같은 프로세스 혁신을 위한 대안으로 인식되면서 기업의 경영활동이나 경쟁방식을 혁신시키는 새로운 개념으로 받아들여지고 있다. 따라서 ERP시스템의 성공적인 구현 및 산업내 확산이 중요한 이슈로 부각되고 있다.

ERP시스템의 확산은 2000년대 이후 대부분의 기업들이 ERP의 도입과 활용에 대한 관심이 높아지면서 기업 내 여러 부서간의 장벽을 허물고 전체 기업의 관점에서 업무흐름을 재정립하려는 업무재설계(BPR) 활동이 적극적으로 추진되면서 경쟁우위 확보를 위한 기업 간 프로세스인 공급망관리(SCM)와 연계되어 추진되기도 한다. 이 장에서는 ERP시스템의 출현배경과 목적 그리고 특징에 대해서 살펴보고, ERP시스템의 도입을 위한 기준과 과정에 대해 알아보고, ERP 도입에 따른 효과와 향후 전망에 대해 살펴보고자 한다.

시장의 글로벌화와 디지털 경영환경이라는 새로운 기업환경을 맞이하고 있는 오늘날의 기업은 시장에서의 경쟁우위 확보를 위해 기존의 국부적인 단위업무나 기능에서 벗어나 기업을 전체적인 관점에서 경영활동을 추진하기 위해 노력하고 있다. 특히, 기존의 부문 내 프로세스에서 부문 간의 프로세스를 포함하여 업무재설계를 하는 과정에서 중복되거나 불필요한 업무영역을 없애고, 프로세스의 통합적 운영을 고려하여 정보화를 추진하고 있는 것이다. ERP시스템이 출현하게 된 배경은 조직의 불필요한 업무영역을 제거하고 핵심역량을 결집함으로써 전사적으로 경영자원을 최적화하려는 경영혁신이 필요하였기 때문이다. 본 절에서는 디지털 경영환경에서 정보통신기술의 발전에 따라 기업을 전사적으로 관리할 수 있는 정보화 도구인 ERP시스템의 출현배경과 목적을 살펴보고, ERP시스템의 기능적이고 기술적인 특징에 대하여 서술하고자 한다.

1.1 ERP시스템의 출현배경

오늘날 기업은 급변하는 경영환경에 대응하기 위해 경쟁력 확보를 위한 끊임없는 노력과 혁신을 추구하고 있다. 특히 컴퓨터와 정보기술의 급속한 발달로 인해 짧은 시간 내에 전 세계에 걸쳐 정보전달이 가능하게 됨에 따라 기업의 국제간 거래가 확산되고, 경영의 범위도 국경을 초월하여 그 거래 규모가 날로 팽창하고 있다. 이러한 시장환경의 변화에 따라 기업들은 경쟁력 향상을 위해 내적 합리화 노력을 많이 해왔고, 부문별로 자동화를 통한 생산성 향상 또는 효율성 향상을 추구하여 왔다. 이러한 활동은 특정 부문이나 한정된 업무영역을 목표로 부문 최적화(local optimum)를 추진하였기 때문에, 기업 전반적이고 종합적인 최적화(global optimum)를 달성하지 못하였다는 한계점을 가지고 있었다.

ERP의 개념은 1970년대의 자재소요계획(Material Requirement Planning: MRPI)과 1980년대의 제조자원계획(Manufacturing Resource Planning: MRPII), 생산관리 분야의 JIT(Just In Time), TQM(Total Quality Management), 경영관리 분야의 경영정보시스템(Management Information System: MIS) 등을 기반으로 하여 발전된 개념이며, 초창기의 자재재고 및 구매관리에서 출발하여 생산능력 및 설비

관리의 영역으로 확장되었고, 최근에는 구매, 생산, 판매, 회계, 인사, 원가 등의 영역까지 확대되어 기업 전체적인 관점에서 경영자원을 최적화하고자 하는 목적을 가지고 있다.

1970년대에 시작된 MRP는 제품을 구성하는 모든 요소 즉 원자재, 부자재, 반제품 등에 소요되는 자재수급계획과 생산관리를 통합시킨 최초의 체계적인 정보관리 기술로 어떤 물건(원자재나 부자재, 반제품 등)이 언제, 무슨 제품에 필요한지를 예측하도록 하여 기업 자원의 비능률적인 활용이나 낭비를 제거할 수 있도록 해 주었다. 그러나 초창기의 MRP시스템은 보편적 개념성과 다양한 적용성을 가지고 있는 것에 반해 컴퓨터 성능의 부족, 정보통신기술의 미확산, 데이터베이스 기술의 미활용 등으로 단순한 자재수급 및 재고관리 등의 영역에 한정되어 사용되는 한계점을 가지고 있었다.

MRP보다 한 단계 발전된 형태인 MRPII는 MRP의 문제점이 단순한 자재소요계획을 수립하여 제품 생산공정에 필요한 기능을 지원하는 업무영역에서 벗어나 전체적인 생산제조자원(설비능력, 생산계획, 공정관리, 창고관리 등)에 대한 업무영역으로 확대되어 제품수주에 따른 제조자원관리 영역의 업무까지 포함하는 개념으로 확대되어 최적화된 제조활동을 실현 가능하게 함으로써 효과적인 생산관리 및 제조자원에 대한 관리가 가능하게 되었다. 즉 MRPII 시스템은 수주 데이터를 근거로 생산일정 스케줄링이나 생산능력에 대한 시뮬레이션 등 생산활동을 분석하는 도구가 추가되면서 더욱 지능적인 생산관리 활동이 가능하게 된 것이다.

특히 시장환경이 글로벌화 됨에 따라 생산 및 물류의 거점이 국내외 여러 곳

그림 7-1 기존 정보시스템의 문제점

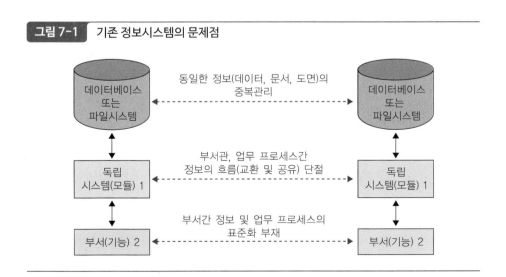

에 산재하게 되고 국제경쟁력 강화차원에서 전사적인 인적(man), 물적(material), 재무적(money) 자원에 대한 최적 관리와 제품생산을 위한 자재 수·발주, 납기를 맞추기 위한 적정재고 및 제조자원관리 등이 실시간으로 이루어져야 할 필요성이 높아졌다. 과거 소품종 대량생산에서 다품종 소량생산의 고객지향 체제로 전환되는 2000년대에 들어서면서 기업은 과거보다 더 많은 생산품목과 자재를 관리해야 되며, 제한된 생산자원(설비, 공간, 시간, 인력 등)을 가지고 올바른 의사결정을 위해서는 거래처와의 영업활동, 협력사와의 자재수급활동, 그리고 연구개발에 따른 제품설계 변경 등을 고려하여 다양한 형태의 조직적 업무활동을 정보시스템으로 처리해야만 하는 상황에 처하게 되었다.

[그림 7-1]과 같이 기존의 정보시스템은 단위부서의 업무기능을 지원하여 부서내에 필요한 업무기능을 지원하여도 만족할 수 있었지만, 시장의 글로벌화에 따라 다품종 소량생산체제로 생산환경이 변화하면서 고객과의 제품 공급체계를 유지하기 위해서는 내부적으로 철저한 제조자원에 대한 관리뿐만 아니라 협력회사와의 자재수급이 적기에 이루어질 수 있도록 조직 내외의 가치사슬구조를 획기적으로 혁신해야만 하는 상황에 처하게 된 것이다.

(1) ERP시스템의 개념과 정의

ERP시스템은 기업의 제품생산과 판매를 위한 자재·생산·영업·물류 등의 본원적 활동뿐만 아니라 회계·인사·재무·기술개발 등과 같은 지원활동을 통합

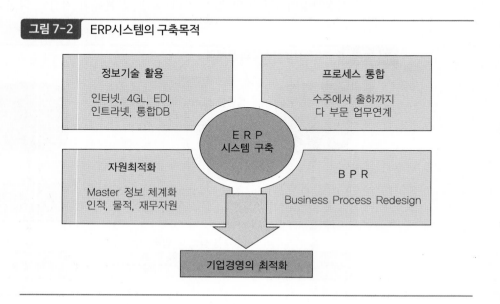

그림 7-2 ERP시스템의 구축목적

하여 기업이 보유하고 있는 각종 유·무형의 경영자원을 전사적으로 통합 관리할 수 있게 해주는 정보시스템을 의미한다. 기존의 정보시스템은 자재관리시스템, 생산관리시스템, 영업관리시스템, 회계관리시스템 등 주로 특정 업무분야를 지원하는 시스템이어서 부문별 정보화에 따른 업무지원에는 문제가 없었지만, 경영환경의 변화에 따라 기업 전체가 시장의 요구와 변화에 적극적으로 대응하면서 조직이 보유한 인력, 자금, 물자 등의 흐름을 정확하고 신속하게 처리하기 위한 목적으로 ERP와 같은 개념의 정보시스템이 필요하게 된 것이다.

ERP시스템은 1970년대 경영정보시스템(Management Information System: MIS)의 출현이나 1980년대의 전략정보시스템(Strategic Information System: SIS)의 출현과 마찬가지로 기업경영을 위한 새로운 개념이며, 정보시스템의 한 유형이다. ERP를 현행 정보시스템의 대체를 위한 단순한 패키지 도구로 파악하는 것이 아니라 기업이 직면하고 있는 경영과제를 해결하기 위한 기초이자 근간이 되는 경영관리 개념으로 인식하는 것이 중요하다.

가트너 그룹의 정의에 의하면 ERP는 제조, 재무, 물류 그리고 다른 경영기능이 조화를 이루도록 지원하는 응용프로그램의 집합이라고 하였다. 즉 ERP는 경영목표 달성을 위해 경영자원을 효율적으로 관리하고, 경영활동이 제대로 발휘하도

그림 7-3 ERP시스템의 처리방식

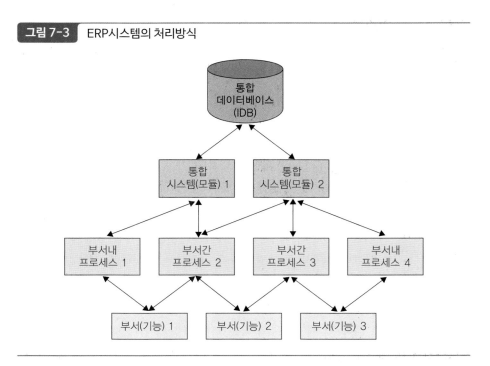

록 지원하는 통합정보시스템이라 할 수 있다. ERP시스템의 가장 큰 특징 중의 하나는 영업, 생산, 구매, 재고, 회계, 인사 등 회사 내의 모든 단위업무가 상호 긴밀한 관계를 가지면서 실시간으로 통합되어 처리된다는 것이다. 이러한 업무통합을 통해 기존 MIS의 개념이 제안하고 있는 부분 최적화에서 전체 최적화가 가능하게 되었으며, 과업(task)이나 기능(function) 중심적인 업무처리 방식에서 다부문(cross-functional)에 걸친 프로세스 지향적인(process-oriented) 업무처리방식으로 인식해야 한다.

ERP시스템이 출현하면서 기존의 정보시스템 개발 및 운영 방식은 상당한 변화를 가져오고 있다. 기존의 기업내 정보시스템이 전산실이나 정보시스템 부서를 통해서 현업 요구를 기준으로 분석하고 설계하여 시스템을 구현하는 절차를 거친데 반해, ERP는 자체개발방식 이외에도 공급업체(vendor)가 제공하는 ERP 패키지를 기반으로 기업의 업무에 맞도록 커스터마이징(customizing) 해주는 방식으로 개발이 추진되고 있다. 그 이유는 ERP시스템이 기업의 경영활동 대부분을 포함하는 넓은 업무영역을 가지고 있기 때문이며, 타 부문과의 업무 및 데이터 연계가 복잡하기 때문이다. ERP시스템을 적용하기 위해서는 기존의 업무방식을 근본적으로 재설계하고 업무나 자원의 흐름을 실시간(real time)으로 파악할 수 있도록 사내 모든 업무와 자원을 통합적으로 관리할 수 있어야 한다.

ERP시스템 구현에 필요한 관련 지식으로는 현업부서의 업무지식(process knowledge)에 대한 중요성뿐만 아니라 ERP 기술지식(technology knowledge), 그리고 ERP 구축 이후의 운영지식(operation knowledge) 등이 있다. 대부분의 기업은 이 모든 지식을 보유한 전문조직이나 인력이 없으므로, 대부분의 경우 정보시스템 부서에 의존하게 된다. 하지만 정보시스템 부서만으로는 ERP 도입과 구현을 수행하기에는 어려움이 있으며, 현업부서의 주요 프로세스 담당인력이 협력하여 ERP 구현을 추진하는 것이 필요하다. 또한 기존의 IT 적용이나 유지보수 업무보다는 최신 정보기술의 검토와 분석 그리고 IT의 전략적 활용에도 많은 관심을 가지고 전문성을 높이는 노력이 필요하다.

최근 대부분의 국내외 기업들은 전통적인 기업 경영방식으로 더 이상의 수익성 제고나 고객만족을 달성하기 어렵다는 인식하에 정보기술의 적극적인 활용방안과 계속적인 경영혁신 노력을 통해 기업 간 경쟁에서 살아남는 노력을 추구하고 있다. 뿐만 아니라 기업의 공급사슬구조에서 부품을 공급하는 협력업체와의 관계, 제품 설계 및 원가자료의 확보, 사업부간의 연결 재무제표 작성, 공인된 회계감사의 의무화, 해외 투자자본의 유치 등을 위해 투명하고 성숙한 기업 위상을 확립하기 위해서도 ERP시스템과 같은 전사적 정보화의 추진이 필수적인 요건이 되고 있다. 이러한 요건을 만족시키기 위한 ERP시스템의 적용은 오늘날 변화하는 환경에 적극적으로 대응하고 기업 경영활동의 체계적인 수행이라는 측면에서 중요한 사안이 아닐 수 없다.

(2) ERP시스템의 발전단계와 추세

1990년대에 대부분의 기업은 소품종 대량생산의 제조환경에서 다품종 소량생산의 형태로 전이되기 시작하였으며, 고객 지향의 업무체계가 각광받기 시작하였다. 이전보다 수주관리, 판매관리 등의 기능이 보다 중요하게 되었고, 제조활동과 관련된 재무회계 처리의 중요성이 인식되기 시작하였다. 다시 말하면 MRPI과 같은 자재소요계획의 제한된 영역보다는 수주, 생산, 설비, 재고 등의 기능을 포괄적으로 고려하면서 제조자원의 최적화관리를 요구하는 MRPII의 제조자원관리가 상당히 확산되어 적용되고 있었다.

표 7-1 정보시스템의 변천과정

시스템 내용	MRP-I	MRP-II	ERP	ERP-II
명칭	자재소요계획 (Material Requirements Planning)	제조자원관리 (Manufacturing Resource Planning)	전사적지원관리 (Enterprise Resource Planning)	확장형 ERP (Extened ERP)
연대	1970	1980	1990	2000
범위	생산계획 자재구매 재고관리	생산, 설비, 구매, 재고 등의 제조자원	기업의 전 업무대상(영업, 생산, 자재, 물류, 품질, 인사, 회계, 원가	기업의 전 업무대상과 SCM, CRM, PDM 통합
기능	생산과 자재 소요계획	생산계획, 생산일정계획, 자재소요량 계획, 능력소요계획, 작업우선순위	기업의 전 업무 기능 지원	기업내 전 업무지원과 공급망관리, 고객관계관리, 제품데이터관리
도입효과	비용절감, 효율향상, 고객요구대응, 판매예측향상	기업의 효율성 향상, 비용절감, 생산량 증대, 유휴시간 감축	업무프로세스 최적화, 관리통제, 비용절감, 기업의 효율성 향상, 품질향상, 고객만족, 수익성 향상	ERP의 효과에 추가하여 고객관계관리, 협력사를 고려한 생산계획과 스케줄링, 전략적 가치관리
한계점	기업 내부의 전반적인 관리를 지원하기에는 미흡	시스템의 한계와 낮은 성공률, 기업 내부 프로세스 확립 미흡	업무적 한계, 기능간의 연동을 통한 통합적 관리	기업의 네트워크 형성과 네트워크 경쟁력을 위한 Hub의 구축 미흡

MRPII는 판매계획, 생산계획, 자재소요계획, 생산능력계획, 부하분석 등의 생산계획과 통제과정에 있는 여러 기능들이 하나의 단일 시스템으로 통합되어 있는 것을 의미한다. MRPI과 MRPII 시스템의 차이점은 제조자원의 관리정도이다. MRPI은 생산에 필요한 자재소요량을 계산하고, 자재 재고관리와 연계하는 업무영역이라면, MRPII는 사람(Man), 설비(Machine), 자재(Material)의 제조자원 부하율을 고려하는 방법으로 RCCP(Rough Cut Capacity Planning), CRP(Capacity Requirements Planning)가 사용되고, 재무회계, 재고관리, 원가관리 등과 연계되어 관리되기 때문에 제조자원계획으로 불리고 있다.

2000년대 이후부터 기존 ERP 개념에 기능적·기술적 요구가 추가되어 발전됨으로써 확장형 ERP가 등장하게 되었으며, 조직내 업무의 한계를 벗어나 기업의 관계 Network 형성 그리고 기업이 보유한 Network간의 경쟁으로 시장환경이 전환되면서 ERP의 기능에 공급망관리(SCM), 제품데이터관리(PDM), 고객관계관리(CRM) 등의 기능이 추가적으로 보완되었다.

또한 전자문서교환(EDI), 전자상거래(CALS/EC), 전자무역(e-Trade) 등의 지원으로 기업의 국제화 기능이 필수적으로 고려되면서 확장형 ERP는 기업의 생산, 물류, 인사, 회계업무 중심의 고유기능에서 SCM, CRM, PDM과 같은 추가기능 이외에도 경영혁신 지원과 선진 정보화 기술 지원, 산업유형에 따른 기능 지원, 산업내 국가간 경쟁을 지원하는 Hub 시스템의 확대 적용을 통해 글로벌 환경에서의 기업간 Network 경쟁으로 변화하는 양상이며, 이를 지원하기 위한 글로벌 e-비즈니스 시스템으로 진화하고 있다.

1.2 ERP시스템의 목적과 구축방법

(1) ERP시스템의 목적

기업은 경영 활동의 수행을 위해 구매, 생산, 판매, 인사, 회계, 자금, 원가, 고정자산 등의 운영시스템을 갖고 있는데, 이처럼 ERP는 전 부분에 걸쳐있는 경영자원을 하나의 통합된 시스템으로 구축하여 전사적 경영자원을 최적화하려는 대표적 기업 리엔지니어링(reengineering) 기법이다. ERP의 주된 목적은 구매, 생산, 판매, 회계, 인사 등 사내 모든 업무를 기업의 목표와 전략에 맞게 근본적으로 혁신하고, 새롭게 설계된 업무 프로세스를 대상으로 정보기술을 활용하여 프로세스를 통합적으로 처리하고, 정보를 실시간으로 주고받을 수 있도록 하는 것이다. 이를 위해 ERP를 도입하고자 하는 기업은 기존 업무의 혁신을 고려해야 하며, ERP 시스템의 목표를 명확히 해야 한다. 최근 대부분의 ERP시스템은 패키지의 형태로 제공되고 있으며, 업무 프로세스 역시 ERP시스템 내에 선진 모범사례(best practice)를 내장하고 있기 때문에 기업체들은 별도의 첨단 경영기법이나 경영 컨설팅 또는 BPR(Business Process Redesign)을 하지 않고도 ERP 도입을 통해 자동적으로 경영혁신을 추진할 수 있는 효과를 얻을 수 있다.

(2) ERP시스템의 구축방법

ERP시스템은 기존의 정보시스템을 구축하는 방법과 비슷한 경로인 계획(Planning), 분석(Analysis), 설계(Design), 구축(Construction), 구현(Implementation) 등 5단계의 과정을 거쳐 구축된다. 하지만 ERP시스템의 구축과정에서 수행되는 작업은 기존 MIS 추진방식과는 큰 차이를 보이고 있다. 그 이유는 전사적 자원의 최적화를 위한 기존 업무의 재설계 과정이 필수적으로 따라야하기 때문이다.

예컨대 기존 정보시스템은 각 부문의 최종사용자 정보요구사항을 받아 기업의 업무환경에 적합하게 현행업무(AS-IS Process) 설계에 반영함으로써 향후 개발시스템의 구축 목표가 수립되는 데에 반해, ERP시스템은 ERP 구축시에 전사적 자원의 최적화를 위한 현행업무(AS-IS Process)를 분석하고, 다부문에 걸친 미래업무(TO-BE Process)를 설계하여 향후 개발될 ERP시스템에 반영하여 구축하기 때문에 업무재설계 과정이 추가적으로 필요하다. 또한 최근의 ERP 도입과정에서는 자체적인 개발의 어려움 때문에 ERP 패키지를 도입하게 되는데, 이 과정에서 대부분의 ERP 패키지는 선진 프로세스(Best Business Process)를 보유하고 있어 구현된 업무프로세스에 맞추어 현행 업무와 조직을 바꾸기도 한다.

따라서 ERP시스템은 구축이 시작되면서부터 끝날 때까지 기존 업무관행에 익숙한 조직 구성원들의 저항에 부딪치게 되며, 이를 극복해 나가야 하는 과정을 수없이 되풀이해야 한다. 또한 내부적으로 조직적 저항이 크거나 추진능력이 미흡할 경우에는 외부의 전문적인 컨설팅을 받게 되며, 조직이 크면 클수록 경영진부터 말단 사원에 이르기까지 변화관리(change management) 활동을 지속적으로 수행해야만 한다.

그러면 과연 어떻게 ERP시스템을 조직내에 안정적으로 구현할 것인가? ERP구축에 있어서 무엇보다 중요한 것은 조직내 불필요한 업무 프로세스를 제거하고 조직의 전사적 자원을 최적화하여 안정적으로 활용할 수 있도록 하는 것이 필요하다. 이를 위해서는 조직이 우선적으로 정보전략계획(ISP)을 수립하는 것이 중요하며, ISP 추진과정에서 개념적인 분석과 설계과정을 수행하여 업무의 불합리한 영역을 제거하고, ERP 구축에 대한 사전타당성을 평가하는 것이 바람직하다. ERP시스템의 구축방법은 크게 두 가지로 구분할 수 있다. 현황파악(AS-IS 분석)과 ERP 패키지 선정에 있어서 우선순위를 무엇으로 할 것인가가 중요한 과제이다. 성공적인 시스템을 구축하기 위해서는 무엇보다 자기 기업의 현주소를 명확히 하는 것이 첫 번째 방법이며, 자기 기업의 현주소 파악이 어려울 경우, 검증된 ERP패키지를 통해 자기 기업의 현주소를 평가해보는 것도 대안이 될 수 있다.

1) AS-IS 분석후 ERP 패키지 도입

ERP시스템의 구축방법으로 제안하는 첫번째 방법은 AS-IS 분석을 통하여 현행업무를 분석한 후, 현행업무의 문제점과 업무요구사항을 파악하고, 벤치마킹을 통해 기업에 적합한 패키지를 선정하고, 현행업무와의 비교를 통해 차이분석(Gap Analysis)을 수행하고, TO-BE 프로세스 개선안과 도입모듈에 대한 선정을 통해 ERP 실행계획을 수립하는 것이다. 패키지의 선정시에 전사적인 데이터 표준화작업은 동시에 수행한다.

그림 7-4 **AS-IS 분석에 따른 패키지 선정방식**

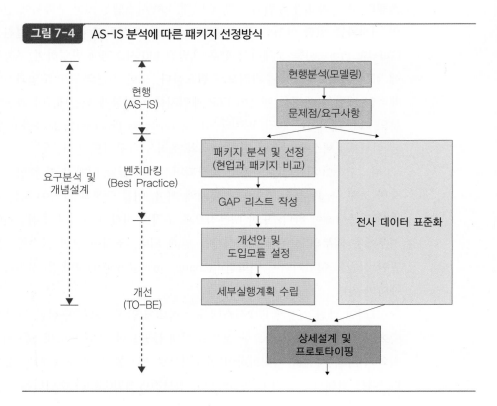

이 방식의 장점은 자사의 업무분석과정을 통하여 업무모델링을 수행하고, 현황파악에서 나타난 문제점과 업무요구사항을 분석함으로써 자사에 가장 적합한 ERP 패키지를 선정하기 때문에 자사와 적합한 ERP시스템을 구축할 수 있는 가능성이 높다. 또한 자사의 고유업무가 경쟁력이 있을 경우, 패키지에 추가적인 작업을 통해 커스터마이징을 수행할 수 있다. 하지만 단점으로는 자사의 고유업무 반영이라는 목표로 인해 자사 업무에 대한 분석기간이 길어지고, ERP 패키지가 보유한 최적 모범사례(best practice)의 반영이 미흡할 수 있으며, 커스터마이징 작업에 예상외로 시간이 많이 소요될 수 있다.

2) ERP 패키지 선정 후 AS-IS 분석

ERP시스템의 구축방법으로 제안하는 두번째 방법은 우선적으로 해당 산업에서 유명도와 구축실적이 많은 ERP 패키지를 선정하여 패키지가 보유한 최적 모범사례(best practice)를 기반으로 현행업무에 대한 AS-IS 분석을 통하여 현행업무의 문제점과 업무요구사항을 파악하고, 차이분석(Gap Analysis)을 수행하여 TO-BE 프로세스 개선안과 도입모듈에 대한 선정을 통해 ERP 실행계획을 수립하는 것이

그림 7-5 패키지 선정 이후의 AS-IS 분석 수행방식

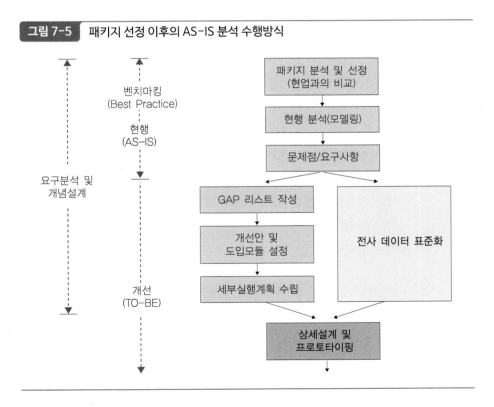

다. 이 방법도 패키지의 선정 시에 전사적인 데이터 표준화작업을 동시에 수행한다.

이 방식의 장점은 해당산업에서 시장조사를 통해 유명도가 높고, 구축경험이 많은 ERP 패키지를 선정하기 때문에 검증된 제품을 활용할 수 있으며, 패키지가 보유한 최적 실행사례(best practice)의 반영이 가능하며, 커스터마이징 기간이 단축되는 장점을 가진다. 하지만 단점으로는 자사의 업무분석에서 나타난 고유업무의 반영이나 자사와는 다른 업무유형을 반영하게 될 가능성이 높아 현업사용자의 불만이 발생할 소지가 높다.

1.3 ERP시스템의 특징

ERP시스템이 기존의 MRPI 혹은 MRPII 시스템과 다른 차이점은 전사적 자원에 대한 최적화를 목표로 하는 시스템이며, 지금까지의 기업 정보시스템 유형과는 다른 차별화된 기능을 가지고 있다는 점이다. 여기서는 ERP시스템이 가지는 기능적 특징과 기술적 특징에 대해 살펴보고자 한다.

(1) 기능적 특징

1) 산업별 업무기능을 지원하는 솔루션

ERP시스템은 공급업체가 제공하는 솔루션의 형태에 따라 크게 범용형 솔루션과 산업특화 솔루션 등의 두 가지 기능적 특징을 가지고 있다. 범용형 솔루션은 제조업을 중심으로 단속생산, 조립생산, 연속생산, 프로젝트생산에 이르는 다양한 생산형태를 지원하며, 패키지가 가진 시스템의 파라미터(parameter) 조정이나 프로그램의 수정 및 추가에 의해 대상기업의 업무를 지원하는 제품이다. 이에 대해 산업특화 솔루션은 특정 업종의 특성에 맞도록 프로세스가 구성되어 커스터마이징 작업이 거의 없이 해당산업의 최적 모범사례(best practice)를 기반으로 제품이 구성되어 있어 빠른 구현이 가능하다.

2) 글로벌 환경에서의 다국적 기업 지원

ERP시스템은 한 국가내의 단일 회사만을 지원하는 시스템이 아니라 글로벌 경영환경에 따른 다국적 기업을 지원하는 시스템으로써 여러 국가의 통화, 결제수단, 언어를 이용할 수 있도록 구성되어 있다. 국가 마다 화폐가 다르고, 거래에 따른 결제 방식이 다르며, 세금 제도가 다르기 때문에 다국적 기업의 지원이 중요하다. 현재 국내의 많은 기업들이 해외에 지점과 공장을 가지고 있으며, 해외의 다국적 기업이 국내에 제조기업이나 지사를 가지고 있어 글로벌 환경에서의 언어나 통화 그리고 회계제도의 변경이나 추가가 쉬운 시스템 기능을 지원해야 한다.

3) 통합된 업무 프로세스 지원

ERP시스템은 고객과의 영업지원, 제품 생산 및 부품 구매활동, 물류관리, 조직 구성원의 인사관리 등에 대한 프로세스를 분산 처리함과 동시에 통합적으로 관리할 수 있어야 한다. 특히 지역적으로 분산된 업무나 본사 및 대리점간의 거래지원, 협력업체와의 구매관리 등이 물리적으로 분산되어 있다하더라도 전사적 차원에서의 통합적 관리가 가능하도록 업무 프로세스의 통합이 이루어져야 한다. 또한 국내외적으로 분산된 본사와 해외지사간의 통합적 회계시스템은 국제적 기준에 의한 회계시스템으로 구현되어야 한다.

4) 파라미터 설정에 의한 단기간의 구현을 지원

ERP시스템은 기본적인 패키지 형태로 구성되어 있어 사용자들의 업무요구사항에 대하여 대부분의 업무기능을 지원하고 있지만, 입력화면이나 처리로직, 그리고 출력물에 대하여 사용자들의 새로운 요구사항이 발생할 경우에는 새로운 개발이 없이 패키지가 가지고 있는 프로그램의 기준정보 혹은 파라미터 설정으로 ERP시스템의 설치가 가능해야 하며, ERP 버전의 업그레이드 지원기능이 있어 상위버전으로 변경이 쉽게 이루어져야 한다. 이러한 점은 개발기간의 단축과 유지보수의 용이성으로 변경사항에 대한 투입공수를 줄일 수 있다.

5) 비즈니스 프로세스 모델에 의한 리엔지니어링 지원

ERP시스템은 산업별 최고 모범사례(best practice)를 참조모델(reference model)로 가지고 있다. 대부분의 ERP 공급업체는 업무재설계(BPR)가 완료된 이후의 ERP시스템 모델을 가지고 있기 때문에 기업의 전략이나 제조 및 서비스 기능이 다를 경우, 해당기업의 업무 프로세스에 대한 요구사항을 분석하여 ERP 프로세스와 매핑(mapping) 과정을 통해 ERP시스템이 구현되는 과정을 거치게 된다. 성공적인 ERP 구현이 되기 위해서는 업무분석 및 설계과정에서 적용된 새로운 업무 프로세스가 기업의 조직이나 업무, 그리고 제도 차원에서 조화롭게 구현될 수 있도록 업무혁신활동을 지원해야 한다.

(2) 기술적 특징

1) 클라이언트/서버 시스템

과거 중앙집중식 처리방식에서는 사용자가 사용하고 있는 터미널은 중앙의 HOST 컴퓨터로부터 얻어온 정보를 화면에 보여주는 단순한 단말기 역할을 수행하였다. 최근 사용자들이 사용하는 클라이언트 PC는 기능과 가격면에서 높은 성능을 보여주고 있으며, ERP시스템의 환경 구축에 있어서도 클라이언트/서버 아키텍처(Client/Server Architecture)를 채택하는 기업들이 대부분이다. 또한 지역적으로 분산화 처리가 가능하여 중앙의 ERP 서버에 부하가 크게 줄어드는 시스템 처리방식을 채택하고 있다.

2) 개방형 체제 및 다양한 정보기술 지원

ERP시스템은 업계표준과 국제표준을 채택하고 있는 다수의 공급업체로부터 개방형 시스템 환경을 구성할 수 있으며, 이기종간의 정보통합 및 활용에 있어서도 특정 하드웨어나 소프트웨어의 종류에 관계없이 사용이 가능하도록 기능이 구성되어 있다. 또한 갈수록 정보기술이 고도화되어 ERP 패키지의 개발에 있어서도 기존의 프로그램 개발방식에서 벗어나 4세대 언어(4GL)라고 불리는 프로그램 언어들과 컴포넌트 기반의 ERP 개발방식이나 클라우드 기반의 ERP 개발방식을 채택함으로써 이식성이나 호환성, 그리고 확장성에서 큰 장점을 가지고 있다.

최근에는 Web이나 모바일을 이용한 ERP시스템의 필요성이 대두되면서 웹 브라우저를 통한 ERP시스템의 접속이 가능해야 한다. 대표적인 4세대 언어로는 Visual Basic, C++, Power Builder, Delphi, Java 등이 있으며, CASE(Computer Aided Software Engineering) 도구를 이용한 컴포넌트기반의 개발방법(Component-based Development: CBD)으로 UML(Unified Modeling Language) 등이 있다. 특히 CBD를 활용한 객체지향기술은 ERP시스템이 업그레이드되거나 기능의 추가 및 삭제 시에 전체 모듈의 수정 없이 해당 모듈에 대한 교체만으로 시스템의 변경이 가능하여 활용도가 높다.

3) 관계형 데이터베이스(RDBMS)

ERP시스템은 영업, 생산, 자재, 품질, 인사, 회계 등의 기업 업무프로세스를 지원하기 위해 업무활동으로부터 나타난 데이터나 정보를 통합된 데이터베이스에 관리하는 관계형 데이터베이스 시스템을 채택하고 있다. 기존의 파일 시스템 구조는 데이터의 독립성이 낮고, 개발언어에 대한 종속성이 높아 데이터 중복관리와 재입력 등에 문제가 있었다. 통합 데이터베이스는 기준정보의 관리에서부터 거래 데이터를 중복 없이 저장하여 실시간으로 정보를 활용할 수 있도록 정보자원의 공유 및 활용을 가능하게 한다.

4) 사용자 중심의 인터페이스 및 멀티미디어 지원

ERP 패키지의 사용자 운영환경은 기업의 관리자나 사용자가 ERP시스템에 쉽게 접근하여 활용할 수 있도록 간편하고 쉬운 GUI(Graphic User Interface) 환경을 가지고 있다. 대부분의 ERP시스템은 GUI 환경에서 문자나 그래픽, 음성, 화상, 동영상 등의 각종 정보를 쉽게 활용할 수 있으며, 조직 구성원의 사진, 불량제품의 처리화면, 제품의 설계도면, 그리고 생산현장의 작업 동영상 등을 볼 수 있도록 기능을 제공한다. 또한 ERP시스템에서는 Excel과 같은 스프레드쉬트나 워드프로세스로의 상호 정보교환이 가능하도록 다른 형식의 파일을 불러오거나 저장할 수 있도록 쉬운 인터페이스 기능을 지원한다.

5) 클라우드 기반의 ERP 활용

ERP시스템은 영업, 생산, 자재, 인사, 회계 등의 부서 조직들간에 데이터를 기록하거나 저장하고 전달하여 시장에 필요한 제품을 공급하고, 고객서비스 향상을 통해 기업의 이익 창출에 기여하게 된다. 클라우드 기반의 ERP시스템은 인터넷을 통해 공유 컴퓨팅 리소스(처리능력, 메모리, 디스크 저장소 등)에서 실행되는 ERP 프로그램을 접속하여 처리할 수 있다. 사용자가 인터넷을 통해 ERP시스템에 접속하면 필요한 프로그램을 서비스 방식으로 제공받을 수 있다. 예를 들면, ERP 패키지나 컴퓨팅 자원을 구매하지 않고, 월 임대하거나 장기 임대방식으로 계약하여 사용한 만큼만 지불하는 방식이다. 따라서 초기 구축비용이 소요되지 않고, 임대비용만 들어가기 때문에 합리적으로 ERP시스템을 활용할 수 있다.

클라우드 기반의 ERP시스템은 최근 서비스지향의 아키텍쳐(SOA)를 지향하여 클라우드 컴퓨팅 서비스의 제공기업들이 각자 다른 비즈니스 모델로 ERP 서비스를 제공하고 있다. 미국 표준기술연구소(NIST)는 3가지 모델로 추상화하였다. 그 3가지는 기반구조서비스(IaaS), 플랫폼서비스(PaaS), 소프트웨어서버스(SaaS)로 구분되며, 클라우드 서비스 이용자들의 요청에 맞게 서비스를 제공한다. 각각의 클라우드 서비스에 대해서는 아마존웹서비스(AWS)의 EC2, 구글의 APP엔진, 드롭박스 등을 그 예로 들 수 있다.

그림 7-6 클라우드 컴퓨팅

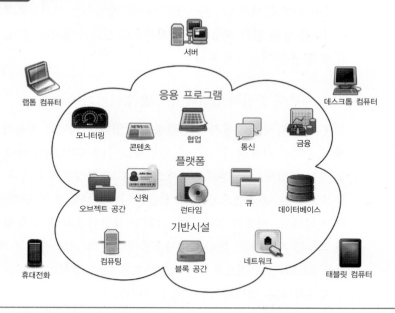

응용 프로그램

서버

랩톱 컴퓨터

모니터링

콘텐츠

협업

통신

금융

데스크톱 컴퓨터

플랫폼

오브젝트 공간

신원

런타임

큐

데이터베이스

기반시설

휴대전화

컴퓨팅

블록 공간

네트워크

태블릿 컴퓨터

출처: 위키피디아, https://ko.wikipedia.org

제 2 절 ERP시스템의 기능

ERP시스템의 구성은 제품 공급자나 사용자 기업의 특성에 따라 여러 가지 유형으로 분류되어 사용된다. 제조업의 경우에는 제조활동이 중요하기 때문에 생산 및 자재업무가 포함된 MRP 기능이 중요한 모듈로 구성된다. 하지만 유통업의 경우에는 생산이나 자재업무보다는 구매활동과 영업활동이 중요한 모듈로 구성되어 ERP시스템이 구성된다. 본 절에서는 ERP시스템의 구성체계에 대하여 제조업을 중심으로 서술하게 되며, 일반적인 제조업의 업무 프로세스를 제시하고 세부적인 업무기능에 대하여 살펴보고자 한다.

2.1 ERP시스템의 구성체계

ERP시스템은 기업 내부 혹은 기업간의 다양한 업무활동에서 나타나는 프로세

그림 7-7 | 제조업 ERP시스템의 기능 구성

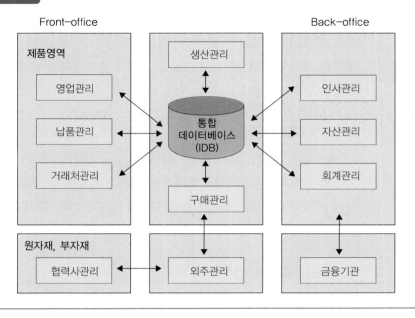

스와 프로세스간에 존재하는 과업들을 업무흐름에 따라 시스템으로 구현한 것이다. 일반적으로 수주업무에서 고객사에 납품하기까지 제품공급의 물류흐름이 존재하며, 인력의 채용부터 퇴직에 이르기까지 인적자원의 흐름이 존재한다. 또한 회계전표의 생성으로부터 재무제표의 작성에 이르기까지 재무적 자원의 업무흐름이 있다. 이와 같은 일련의 업무 프로세스를 통합하여 하나의 패키지로 구성한 것이 ERP시스템이다. 그러므로 기업 운영에서 필수적인 인적, 물적, 재무적 자원의 흐름을 체계화하고 전사적으로 경영자원의 최적화를 위한 시스템 환경의 구성이 무엇보다 중요하다. 여기서는 ERP시스템의 구성을 제조업의 환경에 맞추어 제시하고자 하며, ERP시스템의 업무기능에 따른 단위모듈을 설명한다.

(1) ERP시스템의 구성

제조업의 ERP시스템은 제조기업의 업무환경에 따라 영업관리, 납품관리, 거래처관리, 생산관리, 구매관리, 외주관리, 인사관리, 자산관리, 회계관리 등의 업무영역을 가지고 있다. 이와 같은 ERP시스템의 하위 기능들은 산업적 특성과 기업고유의 업무에 따라 다시 세부적인 업무기능으로 다시 세분화되어 ERP시스템의 단위모듈을 구성하게 된다.

1) Front-Office 업무

Front-Office 업무는 기업의 영업 및 판매 활동을 지원하기 위한 기능을 포함하고 있다. 이 업무는 주로 제품 거래활동을 의미하며, 거래처와의 주문이나 견적업무를 처리하는 영업관리와 제품을 적기에 출하하여 공급하는 납품관리, 그리고 납품활동에 따른 사후관리 및 서비스를 수행하는 거래처관리업무가 있다.

2) 제조활동 관련업무

제조활동 관련업무는 고객으로부터 받은 주문을 기업의 제조활동에 반영하는 일련의 업무와 관련이 있다. 일반적으로 제품 제조를 담당하는 생산관리와 제품생산에 원자재, 부자재, 소모품 등을 구입하는 구매관리, 그리고 외부의 협력업체로부터 단품이나 반제품의 가공을 담당하는 외주관리업무가 이에 해당한다.

3) Back-Office 업무

Back-Office 업무는 기업의 외부 거래활동에 대한 내부적인 업무활동을 지원하는 기능을 포함하고 있다. 이 업무는 주로 조직 구성원을 관리하는 인사관리, 기업의 생산활동에 필요한 공장, 설비, 기자재 등의 자산을 관리하는 자산관리, 그리고 기업의 거래활동에 따라 수반되는 현금흐름과 부가세 처리, 자금관리를 담당하는 회계업무 등이 있다.

(2) ERP시스템의 기능적 확장

ERP시스템의 구성에 있어서 최근의 논의는 기업의 Front-Office와 Back-Office 업무 이외에도 점차 정보기술의 적용과 활용능력이 증대하면서 ERP시스템의 기능적 확장이 이루어지고 있다. 특히 과거에는 생각할 수 없었던 기업 외적인 업무영역에 대해 ERP시스템의 기능적 확장이 고려되고 있으며, 협력업체나 고객사 간의 업무처리기능에 대하여 정보기술을 활용하는 사례가 증가하고 있다.

급속한 정보기술의 발전과 인터넷의 활용을 통해 점차 기업 간의 경쟁환경은 ERP시스템의 기능적 확장을 더욱 가속화하고 있다. 지금까지의 경영혁신은 주로 기업내 전략, 기능, 구조혁신에 초점을 두었으나, 미래의 기업경영은 경영의 투명성 확보와 스피드 경영을 통해 경영효율화를 극대화하고, 국제경쟁력을 강화하는 데 초점을 두고 있다. 즉, 글로벌 마케팅, 글로벌 생산 등이 미래 기업경영전략으로 대두되면서 이를 뒷받침할 수 있는 공급망관리(SCM), 고객관계관리(CRM), 전략적 기업관리(SEM) 등의 개념이 포함된 확장형 ERP(extended ERP)의 개념으로 발전하고 있다.

2010년대 이후의 ERP시스템이 보유한 기능적 확장 영역으로는 공급망관리(SCM), 고객관계관리(CRM), 모바일 정보연계, RFID 기반의 유비쿼터스 환경 구축 등으로 고객이나 협력사와의 업무지원기능이 추가적으로 고려되고 있다. 또한 EDI, CALS/EC, 인터넷 환경의 변화로 웹서비스가 가능해지면서 기업의 국제화 기능이 필수적인 요소로 고려되고 있으며, 확장형 ERP의 개념에는 기존의 생산, 물류, 인사, 회계 등의 업무 이외에도 제품설계기능을 추가한 제품데이터관리(Product Data Management: PDM) 영역 등이 ERP시스템과 연계하여 추가적으로 구성되고 있다. 최근에는 첨단 정보기술과 산업별 전문화 분야의 확대 적용을 위해 ERP시스템의 기능에 균형성과표(Balanced Score Card: BSC)나 기업 성과관리(Corporate Performance Management: CPM), BI(Business Intelligence)와 같은 빅데이터(big data) 및 인공지능(AI) 등의 새로운 기능이 추가적으로 고려되고 있다.

2.2 ERP시스템의 주요 기능

(1) 영업관리

영업관리시스템은 조직의 업무활동 중 제품의 판매를 위한 제품재고관리, 고객관리 및 주문처리, 가격관리, 그리고 유통망 관리 등을 지원하는 정보시스템을 말한다. [그림 7-8]과 같이 영업관리시스템은 마케팅의 기획, 관리, 그리고 거래처리에 필요한 데이터를 처리하며, 판매와 관련된 주요 의사결정에 필요한 정보를 제공한다.

영업관리시스템은 판매 업무활동 중 전략기능에 속하는 제품계획, 가격정책, 광고홍보 등의 주요한 업무를 지원한다. 그리고 전략기능의 지원을 위한 전술기능으로, 제품계획과 관련하여 소비자분석, 시장조사, 영업성과, 시장점유율 등의 업무를 처리하고, 가격과 관련하여 가격결정을 위한 대안의 분석, 유통망 분석, 수익성 분석, 그리고 경쟁사의 제품에 대한 품질 및 가격 비교 등을 수행한다. 광고홍보를 위하여 제품개발에 따른 판촉계획, 광고효과분석을 수행하며, 소비자가 제품의 하자로 인하여 클레임을 요청할 경우, 제품의 결함을 찾아 이를 수정하고 생산계획이나 품질계획에 반영하는 업무를 수행한다.

운영기능으로는 고객의 주문에 따라 거래를 처리하고, 영업사원의 할당, 제품재고의 파악, 유통채널 및 매장의 관리, 제품의 출하 및 선적관리 등을 지원하며,

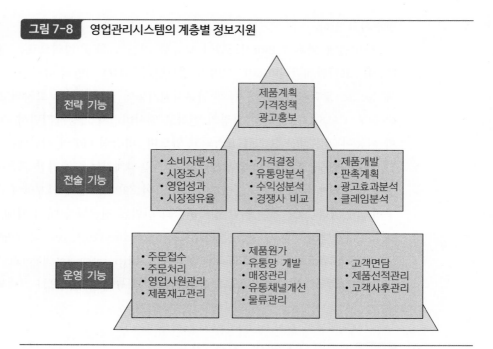

그림 7-8 영업관리시스템의 계층별 정보지원

전략 기능

제품계획
가격정책
광고홍보

전술 기능

- 소비자분석
- 시장조사
- 영업성과
- 시장점유율

- 가격결정
- 유통망분석
- 수익성분석
- 경쟁사 비교

- 제품개발
- 판촉계획
- 광고효과분석
- 클레임분석

운영 기능

- 주문접수
- 주문처리
- 영업사원관리
- 제품재고관리

- 제품원가
- 유통망 개발
- 매장관리
- 유통채널개선
- 물류관리

- 고객면담
- 제품선적관리
- 고객사후관리

고객과의 관계증진을 위한 사후관리를 지원한다.

(2) 생산관리

생산관리는 제조업에 있어서 중요한 경영자원인 자본(Money), 인력(Man), 물자(Material), 설비(Machine)를 운영하여 부가가치 제품을 생산하는 업무를 담당하며, 품질을 높이고, 비용을 줄이며, 고객에 대한 제품납기를 충족하는 C(Cost), D(Delivery), Q(Quality), S(Speed)의 서비스 목표를 달성하기 위한 생산공정 및 인력자원 등의 효율적인 계획과 통제에 업무목표가 있다. 생산관리시스템은 크게 제품의 특성, 생산 유형 및 형태에 따라서 결정되며, 계획생산이나 주문생산과 같은 생산유형에 따라 도입되는 ERP시스템의 모듈도 달라진다.

생산관리시스템은 조직의 업무활동 중 제품의 제조 및 생산기능과 관련되어 생산관리, 설비관리, 공정관리, 품질관리 등을 지원하는 정보시스템을 말한다. [그림 7-9]와 같이 생산관리시스템은 생산현장에서 일어나는 여러 가지 작업을 운영하고 통제하며, 생산활동의 주요 업무계획이나 진행상황, 그리고 실적을 분석하고 평가한다. 특히 생산업무는 판매계획이나 자재구매, 설비관리 등의 업무영역과 밀접한 상관관계를 가지며, 제조기업이 보유한 생산자원 전반의 계획과 실적을 관

그림 7-9 생산관리시스템의 계층별 정보지원

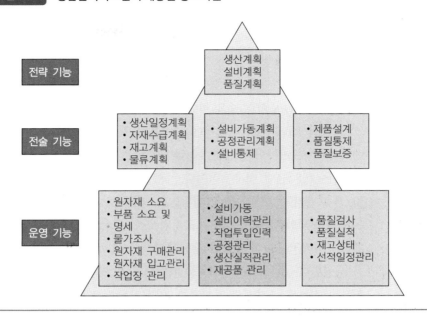

리하는 역할을 수행한다.

　　생산관리시스템의 구성에 있어서 생산계획, 설비계획, 품질계획 등은 전략기능에 속한다. 그리고 전술기능으로는 생산계획과 관련하여 생산일정계획, 자재수급계획, 재고계획, 물류계획 등이 있으며, 설비계획에는 설비가동계획, 공정관리계획, 설비통제 업무 등이 있다. 그리고 품질계획에는 제품의 설계와 품질통제, 그리고 품질보증 등의 업무가 수행된다.

　　운영기능으로는 전술기능에서 제시되었던 업무들을 수행하기 위한 세부적인 업무들로 완제품을 생산하기 위한 원자재 및 부자재의 부품소요 및 명세를 작성하며, 원자재의 구매와 입고에 따른 생산현장 관리를 수행한다. 설비관리기능으로는 설비의 이력관리, 가동과 비가동에 따른 실적관리 및 공정관리 등이 수행되며, 재공품이나 제품의 생산실적에 따라 품질검사와 완제품 창고에 대한 재고관리 등의 업무가 수행된다.

(3) 자재관리

　　자재관리는 제조업의 제품 생산활동에 필요한 원자재 및 부자재를 구매하고, 제품제조과정에 필요한 소모성 자재를 공급하는 역할을 통해 부가가치 높은 제품을 생산할 수 있도록 한다. 자재관리업무의 시스템적 구현은 1970년대부터 MRP (Material Requirement Planning)라는 용어로 추진되어 왔다. 자재관리는 기업에 있어 비용계정이며, 제조원가를 줄이거나 관리비용을 줄이기 위한 노력을 추진하는 데에 있어 항상 관심의 영역이었다. 특히 자재발주, 자재단가, 재고관리, 외주관리 등의 업무는 기업의 통제 가능한 비용요소로 인식하고 있어 이 분야의 비용절감 문제는 정보화의 주요 이슈였다.

일반적으로 자재관리업무는 과거부터 자재소요계획의 개념으로 MRPI의 수준에서 대부분 이루어졌을 뿐, 제조자원관리인 MRPII의 수준에서 정보화가 이루어진 것은 1980년대 이후부터이다. 특히 영업활동의 수주에서 생산계획과 설비능력, 창고관리 등의 업무와 연계되면서 생산자원 활용의 최적화를 추구하려는 목적에서 추진되었다. 대부분의 제조기업에서는 영업부문의 고객사 주문을 받아 납품계획을 수립하고, 이에 따라 생산부서에서 재고와 설비능력을 고려하여 생산계획을 수립한다. 수립된 생산계획을 기반으로 필요한 자재를 구매하게 되는데, 이 때 필요한 정보로는 자재의 기본정보, 자재명세서(Bill of Material: BOM) 정보, 자재재고정보(현재고량, 안전재고량 등)를 감안하여 자재소요량을 산출한다.

자재부서에서 발주처리를 하면, 자재공급업체는 납품을 하고 자재부서는 가입고 과정에서 품질관리부서에 수입검사를 의뢰한다. 수입검사를 통과한 자재는 정입고로 등록되고, 불량으로 판정된 자재는 반품처리된다. 입고된 자재는 생산공정에 투입되는데 생산공정에 투입된 자재는 다시 외부의 협력업체에 재가공이나 부분조립(sub-assembly)을 맡겨 외주관리를 수행하게 된다. 외주공정을 마친 자재는 역시 일반자재와 마찬가지로 가입고로 등록되어 수입검사를 통해 정입고로 등록된다. 이와 같은 자재관리업무의 과정을 통해 입고된 자재에 대해서는 사전에 계약된 자재단가를 적용하여 회계부서에서 대금결제가 이루어진다.

자재관리시스템은 조직의 업무활동 중 제품의 제조활동에 필요한 원자재, 부자재, 소모성자재(MRO) 등을 구입하고 관리하는 정보시스템을 말한다. [그림 7-10]과 같이 자재관리시스템은 생산에 필요한 자재의 구매와 입고, 재고 등의 업무를 운영하고 통제하며, 자재관련 주요 업무계획이나 진행상황, 그리고 실적을 분석하고 평가한다. 특히 자재업무는 생산계획이나 자재구매, 협력업체관리 등의 업무영역과 밀접한 관련성을 가지고 있으며, 제조기업의 생산활동에 필요한 자재 투입계획과 실적을 관리하는 역할을 수행한다.

그림 7-10　자재관리시스템의 계층별 정보지원

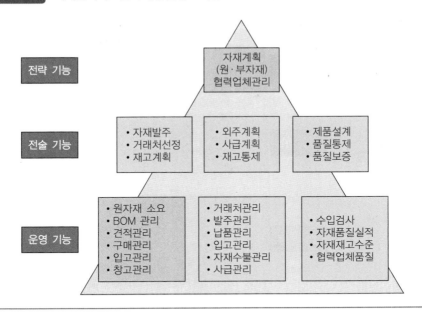

(4) 인사관리

인사관리는 조직 구성원의 직위, 학력, 경력, 병력, 발령, 보증인, 자격 및 면허, 가족사항, 교육훈련 등의 인사기본사항을 관리한다. 인사관리시스템은 인사기본사항과 출결 및 근태자료를 기반으로 급여 기초 자료를 생성하게 되며, 근태자료와 업무실적자료를 이용하여 사원 개개인의 근무실적을 관리한다. 또한 조직 구성원의 근태 및 업무성과에 따라 조직 구성원에게 월급여를 지급하고 상여금이나 연말정산, 그리고 퇴직금 정산 등의 업무를 관리한다.

인사관리시스템은 조직의 업무활동 중 조직 구성원의 채용, 경력개발, 교육훈련, 노사관계 등의 인적자원관리를 지원하는 정보시스템이며, 환경변화에 따른 우수인력의 확보와 유지를 위해 조직에 필수적인 정보자원으로 인적자원에 대한 정확하고 풍부한 정보를 계속 유지할 수 있도록 해야 한다. [그림 7-11]과 같이 인사관리시스템은 기업의 각 부문에서 필요로 하는 인력의 채용과 적절한 배치, 그리고 인력의 노동생산성 향상을 위한 교육과 훈련의 실행, 인적 자원의 성과분석 등을 위한 정보를 제공하는 역할을 수행한다.

인사관리시스템의 구성에 있어서 인력계획과 노사정책 등은 최고경영층의 경영의사결정 사항이다. 그리고 전술기능으로는 인력계획과 관련하여 채용계획, 직

그림 7-11　인사관리시스템의 계층별 정보지원

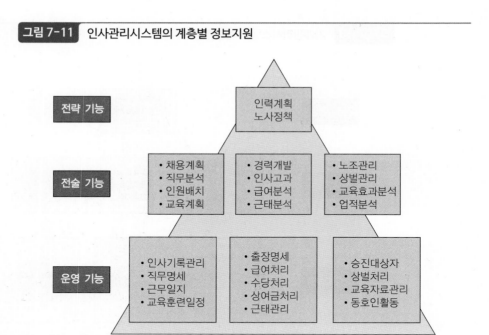

무분석, 인원배치, 교육계획, 경력개발, 노조관리 등이 있으며, 인사고과, 업적분석, 근태분석 등은 조직 구성원의 상벌관리나 승진과 직접적으로 연계되어 있는 업무이다. 운영기능으로는 전술기능의 업무 지원을 위하여 인사기록 및 급여관리 등의 정형화된 업무 이외에도 직무명세, 근무일지, 교육훈련일정, 출장관리 등을 수행한다.

(5) 회계관리

회계관리는 경영활동의 수행 결과에 따라 필요한 회계정보를 생성하고, 경영층을 비롯한 이해관계자에게 필요한 의사결정 정보를 제공하는 업무기능으로, 현대 기업의 경영관리에서 차지하는 역할이 매우 크다. 회계관리시스템은 기업활동에서 발생하는 수익과 비용의 원천적인 자료를 확보하여 기업의 손익계획을 수립할 수 있도록 지원하는 정보시스템이다.

[그림 7-12]의 회계관리시스템은 기업 활동의 과정이나 결과로 발생하는 여러 가지 기초 자료를 기반으로 재무회계, 관리회계, 세무회계 등의 업무를 처리하며 기업활동의 결과인 제조원가보고서, 손익계산서, 대차대조표 등의 각종 재무제표를 작성하여 경영층에게 보고하는 역할을 수행한다.

그림 7-12　회계관리시스템의 계층별 정보지원

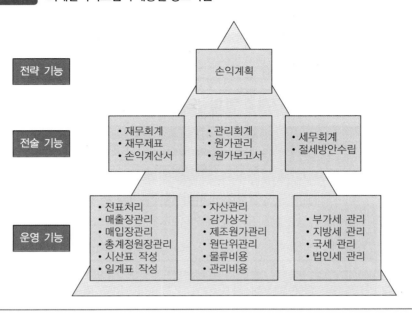

회계관리시스템의 운영기능은 업무처리과정에서 발생하는 전표를 작성하여 분개장에 기입하고, 총계정원장에 전기하며, 일계표, 시산표, 정산표 등을 작성하는 재무회계업무, 각 계정과목별 원장을 기초로 원가를 산출하여 업무활동의 성과를 평가하는 관리회계업무, 부가세나 법인세 등의 세금을 계산하여 처리하는 세무회계업무 등으로 구성된다.

제3절 ERP시스템의 도입

오늘날 대부분의 기업은 전산화의 단계를 벗어나 조직내 정보자원을 통합하여 자원을 최적화하기 위한 ERP시스템의 도입에 많은 관심을 기울이고 있다. 기업에서의 ERP시스템 도입은 정보화의 인프라를 구축한다는 측면에서 대단히 중요한 과업이다. ERP시스템의 도입에 있어서 고려되어야 할 사항은 자체적으로 개발할 것인지 혹은 우수한 ERP 패키지를 선택할 것인지에 관한 것이다. 이것은 곧 정보기술의 주요 의사결정인 Make or Buy Decision이라 할 수 있다. 본 절에서는 ERP

시스템의 도입에 있어서 고려사항과 자체개발 혹은 패키지 구입에 관한 장단점을 살펴본다. 그리고 자체개발과 패키지 구입에 따른 ERP시스템의 도입과정에 대하여 살펴보고자 한다.

3.1 ERP시스템의 도입기준

국내 ERP시스템의 도입에 있어서 나타나는 주요한 현상 중의 하나는 대기업이나 중소기업을 막론하고, 대부분의 경우 자체개발보다는 자사의 업무 프로세스에 적합한 패키지를 선정하여 도입하는 방식을 취하고 있다는 점이다. 이러한 의사결정이 나타나게 된 배경은 패키지 도입을 기반으로 한 ERP시스템의 구축이 자체개발에 비하여 도입기간을 단축하고, 비용을 절감하며, ERP 도입에 따른 위험을 감소시킨다는 것이다. 즉, 전체 도입비용이 자체 개발비용보다 더 적고 검증된 제품을 활용하기 때문에 빠른 시간에 적용이 가능하며 효과에 대한 예측이 가능하다는 것이며, 또한 구축기간 및 비용투자에 있어서 위험부담을 줄일 수 있다는 장점이 있다. 하지만 꼭 패키지 도입만이 능사는 아니다. 자체적으로 충분한 전문인력을 보유하고 있으며 자사 프로세스에 대한 명확한 이해가 있다면, 많은 비용과 교육시간을 투자하여 패키지를 도입하는 것보다 오히려 더 좋은 결과를 낳을 수도 있기 때문이다.

(1) 자체 개발과 패키지 도입

ERP시스템의 도입에 있어서 자체 개발과 패키지 도입이라는 중요한 의사결정을 수행하기 이전에 고려해야 할 사항은 정보전략계획(information strategy planning)과 업무재설계(business process redesign)를 수행하는 것이다. ISP/BPR 작업은 기업에 있어서 정보화 추진의 목표와 추진대상 및 범위를 확정하는 것이며, 나아가 기존의 불합리한 업무프로세스를 개선하고, 조직내 정보자원을 통합적으로 관리하고자 하는 것이다.

ISP/BPR 작업이 완료되는 시점에서 수행하는 의사결정으로 단계적인 접근(phased approach)에 의한 ERP시스템을 구축할 것인지 혹은 일괄적인 시스템의 교체방식(big bang approach)에 의해 ERP시스템을 구축할 것인지에 대해 결정하는 것이다. 단계적인 접근방법은 기업의 필요에 따라 기존의 정보시스템이 잘 활용되고 있을 경우, 필요한 부문의 업무를 개선하면서 단계적으로 전체 시스템의 교체를 추구하는 방식이며, 일괄교체 접근방법은 기존의 정보시스템이 전반적으로 문제가 있어 업무 및 의사결정에 필요한 정보를 제공하지 못할 경우 기존 시스템을 폐기하고 전체 시스템을 한번에 새로운 시스템으로 전환하는 방식이다.

이 두 가지의 방식 중 하나를 선택하는 경우에 기업의 최고경영자는 기업의 정보전략계획을 수립하는 과정에서 기존 정보시스템의 장단점을 면밀히 분석하여 의사결정을 내려야 한다. ERP시스템의 도입은 적지 않은 비용과 시간을 투자하여야 하기 때문에 기업이 보유한 인력, 자금, 기간 등을 고려하여 적절한 의사결정을 수행하는 것이 좋다. 단계적인 접근방법(phased approach)은 기존의 업무환경을 유지하면서 점진적인 개선을 추구하는 것이어서 위험도가 낮지만, 한편으로는 개선되는 효과가 크다고 할 수 없다. 이에 대해 일괄교체 접근방법(big bang approach)은 기존의 업무환경을 새로운 시스템의 도입에 따라 일괄 전환되기 때문에 위험도는 크지만 개선되는 효과 또한 크다고 할 수 있다.

ERP시스템의 도입에 대한 접근방법이 결정되면, ERP시스템의 구축을 위한 방법으로 자체적인 개발방식과 ERP 공급업체로부터의 패키지 구매방식에 대하여 선택해야 한다. 과거의 정보시스템 개발은 기업 내 전산실 혹은 정보시스템 부서에서 사용자들의 업무요구사항에 따라 필요한 응용시스템을 개발하였다. 하지만 기업의 업무환경이 급변하고 업무영역이 확장되면서 사용자들의 정보요구는 많아지고 업무간의 프로세스를 연계하여 관리하는 업무도 증가하게 되면서 시스템 도입과 관련한 의사결정을 신속히 내리기가 어렵게 되었다. 이에 따라 점차 내부보다는 외부의 정보기술 전문가에게 시스템 도입과 관련한 컨설팅을 받아 도입하는 경우가 많아지게 되었다.

ERP시스템은 기존의 자체적으로 개발된 업무응용시스템을 개선하고, 통합하면서 기업조직의 혁신과 프로세스의 개선을 획기적으로 도모하기 위한 목적으로 도입되기 때문에 ERP 구현을 자체적으로 추진하는 것은 쉽지 않다. 특히 선진화된 업무프로세스를 벤치마킹하여 최고의 모범사례(best practice)를 기반으로 개발된 ERP 패키지를 도입할 경우, 기업은 새로운 경쟁력의 창출이 가능하기 때문에 ERP 패키지의 도입에 대해서도 충분히 검토할 필요가 있다.

일반적으로 자체개발에 의한 ERP 도입은 장점으로 초기 투자비가 적게 들며, 사용자의 업무 요구사항을 반영할 수 있으며 자사 고유의 업무에 적합한 시스템을 구현할 수 있고, ERP시스템의 개발과 관련된 지식과 경험(know-how)을 축적할 수 있으면서 ERP 업체에 의한 종속성을 배제한다는 측면에서 선호하고 있다. 하지만 단점으로는 개발기간이 장기간 소요될 수 있고, 다수의 개발인력이 필요하

표 7-2	자체개발과 패키지 도입의 장단점 비교	
구 분	**장 점**	**단 점**
자체개발	• 초기 투자비가 상대적 낮음 • 사용자 요구사항의 반영 • 자사의 고유업무에 적합한 시스템 구성이 가능 • 자사의 know-how 축적 가능 • ERP업체의 종속성 배제	• 개발기간이 장기간 소요 • 다수의 개발인력 필요 • 신기술 적용의 어려움 및 위험 부담 • 업무프로세스 개선의 어려움 • 과다한 유지보수 비용
ERP 패키지 도입	• 전사적인 시스템 통합 가능 • 개발기간의 단축 • BPR을 통한 업무개선 효과 • 검증된 최신 기술의 활용 • 경영혁신의 수단 활용 • 표준화에 의한 유지보수비 절감	• 상대적으로 높은 초기 투자비 • 컨설팅 및 교육기간이 필요 • 사용자의 요구사항 반영 미흡 • 조직구성원들의 저항 • 특정 ERP업체에서의 종속성 • 시스템 전문지식의 확보 어려움

며, 신기술 적용의 어려움과 위험 부담이 있으며, 업무 프로세스의 개선이 어렵고 과다한 유지보수의 비용이 발생할 가능성이 높다.

이에 대해 ERP 패키지의 도입은 전사적인 시스템의 통합이 가능하고, 개발기간이 단축되며, BPR을 통한 업무개선 효과를 볼 수 있으며, 검증된 최신기술의 활용과 경영혁신의 수단으로 활용이 가능하며, 표준화에 의한 유지보수비가 절감된다는 장점이 있다. 반면 단점으로는 상대적으로 높은 초기 투자비가 들며, 컨설팅 및 교육기간이 필요하고, 사용자의 특정 업무요구사항이 반영되기 어려우며, 선진 업무프로세스의 적용이 구성원들의 저항을 받을 수 있으며, 특정 ERP 업체에의 종속으로 시스템 전환이나 시스템에 대한 전문지식의 확보가 어려울 수 있다.

(2) ERP 패키지 선정기준

ERP 패키지란 전사적 자원의 최적화를 추구하는 ERP의 개념을 실현시킬 수 있는 대규모의 통합된 소프트웨어이다. 이러한 ERP 패키지를 이용하는 가장 큰 이유는 자사의 업무 프로세스에 적합한 ERP시스템을 선택할 경우 짧은 기간 내에 많은 개발인력의 투입이 없이 검증된 최신 기술을 적용하여 경영혁신을 추진할 수 있기 때문이다. 최근의 ERP 패키지는 기업의 국제화 기능이 필수적인 요소로 인식되어 공급망관리(SCM)와 고객관계관리(CRM) 등의 확장형 ERP시스템의 요소가 추가된 시스템을 구성하고 있어 기업의 물적 자원에 대한 관리뿐만 아니라 인사, 회계, 원가 등의 인적 · 재무적 자원을 통합하고, 협력업체 및 고객관리 기능을 포함하고 있다. 특히 ERP 패키지가 기본적인 업무기능은 물론이고 기능의 추가나

표 7-3 ERP 패키지 선정기준

평가분야	평가항목	세부항목
공급사	• 공급사	• 공급사의 규모와 재무상태 • 공급사의 제품공급실적/성공사례 • 공급사의 시장점유율 • 공급사의 컨설팅 능력
제 품	• 제품기능	• 적용산업 • 모듈구성 및 세부기능 • 선진 프로세스모델 • 확장성/통합성/호환성 • 사용자 편의성 • 제품 도입에 따른 기대효과
	• 기술특성	• 구현기술(C/S, Web) • 적용방법론 • H/W, DBMS, Network, 보안 • 개발도구/신기술 적용여부 • 타 제품과의 Interface 용이성
서비스	• 고객지원	• 고객지원 프로그램 • 컨설팅/교육훈련 • 유지보수/기술지원
패키지 가격	• 제품가격 • 서비스가격	• 컨설팅비용 • ERP License 비용 • ERP Customizing 비용 • ERP 유지보수 비용

확장, 의사결정 지원, 첨단 정보기술의 활용 등으로 특정 산업분야의 전문적인 업무기능도 적용할 수 있도록 구성되어 있어 ERP 패키지를 올바로 선정한다면, 자체개발보다는 위험을 줄이면서 효과를 높이는 대안으로 인식되고 있다.

ERP 패키지를 선정하기 위해서는 기업마다 고유의 기준을 설정하는 것이 바람직하다. 기업의 업무 목적에 적합한 ERP 패키지를 도입하기 위해서는 도입시점부터 기업이 추구하는 ERP 도입목적과 동기를 분명히 하고, 업무 프로세스의 개선이 요구되는 비효율적인 부분을 제거할 수 있는 ERP 패키지의 선정이 필요하다. 〈표 7-3〉은 일반적으로 적용되고 있는 ERP 패키지 선정기준에 대한 것이다. 일반적인 평가기준으로 공급사, 제품, 서비스, 가격 등의 네 가지 분야에 따라 세부 평가항목을 책정하여 ERP 패키지를 선정할 수 있다.

3.2 ERP시스템의 도입과정

ERP시스템의 도입으로 기업은 영업, 생산, 자재, 품질, 인사, 회계, 원가 등의 경영활동과 관련된 모든 조직과 업무를 정보기술로 통합하여 실시간으로 업무와 정보를 처리할 수 있게 된다. ERP시스템의 도입과정은 시스템의 도입효과와 직접적으로 연결되기 때문에 기존의 단위시스템 개발에서 추구하던 부문의 최적화를 넘어서 조직 전체의 최적화를 위한 노력의 진행여부에 따라 성과가 결정된다. 특히 ERP시스템은 기존의 정보시스템 유형과는 달리 하나의 프로세스가 진행될 경우 나머지 다른 프로세스에 영향을 주어 업무가 처리되도록 설계되어 있으므로 ERP시스템의 도입과정에서 조직 전반적으로 정보전략계획(ISP)을 수립하여 명확한 목표와 범위를 설정하고 추진하는 것이 바람직하다.

(1) 정보전략계획

ERP시스템의 도입에 있어서 가장 우선적으로 수행해야 하는 과업은 조직의 ERP시스템 구축에 대한 전반적인 상황의 인식과 지향해야 할 목표를 조명하고, ERP 도입에 필요한 경영자원을 할당하는 ERP 도입계획을 수립하는 것이다. 특히 ERP시스템은 정보시스템 부문의 자체적인 계획이나 기존의 정보화 계획과는 다른 목적과 범위를 가지고 있기 때문에 경쟁우위를 획득하기 위한 기업 정보화전략과 밀접하게 연관되어 있다.

[그림 7-13]은 ERP 도입을 위한 정보전략계획 과정을 보여주고 있다. 정보전략계획에 있어서 우선적으로 추진해야 할 작업은 경영환경에 대한 분석과 기업전략에 대한 이해, 그리고 IT 환경에 대한 분석을 통하여 정보시스템 전략을 도출하는 것이다. 그 다음으로는 조직구조에 대한 분석, 전반적인 프로세스 분석, 전사적 데이터 모델링에 따라 현 시스템에 대한 평가를 수행한다. 그리고 경영자원이나 정보자원에 대한 분석을 통해 정보체계도를 도출하고 새로운 전사시스템의 아키텍처를 평가하고 나면, ERP 도입을 위한 사업계획, 실행계획, 투자계획을 수립하고, 최종적으로 ERP 도입계획을 수립하게 된다.

정보전략계획은 단순히 어느 영역에 한정된 것이 아니라 조직 전체적인 관점에서 추진되어야 하며, 구체적인 상황분석이나 시스템 분석이 아닌 추상적이고도 개념적인 내용을 많이 포함하고 있다. 오늘날 대부분의 기업이 정보전략계획의 중요성을 인식하지 못하고 단순히 ERP 패키지를 선정한 후, 조직에 곧바로 도입하는 방식을 채택함으로써 나중에 많은 곤란을 겪게 되는 것을 본다. 이와 같은 현

그림 7-13   정보전략계획 수립과정

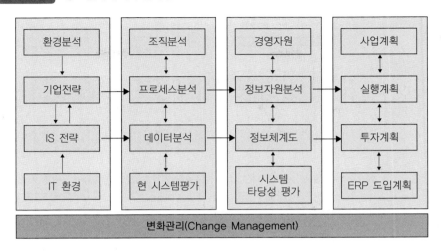

상은 최고경영층만을 대상으로 ERP 도입에 따른 미래비전이나 효과 등을 보여주기만 하고, 조직 구성원들이 공감하지 못하는 도입과정을 추진하기 때문에 발생하는 현상이라 할 수 있다. 또한 정보전략계획의 또 다른 중요한 점은 ERP 도입과정에서 나타날 해결과제나 문제점에 대해 미리 점검해 보고, 도입과정에서 예상되는 이슈를 미리 인식하여 프로젝트의 우선순위를 사전 설정함으로써 추진상의 혼란과 과오를 줄일 수 있다는 것이다.

이 과정에서 산출되어야 할 결과물로는 크게 세 가지가 있다. 첫째는 조직의 정보시스템 전략이다. 환경분석과 기업전략에 대한 이해를 바탕으로 조직이 추구해야 할 정보시스템의 전략적 방향을 도출하는 것이다. 예를 들면, 경영환경이나 조직전략이 원가를 절감하는 방향으로 추진할 것인지 아니면 제품차별화를 통한 경쟁우위를 확보할 것인지에 따라 정보시스템의 추진방향은 달라질 수 있다.

둘째는 조직구조 및 전반적인 프로세스에 대한 분석을 통하여 현행 정보시스템에 대한 진단과 평가를 수행하는 것이다. 대부분의 조직은 ERP 도입 이전에 이미 업무의 효율성을 높이기 위해 정보시스템을 보유하고 있다. ERP의 도입에 관심을 가지는 조직은 기존 시스템이 가지는 한계점을 잘 알고 있으며, 이에 대한 치유책을 찾고 있기 때문에 ERP시스템의 도입으로 기존 시스템의 한계점을 극복하고 새로운 시스템으로 조직적 혁신과 프로세스의 개선을 도모할 수 있는지의 여부가 중요하며, ERP시스템의 도입으로 기대되는 효과의 달성이 가능한지에 대한 평가가 중요하다.

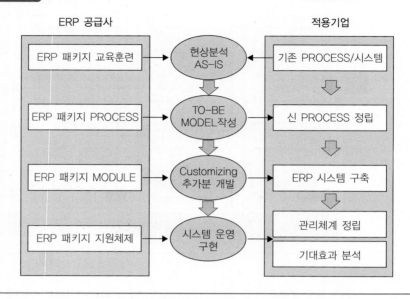

그림 7-14 ERP 도입과정

ERP 공급사 / 적용기업

ERP 공급사		적용기업
ERP 패키지 교육훈련	현상분석 AS-IS	기존 PROCESS/시스템
ERP 패키지 PROCESS	TO-BE MODEL 작성	신 PROCESS 정립
ERP 패키지 MODULE	Customizing 추가분 개발	ERP 시스템 구축
ERP 패키지 지원체제	시스템 운영 구현	관리체계 정립 / 기대효과 분석

셋째는 경영자원과 정보자원에 대한 분석을 통하여 새로운 전사적 시스템 아키텍처를 수립함으로써 자사의 조직이나 업무 프로세스에 적합한 ERP시스템의 도입을 계획하는 것이다. ERP시스템의 도입방식으로 단계적인 교체를 할 것인지 아니면 일괄 교체를 할 것인지 뿐만 아니라 ERP시스템의 도입에 있어 자체개발인지 아니면 ERP 패키지 구입인지에 대하여 면밀한 분석을 수행하게 된다.

위의 세 가지 결과물은 ERP 도입과정에 중요한 영향을 주게 된다. 일반적으로 정보전략계획에는 최고경영자가 직접 참여하거나 최고경영자의 위임을 받은 조직의 정보담당임원(CIO)이 업무에 참여하고, 조직의 부문별 경영진들이 참여하여 업무에 직간접적인 영향을 미치게 된다. 특히 정보전략계획 수립과정에 중역진이 참여하는 것은 향후 ERP 도입과정에서의 성공여부에 중대한 영향을 주게 된다. 경험적으로 정보전략계획 과정은 대기업의 경우 6개월에서 1년 정도의 기간이 필요하며, 중소기업의 경우 3개월에서 6개월 정도의 기간이 소요된다.

(2) 현황분석(AS-IS)

ERP 도입의 필요성에 따라 조직의 정보전략계획이 수립되면, 다음 단계로 현황분석(AS-IS) 단계로 이어진다. 정보전략계획의 최종적인 결과물은 ERP 도입계획이며, 이 계획에는 자체개발이나 ERP 패키지 도입에 대한 의사결정이 포함되며, 단계적인 혹은 일괄교체에 의한 ERP 도입방법에 대한 계획이 포함되어 있다. 자체개발의 경우에는 점진적인 개발방식으로 조직 내부 전산인력에 의해 ERP 개발이 이루어지지만, ERP 패키지 도입의 경우에는 선정된 패키지의 특성에 따라 ERP 공급사에서 요구하는 업무 프로세스의 개선이나 조직적인 변화 등이 고려되어야 한다.

현황분석단계에서 수행되는 과업은 업무분석과 정보분석 등 두 가지가 있다. 업무분석은 ERP 도입과정에서 각 부서별 혹은 기능별 업무흐름을 파악하고 업무흐름차원에서 나타나는 AS-IS 프로세스상의 문제점과 개선사항을 찾아내는 것이다. 그리고 정보분석은 업무분석과정에서 활용되는 정보의 입력물, 처리과정, 그리고 출력물에 대하여 분석하고, 정보관리상의 중복관리, 비효율성, 정보의 단절현상 등을 찾아 사용자의 업무환경에 적절한 정보가 제공되거나 활용되고 있는지에 대하여 분석하는 것이다.

(3) 미래업무(TO-BE) 설계

현황분석(AS-IS)의 다음 단계로 미래업무(TO-BE) 설계과정이 추진된다. 현황분석단계에서는 업무분석의 결과물인 업무흐름상의 문제점과 개선방향, 그리고 정보분석의 결과물인 업무흐름에 따른 입력, 처리, 출력정보에 대한 분석결과가 제시된다. 미래업무 설계단계에서는 ERP 프로젝트의 핵심인 개선된 프로세스, 즉 TO-BE 프로세스를 도출하게 되며 TO-BE 프로세스는 현재의 기업 업무 프로세스나 현업 사용자들의 업무요구사항, 그리고 ERP 패키지에 구현된 프로세스를 잘 조화시켜 도출하게 된다.

미래업무 설계단계에서 수행되는 과업은 TO-BE 프로세스 설계와 TO-BE 프로세스에 따른 정보처리과정을 설계하는 것이다. TO-BE 프로세스는 AS-IS 프로세스의 문제점과 개선사항을 반영한 것이므로 최소 3~5년 정도 업무가 변화되지 않는 것을 전제로 설계되어야 하며, TO-BE 프로세스 도출과정에서 ERP 자체개발이나 ERP 패키지 도입을 고려하여 업무흐름에 따른 기준정보(master), 코드정보(code), 업무별 입력, 처리, 출력 등의 정보관리에 대한 설계내용을 도출하여야 한다.

이 과정에서 ERP 패키지를 선정한 기업은 TO-BE 프로세스와 ERP 패키지의 프로세스를 비교하여 차이점을 분석하는 차이분석(gap analysis) 과정이 추가적으로 필요하다. 또한 ERP 패키지에서 제공하지 못하는 사용자들의 업무 및 정보요구사항에 대해서는 해결방안과 대책을 수립하여 ERP 커스터마이징 과정에 반영하여야 한다.

(4) 커스터마이징

미래업무(TO-BE) 설계과정이 완료되면, ERP시스템의 커스터마이징(customiz-ing) 과정으로 연결된다. 자체개발의 경우에는 기존 시스템의 수정보완(upgrade)이나 재개발 작업이 수행되며, ERP 패키지를 선택한 경우에는 차이분석의 결과물을 이용하여 ERP 패키지의 커스터마이징을 수행한다. 이 단계에서는 업무재설계 즉 AS-IS 프로세스를 기반으로 설계된 TO-BE 프로세스에 적합하도록 ERP 패키지를 수정하거나 TO-BE 프로세스를 ERP 패키지에 적합하도록 재설계하는 작업이 수행된다.

ERP 커스터마이징은 파라미터 지정방식과 프로그램 수정방식으로 구분된다. 파라미터 지정방식은 ERP 패키지 내에 마스터와 로직을 그대로 사용하면서 사용자들의 업무요구사항에 따라 업무요구나 정보흐름에 필요한 파라미터만을 선택하여 수정함으로써 프로그램 실행시 지정된 프로그램을 활용하는 방식이다. 이에 대해 프로그램 수정방식은 마스터 정보항목에 대한 삭제 및 추가, 계산방법이나 로직의 변경 등 소스레벨 수준에서 프로그램을 변경함으로써 사용자들의 업무요구에 맞도록 프로그램을 수정하거나 추가하는 방식이다. SAP R/3, Oracle ERP Ap-plication 등의 패키지는 파라미터 지정에 의한 ERP 커스터마이징 방식이 사용되고 있으며, 중소형 기업을 위한 ERP 패키지는 대부분이 프로그램 수정방식을 채택하고 있다.

(5) e-ERP시스템 구축 및 Data 검증

ERP시스템의 커스터마이징(customizing) 과정이 완료되면, ERP시스템의 단위모듈이나 모듈간 인터페이스에 대한 검수가 필요하다. ERP시스템의 분석 및 설계과정에서 나타난 업무영역별 영업, 생산, 자재, 품질, 인사, 회계, 원가 등의 모든 업무에 대하여 업무재설계의 결과가 제대로 이행되어 있는지 그리고 프로그램의 오류(error)는 없는지에 대해 단위모듈 테스트와 통합 테스트가 수행된다.

또한 이 과정에서 기업은 ERP시스템이 운영될 수 있는 운영환경, 즉 ERP시스템의 플랫폼에 대한 준비가 동시에 완료되어야 한다. ERP시스템의 운영과 관련된 기반구조로는 적절한 하드웨어(H/W), 운영체제(OS), 데이터베이스(DBMS), 그리고 통신망(Network)이 구축되어야 한다.

ERP시스템의 구축이 완료되어 현업에서 ERP시스템을 활용하는 운영단계가 되면, 무엇보다 중요한 마무리 과정으로 Data 검증작업이 수행되어야 한다. 국내 대부분의 기업에서 ERP 도입 이후 ERP시스템의 활용도가 낮거나 ERP시스템에 대한 기피현상이 일어나는 가장 중요한 원인 중의 하나가 바로 Data 검증작업에 있다. ERP시스템이 정상적으로 작동한다면 문제가 없지만 초기단계의 ERP 운영에 있어서 나타나는 문제점으로는 예기치 못한 ERP 프로그램상의 오류나 사용자들의 사용 미숙으로 인하여 정확한 Data가 산출되지 않는 경우가 많다. 예를 들어, 매일매일의 데이터는 정확하더라도 집계 데이터나 분석 데이터가 틀릴 경우, 원인행위를 한 프로그램의 기초 데이터를 찾아 오류를 찾는 과정은 무척이나 힘든 과정이다. 그러므로 ERP 구축 이후의 Data 검증작업은 ERP시스템의 신뢰도와 활용도를 높이는 중요한 검토과정이다.

(6) 유지보수

ERP시스템의 구축이 완료되어 Data 검증작업이 완료되면, ERP시스템의 유지보수단계로 연결된다. 일반적으로 유지보수란 시스템의 구축이 완료되어 ERP시스템이 현업에서 사용되는 과정에서 발생하는 새로운 업무의 발생, 프로그램의 수정이나 추가, 그리고 ERP시스템의 지속적 개선작업을 의미한다. 이 과정에서는 현업이 사용하고 있는 ERP시스템의 구축에 따른 목표대비 효과분석, 유지보수과정에서의 ERP 프로그램 및 Data 백업, 시스템의 안정화를 위한 교육훈련 등의 과정이 수행된다.

3.3 ERP시스템의 도입효과

ERP시스템의 구축에 따라 기대되는 효과로는 기존의 단위업무 중심 정보시스템에서 조직의 업무기능인 영업, 생산, 구매, 회계, 인사, 원가 등 기업의 기간업무 전체를 통합하여 전사적 경영자원을 최적화할 수 있도록 하는 것이다. 조직의 기능 중심적(function-oriented) 처리방식을 다부문(cross-functional)에 걸친 수평적인 프로세스 중심적 (process-oriented) 처리방식으로 전환하도록 업무재설계를 추진하고, 각 산업이나 업종 그리고 규모별로 최고의 모범사례(best practice)를 반영함으로써 경영혁신을 추진할 수 있다는 점이다.

일반적으로 ERP 도입을 완료한 기업을 대상으로 ERP 구축에 따른 기대효과를 살펴보면, 다음과 같은 항목들이 열거된다.

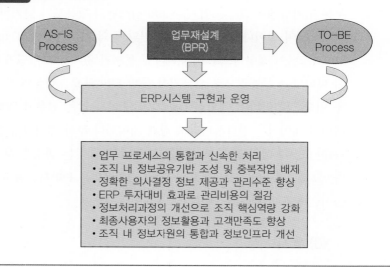

그림 7-15 ERP 도입효과

AS–IS Process → 업무재설계 (BPR) → TO–BE Process

ERP시스템 구현과 운영

- 업무 프로세스의 통합과 신속한 처리
- 조직 내 정보공유기반 조성 및 중복작업 배제
- 정확한 의사결정 정보 제공과 관리수준 향상
- ERP 투자대비 효과로 관리비용의 절감
- 정보처리과정의 개선으로 조직 핵심역량 강화
- 최종사용자의 정보활용과 고객만족도 향상
- 조직 내 정보자원의 통합과 정보인프라 개선

첫째, 업무 프로세스의 통합과 신속한 처리를 들 수 있다. ERP시스템은 기업 내 또는 기업간의 기간업무가 통합되어 선진 프로세스를 반영함으로써 업무의 통합과 프로세스간의 연계에 의해 경영혁신을 추구할 수 있다. 업무재설계 과정에서 규모나 정도의 차이가 있다 해도 현행 업무의 문제점을 개선하여 새로운 업무방식을 적용하지 않는다면, ERP시스템의 도입은 무의미할 뿐만 아니라 조직적 개선을 불가능하게 한다.

둘째, ERP시스템의 도입을 기반으로 조직내 정보자원의 공유기반과 통합적 활용을 가능하게 한다. ERP시스템은 단위모듈간의 인터페이스와 조직내 통합 데이터베이스를 매개로 통합되기 때문에 데이터 일원화와 공유화가 가능해지고 업무간의 커뮤니케이션을 실시간으로 수행할 수 있다. 또한 기존 업무기능별로 처리하던 중복업무가 배제되고, 중복 관리하던 데이터나 정보를 통합적으로 관리하기 때문에 조직내 불필요한 작업을 배제할 수 있다.

셋째, 정확한 경영의사결정 정보를 제공할 수 있다. 조직내 기간업무 전체에 걸친 정보의 정확성과 실시간에 의해 정보가 처리되기 때문에 영업수주, 생산실적, 판매정보, 재고상황 등 매일 변화하는 경영현황에 대하여 파악이 가능하며, 빠른 의사결정을 내릴 수 있다. 횡적 프로세스의 연계로 업무간의 최신 데이터나 정보를 근거로 각종 의사결정이 가능하기 때문에 전체 최적화라는 관점에서 계획과 실행이 가능해져 관리수준을 향상시킬 수 있다.

넷째, ERP시스템의 도입으로 초기 투자비가 들어가지만, 궁극적으로는 관리비, 재고유지비, 인건비 등의 비용을 절감할 수 있다. ERP시스템은 기존 업무관행이나 불필요한 업무를 제거하고 최적 실행사례를 도입하여 운영하기 때문에 ERP시스템의 운영이 정착되어 장기적으로 운영될 경우, 기존의 불필요한 비용을 줄이고 ERP 투자에 대한 수익을 향상시킬 수 있다. 특히 업무의 불확실성이 감소하기 때문에 업무인력을 줄이는 것이 가능하며, 기업의 재고자산이나 불용자산에 대한 관리가 가능하다.

다섯째, 기간업무 수행에 따른 정보처리과정을 개선함으로써 조직의 핵심역량에 집중할 수 있다. 기간업무 그 자체는 기업경영에 있어서 필수 불가결한 업무이지만 직접적으로 기업의 이익 증대와는 결부되지 않는다. ERP 도입에 의해 업무의 효율화가 추진됨으로써 기업 본래의 업무인 영업 및 제조활동에 경영자원을 집중할 수 있으며, 이로 인하여 기업의 경쟁력을 향상할 수 있다. 특히 ERP시스템은 글로벌 대응이 가능하도록 거래국가의 무역, 통화, 결제 등의 회계처리에 있어 자동화된 도구와 프로세스를 가짐으로써 무역거래의 활성화 및 거래업무의 신속한 처리가 가능하다.

여섯째, ERP시스템의 도입으로 최종사용자의 자유로운 정보활용이 가능하고 고객의 만족도를 향상할 수 있다. ERP시스템은 통합 데이터베이스에 의해 업무기능간의 프로세스와 데이터 활용을 촉진하고, 업무관련 데이터나 정보에 쉽게 접근할 수 있기 때문에 개별 업무 담당자가 정보를 효과적이고 효율적으로 이용할 수 있다. 또한 수주처리부터 출하, 그리고 회계처리에 이르기까지 일련의 업무가 정보시스템으로 통합되어 있기 때문에 고객의 문의에 대하여 신속하고 정확한 답변이 가능하며, 각종 고객서비스를 비약적으로 향상시킬 수 있다.

마지막으로는, 조직내 정보자원의 통합을 위한 정보시스템 인프라의 체계화를 들 수 있다. ERP 도입과정에서 기존 정보시스템의 한계점과 향후 도래할 최신 정보기술을 활용하여 업무 프로세스에 적용하기 때문에 정보기술의 발전에 유연하게 대응할 수 있으며, 조직내 보유한 정보자원에 대한 평가를 통하여 미래 정보시스템의 기반구조로써 확장성, 호환성, 유연성을 높일 수 있다.

ERP시스템의 도입으로 기업 경쟁력을 향상하는 사례가 많아지면서 대기업을 비롯한 중소기업에서도 ERP 도입에 많은 관심을 기울이고 있다. 하지만 대부분의 기업은 ERP 투자예산의 확보나 정보기술 전문인력의 확보가 어렵고, ERP 도입시 기대되는 효과에 대한 확신이 낮아 ERP시스템의 도입을 주저하는 경우도 없지 않다. 즉 국내외에서 유명도가 있는 제품을 선택할 경우, 너무 높은 비용을 지불해야 하고, 국내 ERP 패키지를 도입한다 하더라도 상당한 비용과 계속적인 노력을 추구해야 하는 문제가 있기 때문이다. 본 절에서는 ERP시스템이 대기업 중심에서 점차 중소기업으로 확산되고 있으며, 중소기업의 ERP시스템 도입을 위한 ERP 임대서비스로 클라우드 ERP시스템에 대해 논의하고, ERP시스템의 향후 전망에 대해 살펴보고자 한다.

4.1 중소기업을 위한 클라우드 ERP 서비스

ERP시스템의 도입에 있어서 나타나는 주요한 현상 중의 하나는 대기업의 경우 자금여유 및 전문인력의 확보에 따라 ERP시스템의 도입이 점차 확산되고 있지만, 중소기업의 경우에는 투자예산이나 전문인력이 없어 ERP 도입이나 실행에 어려움이 있다. 특히 글로벌 환경으로 제품경쟁이 심화되면서 중소기업의 경영환경은 더어려워지고 있으며, 대기업과의 수직적 계열화된 거래를 수행하는 중소기업은 대기업과 더욱 긴밀한 정보화를 추진하고 있으며, 과거와는 다른 형식으로 전문성 있는 제품생산기술을 보유해야만 한다. 이와 같은 경쟁심화와 수요의 다변화로 인하여 기존 전산화의 환경에서 한계로 지적되었던 조직내 자원의 최적화를 위해 대부분의 중소기업은 ERP시스템의 도입을 필수적인 요소로 인식하고 있다.

국내 중소기업의 경우에는 자동화 설비나 공장자동화 등을 통하여 고객의 다양한 요구를 충족시키기 위해 핵심역량을 집중하는 한편, 업무활동을 지원하는 정보기술(IT)의 적용분야에 대해서는 외부의 IT 전문기업에 아웃소싱 하는 사례가 점차 보편화되고 있다. ASP(Application Service Provider) 서비스란 대기업에서 추진하는 방대한 규모의 ERP시스템 구축에 대비하여 상대적으로 투자여력이나 관리인력이 부족한 중소기업을 대상으로 중소기업의 업무여건에 적합한 ERP 패키지

그림 7-16 ERP ASP 서비스의 개념도

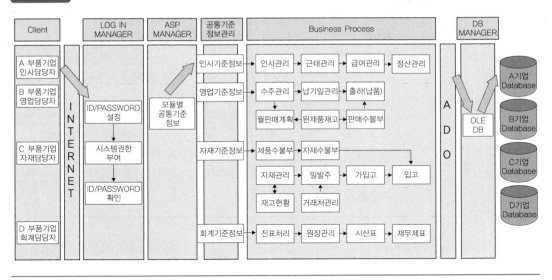

일부를 임대하여 사용하며, 시스템의 사용료를 지불하면서 ERP시스템을 구축하는 것을 의미한다. 최근에는 ASP서비스의 진화된 방식인 주문형(on-demand) 소프트웨어인 SaaS(Software as a Service), PaaS(Platform as a Service), IaaS(Infrastruture as a Service) 모델로 클라우드 ERP 서비스가 많이 확산되고 있다.

현재 중소기업은 경영자원 측면에서 대기업과는 비교할 수 없을 정도로 많은 자원의 제약을 가지고 있다. 그리하여 본업인 제조활동에 역점을 두면서 부가가치가 없거나 전문성을 발휘할 수 없는 분야에 대해서 외주화(outsourcing)를 추진하고 있다. 처음에는 회사 경비, 청소, 교육훈련 등 핵심영역 이외부터 출발하여, 정보시스템, 판매·마케팅, 물류, 회계, 총무 등의 핵심기능까지 외주를 주는 사례가 늘고 있다. 이와 같은 중소기업을 대상으로 ASP 시장이 활성화되는 배경은 IT 환경의 변화, 인터넷의 확산, 그리고 저렴한 ERP 패키지의 설치 및 운영 등을 들 수 있다.

첫째, IT 환경의 변화란 중소기업의 경우 적은 인력으로 경영활동을 수행하여야 하나 IT 전문인력이 부족하고, 전반적으로 짧아진 소프트웨어의 생명주기로 인하여 사용자의 요구에 부응한 소프트웨어의 계속적인 개발환경 구축이 쉽지 않기 때문에 IT 아웃소싱이 보편화되고 있다는 점이다.

둘째, 인터넷의 확산으로 기존의 부가가치 통신망이나 전용회선 임대와 같은

표 7-4	ERP 패키지 도입과 클라우드 ERP서비스의 비용 비교		
구 분	비용 항목	ERP	클라우드 ERP
응용서비스 비용	Setup 비용	전체비용에 포함	업체별 최초 1회 청구
	Rental 비용	없음	월 정액제 비용
	유지보수 비용	구축비용의 연간 10~15%	없음
구축비용	DB 초기화 비용	컨설팅 및 구축비용	없음
	ERP 설치비용	사용자수에 비례비용	사용자수에 비례비용
	ERP 컨설팅	외부 컨설팅 비용	클라우드 컨설팅 비용
	ERP 커스터마이징	커스터마이징 비용	거의 없음(필요시 추가비용)
	ERP Upgrade	단계적 Upgrade	거의 없음(필요시 추가비용)
전체 소요비용		매출액 대비 0.5~1% 수준	ERP 구축비의 10~25% 수준

비용부담을 감소시킬 수 있다는 점이다. 인터넷 보안기술의 발전과 안정적인 인터넷 접속환경이 구현됨으로써 중소기업들이 이전보다 훨씬 저렴한 비용으로 인터넷 통신망을 활용할 수 있게 되었으며, 인터넷 환경에서의 기업 경영관리업무를 정보화하는 클라우드 ERP서비스는 관리인력이 적고, 비용부담이 상대적으로 적은 중소기업에게 새로운 기회를 제공하고 있다.

셋째, 표준화된 클라우드 ERP서비스 패키지를 간편하게 설치하고 운영할 수 있다는 점이다. 클라우드 ERP서비스는 중소기업이 원하는 정보화 업무에 대해 신속하고 간편한 실행과정을 통해 ERP 응용소프트웨어가 설치되고 있으며, 소프트웨어의 구입이나 유지비용에 대해서도 저렴한 비용을 요구하고 있다. 그리고 네트워크의 환경이나 인트라넷이 보편화되어 있는 요즘의 정보기술 환경에서는 중소기업이 서버장비와 주변기기를 모두 갖추고 업무환경을 구성하는 것보다는 아웃소싱을 통해 필요한 정보기술 응용서비스를 받는 것이 더욱 경제적이다. 〈표7-4〉는 ERP 도입과 클라우드 ERP 서비스의 도입에 따른 비용구조를 비교한 것이다.

4.2 차세대 ERP시스템

최근에 ERP시스템 도입에 있어 가장 이슈가 되고 있는 사항은 전사적 자원관리인 ERP시스템을 구축함에 있어서 내적 효율성이나 내부업무의 통합은 이루어졌으나 기업의 외부업무인 고객관리나 협력업체와의 정보화는 어떻게 대처할 것인

그림 7-17　ERP시스템의 향후 전망

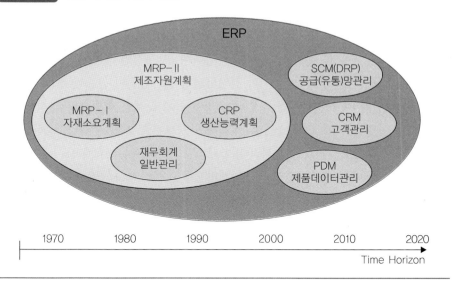

가에 대한 논의가 쟁점이 되고 있다. 이것은 최근 세계적인 다국적 기업이나 초우량기업들이 저효율 고비용 구조를 이겨내고, 외형위주에서 수익 중심의 경영을 추구하면서 전사적인 자원의 통합과 최적화를 추진하기 위하여 기업의 가치사슬을 어떻게 재구성할 것인가에 대한 이슈를 제기하면서 논의되고 있다. 이러한 이슈가 제기된 배경을 살펴보면 다음과 같다.

첫째, 점차 심화되는 경쟁환경에서 자사의 노력만으로는 세계화되고 글로벌화되는 지구촌 경쟁을 이겨낼 수 없으며, 자사와 관련된 협력사와 고객사를 하나의 가치사슬에 묶어 동시경영(concurrent management)에 의한 경쟁력 강화의 필요성이 강력히 제기되고 있다는 점이다. 특히 협력사와의 재고 및 생산계획을 연동하는 공급망관리(SCM) 기능이나 고객의 수요나 행동을 예측하고 우수고객과의 관계를 유지할 수 있는 고객관계관리(CRM) 기능이 ERP시스템의 주요 기능으로 포함되고 있다. 과거 MRPI에서 발전하여 미래에는 SCM과 CRM을 포함하는 확장형 ERP(extended ERP) 환경으로 전환될 것으로 예상된다. 이러한 사례로 최근 나이키, 베네통, 노키아, 모토로라 등의 다국적 기업은 글로벌 환경에서의 공급망관리에 대한 관심을 가져 신제품 개발은 본사의 연구개발부에서 제조는 인건비가 저렴한 제3국에서, 유통과 판매는 각국의 지사에서 수행하는 가상기업(virtual enterprise)의 환경을 구성하고 있다.

둘째, 빠르게 변화하는 정보기술(IT) 환경에 적응하기 위한 기업들의 자체적인 노력이 한계에 부딪히고 있다는 점이다. 과거의 전산화나 정보화는 조직내 사용자들의 요구사항을 반영하여 실무 감각이 높은 전산인력이 자체개발을 수행하는 방식이었으나, 경영환경이 급변하면서 내부 전산인력만으로는 새로운 정보통신기술을 수용할 수 있는 능력이 부족하며, 자체적인 개발에 의해 정보화를 추진하는 것은 어렵게 되었다. 이미 선진국의 우수기업들이 검증한 정보기술과 프로세스를 반영한 ERP시스템을 도입하는 것이 쉽고도 빠른 방법으로 인식하기에 이른 것이다. 최근 SAP, Oracle 등의 세계적인 정보기술 기업은 영업, 생산, 구매, 재무, 인사, 회계 등에 있어서 최적 비즈니스 모범사례(best business practice)를 제공하고 있으며, 간단한 변경도구와 개발도구만으로 자사의 업무환경에 적용이 가능하도록 시스템을 제공하고 있다.

셋째, 글로벌 경영과 새로운 사업기회의 창출을 위한 e-비즈니스 환경의 구축이다. 인터넷을 기반으로 하는 e-비즈니스 환경은 세계의 시장을 단일 시장으로, 시간과 국경을 초월한 무한경쟁시장으로 발전하고 있다. 정보통신기술의 발전에 의해 세계 각국의 고객과 거래할 수 있는 기회를 가질 수 있으며, 협력사들과의 전자적인 거래에 의해 시간과 비용을 절감하면서 전자상거래를 수행할 수 있다. 또한 기존의 거래환경이나 상거래 기반을 최적의 비즈니스 운영모델에 기초하여 신규사업으로 진출할 수 있게 하며, 경쟁력을 높이기 위해서는 기업간 합병이나 새로운 가치사슬에 의한 협력과 가치창조를 가능하도록 하고 있다.

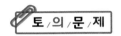

토/의/문/제

01 ERP시스템의 개념과 발전과정에 대하여 설명하시오.

02 ERP시스템의 구축과정에서 BPR의 추진방법에 대해 설명하고, BPR을 추진하지 않았을 때의 예상되는 결과에 대하여 설명하시오.

03 ERP시스템의 기능적 특징과 기술적 특징에 대하여 설명하시오.

04 ERP시스템 도입시 정보전략계획의 중요성과 산출물에 대하여 설명하시오.

05 ERP시스템의 도입과정과 ERP 도입에 따라 기대되는 효과를 설명하시오.

06 최근 ERP ASP서비스 대안으로 제안되는 SaaS 비즈니스모델에 대하여 설명하시오.

07 차세대 ERP시스템이 거론되는 배경과 주요 이슈들을 설명하시오.

참고문헌   References

- 김병곤 · 오재인, "ERP 패키지의 성공적인 커스터마이징 전략," 경영정보학연구, 10권 3호, 2000년 9월, pp.121-143.
- 김해식, 오명진, 장길상, 천면중, 전사적자원관리, 한경사, 2006.
- 문태수 · 강재정, "ERP 도입특성에 따른 ERP 실행성과의 차이," 인터넷전자상거래연구, 7권 3호, 2007년 9월, pp.405-427.
- 문태수 · 강재정, "ERP시스템의 성공적 구축에 미치는 영향요인과 정보시스템 성숙도의 조절효과," 인터넷전자상거래연구, 7권 4호, 2007년 12월, pp.263-284.
- 이동길, ERP 전략과 실천, 대청출판사, 2000.
- 함용석, SAP ERP 여행, 도서출판 두남, 2009.
- Acara, M. F., Tarimb, M., Zaimc, H., Zaimd, S., and Delen, D., "Knowledge management and ERP: Complementary or Contradictory?" International Journal of Information Management, Vol. 37, No.6, 2017, pp.703－712.
- Chou, H. W., Chang, H. H., Lin, Y. H., and Chou, S. B., "Drivers and effects of post-implementation learning on ERP usage," Computers in Human Behavior, Vol.35, June 2014, pp.267-277.
- Galy, E. and Sauceda, M. J., "Post-implementation practices of ERP systems and their relationship to financial performance," Information & Management, Vol.51, No.3, April 2014, pp.310-319.
- Monk, E. and Wagner, B., Concepts in Enterprise Resource Planning, 4th ed., Course Technology－Cengage Learning, 2013.

- Nwankpa, J. and Roumani, Y., "Understanding the link between organizational learning capability and ERP system usage: An empirical examination," Computers in Human Behavior, Vol.33, April 2014, pp.224-234.
- Ruivo. P., Oliveira, T., and Neto, M., "Using resource-based view theory to assess the value of ERP commercial-packages in SMEs," Computers in Industry, Vol.73, 2015, pp.105-116.
- IBM: https://www.ibm.com/e-business
- Oracle: https://www.oracle.com
- SAP: https://www.sap.com
- 위키피디아: https://ko.wikipedia.org

ERP 구축사례:
자동차부품기업 (주)광진상공의 ERP시스템 구축

　자동차부품산업은 완성차 기업(국내의 경우 현대, 기아, 대우자동차 등)의 조립생산에 필요한 부품을 공급하는 역할을 수행하고 있으며, 완성차 업계의 제품 생산계획에 따라 1차, 2차, 3차 등의 부품기업이 Assembly 제품을 생산하여 제품을 공급하는 계층적 산업구조를 가지고 있다. 자동차 부품업계의 관심사는 완성차 기업의 생산일정계획에 맞게 제품을 공급하면서 결품을 예방하고, 조립품 생산의 Cycle Time을 줄여 시간당 생산량을 높이는 것이다. 최근 원자재 가격이 폭등하면서 제품 단위당 제조원가가 높아져 수익성이 감소하면서 내적 효율성을 높이기 위해 ERP 구축에 많은 관심을 기울이고 있다.

　(주)광진상공은 현대자동차가 위치한 울산과 비교적 근거리인 경주 용강공단에 위치한 자동차부품기업으로 자동차의 윈도우 개폐장치(Window Regulator)를 생산하는 기업이다. 2003년 12월말 기준으로 종업원 400명, 매출규모 1,500억원이며, Window Regulator제품의 국내시장 점유율이 80%이며, 매출액 중 50%가 미국의 GM(General Motors) 자동차에 수출하는 유망 중소기업이다. 1995년에는 한국 최초로 QS-9000 인증을 획득하였으며, 최근에는 고객만족을 위해 6시그마 운동 이외에도 ISO14000, TS16949 등의 품질인증을 획득하였다. 또한 완성차 업체의 Module화 추세에 적극 부응하기 위해 Door Module 조립공정을 개발하여 완성차업체의 비용절감에 크게 기여하고 있다.

　(주)광진상공은 1992년에 앤더슨컨설팅으로부터 정보화 진단을 받아 1993년부터 수주, 생산, 자재, 인사, 회계 등의 업무를 전산화하여 통합전산시스템의 구축을 완료하여 2000년까지 시스템을 운영하여 왔다. 통합전산시스템은 7년의 기간이 경과하면서 사용자들의 업무변화와 출력보고서의 변화에 적절히 대응하지 못하여 회계, 인사모듈을 제외하고 거의 사용하지 않고, Excel에 의한 집계, 분석, 보고서 작성을 수행하고 있었다. 또한 변경된 업무를 전산에 반영하기 위해서는 반복적인 수정작업이 이루어져 예외적인 추가모듈이 더해지면서 급여처리를 위해 4시간의 시스템 처리시간이 소요되었고, 완성차업체의 긴급발주 및 추가발주가 발생할 경우, 생산 스케줄링 및 공정별 작업지시가 수작업으로 이루어졌으며, 자재발주 및 마감작업이 지연되는 등 많은 어려움을 가지고 있었다.

　광진상공의 정기범사장은 정보화 담당 중간관리자와 회의를 통해 새로운 정보시스템의 도입 필요성을 거론하고, ERP시스템의 도입에 대한 지시를 내리게 되었다. 먼저 광진상공은 현재 시스템의 장단점을 분석하기 위해 ERP 구축이전에 기업 전반의 정보화 전략을 수립하는 것이 좋겠다는 자문교수의 의견을 듣고, 30여명의 간부진과 전략회의(Strategic Planning Session; SPS)를 추진하였다.

　이 회의에서 ERP시스템에서 제공할 주요성공요인(CSF), 경영정보와 관리정보 등을 도출하고,

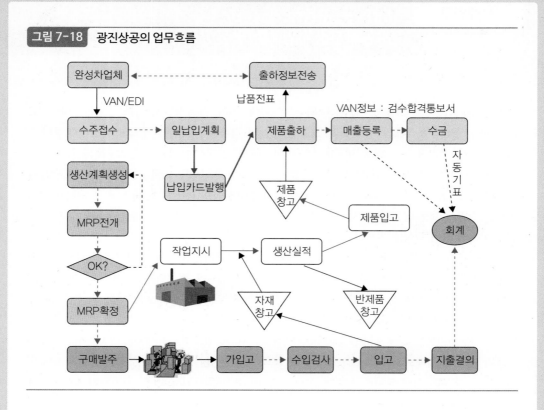

그림 7-18 광진상공의 업무흐름

ERP 구현을 위한 정보시스템 전략계획(ISP)을 마련하였다. 이 과정에서 광진상공은 ERP의 추진목표로 재고통제, 품질향상, 수익관리, 마감관리 등의 세부목표를 결정하고, ERP 구축을 위한 업무추진방향을 설정하였다.

관리담당 중역인 김병준 상무를 ERP 추진위원장으로 내정하고, 11명의 팀장으로 구성된 ERP 실무위원회와 생산, 자재, 영업, 인사, 회계, 원가 등의 업무를 담당하는 현업요원 6명을 Job-off 하여 6명의 ERP 전담팀을 결성하여 ERP 추진시 부서간 업무의 Ownership을 명확히 하고, Data 의 책임관리부서를 결정하였다. 17명으로 구성된 사내 ERP 실무팀은 2000년 9월부터 3개월의 업무재설계 작업을 시작하여 현행업무를 기반으로 기존 통합전산시스템의 문제점과 개선방안을 도출하였으며, AS-IS 프로세스의 불필요한 업무를 제거하고, 정보화를 기반으로 한 TO-BE 프로세스를 새로이 작성하는 업무재설계 작업을 추진하였다. 업무재설계 과정을 통해 나타난 개선방향은 수작업을 자동화하고, 자재명세서(BOM) 및 자재소요계획(MRP) 처리기능의 통합, 생산능력과 설비부하를 고려한 제조자원관리(MRPII) 기능 강화, 원가 및 품질 Data의 확보, 제품 및 자재수불기능의 강화 등이었다.

또한 ERP 정보화 기반의 조성을 위해 1993년부터 사용하던 HP9000 기종이 용량과 처리속도에서 많은 한계점이 있어 새로운 하드웨어를 구매하기로 결정하였다. 기종 선택은 기존 시스템과 호환성이 있는 HP 기종을 유지하도록 하였으며, DB는 대용량 데이터의 처리 및 유지를 위하여 Oracle8i를 구매하였다. 그리고 기존의 UNIX 플랫폼에서 사용자의 접근성이나 편리성을 감안하여 Windows 플랫폼으로 전환하고, 통신망도 기존의 128K 전용회선을 T1급 회선으로 향상하고 공장과 사무실간의 LAN 확장공사를 추진하였다.

광진상공의 ERP 도입에 있어 신중한 의사결정으로는 ERP 패키지의 선정에 있었다. 국내외 ERP 공급업체와 접촉하여 관련정보를 수집하고, 이미 ERP를 구축한 관련기업들의 방문조사를 통해 적합한 ERP 패키지에 대한 면밀한 분석과 자료를 정리하였다. 하지만 외국산 ERP 패키지는 너무 많은 예산과 결과에 대한 확신이 어려워 자동차 부품산업의 전용 ERP 패키지인 Ain-ERP를 공급하는 아인정보기술(주)과 협상하여 ERP 패키지의 일부 도입과 자체개발을 병행하는 것으로 결정하였다. 즉 패키지에서 제공하는 Best Practice는 그대로 도입하고, 광진상공의 고유 업무 특성은 살리는 방향으로 개발이 이루어졌다. 또한 ERP 구축시 46개 협력업체와의 부품조달 및 공급을 위해 SCM 기능을 추가적으로 도입하여 XML/EDI를 이용한 자재발주 및 납품이 전자적으로 이루어지도록 구축하였다.

광진상공의 ERP 구현은 1년 6개월이 소요되었으며, 총 2,200개의 단위모듈을 가진 ERP시스템을 구축하였으며, ERP 구축목표로 삼았던 재고통제, 품질향상, 수익관리, 마감관리 등의 목표를 달성하게 되었다. 적정 재고관리와 자재 및 제품수불이 정확해지고, 불량유형별 관리로 품질불량의 원인분석과 추적이 가능해졌으며, 납품실적 대비 대금정산이나 일일 마감관리가 가능해졌다. 또한 기존의 영업, 생산, 자재, 인사, 회계, 품질 등에서 수행되던 불필요한 업무나 비용지출을 막고, 수작업으로 처리하던 업무가 대부분 자동화되고, 정보의 중복관리가 없이 전 부서가 ERP 정보를 공유하는 새로운 업무환경을 구축하게 되었다.

사례연구 토의

1. 광진상공이 ERP 도입과정에서 ERP 패키지와 자체개발을 병행하기로 결정하였다. 패키지 도입과 자체개발, 그리고 혼합식 방법의 장점과 단점을 설명하시오.
2. 광진상공이 ERP 도입과정에서 고려한 BPR 작업의 특징을 설명하시오.
3. 광진상공의 ERP 도입이 성공할 수 있었던 이유가 어디에 있는지 설명하시오.

C·H·A·P·T·E·R **08**

공급사슬관리(SCM)

수요가 공급을 초과하던 전통적인 기업 환경에서는 대체로 고객보다는 기업이 시장에서 주도권을 행사하였다. 규모의 경제원리 하에서 제조기업의 경우 대량생산체제로 표준화된 제품을 생산한 후 전통적인 마케팅기법을 사용하여 고객에게 제품을 제시하고, 물류회사는 생산된 제품을 물류채널을 통해 신속하게 고객에게 전달하는 것이 임무였다. 하지만 사회의 발전과 함께 고객의 요구는 점점 개성화·다양화 되어가고 있으며, 글로벌 시장은 다양한 가치관과 문화, 전통을 바탕으로 새로운 개성을 추구하고 있다. 즉, 고객들은 그들이 원하는 제품과 서비스를 스스로 결정하고 자신에게 알맞은 제품과 서비스를 기업으로부터 제공받기를 원하게 되었으며, 공급이 수요를 초과하는 현재시점에는 시장주도권이 기업에서 고객으로 이동하게 되었다.

따라서 고객에게 일방적으로 제품을 전달하는 푸쉬(push) 방식이 고객의 욕구에 의해 제품이 생산되는 풀(pull) 방식으로 전환된 것이다. 고객의 욕구를 충족시키기 위해 제품을 생산하는 제조기업의 경쟁력은 점차 제조기업이 보유한 부품조달과 관련된 조달 네트워크의 경쟁력과 제품공급과 관련된 판매 네트워크의 경쟁력에 의해 시장에서의 승패를 결정하게 되었다. 최근 정보기술의 발전으로 전 세계는 그물처럼 엮어진 인터넷망을 활용하여 더욱 신속하고 복잡한 의사결정을 하게 되었으며, 기업의 가치사슬 측면에서 유입물류(inbound logistics) 및 유출물류(outbound logistics)는 수요발생원과 공급원의 연결을 통한 공급사슬의 효율화를 도모하고 있다.

본 장에서는 고객만족을 제고하고 경영효율화를 도모하는 중요한 경영혁신 기법인 공급사슬관리(Supply Chain Management: SCM)의 개념에 대해서 이해하고, 인터넷 및 디지털기술을 이용한 성공적인 SCM의 개념을 학습한다.

제 1 절 SCM의 개념

오늘날과 같이 글로벌화된 시장환경을 맞이하고 있는 기업들은 대부분이 시장에서의 경쟁우위 확보를 위해 제품의 생산을 위한 원자재, 부품 등의 조달과정에서부터 제품의 생산단계를 거쳐 고객이 제품을 구매하는 과정에 이르기까지 전체 공급사슬(supply chain) 관점에서 경영 효율화를 추진하게 된다. 과거 수요가 공급을 초과하던 시기에는 제품을 생산만 하면 팔리던 시대였던 것에 비해 최근의 시장은 공급이 수요를 초과하는 시장이어서 공급사슬을 최대한 단축하여 비용을 절감하기 위해 불필요한 업무영역을 없애고, 조직간의 프로세스를 통합하여 운영하려 하고 있으며, 이를 위한 정보화의 추진에 많은 노력을 기울이고 있다. SCM 시스템이 출현하게 된 배경은 조직간 조달 공급망이나 판매 물류망의 불필요한 업무영역을 제거하고 공급사슬구조를 최적화하려는 경영혁신기법이 필요하기 때문이다. 본 절에서는 디지털 경영환경에서 정보통신기술의 발전에 따라 공급사슬구조를 최적화하여 관리할 수 있는 정보화 도구인 SCM의 개념과 출현배경 등을 살펴보고, SCM 시스템의 기능적이고 기술적인 특징에 대하여 서술하고자 한다.

1.1 SCM의 정의

공급사슬(supply chain)이란 공급자로부터 생산, 분배, 유통 등의 여러 과정을 거쳐 소비자에 이르기까지 제품을 생산하기 위한 원자재 및 부품의 조달과 제품생산, 그리고 제품의 유통과 관련된 가치사슬구조를 의미하는 개념이다. 공급사슬관리(Supply Chain Management: SCM)란 제품의 생산을 위한 원자재 및 부품의 조달단계에서부터 소비자에게 최종 판매될 때까지의 모든 과정을 연결시켜 관리하

그림 8-1 공급사슬의 구조

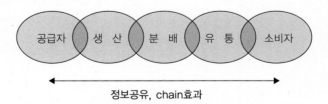

공급자　생산　분배　유통　소비자

정보공유, chain효과

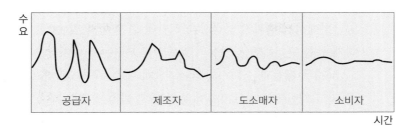

그림 8-2 공급사슬의 정보왜곡현상 채찍효과(bullwhip effect)

는 것을 말한다. 공급자로부터 원자재 및 부품을 납품받아 제조활동을 통해 제품을 생산하고, 유통업체에 넘겨주는 일련의 과정인 전체 공급사슬에 대해 기업이 깊은 관심을 갖게 된 것은 최근의 일이다. 전통적으로 제조업체는 자사의 제품생산을 위해 부품조달과정에 많은 관심을 가졌을 뿐, 소비자들이 어떤 욕구를 가지고 있는지에 대해서는 큰 관심을 가지지 못하였다. 예를 들어, 제조업, 도매상, 소매상의 프로세스로 제품이 흐를 경우에 제조업체에서 소매상의 영업상태를 알 수가 없었다. 이는 실제 생산에서 소비자의 정확한 수요를 알지 못하고 생산계획을 세우게 됨으로써 재고비용의 증가 혹은 수요에 부응하지 못하는 이유로 인해 매출의 감소를 야기시키고 손실을 발생시키고 있다.

가장 보편적인 예는 채찍효과(Bullwhip Effect)이다. 채찍효과는 소비자의 수요에 기반하여 소매상의 수요를 계산하고, 소매상의 수요에 기반하여 제품생산을 위한 최종 공급자의 공급량을 계산하게 되는데, 이 수요와 공급이 다르다는 것이다. 이는 채찍을 휘두를 때 끝부분의 진폭이 커지는 모양을 의미한다. 즉, 고객의 주문에서 소매점 주문, 도매점의 주문이 제조업체의 생산계획과 일치하지 못하며, 나아가 제조업체의 생산을 위한 원자재 및 부품의 공급자는 생산계획보다 많은 양을 납품하도록 하여 같은 정보의 왜곡 현상이 일어나 고객의 수요를 훨씬 초과하는 공급량을 가진다는 것이다. 이와 같은 채찍효과는 소비자로부터 공급자에 이르는 공급사슬의 비효율성을 설명하는 가장 기본적인 예이다.

생산자가 최종 소비자의 수요를 정확히 알아서 정확한 공급을 할 수 있다면, 관리적 측면에서 재고비용은 줄어들게 될 것이다. 이는 결국 상품의 가격에 영향을 주게 되어 가격하락을 유도하여 경쟁력을 키울 수 있을 것이라는 추측이 가능하다. 이 경우 생산자는 정확한 생산계획에 의해 시설 투자 및 재고 정책이 가능하며 도·소매상의 경우에도 정확한 재고 유지 및 소비자의 수요에 맞는 정확한 공급이 가능하게 되어 소비자의 신뢰도와 만족도 증가를 가져온다. 이와 같이 공급사슬상의 이해관계자들의 종합적인 이익을 위한 관리가 필요하다는 개념이 공급사슬관리(SCM)이며 최근 인터넷의 발달로 그 중요성이 더욱 커지고 있다. 즉, 공급자에서 고객까지 공급사슬 전반에 걸쳐 물자 및 현금, 정보 등의 연계를 원활하게 통합 관리하여 경영상의 효율화를 꾀하는 기법이 SCM이다.

SCM은 제품과 서비스의 설계, 판매 예측, 구매 및 재고관리, 제조 및 생산, 물류 및 고객만족에 이르기까지 통합된 전 과정에 대한 최적화를 의미하는 전략적인 경영혁신 기법이다. 지금까지의 경영혁신 기법은 주로 기업 내의 전략, 구조, 기능 등의 개선 및 혁신에 중점을 두었다. 그 결과, 기업 내의 한정된 기능이나 업무영역을 위한 정보시스템의 구축에 관심을 가졌다. 하지만, 공급사슬관리는 기업 내 뿐만 아니라 기업간 업무영역에 관심을 두고 있다. 즉, 공급자에서 고객까지를 통합한 전략적 개념이라 하겠다. 이렇게 하여 생산성의 향상은 물론 원가절감, 조달기간의 단축 등 물류 및 현금흐름의 정확도를 향상하는 경영혁신의 도구가 되었다.

SCM의 정의는 학자마다 다양하여 정의되고 있으며, 자재조달에서부터 소비에 이르기까지 상품과 관련된 정보를 유기적으로 관리하여 고객 관계를 강화하고 경제적인 가치를 높이는 활동 또는 원자재의 조달 및 생산에서부터 고객에게 제품과 서비스를 제공하기 위한 공정 지향적이고 통합적인 접근 방법이라고 정의할 수 있다. 또 다른 정의로는 고객의 수주로부터 대금 지불에 이르기까지 설비, 부품, 완제품을 포함하여 물류를 취급하는 전 프로세스에 걸쳐 조달, 제조, 판매, 분배 기능과 고객과 관련 있는 활동 모두를 의미하는 것으로 정의하기도 한다. 과거에는 SCM을 정보기술적인 차원에서 접근하는 경향이 강하였다면 최근에는 정보기술과 경영철학의 조화를 이루려는 경영전략차원에서 정의를 내리고 있다. 또한, 생산관리부문에서는 SCM이 자재소요계획(Material Requirements Planning), 제조자원계획(Manufacturing Resource Planning), 전사적자원관리(Enterprise Resource Planning) 그리고 SCM으로 발전하였다고 주장하고 있다.

정보기술관점에서는 1980년대 경영정보시스템에서 1985년대 의사결정지원시스템, 1990년대 후반 전략정보시스템으로 발전되어 왔으며, 정보기술의 발전에 따라서 새로운 정보시스템, 즉 SCM이 필요하게 되었다고 주장하고 있다. 또한 기술적인 측면에서는 1980년대의 EDI에서 1990년대의 CALS, 그리고 2000년대 이후에는 전자상거래(EC)의 핵심추진전략으로 SCM이 등장하게 되었다는 주장도 있는데 어쨌든 기업의 경쟁력이 SCM 혁신에 있다는 것에 대해서는 경영자 모두가 인식하고 있다.

1.2 SCM의 필요성

공급사슬관리 개념은 미국에서 생성되어 유럽과 아시아로 전파되었으며, 주로 제조업과 유통업체에 초점이 맞추어지고 있지만 앞으로는 서비스산업으로 확산되어 고객의 욕구 충족을 위한 공급사슬의 최적화를 도모하는 방향으로 발전될 것이다. 공급사슬관리의 발단은 제조기업 내의 생산성 향상, 리드타임 단축, 원가 절감, 품질향상을 위한 경영합리화의 목적으로 추진되고 있다. 공급사슬관리와 관련된 개념으로는 프로세스 혁신을 위한 업무재설계, 기업간 통합을 위한 정보화, 공정 자동화 및 컴퓨터통합생산(Computer Integrated Manufacturing: CIM) 구축 등의 노력으로부터 출발한다.

공급사슬관리의 개념이 기업의 경영혁신기법으로 채택되는 최근에 이르러서는 제조단계 이전과 이후의 가치사슬을 더 중요하게 인식하는 경향이 있다. 그 이유는 부가가치의 60~70%가 기업 내부의 제조과정보다는 외부의 공급사슬상에서 발생하기 때문이다. 미국의 경우 제조업의 물류비용은 업종에 따라 10~15%에 이른다. 일반적으로 고객의 주문에서 납품까지의 주문 사이클 타임 중에서 순수 제조 소요기간보다 부품조달이나 제품공급에 있어 공급사슬관리에 소요되는 시간이 훨씬 길다. 제조업체의 경우 공장자동화나 CIM 구축을 위해 막대한 투자를 하고 있으나 고객만족 효과는 주문처리, 물류관리, 구매 및 조달 등에서 개선의 여지가 더욱 크며 적은 규모의 투자로도 개선이 가능하다는 것이다.

또한, 부품 및 원자재 공급의 납기와 품질의 불확실성 이외에도 고객 수요 및 주문의 납기, 수량 등의 불확실성이 존재하기 때문에 이를 제조기업 내에서 수동적으로 흡수하여, 생산계획을 수립하고 재고관리를 통해 리드타임을 단축하는 데에는 한계가 있다. 따라서, 외부로부터 발생하는 변동상황을 감소시키고자 하는 적극적인 방안의 마련이 필요하게 되었다. 일반적으로 채찍(bullwhip) 효과로 알려져 있는 정보전달의 지연 및 왜곡 확대 현상은 공급사슬의 가장 마지막 단계인 소매단계의 고객 주문 및 수요 변동에 관한 정보가 도매상, 유통센터 등의 공급사슬을 거슬러 전달되는 과정에서 정보의 지연 및 왜곡이 누적되고, 그에 따라 납기 지연, 결품, 과잉 재고 등의 문제가 발생하게 된다. 특히, 시장에서의 경쟁사 제품 간 경쟁이 본격화될 경우, 각 기업의 제품에 대한 가격할인 및 판촉활동이 공격적인 마케팅 전략을 구사하게 됨에 따라 고객 및 물류업체들의 행태가 종래보다 더욱 긴밀하고 신속하게 운영되어 이로 인한 시장정보의 불확실성이나 정보왜곡현상은 더욱 증폭될 수 있다. 따라서 공급사슬상의 정보공유 및 전달, 상호협력 및

표 8-1	글로벌 공급사슬의 특징		
특 징	중요 차이점	관리이슈
지역적 · 시간적 장벽 존재	• 운송 및 협력 중요성 부각 • 주문납기 시간이 길어짐 • 대화의 어려움 • 지역 정보 및 대화기술 가치	• 언어 및 문화의 차이 • 환율, 조세, 보조금, 쿼터 등
다중 국가 시장 관리의 필요	• 복잡한 공급 네트워크 • 제품디자인에 있어 지연 및 공통성 추구 • 복수 시장에서의 경쟁	• 상호 장벽의 존재 • 규제/문화/언어의 차이 • 환율, 정보정책, 거시정책의 영향
다중화된 운영설비	• 복잡한 공급 네트워크	• 전 세계에 걸친 탐색 • 여러 지역간의 작업 공유 • 운영상의 어려움 극복
다양한 수요 · 공급 조건의 존재	• 공동작업을 위한 정보기술 • 학습의 필요	• 다국적 지역 수요의 글로벌 공급 문제 • 공급생산 위치 선정 문제

조정이 중요한 과제로 부각될 수밖에 없다.

〈표 8-1〉은 글로벌 공급사슬의 특성을 보여준다. 최근 코로나19 사태로 인하여 글로벌 공급사슬의 불확실성이 높아지고 있다. 특히 시장의 글로벌화에 따라 부품 조달 및 구매, 생산, 보관 및 운송, 판매 등의 기업 활동이 점차 국제화되면서 공급사슬상의 리드타임이 길어지고 공급사슬의 불확실성이 더 높아지고 있다. 또한, 부품조달 비용, 인건비, 금융비용, 생산성, 물류비용 등의 국가별 · 지역별 편차가 다를 뿐만 아니라 관세 및 환율, 수출입관련 법규의 국가별 차이, 지역별 제품사양의 차이 등을 감안해야 하는 등 공급사슬관리의 문제는 훨씬 복잡하게 되었다. 이에 따라 글로벌한 공급사슬 및 물류의 합리적인 계획과 관리, 그리고 조정 통제를 위한 의사결정이 중요하게 되었다. 제품생산을 위하여 어떤 주문을 언제, 어디서, 얼마나, 어떻게 하고, 제품생산에 따라 어떤 제품을 언제, 어디에, 얼마나 어떤 운송을 통해 분배할 것인가 등에 대한 의사결정이 필요한 것이다. 결국 공급사슬과 관련된 계획, 실행, 조정, 통제 등의 문제가 부각되고 있다.

과거와 달리, 제조환경은 표준화된 제품을 대량 생산하여 고객에게 밀어내던 방식에서 탈피하여 고객의 다양한 요구에 맞추어 제조, 납품해야 하는 대량고객화(Mass Customization)가 보편화되고 있다. 특히, 글로벌화에 따라 지역별 · 국가별로 서로 다른 제품사양, 즉 110V 혹은 220V 등의 전압이나 국가별 언어 체계를 반영한 문자 폰트 등과 같은 고려사항이 더욱 중요하게 인식되고 있다. 이러한 대량고객화의 추세에 따라 공급사슬상의 물류관리 대상 품목이 더욱 많아지고 공급사슬구조에 있어 재고 및 물류관리가 더욱 복잡해지며 부품조달, 제품생산, 제품유통 등은 더욱 복잡해진 것이다. 동시에 리드타임이 길어지면서 점차 불확실성이 증가하고, 재고가 증가하면서 주문량이 많아지는 등 공급사슬의 효율이 급속히 저하되는 현상이 발생하고 있다. 이에 따라 공급사슬관리의 중요성은 더욱 부각되고 있다.

오늘날 시장의 글로벌화로 기업간의 경쟁은 더욱 치열해지고, 원가 및 납기의 개선을 통한 경쟁력 확보가 공통의 관심사이다. 특히, 고객지향, 고객만족 등과 같은 시장요구에 적절한 대응을 하기 위해서는 공급사슬의 혁신이 요구되고 있다. 특히 휴렛패커드(HP), 델(Dell) 컴퓨터, 월마트(Walmart) 등을 비롯하여, 미국의 경우 섬유, 식료품, 의료제품, 자동차산업 등에서의 SCM 성공사례들이 공급사슬관리 기법의 확산을 촉진하고 있다. 또한 ERP를 통한 기업 내 프로세스의 통합화 및 정보화와 더불어 EDI(Electronic Data Interchange), 인터넷 활용, 그리고 전자상거래 기술의 급속한 발전으로 공급사슬간의 정보공유 및 전달과정을 혁신하고 공급사슬간의 프로세스를 적극적으로 통합할 수 있게 됨에 따라 산업별로 SCM 개념의 정립과 기법의 개발이 확산되고 있는 것이다.

공급사슬관리를 위해서는 공급사슬관련 프로세스 및 제품설계를 혁신하는 공급사슬 리엔지니어링, 공급사슬에 참여하는 업체간의 전략적 제휴, 공급사슬관리를 위한 조직의 개선, 공급사슬간의 정보 공유 및 프로세스의 통합, 공급사슬 네트워크의 설계, 공급사슬 계획 및 관리시스템의 구축 등과 같은 단계적이고 체계적인 구현방안이 필요하다. 이러한 구현방안은 대개 공급사슬에 참여하는 기업이나 조직의 제품관련 정보를 공유하는 기반을 구축하고, 구매 조달, 운송 및 보관,

그림 8-3 Push & Pull 방식의 생산-재고 관리

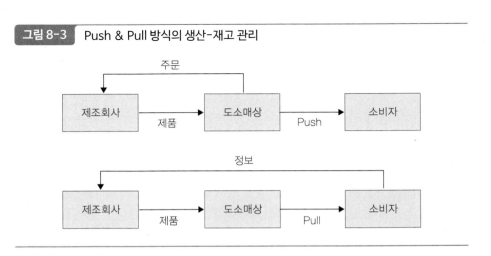

물류 및 판매 등의 업무 프로세스를 정보기술에 의해 통합하는 작업을 수반한다.

1.3 SCM의 진화 단계

SCM의 발전을 진화단계로 구분하면 제1단계는 SCM의 출현기인 1960년에서 1975년 사이로 완성품의 물적 물류에 초점을 맞춘 재고 푸쉬(push) 시대이다. 원자재와 공정중 자재를 별도로 취급하여 공정별 산출물이 완제품쪽으로 단계별로 이동하는 것을 관리하여 산출물과 고객요구의 균형을 맞추는 것이 관리의 초점이었다. 주로 대량생산체제하에서 재고의 부담을 덜어서 경영효율화를 도모하기 위한 방법으로 SCM이 활용되어야 한다고 주장하던 시대였다. 당시는 정확한 소비자의 수요 예측에 필요한 직접적인 데이터의 수집이 어렵고 단지 공급사슬상의 각 업체, 즉 도소매업체를 통한 예측에 의한 생산에 주력하던 시대였기 때문에 재고의 관리가 경영에서 매우 중요한 비용절감의 요인이었다. 즉, 규모의 경제로부터 이익을 얻기 위해 원자재 확보와 물류 개선에 노력하여 재고를 줄이며, 운송원가를 절감하고 불필요한 정규직원을 감소함으로써 보다 낮은 가격의 제품 및 서비스를 제공하는 것이 이 시기의 주요 과제였다.

그 후 계속적인 정보기술의 발전으로 기업 정보화가 확산되면서 제2단계인 SCM의 확산기는 1975년에서 1990년 사이로 기업의 경영정보시스템이 적극적으로 활용되는 시기였으며, 기업 내의 물류관련 업무통합의 중요성이 강조되는 시대였다. 통합관리를 위해 대용량의 컴퓨터가 등장하기 시작했고 기업 내 정보시스템의 대상이 재무로부터 자재관리로 이동하기 시작했으며, 고객의 중요성이 인식되면서 생산과 재고 중심의 푸쉬(push)방식으로부터 고객 수요 기반의 풀(pull)방식으로 전환이 시작되었다. 정보기술, 특히 통신기술의 발전으로 판매현장의 소비자 정보를 생산현장에서 확인할 수 있게 되고 공급사슬 관련 업체들간의 네트워크가 부분적으로 형성되었으며, 점차 부분 최적화에서 통합에 의한 물류 최적화를 추진하기 시작하였다.

SCM은 계속적인 진화를 통해 1990년대 이후부터 현재까지 통합 SCM의 개념이 정립되기 시작한 단계이다. 제3단계 통합 SCM의 시대는 원자재의 구매에서 소비자에 이르기까지 물자와 관련정보의 동기화된 관리를 통해 경제적 가치가 고객에게 전달되는 단계로 혁신적인 생산성 향상은 물론 공급자간의 파트너십, 자재 및 정보의 통합 관리가 가능하다고 인식하는 단계이다. 특히 인터넷을 기반으로

표 8-2

표 8-2	SCM의 발전단계		
	1단계	2단계	3단계
태동개념	재고관리	로지스틱	SCM
관리대상	운송, 보관, 포장, 하역	생산, 물류, 판매	공급자, 제조사, 도소매상, 고객
관리범위	판매물류, 비용	생산/판매물류, 비용	공급사슬 전체물류
관리목적	물류부문 내의 효율화	기업 내의 유통효율화	통합공급사슬의 효율화
적용주기	단기	단기, 중기	중기, 장기
대상시스템	재고관리시스템	물류관리시스템	기업간 정보시스템

한 웹 정보시스템의 도입으로 경영정보의 공유가 가능하고 공급사슬관계에 있는 업체들은 정보의 공유를 통해 자재조달부터 생산을 거쳐 마케팅에 이르기까지 소비자들의 만족도와 관련된 정보를 SCM 시스템에 축적하기 시작하여, 정보의 통합과 공유를 통해 공급사슬 전체의 최적화를 통한 경영체제가 구축되기 시작하였다.

3단계의 통합 SCM에서는 대부분의 공급사슬 참여기업은 공급사슬 네트워크의 경쟁력이 해당 산업의 경쟁우위를 확보하는 중요한 요인이 된다는 사실을 인식하고 있다. 현재 선진국 글로벌 기업의 경우 대부분 3단계인 통합 SCM의 단계에 이른 것으로 보이나 국내 기업의 경우에는 아직까지 3단계의 초기에 위치하고 있는 것으로 평가되고 있다. 최근에는 ERP의 구축이 보편화되면서 기업의 내부적인 정보화 기반이 완성되면서 SCM의 도입이 활성화되기 시작하였다고 할 수 있다. 특히 3단계 통합 SCM의 시대에는 SCM이 점차 보편화된 개념으로 인식되고, 고객중심의 관점에서 공급사슬구조가 형성되기 시작한다.

제 2 절 | SCM의 기능 활동

전통적 SCM의 목적은 고객의 수요에 대응하기 위한 물류의 흐름을 관리하여 재고를 통제하는 것인데, 기존의 재고관리(inventory management)란 고객의 수요를 충족시키기 위한 제품생산과 관련된 창고관리 기능을 의미하였다. 초창기의 재고는 제품 생산을 위한 원자재의 재고와 제품공정 중에 발생하는 가공중인 재고, 그리고 생산제품의 창고 이동 및 보관 등으로 분류할 수 있다. 이와 같은 재고관리의 기능이 점차 재고의 감소를 위한 공급사슬상의 물자 및 정보의 흐름과 연계하면서 물류(Logistics)의 개념으로 확대되었다. 물류의 개념은 생산단계에서부터 소비자에 이르기까지 상품의 이동 및 흐름을 관리하는 것으로 정의된다. 원자재의 조달에서부터 제품의 생산을 거쳐 최종 소비자에 이르기까지 일련의 과정에서 물리적 재화 및 관련정보가 효과적으로 흐르도록 계획, 수행, 통제하는 행위가 SCM인 것이다.

즉, 물류의 기본적 기능은 생산과 소비의 장소, 시간, 수량, 품질, 가격 등을 조정하는 역할을 한다. 제조업의 경우 원자재의 조달 및 생산을 통해 소비자에게 전달되는 전 과정으로 크게 조달물류, 생산물류, 판매물류로 나누어 볼 수 있다. 조달물류는 원자재의 조달에서부터 자재창고에서의 보관 및 관리업무를 말하며, 생산물류란 자재창고의 출고에서 생산공정을 거쳐서 완성품이 되어 보관되는 과정이다. 이들 상품이 창고에서 출하되어 소비자에게 전달되는 데 관련되는 제반 활동들이 판매물류이다.

SCM을 완성된 물자의 흐름으로 볼 때 물류는 매우 중요한 역할을 하며, 고객의 수요에 적절히 대응할 수 있도록 수요와 공급을 조절하기 때문에 소비자가 지불하는 제품의 판매가격에 중요한 영향을 준다. 한편, 완성품을 만들기 위한 재료의 확보란 관점에서 SCM은 공급자와의 관계를 효과적으로 관리하여야 하는 구매활동을 말한다. 구매는 생산계획을 차질 없이 진행시키기 위해 필요한 자재를 양호한 거래선으로부터 최적의 조건으로 확보하는 활동이다. 구매, 생산, 배송의 활동은 내적 SCM으로 분류하며, 외부의 공급자와 소비자(고객)집단을 연결하여 고려할 때를 외적 SCM이라고 한다. 외적 SCM에서는 제품이나 서비스수준이 고객만족의 관점에서 관리되어야 하기 때문에 자신의 사업 영역에서 고객만족을 위한 제품특성, 문화, 시장특성을 잘 파악하여야 한다. 또한 외적 SCM의 활동을 극대화하기 위해서는 내적 SCM과의 연계활동을 통해 경쟁력을 높일 수 있는 방안을 찾는 것이 필요하다. 그래서 이번 절에서는 공급사슬의 구매와 배송에 관련된 의사결정의 사안들을 간략히 살펴보기로 한다.

2.1 SCM의 구매활동

구매활동은 내적 SCM분야로 제품생산을 위한 자재의 조달과정이다. 이 과정에서 관리자는 자체 생산할 것인지, 외부 조달할 것인지를 결정해야 하며, 또한 외부 공급자로부터 구매를 하고자 할 때도 공급선이 다수공급자인지, 단일공급자인지에 따라 달리 의사결정을 해야 하는 관리문제가 있다. 일반적으로 생산계획을 만족시키기 위한 적정품질, 적정수량, 적정비용의 요건을 고려한 의사결정을 요하는데 이것은 조달관리(Procurement)라고 한다. 구매기능은 원재료나 부품 그리고 부대 서비스가 외부로부터 잘 확보되도록 하는 기능으로 구매활동의 주 비용요소이다. 또한 완제품의 품질에 지대한 영향을 미치는 중요성을 갖는다. 구매 활동에서 대부분 전략적 관점에서 저가의 구매를 선호하며, 필요에 따라 빠른 구매(Quick Response: QR) 전략을 펼치거나, 회사의 입장에 따라 적당한 차별화전략을 펼친다. 일반적으로 공급사슬관리에서의 운영전략은 저가전략과 빠른 응답전략, 그리고 차별화전략을 혼용하여 활용한다.

자재 조달 과정을 단계별로 나누어 보면, 요구의 인식단계, 공급자의 선택, 주문단계, 주문의 추적 및 주문의 입고단계로 볼 수 있다. 요구의 인식이란 생산계획으로부터 외부의 물자(자재 및 서비스)를 구매해야 할 요구의 발생을 파악하는 것이다. 구매 요청은 구매품에 대한 명세, 수량, 품질, 그리고 배송완료일 등을 포함한다. 만약 서비스업종이나 소매점이라면 구매품은 곧 그들이 팔아야 할 상품이 될 것이며, 만약 제조업이라면 생산부서의 생산을 위한 원자재 및 부품의 구매 의사결정이 될 수 있다. 구매가 결정되면 구매부서를 통해 구매처리를 하게 되는데 전자상거래 환경의 경우도 전통적인 구매활동을 기반으로 의사결정이 이루어진다.

조직 내부의 제품생산을 위한 구매결정이 이루어지면 다음 단계로 공급자를 선택해야 한다. 이 과정에서 공급자의 능력이나 신용, 장기 공급계약 등 고려해야 할 요소가 많다. 공급자를 선택하는 방법은 경영과학의 의사결정방법론들이 사용되기도 한다. 특히 공급자의 선택 의사결정에서 단일 공급자를 택할 것인가 아니면 다수 공급자를 택할 것인가에 따라 장단점이 존재한다. 만약 단일 공급자로부터 납품을 받는다면 규모의 경제를 실현할 수 있고 품질의 균일성을 기대할 수 있지만 문제발생시 공급자 교체의 어려움과 가격협상의 어려움이 있을 것이다. 다수 공급자와의 계약에 의한 공급을 받을 때는 경쟁에 의한 가격의 저렴화로 원가절감의 효과를 기대할 수 있으며, 협상의 주도권을 쥘 수가 있다. 그러나 공급자가 규모의 경제를 실현하지 못하고 균일한 품질을 공급받기가 힘들다는 단점이 존재한다. 만약 재래식(오프라인) 사업장이 전국적으로 분산되어 있는 대기업이라면 자재 구매시 본사가 일괄 구입할 것인지, 현지 분산 구매할 것인지에 대한 방침도 세울 필요가 있다.

구매활동에 있어 구매계약의 방식도 중요한 의사결정 요소이다. 재래식 환경의 SCM을 기반으로 이해한다면 e-비즈니스나 전자상거래 환경에서의 SCM을 이해하는 것은 단지 정보시스템이라는 매체가 추가된 환경을 생각하면 쉽게 이해할 수 있다. 구매계약은 원칙적으로 공급자명단으로부터 선택한 업자의 구입자재 품질, 납기, 수량 및 가격 교섭에 따라 계약이 이루어지는 것이지만 공정한 구입을 위해 여러 가지 방법을 사용한다. 예를 들어, 일반경쟁 계약방법은 공평한 자유경쟁으로 저가의 업체와 계약할 수 있어서 좋지만 품질이 떨어지기 쉬운 단점을 가지며 부정업자의 개입도 가능하다는 문제점을 가지고 있다. 적정업자를 미리 정해놓는 지명경쟁계약은 부정업자의 개입을 방지할 수 있지만 가격담합이 가능한 방법이다. 일반적으로 수의계약이란 구매담당자가 임의로 계약하는 방법으로 보통 희소품의 경우에 많이 사용하는 방법이다. 그러나 보통은 견적 비교에 의한 입찰 방식의 계약을 많이 사용한다. 지명한 2개 이상의 업자로부터 견적서를 받아 검토하여 유리한 조건에 구매계약을 하는 것이다.

요즈음 e-비즈니스 환경에서 공동구매방식은 매우 중요한 구매방식으로 자리를 잡아 가고 있다. 보통 소모성 자재의 공동구매가 많다. 하지만 가장 중요한 것은 SCM 관점에서 공급자와의 관계형성 및 유지가 매우 중요한 관리요소이다. 공급자와의 관계는 곧 제품이나 서비스의 품질, 가격, 납기 등에 지대한 영향을 미쳐 궁극적으로 제품생산의 경쟁력이나 물류비용에 영향을 주기 때문이다.

2.2 SCM의 물류활동

내적 SCM의 기능 중 구매 및 생산을 통한 물자의 배송은 소비자에게 전달되어야 할 핵심 활동이다. 일반적으로 배송 활동은 원자재 및 부품이 생산지로 이동하는 경로와 생산품이 소비자로 이동하는 두 가지의 흐름으로 구분되며, 각각을 유입물류(Inbound Logistics)와 유출물류(Outbound Logistics)로 나누어진다. 유입물류는 내적 물류, 유출물류는 외적 물류라고도 하며 조달물류, 생산물류, 판매물류로 구분하기도 한다. 이 외에도 판매품의 재활용 수거를 위한 회수물류, 배송상품의 반송을 위한 반품물류, 그리고 폐기물류 등으로 구분이 되는 물류활동을 통틀어 정상적인 물류에 반하는 역물류라고도 한다. 물류관리의 목표는 보다 적은 비용으로 고객에게 서비스를 제공하여 매출이익을 극대화하는 데 있다. 물류의 기능은 수송 및 운송, 보관, 하역, 포장 등의 활동을 포괄적으로 일컫는데 전통적인 물류에서의 문제점으로는 과잉재고의 보유, 긴급주문에 대한 늦은 반응 및 비효율적인 배달체계 등의 문제점을 안고 있다. 그리하여 물류분야의 정보기술 발달은 물류기능의 발전을 촉진시키는 요인이 되었다.

물류관리는 현재 통합물류를 구현하는 추세로 진전되어 가고 있다. 즉, 기업 내의 조달물류, 생산물류, 판매물류를 하나로 통합하는 것에서 납품사, 고객, 물류관련 제3자와의 전략적 제휴를 통해 물류의 효율성을 향상하는 과정으로 전개되어, 고객서비스 향상과 물류비용 최소화를 주된 목표로 하고 있는데, 이를 위해 물류정보시스템을 도입 활용한다. 물류정보시스템은 정보주체간 수·배송, 포장, 하역, 보관 등을 유기적으로 결합하여 정보관리차원에서 물류의 효율화를 도모하도록 지원하는 시스템이다. 이는 종합적인 물류활동을 지원하는 개념으로 생산에서 소비에 이르기까지 물류활동을 유기적으로 결합하여 전체적인 물류관리를 효율적으로 수행하게 하는 정보시스템으로, 각 물류활동의 기능 및 연관성을 조정하여 전체적인 시스템으로서 목적에 맞게 통합적인 관리운영을 지원하는 것이다.

예를 들어, 기업간의 거래내용이나 관련정보를 표준화된 형식과 코드 체계를 이용하여 전송하고 처리하는 시스템인 EDI(Electronic Data Interchange)는 쌍방향의 정보교환, 배달시간의 단축, 재고비용의 절감, 기존 경쟁자와의 차별화 및 진입장벽의 효과를 가져다준다. 다만 정보화 기반의 구축 필요성이나 부서간의 협조체제구축, 정보시스템의 보안 등과 같은 문제점을 수반한다. 그 외에도 상품정보의 신속한 입력과 판매점 관리를 가능하게 해준 바코드 기반의 POS(Point of Sale) 기술이 기존 환경을 혁신해 온 것이 사실이다. POS시스템은 제품에 바코드나 기타 각종 인식코드(Identification Code)를 부착하여 소매점에서 고객이 구매하는 제품을 인식하는 표준화된 시스템이다. POS가 작동하려면 제품에 바코드(Bar-Code), 보통 13자리로 되어 있는 제품인식코드가 부착되어 적외선 완드로 읽어서 판독을 한다. 최근에는 RFID(Radio Frequency Identification Device)가 개발되어 물류창고의 재고상황도 사무실에서 파악 가능할 정도의 수준에 와 있다. 즉, Bar-Code를 이용하여 일일이 스캐너를 통해 인식하지 않더라도 원거리에서 자동으로 인식할 수 있게 되었다. 이런 혁명적인 물류 환경이 유비쿼터스 환경에 의해 현실화되고 있다.

전자상거래 환경의 물류활동에 있어서 수·배송과 관련된 가장 중추적인 기능은 택배의 역할이라고 할 수 있다. 특히 전자상거래가 점차 활성화되면서 소비자에 전달되기까지 상품의 최종 가격을 결정하는 중요한 요소가 되고 있으며, 상품의 신속한 전달과 납기 준수, 반품 등의 관련 서비스가 소비자의 만족과 직결되기 때문이다. 세계적인 특송 운송회사인 페덱스(Fedex)는 2020년 기준으로 662대의 항공기와 15만명의 직원, 43,500개 사무소를 기반으로 매일 330만개 이상의 화물을 전 세계 220개국 13만개 도시에 24~48시간 내에 배달을 한다. 세계 어느 지역이라도 화물 접수 후 48시간 내에 전달함은 물론, 99% 이상의 정확한 배달로 명성을 얻고 있는데 여기에는 첨단 정보기술의 도움이 있기 때문에 가능하다. 페덱스는 화물추적시스템, 휴대용 컴퓨터, 위성통신 등의 첨단장비를 활용하고 있으며, 클라우드 기반의 COSMOS 시스템을 이용하여 전세계 지점과 대리점을 연결하여 15만개의 단말기로 하루 2천5백만개의 정보처리를 가능하게 하고 있다.

국내 물류업체들의 시스템이 아직까지 선진국에 비해 미흡한 수준이지만 전자상거래의 활성화로 늘어나는 물류시장에 대처하기 위해 첨단장비 도입 및 활용을 통해 서비스 수준을 향상하기 위한 노력을 기울이고 있다. 예를 들어, CJ대한통운은 코로나19 이후에 언택트 소비가 급증하고 온라인 주문택배가 증가하면서 스팟츠라는 전산 시스템을 개발하여 고객의 발송처와 도착지 정보를 포함한 자동 관리를 해오고 있다. 특히 전자상거래 물류의 혁신을 추진하여 e풀필먼트(e-fulfill-ment) 솔루션을 구현하여 상품의 보관은 물론 고객 주문에 따른 출고와 배송, 재고관리까지 One-Stop으로 물류서비스를 제공하고 있다.

그림 8-4 CJ대한통운의 e풀필먼트 프로세스

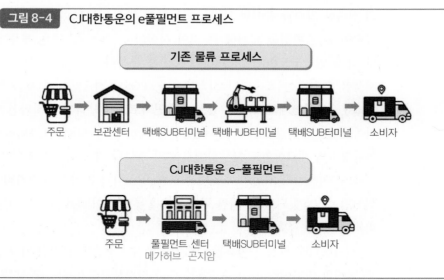

출처: CJ대한통운 홈페이지

2.3 SCM의 외주

일반적으로 외주(Outsourcing)란 기업경영에 필요한 기능을 자체적으로 수행하지 않고 외부에 위탁하여 조달하는 업무처리 방식을 말한다. 외주관리는 기업의 목적을 효율적이고 효과적으로 달성하기 위하여 자신의 능력을 핵심부문에 치중하고 조직 내부활동 또는 기능의 일부를 외부의 조직 또는 외부기업체의 전문 용역을 활용하여 처리하는 경영 기법이다. 외주관리는 구매관리와 구분되며, 구매는 기업 외부로부터 기업에 필요한 원·부자재를 도입하는 것을 의미하지만 외주는 공수나 용역을 조달한다는 점에서 차이가 있다. 외주관리라는 용어는 외부 위탁, 외부조달 및 하청, 아웃소싱 등의 동의어로 사용되고 있다. 특히 SCM에 있어서 기업이 아웃소싱을 고려하는 이유는 핵심역량 집중과 위험의 분산이라는 경영의 유연성과 효율성을 극대화 하여 기업의 경쟁우위를 확보하기 위한 것이다.

기업활동을 생산과 거래활동으로 구분한다면 기업경영은 곧 생산과 거래비용의 관점에서 이루어질 것이다. 만약 기업 내의 생산비용이 시장의 구입비용보다 많다면 당연히 시장에서 구입하게 된다. 이는 기업의 조직과 관리방식에 적용되어 특정부서를 소유하는 것보다 외부 전문업체를 이용하는 것이 훨씬 효율적이라면 외부에서 서비스 받는 것을 택할 것이다. 이러한 비용우위에 의한 비용절감 효과는 기업들이 아웃소싱을 하는 가장 큰 이유이다. 또한 전략적 목적으로 일상 업무의 외주는 핵심 업무에 치중할 시간적·자원적 융통성을 발휘하게 해준다. 예를 들어, 사내에 청소업무를 담당하는 조직이나 구성원을 유지하는 것이 노조활동이나 인건비의 부담으로 간주될 수 있지만, 외주로 조달하는 경우에 노조문제에서 해방될 수가 있다. 물론 경제적으로도 가격 계약을 통한 유연성을 발휘할 수 있으며, 나아가 자사에 부족한 신기술을 확보하는 창구로도 활용될 수가 있다. 〈표 8-3〉은 SCM 측면에서 자체 생산시와 외주의 경우를 비교하여 정리한 것이다.

아웃소싱의 중요한 포인트는 계약관계가 거래중심이 아니라 관계중심이어야 한다는 것이다. 관계중심의 계약이란 거래중심과는 달리 비용계산의 방법으로 총액기준의 단일가격 계약보다는 변동비용에 의한 계산방법을 도입한다. 또한 동반자적 위치에서 아웃소싱을 함으로써 노출될 수 있는 보안의 문제도 서로간의 책임하에 감소시킬 수 있게 된다. 최근의 추세는 단지 비용절감을 위한 아웃소싱이 아니라 경쟁력 확보를 위한 아웃소싱으로의 추세를 보인다. 예를 들어, 전자상거래의 택배 물류사와의 계약을 보면 단지 배송 비용을 절감하기 위한 계약보다는 쇼핑몰 업체의 이미지 제고를 위해 택배회사를 선택한다는 것이다. 만약 전자상거래

표 8-3	SCM 측면의 자체생산과 아웃소싱	
자체생산	**아웃소싱**	
핵심경쟁력 유지 및 종업원 해고방지	핵심 비즈니스에 주력	
낮은 생산비용	취득비용의 저렴	
부적합한 공급자 회피	공급자의 책임 보전	
적합한 공급자	기술적·관리적 능력의 획득	
잉여노동의 활용 및 한계이익에 기여	불충분한 수용능력해소	
물량의 확보	재고비 감소	
공급자의 담합 등 공모방지	유연성 확보 및 공급선 교체가능	
균일품질 유지가능	관리적·기술적 자원의 부족해소	
독점적 설계나 품질보호	상호이익	
회사규모의 증가 및 유지	계약에 의한 관계 네트워크 형성	

환경에서 아웃소싱을 할 때는 서비스 수준에 대한 협의가 필요하다. 서비스수준협의(Service Level Agreement: SLA)란 계약서상에 명확하게 서비스내용, 서비스의 정의, 서비스목표, 고객사의 책임, 공급사의 책임, 책임자 등에 대한 명시를 통해 분쟁에 대비한 명확한 계약서의 작성을 뜻한다.

제3절 SCM의 기반 기술

SCM 발전의 근본적인 기반은 정보통신기술의 발전에서 연유한다고 할 수 있다. 공급사슬상의 업체간에 정보공유 및 전달을 위해서는 전자적 자료교환(Electronic Data Interchange)기술이 큰 역할을 하였다. 대기업을 중심으로 납품관계에 있는 중견 중소기업들은 EDI를 이용한 거래문서의 전달과 업무처리가 이루어지고 있다. 그러나 EDI는 VAN(Value Added Network)과 같은 전용 통신망을 필요로 하고 영세 납품업체나 판매상, 제조업체 등에서는 이러한 통신망의 구비가 어렵고 비용부담도 크다. 어떤 경우는 FAX 전송을 EDI로 재입력하는 일도 있으며, 입력에 드는 비용이나 오류 발생의 문제가 존재하기도 한다.

[그림 8-5]는 자동차산업의 SCM 환경을 보여주고 있다. 완성차업체가 최종 소비자의 수요에 따라 1차 제조업체에 VAN을 이용한 생산계획을 전송하게 되면, 1차 제조업체는 다시 2차 제조업체에, 2차 제조업체는 다시 하위단계의 원자재 및

그림 8-5 자동차산업의 SCM 환경

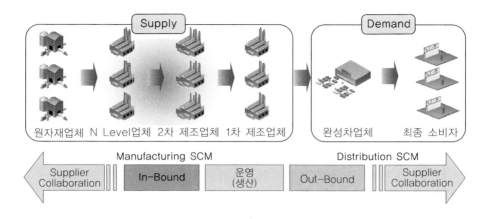

부품공급업체에 제품생산에 필요한 부품을 요구하는 방식이다. VAN을 이용한 문서교환방식에서 최근에는 인터넷을 이용한 정보전달 및 공유 방식이 각광을 받고 있다. 예를 들어, 델 컴퓨터를 비롯한 PC조립업체, 군수조달업체, 전자회사, 항공업체 등에 걸쳐 인터넷의 웹을 이용하여 공급사슬구조를 통합한 사례들이 많이 나타나고 있다. 인터넷의 안정성, 속도, 보안 등에 있어 문제점이 개선되면서 그 활용도는 점차 커지는 추세이다. 본 절에서는 전통적 SCM이 경영혁신 기법에 근거하여 정보기술과 접목되면서 나타나고 있는 핵심 개념들에 대해 설명하고자 한다.

3.1 SCM의 핵심기술

공급사슬 혁신의 핵심은 공급사슬에 참여하는 기업간의 물류를 단순화할 수 있도록 제품설계 및 프로세스를 개선하는 것이다. 이에 사용되는 혁신방안으로는 제품설계의 모듈화, 제품차별화 지연, 프로세스의 병렬화, 로지스틱스 채널 분리, 직접적인 주문 배송 시스템의 구축, 배송의 Cross-Docking, 통합 배송(Consolidation), 빠른 응답(Quick Response) 및 즉시생산체제(Just In Time) 구매 등의 다양한 기법이 있다.

제품설계의 모듈화는 유입물류에서 모듈조합에 의해 다양한 최종 제품을 필요한 만큼 적절히 조립하도록 모듈방식으로 제품을 설계하고 모듈단위로 물류관리를 하는 기법이다. 이 기법은 주로 조립생산방식에 적용되고 있으며, 예를 들어 자동차 조립에 있어 단순부품의 공급체계에서 모듈부품의 공급체계로 전환하면서 나타나는 물류수급 및 조립공정의 단순화를 추진하기 위한 목적으로 사용되고 있다.

제품 차별화 지연 전략은 유출물류에서 가급적 공용 부품을 사용함으로써 모듈화, 표준화된 반제품 상태로 생산, 보관, 운송하여 현지에 공급하고, 최종 조립 및 제품의 차별화는 최종 소비자가 있는 현지에서 하도록 차별화 시점을 지연시켜 로지스틱스를 단순화시키는 방법이다. 예를 들어, HP에서 잉크젯프린터를 전 세계에 판매하기 위해서는 미국 공장에서는 폰트를 설치하지 않고 제조, 배송하여 주문자가 있는 현지 국가에서 그 나라의 폰트를 설치함으로써 물류비용을 절감하고 안전 재고를 감축하며 납품기간의 단축과 주문 충족도를 개선할 수 있다. 더욱이, 부품을 표준화 또는 공용 부품화하거나 모듈화하면 지연 전략에 의해 매스 커스터마이제이션(Mass Customization)도 가능하다.

모듈화나 차별화 지연 기법을 적용하기 위해서는 프로세스의 개선뿐 아니라 제품설계도 물류전략을 감안하여 합리화해야 한다. 지연 전략은 제조업체 측에서 푸쉬(Push)에서 풀(Pull)로 전환되는 접점을 가급적 지연하는 Pull Postponement, 고객화 시점을 고객과 가까운 단계에서 하도록 미루는 Logistic Postponement, 부품 또는 사양을 표준화하거나 프로세스 순서를 변경함으로써 물류 및 제품이 차별화되는 단계를 지연하는 Form Postponement 등 다양한 기법이 있다. 모듈화와 지연전략들은 공급사슬상의 물류관리를 단순화할 뿐만 아니라 관련 정보전달이나 정보처리 비용을 절감할 수 있게 한다. 주문 및 물류관리 정보시스템이 구축되는 경우 이들 기법을 적용하면 그 효과가 증대된다.

로지스틱스 채널 분리 또는 직접 주문 배송 방식은 영업 및 판매 채널과 물류 및 배달의 채널을 분리하여 판매점에서는 재고를 유지하지 않고 주문접수만 받고 배달은 물류센터에서 구매자에게 직배송하는 방식이다. GE의 가전제품 물류, 국내 가전3사의 제품물류가 이와 같은 방식을 채택하고 있다. 경우에 따라서는 주문을 물류센터 또는 제조업체에서 직접 받는 경우도 있다. 이를 위해서는 주문관리와 물류 및 운송관리에 완벽한 정보시스템이 요구된다.

Cross Docking방식의 배송은 중간집하단계에서 불필요한 중간 재고를 없애고 배송 리드타임을 단축하기 위하여 주문물품이 집하장에 도착하면 최종 배송지로 운송할 트럭이 스케줄에 맞추어 대기하여 바로 환적함으로써 집하장에서의 하역, 보관 및 재고, 불출, 적재 과정을 생략하는 방식이다. 크로스도킹 방식의 목적은 프로세스를 단축하고, 물류비용을 절감하면서 보관면적을 줄이고, 수배송 서비

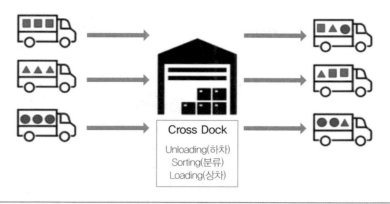

그림 8-6 유통물류에서 크로스도킹 방식 (하차-분류-상차)

스를 향상하여 제조-유통-물류 업체간의 협업체계를 강화하기 위한 것이다. 특히 이 방식은 창고에서 보관하지 않고 바로 하차-분류-상차 작업해서 출고되는 방식이기 때문에 주문, 배송, 운송 정보의 통합관리 없이는 불가능하다. 재고가 입하될 때 보낼 곳을 알아야 하고 재고를 받을 준비가 되어야 한다. 이 방식은 유통센터가 포화상태이지만 소요가 안정적일 경우 효과적인 방식이다.

이와 같이 공급사슬상 판매점에서 필요한 만큼만 필요한 시점에 주문하거나 고객이 주문을 낼 때마다 즉각 직배송하여 중간 재고를 감축하고 주문 리드타임을 단축하여 고객에 대한 응답성을 개선하기 위해서는 주문 및 배송관리를 위한 정보시스템이 필수적이다. 이러한 응답지향적인 주문관리 및 배송체계 또는 직배송시스템에서는 배송물류단위가 작게 분할되는 경향이 있다. 즉, 물류비용을 감축하고 배달의 신뢰성을 높이기 위해서는 배송물류를 배달지역별, 배달일자별로 분류하여 좀더 큰 단위로 통합(Consolidation)하거나 외부의 물류전문업체(3자물류)에 위탁하여 통합하도록 하는 것이 합리적이다. 이 경우 정확한 주문관리 및 배송, 운송, 배달을 위해서는 관련 정보의 통합적 관리가 매우 중요하다.

공급사슬관리를 위해서는 종래의 공급업체와 조달업체간의 적대적·경쟁적 기업관계에서 전략적 협력 관계로의 변화가 필수적이며 업체간의 통합이 가상기업(Extended Enterprise 또는 Virtual Enterprise) 형태로 확장, 발전할 수도 있다. 고객, 조립 및 제조업체, 부품 및 재료 공급업체, 물류 및 운송 서비스업체, 판매 및 물류업체간에 판매, 생산계획, 재고, 물류 정보를 공유하게 되며 심지어는 인적 자원까지도 공유하게 된다. 예를 들면, 자동차조립업체의 생산계획 및 재고관리에 부품업체의 직원을 상주시켜 부품공급을 원만히 하려는 경우나, 델 컴퓨터의

그림 8-7　　유통물류에서 VMI 방식

경우 일본현지 소니의 디스플레이 제조라인에 부품 구매 담당직원을 상주시키는데, 이러한 직원파견의 주목적은 부품 및 자재 조달에 관련한 정보의 조정 및 공유에 있다. 적합한 정보시스템을 활용하는 경우 더욱 효과적일 뿐더러 공급사슬이 통합 관리되어야 하는 당위성을 제공하고 있다.

그리고, 업체간의 전략적인 제휴에 의한 JIT(Just In Time) 구매 및 물류의 전형적인 기법으로 VMI(Vendor Managed Inventory)가 있다. JIT 구매는 주문자와 공급자간의 신뢰관계가 높을 경우, 주문자의 생산계획을 공유하여 공급자가 생산일정에 따라 직접 생산공정에 부품을 공급함으로써 부품 재고를 보유하지 않는 것을 말한다. 이에 대해 VMI는 주문자와 공급자간에 전략적인 제휴를 통해 주문자는 판매정보 또는 생산 및 조립의 스케줄 및 진도와 재고현황 등의 정보를 공급자에게 제공하고 제품 또는 부품 재고의 주문 및 관리를 공급자에게 일임하는 방식이다. 이에 따라, 전통적인 주문과정을 생략하고 공급자 자율에 의해 최적으로 공급 스케줄 및 재고를 관리하도록 하여 공급 리드타임 단축, 재고감축, 결품방지 등을 추구한다. 이를 위해서는 공급자와 주문자간에 판매, 재고, 주문, 물류, 운송 등의 정보가 공유되고 관련 프로세스가 통합되어야 한다. 일본 Toyota 자동차의 경우에는 JIT 구매방식을 수행하고 있으며, 한국 현대자동차의 경우에는 VMI 구매방식을 선택하고 있다.

80년대 초반 미국 섬유산업의 경쟁력을 혁신하기 위하여 QR(Quick Response: 신속반응물류)이라는 혁신 프로그램을 추진하여 큰 성공을 거두었다. QR의 핵심은 매장에서의 판매정보를 EDI를 통해 제조업체에 실시간으로 전달하여 매장

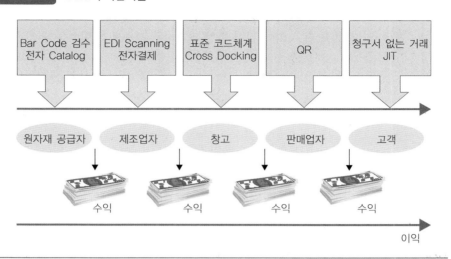

그림 8-8 SCM과 기반기술

의 재고를 감축하고 결품을 방지하며 공급 리드타임을 단축하는 것이다. 물론, 정보공유뿐 아니라 업체간의 조정 및 자원 공유, 조직관계의 개선 등의 노력도 함께 추진하였다. EDI를 기반으로 한 유사 QR기법인 ECR(Efficient Consumer Response), EFR(Efficient Food Response), EHCCR(Efficient Health Care Consumer Response) 등의 예와 같이 타 업종, 타 산업에도 QR기법이 급속히 확산되고 있다. 최근, EDI가 구축되지 않은 영세업체를 위해 웹을 통해 EDI로 접속할 수 있게 하는 WEB-EDI, 판매시점정보(POS) 시스템 등에 기반한 QR개념의 정보시스템 구축도 활발하다.

　물류 및 배송계획을 합리화하기 위해서 종래의 자재소요계획(MRP)과 유사하게 물류단계별로 기간별 소요수량 및 재고를 체계적으로 계획하고 관리하는 DRP(Distribution Requirement Planning)기법 구현에도 계획 및 관리를 위한 정보시스템이 필수적이다. 또한 기업활동이 전국 또는 전 세계로 전개됨에 따라 시장 및 영업망, 공장, 창고 및 물류센터 등이 지역적으로 분산되어 각 지역에서의 주문과 재고 및 배송, 물류를 통합 관리할 필요가 증대되고 있다. 예를 들어, 북미지역에서 특정 제품에 대한 주문이 발생했을 때, 멕시코 현지 공장 또는 물류센터에 해당 제품의 재고가 충분히 있음에도 불구하고 한국 본사 공장에서 긴급하게 생산하여 배송하는 경우가 생길 수가 있다. 이는 각지의 주문 및 재고정보가 통합 관리되지 못하거나 조직간의 장벽 때문에 생기는 비효율의 예라고 할 수 있다. 따라서, 재고는 통합하기보다는 지역적 수요, 주문 배달 리드타임, 물류비용을 감안하여 지역별로 적절히 분산하는 것이 바람직하다. 대신에 주문 및 재고정보는 통합적으로 관리해야 한다. 이를 위해서는 주문처리, 재고관리, 배송관리의 프로세스 및 정보를 전 지역에 걸쳐 통합 관리하는 시스템이 필요하다.

3.2 SCOR 참조모델

공급사슬 프로세스의 계획, 실행, 평가 등에 책임이 있는 관리자의 경우, 공급사슬관리의 최적화를 위한 프레임워크(framework)를 필요로 한다. 1996년 11월에 미국 공급사슬협의회(Supply Chain Council)의 69명 회원들은 SCOR(Supply Chain Operations Reference) Model을 제안하였다. 다우케미컬(Dow Chemical), 머크(Merck), 텍사스 인스트루먼트(Texas Instrument), 컴팩(Compaq), 페더럴 익스프레스(Federal Express) 등의 회원사들은 일반적인 공급사슬 운영의 참조모델을 만들기 위해 모였으며, 6개월 이상의 작업을 통해 SCOR 모델을 제안하였다. 특히 그들은 공통적인 공급사슬관리 프로세스, 모범사례(Best Practice)와 SCM 프로세스의 비교, SCM 주요 성과지표 등을 정의하고 성공적인 SCM 구축을 위한 최적의 응용소프트웨어의 기준을 제시하였다.

[그림 8-9]는 SCOR 모델에서 제시하고 있는 업무대상과 범위를 의미한다. SCOR 모델은 첫째, 공급사슬의 성과 및 공급사슬 재설계의 효과성을 측정할 수 있도록 하고, 둘째, 미래 프로세스 향상을 위한 테스트 및 계획을 제시하고 있다. SCOR 모델의 핵심은 통합적 공급사슬관리를 위한 네 가지 레벨의 피라미드를 제시하고 있다는 점이다. 레벨 1은 다섯 가지의 주요 공급사슬 유형(Plan, Source, Make, Deliver, Return)을 제시하고 있다. 레벨 2는 30개의 핵심 공급사슬 프로세

그림 8-9 SCOR 모델의 대상과 범위

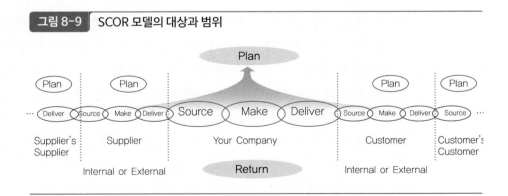

그림 8-10　SCOR 모델의 수준(level)과 내용

	Level			
	#	내 용	구 성 도	설 명
Supply Chain Operations Reference-model	1	Top Level (프로세스 유형)	Plan / Source → Make → Deliver / Return / Return	• SCOR 모델의 적용 범위/내용 정의 • 기업의 경쟁 목표의 원칙과 기준 설정
	2	Configuration Level (프로세스 카테고리)		• 약 30개의 핵심 '프로세스 카테고리'로부터 기업의 Supply Chain 구성. • 기업의 Supply chain을 위해 선택된 Configuration을 통해 기업에 맞는 운영 전략 수행
	3	Process Element Level (프로세스분할)		• 선택된 시장에서 성공적으로 경쟁하기 위한 해당기업의 운영능력을 정의 – 프로세스 요소 정의 – 프로세스 요소 정보의 입력과 출력 – 프로세스 수행(성과)도 매트릭스 구성 – 최고성과(어디에도 적절한) – 최소우수부문을 지원할 수 있는 시스템 능력 – 벤더에 의한 시스템 및 도구
Not in Scope	4	Implementation Level (프로세스 요소분할)		• 특정 기업에 맞는 SCM 실무 수행 – 경쟁 이익을 달성 – 비즈니스 환경의 변화에 적응

스 카테고리를 두고 있다는 것이다. 레벨 3은 공급사슬 향상을 위한 목표의 설정에 유용한 정보를 제시하고 있다. 그리고 레벨 4는 공급사슬 프로세스 향상을 위한 실행에 초점을 두고 있다. 즉, 공급사슬의 통합적 최적화를 이룰 수 있는 기반으로 SCOR 모델이 제시되었으며, 공급사슬 프로세스 통합을 위한 프로세스 참조 모델을 개발하여 보급하고 있어 공급사슬 통합 애플리케이션 개발에 활용할 수 있다. [그림 8-10]은 SCOR 모델의 수준과 내용을 요약하여 정리한 것이다.

　SCOR 모델의 주된 효과는 공급사슬에 참여하는 거래업체들에게 조직간의 공급사슬 통합의 중요성을 제시하고 있다는 점이다. 또한 조직 내부적으로는 동일한 개념을 가진 SCOR 모델을 활용함으로써 공통적인 이슈와 과제를 다룰 수 있을 뿐만 아니라 상호간의 의사소통에 필요한 공통적인 용어 및 사례를 제시하고 있어 공급사슬관리를 위한 조직구성원의 이해력을 높일 수 있다. 특히 조직간의 공급사슬 통합을 위한 이슈와 토론에 있어 공급사슬 재설계의 필요성과 중요성을 상호 공유하고 이를 위한 레벨단위의 분석사례를 제시하고 있다는 것이 특징이라 할

그림 8-11 자동차산업의 SCOR 모델 (level 1)

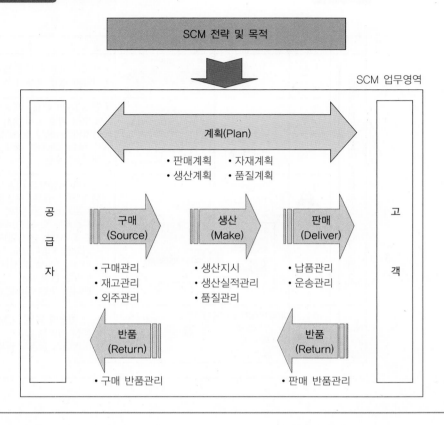

수 있다. [그림 8-11]은 국내 자동차산업에 적용한 SCOR 모델의 레벨 1을 보여주고 있다. 레벨 1에서 계획(plan), 구매(source), 생산(make), 납품(deliver), 반품(return) 등의 다섯 가지 핵심 프로세스를 정의하고, 그에 맞는 적절한 프로세스를 정의한다. 레벨 1에서는 자동차산업의 공급사슬구조의 대상범위와 업무영역을 정의하고, 공통의 목표를 설정한다.

[그림 8-12]는 국내 자동차산업에 적용한 SCOR 모델의 레벨 2를 보여주고 있다. 레벨 2에서 계획(plan), 구매(source), 생산(make), 납품(deliver), 반품(return) 등의 다섯 가지 핵심 프로세스를 다시 세부적인 프로세스로 재정의한다. 이때, 공급사슬에 참여하는 기업들은 상호 관심사에 대해 이상적인 혹은 실제 운영가능한 공급사슬구조를 제안하고 적절한 프로세스를 정의한다. 레벨 2에서는 레벨 1에서 정의한 공통의 SCM 목표로부터 하위단계의 SCM 목표를 도출하고, 30여개의 프로세스 카테고리를 설정하여 각 프로세스별로 공급사슬에 참여하는 기업들의 프로

그림 8-12 | 자동차산업의 SCOR 모델 (level 2)

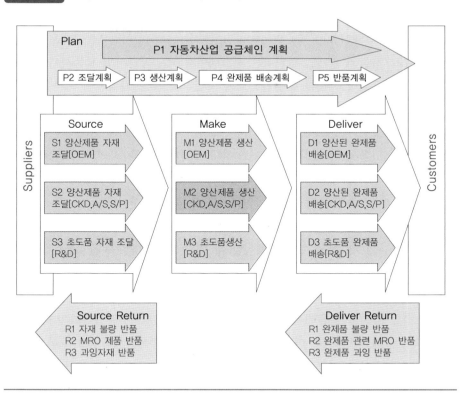

세스 통합을 추진한다. 이 과정에서 공급사슬 참여기업들은 전체 공급사슬의 구조 개선을 위해 각 기업의 SCM 운영전략을 수립하게 된다. 레벨 3과 레벨 4에서는 다시 프로세스를 분할하여 세부적인 프로세스를 재정의하고, SCM 실행을 위한 실무적인 지침과 업무활동을 정의한다. 이 단계가 완료되면, SCOR 프로세스를 대상으로 SCM 시스템의 응용 소프트웨어를 개발하거나 적용하게 된다.

한편, 마이크로소프트사의 경우도 SCM의 통합 및 전자상거래에서 NT관련 솔루의 주도권을 확보하기 위해 VCI(Value Chain Initiatives)라는 컨소시움을 구성하였다. VCI에서는 관련 데이터 및 정보 표준, 관련 애플리케이션을 개발하고 있으며 애플리케이션 개발업체에게 관련 표준 및 기술을 제공하고 있다. American Express도 OBI(Open Buying Initiative)라는 컨소시움을 구성하여 공급사슬 통합 및 전자상거래 관련 데이터와 정보에 대한 표준을 개발하고 있다. 그리고 최근에는 고객관계관리의 개념을 도입한 공급자관계관리(SRM)가 SCM의 새로운 관심사로 주목받고 있다.

3.3 SRM의 등장

SRM(Supplier Relationship Management)이란 말 그대로 제품을 공급하는 회사들의 관계를 관리하는 시스템이다. 즉, 공급사의 납품시기와 품질, 비용 정보를 수집하고 이를 분석함으로써 기업간(B2B) 전자상거래 회사들에게 포괄적인 정보를 제공한다는 것이 SRM의 기본 개념이다. 고객관계관리(CRM)가 금융권에서 제조업종으로 확산되면서 서비스 대상이 일반 고객 위주에서 공급업체로 확대되고 있음을 나타내는 것이기도 하다. SRM은 공급자와의 업무관계를 더욱 긴밀히 하여 업무의 내용을 정확히 파악하고 이를 바탕으로 공급업체의 선정 및 협상과정에서 전략적인 조달을 할 수 있도록 하고자 하는 것이다.

기업에서 SRM을 사용할 경우 자사에 제품을 공급하는 모든 업체별 비용과 만족도에 대한 순위를 책정할 수 있다. 또 과다한 공급물품이 무엇이고, 수량은 얼마나 되는지 파악할 수 있기 때문에 불필요한 지출을 줄이고 공급업체들과도 협상에서 유리한 자료로 활용할 수 있다. 이 외 공급사들이 납기일을 지키지 못할 경우 SRM을 활용해서 역경매를 시도할 수도 있어 경영합리화의 중요한 수단으로 사용될 전망이다. 이 같은 효과 때문에 벌써부터 많은 정보기술 회사들이 이 분야 선점을 노리고 있다. i2테크놀로지를 비롯해 SAP, 오라클 등 해외의 다국적 기업들이 관련 제품을 내놓고 있는 상황이다. 즉, SRM은 곧 SCM을 확대 발전시킨 것이라 할 수 있다. 하지만 SCM은 조달 물품 단가나 물류비의 적절한 조정에 주안점을 두는 데 비해 SRM은 공급자와의 관계를 전반적으로 최적화하는 데 주안점을 둔다는 점에서 SCM과 구별된다.

그러나 SRM은 복잡한 업무처리 과정, 응용프로그램, 활동 등을 망라하는 개념이다. 기업의 SRM을 지원하는 응용프로그램은 전사적 자원관리(Enterprise Resources Planning: ERP)와 공급망 계획(Supply Chain Planning: SCP), 공급망 실행(Supply Chain Execution: SCE) 및 제품수명주기 관리(Product Life-cycle Management: PLM) 등과 같은 공급망관리(Supply Chain Management: SCM) 컴포넌트 등을 바탕으로 하여 설치해야 한다. SRM시스템은 이처럼 많은 응용프로그램에 바탕을 두기 때문에 기업체들이 SRM 관련 기술과 프로그램을 설치하려고 할 때 혼란을 일으키기 쉽다. 따라서 기업이 SRM 시스템을 구축하려면 다음 세 가지 점에 유의해야 한다.

첫째, SRM은 제품의 설계, 엔지니어링, 외부로부터 자원조달, 구매, 생산, 물류, 판매, 자금관리 등 광범위한 기업 활동에 영향을 주기 때문에 기업은 SRM체제를 구축시 기업의 관련부서가 어떤 영향을 받는지에 대해 필요충분조건을 충분히 고려해야 한다. 둘째, 기업은 각종 구입 물품과 서비스관련 시장 상황, 구입업체와 공급업체 사이의 권한 안배에 기반하여 여러 가지 SRM원칙과 기법 기준을 마련해야 한다. 셋째, 기업과 기업, 그리고 기업 내 부서간 업무 처리과정 및 방식, 물품 구매 절차 등이 서로 다르기 때문에 SRM시스템을 구축할 때 각기 다른 부서와 업무처리 과정을 서로 연계시켜야 한다. 부가적으로 SRM체제를 구축하여 지원하려면 광범위한 기업의 정보, 전문성 등을 알아야 한다.

즉, 공급자관계관리는 공급자의 가치를 극대화시키는 데 필요한 총체적인 접근 방식이다. SRM은 기존 공급망 관리기능을 확대해 SCM과 관련된 업무를 강화할 수 있게 해준다. SRM은 기업이 수익성을 올리는 데 중요한 요인이 되는 공급업체와 협력관계를 유지하기 위한 원칙을 정하고 이를 성공적으로 이행할 수 있게 해준다. 기업들은 부품이나 자재 등 물품과 서비스를 구매하는 데 지출하는 비중이 계속 늘어나고 있어서 제조업체는 매출의 45% 이상, 서비스업체는 매출의 15% 이상을 지출하는 것으로 나타나고 있다. 이런 추세는 제조업체들이 부품 대신 하위 조립품(sub-assembly)을 더 많이 조달하는 것이나 기업 업무의 아웃소싱(외주) 의존도가 증가하고 있다는 것을 의미한다.

SRM시스템은 물품과 서비스의 구매비용을 낮추고 공급업체를 효율적으로 관리할 뿐 아니라 수익성을 향상시킴으로써 기업의 경쟁력을 높여줄 수 있다. SRM 환경을 효과적으로 구축하기 위해서는 물품과 서비스 공급업체는 물론 기업 내 구매부서와 다른 부서간의 체계적이고 긴밀한 연계가 이루어져야 한다. 이것이 이루어지면 기업은 물류비용과 공급망의 낭비적 요소를 줄이고 구매업체와 공급업체 사이의 새로운 업무 처리과정을 재구축할 수 있는 환경을 조성할 뿐 아니라 혁신적인 제품을 더욱 짧은 기간에 출시하고, 제품이나 서비스의 품질을 향상시키며 낮은 비용으로 재고를 관리하는 기대효과를 거둘 수 있다.

지난 몇 십년 동안 해온 업무추진 방식과 달리 최근 기업체들은 수익성과 효율성을 높이고 시장 변화에 신속하게 대응하기 위해 물품 및 서비스 제공업체에 대한 의존도를 점차 높이는 한편 가치를 창출하는 핵심 부분만 직접 운영하는 추세를 보이고 있다. 이처럼 기업이 핵심 부분만 직접 운영함에 따라 사업에 덜 중요한 부분은 아웃소싱하기 때문에 공급업체로부터 구입하던 물품의 양이 줄고 있다. 이와 함께 세계화에 따른 수익 감소 추세로 기업체들은 공급업체들과 업무를 긴밀하게 연계하고 있다. 특히 제품 수명주기를 연장하기 위한 계약을 맺음으로써 기업들은 물품 및 서비스 공급업체들을 경쟁력 강화와 혁신의 원천으로 활용하고 있다. SRM은 수요기업과 공급업체간 조달 구매활동이 전략적으로 최적화된 의사결정에 의해 이루어지고 효율적인 협업을 할 수 있도록 하는 솔루션으로, 넓은 의미에서 SCM의 일부이다. 기업에 필요한 부품이나 자재를 요청하고 실행하는 조달 구매 기능과 어떤 제품을 누구에게 어떤 방식으로 살 것인가를 결정하는 전략적 제품 소싱 기능 및 협업 기능들이 제공된다.

그러므로, 공급업체와의 관계를 적절히 관리하면 기업이 혁신과 성장을 이룰 수 있다. 기업이 물품 구입 지출을 약간만 절감해도 수익성에는 커다란 영향을 미친다. 가령 다른 요소는 변화가 없다고 전제할 때 물품 구입 지출을 1% 줄이면 수익은 8% 증가할 수 있다. 기업이 구입 물품의 가격을 낮춰 비용 효율성을 높이면 다른 부문에서 여러 가지 효과를 거둘 수 있다. 특히 제조업체의 경우 제품의 가격을 낮출 수 있을 뿐 아니라 제품과 서비스의 품질을 높이고 운영의 효율성을 향상시킬 수 있다. 반면 공급업체를 효과적으로 관리하지 못하면 수익성이 떨어지고 제품의 품질이 낮아질 것이다.

장기적으로 기업은 특정 공급업체에 치중하지 않고 여러 업체로 분산함으로써 거래 상담에서 유리한 입장을 취하고 더 우수한 공급업체를 선택할 수 있으며 공급업체에 문제가 발생할 경우에 대비한 위험을 막을 수 있다. 또 SRM은 SCM을 확대 발전시킨 것이라 할 수 있다. 하지만 SCM은 조달 물품 단가나 물류비의 적절한 조정에 주안점을 두는 데 비해 SRM은 공급자와의 관계를 전반적으로 최적화하는 데 주안점을 둔 점에서 SCM과 구별된다. 가격경쟁력, 매출 성장, 업무효율성, 수익성 등을 향상시키려는 기업체는 SRM프로그램을 설치해야 한다. 국내의 경우 자재, 부품 공급업체의 효율적 관리를 통해 전략적 구매와 협업이 가능하도록 해주는 공급자관계관리(SRM) 솔루션이 삼성, LG, 현대 등 대기업을 중심으로 확산되고 있다. 2003년 삼성전자, 포스코 등이 도입한 데 이어 LG화학, 현대자동차, LG전자, 현대중공업 등이 도입을 검토하면서 제조업 분야에서 본격적인 확산 움직임을 보이고 있다.

또한 LG화학, LG칼텍스정유 등은 예전의 구매 기능 위주의 인터넷을 이용한 조달 시스템을 SRM으로 업그레이드하는 것을 추진하고 있다. 이에 따라 i2테크놀로지코리아, SAP코리아, 아리바코리아, 한국SSA 글로벌 등 관련 솔루션 업체들은 SRM 모듈을 새롭게 내놓거나 관련행사를 개최하는 등 마케팅과 영업활동을 강화하고 있다. 삼성전자, 포스코 등에 SRM 솔루션을 공급하면서 시장을 주도하고 있는 i2테크놀로지코리아는 전략적 소싱 기능 등 SRM 솔루션의 강력한 기능과 생산 기획, 스케줄링 등 타 분야의 SCM 솔루션과 연계를 내세워 영업활동을 하고 있다.

3.4 RFID 기반 물류

SCM의 효율화를 위해 필요 불가결한 물류의 흐름을 활성화시키기 위해 최근 주목을 끌고 있는 기술은 RFID에 기반한 접근법이다. 스마트태그(Smart Tag)라고도 불리우는 RFID(Radio Frequency Identification) 태그로써 정보축적과 발신 기능을 가진 작은 칩을 통해 고주파(RF) 신호를 받아 내장된 정보를 전송할 수 있는 기능을 가지고 있다. 작기 때문에 사람의 옷이나 사물, 공간 등 어디에나 부착이 가능하다. 현재 사용중인 바코드는 가격, 제조일 등의 정보만을 담을 수 있지만, 이에 반해 RFID는 바코드의 정보 한계를 넘어 제품의 원산지, 제품의 중간 이동 과정, 제품의 현재 상태, 구매이력 등 다양한 정보를 담을 수 있다. 또한 무선으로 신호를 주고받기 때문에 접촉하지 않고도 자유롭게 데이터를 스캐닝 할 수 있으며 자동으로 RF신호를 인식하여 컨테이너 박스나 팔레트 단위 등에 저장된 수십 개의 제품정보들을 인식할 수 있다.

유통 및 물류시스템에 RFID가 도입되면 제조업체에서는 상품 출하시에 상품에 붙어있는 RFID의 정보를 이용해 어느 차량에 실어야 하는지를 작업자에게 자동으로 지시할 수 있다. 유통업체에 도착한 차량에서 상품이 내려지면 RFID Reader 시스템은 RFID가 부착된 상품정보를 인식하여 수량 및 품목을 자동으로 점검한 뒤 납품을 승인하고 나서 재고창고의 해당 위치에 배치시킬 수도 있으며 배치된 상품의 재고수량은 즉각 갱신된다. 또한 고객이 상품을 구매할 때마다 구매량만큼의 재고 수량이 즉각 감소되고, 재고가 부족할 경우에는 재고창고의 발신정보를 기반으로 적정재고관리 기능을 작동하여 상품 발주를 유도할 수도 있다. 유통업체와

그림 8-13 RFID 기반의 물류정보처리

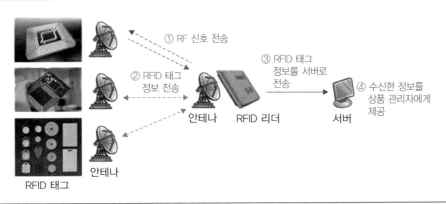

물류업체는 RFID를 도입함으로써 고객서비스 및 비용절감의 효율성을 증대시킬 것으로 예측하고 있다.

IBM 비즈니스컨설팅 서비스와 MIT대학교의 Auto-ID센터가 공동으로 주관한 최근의 설문조사에 따르면, RFID 기술을 이용한 제품 확인 및 추적을 위한 표준솔루션인 Auto-ID를 도입·시행하고 있는 기업들의 경우 Auto-ID가 단기 및 장기 순이익을 향상시킬 수 있는 잠재력을 갖고 있다고 평가한 것으로 조사되었다. 유통업계의 RFID 도입은 현재 월마트, 질레트, P&G 등의 80여개 회사가 참여하고 있는 MIT의 Auto-ID 센터를 주축으로 진행되고 있다. Auto-ID프로젝트는 RFID를 기반으로 한 스마트태그를 부착하여 물류센터와 소매점의 비용절감과 효율성 제고에 초점을 맞춰 상품 공급망의 비효율성과 빈약한 상품 유효성의 주요 장애 요인들을 제거하려고 노력하고 있다.

RFID를 적용하게 되면 유통체인들이 공급하는 개별상품 및 상품의 컨테이너, 운반팔레트, 상품박스 등에 RFID를 부착하여 상품입고시 매장에 설치된 RFID리더기를 통해 개별 품목 ID와 수량을 확인하여 납품 내역을 자동으로 수신할 수 있다. 납품 내역은 자동적으로 재고시스템과 연동해 실시간으로 재고데이터에 반영되어, 기존 입출고 파악시 수작업에 따른 오류를 개선할 수 있으며, 입출고 프로세스 개선을 통한 선적인건비, 재고실사 비용 등의 절감 효과를 얻을 수 있다. 또한 매장 선반의 재고파악이 자동으로 처리되어 품절에 의한 손실을 줄이게 된다. RFID 기반의 물류관리는 상품에 부착된 RFID태그와 RFID판독기 및 안테나를 통해 태그가 부착된 모든 상품들의 위치를 모니터링하여 실시간으로 재고관리를 할 수 있다는 매우 큰 장점을 가진다. 그 외에도 SCM의 중요한 기능 활동인 물류의 전 분야에 확대 적용될 전망이다.

이와 같이 유비쿼터스 환경의 물류시장에서 주도권을 잡기 위한 움직임은 RFID의 표준시장을 선점하기 위한 다양한 활동에서 관련기업들의 동향을 분석할 수 있다. 세계 주요 물류 및 유통 관련업체들은 네덜란드 암스테르담에서 유럽아시아(EAN)와 북미(UCC)로 나뉘어 있는 유통물류 정보표준 관련 기구를 GSI(Global Standard One)로 통합하고 RFID 세계표준화 문제를 본격적으로 다뤘다. 30년 가까이 북미와 유럽으로 따로 움직였던 EAN과 UCC의 통합은 RFID코드의 상품 표준화를 실현하기 위한 가시적인 노력으로 향후의 활동에 많은 기업들이 주목하고 있다. 미국은 MIT를 주축으로 월마트, 질레트, P&G 등의 80여개 회사가 참여하고 있는 Auto-ID센터가 제창하는 EPC(Electrical Product Code) 프로젝트를 표준안에 반영하려고 하고 있으나 유럽이 이를 견제하고 있는 중이다. 하지만 아직까지 RFID 태그의 가격이 비싸서 보급에 어려움이 있지만 기술개발과 생산량에 따라 가격이 저렴해질 경우, 장기적으로 매우 활성화될 것이라고 예측하고 있다.

궁극적으로 RFID의 도입은 상품공급사슬의 효율성과 체계적인 재고관리를 통해 고객서비스 개선을 가져와 기업의 비용절감 및 매출증대를 가져올 수 있으며, 기존의 공급자 중심에서 고객의 다양한 가치활동에 기여할 수 있는 고객가치 중심으로의 전환점이 될 것이다.

제4절 e-비즈니스와 SCM

인터넷은 기존의 업무환경을 변화시키는 주요 수단으로 기업에서 활용되어 왔다. 특히 인터넷을 기반으로 공급사슬을 통합하고 관리하는 개념이 곧 e-SCM이다. 지금까지 인터넷은 여러 산업분야에 적용되어 왔는데, SCM분야도 예외일 수는 없다. 미국 로지스틱스협회의 조사에 의하면 로지스틱스 분야에 인터넷의 적용빈도 순위는 수송, 주문처리, 구매 및 조달, 벤더와의 관계, 고객서비스, 재고관리, 생산 스케줄링 순으로 조사되었다. 인터넷 기술의 발전으로 e-비즈니스나 전자상거래는 이제 일반화가 되었으며, 계속적으로 온라인 기업이 증가하고 있는 추세이다. 특히 e-비즈니스 환경에서 고객과의 약속 이행을 위해서는 주문상품의 정확한 배송이 곧 경쟁력과 직결된다. 이는 공급사슬관리의 역할이 전자상거래 환경에서 더욱 중요하다는 의미가 될 것이다.

기업이 아무리 훌륭한 비즈니스 개념 및 관리 역량을 보유하고 있다 할지라도 약속한 제품이나 서비스를 고객들에게 제대로 전달하지 못한다면 사업을 성공적으로 수행할 수 없을 것이다. 따라서 e-비즈니스가 성공적으로 추진되기 위해서는 인터넷 및 디지털 기술을 전략적으로 활용하여, 기업의 공급사슬관리를 최적화함으로써 고객만족도 및 기업 성과를 높일 수 있어야 한다. 이러한 필요성에 의해서 e-SCM이 존재한다. 인터넷의 기반 기술을 그대로 이용하면서 기업내부 시스템과 웹 브라우저 및 SCM 소프트웨어를 결합하여 이용하는 e-SCM은 공급자, 유통채널, 소매업체, 고객과 관련된 물자, 자금, 정보를 신속하고 효율적으로 관리하도록 한다.

인터넷의 등장으로 기업들은 기존에 협력관계에 있던 거래업체들과 정보기술

표 8-4	e-SCM 적용분야와 우선순위		
로지스틱스		구매/조달	
적용분야	사용률(%)	적용분야	사용률(%)
구매 및 조달	45.3	EDI	37.0
재고관리	30.1	카탈로그 구매	39.4
수송	56.2	벤더와의 의사소통	52.1
주문처리	50.7	벤더와의 협상	36.0
고객서비스	42.5	벤더가격 검토	32.9
생산스케줄링	12.3	불량품	21.9
벤더와의 관계	45.2	벤더보증	21.9

을 이용한 상호 연계가 가능해졌기 때문에 공급사슬은 보다 효율적으로 관리가 가능해졌다. 인터넷은 적은 비용으로도 네트워크를 형성하고 타 기업과의 정보공유와 거래가 가능하게 되었으며, 또한 기업들의 수직적 가치사슬을 해체함은 물론 가치사슬의 일부를 직접 소유하지 않아도 되는 환경이 되었다. 인터넷을 기반한 e-SCM은 비즈니스 프로세스상의 업무 통폐합 과정을 거쳐 연관분야 또는 타 산업으로 진출하는 수평적 확장을 활성화시킨다. e-SCM은 인터넷 활용으로 글로벌화된 고객을 만족시킬 수 있는 전략으로 가상 기업을 구현하는 수단으로 볼 수 있다. 뿐만 아니라 근래에는 공급사슬관리과 관련한 소프트웨어도 급속히 등장하고 있는데 복잡한 공급사슬관리를 위한 의사결정지원시스템의 개발도 중요한 분야이다. 본 절에서는 공급사슬관리를 디지털 환경과 연계하여 e-SCM의 개념으로 살펴본다.

4.1 e-SCM의 정의

e-SCM은 전자상거래의 유형 중 기업간 거래, 즉 B2B모형으로 볼 수 있다. 주문, 생산, 운송, 판매에 이르는 전 과정에 인터넷 및 정보기술의 도입을 통해 공급업체, 협력업체, 그리고 고객관련 시스템을 체계적으로 통합하는 것을 의미한다. 다시 말해, 인터넷을 기반으로 한 디지털기술을 활용하여 공급자, 유통채널, 소매업체, 그리고 고객 등과 관련된 물자, 정보, 자금 등의 흐름을 신속하고 효율적으로 관리하는 활동을 e-SCM이라고 말한다.

SCM은 공급자에서 고객까지의 공급사슬상의 물자나 정보 또는 자금 등의 원활한 유통을 지원하여 경영의 효율화를 도모하려는 전략적 기법으로 채찍효과의 정보왜곡을 줄이기 위한 개념에서 출발하였다. 그런데 인터넷이라는 디지털환경은 과거에는 불가능했던 공급사슬상의 조달, 물류, 고객관리 등 SCM 프로세스 전반에 걸쳐 새로운 패러다임 도입 및 최적화를 가능하게 하였다. 즉, e-SCM은 디지털기술을 활용하여 공급자에서 고객까지의 공급사슬상의 물자, 정보, 자금 등을 총체적인 관점에서 통합 관리함으로써 e-비즈니스 수행과 관련된 공급자, 고객, 그리고 기업 내부의 다양한 니즈를 만족시키고 업무의 효율성을 극대화 하려는 전략적 기법이다.

e-SCM의 도입은 기업환경을 디지털환경에 적응할 수 있는 기틀로서 원재료, 제품, 정보 등의 흐름을 양호하게 하여 경쟁력을 길러주며, 디지털기술을 활용하여 판매, 원재료 구매, 제조, 물류를 동기화 하고, 이를 바탕으로 고객 대응능력의 제고 및 새로운 서비스 제공을 통해 고객 만족도를 향상시킬 수 있을 것이다. 제조업의 경우 e-SCM의 개념이 확산되면서 생산, 영업, 애프터서비스에 이르기까지 공급사슬의 전 업무를 통합하여 인터넷을 활용한 정보시스템의 도입으로 경쟁력을 확보하기 위한 노력을 기울이고 있다. 예를 들어, 델 컴퓨터의 경우 48시간 내에 컴퓨터를 납품하는 전략을 구사하고 있는 등 제조업체와 공급업체간의 긴밀한 협조체제로 통합된 공급사슬의 낭비요소를 제거하여 최적화를 도모하고 있다.

e-SCM의 도입은 원자재의 품질하락이나 결품을 예방하고, 고객이 원하는 상품을 적시에 제공할 수 있어 가격 하락을 방지해 준다. 또한 순이익과 순매출은 증가시키고 총자산을 줄이는 효과를 볼 수 있으며, 협력업체와 정교하게 연계된 e-SCM은 적은 양의 재고 유지는 물론 물류 투자비를 줄여주는 효과를 볼 수 있다. 또한, 개별화된 고객 서비스의 제공과 사이클 타임의 단축 및 수평적 직무 확장의 효과를 기대할 수 있다. 인터넷을 통한 공급사슬은 전략적 제휴 및 아웃소싱 등 가상 네트워크를 형성하여 효율적인 업무 수행을 가능하게 하기 때문에 최소한의 자산 보유만으로도 쉽게 사업 수행이 가능하게 된다. 성공적인 공급사슬관리를 위해서는 고객중심의 공급사슬의 구축과 소수의 핵심 공급파트너와의 파트너십 형성 및 네트워크 구축이 필요하다. 이와 같은 내용을 정리하면, e-SCM은 공급업자로부터 고객에 이르기까지의 공급사슬상에서 원자재, 제품, 서비스 등을 인터넷 기술을 이용하여 종합적인 관점에서 공급자, 제조업자, 고객을 만족시키는 전략적인 경영기법이라고 할 수 있다.

4.2 e-SCM의 영향

e-SCM은 전자상거래에서 기업간 거래의 유형을 갖는다. 기업간 전자상거래 모형은 e-마켓플레이스로 주로 MRO(소모성 자재, Maintenance, Repair, Operation)분야가 주종을 이룬다. MRO 구매는 그 동안 비효율적인 구매 프로세스로 인해 많은 비용을 발생시키고 있었지만, 기업들의 관심 부족으로 비용관리의 사각지대로 남아있었다. 그런데 최근 정보기술의 발달과 인터넷의 확산을 기반으로 하는 전자상거래가 효율적인 MRO 구매의 강력한 도구로 떠오르면서 다수의 기업들이 이를 적극적으로 도입하고 있다.

국내의 경우 MRO시장의 형성단계로 대부분 제3자 중개방식의 마켓플레이스를 구축하여 이용하고 있다. B2B거래에 참여하고 있는 업종은 자동차, 전자, 화학 등 부품구매가 많은 업종을 비롯하여 유통 및 종합상사 등 다양하다. 예를 들어, 한국, 일본, 대만 등 6개국 28개 화학업체가 컨소시움으로 구성한 ChemCross. com을 비롯하여, 삼성전자는 소니, 인텔, 노키아 등 세계적인 반도체 고객사의 구매 시스템과 자사 시스템을 연계한 반도체 포털 사이트(http://c-dance.sam-sungsemi. com)를 구축하였다. 이와 같이 e-SCM의 도입은 인터넷을 통해 기업들은 매우 저렴한 비용으로 상호 연계가 가능하게 되었고, 누구나 활용 가능한 표준 제정이 가능하게 되었다. 과거 기업들이 부문간, 기업간 정보 공유의 효율화를 위해 활용한 VAN(Value Added Network)을 기반으로 한 EDI(Electronic Data Inter-

그림 8-14 **통합 공급사슬관리의 변화**

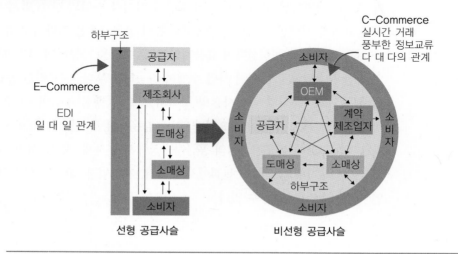

change) 방법은 응용 프로그램에 대한 표준의 부재와 설치를 위한 부대 비용이 소요되기 때문에 일부 대기업을 제외하고는 시스템 구축이 용이하지 않다는 한계가 있었다.

전통적 SCM과는 달리 e-SCM의 도입은 수직적 가치사슬을 해체하고 직거래를 활성화 하며, 재고 자산의 최소화 등을 실현시킨다고 볼 수 있다. e-SCM의 도입에 의한 영향으로는 첫째, 기존의 가치사슬이 무너지는 수직적 가치사슬의 해체(Deverticalization) 현상이다. 과거 기업들은 수직적 가치사슬 구축을 통해 공급자, 유통채널, 고객 등과 관련된 정보를 신속하게 획득·전달할 수 있었고, 이를 통해 업무 프로세스의 효율성 제고 및 고객 대응 능력을 높일 수 있었다. 따라서 기업이 구축한 가치사슬의 수직적 통합은 지금까지 가장 강력한 경쟁 우위 확보 수단으로 작용하였다고 볼 수 있다. 그러나 인터넷이 등장하면서 매우 저렴한 비용으로 전 세계가 네트워크로 연결됨에 따라 관련 정보의 검색 및 타 기업과의 정보 공유, 그리고 거래업체를 변경하는 것이 과거와는 달리 매우 간단하고 저렴한 비용으로 가능해졌다. 그 결과, 기업들은 가치사슬상의 일정 부분을 직접 소유하지 않거나 또는 비즈니스 프로세스상의 특정 부문의 업무를 통합 또는 폐지하는 것이 가능해 짐에 따라, 고객, 공급업체, 그리고 유통업체와의 의사소통 및 협력관계가 보다 용이해지고, 이를 통해 기존 가치사슬을 보다 유연하게 결합한 새로운 메커니즘으로 변환이 가능하여 새로운 사업 모델을 탄생시키게 된 것이다. 그 예로, 아마존이라는 인터넷 서점은 기존 가치사슬구조에서는 불가능하지만 e-SCM환경에서는 성공적인 비즈니스 모델인 것이다.

또한, 수직적으로 통합된 가치사슬 중에서 비전략적인 부분 또는 많은 자본이 투입되는 부분을 아웃소싱하는 형태가 많이 등장하고 있고, 강력한 브랜드 및 마케팅 능력만을 보유하고 생산 등 기타 부문을 아웃소싱하는 전략을 취하고 있는 나이키 등이 대표적인 예이다. 디지털환경으로 인해 기업의 수직적 가치사슬은 해체되지만, 다른 한편으로 e-비즈니스의 연관 분야 또는 타 산업으로 기업들이 진출하는 수평적 확장 현상이 가속화되는 경향이 있다. 기업들은 이러한 수평적 확장을 통해 향후 통합된 경쟁력을 바탕으로 지속적인 성장을 추구한다. 그 예로, 초기에 웹을 통한 도서 판매에 치중하던 아마존은 점차 사업 영역을 음반, 전자제품 및 소프트웨어, 장난감, 게임기기 등의 판매 외에도 경매나 고객 주문을 처리하기 위한 물류 부문까지 확장하였다.

둘째, 직거래(Disintermediation)의 활성화이다. 인터넷의 등장으로 고객 및 공급업체와의 직접 접촉 및 거래가 매우 용이하게 됨에 따라 과거의 물자 흐름을 점검해 줌으로써 가치를 창출하는 중간 유통업자의 입지는 상대적으로 약화되고 있다. 예를 들어, 기존 음악 산업의 경우 음반이 제작되면 이러한 음반은 도매업자, 그리고 소매업자의 손을 거쳐 고객에게 판매되며, 또한 라디오나 TV 방송을 통해 고객들이 시청 및 청취할 수 있었지만, e-비즈니스 환경에서는 온라인 판매 웹 사이트 및 뮤직 포털을 통해 중간 유통업체를 거치지 않고, 고객들에게 직접 음악을 전달하고 판매하는 것이 가능하게 된다. 찰스 스왑(Charles Schwab)의 경우 고객과의 직접 접촉이 가능한 e-비즈니스 플랫폼 제공을 통해 고객과의 직거래를 통해 실시간으로 풍부한 투자 정보를 제공하며, 고객 개인이 세워놓은 자산 분배 계획에 가장 적절한 모델을 제시해 준다. 또한 거래 수수료를 낮춤으로써, 고객들의 온라인 직거래가 폭발적으로 증가하게 되고, 과거 고객들에 대해 투자내용 상담 및 거래 중개를 실시함으로써 가치를 창출하던 브로커들의 입지가 상당히 약화되고 있는 실정이다.

셋째, e-SCM의 도입은 공급사슬의 정교한 연계로 재고 자산의 최소화(Dematerialization)를 이룩하였다. 인터넷을 기반으로 한 e-비즈니스의 등장은 자본이 많이 투입되는 분야 및 비핵심적인 분야에 대한 아웃소싱 또는 전략적 제휴를 매우 용이하게 만들어 준다. 이에 따라 기업은 전략적 제휴 등을 통해 최소한의 인원 및 자산만을 확보하고서도 고객들에게 최선의 서비스 제공 및 효율적으로 사업을 운영할 수 있는 방안의 모색이 가능해졌다. 예를 들어, 1995년도에 설립된 컴퓨터 생산, 판매 회사인 모노레일(Monorail)은 다양한 전략적 제휴를 통해 최소한의 인원과 자산을 보유하면서도 고객에게 최선의 서비스를 제공하고 있는데, 주문 접수는 택배·물류 회사와 제휴하여 접수를 받으며, 생산은 하청으로 처리하고, 다시 배송은 물류회사에서 처리하며, 대금지불 등의 재무 업무는 은행(선 트러스뱅크)에서 대행을 해주고 서비스 및 지원업무는 서비스업체들과 제휴하여 처리한다. 이 경우 소위 가상회사의 개념이 현실화되는 것이다.

4.3 e-SCM의 실행 전략

e-SCM 구축 전략은 제조업의 경우 기업이 외부환경에 적응하면서 내부자원을 효율적으로 분배하는 것에 있다고 할 수 있다. 기존 공급사슬의 재구축은 수직적인 공급사슬의 형태가 수평적으로 바뀌는 것을 의미하며, 공급사슬에 참여하는 주체들의 관계가 긴밀하게 네트워크로 연결되는 것을 말한다. e-SCM 구축을 위해

서는 시장, 경쟁업체, 업계의 추세 등 환경변화를 철저하게 평가하여야 한다. 환경의 역동성 고려는 전반적인 업계동향을 파악하고 향후 변화를 예측할 수 있는 지침을 제시해 준다. 환경변화에 따라 조직의 모든 시스템을 변화시킬 준비가 되어 있어야 한다. 동종 업계에서 경쟁력 있는 기업으로 성장하기 위해서는 e-SCM의 새로운 방향을 파악하고 공급사슬 영역에서 앞서가는 선도기업의 흐름을 파악하여야 한다.

또한 기업이 아무리 공급사슬관리에 대한 뛰어난 기술을 갖고 있더라도 비능률적인 리더십에 의하여 운영된다면 그 기술은 무용지물이 될 것이다. 즉, 효율적인 e-SCM을 구축하기 위해서는 경영진의 필요성 인식과 추진의지가 선결 조건이라 할 수 있겠다. 인터넷에 기반한 공급사슬관리의 전략적 활용을 통해 기업의 성과를 제고시킬 수 있는 새로운 기회와 동시에 위협이 다가온 것이다. 기업들은 이러한 새로운 변화에 맞추어 사업 모델을 재수립하고 여기에 대응할 수 있는 적절한 e-SCM 전략을 수립해야 할 필요가 있다.

e-SCM의 실행을 위한 전략은 크게 기업주도형 전략과 시장포털형 전략으로 구분하여 설명할 수 있다. 먼저 기업 주도형 모델은 기업이 웹 사이트를 구축하고 주도적으로 관련 데이터를 통합, 관리하는 접근법으로 공급업체로부터 데이터를 제공받아 자신의 필요에 따라 적절한 포맷으로 전자 카탈로그를 설정하고 관리한다. 이 접근법의 장점은 관리 유연성이 높고, 공급업체에 대한 통제가 용이하며, 또한 매우 전문적이고 고도의 기술이 요구되는 제품의 경우 개별 고객들의 니즈에 부합하는 전문적인 서비스 제공도 가능하게 된다. 그러나 사전 등록된 제품에 한정하여 제한된 공급업체의 구매만 가능하기 때문에 구매의 유연성은 떨어지는 편이며 사이트 및 카탈로그 관리 비용도 자체적으로 부담해야 하는 단점이 존재한다. 보잉사의 경우 부품사업 부문의 고객은 크게 세 종류로 분류가 가능한데, 그 중 주요 항공사 및 항공기 정비회사는 부품 주문량의 60%를 차지하며 일괄처리 방식의 EDI 환경을 활용하였다. 그런데, 이 방식은 정상적인 환경에서는 문제가 없었으나 긴급 주문이 발생한 경우에는 신속하게 처리되지 못하는 문제점을 노출시켰다. 그리고 유럽, 중동, 중남미의 소규모 업체들은 부품 주문량의 20%를 차지하며 텔렉스 기반의 EDI 거래 방식을 사용하였다. 그 외의 기타 고객은 팩스 등의 이용 주문 고객으로 나머지 20%를 차지하였다. 보잉사는 PART(Part Analysis and Requirement Tracking)시스템을 구축하여, 고객들이 인터넷을 활용하여 보잉사의 부품 재고 및 주문 상태를 파악하고 온라인으로 주문할 수 있도록 함으로써 주문 처리비의 25%를 절감하고 고객 만족도를 제고하였다. 그리하여 팩스나 서류

이용 주문시의 데이터 관리에 필요한 인력의 효율화는 물론 주문 과정에서의 오류가 감소되고, 고객은 주문 상황 및 배송 상황을 실시간으로 확인하는 것이 가능하게 되어 만족도가 증가하고, 고객이 주문하지 않은 엉뚱한 부품이 배달되는 경우가 감소되어 효율적인 경영성과를 이루게 되었다.

두 번째로, 시장포털형 접근법은 업종 또는 산업 공통의 온라인 전자시장을 활용하여 고객 및 공급자에 대한 접근성 및 효율성을 제고시키는 방법으로 포털업체나 중개업체가 공급업체들이 제공하는 모든 데이터 및 정보를 수집하여, 데이터를 표준화시키고, 마스터 카탈로그를 설정한다. 시장포털은 구매 안내, 지급 보증, 위험 관리, 제품 배송, 지불, 보관 등과 같은 부가서비스를 제공할 수 있으며, 또한 경매, 제품 교환 등 다양한 거래서비스 제공도 가능하기 때문에 시장포털형 모델은 기업주도형 모델보다 확장된 서비스를 제공할 수 있다. 예를 들면, ANX (Automotive Network Exchange)는 세계에서 가장 큰 엑스트라넷으로 자동차 공급사슬의 포털이다. 이 네트워크는 디트로이트의 Big 3 OEM업체들이 인터넷을 활용하여 공개적이면서 글로벌한 통신망을 구축하기 위해 처음 설계하였으며, 개방형 체제로 운영되면서도 신속성, 신뢰도, 보안성이 기존 인터넷이나 대부분의 고유 네트워크와는 비교도 안 될 정도로 매우 뛰어나, 회원 기업 모두가 가상의 전용 네트워크처럼 서로 안전하게 정보를 주고받을 수 있다.

이들 두 가지의 실행 전략 중 선택 기준은 비용 대비 효과의 매력도, 기업의 역량, 시기의 적절성 등을 고려해야 할 것이다. 비용측면에서 기업주도형 접근법은 하드웨어 비용, 라이센스 비용, 사용 비용, 교육 및 유지비용 등 사이트를 유지하

그림 8-15 e-SCM의 접근방법

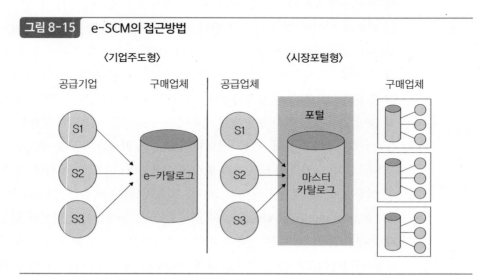

는 데 많은 비용이 투입된다. 그러나 시장포털 모델은 이러한 비용을 제3의 업체인 포털이 부담하게 된다. 기업주도형 모델을 실행하는 것은 단순히 소프트웨어를 실행하는 것 이상의 많은 자원이 필요하게 된다. 즉, 기업주도형 모델은 기업 스스로 업무 관행, 프로세스 자동화, 기존 및 새로운 공급업체와의 관계 변화 등을 위해 새로운 시스템을 구축해 나가야 한다. 따라서 기업주도형 모델을 선택하기 위해서는 이를 실행할 수 있는 역량 확보 수준의 검토가 필요하다.

제 5 절 e-SCM의 성공 요인

e-SCM의 성공적 추진을 위해서는 e-비즈니스 전략과의 적절한 연계, 조직 문화의 변화, 그리고 적절한 IT의 활용 등 세 가지 관점에서 설명할 수 있다. 첫째, e-SCM의 성공적 추진에 있어 가장 우선적으로 고려되어야 할 사항은 조직의 e-비즈니스 전략과 연계하여 구축하여야 한다는 것이다. 즉, e-SCM은 기술적 문제가 아닌 사업 전략의 문제로 상이한 전략 목표에 따라 다양한 공급사슬 구조의 선택이 가능해야 한다. 특히 고객을 만족시켜야 한다는 막연한 생각에서 출발하여 시스템을 구축하는 것은 실패의 가능성이 높다. 고객이 원하는 것이 무엇이고 이를 위해 자사가 어떤 목적을 가지고 어느 부분까지 해결해야 할 것인가를 명확하게 결정해야 한다. 즉, 사업 수행의 명확한 전략적 목표와 범위를 설정한 후 이러한 목표를 달성하기 위해 수요, 생산 규모, 전략적 스케줄링, 성과 측정 방안 등 공급사슬의 기본 요소를 어떻게 운영할 것인가를 결정해야 한다.

둘째, e-SCM의 성공적 추진에 있어 다음 고려사항으로는 조직 문화의 변화를 시도하여야 한다. 즉, e-SCM 시스템이 구축되었다고 해서 성공적으로 실행되는 것은 아니다. 실제 시스템을 움직이는 구성원들의 협조와 역량 확보가 성공의 필수 요건이다. 이제 단순히 구매, 배송을 담당하는 좁은 의미의 역할 수행자가 아니라, 전체적인 관점에서 업무를 수행하고 상황 변화에 적절히 대응할 수 있는 지식 근로자로 전환되어야 한다. e-SCM의 성공적 운영을 위해서는 IT 등 기술적 문제보다 오히려 비기술적 문제가 더 중요할 수 있다는 사실을 인식하고, 필요 조직 구축, 조직 환경 변화에 대한 준비 및 조직 구성원에 대한 교육 등에 적절한 자원을 투입해야 한다. e-SCM 실행시 업무 프로세스 변경에 따라 각 조직의 역할 및 책임에 대한 변화가 발생한다. 따라서 각 조직의 역할 및 책임을 재설정해야

그림 8-16 e-SCM의 성공 요인

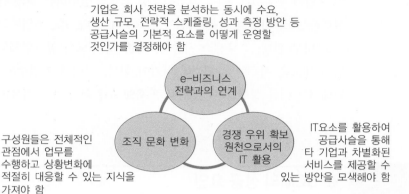

기업은 회사 전략을 분석하는 동시에 수요,
생산 규모, 전략적 스케줄링, 성과 측정 방안 등
공급사슬의 기본적 요소를 어떻게 운영할
것인가를 결정해야 함

e-비즈니스
전략과의 연계

조직 문화 변화

경쟁 우위 확보
원천으로서의
IT 활용

구성원들은 전체적인
관점에서 업무를
수행하고 상황변화에
적절히 대응할 수 있는 지식을
가져야 함

IT요소를 활용하여
공급사슬을 통해
타 기업과 차별화된
서비스를 제공할 수
있는 방안을 모색해야 함

하고 각 부문 및 구성원들이 새로운 업무 수행 프로세스를 이해하고 이를 제대로
활용할 수 있도록 교육이 필요하다. e-SCM의 도입으로 기존 업무 중 많은 부분에
서 중요성이 감소하거나 수행 필요성이 없어질 수 있다. 따라서 여유 인력의 효율
적 활용 방안을 모색해야 한다. 업무 프로세스의 변화에 따른 새로운 서비스 기능
과 변화에 대한 구성원들의 저항을 피하기 위해서는 최고경영층의 관심과 의지가
중요하며, 관련부문의 조직 구성원들이 모델 설정 초기 단계부터 참여하도록 하여
변화에 대해 인식하고 조직 문화가 변화될 수 있도록 유도하는 것이 필수적이다.

셋째, e-SCM의 성공적 추진에 있어 마지막 고려사항으로는 경쟁 우위 확보의
원천으로서 IT를 활용하여야 한다. e-SCM의 성공적 구축 요소 중 하나는 정보 기
술을 효율적으로 활용하여 타 기업과 차별화된 서비스를 제공할 수 있는 공급사슬
을 구축할 수 있느냐 하는 것이다. e-SCM을 수행하는 IT의 핵심은 하드웨어, 소
프트웨어와 더불어 기본적인 기술의 표준화, 다양한 애플리케이션 패키지 개발,
지역간 통신 네트워크 등 매우 광범위하며, 이러한 다양한 시스템의 통합을 위한
설계가 필요하다. IT시스템 구축시에는 데이터 처리량의 증가, 향후 정보처리 환
경변화에 대한 적응 및 대응 가능성을 고려하여야 하며, 협력업체와 공유가 필요
한 정보를 분석하고 공유 방안을 모색해야 한다. 또한 인터넷상에서의 정보 교류
및 공유시 발생할 수 있는 보안상 문제 해결 방안도 고려해야 할 것이다.

하지만, 효율적인 e-SCM을 위해서는 서비스 관점에 주안점을 두고 고객층을
세분화한 뒤 각각의 고객층에 특화된 서비스 모델을 개발해야 한다는 점을 잊어서
는 안 된다. 즉, 고객의 요구에 대응하는 물류서비스, 실수요에 기초한 수요계획,

맞춤형 제품을 통한 재고절감 및 리드타임 단축, 전략적인 관리를 통한 비용절감 및 공급사슬의 확대 전략과 전체적 관점의 성과를 항상 고려하여야 하며, 내부의 한계점들을 극복하고 외부와의 긴밀한 협조체제를 통해 상생(Win-Win)의 관계를 구축·활용하여야 한다.

토/의/문/제

01 공급사슬의 개념과 공급사슬관리의 정의를 설명하시오.

02 공급사슬관리에 있어 문제점으로 지적되는 채찍효과를 설명하시오.

03 SCM의 발전 단계를 시대별로 3단계로 나누어 설명하시오.

04 MRP, ERP, SCM의 관계를 설명하시오.

05 SCM에서 유입물류(In-Bound)와 유출물류(Out-Bound)의 개념을 설명하시오.

06 글로벌 공급사슬의 특징을 설명하시오.

07 공급자의 선택시 고려해야 할 요소를 나열하시오.

08 다수공급자와 단일공급자의 환경에 따라 공급사슬관리가 어떻게 관리되어야 하는지 비교하여 설명하시오.

09 공동구매의 장단점을 설명하시오.

10 전자상거래 환경에서 택배의 중요성을 설명하시오.

11 유비쿼터스환경에서의 RFID 기반의 물류는 어떤 것인지 설명하시오.

12 SCM에서 외주(Outsourcing)의 의미를 설명하시오.

13 SCM과 e-SCM의 차이점을 설명하시오.

참고문헌

• 강성배 · 문태수, "공급사슬 동적능력을 통한 정보기술 역량이 공급사슬성과에 미치는 영향에 관한 실증연구," 경영학연구, 제43권 제1호, 2014년 2월, pp.245-272.

• 강성배 · 문태수, "공급사슬관리(SCM)의 조직과 IS요인이 SCM성과에 미치는 영향과 협업의 매개효과," 인터넷전자상거래연구, 제12권 제4호, 2012년 12월, pp.161-182.

• 강성배 · 문태수, "자동차부품기업의 공급사슬관리(SCM) 협업 프로세스 설계 및 구현," 인터넷전자상거래연구, 제8권 제4호, 2008년 12월, pp.21-44.

• 김범열, 디지털환경과 e-SCM, 2000, LG경제연구원.

• 김성희 · 장기진, 전자상거래 이해, 2003, 무역경영사.

• 김철완 · 김선민 · 오영석, 국내기업환경을 고려한 SCM의 전략적 도입방안 연구, 정보통신정책연구원, 1999, pp. 58-62.

• 김태현, 21세기를 대비한 Supply Chain management 개념과 사례, 2000, 박영사.

• 문태수 · 강성배, "SCOR모델을 활용한 자동차부품산업의 공급망관리(SCM) 시스템 설계

비가 비싸다. 따라서 국내 대기일수를 감안하여 Discharging Port를 다변화하고 국내통관지역을 Discharging Port 위주로 운영해야 한다.

바이어는 제품의 위치를 리얼타임으로 알고 싶어한다. 그러나 고객의 PO처리 상태를 보면 출하 전까지의 상태는 확인 가능하나 출하 이후 전 과정에 대해서는 정보가 단절된다. 이는 기존 운송업체와 포워딩업체간에 정보시스템이 구축되어 있지 않아, 삼보컴퓨터 정보시스템과 인터페이스가 안 되기 때문이다. 그러므로 TPL업체와의 화물위치추적 정보시스템과 인터페이스가 가능하도록 종합적인 물류정보를 제공할 수 있는 단일 TPL업체를 선정해야 한다. 글로벌 기업은 글로벌경영전략 추구에 따라 공급사슬관리체계의 도입과 이에 따른 거점 물류체계로의 전환을 빠르게 전개시키고 있다. 따라서 각 물류거점을 네트워크화 하여 통합적인 관리 운영을 도모하고 있는데 이 통합관리체계의 근본전략이 바로 SCM이다. 글로벌 차원에서의 SCM은 조달, 생산, 보관, 수송, 판매 등 일련의 경영활동을 경제권 단위로 설정하고 이를 TPL을 통해 연계함으로써 효율적인 글로벌 물류관리를 도모할 수 있다.

위와 같은 삼보컴퓨터의 SCM 사례발표가 끝나고 가진 질의응답에서 김성원 부장은 "과거 물류비 절감과 재고절감에만 국한됐던 SCM의 개념이 현재는 실수요 창출을 어떻게 할 것인가로 바뀌고 있다"며 네 가지로 특징을 분류하였다. 첫째, 정보의 통합화로 사내·사외의 정보네트워크를 활용하여 단기적 수요예측이 가능하고, 둘째, 제조물류 등 각각의 분야가 전문화되어 시너지 효과가 나타나며, 셋째, 업무운영이 통합되어 의사결정이 빨라지고, 넷째, 재무의 통합화로 이익분배 등의 문제가 해결될 것이다. 또한 수출입에 있어서 "기업들이 서로 경쟁만 할 것이 아니라 창고를 공동 사용하는 등 서로 협력한다면 15~20%의 비용을 절감할 수 있을 것"이라며 "과다경쟁에서 벗어나 이제는 공존을 위한 방법을 찾아야 할 때"라고 하였다.

출처: 제5회 Logistics & SCM 포럼

사례연구　토의

1. 시장의 글로벌화 관점에서 삼보컴퓨터의 SCM전략을 설명하시오.
2. 삼보컴퓨터의 SCM 도입에 따른 기대효과는 무엇인지 설명하시오.

CHAPTER 09

고객관계관리

　　기업경영에 있어서 고객(customer)은 비즈니스의 시작과(알파, α) 끝(오메가, Ω)을 의미하는 핵심 관리대상임에 틀림이 없다. 이에 따라, 모든 기업들이 고객의 중요성을 인식하고, 고객이 만족할 수 있는 제품과 서비스를 개발하여, 다양한 관리도구와 기법을 통해, 고객이 원하는 가치를 제공하고자 다각적인 노력을 기울이고 있다. 한편, 최근의 e-비즈니스 상황은 기존의 비즈니스 상황과는 확연히 달라졌기 때문에 많은 기업들로 하여금 새로운 관점에서의 대 고객 접근법을 요구하고 있다. 과거에 비해 상대적으로 경영환경 자체가 규모 중심에서 수익 중심으로, 생산 중심에서 서비스 중심으로, 상품 중심에서 고객 중심으로 변화함에 따라 기업들이 경쟁력을 확보하고 유지하기 위해서는 고객과의 견고한 '관계(relationships)'의 구축 및 유지가 필수 불가결한 요소로 자리잡게 되었다. 이러한 배경에 따라 등장한 고객관계관리(CRM: Customer Relationship Management)는 단순한 정보 제공이나 솔루션 도입을 통해 추진되는 것이 아니라 기업 전체에 걸쳐 고객 중심적 경영철학의 수립, 고객중심적 문화의 구축, 고객관계관리를 위한 업무프로세스 구현, 첨단의 정보기술 인프라 구축, 고객관계관리 전문인력의 확보, 차별화된 고객관계관리 전략 수립 등이 동시에 이루어져야 한다. 본 장에서는 e-비즈니스 환경에서의 CRM의 개념, CRM의 목표, CRM의 유형 및 주요 정보기술, CRM과 주요 마케팅기법, CRM 추진 전략 등에 대하여 학습한다.

e-비즈니스 시대가 도래하면서 국내 기업들간의 경쟁에서 벗어나 이제는 글로벌 기업들간의 경쟁시대를 맞이하게 되었다. 그리고 인터넷과 정보통신기술의 발달에 힘입어 생산자와 소비자간의 정보불균형 관계가 붕괴됨에 따라 소비자들은 제품과 서비스에 관해 이전보다 많은 정보를 획득할 수 있게 되었으며 나아가 제품사양과 가격 등을 결정하는데 있어서도 소비자가 우월한 위치에서 양질의 제품과 서비스를 요구하게 되었다. 이러한 환경변화에 적절하게 대응하기 위해서는 대량생산이나 대량소비에 기반한 매스마케팅 접근법으로는 한계가 존재하기 때문에, 기업들은 고객과의 관계에 대한 정확한 이해를 바탕으로 고객 한 사람 한 사람과 긴밀한 관계를 형성하고 그들의 요구에 적시 적소에 반응해야 한다. 이와 같이 고객관계에 대한 차별적 이해와 관리가 더욱 중요한 이슈로 부각되면서 등장한 고객관계관리(e-CRM)는 인터넷과 정보기술의 활용을 기반으로, 마케팅, 영업, 서비스 기능을 선진화시킴으로써, 선별된 고객으로부터 수익을 창출하고, 장기적인 고객관계를 구축하는데 초점을 두고 있다. 본 절에서는 CRM에 대한 기본 이해를 돕고자 CRM의 개념과 CRM이 지향하고 있는 목표에 대하여 설명하고자 한다.

1.1 CRM의 개념

e-비즈니스 환경에서는 고객들이 앉은 자리에서 웹을 통해 자신이 마음에 드는 상품을 직접 고르고 구매할 수 있다. 뿐만 아니라, 고객은 특정 제품을 구매한 이후의 질문, 불만 처리, 사후서비스 등을 신속히 제공받기를 원하고 있다. 이러한 상황에서, 고객관계관리(CRM: Customer Relationship Management)는 고객에 대한 정확한 이해를 바탕으로 고객이 원하는 제품과 서비스를 지속적으로 제공함으로써, 고객의 평생가치 극대화와 기업의 수익성을 높이기 위한 기업의 전략적 관리도구로서 인식되고 있다.

고객관계관리가 등장하게 된 주요 배경은 규모 중심에서 수익성 중심으로 변화한 비즈니스환경, 상품중심에서 고객중심으로 변화한 시장환경, 기업에서 인터넷과 정보기술의 활용도 증가, 고객니즈의 다양화 및 고객의 구매행동 변화 등으로 요약될 수 있다. 이러한 경영환경 요소들의 변화에 따라 자연스럽게 기업이 지

표 9-1	고객관계관리 개념의 발전과정			
	판매 (1970년대)	고객만족 (1980년대)	DB마케팅 (1990년대)	고객관계관리 (2000년대)
대 고객관점	수동적 구매자	선택적 구매자	개성화, 다양화된 구매자	능동적 구매자
고객과의 관계	전체 시장에 일방적 공급	고객만족도 측정, 일방적 관계	그룹화된 고객과의 일방적 관계	개별 고객과 양방향 의사소통
고객관리	단순 영업 위주	영업과 판매 위주 서비스	IT 기술팀 위주	전사적 관리

향하고 있는 고객관계관리의 개념이 1970년대의 단순 영업, 1980년대 고객만족, 1990년대 데이터베이스 마케팅, 그리고 2000년대 고객관계관리(CRM) 등의 단계를 거치며 변화 발전해 왔다. 즉, 1970년대 까지만 해도 기업은 소비자를 수동적 구매자로 인식하고 단순 영업 위주의 활동을 전개하였다. 1980년대 들어서며 점차 시장에서의 경쟁이 치열해짐에 따라, 기업은 고객의 중요성을 인식하고 판매자 관점으로 전환을 시도하여 영업부문의 강화와 유통망의 통합, 생산과 판매의 결합 등을 시도하였다. 1990년대에는 데이터베이스(Database: DB) 기술의 발전에 힘입어 고객에 대한 정보를 전략적 자산으로 인식하고 고객의 활동을 측정·분석·활용하는데 DB를 이용하는 DB 마케팅이 전개되었으며, 이후 2000년대 부터는 인터넷과 정보기술의 활용도를 높이며 고객과의 관계를 구축하는데 초점을 맞춘 고객관계관리(CRM)로 발전하였다. 즉, 1990년대 이후로 현재까지 인터넷과 정보기술의 발전에 힘입어 고객 개개인의 행동 특성과 상황 등을 실시간으로 분석하여 일대일 마케팅과 개인화 마케팅 활동을 전개하는 형태로 진화 발전하고 있다.

CRM의 목적을 달성하기 위해서는 단순히 고객의 특성을 분석한다거나 홈페이지를 개설하는 등의 기초적 수준의 고객 관리 환경을 마련하는 것에서 벗어나야 한다. 즉, 기업은 온라인과 오프라인 채널에서 고객과 양방향 커뮤니케이션 과정에서 발생하는 각종 정보들에 대해 다차원적인 분석을 통해 고객의 요구에 부합하는 일대일 마케팅을 전개할 수 있어야 한다. 또한, 고객과 만나는 접점채널을 고객중심으로 일원화하고, 고객 관련 모든 정보를 빠짐없이 취합하고 분석함으로써, 마케팅, 영업, 서비스 활동의 의사결정에 활용할 수 있는 전사적 관리체계를 만들어야 한다.

CRM이란 고객과 만나는 기능인 마케팅(marketing), 영업(sales), 서비스(service)를 중심으로, 인터넷과 정보기술의 활용을 토대로, 고객과 유기적으로 상호

표 9-2	협의의 CRM과 광의의 CRM		
	고객데이터	고객 특성 분석	고객 서비스
광의의 CRM	• 데이터웨어하우징 　−고객 정보 　−거래 내역 　−산업 정보	• 거래 분석 　−고객 태도 　−지난 거래내역	• 타겟 마케팅 　−정적인 서비스 　−일방적인 서비스 　−시간과 장소의 한계
협의의 CRM	• 웹하우스 　−고객 정보 　−거래 내역 　−산업 정보 　−Click 흐름 　−콘텐츠 정보	• 거래 분석 　−고객 태도 　−지난 거래내역 행동 분석 　−탐험적인 행동(내비게이션, 　　장바구니, 쇼핑 패턴 등)	• 일대일 마케팅 　−실시간 서비스 　−자유로운 시간 　−어디서든 가능

작용하며, 고객의 불만과 요구사항을 처리해 주며, 신속한 의사결정을 수행할 수 있는 통합적 환경을 갖추는 것이라고 할 수 있다. 한편, CRM은 기업의 대고객 관리활동을 온라인에서 뿐만 아니라 오프라인에서 수행하는 것까지 모두 포괄하는 개념이기 때문에, 주로 온라인에서의 고객관계관리에 초점을 두고 있는 협의의 CRM, 즉 e-CRM을 별도로 구분지어 생각할 필요는 없다. 즉, 광의의 CRM은 오프라인과 온라인에서 기업이 고객과의 관계를 관리하기 위해 구축하는 모든 관리체계와 활동 등을 포함하는 것이다.

1.2 CRM의 목표

CRM은 고객과의 관계를 종합적으로 구축 및 관리하고자 하는 전사적 노력이다. 한편, 사람과 사람간의 관계처럼 기업과 고객간의 관계 역시 좋은 만남에서 출발하여 점차 개선 및 강화되는 과정을 거쳐, 나중에는 이런 저런 이유로 인해 그간에 맺어 왔던 관계가 정리되는 절차를 거치게 된다. 기업의 CRM은 이러한 고객과의 만남부터 헤어짐까지의 모든 과정을 대상으로 다양한 관리노력을 기울인다. 기업이 CRM을 추진함에 있어서 목표를 두는 영역은 크게 고객확보, 고객강화, 그리고 고객유지로 구분할 수 있다([그림 9-1] 참조).

그림 9-1	CRM의 목표

고객확보(acquisition)	고객강화(enforcement)	고객유지(retention)
• 어떤 특성을 가진 잠재고객이 우량고객이 될 가능성이 있는가? • 잠재고객은 어디에 있으며, 어떤 요구를 지니고 있는가?	• 어떻게 하면 고객의 중요성과 가치를 높일 수 있는가? • 고객의 잠재적 구매욕구는 무엇인가?	• 고객의 이탈 이유는 무엇이며, 이를 어떻게 막을 수 있는가? • 우수고객을 어떻게 유지할 것인가?

(1) 고객확보(customer acquisition)

CRM에서 고객확보는 기업이 CRM을 통해 새로운 고객을 확보하는데 초점을 두는 경우를 말한다. 고객확보에 있어서의 핵심은 우량고객이 될 만한 잠재고객을 우선적으로 확보하는 데에 있다. 이를 위해서 기업은 이미 보유하고 있는 고객들을 다양하게 분석함으로써 우량고객과 불량고객의 차별적 행동특성을 발견하고, 그러한 결과를 바탕으로 미래에 자사의 우량고객으로 성장할 수 있는 잠재력을 보유한 사람들을 자사의 고객으로 유치하기 위한 노력을 기울여야 한다.

이러한 CRM의 목표가 효과적으로 이루어지기 위해서는 몇 가지의 대표적 관리노력이 필요하다. 예를 들어, 기업은 기존고객을 대상으로 다차원적인 분석을 통해 잠재고객들의 행동특성을 충분히 예측할 수 있어야 한다. 또한, 기업은 다른 기업들과의 협력을 통해 자사의 고객으로 만들고자 하는 잠재고객을 대상으로 각종 마케팅 활동을 전개할 수 있어야 한다. 이외에도, 기업은 콜 센터나 이메일 시스템 등을 구축함으로써 불특정 다수의 잠재고객들을 대상으로 고객 유치를 위한 마케팅 활동을 전개할 수 있어야 한다.

참고로, 고객확보를 위한 관리노력을 기울이는데 있어서 기업은 개인정보의 무단 유출이나 프라이버시 침해 등의 문제를 고려해야 한다. 즉, 제휴사와의 사전 협력 없이 무단으로 고객정보를 확보하여 활용하는 행위, 자사가 보유하고 있는 고객 정보를 고객의 동의를 얻지 않고 외부에 판매하는 행위, 고객의 동의 절차 없이 광고성 이메일이나 메시지를 지속적으로 발송하는 행위 등을 자제함으로써, CRM의 고객확보 라는 목표를 효과적으로 달성해야 할 것이다.

(2) 고객강화(customer enforcement)

CRM에서 고객강화는 기업이 다양한 프로그램의 도입과 관리노력을 통해 일단 확보한 고객의 가치와 충성도를 높이는데 초점을 두는 경우를 말한다. 예를 들어, 자사의 TV를 구입한 고객에게 자사의 냉장고와 VCR을 사도록 유도한다거나, 아주 오래전에 구입했던 TV를 버리고 새로 출시된 신제품TV를 구입하도록 고객을 유도하는 행위 등이 여기에 포함된다.

고객강화 노력이 효과적으로 추진되기 위해서 기업은 자사 고객들의 행동특성 정보를 면밀하게 분석하는 것이 필요하며, 이러한 분석 정보를 바탕으로 고객의 가치나 충성도를 제고할 수 있는 프로그램을 적극 개발·전개해야 한다. 예를 들어, 고객의 생일이나 결혼기념일 등에 맞추어 고객이 요구하는 가치(할인 가격, 획기적 품질수준, 충분한 보상 등)에 부합하는 캠페인을 전개한다거나, 콜 센터를 통해 접촉한 고객이 주문하고자 하는 제품 대신에 고객과 기업 모두의 입장에서 이익이 되는 다른 제품을 주문하도록 유도하는 교차판매(cross-selling) 제품목록을 개발한다거나 하는 행위들이 이러한 고객강화 활동에 포함될 수 있다.

CRM에서 고객과의 관계를 강화하고자 하는 노력은 이미 자사의 회원으로 활동하고 있는 고객들의 충성도와 만족도를 높이기 위해서이다. 이러한 CRM을 통한 기업의 고객강화 노력은 궁극으로 우수고객들의 타사로의 이탈을 최소화하는데 있어서 획기적으로 기여할 수 있게 된다.

(3) 고객유지(customer retention)

CRM에서 고객유지는 기업이 다양한 노력과 투자를 통해 자사의 고객, 특히 우수고객들이 다른 경쟁사로 넘어가지 않도록 하는데 초점을 두는 경우를 말한다. 여기에는, 고객의 이탈원인 및 요구사항에 대한 분석을 통해 이탈가능성이 높은 일반 고객에게 적절한 혜택이나 쿠폰 등을 제공하거나, 우수 고객을 대상으로 충성도를 높이기 캠페인을 수행한다거나 하는 행위 등이 포함된다.

초창기 CRM에서는 대부분의 기업들이 다른 목표들에 비해 상대적으로 고객유지 목표에 많은 관심을 두었는데, 그 이유는 기업이 1명의 신규고객을 확보하는데 소요되는 비용을 기존고객의 유지활동에 투입하게 되면 통상 5명~8명의 고객을 유지할 수 있었기 때문이다. 이에 따라, 초창기 CRM에서는 기업들이 고객유지에 초점을 두는 경우가 많았으며, 최근에는 고객유지 뿐만 아니라 고객확보와 고객강화를 동시에 추구하는 기업들도 많아지고 있다.

이와 같은 CRM의 고객유지 목표는 고객의 불만을 사전에 예방하고 불만이 발생한 경우 효과적으로 대처하는 수동적 노력을 포함하여 고객에게 부가적 혜택을 제공하고자 하는 능동적 노력이 동시에 실행될 때 더욱 바람직한 결과를 나타낼 것이다.

제 2 절 CRM의 유형과 주요 정보기술

e-비즈니스 환경은 기업으로 하여금 기존의 기업 중심적 사고에서 벗어나 고객 중심이라는 새로운 가치관을 갖고 기업 활동에 나설 것을 요구하고 있다. 이제 기업의 가치는 그들이 제공하는 제품이나 서비스가 아니라 이를 구매하는 고객들에 의해 직접적으로 평가받고 있다. 고객은 자신의 욕구에 적합하지 않은 제품이나 서비스는 수용하지 않으며, 시장에서 접하는 다양한 제품 및 서비스들을 신속하게 비교·평가하여 자신이 필요로 하는 대안을 선택하고 있다. 따라서, e-비즈니스 환경에서 살아남으며 새로운 도약을 꿈꾸는 기업이라면 고객과의 관계를 새롭게 설정하고 이를 전략적 자산으로 관리하려는 노력이 필수적으로 요구된다. 본 절에서는 기업이 고객과의 관계를 수립하는데 이용하는 CRM을 어떻게 유형화하여 분류할 수 있는가, 나아가 이러한 CRM의 유형에 포함되는 주요 정보기술의 종류와 특징은 어떠한가를 살펴보고자 한다.

2.1 CRM의 유형

CRM 혹은 CRM 시스템의 유형을 구분하는 것은 어떠한 기준을 이용하느냐에 따라 다양하게 분류할 수 있으며, 그 적용 기준 또한 임의적으로 선택될 수 있다. 일반적으로 CRM의 유형은 시스템 구축 접근방법(운영 CRM, 분석 CRM, 협업 CRM), 프로젝트 종류(데이터베이스 기반 CRM, 분석 기반 CRM, 전략 기반 CRM), 시스템 아키텍처(Front Office CRM, Back Office CRM) 등에 따라 분류할 수 있다. 따라서, 본 절에서는 비즈니스 현실에서 가장 보편적으로 이용되고 있는 메타그룹(Meta Group)의 CRM 분류 유형과 특성을 살펴보고자 한다.

| 그림 9-2 | CRM의 유형 |

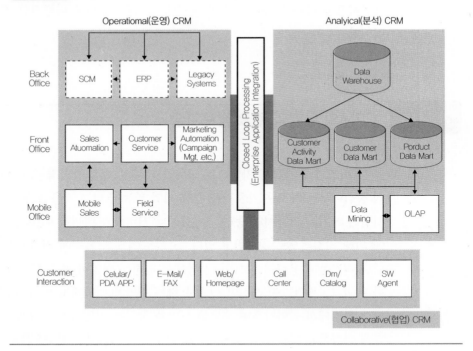

(1) 운영 CRM

운영(operational) CRM은 CRM의 구체적인 실행을 지원하는 시스템으로서 기업의 ERP, SCM, Legacy Systems과 상호작용하며 조직의 전방위 업무영역을 지원하는데 초점을 둔다. 즉, 운영 CRM은 주로 기업의 전방위 업무영역은 마케팅, 영업, 서비스 활동을 자동화하고 지원하기 위해 도입되는 경우를 의미한다.

운영 CRM에 포함되는 대표적인 하위 시스템들은 영업자동화(Sales Force Automation), 마케팅 자동화(Marketing Automation, Campaign Management), 고객 상호작용센터(Customer Interactrion Center), 모바일 영업(mobile sales), 모바일 서비스(mobile service) 등이 있다.

(2) 분석 CRM

분석(analytical) CRM은 데이터웨어하우스에 기반을 둔 CRM으로서 기업의 마케팅, 영업, 서비스 활동에서의 의사결정을 지원하기 위해 고객, 제품, 시장 등의 정보를 추출 분석하는 동시에 고객과 시장의 흐름을 예측하는 데에 초점을 둔다. 분석 CRM은 고객과의 관계를 개발하기 위한 고객/시장 세분화, 고객 프로파일링,

상품 컨셉의 발견, 캠페인 관리, 이벤트 계획, 프로모션 계획 등을 처리하는데 있어서 다양하게 활용된다.

분석 CRM에는 대표적으로 데이터웨어하우스(Data Warehouse), OLAP(On-line Analytical Processing), 데이터 마이닝(Data Mining), 각종 데이터마트(Data Marts) 등의 하위 시스템들이 포함된다.

(3) 협업 CRM

협업(collaborative) CRM은 운영 CRM과 분석 CRM의 연계와 통합을 기반으로 온라인 채널의 접점에서 고객이 기업이 서로 상호작용을 하며 가치를 극대화하는 데 초점을 둔다. 이와 같이, 협업 CRM은 주로 온라인상에서 고객을 관리하고 접촉하는데 필요한 도구와 기능을 제공하고 있기 때문에 협의의 CRM, 즉 e-CRM으로도 불린다.

일반적으로 협업 CRM에는 CTI(Computer Telephony Integration)를 기반으로 하는 콜 센터, 홈 페이지 시스템, 전자우편시스템, 팩스시스템, DM(Direct Mail) 전송시스템, 모바일 앱(App), 웹 카탈로그 관리시스템 등의 하위 시스템들이 포함된다.

2.2 CRM과 주요 정보기술

CRM을 효과적으로 추진하기 위해서는 매우 다양한 형태의 정보기술, 즉 콜 센터(Call Center), 캠페인관리시스템(CMS), 영업조직자동화(SFA), 데이터웨어하우스(Data Warehouse), 데이터마이닝(Data Mining), 온라인분석처리시스템(OLAP) 등이 조화롭게 기반을 구성해야 한다. 따라서, 본 절에서는 CRM의 대상 업무영역인 마케팅, 영업, 서비스 활동에서 주도적으로 활용되는 주요 정보기술의 종류 및 특징에 대하여 살펴보고자 한다.

(1) 콜 센터

콜 센터(Call Center)는 컴퓨터 기반하에 전화시스템을 연결하여 고객과 의사소통하기 위한 영업지원 및 대고객 서비스 센터를 지칭한다. 최근에는 콜 센터를 고객관리통합센터로 부르기도 하며 기업이 시장과 고객을 지향하는 경향이 강하면 강할수록 그 중심에서 콜 센터를 설치 운영할 가능성이 높아지고 있다. 콜 센

그림 9-3　콜 센터 시스템의 구성도

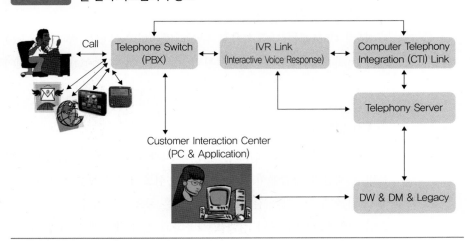

터는 상담원이 고객들에게 다양한 형태의 판매정보를 전하거나 그 반대로 고객으로부터 문의사항이나 클레임을 접수하여 처리하는 기능을 지원한다. 이와 같이, 기업이 고객에게 접근하는 기능을 지원하는 콜 센터를 아웃바운드(out-bound) 콜 센터, 그리고 고객이 접근해 오는 것을 지원하는 콜 센터를 인바운드(in-bound) 콜 센터라고 한다.

콜 센터는 전화네트워크를 주관하는 교환기(PBX), 교환기와의 물리적 결합을 통하여 모든 전화통화에 대한 제어 및 모니터링을 하는 CTI(Computer Telephony Integration) 서버, 상담원의 상담업무 처리를 지원하는 응용 프로그램, 상담원 PC, 자동응답 및 팩스기능을 보유한 VRU(Voice Response Unit), 그리고 고객 및 고객접촉정보를 저장하는 데이터베이스(Database)로 구성되어 있다. 콜 센터 구성요소 중에서 CTI 서버는 고객과 관련한 각종 분석 정보를 보관하고 있다가 관련 정보(고객의 구매이력, 과거 상담 및 불만내역 등)를 컴퓨터 화면에 표시해 줌으로써 상담원이 고객과 원활한 상담을 진행할 수 있도록 도와준다.

(2) 캠페인관리시스템(Campaign Management System)

캠페인관리시스템은 마케팅 자동화(Marketing Automation) 시스템으로도 불리며 기업의 마케팅 담당자가 고객에게 전달하고자 하는 캠페인의 기획, 실행, 평가 등의 업무를 수행할 수 있도록 지원하는 시스템이다. 특정 목적에 따라 캠페인을 추진하고자 하는 마케팅 담당자는 기업의 부서 혹은 자신이 진행하고자 하는

표 9-5	이벤트기반 마케팅과 기존 마케팅의 차이점	
	이벤트기반 마케팅	기존 마케팅
방식	고객 니즈 기반	상품 푸시 방식
접촉시기	이벤트 발생 시	연간 일정표에 따라
캠페인 실행 수	300+(매일)	연 20~100회
캠페인 주기	매일	연간 일정표에 따라
대상 고객 수	100-1,100+	15,000+
캠페인 리드 타임	하루 이하	5~12주
채널	다채널, 다단계	단채널DM(Call, EDM)
평균 반응률	18~60%	2~5%

출처: 한국경제

있으며, 취업에 성공한 사회초년생이 취업에 성공한 사실을 인지한 경우 그들에게 연금,펀드 등의 상품가입을 제안하는 마케팅 활동을 전개할 수 있다.

초기의 이벤트기반 마케팅은 주로 금융분야의 마케팅 영역에서 많이 활용되었 지만 이제는 항공, 유통, 통신, 엔터테인먼트 등의 B2C 영역 뿐만 아니라 물류, 제 조, 기업 금융 등 B2B 영역까지도 확대 활용됨으로써 기업의 마케팅 활동 경쟁력 을 높이고 있다. 이처럼, 이벤트기반 마케팅이 각광을 받는 주된 이유는 불필요한 메시지나 전화 등을 전달하는 것이 아니라 고객 본인의 처한 상황에 적합한 메시 지나 홍보내용이 전달되기 때문이다(〈표 9-5〉 참조).

3.2 교차판매와 업셀링

교차판매(cross-selling)는 원래 금융업에 허용된 제도를 지칭하는 용어에서 발 전하였다. 즉, 과거에 은행은 은행상품만을, 보험회사는 보험상품만을 판매할 수 있도록 제약이 있었으나, 금융의 선진화와 건전한 경쟁구도 조성을 위해 특정 금 융회사에게 다른 금융회사가 개발한 금융상품까지도 판매할 수 있도록 허용된 제 도이다.

이러한 제도가 마케팅 영역에 접목되면서 고객이 특정 제품을 구입하고자 하 는 경우 또 다른 제품을 연관지어 구매하도록 유도하는 기법으로 발전되었다. 즉, 교차판매는 과거에 고객들이 동시에 구매한 제품에 대한 사전 정보분석을 통해 고 객의 입장에서 구매욕구가 높은 제품들을 연관지어 판매하기 위한 방안을 마련하는데 활용된다. 예를 들어, 고객이 디지털 카메라를 구입하고자 하는 경우 디지털 카메라와 연관된 제품인 카메라 삼각대를 보다 저렴한 가격에 함께 묶어서 판매하려는 노력이 여기에 해당된다.

한편, 업셀링(up-selling)은 교차판매의 변형된 기법으로서 고객이 특정의 제품을 구매하고자 하는 경우 기업의 입장에서 혹은 고객의 입장에서 가치와 이익을 높일 수 있는 다른 제품을 구매하도록 유도하는 기법이다. 예를 들어, 고객이 중간 수준 가격대의 냉장고를 구입하고자 하는 경우 기업과 고객 모두의 입장에서 가치를 향상시킬 수 있도록 보다 높은 수준 가격대의 냉장고를 구입하도록 유도하는 경우가 여기에 해당된다.

이와 같은 교차판매와 업셀링이 마케팅 활동에 효과적으로 적용되기 위해서는 고객 특성, 고객의 구매요구사항, 고객의 연관 구매제품 패턴 등에 대한 분석작업이 선행되어야 한다. 또한, 교차판매 및 업셀링 대상 품목의 개발을 포함하여 교차판매와 업셀링을 지원하기 위한 운영전략도 마련해야 한다.

3.3 윈 백

윈백(Win-Back)이란 기업이 CRM 활동을 통해서 자사의 이탈한 고객을 다시 돌아오도록 만드는 기법 혹은 프로그램을 의미한다. 기업이 많은 시간과 비용을 투자하여 고객을 확보하였지만 결국 여러 가지 사정으로 인해 이탈하는 고객이 발생하기 마련인데, 이러한 경우 이탈한 고객을 그냥 포기하는 것이 아니라 보다 적극적인 고객관리 노력을 통해 다시금 자사의 고객으로 돌아오게끔 하는 기법이 바로 윈백이다.

이와 관련하여, 쿠마르(Kumar)는 윈백 프로그램의 중요성을 다음과 같이 강조하였다. 첫째, 윈백 프로그램의 대상 고객은 이미 과거에 확보했던 고객이기 때문에 그들의 니즈 파악을 통해 아예 정보가 없는 신규고객보다는 다양한 접근노력을 통해 새롭게 돌아오도록 만들 가능성이 높다. 둘째, 윈백 프로그램의 대상 고객은 이미 자사의 브랜드 이미지를 알고 있기 때문에 자사의 브랜드나 서비스 등을 설명하는데 있어서 추가 비용이 발생하지 않는다. 셋째, 윈백 프로그램의 대상 고객의 다양한 정보가 이미 고객 데이터베이스에 들어 있기 때문에 추후 더욱 견고한 고객관리 및 이탈방지 프로그램 등을 진행하는데 있어서 매우 효과적이다.

기업의 입장에서는 수익을 창출하는 것 만큼 각종 비용을 절감하는 것 역시

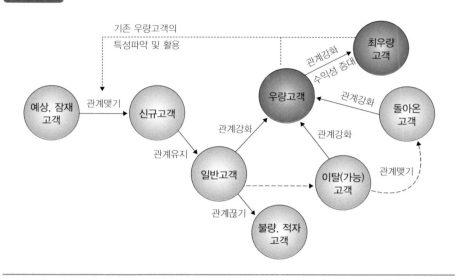

그림 9-8 윈백 프로그램의 개념도

출처: 최정환 · 이유재, "죽은 CRM 살아있는 CRM"

중요한데, 이러한 현실에서 고객관리와 관련한 비용을 줄이며 수익을 높일 수 있는 방법 중의 하나가 윈백 프로그램인 것이다. 이는, 고객의 이탈이 발생한 원인을 파악하여 효과적인 고객관리를 수행한다면 신규고객을 확보하는 비용보다 훨씬 저렴하게 고객의 재유치 성공확률을 높일 수 있기 때문이다. 이와 함께, 윈백 프로그램을 통해 재유치된 고객의 데이터를 분석한 결과, 전반적으로 해당 고객의 재이탈 비율이 높지 않으며, 소비 수준 역시 증가한 경우가 많은 것으로 보고되고 있다.

3.4 이탈관리

이탈관리(churn management) 프로그램은 기업이 우수고객을 이탈하지 않도록 하기 위해 실시하는 마케팅 기법으로서, 이는 기업의 수익성와 비용구조 운영에 있어서 매우 중요한 요소이다. 이러한 배경에는 기업의 입장에서 볼 때, 새로운 고객을 확보하기 위해 소요되는 비용은 기존고객을 유지하는데 소요되는 비용에 비해 5~10배나 더 많은 비용을 필요로 하기 때문이다. 특히, 고객 중에서도 우수고객의 경우에는 기업의 수익성에 더욱 많은 영향을 미치게 된다. 따라서, 많은 기업들이 우수고객의 유지를 목적으로 여러 혜택을 포함하는 마케팅 프로그램을 개발하기도 하고, 고객의 이탈을 최소화하기 위한 방안을 모색하기도 한다.

우수고객의 유지를 위한 대표적 마케팅 기법으로서 이탈관리 프로그램은 기존 고객들의 이탈가능성을 점수화하여 관리하는 기법이다. 즉, 이탈관리는 자사 고객들의 타사로의 이탈에 영향을 미치는 변수들을 중심으로 고객별 이탈가능섬 점수를 도출하고, 이탈가능성이 높은 고객과 낮은 고객들에 맞는 마케팅 프로그램을 개발하여 제공한다.

이러한 이탈관리 프로그램이 기업의 마케팅 활동에 효과적으로 적용되기 위해서는 고객의 이탈 및 불만원인, 고객의 요구와 욕구, 고객이탈 영향변수 등에 대한 체계적 분석이 필수적이며, 이와 함께 이탈가능성 수준에 따른 고객군별 맞춤형 마케팅 프로그램을 개발하려는 노력이 요구된다.

3.5 개인 맞춤화

개인 맞춤화(personalization)는 과거 대량생산(mass production)이나 대량마케팅(mass marketing) 방식에서 나타나는 문제(차별화된 제품 및 서비스 제공 미흡, 고객 요구의 다양화 추세에 대응 미흡 등)를 극복할 수 있는 대안으로 많은 각광을 받고 있다. CRM 분야에서 개인 맞춤화는 야후(Yahoo)가 인터넷 사용자들에게 제공한 마이 야후(My Yahoo!)에서 그 유례를 찾아볼 수 있다. 즉, 인터넷이 활성화되기 시작한 1990년대 중반까지만 하더라도 기술수준이나 기업의 인식수준 등을 감안할 때 고객 개인별로 맞춤형 정보나 서비스를 제공하는 것이 매우 어려웠음에도 불구하고, 당시 야후는 인터넷 사용자들의 신상정보와 선호도를 개별적으로 관리할 수 있는 기능을 처음으로 제공하였다.

현재, 기업의 입장에서 개인 맞춤화는 개별 고객들을 대상으로 마케팅 활동을 전개하기 위한 필수적 요소이며 고객의 충성도와 만족도를 이끌어내기 위한 핵심적 도구로서 활용되고 있다. 즉, 기업은 개인 맞춤화를 통해 소비자 개개인의 욕구와 기호 등을 신속히 파악하여 커뮤니케이션을 수행할 수 있으며, 대고객 맞춤 서비스를 제공할 수 있으며, 나아가 고객과의 지속적 관계 유지를 효과적으로 수행할 수 있다.

이러한 개인 맞춤화가 기업의 CRM에서 효과적으로 기능하기 위해서는 고객의 행동특성에 대한 분석과 함께 고객 개개인의 욕구와 선호도를 파악하려는 노력이 필요하다. 또한, 고객 관련 정보의 분석에 기초하여 고객 개개인별로 최적화된 정보와 서비스를 제공하는 것 뿐만 아니라 개인이 선호하는 제품을 소개하고 판매하기 위한 영업전략을 개발해야 할 것이다.

3.6 세일슈머, 프로슈머, 트윈슈머

세일슈머(Salesumer)는 판매(sales)와 소비자(consumer)를 합친 단어로 고객이 제품을 구매하는 데에만 그치지 않고 마케팅과 판매에도 참여하는 소비자를 일컫는 신조어이다. 이는 소비자가 자신이 구입한 상품을 객관적으로 평가하고 관련 상품 리뷰를 적극적으로 올리도록 유도함으로써, 궁극으로는 자사의 상품이나 서비스의 판매를 촉진시키기 위한 마케팅 기법이다. 세일슈머의 주요 특징으로는 판매자와 소비자의 경계를 허문다는 점이다. 즉, 소비자들이 기존의 기업과 판매자의 고유 영역이었던 홍보와 영업에 자발적으로 혹은 일정 보상을 받아 가면서 참여하도록 유도하는 새로운 형태의 마케팅 기법이다.

프로슈머(Prosumer)는 생산자(producer)와 소비자(consumer)의 합성어로 생산에 참여하는 소비자를 의미한다. 이는 소비자가 자신의 의견이나 아이디어 개진을 통해 제품의 소비과정은 물론 제품의 생산과정에도 직간접적으로 참여하도록 유도함으로써, 궁극으로는 소비자를 만족시킬 수 있는 개발하기 위한 마케팅 기법이다. 프로슈머 마케팅의 주요 특징은 소비자를 상품개발과정에 직접 혹은 간접적으로 참여시킴으로써, 기업은 시장에서 경쟁력 있는 제품을 개발 및 출시할 기회를 잡을 수 있으며, 소비자는 자신의 역할에 대한 자부심과 만족감을 누릴 수 있게 된다.

트윈슈머(Twinsumer)는 쌍둥이(twin)와 소비자(consumer)의 합성어로 생각과 취미와 취향, 반응, 소비 등의 성향이 비슷한 소비자를 의미한다. 트윈슈머의 주요 특징은 다른 사람의 제품 구매 혹은 제품 사용 경험을 공유하도록 유도함으로써 또 다른 사람이 해당 제품을 구매할 때 타인의 구매후기(리뷰)나 의견을 참고하여 구매의사결정을 내리도록 유도한다는 점이다. 한편, 온라인상에 게시되어 있는 다른 사람들의 구매후기나 의견 등이 모두 신뢰할만한 것은 아니기 때문에 합리적인 구매의사결정을 내리기 위해서는 본인만의 구매 노하우와 기준을 유지하는 것이 바람직하다.

3.7 버저닝

버저닝(Versioning)은 고객의 가치, 선호, 상황, 지불의사 등에 따라 제품의 버전(version, 유형)을 구분한 뒤에 각각의 버전을 차별화된 가격에 판매하여 수익을 높이고자 하는 마케팅 기법 혹은 전략을 의미한다. 예를 들어, 특정 소프트웨어의 기능에 제한을 두어 고성능 버전, 저성능 버전, 무료 버전 등으로 구분하고 각각의 버전에 차등적 금액을 설정하여 소비자들에게 제공하는 경우가 바로 여기에 해당한다.

버저닝은 기업의 입장에서는 하나의 제품을 중심으로 여러 개의 유사 버전 제품을 시장에 출시하는 효과를 누릴 수 있으며, 소비자의 입장에서는 자신의 여건이나 선호도에 따라 구매 선택의 폭을 넓힐 수 있다는 측면에서 장점이 존재한다. 특히, 버저닝은 디지털 제품의 개발 및 판매방식에 있어서 획기적인 성과를 기대할 수 있는데, 이는 디지털 제품의 경우 처음 개발시의 고정비용은 높으나 이후 원래 제품의 기능이나 성능을 일부 조정하거나 축소하는 등의 재생산 혹은 추가적 생산비용에 소요되는 변동비가 거의 '0'에 가깝기 때문이다. 이에 따라, 최근에는 고객들의 차별적 요구를 충족시키기 위해 매우 다양한 기준(편리성, 포괄성, 조작가능성, 속도, 처리능력, 해상도 등)의 버저닝 기법을 활용한 디지털 제품(하드웨어, 소프트웨어)이 시장에 다수 등장하고 있다.

제4절 CRM 추진전략

CRM은 단순히 특정 정보기술을 도입한다거나 마케팅 전략의 일부 변화를 시도하는 것이 아니라, 매우 다양한 유형의 정보기술과 정보, 그리고 전략과 구조 등을 조화롭게 연결함으로써 기업의 마케팅, 영업, 서비스 활동의 변화를 이루고자 하는 것이다. 이러한 관점에서 볼 때, CRM을 추진하는데 있어서 어떠한 요소들을 집중적으로 관리해야 하는가? 그리고 CRM 시스템을 어떤 방식으로 도입 혹은 개발할 것인가?를 결정하는 문제는 CRM의 성공적 추진을 위해서 매우 중요하게 검토 및 고려해야 하는 사항이다. 따라서, 본 절에서는 기업의 CRM의 추진에 있어서 중점적으로 관리해야 하는 CRM의 주요성공요인과 CRM 시스템 구축방법에 대하여 살펴보고자 한다.

그림 9-9   CRM의 주요 성공요인

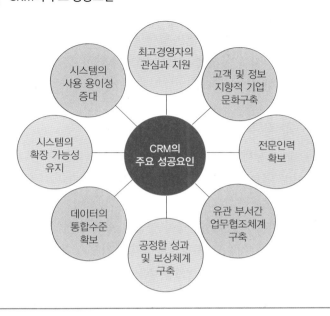

4.1 CRM의 주요 성공요인

[그림 9-9]에서 보는 바와 같이 CRM을 효과적으로 추진하기 위해서는 조직적 특성과 시스템 특성 측면의 다양한 요소들을 동시에 관리해야 한다. 이러한 CRM의 주요 성공요인에는 최고경영자의 관심과 지원, 고객 및 정보지향적 기업문화 구축, 전문인력 확보, 부서간 업무협조체계 구축, 공정한 성과 및 보상체계 구축, 데이터의 통합 수준 확보, 시스템의 확장 가능성 유지, 시스템의 사용 용이성 증대 등이 포함될 수 있다. 결과적으로, CRM은 기업의 전략, 정보기술, 업무프로세스, 관리체계 등 조직의 전반적인 부분에 걸쳐 엄청난 수준의 변화를 유발하기 때문에 조직의 구성요소 중에서 특정 영역만을 편향적으로 관리하지 말고 조직적 및 시스템 특성을 균형감 있게 종합적 관점에서 관리해야 한다.

(1) 최고경영자의 관심과 지원

많은 연구자들과 실무자들은 CRM과 같은 대규모 경영혁신의 성공적 추진과 구축을 위해서는 최고경영자의 장기적 관점에서의 폭 넓은 이해와 지원이 필수적이라는 점을 강조하고 있다. 이는 기업의 최고경영층의 지원에 따른 전사적인 수준의 공감대 형성이 있어야 CRM 추진을 위한 기업내 구성원들간의 커뮤니케이션이 효과적으로 이루어지기 때문이다. 또한, 최고경영자의 관심과 지원은 결국 CRM 추진을 위한 다양한 형태의 교육훈련과정에 조직구성원들을 적극 참여하도록 유도시키는 동시에 그들의 변화에 대한 두려움과 불안감 등을 해소시킬 수 있기 때문이다.

(2) 고객 및 정보지향적 기업문화 구축

CRM 자체가 고객과의 관계 형성을 목적으로 한다는 점에서 기업이 고객지향적이며 정보지향적인 특성을 보유할수록 CRM의 추진력은 높아지게 된다. 한편, 기업의 문화가 고객중심적인 형태로 변모하기 위해서는 기본적으로 기업의 모든 업무처리과정과 의사결정이 양질의 정보 분석에 기초해야만 한다. 이러한 맥락에서, 과거의 판매 및 시장지향적인 조직을 고객 및 정보지향적인 조직으로 바꾸기 위해서는 우선적으로 정보분석을 강조하고 유도하는 조직문화로 변화시켜야 한다.

(3) 전문인력 확보

CRM 추진에 필요한 전문인력의 확보와 관련하여, 다수의 전문가와 연구자들은 경영혁신의 수용에 영향을 미치는 조직특성 변수로서 전문인력의 보유 정도, 의사결정의 집중화, 조직의 규모, 기능적 다양성 등을 제시하고 있다. 그 중에서도 특히, CRM과 같은 전사적 수준의 경영혁신을 추진하기 위해서는 필요한 자원의 확보, 경쟁사의 혁신전략을 이해할 수 있는 능력, 기술적 환경변화를 이해할 수 있는 능력을 지닌 전문인력이 반드시 필요하다고 할 수 있다. 이러한 측면에서 볼 때, 마케팅 및 전산 부서 등 CRM 추진과 관련한 인력들의 전문성이 뛰어날수록 CRM의 추진성과는 높아지게 될 것이다.

(4) 유관 부서간 협조체계 구축

CRM 추진에 있어서 마케팅이나 전산부서 등의 관련 부서간의 긴밀하면서 유기적인 협조체계는 CRM 추진성과를 보장하는데 있어서 매우 긍정적인 영향을 미친다. 이는 CRM 자체가 시스템 계획수립부터 활용에 이르기까지 마케팅 활동, 통계적 분석기법, 정보시스템 등의 여러 영역들의 조화가 요구되기 때문에, 이들 각 영역들에 대한 정확한 이해와 함께 여러 부서간의 참여와 협조가 필수적이기 때문이다. 결과적으로, 관련 부서간의 협조가 원활할수록 CRM과 같은 전사적 경영혁신의 추진이 효과적으로 진행될 것이다.

(5) 공정한 성과 및 보상체계 구축

CRM 추진에 있어서 적절하면서도 효과적인 평가 및 보상체계를 구축하는 것는 CRM과 같은 대규모 변화노력에 있어서 매우 필수적인 요소라고 할 수 있다. 이는 CRM과 같은 전사적 수준의 경영혁신을 추진하는 과정에서 당면하게 되는 구성원들의 저항과 심리적 불안감 등을 해소하기 위해서는 기업의 구성원들이 공감하고 따를 수 있는 적절한 수준의 성과 및 보상방안이 마련되어야 하기 때문이다. 이러한 측면에서, 공정한 성과 및 보상체계구축은 CRM의 성공적 실행을 위해서 반드시 극복해야 하는 장애물임과 동시에 조직변화를 유도하는 필수적 요인으로 인식되어야 한다.

(6) 데이터의 통합 수준 확보

CRM을 효과적으로 추진하기 위해서는 고객과의 접점에 있어서 전사적 데이터 통합체계의 구축이 이루어져야 한다. 이는 기업이 포착한 고객데이터의 중요한 속성들에 대한 가공, 정제, 분석, 활용작업이 효과적으로 지원될 수 있는 통합 고객 정보시스템이 CRM에 있어서 필수적 요소로 기능하기 때문이다. 일반적으로, 기업의 데이터 통합 수준을 확보하기 위해서는 정보시스템의 유연성 확보, 깔끔하고 정확하고 적시성 있는 데이터의 확보, 고객과의 상호작용 및 대화기능 체계화, 데이터 확보 및 통합을 위한 사용자 교육, 데이터 통합을 위한 업무처리절차 표준화, 고객 데이터의 정화 시스템 구축 등이 매우 중요하다.

(7) 시스템의 확장 가능성 유지

시스템의 발전속도, 기업의 업무 확장 등 모든 부분이 빠른 속도로 변해가고 있기 때문에 현재 우리 조직에 도입 및 구축되고 있는 CRM시스템이 어느 정도의 확장성을 갖고 있는가를 중요한 의미를 지닌다. 따라서, 한번에 모든 부문을 바꾸기 어렵다면 무엇부터, 어느 정도 수준으로 그리고 어떠한 단계를 거쳐 CRM의 요소 기술들을 도입 및 개발할 것인지를 고민해야 하며, 나아가 최대한 다수의 솔루션과 기술에 대해 확장성을 유지할 수 있는 CRM 시스템을 도입 혹은 개발해야 할 것이다.

(8) 시스템의 사용 용이성 증대

CRM 시스템에 있어서 사용자의 작업능률을 향상시키기 위해서는 사용자의 눈높이에 맞는 시스템 기능의 구성 및 인터페이스의 유지 등이 매우 필요하다. 특히, 조직구성원들의 업무성과 및 기업의 성과를 획기적으로 향상시키기 위해서는 도입 및 구축되는 CRM 시스템 사용자들의 관점에서 사용 용이성이 충분히 보장되는 형태의 시스템 구축노력이 필수적으로 고려되어야 한다.

4.2 CRM 시스템 구축방법

많은 기업들이 매우 다양한 형태의 CRM 시스템을 도입하고 있다. 한편, 성공적인 형태의 CRM 도입을 이루기 위해서는 반드시 CRM 시스템을 도입하기 전에 과연 전문업체가 개발한 솔루션을 도입하는 것이 효과적인가 혹은 자체적으로 개발하는 것이 효과적인가에 대해서 신중한 검토와 고려가 필요하다. 아래에서 보는 바와 같이, CRM 구축 시 접근할 수 있는 자체 개발과 솔루션 도입 방법은 각기 장단점이 존재한다. 따라서 기업이 특정의 접근방법을 선택할 경우 부담해야 하는 사항들을 충분히 숙지한 상태에서 자사의 여건(전략적 방향, 전문인력 보유 여부, 정보시스템 계획 수립 등)을 고려한 대안을 선택하는 것이 바람직하다.

앞에서 설명한 바와 같이, CRM은 단순히 특정 정보기술을 도입한다거나 혹은 마케팅 전략의 일부를 수정하는 것을 넘어선다. 따라서 CRM 시스템 구축을 성공적으로 수행하기 위해서는 다음과 같은 사항들을 고려해야 한다. 첫째, 전문 기술 및 인력을 확보해야 한다. 기술적인 노하우뿐만 아니라 디지털경제의 도래에 따른 비즈니스 환경과 업무처리방식을 이해하고 이에 적응할 수 있는 인력과 조직을 갖추어야 한다. 둘째, 기업의 End-to-End 활동들이 연계 처리될 수 있는 체계를 구비해야 한다. 즉, 고객이 온라인 채널을 통해 제품을 주문할 경우, 주문 접수에 따른 상품의 재고 존재 여부 파악, 배송가능성 파악, 출하 가능성 파악, 상품인도 후 사후관리 및 만족도 등을 종합적으로 파악 공유함으로써 고객의 입장에서 만족스러운 업무처리가 가능하도록 지원해야 한다. 이러한 업무처리가 가능하기 위해서는 전방(Front-end)과 후방(Back-end)의 업무에 대한 통합과 연결작업이 이루어져야 한다. 셋째, 온-오프라인 채널 간 통합이 이루어져야 한다. 즉, 고객의 입장에서 온라인과 오프라인의 어떠한 채널을 이용하든 단일화된 혹은 통합된 업무처리로 고객의 가치를 최적화할 수 있는 채널관리체계가 구비되어야 한다.

01 고객관리와 고객관계관리를 비교 설명하시오. 특히 CRM에서 고객과의 관계(relationship)를 강조하는 이유에 대해서 설명하시오.

02 CRM에서 고객과의 관계를 보다 더 효율적으로 유지하려면 어떠한 방법들이 있는지 예를 들어 논하시오.

03 CRM에서 신규고객의 확보보다는 기존고객을 유지하는 것이 기업의 입장에서 보면 더 효율적이라고 하는데 그 이유에 대해서 토의하시오.

04 CRM의 주요 영역인 고객접점, 전방조직 그리고 후방조직에 대해서 설명하고 이러한 각각의 영역이 자연스럽게 통합되고 연동되어야 하는 이유에 대해서 설명하시오.

05 조직에서 CRM을 성공적으로 추진하기 위한 전략을 각 단계별로 설명하시오.

참고문헌

References

• 김재문, e-비즈니스 모델에 맞는 eCRM 구축 · 실행 가이드, 거름, 2003.

• 양승민, 기업의 CRM 활동이 브랜드 자산에 미치는 영향에 관한 연구, 성균관대학교 대학원 박사학위논문, 2010.

• 윤종수, 고창배, "CRM 성과에 영향을 미치는 요인에 관한 연구," 인터넷전자상거래연구, 제7권 제2호, 2007.

• Ali, Z., Ishaya, I., and Hassan, H., "The Critical Success Factors of e-CRM Implementation to Small and Medium Enterprises," Proceedings of International Conference on E-Commerce, 2015.

• Cooper, K. and Cooper, K. C., *The Relational Enterprise: Moving Beyond CRM to Maximize All Your Business Relationships*, American Management Association, 2002.

• Dalir, M., Zarch, M. E., Aghajanzadeh, R., and Eshghi, S., "The Role of e-CRM in the Quality of Customer-Bank Relationship," International Academic Institute for Science and Technology, Vol.4, No.2, 2017.

• Harrigan, P., and Miles, M., "From e-CRM to s-CRM. Critical factors underpinning the social CRM activities of SMEs," Small Enterprise Research, Vol.21, Iss.1, 2014.

• Knox, S., Maklan, S., Payne, A., Peppard, J., and Ryals, L., Customer Relationship Management: Perspectives from the Marketplace, Butterworth-Heinemann, 2007.

• Kumar, V., Customer Relationship Management, Wiley Online Library, 2010.

• Lewis, D. D. and Ringguette, M., "A Comparison of Two Learning Algorithms for Text

Categorization," Proceeding of the 3rd Annual Symposium on Document Analysis and Information Retrieval, 1994, pp.81-93.

- Linoff, G. S., and Berry, M. J. A., Data Mining Techniques(3rd Ed.), Wiley, 2011.
- Meta Group, "The Customer Relationship Management Ecosystem," *e-CRM Analysis Report*, 2000.
- Pan, S. L. and Lee, J., "Using e-CRM for a Unified View of the Customer," *Communication of the ACM*, Vol.46, No.4, 2003, pp.60-71.
- Peppers, D. and Rogers, M., Managing Customer Relationship: A Strategic Framework, John Wiley & Sons, 2004.
- Zikmund, W. G., McLeod, R., and Gilbert, F. W., *Customer Relationship Management: Integrating Marketing Strategy and Information Technology*, Wiley, 2002.

AI 학습시키고 식품명인 발굴 … 백화점 신사업팀의 '유통혁신 작전'

유통업은 하루가 다르게 바뀐다. 한발 앞서 생각하지 않으면 변화의 속도를 따라가지 못해 도태되기 쉽다. 오프라인 매장의 주도권은 빠르게 온라인으로 넘어가고 있다. 이제, 고객들은 온라인에서 가격 뿐만 아니라 가성비(가격 대비 성능)까지도 비교할 수 있으며, 나아가 더욱 편하고 즐거운 쇼핑경험까지도 원한다. 업체들은 이처럼 까다로워지는 고객을 잡기 위해 끊임없이 경쟁한다. 기업들간의 경쟁에서 변화를 주도해 나가고 어려움을 헤쳐 나가기 위한 유통업체들의 노력은 새해에도 치열하다. 그리고 그 방향은 각 업체들의 신사업팀에서 엿볼 수 있다. 국내의 백화점과 대형마트, 홈쇼핑 업체 등의 신사업팀이 어떠한 노력을 기울이고 있는지를 살펴본다.

▶ 롯데백화점 AI팀: '엘롯데 쇼핑봇'이 우리의 첫 작품

작년 1월 롯데백화점은 인공지능(AI)팀에서 일할 사람을 사내 공모했다. AI팀은 IBM의 클라우드 인지 컴퓨팅 기술인 '왓슨' 솔루션을 활용해 새로운 서비스를 개발하는 팀이다. 나이와 경력 상관없이 지원받았다. 정보기술(IT) 경력자, 고객관계관리분석(CRM), 마케팅 기획 분야 8명으로 AI팀이 꾸려졌다. 이들이 처음 선보인 AI가 롯데백화점이 지난달 온라인몰 '엘롯데'에서 공개한 쇼핑가이드 로봇 '로사'다.

AI팀이 하는 일은 주로 빅데이터를 취합해 AI를 훈련하는 작업이다. 이들은 소비자서비스센터에서 소비자들과 나눈 대화를 바탕으로 대화 유형을 분류한 뒤 AI를 훈련했다. 사람 말을 알아듣는 확률인 'AI 인식률'을 높이기 위해 임직원 3000여 명에게 수시로 테스트했다. 86%였던 인식률은 91%까지 높아졌다.

롯데백화점은 엘롯데에서의 소비자 반응을 반영해 로사를 개선한 뒤 이달에 백화점 오프라인 매장에서도 로사를 운영할 계획이다. 스마트폰 엘롯데 앱을 설치하면 로사를 활용해 오프라인 매장에서 쇼핑 안내를 받을 수 있다. 온·오프라인 채널을 통합해 AI를 활용한 유통 서비스를 상용화하는 것은 롯데백화점이 처음이다. 김명구 롯데백화점 옴니채널담당 상무는 "장기적으로는 애플의 '시리'처럼 생활 전반에 걸쳐 도움을 받을 수 있는 AI 비서로 로사를 업데이트해나갈 계획"이라고 말했다.

▶ 현대백화점 원테이블팀: HMR 개발 위해 전국의 명인들을 찾아

현대백화점 원테이블팀의 한 바이어는 작년 3월 경북 울릉도로 향했다. 울릉도 자생식물인 '부지깽이나물'을 구하기 위해서였다. 이 바이어는 "부지깽이나물이 다이어트에 도움을 준다는 한국식품연구원 연구결과를 본 뒤 가정간편식(HMR)으로 개발하게 됐다"고 설명했다. 울릉도 현지 식당조리법대로 가마솥에 다시마 우린 물을 써서 지은 부지깽이 나물밥을 작년 11월 출시했다. 이와 함께 탕 볶음밥 등 총 25종의 HMR 제품을 내놨다.

현대백화점은 프리미엄 HMR 브랜드인 원테이블을 출시하기 위해 작년 초 전담팀을 출범시켰다. 팀원 10명은 맛도 건강에도 좋은 HMR을 개발하라는 '특명'을 받았다. 1주일에 3~4일은 특산물을 찾아 전국 방방곡곡을 돌아다녔다. 각 지역 식품 명인을 발굴하는 것도 이들의 임무였다.

원테이블팀이 개발한 제품들은 주 타깃층인 30~40대 주부와 유명 한식당 봉우리의 장경훈 대표, 미쉐린 1스타 레스토랑 이십사절기의 고세욱 대표 등으로 구성된 맛 평가단 테스트를 거쳤다. 이들 제품은 출시 두 달 만에 현대백화점에서 5만9000세트가량 팔렸다. 원테이블팀은 올해 죽순밥, 벌교 꼬막밥 등 신제품 50여 개를 추가로 선보일 계획이다. 이들 제품은 원래 하반기에 낼 계획이었지만 출시 시기를 상반기로 앞당겼다. 판매처도 현대백화점 뿐만 아니라 아울렛 점포와 온라인몰·홈쇼핑 등으로 넓힌다는 방침이다.

▶ 신세계백화점 시코르팀: 화장품 마니아 18명이 뭉쳤어요

신세계백화점 시코르팀 직원 18명은 모두 화장품에 빠져 있는 '코덕(코스메틱 덕후)'이다. 팀원 중 남자직원 2명도 매일 색조화장을 한다. 시코르팀은 신세계백화점이 화장품 편집숍 시코르를 내기 위해 2013년에 평균연령 32세의 인원들을 중심으로 새롭게 꾸린 팀이다. 작년에 새로 문을 연 시코르 매장 5곳이 이들의 의견을 바탕으로 꾸며졌다. 시코르팀의 한 바이어는 "평소 화장품을 쇼핑할 때 불만족스러웠던 점들을 얘기하면서 자연스럽게 매장 콘셉트가 세워졌다"고 말했다. 눈치 보지 않고 화장품을 마음껏 테스트해볼 수 있는 매장. 민낯으로 들어와서 화장품을 발라보며 놀 수 있는 코덕들의 놀이터. 시코르는 그렇게 탄생했다.

좋은 브랜드를 발굴하는 것도 시코르팀의 몫이다. 이들은 온라인 커뮤니티와 인스타그램 등 소셜네트워크서비스(SNS) 채널을 수시로 둘러본다. 숨어있는 소비자 수요를 파악해 새로운 '스타 브랜드'를 키워내기 위해서다. 매일 쏟아지는 신제품을 직접 발라보고 업체도 탐방한다. 이렇게 발굴한 단독브랜드는 바이테리, 그로운 알케미스트 등 20개가 넘는다. 온라인에서만 판매하던 중소기업 브랜드인 '헉슬리'는 시코르에 입점한 뒤 매출이 5배 뛰었다. 시코르팀은 이달 말 서울 삼성동 코엑스에 새로운 시코르 매장을 연다. 직장인이 많은 상권 특성에 맞춰 새로운 체험 서비스를 선보일 예정이다(한국경제, 2018년 1월 1일).

사례연구 토의

1. 다른 업종에 비해 상대적으로 유통업에 속하는 백화점이나 대형마트, 홈쇼핑 업체 등에서 CRM이 활성화되는 이유에 대해 토의하시오.

2. 위에서 제시된 백화점 신사업팀의 노력은 CRM의 목표(고객확보, 고객강화, 고객유지) 중에서 어디에 초점을 두고 있는가를 토의하시오.

3. 백화점 쇼핑 가이드 '로샤'의 활용에 따라 나타날 수 있는 장점과 단점을 백화점과 고객의 입장에서 토의하시오.

디지털과 CRM으로 관람객 기대에 부응: 호주 시드니 주립박물관

오래된 갤러리들은 그 어느 때보다도 관람객과 이해당사자들의 새로운 기대치를 충족해야 할 압박을 받고 있다. 심지어 호주의 시드니 주립미술관인 AGNSW(Art Gallery of NSW) 같은 곳도 세계 20대 미술관 목록에서 빠져 있다. 디지털 변화를 도입하는 것이 어려울 수 있지만 AGNSW의 공공 참여 책임자 잭키 리델은 적절한 기술 스펙에 대한 투자 결정으로 이해당사자의 긍정적인 결과를 얻고 참여를 높이며 내부 효율성이 높아지고 있다고 말했다. 리델은 "우리처럼 역사가 오래된 예술 박물관은 일반적으로 기업처럼 이윤을 추구하지 않고 빠르게 움직이지도 않는다. 하지만 아무리 과거에 집중하는 산업이라 하더라도 변화가 필요하다. 우리는 관람객의 새로운 기대치에 부응해야 한다"고 강조했다.

▶ 구식의 분열된 구조

AGNSW는 30년 동안 예술과 사람들에 집중했다. 하지만, 2013년 새로운 경영진이 취임하면서 물리적인 규모를 두 배로 키우고 기술을 이용해 전 세계 관람객들을 유도하며 연간 방문객을 130만 명에서 200만 명으로 늘리기 위한 전략적인 비전을 발표했다. 이에 따라, AGNSW는 1,000명 이상의 고위 이해당사자들, 방문하고 기부하는 3만 명의 회원, 매년 1,000회의 이벤트, 35만 개의 이질적인 기록 등을 처리하기 위해 어떠한 형태의 시스템이든지간에 관련 정보를 통합된 방식으로 파악하여 관리할 필요성이 있었다.

AGNSW의 새로운 전략적 비전은 효과적으로 소통하는 관람객과 이해당사자에 좌우되었지만 공식적인 CRM은 존재하지 않았다. CRM을 도입하기 이전에는 갤러리의 이해당사자들에 대한 모든 정보를 다양한 물리적인 형식과 전자 형식으로 단순 보존하는 형태이었기 때문에 정보관리에 있어서 상당한 위험이 따르며 정보분석에 따른 새로운 기회 역시 파악하지 못하는 수준이었다. 데이터나 정보 문제 이외에도 갤러리의 직원들은 CRM에 대한 이해도가 매우 낮은 수준이었다.

여러 모로, AGNSW는 복잡한 통합 요건을 갖고 있었다. 따라서, 마케팅 애플리케이션, 재무 시스템, 티켓 판매 및 장소 예약 시스템 등을 모두 CRM에 접목해야 했다. 즉, 갤러리 전체의 역할과 업무 과정이 수십 년 동안 독립적으로 발달해 왔기 때문에 프로세스의 고립, 시스템간 연결 및 공유 미흡, 극단적인 사일로(Silo) 현상 등이 존재하고 있었다. 이에 따라, 새로운 임원진은 조직의 모든 영역에 걸쳐 협업과 효율성을 높이는 통합된 중앙 관리 프로세스가 필요하다고 판단하였으며, 이러한 문제를 해결할 수 있는 솔루션으로서 CRM을 도입하였다.

▶ 디지털 전략과의 싸름

AGNSW는 데이터의 무결성 확보 및 고객접점 채널의 통합 등에 목표를 두고 CRM 전략을 수립하였으며, 로디드 테크놀로지스(Loaded Technologies)와 협력하여 슈가CRM(SugarCRM)을 도입했다. AGNSW에서는 개방성과 손쉬운 통합 기능을 보유한 솔루션을 채택하고자 계획하고 있었는데, 당시 슈가CRM은 사용자 친화적인 기능을 보유하고 있었으며 구성원들이 해당 시스템을 이용하기 위해 그리 많은 교육이 필요하지 않았었다. 결국, AGNSW는 CRM 도입을 통해 사내 구성원들간의 적절한 정보 공유 뿐만 아니라 외부의 고객들과도 적극적으로 소통할 수 있었다. 또한, CRM 전략을 포함하여 조직구조, 업무프로세스, 기법과 기술, 조직문화 등 조직의 전반적인 상황에 있어서도 디지털 비즈니스 환경에 부합하는 형태로 변화를 시도할 수 있었다.

▶ 역량 증진과 미래의 비전

슈가CRM 도입 이후로 AGNSW는 갤러리 데이터 중 95%를 체계적으로 관리할 수 있게 되었으며, 이해당사자들과의 관계를 관리하고 강화할 수 있게 되었다. 또한, AGNSW의 기부, 후원, 방문자 목록, 이벤트관리 등의 다양한 업무들을 효과적으로 지원할 수 있게 되었다.

CRM 도입은 AGNSW의 협업구조에도 많은 도움을 주었다. 즉, 부서들 사이의 업무처리과정이 유기적으로 연결 처리되고 적절한 정보공유가 이루어졌으며, 나아가 대형 이벤트 등의 과업을 효과적으로 관리할 수 있게 되었다. 또한, 갤러리 이해당사자들과 여러 각도에서 소통할 수 있게 되었으며, 이들의 참여도를 파악하고 그에 따른 관계 개발을 선제적으로 관리할 수 있게 되었다.

새로운 경영진, 파트너 협력과 함께 CRM 도입을 통해 AGNSW의 마케팅 활동은 엄청난 수준에서 개선되었다. 즉, CRM 시스템의 복잡한 옵트인(Opt-in)/옵트아웃(Opt-out) 기능을 통해 정교한 캠페인 진행이 가능해졌으며, 갤러리에서 추진하는 모든 캠페인들의 효과성을 모니터링하여 관리할 수 있게 되었다.

AGNSW는 이해관계자들과의 소통을 향상시켜 갤러리의 비전과 목표를 달성하고, 나아가 갤러리의 재정적 이익과 관람객 방문율 등을 높이고자 계획하고 있다. 또한, 갤러리의 명성을 높여 다시금 상위 20대 갤러리에 진입하겠다는 목표를 설정하고 앞으로도 더욱 많은 고객관계관리 기능의 도입과 통합을 추진할 계획이다(CIO, 2017년 7월 4일).

사례연구 토의

1. 시드니 주립미술관(AGNSW)이 CRM을 도입한 배경에 대해 토의하시오.
2. 시드니 주립박물관의 사례를 참조하여 CRM을 도입하는 과정에서 나타날 수 있는 대표적 문제점들에 대해 토의하시오.
3. 시드니 주립미술관의 비전 달성과 성장 가능성을 제고하기 위해서 향후 도입 필요성이 높은 CRM의 하위 정보기술에는 어떤 것들이 있는지 토의하시오.

C·H·A·P·T·E·R **10**

지식경영과 지식관리

오늘날의 사회는 일련의 지식창출 및 순환과정의 열매라 할 수 있는 지식경제 (Knowledge Economy)라고 말한다. 이러한 지식경제는 지식사회, 즉 DIK(Data-Information-Knowledge)을 배경으로 하고 있다. 특히 e-비즈니스 기업의 중요한 특성은 지식기반 구조이며 이는 인터넷과 인트라넷 등의 정보기술을 이용하여 지식을 획득하고, 향상시키며, 잘 정리하고, 저장하며, 기업 내에서 지식을 필요로 하는 모든 사람들이 접근이 용이하도록 지원한다. 특히 기업 활동의 목표가 가치창조(Value Creation)라고 한다면, 기업은 더 이상 노동과 자본이라는 전통적 의미의 생산요소에 전적으로 의존할 수 없다.

지식경영은 조직의 성과향상 및 가치창조를 위해 새로운 지식을 창조하고 이를 조직 구성원들이 서로 공유하고 활용함으로써 조직의 성과를 생성해내는 과정으로 오늘날 기업의 생존을 좌우하는 전략으로 등장하였다. 즉, 지식사회를 향한 지식정보화가 모든 조직에 있어 필수적인 요소로 부각되고 있는 것이다.

이러한 배경하에 본 장에서는 e-비즈니스와 지식경제에 대해 서두 부분에서 제시하며, 지식의 기본적 개념과 e-비즈니스를 위한 지식경영에 필요한 기본적인 시스템 및 기술 등을 소개한다.

　　전통적인 산업사회에서 기업은 주로 기술혁신이나 비용절감 등을 통해 경쟁우위를 획득하려고 노력해왔다. 그러나 기술혁신에 의한 차별화전략은 기술의 범용화, 기업 간 기술격차의 축소 등으로 인해 시장 내 후발주자들에 의해 더 쉽게 대체와 복제 및 모방되면서 한계에 직면하고 있다. 그리고 신흥국가들이 저원가 전략에 따른 인건비를 기반으로 R&D나 생산에서 차별화를 내세우고 있기 때문에 비용절감을 통한 고객가치를 제고한다는 것은 더욱 어려워지고 있다. 그렇다면 자사만의 차별적인 가치를 유지하고 발전시키는 전략은 없는 것인가? 21세기는 모든 것이 네트워크로 연결되는 세계, 즉 많은 정보와 지식이 이를 통해 공유되는 이른바 네트워크사회이다. 이러한 사회는 독특한 아이디어와 창의력에 기반한 창조적인 지식이 힘이 되고 경쟁력이 된다. 따라서 혁신적인 사업아이디어를 창출하는 조직구성원의 지식을 수렴하고 이것이 조직지식으로 축적될 수 있는 문화가 형성되어야 한다.

　　특히 오늘날은 Wikinomics(위키경제학), 웹2.0 시대로 불릴 만큼 오픈 네트워크를 통해 쌍방향 커뮤니케이션이 활발하게 전개되는 시대로 창의적인 아이디어와 지식의 가치는 엄청나다. Wikinomics는 Wiki(협업)와 Economics가 합쳐서 생긴 신조어로 대규모 군중들의 참여로 인한 협업이 조직의 가치창조와 같은 경제적인 부분에 영향을 미친다는 말이다. 그리고 웹2.0은 이용자가 적극적으로 참여하여 정보와 지식을 생산 · 공유 · 소비하는 열린 인터넷 환경을 의미한다. 웹2.0은 특히 개인의 창의적인 지식과 아이디어에 의한 인터넷 기반의 생활방식을 강화할 것이며 비즈니스 측면에서는 온 · 오프라인의 경계를 더욱 악화시켜 새로운 형태의 제품 및 서비스의 출현을 가능하게 할 것이다.

　　어떠한 조직이라도 높은 기업성과를 달성하기 위해서는 극적인 변화가 필요한데 이러한 시점을 전략적 변곡점(Strategic Inflection Points)이라 한다. 변곡점은 새로운 경쟁자, 기술 등의 등장으로 인해 산업 환경이 근본적으로 변화하는 시기에 주로 발생한다. 이를 가속화한 것이 인터넷의 등장이며, 세계경제는 글로벌 경쟁의 심화, 조직형태의 변화, 가상기업의 생성, 산업전반의 가치사슬해체, 기업 간 기술격차 감소, 제품 수명주기의 단축, 고객 중심의 산업과 시장출현, 지식근로자의 탄생 등 엄청난 변화를 겪고 있다. 또한 제품과 서비스, 생산자와 소비자, 고용주와 종업원, 자본과 인력, 현실세계와 가상세계, 기업과 기업 등 양자 간에 존재했던 경계가 모호해지는 불투명 경제가 나타나고 있는데 이는 속도(Speed), 상호연결(Connectivity), 무형자산(Intangibles)의 중요성에 기인한 것이다.

- **속도**: 정보기술의 발달로 정보의 신속한 전달과 공유가 가능해지면서 경영 정보의 발생-전달-의사결정이 시차 없이 동시에 이루어지는 실시간(Real time) 경영과 시간 중심의 경쟁이 불가피해지고 있다.
- **상호연결**: 인터넷의 등장으로 소비자와 생산자, 제품과 소비자, 소비자와 정보 등 경제시스템을 구성하는 모든 요소들이 네트워크를 매개로 연결되고 있다.
- **무형자산의 중요성**: 서비스, 정보, 제품에 부가되는 서비스, 이미지(브랜드 충성도, 기업 이미지, 고객과의 관계 등) 등의 중요성이 증가하고 있다.

21세기의 경제는 한 마디로 창조적인 지식이 기업의 핵심역량이 되는 '지식기반경제'(Knowledge-Based Economy) 또는 '지식경제'(Knowledge Economy)라고 할 수 있다. [그림 10-1]에서처럼 '지식경제'는 정보통신 혁명 이외에 다양한 기술과 지식을 포괄하는 의미를 나타낸다.

일례로 독일의 실리콘 제조업체 바커(Wacker)는 반도체용 칩 재료인 초순도 실리콘웨이퍼를 비롯해 부가가치가 높은 액상실리콘, 에멀전, 수지, 실리콘 고무 등을 주력품으로 다루는 회사이다. 이 회사가 세계적인 기업이 될 수 있었던 것은 내부정보 분석뿐 아니라 소비자를 비롯한 외부요구를 적극적으로 반영할 수 있는 시스템을 구축하였으며, 신제품 개발을 위해 주 고객인 거래기업과의 밀접한 협의에서 나온 아이디어를 지식제품으로 전환한 데 있다. 이렇듯 지식경제는 대량생산 경제와는 완전하게 다르며 수확체증의 법칙을 통한 지식의 상품화가 이루어지는 무형자산의 가치가 매우 높은 사회이다.

그림 10-1 지식경제의 개념

1.1 사회 · 경제 패러다임의 변화

급변하는 환경과 치열한 경쟁 속에서 기업경쟁력을 좌우하는 요인은 지식이다. 지식은 제품이나 기술보다 경쟁기업이 쉽게 복제하거나 모방할 수 없기 때문에 Nonaka Ikujiro는 지식을 제5의 자원이라고 하였다. 현 세계의 패러다임은 농업사회에서 산업사회를 거쳐 지식사회에 머무르고 있다. 지식사회로의 이행을 가속화시킨 원동력은 정보기술의 발전과 무관하지 않은데 [그림 10-2]는 시대 구분에 따른 사회 · 경제 패러다임의 변화를 나타낸 것이다.

언제나 그렇듯이 새로운 정보기술의 등장과 발전은 놀라운 속도로 세상을 변화시키며 생존을 위한 기업 간 경쟁을 심화시킨다. 지식경영은 어느 날 갑자기 등장한 새로운 경영혁신이 아니다. 이는 인간의 질적인 삶이 가능해진 농업사회에서부터 지속적으로 이어져 온 산물이다. 그런 의미에서 농업사회에서의 지식경영은 보다 많은 농산물을 얻기 위한 농경기술의 개발이며 이때의 지식은 수많은 시행착오에 따른 경험이라고 볼 수 있다. 반면에 공업사회에서의 지식경영은 양질의 값싼 제품을 대량생산할 수 있는 기업능력을 확립하는 것으로 기계적인 생산방식을 통한 프로세스 혁신이 주된 지식이었다.

하지만 오늘날 지식사회는 산업혁명과 정보혁명이 몇 백 년에 걸쳐 바꿔놓은 세상을 불과 수십 년 만에 새로운 모습으로 변화시켰다. 이러한 사회는 지식을 매개로한 제품과 서비스를 산출하게 하기 때문에 지식을 조직생산력의 극대화 및 고부가가치 창출의 원천으로 부각시키고 있다. 예를 들어 세계적인 인터넷 정보검색 엔진을 보유한 야후(Yahoo)의 높은 주식가격은 이러한 사실을 대변하는 좋은 예라 할 수 있는데 그것은 보이지 않는 무형자산의 가치가 이 회사에 내재되어 있기 때문이다. 또한 세계최대의 기업인 General Motors보다 Microsoft의 시장가치(주

그림 10-2 사회·경제 패러다임의 변화

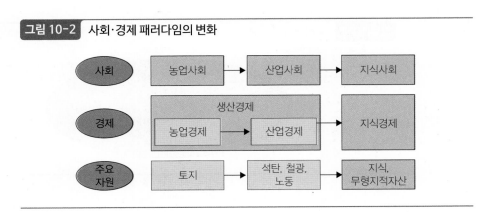

가총액)가 더 높은 이유도 바로 지식의 가치 때문이다. Peter Drucker는 과거 노동과 자원이 없는 나라가 발전하지 못했듯이 앞으로는 지식이 없는 국가와 사회는 망할 것이라고 단언하였다. 즉 현재의 최첨단 기술 혁명이 과거의 산업혁명을 능가할 것이며 경제의 중심이 지식을 생산·분배하는 지식관련 산업으로 변화한다는 것이다. 이와 같은 관점에서 지식사회가 갖는 특징을 간단하게 살펴보면 다음과 같다.

① 경계가 사라지고 경쟁이 치열하다

오늘날 환경변화의 속도는 과거에 비해 6~7배 이상으로 빨라졌다. 또한 정보기술의 발달로 지식과 정보는 그 어느 것보다도 이동이 쉬워졌으며 인터넷이나 e-mail 등을 통해 개인, 기업, 지역, 국경을 넘어 전 세계로 확산된다. 예를 들어 고객은 각 기업별 제품품질과 가격을 실시간 비교해 볼 수 있으며 책, 꽃, CD, 심지어 자장면 배달까지도 인터넷을 통해 거래가 이루어지고 있다.

② 사회적 신분과 부(富)는 지식을 따라 이동한다

지식은 상속할 수 없으며 지식사회에서는 누구나 쉽게 교육을 받을 수 있기 때문에 개인이 가지고 있는 독특한 지식과 능력에 따라 개인의 가치가 달라진다. 그로 인해 신분제사회나 산업사회보다 훨씬 신분의 수직 이동이 쉬워졌다.

③ 지식근로자의 출현이다

지식사회는 전문적인 능력을 가진 직업이 요구되며 각 개인에게 있어서는 무한 경쟁사회가 되었다. 협의의 지식근로자는 특정 분야에 대한 심도 있는 전문지식을 가지고 있는 사람이며 광의의 지식근로자는 쓸모 있는 지식 혹은 행동하는 지식을 보유한 사람으로 대체 불가능한 사람이다. 지식근로자는 일반근로자보다 범조직인(cosmopolitan)의 성향이 높기 때문에 조직은 이들에 대한 체계적인 관리와 육성이 필요하다. 범조직인은 조직 내부에서의 승진보다는 자신의 전문분야에서 성공하는 것을 더 중시 여기는 사람이다.

1.2 지식사회의 경쟁과 시장 패러다임

경쟁이 비교적 치열하지 않았던 1990년대 이전에는 제품개선과 규모의 경제를 통한 시장점유율을 확보하는 것이 기업의 수익성과 직결되었다. 그러나 지식사회는 고객중심의 경영이 기업수익성과 직결된다. 즉 고객을 기업경영의 중심에 두고 고객의 속성을 재정의하여 새로운 사업을 끊임없이 발굴해 가는 것이 수익영역

(Profit Zone)이 된다. 1990년대 경영위기에 처해 있던 IBM은 각 제품 사업부를 분리 매각하는 대신 통합 제품과 솔루션을 제공함으로써 재기할 수 있었다. IBM이 위기에 처하게 된 가장 큰 배경은 제조와 판매 중심의 기업문화 때문인데, IBM은 연구개발을 통해 컴퓨터에 대한 지식은 풍부했지만 고객이 진정으로 원하는 것이 무엇인지는 간과하고 있었다. IBM의 고객은 하드웨어만 요구하는 것이 아니라 하드웨어와 소프트웨어를 결합한 솔루션을 원했던 것이다. 이렇듯 과거 전통적인 기업들은 철저하게 제품 및 서비스의 개발 및 생산을 담당한 반면 고객은 기업이 제공하는 제품 및 서비스를 구매하는 것에 주안점을 두었다. 하지만 최근 들어 고객은 구매만을 전담하던 역할에서 벗어나 기업 비즈니스 과정의 전반적인 활동에 참여하여 가치를 창출하는 파트너 역할을 하고 있다.

Alvin Toffler는『제3의 물결』의 저서를 통해 이러한 고객을 '프로슈머'(Prosumer: 생산소비자)라고 하였다. 이는 고객 자신이 기업의 생산과정에 직접 참여하는 것으로 생산자(Producer)와 소비자(Consumer)를 합성한 말이다. 즉 제품 및 서비스도 이제는 소비자가 원하는 방향으로 만들어져야 경쟁력이 된다는 것을 말해주고 있다. [그림 10-3]은 지식사회에서 경쟁 및 시장변화와 고객과의 새로운 관계를 나타낸 것이다.

지식사회는 생산과 소비의 재융합이 이루어지고 라이프사이클과 시간에 대한 가치의 관계가 변화하며 고객과의 지식공유로 인해 기업과 고객과의 새로운 관계가 형성된다. 생산과 소비의 관계변화는 결국 라이프사이클에 대한 재고(再考)로 연계되는데 프로슈머가 제안된 이후 파생용어들이 다양하게 언급되는 것은 그 만큼 고객에 대한 중요성이 크기 때문이다. 그 예로 LG경제연구원이 2007년 New

그림 10-3 경쟁 및 시장변화와 고객과의 관계

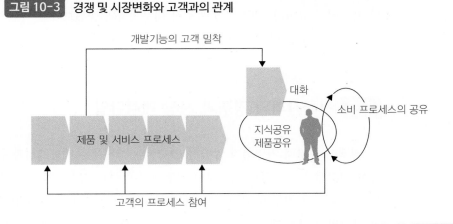

소비코드 5를 통해 '크리슈머(Cresumer: 창조적 소비자)'를 언급하였는데 이는 Creative와 Consumer의 합성어로써 크리슈머의 경영참여는 소비자와 기업과의 직접적인 커뮤니케이션을 통해 기업이 경영에 필요한 지식과 아이디어를 소비자로부터 직접 얻는 추세가 늘고 있음을 시사한다.

특히 인터넷의 발달에 힘입어 소비자들이 더욱 똑똑해지고 있는 가운데 스마트(Smart) 소비가 보편화되고 있다. 소비자들은 기업의 일방적인 커뮤니케이션에 순응하지 않고 직접 제품정보를 수집하여 품질을 확인하고자 하며, 가격비교사이트에서 철저하게 가격을 비교하고 구전효과가 있는 리뷰를 통해 보다 신중한 구매 의사결정을 내리려 한다. 이러한 행위는 소비자들로 하여금 주체적이고 능동적인 소비를 지향하게 하고 나아가 기업에 적극적으로 제안하고 참여하는 수준을 높이기도 한다.

제 2 절　e-비즈니스와 지식

지식사회에서 지식은 조직의 가장 중요한 자산이자 지속가능한 경쟁우위를 위한 핵심이다. 즉 지식은 조직으로 하여금 효과적인 활동을 가능하게 하여 최상의 성과를 발생시키며 이러한 성과는 다시 경쟁우위를 위해 조직을 지원한다. 그러나 지식은 하나의 획일적인 개념이 아니기 때문에 다양한 유형의 지식은 상이한 관점과 행동을 유발시키고 개별적인 활동, 성과, 경쟁우위에 영향을 미친다. 특히 최근 몇 년 동안 지식경영에 대한 관심이 증가하면서 경영, 전략, 조직이론, MIS 등에서 지식이라는 용어가 어떤 정확한 정의 없이 모호하게 사용되어 왔는데, 그 이유는 지식이 매우 다층적이고 다의적이기 때문에 기억하고 싶은 정보뿐 아니라 개념, 법칙, 이론, 가치관, 세계관에 이르기까지 추상성과 포괄성을 함께 지니기 때문이다.

더구나 지식경영과 함께 핵심역량, 조직능력, 노하우 등과 같은 개념들이 빈번하게 언급되는 가운데 이들 모두가 지식경영에서 중요한 역할을 하기 때문에 지식경영을 소개하기에 앞서 본질적으로 다양한 유래와 배경하에 사용되어온 지식의 개념을 간단하게 논의하고자 한다. 이러한 과정은 차별적인 지식의 정의들이 문헌에서 존재하는 상이한 관점을 이해하게 하고 지식경영에 대한 접근방식을 설명 가능하게 한다.

2.1 지식의 정의

옥스퍼드 사전은 지식을 '사건, 사물, 상황, 경험에 의해 알게 된 사실 혹은 연구에 의해 얻은 정보'라고 나타내고 있는데 비해 Michael Polanyi는 '우리는 말하는 것 이상으로 더 많은 것을 알 수 있다.'고 언급하면서 지식은 주체와 대상을 분리하여 주체가 대상을 외재적으로 분석함으로써 생기는 것이 아니라 개인이 현실과 서로 결합하는 자기 투입, 즉 참여에 의해 생긴다고 주장하였다. 이는 지식이 암묵지와 형식지의 상호 전이를 통해 이루어지며 인간은 직관(종합)과 이성(분석)의 상호작용을 통해 창조됨을 의미한다(예: 스케이트를 타는 방법, 자전거를 타는 방법). 지식에 대한 개념을 보다 쉽게 이해하기 위해 예를 들면 '80'이라는 숫자를 생각하면 '80' 자체로는 아무런 의미가 없다. 그러나 '비 올 확률 80%'라는 문맥에서 '80'을 보면, 숫자로만 존재할 때와는 전혀 다른 상당한 의미와 함께 우리가 처해 있는 상황에 따라 행동에 영향을 미칠 수 있다.

지식사회의 기업경쟁력은 공장이나 자본과 같은 유형 자산뿐 아니라 조직구성원의 지식과 아이디어, 우수한 프로세스, 차별화된 고객만족과 같은 무형자산에도 존재한다. John Dewey는 '지식은 우리가 살고 있는 세상을 재배열, 재구성하는 행위로 연결되지 않는 한 의미가 없다'고 하였다. 따라서 지식은 제품과 서비스 그리고 업무 프로세스를 개선하거나 지식을 새롭게 창조, 혁신하는데 연결되지 않는 한 의미가 없다. 예를 들어 자동차에 장착된 컴퓨터는 인공위성의 데이터를 바탕으로 많은 정보를 제공하는데 가장 가까운 주유소와 호텔, 은행 등을 알려 준다. 또한 컴퓨터 칩의 역할은 미끄럼방지브레이크시스템(ABS), 서스펜션 시스템, 점화 시스템, 연료 효율 시스템 등에도 사용된다. 제품의 본질을 들여다보면 그것은 다름 아닌 지식 그 자체라는 것을 쉽게 알 수 있다. 이렇듯 제품개발로 연결되어 하나의 가치를 지닐 때 이를 제품에 체화된 지식이라 할 수 있다.

그러나 지식사회에서 지식의 어떤 가치를 어떻게 효율적으로 끄집어내어 활용할 것인가 하는 것은 매우 중요한 과제이다. 특히 기술집약적인 산업, 전략적 기술제휴, 기술에 바탕을 둔 M&A, 기술 라이센스 등의 기술분야, 정보 서비스업, 변호사, 회계사, 컨설팅업 등과 같은 전문분야에서 오락산업, 패션산업 등에 이르기까지 지식의 중요성이 부각되고 있는 이유도 여기에 있다.

2.2 지식 계층

지식을 이해하는 과정에서 정보와 지식은 혼동하기 쉬운 개념 중의 하나로 사실, 자료, 정보, 지식, 지혜에 이르기까지 개념적인 차이를 살펴볼 필요가 있다. [그림 10-4]에서처럼 사실은 객관적으로 실제 존재하거나 일어난 일을 말하며, 이를 기호 또는 수치화한 것이 자료이다. 자료는 사건이나 사태를 단순히 기술적으로만 표현한 것으로 그것을 활용하려는 사람에게 포착되기 전까지는 아무런 의미와 가치가 없다. 자료를 특정 목적과 문제해결에 도움이 되도록 가공하여 부가적 의미를 창출해낸 것이 정보인데 인지심리학에서는 이를 '지(知)'의 흐름으로 파악하고 있다. 정보는 지식창조의 매개체이며 이를 활용하는 사람의 목적과 의도에 따라 체계적으로 수집·분류·가공된다.

예컨대 신문의 기사는 자료에 불과하며 신문을 보는 사람의 관심에 따라 의도적으로 선택된 기사가 정보이다. 따라서 정보는 수동적이며 반영구적이고 정태적인 특징을 지니는데 기본적으로 정보를 이해하지 않고는 지식경영을 제대로 이해하기 어렵다. 정보의 가치는 지식으로 전환될 수 있는 잠재성에 있다. 물론 정보는 물리적 매체를 이용하여 저장되기도 하지만 정보 그 자체는 웃음소리와 같은 추상성도 함께 지닌다. Peter Drucker는 관련성과 목적을 갖춘 자료가 정보이며 Davenport와 Prusak은 자료에 의미가 더해질 때 정보라고 하였다. 예를 들어 신문

그림 10-4　**지식계층**

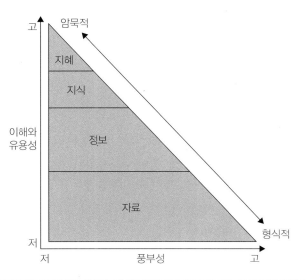

그림 10-5　정보와 지식과의 관계

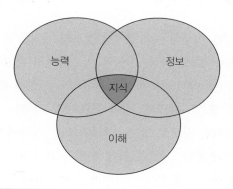

에서 증권 시세표를 보았을 때 여러 회사에 대한 정보를 얻게 되는데 증권시세표의 숫자들이 무엇을 의미하며, 증시가 어떻게 운영되는지에 대한 사전지식으로 가능한 것이다. 즉 자신이 관심 있는 것에 더 깊은 호기심을 가지는 것은 이미 그것에 대한 지식이 어느 정도 확립되어 있기 때문에 가능한 것이다.

인지심리학에서 지식은 지(知)의 축적된 형태로 파악하고 있다. 다시 말해 [그림 10-5]에서처럼 피상적인 사실을 이해하는 수준을 넘어 특정 현상이나 사건이 발생한 원인이 무엇인지를 분석하고, 이를 토대로 주어진 현상의 이면을 이해하는 행위 또는 그 행위의 결과로 보고 있다. 그래서 자신의 관심사항이나 기대를 충족시키기 위해 획득한 정보를 문제해결 과정에 활용하거나 특정한 가치를 발생시키기 위한 활동에 적용한다.

Peter Drucker는 정보를 통해 사회·경제적으로 부가가치를 이끌어 내는 것이 지식이라고 하였다. 아무리 많은 정보가 주변에 산재해 있다고 할지라도 그것을 활용하지 않는다면 객관적인 정보밖엔 되지 않기 때문이다. 즉 구슬이 서 말이라도 꿰어야 보배라는 속담처럼 획득한 정보가 가공·재구성·축적·판단과정을 거쳐 행동으로 옮겨져 유용한 가치창출로 이어질 때 비로소 지식이 된다. 따라서 지식은 정보를 받아들인 사람이 주체적으로 가공하고 판단하는 능동적인 과정까지 포함한다. Davenport와 Prusak은 일정한 틀을 갖춘 경험, 전후관계에 대한 정보, 새로운 경험과 정보를 평가하고 통합하는 구조를 제공할 수 있는 전문가적 식견이 한데 섞인 유동체가 지식이라고 하였다. 그래서 지식은 내면화된 정보에다 정보 사용 능력이 더해진 것이다. 예를 들어 주식거래에 대한 방법을 알고 있고 증권시세표의 숫자를 통한 정보는 어떤 주식을 거래할 것인지에 대한 지식을 제공한다. 〈표 10-1〉은 자료-정보-지식의 특성을 요약한 것이다.

특　성	자　료	정　보	지　식
구체성 수준	낮은 구체성 개체적 구체성	통합된 구체성	고도의 추상성 구체성이 제거됨
상황·맥락	상황적 의미가 거의 없음	특정 상황 의존적	광범위한 상황에 적용 가능
범위	매우 협소	특정 상황에 제한	정보의 범위 이상으로 확대 가능
시간제약성	해당 없음	어느 정도 시간 제약	시간 제약이 거의 없음

표 10-1　자료-정보-지식의 특성

　지식보다 한 단계 위의 개념이 지혜이다. 넓은 의미에서는 지식이라는 개념에 포함되기도 하지만 지식과는 다른 의미가 내포되어 있다. Tobin은 지식을 통해 원리를 깨달음으로써 계속하여 응용하는 것이 지혜라고 하였다. 지혜는 지식축적과 함께 일정한 수준에 도달하여 미래의 복잡한 사태를 예견할 수 있는 혜안이나 식견이 형성된 상태이다. 지혜로운 사람은 객관적이고 과학적인 정보로는 도저히 설명하거나 이해하기 어려운 상황에 직관적인 판단 및 대응 능력을 보여주는데, 이는 지식에 통찰력이나 상상력이 결부되어 기존의 과학적이고 합리적인 수준을 넘어 새로운 지력이 생성된 경우이다.

2.3 지식의 흐름

　지식의 가장 큰 특징은 공간이나 시간의 제약 없이 진화한다는 것이다. 즉 지식은 사용하고 나면 소멸하는 유형자산과는 달리 사용할수록 더 큰 지식으로 성장 발전하며 정체되지 않고 흐른다. 그래서 지식흐름은 지식전환, 전이, 공유, 통합, 재사용과 같은 유사한 개념들을 포함하며 시간의 경과에 따라 지식의 변화, 움직임 및 응용 등을 설명할 수 있다. 사람, 조직, 장소와 시간 사이에 지식의 움직임과 같은 지식의 흐름은 [그림 10-6]과 같이 2개의 연결된 지식계층에서 설명가능하다.

　[그림 10-6]에서 왼쪽은 지식생산자나 지식원천을 나타내고 오른쪽은 지식소비자 혹은 지식수용자를 나타낸다. 지식생산자는 지식에서 정보로 정보에서 자료에 이르기까지 화살표가 아래쪽으로 표시되는 반면에 지식소비자는 화살표가 위쪽으로 표시된다. 이는 지식이 생산자에서 소비자에게로 흐르기 때문에 상반되는 지식의 방향을 나타낸다.

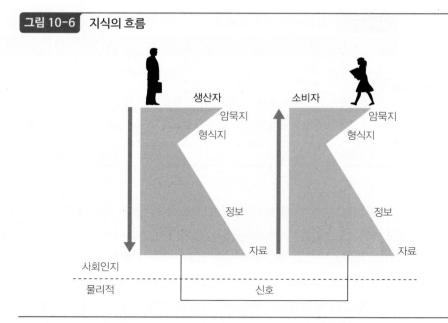

그림 10-6   지식의 흐름

즉 지식생산자는 관심 있는 분야에 자신이 가지고 있는 지식을 활용하여 정보를 만들고 이는 어떤 하나의 무언가를 위한 자료가 된다. 자료는 물리적 공간의 신호를 통해 전달되는데, 신호는 자료가 통신수단에 적합하도록 특별히 구현된 것을 말한다. 특별히 구현되었다는 것은 자료를 코딩(Coding) 등의 변화과정을 거쳐 전류나 전자기파 형태의 에너지의 흐름으로 변환시키는 것을 말한다. 그래서 신호는 아날로그나 디지털로 구분되어 각기 다양한 형태로 상대방에게 전달된다.

소비자는 신호로부터 자료를 해석하고 의미와 상황을 결합시켜 정보를 생성하며 어떤 학습메커니즘을 통해 활용 가능한 지식을 개발한다. 이는 화살표의 반대 방향으로도 설명이 가능하다. 다양한 지식계층이 동시에 적용될 수도 있지만 [그림 10-6]은 지식이 어떻게 흐르는지에 대한 형이상학적인 설명을 위한 것이다. 따라서 신호는 물리적인 공간에서의 흐름에만 관여하고 자료, 정보, 지식의 흐름은 사회-인지적인 영역에서만 발생한다.

2.4 지식의 분류

지식은 다양한 기준을 사용하여 분류할 수 있는데 크게 존재형태에 따른 분류와 생성과정에 따른 분류로 나누어 볼 수 있다.

표 10-2	형식지와 암묵지	
분류기준	형식지	암묵지
정의	언어로 표현 가능한 객관적 지식	언어로 표현하기 힘든 주관적 지식
획득	언어를 통해 습득된 지식	경험을 통해 몸에 밴 지식
축적·전달	언어를 통한 전달	은유를 통한 전달
	다른 사람에게 전이하는 것이 상대적으로 쉬움	다른 사람에게 전이하기가 어려움
예	책, 매뉴얼, 업무수행절차, 데이터베이스	노하우, 조직문화, 이미지, 숙련된 기능, 자전거 타기

① 존재형태에 따른 분류: 형식지와 암묵지

지식의 존재형태에 따른 분류는 〈표 10-2〉와 같이 형식지와 암묵지로 구분한다. 형식지는 문서화되거나 데이터베이스에 저장되어 있는 논리적이고 기계적인 지식으로 참과 거짓, 수단과 목적을 쉽게 구분할 수 있는 특징을 가지고 있다. 또한 내용이 명확하여 쉽게 공유할 수 있고 객관적인 측정과 관찰이 가능하다.

이를테면 언어로 쉽게 표현할 수 있는 제품사양, 문서, 데이터베이스, 컴퓨터 프로그램, 업무 매뉴얼, 특허권, 설계도 등 쉽게 서술하고 객관화하기 편리한 디지털 지식이다.

반면에 암묵지는 언어로 쉽게 표현하기 어려운 개인적인 경험이나 노하우, 이미지, 스킬 등 주로 개인에게 존재하거나 조직문화나 풍토 속에 내재된 지식을 말한다. 즉 외형적으로 표현하기 어렵기 때문에 형식지에 비해 감성적이고 직관적이며 주관적이다. 그래서 고객감동, 비전창출, 새로운 조직문화, 공유가치 창출, 특정 전문분야에 대한 경험 등이 해당하며 목적과 수단을 분명하게 구분할 수 없는 아날로그 지식이다. 예를 들어 자전거를 잘 타지만 자전거를 잘 타는 방법에 대해 명쾌하게 정의를 내리는 사람이 많지 않은 것도 이것이 개인마다 다르고 다분히 암묵적이기 때문이다.

② 생성과정에 따른 분류: 분석적 지식(분석지)과 경험적 지식(경험지)

지식의 생성과정에 따른 분류는 〈표 10-3〉과 같이 분석지와 경험지로 구분한다. 분석지는 업무수행 과정에서 축적된 조직의 데이터나 정보의 분석을 통해 생성되는 지식으로 대부분 형식지의 형태로 존재한다. 반면에 경험지는 업무수행 과정에서 개인의 반복적 학습이나 경험 또는 시행착오를 통해 생성되는 지식으로 대부분 암묵지의 형태로 존재한다.

표 10-3	분석지와 경험지	
구 분	분석지	경험지
업무지식	• 업무처리절차의 문제점 분석 및 개선에 관한 지식 • 조직내부에 축적된 자료나 정보의 분석 및 이에 관한 지식	• 업무수행과 관련된 노하우 • 업무편람, 직무매뉴얼, 업무지침, 근무강령 등
문제해결 지식	• 문제의 인과관계 및 문제와 해결책 간의 인과관계에 관한 지식 • 대안간 비용효과분석 및 그 결과에 관한 지식	• 문제정의 및 해결책에 관한 지식 • 성공 및 실패 경험 및 사례 • 문제와 해결책에 대한 국내외 사례

제 3 절 e-비즈니스와 지식경영

e-비즈니스와 지식경영과의 관계를 본다면 e-비즈니스를 수행하고 있는 기업은 단순히 정보기술을 지식경영에만 이용하려고 하는 기업보다 정보기술을 더 효과적이고 효율적으로 이용할 것이다. 즉 e-비즈니스 정보시스템이 기존에 사용하고 있는 기술요소와 큰 차이가 나지 않겠으나 그 이용정도나 구축 수준은 지식경영을 위한 정보시스템에 비해 높은 수준을 유지한다고 볼 수 있다.

또한 e-비즈니스의 경쟁력을 찾을 수 있는 분야 중 하나가 인텔리전트(Intelligent)화라고 한다면 모든 시스템과 서비스는 점차 지식을 다루며 인텔리전트화 될 것이다. 따라서 기업이나 조직은 구성원들 간의 적극적인 상호작용을 위한 기반마련이나 지식경영활동에 대한 적극적 지원이 요구된다는 것을 파악할 필요가 있다. 이를 위해 조직문화의 변화가 요구되는 것이다.

또한 지식경영이 필요한 조직이 초기에는 대부분 대(규모)기업 수준에서 출발하였으나 현재는 중소기업 수준의 조직까지 지식경영이 정착화된 단계라고 볼 수 있다.

3.1 지식경영의 필요성

Peter Drucker는 지식이 경제의 가장 중요한 자원이며 가장 지배적인 경쟁우위의 요소가 된다고 하였다. 지식경영은 시장의 변화와 기업 간 경쟁의 심화, 기술 발전과 같은 외부환경의 변화에 대응하려고 노력하는 기업의 한계에서 비롯됐다. 그 동안 다운사이징, 아웃소싱, 경제적 부가가치, 벤치마킹, 리엔지니어링, 전사적 품질관리 등 많은 경영 기법들이 기업의 성과와 핵심역량을 높이고 경영전략을 달성하기 위한 도구로 이용되어 왔으며 실제로 가시적인 성과를 이루기도 하였다.

그러나 이와 같은 경영기법들은 기업의 인적자산을 중요하게 여기지 않고 복잡한 인적시스템을 단순화시키려는 경향이 강했으며 결국에는 급변하는 환경에 더 이상 기업의 목표를 충분히 충족시켜주지 못하는 현실에 직면하게 되었다. 그 가운데 최근 지식사회가 도래하면서 그동안 간과되어 왔던 기업의 인적자원과 무형자산이 기업의 성과로 직결되는 현상이 나타나게 되었다. 다시 말해 과거 물질적 유형 자산을 중심으로 이루어지던 경제 및 산업구조가 지식사회에서는 인간의 창의적 아이디어와 지식으로 무게중심이 바뀌어 가고 있다. 예를 들어 마이크로소프트, 넷스케이프, 야후 등의 성공사례는 지식경영의 대표적인 예라고 있다. 그러면 전통적인 조직이 지식경영을 해야 하는 배경은 다음과 같다.

① 정보기술의 발달과 지식의 중요성으로 인한 무형자산 인식의 제고이다

최근 인터넷의 등장으로 인한 가상공간에서의 네트워킹은 자신에게 필요한 정보를 시·공간을 초월하여 실시간으로 획득할 수 있도록 만들었을 뿐 아니라 새로운 지식창출의 공간으로 만들었다. 이는 나아가 가상커뮤니티를 넘어 개인 블로그에서 UCC 동영상에 이르기까지 개인의 적극적인 참여를 통해 지식을 생산·공유·소비하는 열린 인터넷 시대를 예고하고 있다.

② 치열한 글로벌 경쟁사회에서 조직구성원이 보유한 창조적 지식이다

창조적 지식은 기업이 지속적으로 성장·발전하고 차별적인 경쟁우위를 확보하는 원천이 된다. 또한 이 지식은 기업의 핵심역량이 되며, 생존과 변화에 대한 적응·경쟁 능력을 결정한다. 조직의 경쟁력은 오랜 기간 동안 다양한 현장체험을 통해 체득한 전문 지식이나 노하우를 가진 지식근로자로부터 나온다.

③ 학습조직에 대한 반동으로, 지식경영이 등장했다고 보는 견해이다

다른 경쟁사보다 빠르게 학습할 수 있는 능력이야말로 21세기 성장과 발전의 가장 중요한 원천이다. 그러나 학습조직이 그 구체적인 방법론을 제시하지 못한 채, 학습조직에 대한 이해부족과 가시적인 결과만을 기대했던 점이 오히려 부정적인 원인이 되었다.

④ 기업의 자산가치를 재무자산 중심으로 산출하는 방식에 대한 근본적인 문제 제기에 있다

기업의 경쟁력이 브랜드 가치나 지적자산으로부터 유래한다는 인식이 확산되면서, 기업이 보유하고 있는 무형자산, 특히 지적자산을 객관적·과학적으로 규명하고자 하는 노력이 많은 관심을 끌고 있다. 쉐브론 텍사코(Chevron Texaco), 다우 케미컬(Dow Chemical), 선 마이크로시스템즈(Sun Microsystems), 스틸케이스(Steelcase) 등과 같이 지식경영을 실천하고 있는 선진기업들은 엄청난 생산성 증가를 보이고 있다. 생산성 증가는 지식경영을 통한 비용절감이나 수익증가로 인한 것이다. 직접적인 측정이 어렵기 때문에 계산에 포함되지 않은 간접효과까지 고려하면 생산성은 훨씬 더 증가한다. 이처럼 지식경영은 기업 간 경쟁우위의 차별화를 위한 강력한 효과를 제공하고 많은 IT기업과 서비스시장의 촉매제가 되며 기업들로 하여금 배타적인 틈새시장을 개발하면서 동시에 기존에 판매하고 있는 제품과 서비스의 가치를 향상시킨다.

지식경영은 경영의 기본적인 원칙을 강조하고 지식을 전략적으로 활용하게 함으로써 경쟁력을 확보하려는 조직으로 하여금 경영의 본질을 다시 한 번 되돌아보게 한다는 점에서 중요하다. 특히 지식경영에서 지식이 기업의 경쟁력 제고에 결정적인 요소로 작용하기 때문에 지식경영이 기업에게 제공하는 잠재적인 기회는 다음과 같다.

- 조직의 정보를 획득·분석하고 그 정보를 데이터웨어하우징과 데이터 마이닝, 의사결정지원시스템과 중역정보시스템을 사용하여 전략적으로 응용하게 한다.
- 전 세계적으로 정보에 접근할 수 있는 프로세스를 만들어 주며 조직 구성원이 인트라넷, 그룹웨어, 그룹의사결정시스템을 통해 보다 빠르고 합리적인 의사결정을 내릴 수 있게 한다.
- 조직 전반의 과거 경험에서 축적된 지식을 활용하게 한다.
- 스피드, 민첩성, 안정성을 향상시켜 과업을 완수·전개하게 한다.

3.2 지식경영의 정의

글로벌 경쟁의 가속화와 끊임없는 기술의 발전은 지식사회로의 패러다임을 야기시켰고 이러한 변화는 조직경제활동 전반에 걸친 혁신과 경쟁력을 위해 지식경

영을 필연적이게 하였다. 혁신과 지식경영은 조직의 경쟁우위를 증가시키고 관리하는데 있어 핵심적인 역할을 수행하는데 최근 포스코(POSCO)가 지식기반의 핵심역량을 활용하여 '파이넥스공법' 개발이라는 새로운 비즈니스를 성공적으로 수행하게 된 점은 바로 지식경영의 전략적 역할이 컸음을 보여주고 있다. 또한 포스코는 세계최고의 철강경쟁력 유지와 핵심지식을 기반으로 전후방 및 관련 부문으로의 기업가치 확장을 위해 지속적으로 혁신을 추진하였는데 이를 지원한 인프라가 또한 지식경영이다. 이렇듯 지식경영은 조직의 지식자원을 효율적으로 개발하고 활용하여 기업의 창조적인 능력을 개선시키는 경영혁신이다.

Wiig는 조직의 가치창출을 위해 지식을 창출·조정·공유·사용하는 일련의 지식과 관련된 활동이 지식경영이라고 하였다. 즉 지식경영은 지식이 생성되고 전이되어 가치를 창출하고 이를 통해 다시 새로운 지식을 창출하고 관리하는 광의의 개념이다. 따라서 여기에는 새로운 환경변화 인지와 차별화된 전략 및 프로세스, 기술하부구조, 조직문화, 조직지식관리 등 조직의 전반적인 변화가 요구된다. 특히 오늘날 기업의 경쟁패턴이 고객중심과 동시에 가치 중심으로 옮겨가는 상황에서 조직이 경쟁우위를 획득하기 위해서는 가치를 창출하는 창의적인 아이디어와 지식이 무엇보다 중요하다. 아이디어와 지식은 조직내부와 외부에서 획득 가능하지만 문제는 이러한 지식을 어떻게 활용하는가이다. 다시 말해 지식경영을 통해 체계적으로 어떻게 지식을 관리하고 활용하는가에 따라 조직의 성공이 좌우된다. 특히 조직의 관점에서 [그림 10-7]과 같이 조직은 시간이 지남에 따라 지식을 생

그림 10-7 지식경영프로세스와 조직성장

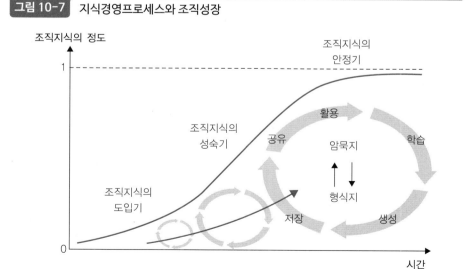

성-저장-공유-활용된다. 다시 새로운 지식이 학습되고 이렇게 반복되는 과정에서 순환되는 원의 크기가 시간에 따라 커지게 된다. 그러면서 조직의 지식경영프로세스가 안정화되어 조직 내 구성원들의 변화와 상관없이 조직은 계속 성장하게 되는 것이다.

다양한 지식경영의 정의를 바탕으로 통합적인 관점에서 이 책은 지식경영을 다음과 같이 정의한다. "지식경영은 조직의 이질적이고 상호보완적인 자원을 기반으로 기존의 지식과 새로운 지식을 차별적인 전략을 통해 관리하여 조직경쟁력을 위한 혁신적인 가치를 창출하는 활동이다."

3.3 지식진화와 지식경영 발전과정

지식경영의 정의가 다양함에도 불구하고 지식경영은 조직의 경쟁력 향상과 업무효율성 증대라는 공통점을 가지고 있다. 시간이 지남에 따라 지식경영을 정의하는 개념도 지식의 진화와 함께 발전하고 있다. 그것은 지식경영의 초점이 바로 지식이기 때문이다. 지식의 진화와 함께 지식경영에 대한 정의를 1세대, 2세대, 3세대, 4세대로 구분하여 살펴보면 다음과 같다.

① 1세대: 지식경영의 도입기(1991~1995)

이 시기는 Nonaka의 연구를 시작으로 지식 및 지식경영에 대한 체계적인 개념을 정립하는 과정으로 다양한 산업 및 학계에서 지식경영에 대한 관심을 가지기 시작했다. 그래서 지식경영에 대한 공통적인 현상과 특징을 이해하고 지식창출과 이를 가능하게 하는 정보기술의 역할에 무게중심을 두었는데 미래의 지속적인 성장과 발전을 위해선 창조적인 기업만이 가능하다고 하였다.

② 2세대: 지식경영의 성장기(1996~2000)

이 시기는 지식경영을 본격적으로 연구하기 시작한 단계로 구체적인 사례와 실증연구를 통해 조직목표를 달성하게 하는 시사점을 제공하고 있다. 그래서 지식경영의 개념이 더욱 정교화되고 사례와 실증연구에 입각한 경쟁우위를 획득하는 방법이 강조되었다. 예를 들어 지식을 체계적으로 창출하는 방법, 조직의 지적자산을 관리하는 방법, 조직구성원의 노하우와 지식을 조직지식으로 전환하는 방법 등이 언급되었으며 지식을 효율적으로 활용하기 위한 시스템구축과 기업내부 지식을 활용하는데 경영의 초점이 맞춰졌다. 따라서 2세대는 지식공유형 지식경영으로 암묵지와 형식지를 활용해 조직생산성을 높이기 위한 일련의 경영활동이 이루어진 시기라고 할 수 있다.

③ 3세대: 지식경영의 확장기(2001~2005)

이 시기는 지식경영의 본질적인 잠재력과 포괄성을 재인식하는 단계로 조직의 전반적인 이슈를 담고 있다. 그래서 전사적인 관점에서 지식경영을 다루고 지속적으로 발전시키고자 노력하였다. 예를 들면 지식근로자의 교육 및 훈련과 평가 보상, e-비즈니스와의 연계, 프로세스기반 활동, 지식재사용, 전략도출 및 수립 등을 모두 포괄하는 통합적인 관점의 창조적인 지식경영이다. 이는 나아가 기업을 둘러싸고 있는 이해관계자, 즉 고객, 협력업체, 정부, 시민단체, 경쟁회사, 파트너기업, 외부전문가 등을 활용한 지식창조에 초점을 두고 있다.

④ 4세대: 지식경영의 혁신기(2006~)

이 시기는 기업의 전략적 목표와 비전을 달성하기 위해 결합되고 특화된 창조적 지식집합체에서 지식경영의 정의가 내려져야 한다. 즉 시장 트렌드와 글로벌 마켓 흐름, 소비자 기호 변화, 웹2.0 시대의 비즈니스 환경, 금융시장의 변화, 경영리스크 관리 등 기업외부환경을 정확히 파악해 성장과 수익성을 동반하는 최상의 가치지식을 창출해야 한다. 그런데 여기에서 한 가지 중요한 것은 기업의 성패를 동태적 관점에서 제대로 파악해야 한다는 점이다. 다시 말해 기업외부 환경에만 초점을 두지 말고 내부의 침식과정이 있는지를 먼저 파악해야 한다는 점이다. 최상의 지식은 조직에서 먼저 발생하므로 조직내부에서 혁신이 일어나지 않는다면 지식경영의 발전과 혁신도 어렵다.

지식의 진화와 함께 시대별 지식경영의 정의의 발전과정을 간단하게 요약하면 〈표 10-4〉와 같다.

표 10-4 지식진화와 지식경영 정의의 발전과정

시대	지식진화	지식영영의 정의	초점	지식경영 형태
1세대 (도입기)	생성지식	• 체계적인 개념정립 과정에서의 정의	정보기술	지식경영
2세대 (성장기)	공유지식	• 사례와 실증연구에 의한 조직목표를 달성하는 정의	지식공유	지식경영
3세대 (확장기)	창조형 지식	• 본질적인 잠재력과 포괄성을 재인식하는 차원에서의 정의	지식창조	신지식경영
4세대 (혁신기)	비전형 지식	• 전략적 목표와 비전을 달성하는 정의	가치지식	신지식경영

3.4 웹2.0 시대의 지식경영

지식은 힘이고 조직의 경쟁력은 지식에서 나온다. 그러나 간과해서는 안 될 한 가지 사실은 지식은 정체되어 있지 않고 진화한다는 것이다. 특히 오늘날과 같이 급속하게 변화하는 환경에서 지식도 그에 상응하는 속도로 진화하고 있기 때문에 지식경영이 처음 등장하게 된 시대와 지금의 시대가 요구하는 지식은 상당한 차이가 있다. 이를테면 과거의 지식경영은 조직과 개인이 보유하고 있는 지식을 공유하는데 중점을 두었다면 현재의 지식경영은 창조와 혁신을 이끄는 지식에 초점을 두고 있다. 그렇다면 창조와 혁신을 이끄는 지식은 무엇인가?

그것은 바로 창조형 지식이다. 이는 인터넷과 조직 내부시스템을 통해 구축된 조직지식을 활용해 창조와 혁신을 일으키는 지식을 의미한다. 나아가 창조형 지식을 기업비전 달성을 위한 전략으로 활용해 기업 목표를 달성하는 지식을 비전형 지식이라 한다. 따라서 이미 지식경영을 수행하고 있는 조직은 신제품과 서비스를 창조하고 혁신하며 조직의 전략적 목표를 달성할 수 있도록 끊임없이 지식을 발전시켜야 한다.

창조적인 지식에 기반한 지식경영 역시 창조형 지식경영으로 거듭나야 한다. 창조형 지식경영은 기존에 구축된 조직지식을 활용해 기업이 보유하고 있지 않은 지식을 창조하는 것을 말한다. 이 단계는 창조와 혁신을 통해 조직의 창조성과 성과를 높이는 게 주된 활동이다. 창조된 지식은 신상품, 신기술, 신프로세스, 신제도, 신문화로 연결돼 기업 가치창출의 기반이 되기 때문에 기존의 프로세스와 자연스럽게 어울려 접목되어야 한다. 최근 삼성경제연구소는 '한국기업경쟁력의 재점검'이라는 보고서를 통해 한국기업의 수익성 저하가 경쟁력 악화를 불러오고 있다고 밝혔다. 이러한 현상은 개별기업의 수익성이 산업의 특성보다는 내부역량에 의해 결정되는데, 즉 산업간 경계가 모호해지면서 인적자원, 문화, 지식, 브랜드 등과 같은 기업내부역량이 수익원천이 될 수 있음을 말해주고 있다.

특히 한국기업의 가장 큰 문제로 성장성 부진을 꼽았으며 한국기업은 성장을 창출하는 축적된 지식(무형자산)과 글로벌 역량이 부족하다고 지적하였다. 따라서 국내의 기업은 기존사업의 효율성보다는 신제품개발과 신시장 개척을 통해 미래 성장을 도모할 수 있는 신종사업을 발굴하기 위해 노력해야 할 것이고 이를 가능하게 하는 것이 창조형 지식과 비전형 지식 창출이다. 기업혁신을 이끌어내는 창조적 지식을 생성하기 위해서는 고객에 대한 통찰력과 글로벌 시장의 지식확보, 미래에 대한 선견지명, 창조적 혁신조직 구축 등이 필요하다.

창조성은 기업 내부지식과 외부지식을 결합해 창조적인 지식을 찾아낼 때 발현되며 혁신이란 결과물이 도출된다. 기업 내부지식이 조직구성원에게 있다면 외부지식은 고객에게 존재한다. 예를 들어 자사의 제품을 구성원이 직접 사용해 장단점을 발견하는 것은 내부 창조형 지식이 되며, 새로운 방식을 요구하는 고객의 니즈를 정확히 파악하고 프로슈머로서 고객의 참여에 의한 새로운 의사결정은 외부 창조형 지식이 된다. 따라서 내부지식과 외부지식을 통한 창조형 지식을 얻는데는 제품경험자에 대한 철저한 이해와 고객과 협력하는 시스템, 조직구성원의 고객화 등이 이루어져야 하고 고객의 가치패턴을 파악할 수 있는 통찰력이 있어야한다. 또한 기업은 전 세계에 흩어진 내부와 외부지식을 연결시키는 혁신적인 지식네트워크를 구축할 수 있어야 하고 창조성이 살아 움직이는 조직문화를 형성해야 한다. 그러한 환경에서 구성원은 자발적으로 혁신에 나서게 되고 지식을 창출할 수 있다.

예전의 기업들은 자신이 보유한 자원과 역량을 바탕으로 모든 경영활동을 직접 수행하였다. 그런데 이제는 각종 업무와 활동이 점차 개방화되고 외부화되는 경향이 있다. 즉 전통적인 아웃소싱 개념에서 기업의 다양한 업무까지 대행하는 업무프로세스 아웃소싱(Business Process Outsourcing) 등으로 영역이 확대되고 있으며, 개방형 혁신(Open Innovation)과 웹2.0을 활용한 고객의 참여는 조직내부와 외부의 상호작용을 높인다. 따라서 미래의 경영환경과 시장을 예측할 수 있는 선견지명을 가져야 하며, 기업 밖에서 진행되고 있는 일들이 정확히 무엇인지를 이해해야 한다. 그 이유는 외부지식과의 효과적인 인지네트워크가 미래를 예측할 수 있는 경쟁력이 되기 때문이다.

3.5 지식경영의 구성요소

e-비즈니스의 지식경영을 위한 시스템의 구성요소는 [그림 10-8]과 같이 경영 인프라로서 ① 전략, ② 사람, ③ 조직문화, ④ 조직구조/프로세스와 기술적 인프라로서 ⑤ 지식창조 지원기술, ⑥ 지식저장 지원기술, ⑦ 지식공유 지원기술, ⑧ 지식검색 지원기술 등으로 이루어져 있다.

기술적 인프라는 기존에 존재하거나 발전과정상에 있는 것들로서 비교적 도입하기가 쉽다. 또 많은 시스템 제공업체들로부터 구입할 수도 있다. 문제는 이와 같은 기술적 요소보다 구성원들이 자신의 지식을 흔쾌히 내놓고 그것을 잘 활용할

그림 10-8　지식경영의 구성요소

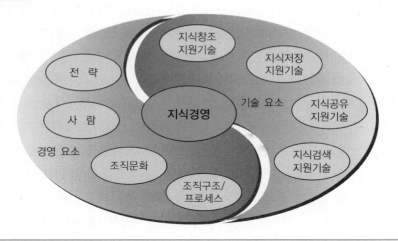

수 있도록 하는 협력문화와 조직적 인프라가 선행되어야 한다는 점이다. 기술은 많은 시스템 제공업자들이 앞을 다투어 개발하고 있으며, 현재 이용 가능한 것으로도 충분하기 때문이다. 따라서 지식경영의 방향을 어떻게 설정하고, 어떻게 사람으로부터 지식을 얻어낼 것인가, 그리고 어떻게 지식을 활용하도록 촉진할 것인가이다.

(1) 전 략

성공을 위한 경영적 인프라로서 첫번째 요소는 '전략'이다. 회사의 전략이란 그 회사가 어떤 제품에 대하여 시장에서 경쟁우위를 가지고 어떻게 승부할 것인가를 결정하는 것이다. 그러므로 경쟁력 강화를 통한 가치창출을 지향하는 지식경영은 경영전략과의 연동 하에 추진되어야 한다. 전략과 연동되지 못할 경우, 지식경영은 방향성과 일관성을 상실하여 그 효과를 기대하기 어렵고, 나아가 지식경영의 불용론마저 나타나 꽃도 피워보지 못하고 끝날 수가 있다.

군인을 상대로 자동차보험을 제공하는 USAA(United Services Automobile Association)는 고객정보를 계량화하고 고객에 관한 총체적 지식을 개선하는 고객피드백시스템을 구축했다. 그와 같은 노력 덕분에 고객의 충성도는 크게 증대되었고, 판매와 마케팅 비용은 대폭 삭감되었으며, 이익은 대폭 신장되었다. USSA는 고객과의 교섭력 강화를 위한 차별화전략과 연계한 지식관리시스템을 도입하여 전략적 효과를 실현한 것이다. 이런 의미에서 지식경영은 그 자체가 경쟁력 강화 내지 확보를 위한 하나의 전략이다.

(2) 사 람

지식경영의 두 번째 요소는'사람'이다. 지식을 효과적으로 관리하기 위한 중요한 테마는 지식의 가장 중요한 원천인 사람을 중요한 조직적 자산으로 이해하는 것이다. 구성원의 전사적인 참여를 통해 원활한 지식 축적 및 활용을 위해서는 무엇보다도 구성원들이 자신의 지식을 공유하고자 하는 마음과 자세를 갖도록 해야만 한다.

이를 위해 지식공유를 위한 동기부여가 필요하다. 사람들은'지식은 힘이다'라고 생각할 뿐 아니라 지식창출은 어려운 일이기 때문에 보상 없이 그것을 공유(제공)하려 하지 않을 것이다. 그러므로 사람들로부터 지식을 얻기 위해서는 확실한 동기부여가 필요한 것이다. 지식을 많이 만들어낸 사람, 다른 사람에게 지식을 많이 전달해 준 사람, 결국 조직의 가치창출에 크게 기여한 사람에게는 그에 상응하는 보상을 해 주어야 하는 것이 당연하다.

(3) 조직문화

가장 어려운 지식경영의 성공요인은 지식 친화적 문화의 창조이다. 성공적인 지식기업은 대부분 긍정적인 지식문화를 가지고 있다. 그리고 프로젝트와 조직문화가 잘 조화를 이룬다. 긍정적인 문화란 지적 호기심, 지식에 관한 토론 향유, 상부상조의 기쁨과 같은 문화와 구성원의 특성 구축을 말한다. 만약 불신풍조, 회사에 대한 원망, 태만한 작업분위기로 표현되는 부정적인 문화가 만연하다면, 이는 반드시 개선되어야 한다. 그리고 지식프로젝트의 성격과 목표는 조직의 문화와 조화를 잘 이룰 수 있어야 한다. 특히, 조직문화를 선도적으로 이끌어주는 리더들의 추진 의지도 매우 중요한 성공 요소로 볼 수 있다.

(4) 조직구조/프로세스

지식경영의 궁극적인 목적은 새로운 지식을 창출하여 고객의 욕구를 충족시킬 새로운 제품과 서비스를 공급하는 것이다. 새로운 지식의 창출은 조직 내·외의 지식창고로부터 지식을 습득하고 지속적으로 학습함으로써 이루어진다. 따라서 지식경영의 성공은 학습조직을 필요로 한다. 조직구조를 고려할 때 중요한 요소 중의 하나는 지식관리 조직을 신설하는 일이다. 특히 지식의 효율적인 관리 및 활용을 위해서 지식관련 업무를 책임지는 최고지식경영자(Chief Knowledge Officer: CKO) 제도를 도입할 필요가 있다.

(5) 지식창조 지원기술

지식창조 지원기술로는 데이터웨어하우스, 데이터마이닝, 전자문서관리시스템, 하이퍼링크관리시스템 등이 있다. 전통적인 정보시스템으로서 임원진들을 위한 의사결정지원시스템이나 중역정보시스템, 그리고 중간 및 하위 관리자들을 위한 경영지원시스템 등이 지식의 효율적 이용과 창출에 이용되기도 한다.

1) 데이터웨어하우스와 데이터마이닝

데이터웨어하우스는 차원 높은 데이터 분석업무를 통하여 만들어진 고급 분석정보를 의사결정자의 판단 근거 자료로 제공하기 위하여 사용자들의 의사결정에 필요할 정보들을 한곳에 저장해 놓고, 이를 필요로 하는 사람에게 적시에 적절한 형태의 데이터 저장창고를 말한다. 데이터마이닝은 데이터웨어하우스에 저장되어 있는 각 데이터의 상관관계를 인공지능기법을 통해 자동적으로 밝혀 준다. 예를 들어 비를 좋아하는 사람에 대한 자료가 있고, 색깔에 대한 선호도와 관계된 자료가 있다면, 이 둘의 관계를 밝혀내는 기능을 수행한다. 즉 정확히 수치화하기 힘든 자료 사이의 연관을 찾아내는 역할을 한다. 전문 데이터마이닝은 관리자가 조직의 데이터베이스에 있는 자료를 기반으로 경쟁분석, 시장세분화, 추세분석, 민감도분석, 예측 등을 할 수 있도록 지원한다.

2) 전자문서관리시스템

전자문서관리시스템(Electronic Document Management System: EDMS)은 문서자체를 종이에 기록된 형태가 아닌 컴퓨터 기반의 전자문서 형태로 관리하는 시스템을 말한다. EDMS에서 모든 문서는 문서 생성시 즉시 데이터베이스를 이용해 문서의 색인정보를 저장하고 문서내용은 전문 색인시키며 파일자체는 어디에 있든지 상관없이 자유롭게 찾을 수 있도록 지원한다.

3) 하이퍼링크관리시스템

하이퍼링크(Hyperlink)란 특정 데이터 항목과 연결 관계를 가지고 있는 하이퍼텍스트(Hypertext) 문서를 연결하여 보기 위한 개념으로서 URL(Uniform Resource Locator)에 의해서 다른 문서로 지정해 놓은 것을 말한다. 따라서 하이퍼링크관리시스템이란 하이퍼텍스트와 관련 데이터 항목간의 관계를 설정하고 이를 사용시 연결해주는 기능을 하는 소프트웨어를 말한다.

(6) 지식저장 지원기술

지식저장 지원기술로는 기존의 정보시스템을 지원하는 데이터베이스와 구분되는 데이터베이스를 관리하는 데이터베이스관리시스템(Database Management System: DBMS)이 활용된다. DBMS는 데이터베이스를 관리하는 데 필요한 데이터의 추가, 변경, 삭제, 검색 등의 기능을 집대성한 소프트웨어 패키지를 말한다. 이러한 기능을 수행하기 위해 DBMS는 데이터의 정의, 처리, 출력을 용이하게 하는 일종의 고급 프로그래밍 언어를 제공한다. 대표적인 예로는 퍼스널 컴퓨터의 마이크로소프트 액세스(MS Access) 프로그램이나 워크스테이션, 메인프레임 환경에서의 오라클(Oracle) 등을 들 수 있다.

(7) 지식공유 지원기술

지식공유 지원기술로는 구성원들이 이용하기 편리한 GUI(Graphic User Interface) 환경을 지원하는 인트라넷, 메타서버(Metaserver), 네트워크화 된 가상환경(Networked Virtual Environment: NVE), 그룹웨어와 전자우편, 토론데이터베이스(Discussion Data Base: DDB) 및 데이터 컨퍼런싱(Data Conferencing) 등이 있다.

(8) 지식검색 지원기술

지식검색 지원기술로는 GUI, 하이퍼링크시스템, 지능적 검색 에이전트(Agent) 등이 있다. 에이전트란 일반적으로 사용자를 대신하여 어떤 업무를 수행하는 소프트웨어라고 정의할 수 있으므로, 검색에이전트란 사용자를 대신해서 검색을 대행해주는 소프트웨어라고 정의할 수 있다. 에이전트는 데이터베이스에 축적된 수많은 지식 중에서 어떤 지식을 필요로 하는지 사용자의 욕구를 반영하여 원하는 지식을 검색해 주는 역할을 한다. 오늘날 인터넷과 같은 정보와 지식의 바다에서 필요한 지식을 찾아내는 일이란 광활한 바다에서 원하는 고기를 낚는 것보다 더 어려운 일이기 때문에 지능형 에이전트 소프트웨어는 매우 유용한 검색도구인 것이다.

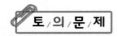

토/의/문/제

01 지식경제의 개념과 지식사회에서 경쟁 및 시장변화와 고객과의 새로운 관계를 설명하시오.

02 자료(Data), 정보(Information), 지식(Knowledge)의 차이를 설명할 수 있는 예를 들고 이에 대해 토의해 보시오.

03 21세기는 지식근로자가 필요한 시대라고 한다. 왜 지식이 중요한지 토의해 보시오.

04 지식경영의 필요성과 지식경영의 시대별 진화과정을 설명하시오.

참고문헌 References

- 천면중 · 이민화 · 허명숙, 경영정보시스템(2판), 비앤엠북스, 2016.
- 천면중 · 허명숙, 지식경영: 이론과 사례, 한경사, 2019.
- Allee, V., The Knowledge Evolution: Expanding Organization Intelligence, Newton, MA: Butterworth-Heinemann, 1997.
- Awad, E. M & Hhaziri, H. M., Knowledge Management, Pearson Prentice Hall, Upper Saddle River, New Jersey, 2004.
- Barney, J. B., "Firm Resources and Sustained Competitive Advantage," Journal of Management, 17(1), 1991.
- Beckman, T., "A Methodology for Knowledge Management," in Hamza, M. H. (Ed.), Proceedings of the IASTED International Conference on Artificial Intelligence and Soft Computing, Iasted Acta Press, Banff, 1997.
- Braganza, A., "Rethinking the Data-Information-Knowledge Hierarchy: Toward a Case-Based Model," International Journal of Information Management, 24(4), 2004.
- Brown, J and Duguid, P., "Organizational Learning and Communities of Practice: Toward a Unified View of Working, Learning and Innovation," Organization Science, 2(1), 1991.
- Carlsson, S. A., "Knowledge Managing and Knowledge Management Systems in Inter-Organizational Networks," Knowledge and Process Management, 10(3), 2003.
- Clarke, J and Turner, P., "Global Competition and the Australian Biotechnology Industry: Developing a Model of SMEs Knowledge Management Strategy," Knowledge and Process Management, 11(1), 2004.
- Davenport, T. H and Prusak, L., Working Knowledge, Boston, Massachusetts, Harvard Business School Press, 1998.

- Demarest, M., "Understanding Knowledge Management," Long Range Planning, 30(3), 1997.
- Drucker, P., The Post-Capitalist Society, Oxford. Butterworth-Heinemann, 1995.
- Ellis, K., "K-Span: Building a Bridge between Learning and Knowledge Management," Training, 40(10), 2003.
- Grant R. M. (1991), "The Resource-Based Theory of Competitive Advantage: Implications for Strategy Formulation," California Management Review, 33(3), pp.114-135.
- Grant, R. M., "Knowledge and the Firm: Overview," Strategic Management Journal, 17, Special Issue, 1996.
- Grant, R. M., "Toward a Knowledge based Theory of the firm," Strategic Management Journal, 17, Special Issue, 1996.
- Grant, R. M., "Prospering in Dynamically Competitive Environment: Organizational Capability as Knowledge Integration," Organization Science, 7(4), 1996.
- Grant, R. M., "The Knowledge-Based View of the Firm: Implications for Management Practice," Long Range Planning, 30(3), 1997.
- Hlupic, V., Pouloudi, A. and Rzevski, G., "Towards an Integrated Approach to Knowledge Management: 'Hard', 'Soft' and 'Abstract' Issue," Knowledge and Process Management, 9(2), 2002.
- Krogh, G., "Care in Knowledge Creation," California Management Review, 40(3), 1998.
- Malhotra, Y., "Deciphering the Knowledge Management Hype," Journal of Quality and Participation, 21(4), 1998.
- Nonaka, I., "A Dynamic Theory of Organizational Knowledge Creation," Organization Science, 5(1), 1994.
- Nonaka, I and Takeuch, H., The Knowledge Creating Company: How Japanese Companies Create the Dynamics of Innovation, New York: Oxford University Press, 1995.
- Polanyi, M., Personal Knowledge: Toward a Post-Critical Philosophy, London, Routledge & Kegan Paul, 1958.
- Prusak, L., Knowledge Management: The Ultimate Competitive Weapon, IBM Global Service, 1997.
- Shin, M., Holden, T. and Schmidt, R. A., "From Knowledge Theory to Management Practice: Toward an Integrated Approach," Information Processing & Management, 37(2), 2001.
- Wiig, K. M., "Knowledge Management: Where Did It Come From and Where Will It Go?," Expert Systems with Application, 13(1), 1997.
- Wong, K. Y. and Aspinwall, E., "Knowledge Management Implementation Frameworks: A Review," Knowledge and Process Management, 11(2), 2004.
- Zander, U and Kogut, B., "Knowledge and the Speed of Transfer and Imitation of Organizational Capabilities: An Empirical Test," Organizational Science, 6(1), 1995.

'자본 없는 자본주의'의 소용돌이

'닷컴버블'이 한창이던 2000년대 초반 경제학자들은 신경제(New Economy)라 부르는 IT(정보기술) 혁명에서 투자와 자산 개념을 어떻게 정의해야 하는지를 놓고 고민했다. 당시 기업 가치를 나타내는 시가총액 1위 기업은 마이크로소프트였다. 그런데 마이크로소프트는 눈에 보이는, 손으로 만질 수 있는, 이른바 '유형(tangible)자산'이 극히 일부에 불과했다. 2006년 기준 마이크로소프트의 기업 가치(시가총액)는 2,500억달러. 이 중 전통적으로 기업 가치를 대변하는 유형자산인 공장이나 설비 규모는 30억달러에 불과했다. 나머지 600억달러는 현금과 금융상품으로 이뤄져 있었다. 그런데 시장에서 기업 가치를 2,500억달러로 인정받은 것이다.

학자와 전문가들은 마이크로소프트 기업 가치 안에는 손으로 만질 수 없는 '무형(intangible)자산'이 대거 포함되어 있다는 사실을 찾아냈다. 대차대조표에는 잡히지 않는 연구개발(R&D)과 제품 디자인의 투자에서 얻어진 아이디어와 브랜드 가치, 내부 조직 문화와 교육 훈련으로 무장한 인적 자본 등이 그 내용이었다. 세계 자동차업계에서 1위를 달렸던 GM의 경우 공장과 설비 등 유형자산 규모는 마이크로소프트의 20배가량에 달했지만 기업 가치는 3분의 1에 머물렀다.

▶ 산업혁명 이후 형성된 자본주의 대변신

지난 수백년간 자본은 건물이나 공장, 시설 등 형체가 있는 유형자산을 뜻했다. 17~18세기 자본주의를 상징하는 자산이 토지와 농경지였다면, 산업혁명 이후로는 공장과 기계가 주력 자산이었다. 20세기 들어서는 금융의 영향력이 커졌다. 모두 자산 가치 측정이 수월하고 회계 장부를 통해 가치를 파악할 수 있었다. 그러나 이제 세계경제를 움직이는 중심은 무형자산이다. 구글·애플·아마존·넷플릭스 등 무형자산을 축적하는 기업이 경제를 이끌어가고 있다.

조너선 해스컬(Haskel) 영국 임페리얼대 경제학 교수는 이런 현상을 '자본 없는 자본주의(capitalism without capital)'로 정의했다. 전통 기업처럼 거대한 공장과 창고를 갖고 있지 않지만 지적 자산을 경쟁력으로 활용해 기업 가치를 키우고 있다는 것이다. 디자인과 소프트웨어, R&D, 기업문화, 브랜드 등이다. 2005년 P&G가 회계상 장부가치가 28억달러에 불과한 질레트를 570억달러를 주고 인수한 것

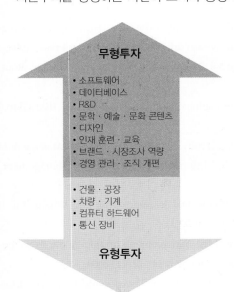

무형투자
- 소프트웨어
- 데이터베이스
- R&D
- 문학·예술·문화 콘텐츠
- 디자인
- 인재 훈련·교육
- 브랜드·시장조사 역량
- 경영 관리·조직 개편

- 건물·공장
- 차량·기계
- 컴퓨터 하드웨어
- 통신 장비

유형투자

도 이런 무형자산에 대한 가치를 높게 평가했기 때문이다. 애플은 전 세계를 아우르는 체계적 부품 공급망과 디자인 역량, 고객의 브랜드 충성도 등이 핵심 자산이며, 아마존은 물류센터에서 배송을 매끄럽게 연결해주는 시스템, 개인 맞춤형 제품 추천 알고리즘 등이 경쟁력으로 평가받고 있다. 그 결과 특정 기업 가치를 측정하는 방식도 과거 유형자산 위주에서 지금은 무형자산 위주로 바뀌어 가고 있다. 해스컬 교수는 경제에서 무형자산이 차지하는 비중이 1990년대를 기점으로 유형자산을 추월했고 투자 역시 무형자산에 집중되고 있다고 지적한다.

▶ 팽창 쉽지만 빈부 격차 심화 문제도

무형자산이 지배하는 '무형경제(Intangible Economy)'에선 4가지 특징이 나타난다. 적은 비용으로 계속 사용할 수 있고(확장성), 가격을 매기기 어려워 투자 자금을 회수하기 힘들며(매몰성), 모방이 쉬워 혜택을 쉽게 누리면서(스필오버), 좋은 아이디어들이 결합하는 과정에서 혁신을 촉진한다(시너지)는 것이다.

그러나 문제도 있다. 무형경제에선 관련 투자에서 앞서간 기업 간 격차가 갈수록 심화될 수 있다는 특징이 있다. 불평등에 대한 우려가 나오는 것도 이 때문이다. 무형자산 가치를 회계장부에 어떻게 반영할 것인지 기준이 모호해 과세 과정에서 논란이 불거진다는 점도 고민거리다.

해스컬 교수는 앞으로 무형경제 시대에 후발 국가들이 선발 주자들을 따라잡기 위해선 유리한 세율을 통해 무형자본 기업을 끌어들이는 등 전략이 필요하다고 충고한다. 해스컬 교수와 '자본 없는 자본주의' 개념을 공동 연구한 스티언 웨스트레이크(Westlake) 네스타(NESTA) 정책연구팀장을 만나 자본 없는 자본주의의 의미와 향후 전망에 대해 들어봤다.

▶ '자본 없는 자본주의' 4가지 특징

(1) 확장성(scalability) – 브랜드·마케팅 등 큰 비용 없이 전세계로 확장 … 코카콜라·스타벅스·우버·에어비앤비

세계 최대 음료 기업 코카콜라(Coca Cola)는 막강한 브랜드 파워를 자랑한다. 탄산음료를 즐겨 마시지 않는 사람도 '코카콜라' 하면 붉은색 로고와 고유의 병 디자인, 음료의 톡 쏘는 단맛을 떠올린다. 코카콜라의 핵심 자산은 130년 이상 구축한 브랜드, 코카콜라 특유의 맛을 내는 음료 조리법, 마케팅 역량 등이다. 눈에 보이지 않는 무형(無形)자산이다. 공장, 기계 등 유형자산을 필요로 하는 음료 생산은 외부 기업에 위탁한다. 코카콜라 음료를 병에 담아 유통시키는 일은 코카콜라와 계약을 맺은 전 세계 250여 개 음료 회사들이 담당한다.

코카콜라는 일관성 있는 브랜드 덕분에 현지 음료 회사에 생산을 맡길 수 있다. 코카콜라 브랜드는 세계 어디서나 통용되는 데다가, 정해진 제품 생산과 유통 매뉴얼을 따르면 협력사를 통해 어느 공장에서나 똑같은 제품을 만들어낼 수 있다. 이처럼 브랜드나 아이디어 같은 무형자산은 큰 비용을 들이지 않고도 널리 확산된다는 특성을 지닌다. 조너선 해스컬 임페리얼대 교수는 이를 '확장성(scalability)'이라고 정의했다.

스타벅스는 점주가 운영 매뉴얼만 있으면 중국 1200개 매장에서 동시에 적용이 가능하다. 승객과 차량을 이어주는 우버나 투숙객과 빈방을 연결해주는 에어비앤비의 기본 사업 모델도 수많은 도시에 적용할 수 있다. 해스컬 교수는 "무형자산은 기계나 부품처럼 시간이 지나면서 가치가 떨어지거나 소진되지 않기 때문에 끊임없이 적용해 사업을 확장할 수 있다"고 했다.

(2) 매몰성(sunkenness) – 한 번 투자하면 결정 번복해도 비용 회수 어렵다 … GE · 지멘스

한때 미국을 상징하는 최고 제조 기업이었던 제너럴일렉트릭(GE)이 지난달 다우존스산업평균지수 종목에서 111년 만에 퇴출당하며 충격을 안겼다. 경영 실적 부진과 시가총액 감소 때문이었다. 최근 1년 GE의 주가는 50% 넘게 폭락했다. GE의 '추락' 배경 중 하나로 제프리 이멜트 전 CEO의 투자 실패가 꼽힌다. 이멜트는 2001~2017년 재임 기간 동안 엔진 · 에너지 · 헬스케어 사업 분야에 문어발식으로 투자했다. GE를 세계 10대 소프트웨어 기업으로 만들겠다며 디지털 사업부에도 수십억달러 투자를 했다. 그러나 결과는 신통치 않았고 수익성 악화로 이어졌다. '그 돈으로 주식 투자를 했으면 더 많은 돈을 벌었을 것'이라는 비아냥이 나올 정도였다. GE는 최근 헬스케어 사업부 분사(分社)를 결정하며 구조조정에 나서고 있지만 미래가 불투명한 상황이다.

독일의 지멘스도 한 때 디지털 투자를 하겠다고 나섰으나 실패해 큰 손실을 본 적이 있다.

조너선 해스컬 교수는 기업 경영자가 R&D나 사업부 신설 같은 무형 투자로 많은 돈을 날리는 것은 무형자산의 '매몰성' 때문이라고 설명한다. 매몰성이란 투자를 한 뒤에는 결정을 번복하더라도 투자금 회수가 어려운 것을 가리킨다. 땅, 점포, 기계 같은 유형자산은 되파는 것이 가능하지만 인적 자원, 브랜드 같은 무형자산은 시장 가격을 매기기 어려울뿐더러 제값에 팔기가 불가능하다.

해스컬 교수는 "회수할 수 없는 매몰 비용에 집착해 사업을 접지 못하고 밀고 나가는 기업들이 증가할 수 있다"고 지적한다.

(3) 모방성(spillovers) – 경쟁사들 모방 쉬워 시장이 쉽게 커진다 … 애플 · 맥킨지

애플은 2007년 1월 9일 세계 최초 스마트폰 '아이폰'을 출시했다. 아이폰은 새로운 시장을 창출했다. 스마트폰 기기 생산 자체뿐 아니라 컴퓨터에 머물던 애플리케이션(응용프로그램) 개발자들을 스마트폰 세계로 이끈 것이다.

아이폰은 그 자체로도 성공을 거뒀지만 삼성전자나 HTC 등 경쟁 업체를 비롯해 전체 스마트폰 제조업계에 이익을 줬다. 아이폰 디자인과 유사한 경쟁사 스마트폰들이 쏟아져 나오고, 애플이 이듬해 출시한 스마트폰 앱(App) 시장 '앱스토어'는 스마트폰 생태계가 더욱 발전하는 밑바탕을 깔았다. 애플이 만들어낸 소프트웨어나 디자인, 공급망 같은 '무형자산'을 손쉽게 경쟁사들이 참조해 이익을 냈기 때문이다. 컨설팅 회사 맥킨지는 다른 컨설팅 회사들이 창립될 때 모델이 됐다.

무형자산에 대한 투자는 그 편익이 해당 기업을 넘어 주변으로 '스필오버(spill over)'되기 쉬운 특성이 있다. 조너선 해스컬 교수는 "무형자산 재산권을 보호하기 위해 특허권, 상표권 등이 만들어졌지만, 유형자산에 비해 스필오버를 막는 것이 훨씬 어렵다"고 지적했다. 이러한 특성 때문에 기업들은 무형자산 투자에 주저할 수 있다. 해스컬 교수는 "대표적 해결책은 정부가 연구 활동에 지원금을 주는 것"이라고 했다. 미국에선 정부가 국내 R&D의 30%를 지원하고 있다. '스필오버 관리 능력'도 향후 기업의 중요한 경쟁력이 될 수 있다. 무형자산을 다른 기업이 빼내가지 못하도록 차단하거나 다른 회사의 무형자산을 이용하는 능력 또한 중요해질 것이란 전망이다.

(4) 시너지(synergies) – 무형자산과 무형자산 만나면 시너지가 폭발적 ⋯ 디즈니＋영화 · 애플＋폭스콘

'라이온 킹' '미녀와 야수' 등 만화영화로 1990년대 전성기를 누린 디즈니는 2000년대 들어 부진에 빠졌다. 만화영화 제작 능력은 뛰어났지만 대중을 사로잡을 만한 새로운 콘텐츠가 없어 고전을 면치 못했다. 위기를 맞이한 디즈니는 인수 · 합병(M&A)으로 재기를 노렸다. 결과는 기대 이상이었다. 2006년 픽사, 2009년 마블엔터테인먼트, 2012년 '스타워즈'를 만든 루카스필름을 사들이면서 폭발적으로 성장했다. 특히 마블 인수 뒤 선보인 '어벤져스', '캡틴 아메리카', '토르' 등 19여개 영화 대부분이 흥행에 성공하면서 인기 프랜차이즈로 자리매김했다. 디즈니의 조직력과 자본, 콘텐츠 제작 노하우 등이 마블의 콘텐츠와 결합해 이뤄낸 시너지다.

아이디어, 콘텐츠, 제조 노하우, 기업 문화 등의 무형자산이 결합해 새로운 시장이나 가치를 창출하는 것을 시너지라고 한다. 디즈니처럼 무형자산(콘텐츠)과 무형자산(만화영화 제작 노하우) 간 시너지도 있지만, 유형자산(스마트폰)과 무형자산(배달 앱)이 만나 새로운 시장을 창조하기도 한다. 아이폰은 애플의 대표 무형자산인 디자인 · 소프트웨어와 폭스콘의 위탁생산 기술이 만들어낸 결과물이다. 시너지는 예측하기 어렵지만 한 번 생기면 그 효과가 폭발적이기 때문에 기업이 다양한 무형자산에 투자하면 할수록 더 큰 가치를 창출할 수 있다. 혁신을 연구하는 에릭 브리뇰프슨 MIT 교수는 "(무형자산인) 첨단 소프트웨어를 개발해 가장 많은 이익을 얻은 기업들은 (무형자산인) 조직 개편에도 투자한 기업인 것으로 나타났다"고 설명했다. (Weekly BIZ, 2018년 7월 14일~15일)

사례연구 토의

1. '자본 없는 자본주의'의 특징 확장성의 개념과 사례를 논하시오.
2. '자본 없는 자본주의'의 특징 매몰성의 개념과 사례를 논하시오.
3. '자본 없는 자본주의'의 특징 모방성의 개념과 사례를 논하시오.
4. '자본 없는 자본주의'의 특징 시너지의 개념과 사례를 논하시오.

R&D의 진화, 이제는 X&D 시대

▶ 기술개발 경쟁이 성능戰에서 속도戰으로 변화하면서 기업의 연구개발 (R&D)에서 특히 'R'이 비용과 시간 면에서 병목요인(bottleneck)으로 작용

- 제품과 서비스에 대한 고객 니즈 고도화, 기술의 상향 평준화와 융복합화, 복잡성 증가로 'R'에 소요되는 비용과 시간은 갈수록 늘어나는 데 비해 그에 비례하여 성과를 기대하기 어려운 상황
- 기술 라이프 사이클 단축으로 이제 완벽을 지향하는 자체 연구보다 빨리 실험해서 빨리 결과를 확인하는 것이 점점 더 중요해짐 (Fail fast, Fail cheap')
- 내부에 강력한 R&D 조직을 보유하던 시대에서 외부 역량을 효과적으로 활용하는 시대로 바뀌고 있으며, 기업연구소의 역할도 전체 혁신 에코시스템의 허브 및 코디네이터 역할로 재정립되는 추세

▶ 2000년대 전후로 등장한 다양한 혁신기법들은 R&D에서 'R' 부분을 개선하기 위한 시도로 이해할 수 있음 (이를 X&D로 통칭)

1. C&D (Connect & Development)

- 외부 기술과 아이디어를 내부의 R&D 역량과 연결시켜 신제품을 개발하는 개방형 기술혁신 모델
- 세계 최대 생활용품 업체 P&G는 회사에 필요한 R&D 과제를 자사 홈페이지에 공개하고 외부의 아이디어를 구하는 제도 운영. 대표적 성과는 감자칩 위에 그림이나 글자를 적은 '프링글즈 프린트'. P&G 측은 C&D 전략으로 R&D 생산성을 60% 향상하고 성공률을 2배로 높였다고 설명
- 데이터 교환과 통신을 위한 방법과 툴의 진전으로 쿼키(Quirky), 이노센티브(Innocentive), 킥스타터(Kickstarter) 등 다양한 외부 혁신 플랫폼을 활용하면 외부 역량의 탐색, 연결, 거래비용 감축 가능
- 구글의 '비밀연구소'라 불리는 '구글 X'는 2012년부터 전 세계를 대상으로 아이디어를 수집. 'X를 해결하라' 웹사이트(solveforx.com)에 접속하면 누구든 자유롭게 아이디어를 제안하고 토론할 수 있으며, 구글 운영진은 아이디어 제안자와 관련 전문가를 연결하고 필요시 개발자금도 지원. 구글은 이 웹사이트에 올라온 200여 개의 아이디어를 빠르고 저렴하게 새로운 신사업 아이디어를 얻을 수 있는 중요 자산으로 활용

2. A&D (Acquisition & Development)

- 자사에 부족한 기술을 직접 개발하기보다는 필요한 기술을 갖춘 기업(주로 벤처)을 인수한 후, 추가 개발을 통해 기술의 상용화 시기를 앞당기는 방식
- 미국을 대표하는 굴지의 IT업체 시스코(Cisco)는 1993년 이후 175건, 거의 매년 8건의 기업 인수를 통해 네트워킹 기술의 선두 유지. 인터넷 라우터 사업으로 출발했던 시스코는 크리센드, 그랜드정션 등 스위치 업체를 연이어 인수하면서 라우터에서 스위치로 제품 포트폴리오 확대. 이후 웹엑스, 스타렌트, 머라키, 누오바 등을 인수하면서 네트워크 장비 기반의 화상회의 시스템 제공. 인터넷 프로토콜(IP)을 사용한 네트워크 연관 사업 전 분야로 영역 확대. 2015년에도 사물인터넷(IoT) 실시간 분석회사 파스트림, 네트워크 보안 회사 랜코르, 화상회의 소프트웨어 회사 아카노 등을 잇따라 인수. 2016년에는 IoT 플랫폼회사 재스퍼테크놀로지를 U$14억에 전격 인수했으며, 연이어 클라우드 스타트업인 클리커와 네트워크 장비용 반도체 회사인 리에바 인수
- 글로벌 Big Pharma(거대제약회사)들도 A&D를 통해 신약개발에 소요되는 기간 단축. FDA에서 승인된 신약의 평균 개발기간은 10년, 개발 비용은 32조원에 달하기 때문에 자체 개발에 어려움 가중. 현재 글로벌 매출 상위 20개 의약품 중 13개가 인수를 통한 외부 기술 획득 후, 추가 개발을 통해 완성된 제품임

3. L&D (Launching & Development)

- 고객의 니즈가 명확하지 않고 빠르게 바뀌는 경우 시제품을 빠르게 출시한 후 고객 피드백을 받아 수정, 보완해 나가는 애자일(agile) 전략
- 2010년 '짝퉁 아이폰'으로 사업을 시작한 샤오미(Xiaomi, 小米)는 대규모 R&D센터를 운영하는 대신 홈페이지와 SNS를 통해 고객의 의견과 불만을 접수하고 매주 목요일 운영체제와 앱(Application) 업데이트에 즉각 반영. '대륙의 실수'라는 얘기를 들을 정도로 중국 스마트폰 시장의 최강자로 부상
- GE는 2012년에 패스트웍스(Fast Works)라는 새로운 개발 방법론을 도입해 시장의 기대 수준을 최소한도로 충족시키는 최소요건제품(MVP, Minimum Viable Product)을 빠르게 출시하고, 지속적인 소비자 피드백을 통해 개선. 이를 통해 공급체인 15% 통합, 신제품 개발 사이클 30% 이상 단축, 거래 사이클 50% 단축, 고객 응대속도 4배 개선 등의 성과 시현. 2014년에는 한 발 더 나아가 '퍼스트빌드(First Build)'라는 자회사를 설립하여 온라인과 오프라인 커뮤니티를 통해 주요 고객뿐만 아니라 일반인으로부터도 폭넓은 아이디어 수용

4. S&D (Seeding & Development)

- 신기술 개발 등 전략적 미래투자 목적으로 유망 벤처기업에 투자하거나 인큐베이션하는 방식

- 엑셀러레이터 프로그램은 2005년 와이 컴비네이터(Y Combinator)라는 미국 벤처 캐피털이 처음 도입한 프로그램으로 2016년 8월 기준 전 세계 약 70여 개 기업이 엑셀러레이터 프로그램 운영 중
- BASF는 External Innovation Verbund라는 전담 조직을 설치하여 외부 혁신 업체와 인력에 대한 글로벌 스카우팅과 인큐베이션을 하고 있으며, 자사 보유 기술을 활용한 추가 개발 방안도 모색
- 월마트는 2011년 실리콘밸리에 연구소를 설립하여 온라인 유통 기반을 구축하고 기존의 오프라인 유통채널과 통합하여 미래 유통산업 선도를 추구
- GE는 2015년 실리콘밸리 북부 샌라몬에 'GE디지털'을 설립, 연간 U$5억 이상을 소프트웨어 개발에 투자하고 개발 인력 1만 5천 명 확보
- 대다수 제약업체들도 바이오 연구의 허브인 미국 매사추세츠주 케임브리지에 연구거점 설립

5. D&D (Data-driven & Development)

- 연구개발 프로세스 전반에 디지털화 및 자동화 기술을 도입하여 유연성과 민첩성을 강화하고, 개발 생산성을 획기적으로 높이는 방식
- 일례로 자동차 회사는 커넥티드카에서 실시간으로 전송되는 운전자 행동 빅데이터를 기반으로 주로 사용하는 기능, 주요 동선, 사용상의 불편 사항 등을 빠르고 정확하게 파악
- 존슨앤존슨은 가상실험을 통해 개발 시간을 40% 단축했고, 임상 환자 수를 60% 줄이는 데 성공했다고 발표
- 한 유럽 자동차 회사는 물리적 프로토타이핑 이전에 디지털 프로토타이핑을 활용해 사전 검증을 진행. 이로 인해 프로토타이핑 비용은 절반으로 감소했고, 부품별 사양 변경 횟수는 75%까지 감소
- 한 화학 기업은 로봇 및 통신 기반의 자동화 시스템을 통해 희석, 합성 등 실험 과정을 자동화함으로써 실험 시간을 60~70% 단축

▶ 시사점과 대응 방안

- 기존 연구개발 체제의 생산성 실태를 정밀 진단하여 속도 정체 및 비용 증가를 유발하는 단계나 원인을 정확하게 파악해야 함. 연구 개발 프로세스의 성패는 전략 자체보다는 실행상의 애로사항과 연구원들의 심리적 저항 등에서 비롯되기 때문에 정확한 진단 선행 필요. 과거 간헐적으로 시도했던 각종 X&D 제도와 프로세스의 실행 저해 요인 점검, 재 활성화 방안 수립 필요.
- X&D 수행에 최적화된 조직 문화 및 제도 개편, 변화관리 필요. 개방형 혁신 문화 정착. 스타트업의 민첩성을 가진 양손잡이형(ambidextrous) 연구 조직 지향. 연구소 역할을 개발의 주체에서 코디네이터 및 개발 Hub 역할로 재정립

• 연구 과제 성격별로 R&D 추진 방법과 프로세스를 달리하는 유연성을 통해 연구개발 생산성 제고 가능. 무조건적 협력 시도보다는 대상 기술의 특성(Lifecycle)과 내부 역량(기술 친밀도)을 고려하여 독자개발과 외부 역량 연계활용 간 적절한 균형 필요. 탐색형 R&D와 활용형 R&D에 맞는 개발방법론 채택 필요. (POSRI 이슈리포트, 2017년 4월 27일)

사례연구 토의

1. C&D (Connect & Development) 활용 사례를 논하시오.
2. A&D (Acquisition & Development) 활용 사례를 논하시오.
3. L&D (Launching & Development) 활용 사례를 논하시오.
4. S&D (Seeding & Development) 활용 사례를 논하시오.
5. D&D (Data-driven & Development) 활용 사례를 논하시오.

e-비즈니스 응용

CHAPTER **11**

e-마케팅

전 세계적으로 인터넷 사용자 수가 증가하고 있으며, 국내 역시 2020년 기준으로 인터넷 이용자 수가 약 4,600만명을 넘어서고 있다. 많은 사람들이 인터넷을 통해 이메일을 교환할 뿐만 아니라, 자신이 관심을 갖고 있는 상품과 서비스를 구입하기 위해서 다양한 상거래 사이트를 방문하고 있다. 인터넷 초창기에는 주로 정보통신 및 컴퓨터와 관련한 산업분야에 국한해서 전자상거래의 바람이 불더니 이제는 꽃 배달, 와인 판매, 서적 판매, CD/DVD 판매, 식료품 판매 등의 다양한 산업분야에까지 엄청난 파문과 변화가 발생하고 있다. 이에 따라, 많은 닷컴 기업들이 등장하여 온라인 기반의 판매와 서비스 등의 활동을 전개하고 있으며, 전통적 기업들 역시 e-비즈니스에 사활을 걸고 기반구조와 관련 시스템 구축에 엄청난 투자를 하며 과거의 오프라인 판매방식을 온라인 판매방식으로 변화시키고 있다. 이와 같은 e-비즈니스 환경에서 기업들의 가장 핵심적 생존전략 중의 하나는 자사에서 창출한 가치를 적절한 고객에게, 적절한 시점에, 적절한 방식을 통해 제공하는 것이라 할 수 있다. 즉, 기업은 고객이 필요로 하는 것이 무엇인가를 알고, 경쟁사들에 비해 차별화된 가치가 무엇인가를 파악하고, 이들에게 적절한 홍보와 서비스 등을 제공하지 않고서는 어떠한 형태의 비즈니스도 성공할 수가 없게 된 것이다.

따라서, 본 장에서는 최근의 e-비즈니스 환경에서 기업이 생존하기 위해서 필수적으로 관심과 노력을 기울여야 하는 영역으로서 e-마케팅의 등장배경, e-마케팅의 개념, e-마케팅 전략, 그리고 e-마케팅의 관리와 평가 등에 대해서 학습하고자 한다.

e-마케팅의 등장배경

인터넷이라는 새로운 고객접점 채널의 등장은 마케팅 개념에 있어서 엄청난 변화를 야기하고 있다. 즉, 인터넷은 단순히 고객들에게 정보를 전달하기 위한 매체에서 벗어나 이제는 생산자와 판매자 혹은 판매자와 고객간의 양방향 커뮤니케이션을 제공하는 핵심적 통로로서 기능하고 있다. 이에, 본 절에서는 인터넷과 다양한 정보통신기술을 기반으로 하는 e-마케팅의 등장배경을 살펴본다.

1.1 산업 및 시장의 변화

정보통신기술의 비약적인 발전과 인터넷을 통한 경제구조의 디지털화는 우리가 살고 있는 사회를 새로운 형태의 경제구조로 이동시키고 있다. 즉, [그림 11-1]에서 보는 바와 같이, 산업화 사회에서 정보화 사회로 패러다임이 변화함에 따라 산업 및 시장의 특성, 즉 시장을 구성하고 있는 요소인 시장참여자(player), 제품(product), 프로세스(process)에 있어서 새로운 변화가 유도되고 있다.

그림 11-1 **산업 및 시장의 변화 형태**

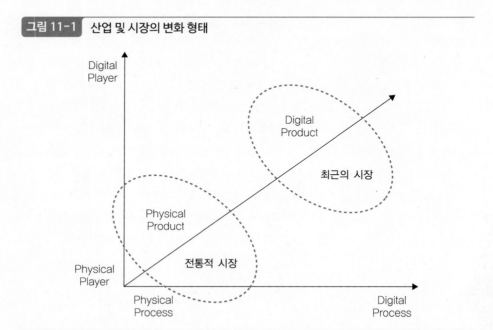

시장에 참여하는 주체, 즉 판매자, 구매자, 중개자들의 경우, 과거에는 전혀 볼 수 없었던 순수 온라인 기업 혹은 오프라인과 온라인을 병행하는 기업들이 엄청나게 증가하고 있는 추세이다. 또한, 과거의 시장에서는 모든 기업들이 오프라인 기반하에 비즈니스를 전개하였으나(physical player), 최근에는 사이버상에서 다양한 온라인 콘텐츠만을 판매하는 기업들이(digital player) 폭발적으로 증가하고 있는 추세이다.

시장에서 판매되는 제품에 있어서는 과거의 물리적 제품(physical product) 중심에서 다양한 종류의 디지털 제품(digital product)이 출시되고 있다. 이에 따라, 시장에서 통용되는 많은 제품들에게 요구되는 속성이 여러 사용자들을 대상으로 하며(multiple user), 소비자들이 원하는 시기에 적절하게 제공되어야 하며(timeliness), 사용자들이 제품 검색 및 선택과정에 직접 참여할 수 있는(interactivity) 형태로 점차 변화하고 있다.

시장 참여자들이 수행하는 활동을 의미하는 프로세스 역시 과거의 물리적 프로세스(physical process)에서 점차 디지털 프로세스(digital process)의 비중이 증가하고 있다. 즉, 시장, 제품, 시장 참여자들의 디지털화가 진전되어 감에 따라 시장 참여자간의 거래활동, 즉 제품 검색, 제품 비교 및 선택, 제품 구매, 대금 결제, 제품 전달 및 서비스 등의 많은 활동들이 온라인상에서 이루어지고 있는 것이다.

결국, 산업 및 시장의 대표적 구성요소에 속하는 시장 참여자, 제품, 프로세스 등의 디지털화로의 변화는 제품 생산자나 제품 판매자로 하여금 과거와는 다른 새로운 형태의 마케팅 개념을 요구하고 있다. 특히, 엄청난 수준으로 발전하여 이제 실생활에서 보편적으로 활용되고 있는 인터넷과 정보통신기술의 장점을 최대한 살리면서 마케팅의 효과성을 극대화 할 수 있는 새로운 접근방법이 필요한 실정이다.

1.2 고객의 변화

과거의 고객들은 특정 기업과 제품에 대해서 좋은 이미지를 갖게 되면 이에 대한 충성도(loyalty) 역시 꾸준하게 유지되는 경향이 존재하였다. 또한, 과거의 고객들은 정형적인 라이프 스타일을 유지하는 경향이 있어서 졸업, 취업, 결혼, 자녀교육, 자녀의 결혼, 퇴직, 관심사항 등에 있어서 거의 유사한 특성을 보이고 있었다. 이에 따라, 기업들은 별도의 차별화된 노력을 기울이지 않고서도 고객을 계속 유지할 수 있었으며, 제품이나 서비스에 있어서도 기업들간에 별다른 차이점을 찾아보기가 어려웠다.

하지만, 최근에 들어 인터넷의 활용이 본격화되면서 고객들은 보다 넓어진 선택권을 이용하여, 자신의 개성에 맞는 제품을 선택하며, 제품 선택의 폭을 넓히려는 경향을 보이고 있다. 또한, 많은 사람들이 일시적인 유행 흐름에 편승하는 경향이 존재하며, 이러한 편승이 오랫동안 지속되지 않는 특성을 나타내고 있다. 즉, 과거와 같이 5년이나 10년 정도의 장기간에 걸쳐 지속되는 충성도나 선호도가 아니라 불과 몇 개월 만에 변할 수 있는 충성도와 선호도를 나타내고 있는 것이다.

위에서 살펴본 바와 같이, 최근의 e-비즈니스 환경은 많은 선택 권한을 갖고 있는 고객의 충성도와 선호도가 수시로 변화하는 특성을 보인다고 요약할 수 있다. 이에 따라, 기업들은 고객 선호도의 변화를 빨리 파악하여 적응해야 하며, 보다 감각적이고 선진화된 마케팅 기법의 개발을 통해 신속하게 고객의 관심을 끌어 제품을 판매하는 것이 경쟁력 확보를 위한 핵심 요소로서 인식되고 있다.

1.3 정보기술의 변화

인터넷을 비롯한 정보통신기술, 데이터베이스 처리기술 등의 발달은 마케팅 패러다임의 전환을 가져왔다. 즉, 정보통신기술과 속도, 네트워크기술 등의 향상과 정보전달 방식의 발전, 그리고 컴퓨터와 인터넷 사용자의 확산, 데이터베이스 처리기술의 발달과 온라인 결제수단의 보급 등은 고객들과의 양방향 커뮤니케이션의 중요성을 부각시켰으며, 자연스럽게 고객의 개별적 요구를 바탕으로 하는 마케팅 기법의 개발을 유도하였다.

무어(Moore)의 법칙에서 제시된 바와 같이, 최근의 컴퓨터와 통신기술, 그리고 인터넷 기술은 매우 빠르게 변화하고 있다. 특정 기업이 이러한 기술들을 상호 적절하게 결합하여 활용한다면 엄청난 마케팅 능력을 보유하는 동시에 전 세계의 고객들과 유연하게 의사소통을 할 수 있다. 즉, 기존의 마케팅 개념이 대중을 대상으로 일방적이며 획일적으로 시도되었다면 현대적 마케팅 개념은 컴퓨터와 통신기술을 활용함으로써 개인화마케팅, 사이버마케팅, DB마케팅, 일대일마케팅, 텔레마케팅, 다이렉트마케팅 등의 다양한 마케팅 노력을 전개할 수 있는 것이다.

따라서, 최근의 기업들은 인터넷과 다양한 정보기술을 매개로 하여 고객의 개별적인 요구와 취향에 맞춰 제품과 서비스를 제공할 수 있으며, 새로운 고객을 유치하여, 고객과 지속적인 관계를 형성하여 끊임없이 대화할 수 있으며, 고객의 불만사항이나 요구사항을 전달받을 수 있는 마케팅 체계를 구축하고자 노력하고 있다. 이와 함께, e-비즈니스 환경에서 새롭게 전개할 수 있는 새로운 형태의 마케팅 접근법과 기법 등을 개발하여 활용하고자 노력하고 있다.

1.4 마케팅 개념의 변화

디지털 경제체제에 들어서면서 기존의 마케팅 개념에도 새로운 변화가 지속적으로 일어나고 있다. 즉, 〈표 11-1〉에서 보는 바와 같이 과거의 대중마케팅, 표적마케팅에서 벗어나 이제는 일대일 마케팅을 지향하는 방향으로 마케팅 개념이 옮겨가고 있는 것이다. 이에 따라, 최근의 마케팅에서는 컴퓨터와 인터넷 기술이 본격적으로 활용됨으로써, 고객과의 양방향성 커뮤니케이션, 개인화된 상호작용, 고객주문형 가치 제공 등이 가능해지고 있다.

대중마케팅은 판매업자가 모든 구매자를 대상으로 단일의 제품을 대량으로 생산, 유통, 촉진하는 경우를 의미한다. 이러한 형태는 기업이 단일 제품을 중심으로 대중마케팅을 실시함으로써, 최소의 원가와 가격으로 최대의 잠재시장을 창출할 수 있다는 특징이 있다. 또한, 표적마케팅은 전체 시장을 몇 개의 세분화된 시장으로 구분하여 이들 중에서 특정 시장만을 선별하여 제품과 서비스를 제공하는 경우이다. 이 형태는 고객의 일반적 요구사항을 파악하여 명확한 목표와 사업성에 근거한 마케팅을 구현한다는 것이 주요 특징이다.

표 11-1   마케팅 개념의 변화

구 분	대중마케팅 (mass marketing)	표적마케팅 (target marketing)	일대일마케팅 (1to1 marketing)
마케팅 대상	다수의 대중	선별적 표적집단	개인
마케팅 목표	시장점유율, 매출액, 고객만족도		고객점유율, 고객만족도, 매출액
시장접근방법	비차별 마케팅	차별적／집중 마케팅	DB／인터넷 마케팅
핵심 경제원리	규모의 경제 (economics of scale)		범위의 경제 (economics of scope)
마케팅 초점	제품관리		고객관리
커뮤니케이션 방법	일방향(one-way)		양방향(two-way)

한편, 최근의 기업들은 일대일 마케팅 접근법을 통해 고객점유율, 고객만족도, 매출액 등을 제고하는 데 목표를 두고 있다. 이에 따라, 기업들은 과거와는 달리 기업이 통제할 수 있는 마케팅 수단으로서 마케팅 믹스를 4P(Product, Price, Promotion, Place) 이외에도 6C(Community, Communication, Contents, Commerce, Connection, Customization)나 4A(AnyWay, AnyProduct, AnyTime, AnyWhere) 등의 새로운 e-마케팅 믹스를 개발하여 적극적인 활동을 전개하고 있다.

제 2 절 e-마케팅의 개념

e-마케팅은 전통적 마케팅과 비교해 볼 때, 몇몇 부분에서 공통점을 발견할 수 있다. 하지만, e-마케팅은 기본적으로 인터넷과 정보통신기술을 매체로 이용하고 있기 때문에 여러 가지 측면에서 고유한 특성을 지니고 있다. 이에 따라, 본 절에서는 e-마케팅의 특성과 정의, e-마케팅의 방법, 그리고 e-마케팅의 장단점 등에 대해서 살펴본다.

2.1 e-마케팅의 정의

e-마케팅의 개념을 명확히 정의하기란 매우 어려운 문제이다. e-마케팅을 단순히 '컴퓨터, 인터넷, 그리고 정보통신기술을 이용한 마케팅활동'으로 정의한다면, 그 내용을 너무 단순화하는 것으로 판단된다. 대부분의 학자들이나 현장의 전문가들 역시 e-마케팅을 개념적으로 정의하는데 있어서 다소의 차이점을 나타내고 있는데, 이는 기업들이 수행하는 e-마케팅 활동의 범위에 있어서 차이가 있으며, 나아가 e-마케팅에 적용되는 정보기술의 종류에 따라 기업이 수행 가능한 마케팅 활동에서도 차이점이 존재하기 때문이다.

한편, e-마케팅은 전통적 마케팅 개념과는 달리 고객 개개인과의 1대1 관계를 보다 중요하게 인식하며, 모든 고객들의 성향 파악을 실시하며, 지속적인 관계 마케팅 전략을 추구하며, 온라인을 통해 마케팅 활동을 수행하는 것을 목적으로 한다는 측면에서 전통적 마케팅과 확연히 구별된다. 이와 관련해서 Alba(1997)는 e-마케팅이 전통적 오프라인 마케팅에서는 불가능했던 활동들을 지원하는 차별적

그림 11-2　e-마케팅의 특징

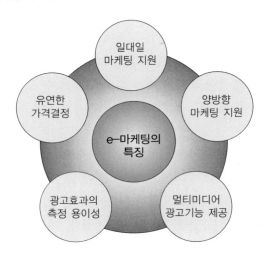

개념으로 제안하고 있다([그림 11-2] 참조).

첫째, e-마케팅은 일대일 마케팅을 지원하는 개념이다. 즉, 오프라인 마케팅에서는 고객세분화를 통한 마케팅이 존재했지만 현실적으로 일대일의 형태로 고객과 접촉할 수 있는 방안은 없었다. 그러나, 인터넷과 정보통신기술은 개개인의 고객과 접촉할 수 있는 기술적 기반을 제공하고 있기 때문에, 마케팅의 고객세분화 전략 측면에서 오프라인 마케팅과는 차별적인 특성을 나타낸다.

둘째, e-마케팅은 양방향 마케팅을 지원하는 개념이다. 인터넷 매체가 신문이나 TV 등의 매체와 가장 차별화 되는 부분은 일방적으로 특정 내용을 제시하는 것만이 아니라 매체와 고객간의 상호작용이 가능하다는 점이다. 이와 같이, 고객과의 상호작용은 고객의 만족도 향상 및 마케팅 관리를 위해 매우 중요한 요소인데, 인터넷과 정보통신기술은 고객의 요구사항을 실시간으로 수집하여 마케팅 전략에 반영할 수 있도록 지원하며 나아가 고객의 욕구를 보다 빠르게 충족시키는 데 기여할 수 있다.

셋째, e-마케팅은 멀티미디어 광고 기능을 제공하는 개념이다. 대부분의 인터넷 기반의 웹 사이트는 양방향 기능을 갖춘 멀티미디어 기능을 제공한다. 기존의 광고형태가 단지 고객에게 보여주기 위한 것이었다면, 인터넷과 정보기술을 이용한 광고는 양방향의 멀티미디어 광고 형태를 띠며 고객과의 유기적이고 지속적인 커뮤니케이션이 가능하도록 지원할 수 있다.

넷째, e-마케팅은 비교적 광고효과의 측정이 용이한 편이다. 전통적인 오프라인에서는 주로 신문, 잡지, TV 등의 광고매체를 통해 고객에게 광고를 제공하였다. 또한, 전통적 방식에서는 정확한 고객세분화가 어렵기 때문에 불특정 다수에게 광고를 발송하였으며, 그것에 대한 효과 자체를 정확하게 파악하기가 어려웠다. 그러나, 인터넷 기반의 광고는 과거의 방식에 비해 다양한 정보기술을 활용함으로써 광고의 효과를 어느 정도 집계할 수 있다. 즉, 광고클릭횟수, 광고노출시간, 고객과의 피드백 정도, 광고접속자의 소재 등을 집계하여 분석할 수 있다.

다섯째, e-마케팅은 유연한 가격결정이 지원되는 개념이다. 오프라인과 온라인을 막론하고 제품 및 서비스의 가격은 소비자가 제품을 선택하는 데 있어서 매우 중요한 기준이 되고 있다. e-마케팅은 오프라인 마케팅에 비해 상대적으로 비용과 시간이 적게 소요되기 때문에, 제품 및 서비스의 가격결정에 높은 마케팅 비용이 반영되는 것을 최소화 할 수 있다. 이러한 특성에 따라, e-마케팅에서는 목표시장에 따라 차별화된 가격정책을 펼칠 수 있다.

위에서 살펴본 내용을 종합해 볼 때, e-마케팅이란 '전통적 마케팅과는 달리 인터넷과 다양한 정보통신기술을 적극적으로 활용하여, 고객과 기업을 동시에 만족시킬 수 있는 상품과 서비스를 교환함으로써, 고객과의 지속적인 관계를 수립하고 유지시키는 일련의 마케팅 프로세스'로 정의할 수 있다.

2.2 e-마케팅의 방법

산업현장에서 e-마케팅을 수행하기 위해서는 마케팅 활동의 범위, 마케팅 활동의 방법, 그리고 적용할 적절한 정보기술의 종류 등을 선정해야 한다. 이에 따라, e-마케팅 활동은 산업의 특성과 기업의 고유한 특성에 따라 매우 다양한 형태로 추진될 수 있다. 그럼에도 불구하고, 일반적으로 e-마케팅을 수행하기 위한 대표적 방법으로서 인터넷 온라인 광고(internet online advertisement), 이메일 마케팅(e-mail marketing), 개인화 마케팅(personalized marketing), 고객관계관리(customer relationship management), SNS 마케팅(social network service marketing) 등을 꼽고 있다. 이들 대표적인 e-마케팅 방법의 주요 특징을 살펴보면 다음과 같다.

(1) 온라인 광고

온라인 광고는 인터넷 사용자들을 대상으로 제품과 서비스를 홍보하는 것을 의미한다. 온라인 광고는 1994년 10월 미국의 HotWired가 회사의 인터넷 사이트에 AT&T, Sprint 등의 통신회사 광고를 배너 형태로 게재한 이후 본격적으로 활성화되었다. 최근에 들어, 온라인 광고는 단순히 고객에게 회사의 이미지나 제품을 인식시키는 도구에서 벗어나 이제는 실제적으로 고객의 제품구매를 유도하기 위한 핵심적 수단으로서 인식되고 있다.

온라인 광고의 대표적 유형에는 배너(banner)광고, 스팟임대(spot lease)광고, 스플래쉬 스크린(splash screen), 이메일(e-mail) 광고 등의 다양한 형태가 포함된다. 광고의 형식에 있어서도 기존의 단순한 배너광고의 형태에서 벗어나 점차 동영상의 스트리밍 광고 등의 보다 선진화된 형태로 발전하고 있다. 온라인 광고의 장점은 다수의 고객들에게 쉽게 접근할 수 있으며, TV나 라디오와 달리 24시간 계속적으로 광고할 수 있으며, 멀티미디어나 가상현실(virtual reality)과 같은 다양한 형태와 기법을 통해 제품과 서비스에 관련된 정보를 보다 쉽게 전달할 수 있다는 점이다.

(2) 이메일 마케팅

인터넷에서 제공되는 여러 가지 서비스 중에서 가장 많이 이용되고 있는 기능은 바로 이메일 기능이다. 전 세계적으로 2020년 기준으로 약 45억 명의 인터넷 사용자가 있으며, 이들의 대부분이 개인 업무나 사무업무 등의 처리를 위해서 반드시 필요한 통신수단으로서 이메일 기능을 이용하고 있다.

기업의 입장에서는 이처럼 보편화된 통신수단을 마케팅 활동, 즉 기업의 홍보, 제품 및 서비스의 소개, 판매촉진 등에 이용하는 것이 당연한 것으로 인식되고 있다. 이러한 이메일 마케팅의 장점은 소비자 개개인에게 정보를 직접 전달할 수 있으며, HTML 형태의 문서를 웹 페이지에서 볼 수 있는 멀티미디어 형태의 정보와 연결하여 전달할 수 있으며, 기존의 직접 우편(direct mail)에 비해 엄청나게 소요비용이 저렴하다는 점이다. 따라서, 많은 기업들이 신규 고객의 유치, 기존 고객의 유지, 그리고 기존 고객과의 관계 강화 등을 달성하기 위해서 이메일 기능을 적극적으로 이용하고 있다.

(3) 개인화 마케팅

개인화 마케팅(personalized marketing)은 일대일 마케팅으로도 불리우며, 과거부터 존재했던 개념으로 볼 수 있다. 즉, 전통적인 오프라인 백화점에서 고객의 라이프스타일, 직업, 기호 등에 맞는 의류를 추천하는 행위, 특급 호텔에서 고객의 이름을 포함하여 고객들이 선호하는 음식이나 습관 등을 고려하여 서비스를 제공하는 행위 등이 여기에 속한다. 이와 같은 개인화 마케팅은 신규 고객의 유치보다는 기존 고객의 유지에 초점을 두는 형태로 발전하고 있으며, 최근에는 인터넷과 정보통신기술의 발달에 힘입어 거의 모든 고객들을 1대1의 형태로 관리하는 형태로까지 발전하고 있다.

기업이 효과적으로 개인화 마케팅을 추진하기 위해서는 고객 평생가치(lifetime value)의 산정, 고객별 선호하는 상품 및 서비스의 개발과 홍보, 고객별 차별화된 이벤트 전개 등의 매우 다양한 마케팅 활동들을 전개하는 것이 필요하며, 이를 통해 모든 고객들이 기업으로부터 1대1의 차별화된 서비스를 제공받고 있다는 생각이 들도록 만들어야 한다. 개인화 마케팅의 장점은 대고객 서비스 차별화를 통한 기업의 경쟁력 향상, 고객의 충성도 제고, 마케팅 활동비용의 감소, 고객별 평생가치의 분석 및 관리 등이 가능하다는 점이다.

(4) CRM

고객관계관리(Customer Relationship Management)는 고객과 관련한 다양한 정보를 수집 및 분석하여, 고객 개개인에게 가장 적합한 제품과 서비스를 제공하고, 고객과 지속적인 관계를 구축 및 유지하는 데 초점을 두며, 기업의 수익성을 극대화하기 위한 프로세스라고 할 수 있다. 여기에서, CRM이란 기존의 관계마케팅(relationship marketing)의 개념하에 위에서 설명한 일대일 마케팅의 개념이 추가되어 보다 체계적인 마케팅 활동으로 발전한 것으로 이해할 수 있다. 즉, CRM에서는 일대일 마케팅에서 지향하는 기존 고객의 유지를 포함하여 신규 고객의 유치, 우수 고객의 발굴, 휴면 고객의 활성화, 이탈 고객의 재유치 등을 함께 지향하는 통합 마케팅 활동을 의미한다.

기업에서 CRM을 효과적으로 추진하기 위해서는 인터넷과 정보통신기술 이외에도 기업의 기술적 기반구조에 속하는 전방지향 시스템(마케팅, 세일즈, 고객지원, 협력사관리 등)과 후방지향 시스템(콜 센터, 데이터마이닝, 데이터웨어하우스, 온라인분석시스템 등)간의 유기적인 연결과 조화가 필요하다. 인터넷이라는 단일의 채널과 자동화된 웹 시스템을 이용하여 고객의 관리 및 통합 마케팅 활동을 전개할 수 있는 CRM은 고객관리의 효과성 제고, 고객만족도 제고, 마케팅 활동비용의 절감, 차별적 서비스의 제공 등의 측면에서 효과성을 기대할 수 있다.

(5) SNS 마케팅

SNS(Social Network Service)는 온라인상에서 형성할 수 있는 인적 네트워크 구축을 지원하는 매개체로서 새로운 사람들과의 교류를 통해 인맥을 형성해 주는 동시에 기존 인맥들과의 관계를 더욱 강화시켜 주는 온라인 서비스를 말한다. 최근에는 페이스북, 카카오, 트위터, 인스타그램 등과 같은 다수의 SNS 사이트들이 존재하며, 기업들은 이러한 인터넷 플랫폼을 이용하여 다양한 형태의 마케팅 활동을 전개하고자 노력하고 있다.

최근의 소비자들은 SNS상에서 다른 사람들과의 교류나 관계를 구축하는 것 뿐만 아니라 본인이 경험한 제품이나 서비스에 대하여 진솔한 평가나 불만을 털어놓기도 한다. 이처럼, 소비자들이 기입한 내용은 특정 기업이나 브랜드에 대한 이미지, 윤리성, 공익활동 등에 직간접적으로 영향을 미치게 된다.

따라서, 기업들은 과거처럼 단순히 고객에게 자사의 상품과 서비스를 판매하기 위하여 고객의 성향이나 충성도 등을 분석하는 수준에서 벗어나, 이제는 SNS상에서 고객들의 행동등을 다차원적으로 분석하여 비즈니스에 활용하고 있다. 즉, 기업들은 소비자들이 SNS상에서 어떤 행동을 하고 있으며, 누구와 어느 정도의 관계를 맺고 있으며, 이들간에 어떠한 대화가 오가고 있는지 등을 다차원적이며 종합적으로 분석함으로써, 온라인상의 소비자들을 자사 및 자사의 브랜드에 더욱 몰입하도록 유도하기 위한 마케팅 방안을 다각적으로 마련하고 있다.

2.3 e-마케팅의 장단점

기업이나 소비자 모두의 입장에서 볼 때, 디지털경제체제로의 변화, 인터넷과 정보통신기술의 발달, 마케팅 패러다임의 변화 등에 힘입어 등장한 e-마케팅은 비용이나 시간적 측면에서 여러 가지 장점을 제공하고 있다. 반면에, 사용자들의 정보에 대한 인식 부족, 사이버 공간에서의 거래를 위한 안전장치 미흡, 낮은 수준의 네트워크 속도 등은 e-마케팅의 활성화를 저해하고 있다.

최근에 많은 기업들에서 활성화되고 있는 e-마케팅의 장단점을 정리하면 〈표 11-2〉와 같다.

첫째, e-마케팅은 고객관리 및 표적 집단에 대한 접근이 용이하다. 기업은 e-마케팅을 통해 개별 고객이나 표적 집단의 접촉 및 일대일 커뮤니케이션이 가능해짐으로써 잠재 고객을 명확히 하는 동시에 제품에 대한 고객의 충성도를 높일 수

표 11-2	e-마케팅의 장점과 단점
장 점	**단 점**
• 고객관리 및 표적 집단에 대한 접근이 용이 • 판매 및 판촉비용의 절감이 용이 • 고객과의 양방향 커뮤니케이션 가능 • 시간과 공간의 제약성 극복 가능 • 고객에게 다양하고 많은 정보 제공이 가능 • 광고의 효과 측정이 용이 • 새로운 시장개척이 용이하도록 지원	• 고속의 네트워크 전송속도 확보의 어려움 • 소비자의 구매욕구 자극의 어려움 • 상거래 및 개인신상정보의 보안성 유지의 어려움 • 인터넷 사용자들의 표적화된 광고에 대한 거부감

있다. 특히, 계속적으로 발달하고 있는 인터넷 기술은 기업으로 하여금 고객과의 긴밀한 관계 형성, 고객요구의 실시간 파악, 신속한 대고객 서비스 제공, 제품개발 및 마케팅 활동에 고객의 의견 반영 등이 가능하도록 지원하고 있다.

둘째, e-마케팅은 판매경비 및 판촉비용의 절감이 가능하다. 전통적인 거래방식에서는 제품 판매를 위해서 고정비의 많은 부분을 차지하고 있는 인건비용이 꾸준히 지출되었으며, 신제품 개발 및 제품의 개선사항 등에 대한 판촉을 위해서 소요되는 비용이 많았다. 그러나, 인터넷을 이용한 판매방식에서는 많은 수의 판매사원을 필요로 하지 않기 때문에 인건비를 절감할 수 있으며, 판촉의 경우에 있어서도 전자메일, 웹 사이트 홍보, 전자 카탈로그 등을 통해서 소요 비용을 대폭 감소시킬 수 있다.

셋째, e-마케팅은 고객과의 양방향 커뮤니케이션이 가능하다. 즉, 과거에는 기업이 고객에게 일방향적인 마케팅 활동을 전개하며 고객으로부터의 불만이나 요구사항을 수용할 수 있는 체계가 부족하였다. 그러나, 최근의 인터넷 관련 기술의 발달은 기업과 고객간의 양방향 커뮤니케이션을 유연하게 지원함으로써, 기업의 마케팅 담당자로 하여금 고객이 원하는 것이 무엇인가 그리고 고객들의 불만사항은 무엇인가 등을 파악할 수 있도록 지원한다. 또한, 고객은 온라인 채팅이나 뉴스그룹을 통해 다른 사람들이 무엇을 필요로 하는가 혹은 제품에 대한 신뢰도와 선호도는 어떠한가 등을 쉽게 파악할 수 있다.

넷째, e-마케팅은 시공간의 제약을 극복할 수 있다. 즉, 과거의 마케팅에서는 물리적인 매장에, 제품을 전시하여, 정해진 시간 동안, 고객을 상대해야했기 때문에 시간적인 제약과 함께 사무실 구입비용 등의 상당한 자금이 소요되었다. 그러나, e-마케팅에서는 서버 구입이나 홈페이지 작성 등의 제한된 영역에만 경비가 소요됨으로써, 제품의 가격결정에 있어서 매우 유연할 수 있다. 또한, 시간과 공간을 초월하여 전 세계를 대상으로, 24시간 365일 동안 다각적인 판매 및 마케팅 활동을 전개할 수 있다.

다섯째, e-마케팅은 고객에게 다양한 정보를 제공할 수 있다. 기존 마케팅의 경우, 공중파 방송이나 신문 등을 이용한 광고료 제약으로 인해 소비자들에게 제공하는 상품이나 서비스 관련 정보의 양에는 한계가 있었다. 그러나, 인터넷을 기반으로 하는 e-마케팅에서는 무제한의 정보 제공이 가능하며, 시간이나 지면의 제약을 받지 않고 고객에게 전달하고자 하는 내용을 효과적으로 제공할 수 있다. 또한, 영상, 그래픽, 음향, 문자 등의 다양한 멀티미디어 기술을 이용한 광고를 제공할 수 있으며, 기업홍보 및 제품광고뿐만 아니라 다양한 정보를 결합한 정보형 광고까지도 제공할 수 있다.

여섯째, e-마케팅은 광고효과 측정이 비교적 용이하다. 전통적 마케팅에서는 기업이 제공한 광고에 대하여 고객들이 어떠한 반응을 보이는지, 어떠한 상품을 선호하는지 등을 파악하기가 어려워서 객관적인 광고효과 분석을 기대하지 못했었다. 그러나, e-마케팅에서는 웹 로그분석 등의 기술을 통해 광고효과의 측정 및 소비자 정보의 분석이 가능하다. 즉 고객이 몇 번 사이트를 방문하였는지, 언제 주로 방문하는지, 어느 계층의 고객이 많이 방문하는지, 웹 사이트에서 얼마 동안 머무르는지, 어떤 내용을 선택해서 보았는지 등을 다양하게 분석하여 마케팅 활동에 반영할 수 있다.

일곱째, e-마케팅은 새로운 시장개척을 지원한다. 기존까지만 하더라도 기업이 새로운 시장을 개척할 경우 자본, 인력, 브랜드 등의 여러 가지 위험을 감수해야만 했다. 그러나, 인터넷은 이러한 개념에서 탈피하여 시장의 진입장벽 자체를 획기적으로 낮추고 있으며, 혁신적이며 도전적인 아이디어 하나만으로도 세계적인 시장에 진출하여 경쟁할 수 있도록 지원하고 있다. 특히, 자금이 부족하여 새로운 시장에 진출하는 것이 어려웠던 기업들에게는 엄청난 기회를 제공하고 있다.

위에서 살펴본 바와 같이, e-마케팅은 기업으로 하여금 다양한 마케팅 활동을 전개할 수 있는 기회를 제공하고 있지만, 아직까지도 몇몇 측면에서는 개선사항이나 제약점이 존재한다(〈표 11-2〉 참조).

첫째, 현재의 e-마케팅은 고객들에게 다양한 형태의 멀티미디어 정보를 신속하게 전송하는 데 있어서 한계점을 지니고 있다. 즉, e-마케팅은 전통적 방식과 달리 고객들에게 매우 다양한 형태의 정보를 고속으로 전달하는 데 목표를 두고 있다. 그런데, 현재의 인터넷 전송속도는 웹 사이트에 게재되어 있는 텍스트, 동영상, 음성 등의 멀티미디어 정보를 고객에게 신속하게 전달하는 데 있어서 다소 만족스럽지 못한 경우가 있다. 이러한 한계는 고개들로 하여금 온라인 시스템을 이용하고자 하는 동기를 저해하는 요인으로 작용할 수 있다.

둘째, 현재의 e-마케팅은 소비자의 구매 욕구를 자극하는 데 다소의 한계점을 지니고 있다. 즉, 온라인을 통해 상품과 서비스를 소개하는 마케팅 활동은 쇼핑센터에서 직접 물건을 고르거나 화려한 상품 카탈로그를 확인해서 물건을 주문하는 전통적 방식에 비해 소비자들의 구매 욕구를 자극하기가 어려울 수 있다. 따라서, 향후에는 가상현실 등의 선진화된 멀티미디어 기술을 통해 고객의 구매 욕구를 효과적으로 자극할 수 있는 전자 카탈로그의 작성 및 현실감 있는 제품소개 방법 등이 e-마케팅에 반영되어야 할 것이다.

셋째, 현재의 e-마케팅은 상거래 및 개인 신상정보의 보안성 유지측면에서 부분적인 한계를 지니고 있다. 인터넷의 개념 자체가 개방성을 띠고 있기 때문에, 상거래 및 개인 신상정보의 보안성 측면에서는 아직까지도 불완전한 상태라고 할 수 있다. 최근 사회 일각에서 번지고 있는 공공연한 신상정보의 유출 및 해킹사고의 발생 등은 이러한 인터넷의 보안성 문제를 그대로 보여주고 있는 것이다. 따라서, e-마케팅이 성공적으로 실현되기 위해서는 고객들과의 접촉 및 거래 과정에서 지불방식의 다양화, 안전한 지불과정 보장, 개인 신상정보의 보안 유지 등을 중심으로 철저한 준비와 대책이 마련되어져야 할 것이다.

제 3 절 e-마케팅 전략

전통적 마케팅 전략과는 달리, e-마케팅 전략은 디지털시대의 변화 특성을 적절하게 반영하여 기존의 마케팅 활동들을 가상공간에서도 충분히 활용할 수 있는 형태로 구상되어야 한다. 즉, 최근의 전자상거래시스템을 이용하는 고객들의 경우 제품을 직접 만져보고, 확인하고, 비교해서 구매결정을 내리지 않기 때문에, e-비즈니스 환경에서의 마케팅 전략은 기존의 형태와는 다른 특성을 지니고 있어야 한다.

한편, e-마케팅 전략을 마련하기 위해서 대부분의 기업들이 STP 접근법, 즉 시장세분화(segmentation), 표적시장 선정(targeting), 포지셔닝(positioning)의 3단계 접근법을 활용하여 구체적 형태의 e-마케팅 전략을 수립하고 있다. 여기에서 시장세분화는 고객의 구매행동이나 특성이 유사한 집단을 상세하게 분류하는 과정을 의미하며, 표적시장 선정은 세분화된 고객집단 중에서 e-마케팅 전략의 구체적 대상을 선정하는 과정을 의미한다. 또한, 포지셔닝은 선택된 표적시장 내의 고객들에게 자사의 제품이나 이미지를 확고하게 정립하는 과정을 의미한다.

본 절에서는 이와 같은 STP 접근법에 기초하여 활용될 수 있는 대표적 마케팅 믹스들을 중심으로 e-마케팅 전략의 유형들을 살펴본다.

3.1 4P전략

여러 가지 유형의 e-마케팅 전략 중에서 4P전략은 기업이 전통적인 마케팅 믹스로서 제품(product), 가격(price), 유통(place), 촉진(promotion)을 중심으로 어떠한 제품을, 어느 정도의 가격대에, 어떠한 홍보노력을 통해, 어떻게 제품을 유통시킴으로써 표적시장에서 효과성을 극대화 할 수 있을 것인가에 대한 내용을 포함하고 있다. 이를 정리하여 나타내면 [그림 11-3]과 같다.

(1) 제품전략

인터넷상에서 판매되는 제품은 무형의 디지털 제품이나 표준화된 제품이 수요가 높은 편이다. 이는 인터넷상에서 거래되는 제품의 특성상 소비자가 직접 상품을 보고 확인할 수 없다는 단점으로 인해 제품들간의 품질 차이가 비교적 발생되지 않는 표준화된 제품의 거래가 활성화되고 있기 때문이다. 따라서, e-마케팅 제품전략은 주로 디지털 제품, 즉 인터넷에서 주로 판매되는 제품인 컴퓨터 하드웨어, 소프트웨어, 도서와 음반, 연예 및 오락, 가전제품, 자동차, 여행, 보험, 주식

그림 11-3 e-마케팅 4P전략

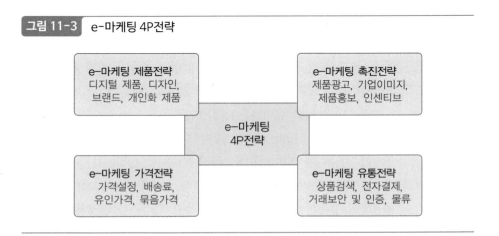

거래 등의 제품을 인터넷상에서 어떻게 판매할 것인가에 대한 전략적 내용과 추진 활동 등을 포함한다.

　　e-마케팅 제품전략은 제품의 기능과 디자인, 회사나 제품의 브랜드, 회사나 제품의 로고, 제품의 포장, 제품과 관련한 서비스의 특성 등을 중심으로 구성되어야 한다. 이에 따라, e-마케팅 제품전략에는 인터넷에서 비교적 거래가 활발한 제품의 종류를 중심으로, 제품의 기능 및 디자인은 어떻게 구성할 것인가, 제품의 브랜드는 기존의 브랜드를 이용할 것인가 혹은 새롭게 개발할 것인가, 제품의 포장방법은 어떻게 할 것인가, 제품과 관련한 서비스 제공방식 및 시기는 어떻게 할 것인가 등과 관련한 내용을 포함하고 있어야 한다. 참고로, 회사나 제품의 브랜드는 기존의 브랜드를 그대로 이용할 수도 있으나, 인터넷 고유 브랜드를 새롭게 만드는 경우에는 브랜드명과 도메인명 간의 연계성은 매우 중요한 문제이다.

(2) 가격전략

　　일반적으로 인터넷을 통해 판매되는 제품의 가격은 저렴한 것으로 인식되어 있다. 이는 제품을 판매하기 위해서 물리적 매장을 마련하는 데 비용을 소요하지 않아도 되며, 인건비나 설비이용료 등의 유지비용이 매우 저렴하게 소요되며, 판매과정에 중간 상인이 개입하지 않으므로 유통비용이 절감될 수 있으며, 판매에 관련된 활동들을 자동화하여 업무량을 감소시킬 수 있기 때문이다. e-마케팅 가격전략은 이와 같은 인터넷상에서의 판매 및 가격 특성을 고려하여, 회사에서 판매하는 제품의 가격을 현재 혹은 향후에 어느 정도의 수준으로 책정할 것인가, 어떠한 가격전략을 구사할 것인가 등에 대한 내용을 정의한 것을 의미한다. e-마케팅 가격전략을 수립하는 데 있어서 특히 주의해야 할 사항으로는 제품가격과 배송료를 결정하는 것이 있다. 제품의 가격을 수립하는 데 있어서 활용되는 대표적인 방법은 저가격 전략과 묶음가격 전략이 있다. 저가격 전략은 서적, 컴퓨터 소프트웨어, 하드웨어, 철이 지난 의류 등의 일부 품목을 경쟁사들에 비해 저렴한 가격대에 판매함으로써, 고객의 관심과 선호도를 향상시키는 동시에 다른 제품을 정상가격에 구입하도록 유인하는 방식이다. 묶음가격 전략은 신상품이나 인기상품을 그렇지 않은 상품들과 하나의 패키지로 묶어서 판매함으로써, 각기 다른 제품을 낱개로 구입하는 경우보다 저렴하게 판매하는 방식이다. 또한, 배송료를 결정하는 데 있어서는 설사 판매가격이 저렴하다 하더라도 배송료의 수준에 따라 고객의 지불금액이 상승할 수 있기 때문에, 배송료의 수준을 결정하는 데 있어서 많은 주의가 요구된다. 따라서, 배송료 결정에 있어서는 고객이 구입한 제품의 판매금액과

있다. 따라서, 온라인 커뮤니티는 기업과 고객간의 관계 뿐만 아니라 고객과 고객과의 관계를 형성하는 데 있어서 매우 중요한 요소이다.

e-마케팅 전략으로서 커뮤니티 전략에는 기업과 고객간의 관계 그리고 고객과 고객간의 관계 형성을 지원하기 위해서 어떠한 분야를 중심으로 커뮤니티를 개발할 것인가, 커뮤니티의 형성을 위해서 어떠한 유인책을 제공할 것인가, 커뮤니티가 지속적으로 관리 및 유지되기 위해서 기업이 해야 할 일은 무엇인가 등을 체계적으로 정리한 것을 의미한다. 참고로, 온라인 커뮤니티의 유형에는 특정 제품 및 서비스와 관련한 정보를 공유하는 형태, 특정 주제나 사람과 관련하여 토론하고 의견을 교환하는 형태 등의 다양한 형태가 존재할 수 있다.

(2) 커뮤니케이션전략

e-마케팅은 컴퓨터 기반하에 기업의 마케팅 활동의 효율성을 추구하기 때문에, 고객과의 양방향 커뮤니케이션을 활성화 할 수 있는 기술과 도구가 필수적이다. 이에 따라, 기업의 커뮤니케이션 전략은 고객들에게 효과적인 커뮤니케이션 도구를 제공함으로써 그들이 온라인 커뮤니티에 용이하게 참여할 수 있도록 지원해야 하며, 이를 통해 양방향 커뮤니케이션이 원활히 수행될 수 있도록 지원해야 한다.

결국, 기업의 커뮤니케이션 전략에는 기업이 고객들과 의사소통하기 위해서 어떠한 커뮤니케이션 도구, 예를 들어 무료 전자우편, 채팅방, 인스턴트 메시징 서비스, 게시판, 검색엔진 등을 제공할 것인가, 이들 도구를 이용하여 고객과의 양방향 커뮤니케이션을 활성화하기 위해서 어떠한 기법을 채택할 것인가, 고객과의 정기적인 커뮤니케이션이 필요하다면 어떤 내용을 중심으로 커뮤니케이션을 할 것인가 등이 정의되어야 한다.

(3) 콘텐츠전략

e-마케팅에서 콘텐츠는 웹상에서 제공되는 문자, 그림, 음성, 동영상 등의 다양한 정보 형태를 의미한다(〈표 11-3〉 참조). 즉, 웹상에서 제공되는 제품에 대한 홍보문구, 고객들에게 전달되는 메시지, 웹상에서 정보를 찾기 위한 검색엔진, 각종 투자정보, 양방향 비디오 게임 등의 모든 디지털 정보를 의미한다. 이러한 인터넷 콘텐츠는 내용적인 특성뿐만 아니라 외형적인 기능 및 디자인 요소에 따라서도 그 효과성이 매우 달라진다. 따라서, 바람직한 콘텐츠는 멀티미디어 특성을 지녀야 하며, 인간의 지적 창의성을 포함하고 있어야 하며, 고객과 상호작용할 수

표 11-3	다양한 콘텐츠 유형
유 형	주요 내용
교육(education)	• 가상교육, 원격교육 등 • 캠퍼스21(www.campus21.co.kr), 크레듀(www.credue.com) 등
정보(information)	• 뉴스정보, 주식정보, 제품정보 등 • 야후(www.yahoo.com), 디지털조선일보(www.chosun.com) 등
오락(entertainment)	• 사이버 캐릭터, 음반, 영화 등 • 벅스뮤직(www.bugsmusic.co.kr), 캐릭터파크(www.cpark.co.kr) 등
비즈니스(business)	• 인터넷쇼핑, 인터넷광고, 사이버경매 등 • 롯데닷컴(www.lotte.com), 옥션(www.auction.co.kr) 등

있어야 한다.

e-마케팅 콘텐츠전략에는 고객에게 어떤 종류와 특성을 지닌 콘텐츠를 제공할 것인가, 콘텐츠를 자체적으로 개발할 것인가 혹은 외주를 통해 조달할 것인가, 콘텐츠를 통해 고객의 구매 욕구를 어떻게 불러일으킬 수 있는가, 어떻게 하면 고객과 지속적으로 상호작용하며 견고한 관계를 유지할 수 있는가 등에 관한 전략적 기획안과 관련 마케팅 활동들이 정의되어 있어야 한다.

(4) 상거래전략

디지털 경제체제하서의 상거래, 특히 전자상거래는 인터넷을 통해 유무형의 상품과 서비스가 거래되는 것을 의미한다. 최근의 경영환경에서는 전통적 기업들조차 오프라인 매장을 통한 상거래 이외에 온라인을 이용한 전자상거래를 촉진시키기 위해서 다양한 e-비즈니스 모델의 개발 및 정보기술에 대한 투자를 아끼지 않고 있다. 이러한 현상은 새로운 판매 및 유통채널로서 인터넷과 정보통신기술이 기업의 상거래 행위에 얼마나 많은 영향을 미치고 있는가를 단적으로 제시해주고 있다.

일반적으로 e-마케팅 상거래전략에는 기업이 어떠한 종류의 e-비즈니스 모델을 개발하여 상거래를 추진할 것인가, 어떠한 제품 및 서비스를 상거래의 대상에 포함시킬 것인가, 상거래 대상인 제품 및 서비스의 가격은 어떻게 설정할 것인가, 상거래에 참여하는 주체 및 우리 회사의 상거래 담당자는 누구인가, 상거래를 통한 비용 및 효익 타당성은 어떠한가, 상거래를 촉진시키기 위해서 기업이 수행해야 하는 마케팅 활동은 무엇인가 등의 내용을 포함하고 있어야 한다.

(5) 협력전략

최근의 경영환경에서는 하나의 기업이 다수의 비즈니스 파트너들과 긴밀한 협력관계를 맺고 있다. 즉, 많은 인터넷 기업들은 고객들에게 다양한 서비스나 콘텐츠를 제공하기 위해서 동종 혹은 이종 산업에 속한 기업들과 긴밀한 제휴 및 협력관계를 맺어 비즈니스를 전개하고 있다. 이러한 협력체계는 결국 자사가 지니고 있지 못한 역량을 외부의 다른 기업으로부터 조달함으로써, 협력관계를 맺는 모든 기업들이 비용 절감, 자원 공유, 경쟁력 강화 등을 달성하는 데 목적이 있다.

이러한 비즈니스 환경특성을 감안할 때, e-마케팅 협력전략에는 자사가 지니고 있지 못한 콘텐츠나 서비스는 무엇이 있는가, 이러한 콘텐츠나 서비스를 지원해줄 수 있는 협력업체는 누구인가, 협력업체와의 제휴와 협력관계를 통해서 얻을 수있는 장단점은 무엇인가, 협력업체와의 지속적인 관계를 유지하기 위해서 필요한 요건은 무엇인가 등과 관련된 기획안 및 마케팅 활동들이 포함되어야 한다.

(6) 고객맞춤전략

전통적 경영환경과 달리 최근의 경영환경에서는 고객들이 인터넷과 정보통신기술의 활성화에 힘입어 제품 검색, 제품 구매, 제품과 관련한 불만사항 제시 등에 있어서 많은 힘을 지니고 있다. 또한, 고객들의 성향 자체가 점차 다양화, 개인화, 차별화되어 감에 따라, 모든 기업들이 고객의 요구사항에 적합한 제품과 서비스를 제공하는 데 초점을 맞추고 있다. 이에 따라, 많은 기업들이 고객과 일대일 관계의 구축, 신규 고객의 확보, 기존 고객의 유지 및 관리, 이탈 고객의 재유인, 신속한 서비스 및 배달체계 확보 등을 위해 엄청난 노력을 기울이고 있다.

따라서, 고객맞춤전략에는 고객과 일대일 관계의 구축 및 개인화 서비스(personalized service)를 제공하기 위한 각종 기획안과 관련 마케팅 활동들이 정의 되어야 한다. 예를 들어, 모든 고객들에게 차별화된 서비스를 제공하기 위해서 필요한 정보는 무엇인가, 이들 정보를 어떤 방법을 통해 획득 및 보관할 것인가, 차별화 서비스 제공을 위해서 어떤 기준을 이용하여 고객을 세분화할 것인가, 고객과의 지속적 관계 구축을 위해서 어떠한 서비스를 제공할 것인가 등이 포함될 수 있다.

제 4 절 e-마케팅 관리와 평가

　　기업을 둘러싸고 있는 경영환경 분석에 따라 e-마케팅 전략을 수립하여 추진하는 것으로 모든 e-마케팅 활동이 끝나는 것은 아니다. 즉, e-마케팅이 효과성을 거두기 위해서는 기업에서 추진한 다양한 마케팅 활동이 초기에 계획했던 방향대로 유지되고 있는가, 마케팅 활동이 소기의 성과를 거두고 있는지, 마케팅 활동에 따른 고객의 피드백은 어떠한 것들이 있는지 등을 중심으로 지속적인 관리와 평가노력이 요구된다.

　　한편, e-마케팅의 효과성을 가늠하기 위해서는 경영환경의 분석, e-마케팅 전략의 수립, e-마케팅의 실행, e-마케팅의 관리 등의 광범위한 영역에 걸친 모든 활동들과 기술들에 대한 분석이 요구된다. 그러나, 이러한 모든 영역을 대상으로 e-마케팅의 효과성을 엄격하게 측정 및 관리하는 것은 매우 어려운 실정이다.

　　따라서, 본 절에서는 e-마케팅 관리의 주요 영역을 살펴보고, 인터넷 광고를 중심으로 e-마케팅의 효과성을 측정하는 방법들을 살펴본다. 또한, e-마케팅이 성공하기 위해서 필요한 준비사항 및 성공전략 등에 대해서 살펴본다.

4.1 e-마케팅 관리

　　기업의 e-마케팅이 효과성을 발휘하기 위해서는 마케팅 활동들이 제대로 수행되고 있는가 혹은 마케팅 활동의 효과성은 어떠한가 등을 중심으로 지속적인 관리가 필요하다. 이 외에도, 프로모션 활동을 통해 확보한 고객들과의 관계 형성, 기존 고객들의 유지, 이탈 고객의 재유치 등을 위해서도 마케팅 관리노력이 반드시 필요하다.

　　기업의 e-마케팅 관리는 마케팅 활동의 진행과정 점검, 효과성 분석, 고객과의 관계 형성 등의 여러 가지 목적성을 지니고 있지만, 궁극으로는 기업과 고객과의 친밀한 관계를 형성하는 데 주요 초점을 두고 있으며, 일반적으로는 [그림 11-6]과 같이 세 가지의 영역을 중심으로 e-마케팅 관리를 수행한다.

(1) 고객의 반응 및 행동 분석

　　인터넷과 정보통신기술을 이용한 마케팅 프로모션은 기업이 고객들에게 전달

그림 11-6　e-마케팅 관리의 주요 영역

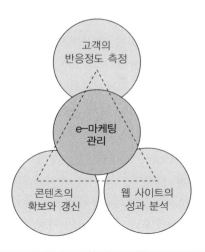

하고자 하는 메시지를 간단하게 보낼 수 있다는 장점이 있다. 그러나, 고객들에게 전달한 광고 메시지가 제대로 전달되었는지, 즉 고객이 광고 메시지에 어느 정도 호감을 갖고 반응하는가를 파악할 필요성이 있다. 이러한 배경에는 기업의 프로모션 광고에 대한 고객의 선호도 분석, 고객의 반응 정도에 따른 제품 판매량의 예측, 고객의 반응 정도에 따른 광고매체별 효과성 분석, 발송 예정인 광고의 내용 및 문구의 수정, 향후의 효과적인 프로모션 계획 수립 등을 위해서 e-마케팅 프로모션에 대한 고객의 반응정도를 측정하는 것이 필요하기 때문이다.

(2) 콘텐츠의 확보와 갱신

유형과 무형의 제품 및 서비스를 의미하는 콘텐츠는 e-비즈니스 환경에서 고객들을 자사의 웹 사이트로 유인하기 위해서 반드시 관리해야 하는 대상이다. 즉, 고객들로 하여금 자사의 웹 사이트에 방문하여 커뮤니티를 형성하고 제품을 구매할 수 있도록 하기 위해서는, 고객이 호감을 가질 수 있는 새로운 콘텐츠를 확보하는 동시에 과거의 오래된 콘텐츠에 대해서는 지속적으로 갱신작업을 수행해야한다. 여기에서, 인터넷 콘텐츠를 갱신하기 위해서 특정의 방법이나 시간대를 맞출 필요는 없으나, 일반적으로는 콘텐츠 내용의 변화에 맞춘 갱신방법이나 웹 사이트 접속시 실시간형 갱신방법 등이 많이 활용되고 있다.

(3) 웹 사이트의 성과 분석

기업의 입장에서 고객들과 가장 효과적으로 인터페이스하기 위한 대표적 채널로서 인식되고 있는 것은 웹 사이트이다. 이는 기업이 e-마케팅 활동을 통해 제공한 광고나 메시지에 반응하는 고객들의 경우, 흔히 기업의 웹 사이트를 방문하여 회사의 연혁, 제품의 종류 및 특징, 고객에게 제공되는 서비스 등을 종합적으로 파악하기 때문이다. 따라서, e-마케팅 활동을 효과적으로 전개하기 위해서는 웹 사이트 메뉴의 구성을 포함하여 웹 시스템의 정보처리 용량을 지속적으로 분석해야 한다. 이 외에도, 고객의 웹상에서의 행동분석을 위해서 어떤 고객이, 얼마나 자주, 어떤 페이지를 방문하였는가 등을 종합적으로 분석해야 한다. 이러한 관리노력은 향후의 웹 시스템 업그레이드, 웹 사이트 메뉴의 재구성, 고객대응전략의 모색 등을 위해서 반드시 필요한 요소이다.

4.2 e-마케팅의 효과성 측정

전통적 마케팅에서는 신문, 라디오, TV, 옥외광고 등을 주요 광고매체로 이용했기 때문에 광고의 효과성을 측정하는 것이 매우 어려운 과제로 인식되었다. 그러나, 최근의 e-비즈니스 환경에서는 인터넷과 다양한 컴퓨터 기술을 이용함으로써, 과거에 비해서 상대적으로 광고의 효과성을 측정하는 것이 보다 용이해졌다. 인터넷 광고의 효과성을 측정하기 위한 기준들은 매우 다양한 형태가 존재하며 계속적으로 새로운 기준들이 제시되고 있다. 여기에서는 e-마케팅 활동에 따른 인터넷 광고의 효과성을 측정하기 위한 방법을 크게 노출(exposure) 수준 중심의 척도와 상호작용(interactivity) 수준 중심의 척도로 구분하여 주요 특성을 살펴본다.

(1) 노출척도

인터넷 광고의 효과성을 측정하는 데 있어서 노출(exposure) 수준을 이용하고 있는 척도들은 인터넷 광고의 노출 빈도당 사용자의 광고 클릭 횟수를 측정하는데 초점을 맞추고 있다. 이러한 노출척도에는 히트(hits), 페이지(pages), 방문횟수 및 방문자(visits/user session, visitors), ID 사용 방문자(identified users/visits), 빈도(frequency) 등이 있다.

히트(hits)는 클라이언트와 서버간의 접촉기록을 표시하는 최하위 단위로서, 특정한 시간 동안에 사이트나 도메인으로부터 접근할 수 있는 '파일의 수(에러메시지, 이미지, 텍스트, 음성파일, 자바애플릿 등을 모두 포함)'를 의미한다. 즉, 특정 웹 페이지에 5개의 파일이 링크되어 있는 경우 히트는 5개로 간주할 수 있다. 따라서, 히트 척도는 사용자가 웹 사이트에 연결되어 있는 하위 파일들에 실제로 접근하였는지 여부와 간접적인 상관관계가 존재할 수 있기 때문에 많은 비판을 받고 있다. 이는 사용자가 한 번도 접속하지 않았음에도 에러 메시지가 출력되어 1개의 히트가 기록될 수 있기 때문이다.

페이지(pages)는 특정 사용자가 특정 시간 동안 특정 사이트나 도메인으로부터 다운로드한 '총 페이지의 수'로서 흔히 페이지뷰(page view)라고 한다. 페이지 척도는 사용자가 요청한 특정 페이지에 화면 스크롤이 생길 경우, 사용자가 해당 페이지를 모두 읽었는지에 대한 정보는 확인할 수 없다. 따라서, 페이지 척도는 단순히 그 페이지가 클릭되어 사용자의 컴퓨터에 다운로드된 횟수만을 의미하며, 해당 페이지에 실린 정보에 사용자들이 모두 노출되었다는 것을 의미하지는 않는다.

방문횟수 및 방문자(visits/user session, visitors)는 사용자들이 특정 시간 동안 특정 사이트나 도메인을 '방문한 총 횟수 및 방문자의 총수'를 이용하는 방식이다. 이 척도에서는 특정 사용자가 특정 사이트를 방문하여 여러 개의 하부 페이지(pages)를 방문하였다고 하더라도 단지 1번의 Visit 혹은 1회의 User Session으로 기록된다. 한편, 특정 시간 동안에 사이트를 방문한 사람이 몇 명인가는 파악할 수 있지만, 실제적인 측면에서 특정 사용자가 특정 사이트에 들렀다가 다른 사이트로 잠깐 나갔다가 되돌아오면 다시금 1회의 Visit가 추가로 기록되므로, 방문자가 동일인인지 여부를 걸러내는 기법이 필요하다.

ID 사용 방문자(identified users/visits)는 특정의 웹 사이트에 방문한 사용자들 중에서 웹 사이트에 등록시 발급된 '사용자 ID를 이용하여 웹 사이트를 방문한 사용자들의 총수'를 이용하는 방식이다.

이 외에도, 빈도(frequency)는 웹 사용자들이 특정 기간 동안 특정 사이트나 도메인을 방문하는 '평균 횟수', 즉 전체 방문횟수(visits)를 사용자수(users)로 나눈 값을 이용하는 방식이다.

(2) 상호작용척도

인터넷 광고의 효과성을 측정하는 데 있어서 상호작용(interactivity) 수준을 이용하고 있는 척도들은 사용자들의 광고에 대한 호감도를 상호작용이라는 개념으로 인식하여 측정하는 개념이다. 이러한 상호작용 중심의 척도에는 유효빈도

(proper frequency), 유효 도달률(proper reach), 클릭률(click through rate), 체류시간(duration time), 방문 깊이(visit depth), 라이크(like), 댓글(comment) 등이 포함된다.

유효빈도(proper frequency)는 실제로 측정하여 제시되는 개념이 아니라 광고기획 담당자가 과거의 축적된 데이터로부터 경험적으로 결정하는 빈도 구간을 의미한다. 즉, 인터넷 사용자들에게 배너광고를 얼마나 노출시켜야 사용자들이 타겟광고에 실제로 노출될 수 있겠는가를 경험적으로 결정한 '적정 노출횟수'를 의미한다. 예를 들어, 특정 사이트에 배너광고를 게재할 경우 사용자들이 그 배너 광고를 클릭하도록 유도하기 위해서는 최소한 3회 이상 그 페이지에 노출되도록 해야 겠다고 결정한 경우 유효빈도가 3회 이상이 되는 것이다.

유효 도달률(proper reach)은 일정 기간 동안 사용자들이 배너광고를 클릭할 만큼의 충분한 유효빈도 내에서 실제 배너광고에 '노출된 사람들의 수'를 의미한다. 예를 들어, 유효빈도를 3회 이상으로 잠정 결정한 경우, 이 구간 내에서 광고를 몇 명의 사용자들에게 노출시켜야 하는가를 의미한다.

클릭률(click through rate)은 인터넷 사용자들이 노출된 배너광고를 클릭해서 타겟 광고를 방문하는 상호작용 행위를 측정하자는 개념으로서, 노출된 Page View에 대한 'Click수의 비율'을 측정하는 개념이다. 즉, 클릭률은 노출된 광고 Page에 대하여 실제 클릭수가 얼마나 발생하였는가를 나타내는 수치를 의미한다. 이 척도는 광고의 주목도, 매력도, 관심도 등에 대한 측정, 광고의 효과 측정, 상이한 배너광고의 효과성 비교 등에 많이 활용된다.

체류시간(duration time)은 인터넷 사용자가 특정의 배너광고를 포함하고 있는 웹 페이지나 타겟 광고에 노출된 '시간의 총 길이'를 의미한다. 즉, 사용자들이 특정광고의 웹 페이지에 머물러 있는 평균 시간을 의미하며, 이를 통해 광고의 내용에 대해 사용자들이 어느 정도 주목하고 있는가를 수치화하여 산출할 수 있다.

방문 깊이(visit depth)는 특정의 인터넷 사용자가 특정의 웹 사이트에 방문하는 동안에 노출된 '페이지의 총수'를 의미한다. 이 지표는 Pages척도와 매우 유사하나, 해당 링크문서나 아이콘 등을 클릭하여 노출된 하위의 페이지를 포함한다는 측면에서는 Pages척도와 차이점이 존재한다.

라이크(like)는 페이스북의 'Like(좋아요)' 버튼으로 다른 사람들이 업로드한 글이나 게시물에 대하여 본인의 느낌과 감정을 표출하는 기능을 한다. 이러한 기능은 기업이 개설한 SNS 사이트 사용자들간에 공유 혹은 전달된 콘텐츠에 대하여 댓글을 남기지 않고 간단한 형태로 호응도를 표현할 수 있다는 측면에서 e-마케팅의 효과성을 측정하는 도구로서 많이 활용되고 있다.

댓글(comment)은 웹 사이트 방문자들이 게시된 글에 대하여 자신의 의견을 덧붙이거나 추가 정보를 담은 짧은 문구를 하단에 기재함으로써, 다수의 사람들간에 각종 정보를 공유하도록 지원하는 기능을 한다. 이는 기업의 입장에서는 기존의 일방적 메시지 전달과는 달리 기업이 고객들에게 전달하고자 하는 특정 게시글에 대하여 소비자들의 의견을 추가하도록 유도함에 따라 기업과 소비자간 양방향 의사소통이 가능하도록 지원한다.

4.3 e-마케팅의 주요성공요인

e-마케팅은 전통적 마케팅에 비해서 고객과 더욱 밀접한 관계를 유지할 수 있도록 지원한다. e-마케팅을 전사적 차원에서 성공적으로 추진하기 위해서는 몇 가지 준비사항 및 성공전략에 대한 인식이 필요하다. 이러한 준비사항 및 성공전략은 기업이 보유하고 있는 자원을 보다 효율적으로 사용할 수 있도록 지원하며, 나아가 e-마케팅 활동이 효과적으로 수행될 수 있도록 유도하기 때문이다.

(1) 시장세분화 및 대상 고객의 확인

e-마케팅에서 반드시 수행되어야 하는 작업으로서 시장세분화(market segmentation)가 있다. 시장세분화는 보다 효과적인 마케팅 전략을 개발하기 위해서 전체 시장을 제품이나 서비스에 대한 욕구가 비슷하거나 혹은 영업활동에 의미가 있는 동질적 부분 시장으로 구분하는 것이다. 기업은 시장세분화 작업을 통해서 공략해야 할 대상 고객을 확인할 수 있다. 여기에서, 시장세분화의 방법에는 인구통계적인 세분화, 지리적 세분화, 심리적 세분화, 소비량에 따른 세분화, 편익 세분화 등이 포함될 수 있다.

(2) 차별화된 웹 사이트의 개발

e-마케팅에서 고객과의 핵심적인 접점 채널은 웹 사이트이다. 따라서, 다른 회사의 웹 사이트와 비교할 때, 독특하며 차별화될 수 있는 웹 사이트의 개발이 무엇보다도 중요하다. 웹 사이트는 고객이 방문하여 문자, 음향, 그림, 동영상 등의 다양한 정보를 쉽게 활용할 수 있는 형태로 구축되어야 한다. 또한, 기업의 입장에서 벗어나 고객의 입장에서 다양한 혜택과 서비스를 누릴 수 있도록 구축되어

야 한다.

(3) 다양한 고객정보의 수집

e-마케팅의 궁극의 대상은 자사의 제품 및 서비스를 소비하려는 고객이 될 수 있다. 따라서, 체계적인 e-마케팅 전략을 수립하기 위해서는 고객의 신상정보를 포함하여 웹상에서의 행위정보 등의 다양한 정보를 수집 및 분석하는 작업이 필요하다. 일반적으로 신규 고객의 정보를 얻는 것보다는 기존 고객의 정보를 얻는 것이 마케팅 활동에 보다 유익하게 활용될 수 있다. 이와 함께, 고객의 불만사항이나 개선 요청사항을 분석함으로써 향후의 마케팅 활동을 전개하는 데 활용할 수 있다.

(4) 다른 회사들과의 협력 및 제휴

고객들에게 제공하는 모든 콘텐츠, 즉 제품이나 서비스를 단독으로 개발하기에는 기업이 보유하고 있는 자원의 제약요인으로 인해 불가능한 경우가 많다. 따라서, 보다 효과적인 e-마케팅 활동을 전개하기 위해서는 창의적이고 경쟁력 있는 콘텐츠를 보유하고 있는 다른 회사들과의 제휴 및 협력관계가 매우 중요하다. 다른 회사와의 협력 및 제휴를 위한 대상 영역으로는 검색엔진, 디렉토리, 링크교환, 배너광고, 스폰서, 온라인 및 오프라인 발행물 활용, 메일링 리스트, 경품행사, 공지사이트 등의 매우 다양한 형태가 포함될 수 있다.

(5) 마케팅 활동의 지속적 평가

e-마케팅 활동이 초기에 계획했던 방향대로 추진되고 있는가, 고객의 반응수준과 만족도는 어느 정도인가 등에 대하여 주기적으로 점검하고 평가하려는 노력이 필요하다. 이러한 노력이 주기적으로 수행되어야 하는 이유는 특정시점의 일회성 평가는 e-비즈니스의 특성상 오차가 많으며 신뢰성 있는 자료로서 의미가 없는 경우가 많기 때문이다. 따라서, 기업이 추진한 마케팅 활동이나 광고 등이 효과가 있었는가를 분석하는 동시에 고객들로부터의 피드백에 대한 평가 역시 주기적으로 이루어져야 한다.

(6) 기업의 정보화 마인드 개선

과거의 기업들은 특정 부서에서 마케팅과 관련한 모든 사항을 담당하고 추진하였다. 그러나, 최근의 e-비즈니스 환경에서는 마케팅부서 혹은 전산부서 등의 몇몇 부서만이 중심이 되어 마케팅 활동을 전개한다면, 효율성 측면에서 많은 애로점이 있을 수 있다. 따라서, 기업의 구성원인 최고경영자에서 일반 사원에 이르기까지 e-마케팅 활동에 많은 관심과 지원을 아끼지 않는 기업의 정보화 마인드를 갖추어야 한다.

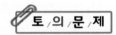

토/의/문/제

01 e-마케팅의 개념, 등장배경, 주요 특징을 설명하시오.

02 e-마케팅 전략으로서 4P전략, 4A전략, 6C전략의 주요 특성과 차이점을 비교하여 설명하시오.

03 e-마케팅 관리의 개념과 주요 대상영역을 설명하시오.

04 e-마케팅의 효과성을 측정하기 위한 방법을 설명하시오.

05 기업이 e-마케팅을 효과적으로 추진하기 위해서 필요한 주요성공요인을 제시하시오.

참고문헌

References

- 김창원, 인터넷 마케팅, 학문사, 2000.
- 이두희, 통합적 인터넷 마케팅(3판), 박영사, 2013.
- 김용호 · 김문태, 4차 산업혁명 시대의 인터넷 마케팅, 청람, 2017.
- 조동훈, 전자상거래개론, 한올출판사, 2008.
- 주윤황, 인터넷마케팅, 학현사, 2012.
- 채서일 · 김주영, 사회과학조사방법론, 비앤엠북스, 2016.
- Chae, H. J. and Ko, E. J., "How Do Customers' SNS Participation Activities Impact on Customer Equity Drivers and Customer Loyalty? Focus on the SNS Services of A Global SPA Brand," Journal of Global Scholars of Marketing Science, 25(2), 2015.
- Chaftey, D., Mayer, R., Johnston, K. and Ellis-Chadwick, F., Internet Marketing, Pearson Education Limited, 2000.
- Hanson, W., Principles of Internet Marketing, South-Western College Publishing, 2000.
- Kalakota, R. and Robinson, M., E-Business Roadmap for Success, Addison-Wesley, 2000.
- Kleindl, B. and Burrow, J., E-Commerce Marketing, South-Western Educational Pub., 2004.

최근 특급호텔에서는 SNS(사회관계망서비스) 이용률 증가에 따라 사진이 잘 나오는 포인트를 설정. 호텔 방문 고객들이 자연스럽게 촬영할 수 있도록 하는 포토존 마케팅을 펼치고 있다. 특급 호텔에서 포토존을 구성하는데 열을 올리는 것은 새로운 소비계층을 확보하는 것은 물론 2030 세대가 활발하게 SNS를 이용한다는 점과 호텔에 온 것을 자랑하고 싶어하는 심리를 이용하기 위한 포석이다. 이른바 '사진발'이 잘 나오는 장소를 젊은층에 오픈해 마케팅에 활용하는 것이다. 일각에서는 이러한 호텔측의 노력을 '경험 제공 서비스'의 일환으로 해석하는 경우도 있다. 다수의 신축호텔들이 늘어나고 있는 시장 상황에서 호텔들이 시설물을 단순 '휴식'이라는 키워드를 넘어 경험과 추억을 제공하는 특화 서비스를 선보이고 있다는 시각이다. 최근에 들어 켄싱턴 제주호텔과 더플라자, 포포인츠 바이 쉐라톤 서울 남산 등이 잇따라 관련 서비스를 선보이고 있다.

▶ 켄싱턴 제주 호텔: '켄싱턴 포토 어워드' 이벤트 진행

켄싱턴 제주 호텔에서는 1월 한 달간 고객들에게 호텔의 대표 포토존에서 사진을 찍으면 선물을 제공하는 '켄싱턴 포토 어워드' 이벤트를 진행한다. 호텔의 액티비티 팀 케니가 추천하는 포토존에서 사진을 찍어 본인의 인스타그램에 해시태그를 걸면 매달 둘째 주 수요일에 베스트 사진 9개를 선정 후 숙박권, 커피 교환권 등의 선물을 제공한다. 이 밖에도 켄싱턴 제주 호텔은 사진이 잘 나오는 포인트로 루프탑 야외 수영장 루프탑 '스카이피니티'풀, 매일밤 펼쳐지는 풀사이드 파티인 '스파티의 파티', 제주의 오름을 형상화한 '모을 정원', 야자수 산책로, 레드 컬러의 중국 유명 도예가 주러껑의 '하늘과 물의 이미지' 작품 등을 꼽았다. 켄싱턴 제주 호텔 관계자는 "최근 인스타그램으로 여행하고 먹고 인생샷을 찍는 트렌드가 활발해져 호텔에서도 인생샷 찍는 포토존 추천 및 포토북 촬영 프로그램 등을 지속적으로 선보이고 있다"며 "이와 함께 고객이 직접 참여해 재미도 느끼며 호텔을 자연스럽게 홍보할 수 있는 SNS 이벤트를 지속적으로 진행할 예정"이라고 말했다.

▶ 더 플라자: 거울 미로 콘셉트 객실과 나선형 계단 설치된 로비

한화호텔앤드리조트 호텔부문에서 운영 중인 호텔 더 플라자는 가장 적극적으로 포토존을 홍보하고 있는 곳 중 하나다. 더 플라자는 이탈리아 출신 디자이너 귀도 치옴피가 디자인한 인테리어로 꾸며져 어느 곳에서 촬영을 하더라도 사진이 잘 나올 수 있도록 구성됐다. 주요 포토존 포인트는 객실, 로비 등이다. 특히, 객실의 경우 양쪽에 붙어 있는 원형 거울을 통해 비친 모습을 촬영하는 거울 미로 콘셉트와 객실 내 전면 유리창을 통해 보이는 서울 시청, 광화문, 청와대 등의 도심 전경을 배경으로 촬영하는 콘셉트가 반응이 좋다. 객실 거울 미로 콘셉트의 경우, SNS상에 노출된 더 플라자 전체 이미지의 30%를 차지할 정도로 인기가 좋다. 로비라운지에는 나선형계단이 설치돼 주말에는 촬영을 하기 위해 줄을 설 정도로 반응이 좋다. 호텔 더 플라자 관계자는 "특급호텔의 내·외부 인테리어적 장점을 활용한 포토존 구성이 호텔의 주요 인테리어 마케팅 포인트로 각광받고 있다"며 "SNS노출 및 확산을 통해 특급호텔을 보다 젊고 스타일리시하게 브랜드 포지셔닝하는 것은 물론 이를 통한 신규 고객 창출 효과까지 기대하고 있다"고 말했다.

▶ 포포인츠 바이 쉐라톤 서울 남산: 호텔 곳곳에 포토존 마련하고 SNS이벤트 진행

포포인츠 바이 쉐라톤 서울 남산은 호텔 내부 곳곳에 포토존을 마련했다. 포토존은 지하 1층 로비, 1층 로비, 19층 메인 로비에 설치돼 있다. 이와 관련해 포포인츠는 지난달부터 오는 3월까지 포토존 이벤트를 진행 중이다. 포토존에서 찍은 사진을 SNS 계정을 통해 공유하고 포포인츠 바이 쉐라톤 서울 남산 호텔을 태그하면 추첨을 통해 상품을 제공한다. 포포인츠 관계자는 "포토존은 호텔을 찾은 고객들이 사진을 찍으며 추억을 남길 수 있는 기회를 제공해 가족 단위 고객들에게 반응이 좋다"고 말했다.

▶ 그랜드 힐튼 서울: 키즈 고객을 위한 포토존 이벤트 '레인보우 루비 프로모션' 선봬

그랜드 힐튼 서울은 다음달 28일까지 어린이 고객을 겨냥해 캐릭터 레인보우 루비와 함께 사진을 찍을 수 있는 포토존 이벤트 '레인보우 루비 프로모션'을 진행한다. CJ E&M과 협업으로 진행되는 이번 프로모션은 그랜드 힐튼 서울의 뷔페 레스토랑에서 진행되며 대형 사이즈의 레인보우 루비와 함께 사진을 찍을 수 있는 포토존이 마련된다. 포토존에서 찍은 사진을 해시태그와 함께 인스타그램에 업로드시 추첨을 통해 루비 드로잉북 세트를 증정하는 SNS 이벤트도 진행한다. 그랜드 힐튼 관계자는 "호텔 패키지 주요 고객인 3040세대와 휘트니스 회원 고객인 60대 이상 고객들이 자녀나 손주를 데리고 호텔을 이용하는 경우가 많아 이번 프로모션을 진행하게 됐다"며 "단순히 호텔에 와서 머무는 것이 아니라 볼거리와 참여할 거리 등 다양한 콘텐츠를 만들기 위함"이라고 말했다. 또 "SNS가 활발해짐에 따라 이에 노출되는 효과를 보고 있다"고 덧붙였다 (아시아타임즈, 2018년 1월11일).

사례연구 토의

1. 포토존 마케팅의 목표 고객들이 SNS를 거의 활용하지 않는다고 가정할 경우, 이 프로그램이 어느 정도 성공할 수 있을까에 대해 토의하시오.
2. 포토존 마케팅의 효과성을 배가시키기 위해 함께 연계지어 추진될 수 있는 마케팅 프로그램에 대해 토의하시오.
3. 호텔 이외의 다른 비즈니스 영역에서 포토존 마케팅을 적용할 경우 그 성공가능성을 토의하시오.

위성 기반 추적 시스템이다.

② PDA(personal digital assistant): 작은 휴대용 컴퓨터이다.

③ SMS(short messaging service): 휴대폰(cell phone)으로 짧은 텍스트 메시지를 전송하는 기술이다.

④ EMS(enhanced messaging service): SMS의 확장으로서 간단한 애니메이션, 작은 그림, 짧은 멜로디를 전송할 수 있다.

⑤ 블루투스(bluetooth): 휴대폰, 컴퓨터, PDA에 사용되는 근거리 무선통신 표준이다. 모바일 기기 간에 자료를 보내고 받도록 한다.

⑥ WAP(wireless application protocol): 무선 단말기를 통해 인터넷에 접속하도록 하는 기술이다. 무선응용통신규약으로서 휴대폰을 사용해서 인터넷상의 정보를 신속하게 검색하여 표시할 수 있도록 하는 통신규약이다.

⑦ 스마트폰(smartphone): 모바일 애플리케이션을 지원하는 인터넷이 가능한 휴대폰을 말한다. 스마트폰은 인터넷 접속을 위한 WAP 마이크로프로세서와 PDA 기능도 포함한다.

⑧ Wi-Fi(Wireless Fidelity): 대부분의 무선 LAN을 실행할 수 있는 표준이다.

⑨ WLAN(wireless local area network): Ethernet 통신망의 무선 표준이다.

1.2 모바일상거래의 특성

전자쇼핑, 전자은행, 전자주식거래, 전자게임이 무선 B2C에서 인기를 얻고 있다. B2B에서 무선을 이용한 협동적 상거래가 나타나고 있다. 전자상거래는 대체로 무선 환경에서 가능하지만 모바일 환경에서만 가능한 응용도 있다. 모바일상거래를 다른 형태의 컴퓨팅과 구분해주는 주요 특성으로 이동성과 광역성이 있다.

① 이동성(mobility)

모바일상거래는 사용자가 어디에 가든지 휴대폰 혹은 다른 모바일 단말기를 소지할 수 있다는 것을 전제로 한다. 이동성은 휴대성을 의미한다. 그러므로 사용자는 어디에 있든지 무선 통신망에 접속할 수 있다면 정보시스템을 실시간으로 이용할 수 있다.

② 광역성(broad reach)

모바일상거래를 하면 사람들은 어느 때라도 연결될 수 있다. 사용자가 특정 시간대에 대화하거나 어떤 종류의 메시지를 수신하는 것을 거부할 수 있지만 일반적으로 시간에 관계 없이 연결할 수 있다.

이러한 두 가지 특성은 지리적 장벽과 시간적 장벽을 무너지게 하며 모바일상거래의 상업적 개발을 유도하는 아래와 같은 다섯 가지 특성을 창출한다.

① 편재성(ubiquity)

편재성은 어떤 주어진 시간에 어떤 위치에서든지 이용가능하다는 속성이다. 스마트폰 혹은 PDA와 같은 모바일 단말기가 있으면 실시간으로 정보를 얻을 수 있고 사용자 위치에 관계없이 커뮤니케이션할 수 있다.

② 편의성(convenience)

무선 환경에서 작동하는 것은 사용자를 위해 매우 편리하다. 무선 인터넷으로 웹에 접속하여 보다 쉽고 빠르게 정보를 얻을 수 있을 것이다.

③ 즉시연결성(instant connectivity)

모바일 단말기는 사용자에게 쉽고 빠르게 인터넷이나 인트라넷, 다른 모바일 단말기, 그리고 데이터베이스에 접근할 수 있도록 한다.

④ 개인화(personalization)

개별 소비자에게 맞추어진 정보를 제공하는 것을 말한다. 예를 들면 사용자가 여행을 좋아하는 사람으로 식별되면 여행 관련 정보와 광고를 그 개인에게 보낼 수 있다.

⑤ 제품과 서비스의 위치성(localization of products and services)

사용자가 어느 특정 시간에 물리적으로 어디에 위치해 있는지를 파악하는 것이 필요한 서비스를 제공하는 데 적절하다. 이러한 서비스는 위치 기반 전자상거래 혹은 l-commerce로 잘 알려져 있다. 정확한 위치 정보는 GPS가 사용자의 무선 단말기에 장착되어 있으면 알 수 있다. 예를 들면 현재 위치하고 있는 곳에서 가장 가까운 ATM 혹은 우체국을 찾기 위해 모바일 단말기를 이용할 수 있다. GPS는 단말기 소지자가 어디에 있는지 다른 사람에게 알려준다. 개인은 위치와 선호에 따라서 특정 메시지를 받을 수 있다. 만약 당신이 일식을 좋아하고 일식집 근처에 있다면 그 식당으로부터 할인쿠폰을 모바일 단말기로 받을 수 있다.

1.3 모바일상거래의 영향요인

모바일상거래의 확산에는 여러 요인들이 영향을 준다. 모바일상거래의 특성뿐만 아니라 아래 요인들이 관련되어 있다.

① 모바일 기기의 이용가능성

휴대폰으로 인터넷 접속이 가능해짐에 따라서 의사소통, 협동, 모바일상거래가 가능해졌다.

② PC의 필요성 감소

스마트폰이나 기타 무선 단말기를 통해 인터넷 접속이 가능하므로 PC의 필요성이 줄어든다.

③ 가격 인하와 향상된 기능

시간이 흐름에 따라 무선단말기의 가격이 인하되고 기능은 향상되고 있다.

④ 공급자 마케팅

모바일 기기 공급자들은 그들의 상품을 판매하기 위해 많은 광고를 하므로 소비자들이 수용하는 경향이 있다.

제 2 절 **모바일상거래 인프라와 애플리케이션**

2.1 모바일상거래 하드웨어와 소프트웨어

모바일상거래를 위한 데이터 입력, 인터넷 접속, 애플리케이션 장비의 예를 들면 아래와 같다.

① 셀룰러폰(모바일폰): 인터넷이 가능한 스마트폰이 필요하다. 멀티미디어 메시지 전달이 가능하고 자바 애플리케이션을 지원하며 주소록 등을 가진 폰이 이용가능하다.
② 부착 가능한 키보드: 셀폰에 키보드를 부착할 수 있다.
③ PDA: 인터넷 접속이 가능한 PDA 성능이 향상되고 있다.

④ 스크린폰(screen phone): 컬러화면, 키보드, 이메일, 인터넷 접속이 가능한 전화가 무선 환경에서 이용될 수 있다.

⑤ 무선 WAN 모뎀, 무선 LAN 어댑터, 무선 MAN 어댑터

⑥ 무선 지원이 있는 웹서버, WAP 게이터웨이, 커뮤니케이션 서버

⑦ 애플리케이션 혹은 데이터베이스 서버

모바일 컴퓨팅에 필요한 소프트웨어의 예를 들면 아래와 같다.

① 마이크로브라우저

② 모바일 클라이언트에 대한 OS(예: Win CE)

③ 블루투스(bluetooth)

④ 레거시 애플리케이션 소프트웨어

⑤ 애플리케이션 미들웨어

⑥ WML(Wireless Markup Language)

2.2 무선 광역망

모바일컴퓨팅 애플리케이션의 핵심에는 모바일 네트워크가 있다. 모바일 네트워크에는 두 가지 유형이 있는데 무선 광역망(Wireless Wide Area Network: WWAN)과 무선 지역망 (Wireless Local Area Network: WLAN)이다. 모바일 핸드셋(mobile handset)은 두 부분으로 되어 있는데 애플리케이션을 가지는 터미널(예: PDA)과 모바일 네트워크와 연결하는 터미널(예: cell phone)이다. WWAN 커뮤니케이션에는 4세대의 기술이 있다.

① 1G: 제1세대 무선기술로서 1979년부터 1992년까지 사용되었고 아날로그 기반의 기술이었다.

② 2G: 제2세대 디지털 무선기술로서 디지털 라디오 기술에 기반을 두고 있고 주로 텍스트(text)를 이용한다.

③ 2.5G: GPRS(General Packet Radio Services)와 EDGE(Enhanced Data Rates for Global Evaluation)를 토대로 한 중간 기술로서 그래픽을 제한적으로 수용할 수 있다.

④ 3G: 제3세대 디지털 무선 기술로서 멀티미디어를 지원한다. 2001년 일본에서 시작되어 유럽과 미국으로 확산되었다.

⑤ 4G: 제4세대 디지털 무선 기술로서 멀티미디어 화면을 보다 빠르게 제공할 수 있다.

⑥ 5G: 2018년부터 채용되는 제5세대 무선 네트워크 기술로서 밀리미터파 주파수를 이용하는 통신이다.

2.3 모바일 재무 애플리케이션

모바일 재무 애플리케이션은 모바일상거래의 가장 중요한 요소일 것이다. 이 애플리케이션은 모바일 뱅킹과 대금 지불 서비스, 모바일 자금 이전, 모바일 소액 지불 등을 포함한다. 이러한 서비스로 인하여 ATM이나 신용카드 대신에 모바일 단말기를 비즈니스 도구로 활용할 수 있다. [그림 12-1]은 모바일 결제를 통한 마케팅이 이루어지는 과정을 보여준다.

(1) 모바일 뱅킹

아시아, 유럽, 미국에서 점점 많은 은행들이 모바일 뱅킹 서비스를 제공하고 있다. 고객은 모바일 핸드셋을 통해 계좌잔고를 조회하고, 여러 가지 요금을 지불하고, 자금을 이체할 수 있다. 휴대폰을 이용한 은행거래도 가능하다.

(2) 무선 전자지불시스템

모바일폰을 이용하여 상품과 서비스의 구매 대금을 지불할 수 있다. 자동차 세

그림 12-1 모바일 결제

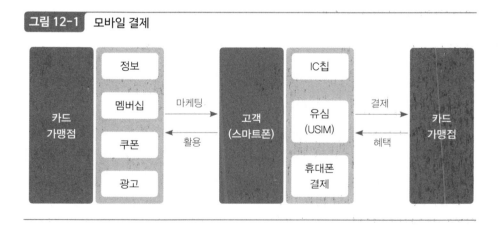

차 대금 지불이나 자동판매기의 대금 지불을 위해 모바일폰을 이용할 수 있다.

(3) 소액지불

만원 이하의 구매와 같은 소액 구매에 대한 전자적 지불을 말한다. 예를 들면 모바일 단말기는 근거리 무선 네트워크를 이용하여 자동판매기와 통신하여 구매 품목에 대한 소액지불을 할 수 있다.

(4) 무선 지갑

웹에서 전자지갑(e-wallet)을 이용하여 재무거래를 할 수 있다. 전자지갑은 온라인 쇼핑객들의 신용카드 번호와 기타 개인적 정보를 저장한 소프트웨어로, 온라인 구매를 할 때마다 그러한 정보를 다시 입력할 필요가 없도록 한다. 모바일지갑(m-wallet)은 카드소지자가 무선단말기에 한 번의 클릭을 하여 구매 대금을 지불할 수 있도록 한 무선 지갑이다. 예를 들면, 노키아의 핸드셋(handset)에 내장된 가상의 신용카드를 이용하여 구매대금 지불을 할 수 있다. 블루투스 기술을 사용하여 핸드셋은 점포 내의 지불 단말기와 통신한다.

(5) 대금 지불

전화요금이나 가스요금을 휴대폰으로 지불할 수 있다.

2.4 모바일 마케팅 애플리케이션

모바일상거래 B2C 애플리케이션으로 소매 쇼핑, 광고, 그리고 개별화된 고객 서비스가 있다.

(1) 무선 단말기를 이용한 쇼핑

수많은 판매업자들은 고객들이 무선 단말기를 이용하여 쇼핑하도록 한다. 예를 들면 인터넷이 준비된 휴대폰을 사용하는 AT&T 고객들은 buy.com과 같은 사이트에서 쇼핑할 수 있다. 무선 단말기를 이용하는 쇼핑은 고객들에게 빠른 검색을 수행할 수 있게 하고, 가격비교와 주문을 하고, 그들의 휴대폰을 사용해서 주문의 상태를 볼 수 있게 한다. 무선 쇼핑객들은 유선 쇼핑객이 이용 가능한 서비스와 동등한 서비스를 제공받는다. 예를 들면 사용자가 제품 검색과 가격 비교 도

그림 12-2 스마트쇼핑

구뿐만 아니라 쇼핑 카트를 이용할 수 있다.

스마트폰 하나면 무거운 카트를 끌고 다니지 않고도 쇼핑할 수 있는 스마트쇼핑 시대가 열렸다. 소비자들은 매장에서 물건을 살펴보고 애플리케이션을 통해 스마트폰으로 바코드를 스캔하기만 하면 계산대에 줄을 서지 않고도 쇼핑이 가능하다. 제품의 크기, 수량과 상관없이 매장 내 배치된 바코드를 스마트폰으로 스캔하기만 하면 해당 상품이 매장과 연계돼 구매할 수 있는 것이다. 이 기술을 통해 소비자들은 매장에 도착해 카트를 빌리는 시간과 매장 내에서 카트를 끌고 다녀야 하는 부담에서 해방되는 셈이다.

또한 식품, 생활용품 등 재구매율이 높은 상품의 경우 고객이 집에 보관 중인 상품이나 이미 사용한 상품의 포장 바코드를 스캔하면 반복 구매할 수 있는 "간편 재구매 서비스"도 가능하다. 특히 주기적으로 구매하는 상품 목록은 "마이 리스트"에 저장한 후 불러오기를 통해 바로 결제까지 가능하다. [그림 12-2]는 고객이 스마트폰으로 바코드를 스캔해 상품을 주문하고 있다.

(2) 타깃 광고

무선 서비스에 의해 수집된 인구통계학적 정보를 이용하여 무선 웹페이지에 보다 개인화된 서비스와 향상된 사용자 인터페이스를 제공할 수 있다. GPS를 이용하여 모바일 사용자의 현재 위치를 알아내고 그들의 기호 혹은 서핑 습관(surfing habit)을 알면, 마케팅 담당자는 그 고객에게 맞추어진 광고 메시지를 보낼 수 있다. 광고는 고객의 현재 위치에서 가장 가까운 몰이나 식당의 할인 행사에 관한 정보를 제공해준다. 이러한 유형의 광고는 간단한 문자 메시지를 휴대폰에 보내는 형태로 수행될 수 있다.

(3) 고객과 비즈니스 파트너의 지원

인터넷에 접속할 수 있는 휴대폰을 가진 고객은 비교쇼핑 대리인의 도움을 받아 쇼핑하고 있는 상점의 상품 가격과 다른 상점의 가격을 비교할 수 있다. 음성 포털 기술과 레거시(legacy) 시스템을 연결함으로써 향상된 고객 서비스를 제공하거나 종업원의 데이터 접근을 개선할 수 있는데 그 예를 들면 아래와 같다.

① 외출 중인 고객들이 판매자의 음성 포털을 이용하여 주문 상품의 배달 상태를 체크할 수 있다.
② 서비스 기술자가 진단 정보를 제공받아서 보다 어려운 문제를 진단할 수 있다.
③ 판매원이 판매를 위해 고객을 만나는 동안 재고 상태를 체크할 수 있다.

야후와 같은 인터넷 포털과 비슷한 모바일 포털이 있다. 모바일 포털(mobile portal)은 모바일 사용자를 위하여 콘텐츠와 서비스를 종합한 고객 상호작용 채널이다. 모바일 포털은 서비스 이용에 대해 요금을 부과할 수 있다. 예컨대, 휴대폰을 이용하여 주말 날씨를 조회하면 300원을 지불해야 한다. 혹은 매달 정해진 수수료를 지불하고 모바일 서비스를 이용하는 경우도 있다.

2.5 모바일 인트라비즈니스와 기업 애플리케이션

B2C 모바일상거래가 널리 이용됨에 따라서 많은 애플리케이션이 조직 내에서 이용되고 있다. 모바일 종업원에는 판매원, 여행 중인 관리자, 원격근무자, 회사 창고와 같이 사무실 외부 근무자, 고객의 사업장에서 업무를 수행하는 수선이나 설치 담당 종업원 등이 있다. 이런 종업원은 사무실 내부에서 근무하는 종업원과 같은 데이터를 필요로 한다. 그러나 유선 장치는 사무실 외부에서는 사용하기가 불편하다. 그래서 스마트폰이나 자동차 내부의 정보시스템과 같은 작은 무선 장비를 이용하게 된다.

많은 무선기기들은 휴대가 가능하다. 여러 장비를 갖추고 접근하기 힘든 장소에서는 착용가능 기기(wearable device)라고 하는 특별한 형태의 모바일 무선 장비를 이용한다. 모자에 장치된 컴퓨터 화면을 통해 작업자가 필요로 하는 정보를 얻을 수 있다. 또한 모자에 장치된 카메라를 이용하여 사진을 찍고 그 파일을 컴퓨터로 보낼 수 있다. 키보드를 이용하기 어려운 상황에서는 언어 번역기를 착용하여 이용할 수 있다.

모바일 기기는 그룹웨어와 워크플로(workflow) 애플리케이션의 중요한 부분이 되어가고 있다. 비음성 모바일 서비스는 직무할당(job dispatch)을 돕는 데 사용될 수 있다. 여기서 직무 할당이란 모바일 종업원들에게 일을 할당하는 것이다. 모바일 배달과 직무할당 서비스가 응용되는 분야로는 수송(음식, 신문, 짐의 배달), 현장서비스(컴퓨터, 사무기기, 집수리), 보안(순찰, 경고 시설 설치) 등이 있다. 이러한 모바일 애플리케이션은 적은 자원으로 보다 개선된 고객 서비스, 작업자에 대한 실시간 추적, 직무할당의 효율성 증진을 가능하게 한다.

판매지원과 고객서비스 분야에서의 모바일 종업원을 위한 무선 애플리케이션의 예를 아래에 제시하였다.

(1) 판매지원

판매원 철수는 날마다 고객에게 전달할 상품을 트럭에 싣고 나간다. 그리고 전달 완료 때마다 고객명, 판매상품의 종류와 수량, 할인을 회사에 알려야 한다. 과거에는 이 일을 수작업으로 하였으나 많은 오류가 있었다. 회사는 laptop 컴퓨터에 투자하기를 꺼렸으나 철수는 자동화의 속도와 정확성을 원했다. SAP의 도움으로 이 회사는 저비용이지만 강력한 성능을 가진 무선 장비를 구현할 수 있었다. mysap.com을 통해 접근되는 모바일 판매를 이용하여 철수의 작업팀은 신제품과 판촉에 대한 정보를 판매현장에서 알 수 있게 되었다. 철수는 지연 없이 상품을 주문할 수 있게 되었고, 상품의 재고현황과 배달 시간을 알 수 있게 되었다. 그래서 수작업에 수반되는 많은 오류를 제거하였다. 현장에서 송장처리를 시작하고 영수증을 프린트할 수 있게 되었다.

(2) 고객서비스지원

영희는 서비스 관리자로서 고객사의 전자기계제어시스템에 대한 적시 유지보수 지원에 대한 책임을 지고 있다. 그는 언제 고객의 시스템에 문제가 생겼는지 무엇이 잘못되었는지 무슨 종류의 서비스를 제공하고 대금청구를 할 수 있는지를 즉시 알 필요가 있다. 모바일 서비스를 이용하면 이 모든 정보를 기억하고 있을 필요가 없다. 무선 단말기를 가지고 다니면서 mysap.com에 접속하여 다음에 방문해야 할 고객, 설비사양, 부품재고 데이터 등을 알 수 있다. 일단 업무를 완수하고 나면 영희는 사용한 물품을 보고하고 바로 대금청구를 할 수 있도록 한다. 회사는 영희가 무슨 일을 얼마나 진행하고 있는지 감독할 수 있다. 그래서 영희와 그의 회사는 정보 접근이 보다 용이해지고 고객 서비스를 보다 잘 제공할 수 있다.

위치기반상거래

위치기반상거래(location-based commerce, l-commerce)는 제품과 서비스의 위치화를 말한다. 위치 기반 서비스(Location-Based Service: LBS)는 기업과 소비자 모두에게 매력적이다. 첫째, 안전을 제공한다. 모바일 단말기로 긴급 서비스를 요청할 수 있으며 서비스를 제공하는 기관이 서비스를 필요로 하는 사람의 정확한 위치를 알 수 있다. 둘째, 편리성을 제공한다. 디렉토리, 전화번호부나 지도를 찾지 않고도 근처에 무엇이 있는지 알아낼 수 있다. 셋째, 생산성이 향상된다. 근처에 소재하는 관심의 대상을 알아내어 여행 일정을 최적화할 수 있다. 비즈니스 공급자의 관점에서 보면 위치 기반 상거래는 고객의 욕구에 맞는 서비스를 제공하는 기회를 제공한다. 개인용 모바일 정보기기인 스마트폰을 활용해 위치 정보에 이용자정보, 증강현실, 소셜네트워크를 결합함으로써 위치 기반 서비스(LBS)는 〈표 12-1〉에서와 같이 고도화되고 있다.

표 12-1	LBS 1.0과 LBS 2.0		
구분	**LBS 1.0**		**LBS 2.0**
위치정보	실외(GPS 또는 이동통신망)		실외 + 실내(GPS + WiFi망)
결과물 표현	전자지도		전자지도 + 증강현실(카메라영상)
이용자와의 상호작용	수동적 반응	이용자가 목적지 제시 ⇒ LBS는 위치와 경로 탐색	능동적 제안 ｜ 이용자의 현재 및 방문 예상 위치 ⇒ LBS는 유용한 인근장소 발굴
이용자 간 연계	단일 이용자 중심		연관된 다수 이용자를 상호 연계

3.1 기본적인 위치기반상거래의 영역

① 위치(location): 사람과 자동차나 보트와 같은 사물의 위치를 결정한다.
② 항해(navigation): 하나의 장소에서 다른 장소로의 길을 제시한다.
③ 추적(tracking): 사람과 사물의 이동을 추적한다.
④ 지도 작성(mapping): 특정 지리적 위치의 지도를 만든다.
⑤ 시간 결정(timing): 특정 장소의 정확한 시간을 결정한다.

3.2 위치기반서비스 제공을 위한 기술

① 위치결정설비(Position Determining Equipment: PDE): GPS나 가까운 기지국을 통해서 모바일 기기의 위치를 식별한다.
② 모바일 위치결정 센터(Mobile Positioning Center: MPC): MPC는 PDE로부터 보내온 위치 정보를 관리하는 서버이다.
③ 위치 기반 기술: 위치정보와 지리적 혹은 지역 특유의 콘텐츠를 결합하는 기술이다. 예컨대 고객의 위치, 지도, 비즈니스 디렉토리를 이용하여 고객이 원하는 위치의 병원 주소를 제시한다.
④ 지리적 콘텐츠: 거리, 도로, 주소, 역사적 기념물 등의 지리적 콘텐츠가 전달될 수 있어야 한다.

3.3 GPS와 GIS

GPS(Global Positioning System)는 지구상에 어디에 있든지 사용자가 자신의 위치를 알 수 있도록 하기 위해 위성을 이용하는 무선 시스템이다. GPS는 항공기와 선박의 항해 경로 또는 트럭과 버스의 위치를 알기 위해 많이 사용되어 왔다.

GPS가 제공하는 위치는 위도와 경도로 표현된다. 이러한 정보가 기업과 소비자에게 유용하려면 어떤 장소와 주소로 대체되어야 한다. 이것은 위도와 경도 데이터를 지리정보시스템(Geographical Information System: GIS)라고 불리는 전자지도에 넣으면 가능하다.

자동차 제조업자들은 GPS/GIS를 활용하는 자동차를 제공하고 있다. 그래서

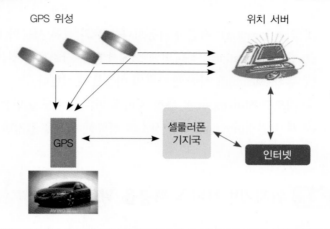

그림 12-3 GPS

GPS 위성   위치 서버

GPS

셀룰러폰 기지국

인터넷

어떤 자동차는 운전자가 주유소, 식당 혹은 관심이 있는 장소로부터 얼마나 떨어져 있는지 가르쳐주는 항해시스템을 갖추고 있다. [그림 12-3]에서처럼 GPS가 특정 시간에 자동차가 어디에 있는지 알려준다.

3.4 위치기반광고

스타벅스 근처를 걷고 있을 때 그곳이 샌드위치와 커피를 판매하는 곳인지도 모르고 있다고 하자. 갑자기 핸드폰이 울리면서 스타벅스에서 10% 할인 가격으로 서비스한다는 메시지가 도착한다. 물론 싫으면 이런 식의 광고를 거절할 수도 있다. 그러나 그날 할인 가격에 맛있는 식사를 할 기회도 있는 것이다. 만약 커피를 전문적으로 판매하는 스타벅스가 당신이 커피를 좋아하지 않는다는 정보를 가지고 있다면 그러한 메시지를 무선으로 보내지 않을 것이다.

위치기반광고의 또 다른 예로 택시를 타고 반 시간 정도 달린다고 하자. 택시 위에 광고가 나타나는데 어디를 지나가느냐에 따라서 광고 내용이 바뀔 수 있다. 해운대를 지나갈 때에는 유명한 횟집의 광고가 나타나고 민락동을 지나갈 때에는 일류 한식집의 광고가 나타나는 식이다.

3.5 휴대폰 긴급전화

일상적인 유선 전화를 사용하면 전화를 거는 사람의 위치를 쉽게 알 수 있다. 이제는 화재나 구급 때문에 휴대폰으로 119에 전화를 했을 때 문제가 있어서 전화를 거는 사람이 자신의 위치를 말하지 않더라도 발신자의 위치를 알아낼 수 있다. 또한 자동차 충돌 사고가 났을 때 자동적으로 경찰에 사고 위치를 알리는 장치를 자동차 내에 둘 수 있다. [그림 12-4]는 휴대전화로 자동차를 제어할 수 있는 모바일 텔레매틱스 서비스를 보여준다. 모바일 텔레매틱스는 ① 엔진, 제동기 등 구동장치의 이상 유무와 유류정보를 확인하고, 도어·트렁크·전조등·후미등 등 각종 부속을 제어할 수 있는 차량 진단 제어 서비스, ② 차량 감시와 도난시 추적할 수 있는 안전보안 서비스, ③ 휴대전화로 실시간 교통정보를 전송받아 빠른 길을 찾아주는 길 안내 서비스가 가능하다. 또 휴대전화의 무선망(WCDMA, WLAN, 블루투스)을 통해 모바일-자동차 간 콘텐츠 연동이 가능해 휴대전화에 저장된 음악과 영상을 차량에 별도로 내려받을 필요 없이 차량 AV를 통해 재생할 수 있는 엔터테인먼트 서비스도 가능하다.

3.6 텔레매틱스

텔레매틱스(telematics)는 컴퓨터와 무선통신기술을 통합한 것으로, 차량·항공·선박 등 운송 장비에 내장된 컴퓨터와 정보를 주고받을 수 있는 무선 데이터 서비스이다. 특히 자동차 텔레매틱스 서비스는 이동통신기술과 위치추적기술을 자동차에 접목시켜 운전경로 안내, 교통 정보 등을 실시간으로 제공한다. 목적지

그림 12-4　휴대전화의 자동차 제어

그림 12-5　스피드메이트 법인차량 관리서비스

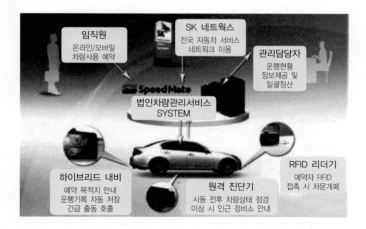

를 입력하면 가는 길과 도로 상태를 알려주는 차량 항법장치가 텔레매틱스의 시발점이다. 이 시스템으로 차내에서 뉴스도 보고 주식투자나 전자상거래, 금융거래도 할 수 있다. 운전 중에 동승한 사람이 인터넷으로 호텔을 예약하거나 게임을 즐길 수도 있다.

SK네트웍스의 종합 자동차 서비스 브랜드인 스피드메이트가 개발한 스피드메이트 법인차량 관리서비스는 [그림 12-5]에서 제시하듯이 차량 무선인터넷 서비스인 첨단 텔레매틱스(telematics) 기술과 렌터카 · 주유 · 운행관리 · 정비 · 사고관리 · 카쉐어링 서비스를 결합한 것이다. 이 서비스는 첨단 내비게이션과 원격진단 기기와 같은 시스템 장비들을 차 안에 부착, 전국의 SK네트웍스 직영주유소와 스피드메이트 정비점, 렌터카 지점, 긴급출동센터와 실시간으로 연결해 차량 구매, 운영, 관리, 매각 등을 원스톱으로 제공한다. 특히 이 서비스가 제공하는 "적정 보유차량 산출 프로그램"은 시간대별 차량 가동현황을 분석해 해당 기업이 운행 가능한 최적의 차량 대수를 알려주므로 불필요한 차량 운행을 획기적으로 조절할 수 있다. 또 운행 이력이 자동으로 관리되므로 별도의 운행일지를 기록할 필요가 없으며, 무선인식 전자태그(RFID) 카드나 휴대전화로 차 문을 여닫는 원격제어 기능도 제공되므로 키 분실 염려도 없다.

제 4 절 유비쿼터스

4.1 유비쿼터스의 개념

유비쿼터스의 개념은 일본의 사카무라 켄 교수의 연구를 통해 주창되었으며, 그 후 미국의 Palo Alto PARC 연구소의 마크 와이저(Mark Weiser)로부터 유비쿼터스에 대한 모호한 개념이 정형화되기 시작하였다. 마크 와이저의 논문은 유비쿼터스의 개념을 설명하였고, 사무실 환경에서의 유비쿼터스 환경을 제시하였다. 그렇다면 유비쿼터스란 무엇인가? 일단 유비쿼터스란 용어를 살펴보자. Ubiquitious란 "모든 곳에 있다"는 뜻의 라틴어로, 오늘날 가장 화두가 된 용어 중의 하나이다. 최근 각종 IT전시회 및 컨퍼런스에서 주요한 주제로 다뤄지고 있으며, 실세계의 각종 사물들과 물리적 환경 전반 즉 물리적 공간에 걸쳐 컴퓨터들이 편재되도록 하되 사용자에게는 겉모습이 드러나지 않도록 환경에 효과적으로 통합한다는 것을 의미한다.

즉 언제 어디서나 지원할 수 있는 장치들로 하여금 사람들과 상호작용을 하게 하는 세상이 바로 유비쿼터스 시대이다. 각종 장치들이 사람을 인지하고 상호작용하기 위해서는, 장치들에 칩을 달아 그들만의 지식정보를 갖고, 사람도 그 장치에 대하여 인지할 수 있어야 한다. 이러한 칩들은 아주 작아 어디에나 장착 가능하다. 무엇보다 중요한 사실은, 유비쿼터스 시대는 정보화 시대와 달리 컴퓨터와의 1대1 의사소통보다 다중기기들이 한 사람을 지원하는 시대이다. 그러므로 인간은 컴퓨터 앞에서 기술적인 면 때문에 소외당하지 않게 될 것이다.

4.2 유비쿼터스의 역사

컴퓨터의 역사를 보면 크게 네 가지 뚜렷한 패러다임이 존재했는데 메인 프레임, PC, 인터넷, 유비쿼터스 컴퓨팅 시대로 요약할 수 있다.

(1) 메인 프레임 시대

메인 프레임(mainframe) 시대라 불리는 첫 번째 시기에는 폐쇄된 공간에서 전문가들에 의해서만 수행되는 컴퓨터와 사람의 관계였다. 언제나 컴퓨터 자원이 모자랐고, 그래서 다른 사람들과 공유하고 협상해야만 했다. 오늘날에도 메인 프레임 컴퓨팅은 존재한다. 공유된 사무 PC, 날씨부터 여러 가지 시뮬레이션을 위한 컴퓨터들은 일반적으로 공유되기 어려운 한정된 자원이다. 만약 많은 사람들이 하나의 컴퓨터를 공유하면, 메인 프레임 컴퓨팅인 것이다.

(2) 개인용 컴퓨터 시대

두 번째 큰 흐름은 개인용 컴퓨터(PC)이다. 1984년에 PC를 사용하는 사람들의 수가 메인프레임을 사용하는 사람들의 수를 넘어섰다. PC와의 관계는 지극히 개인적이다. 개인은 자신의 컴퓨터에 자신만의 자료를 저장하고, 컴퓨터와 직접적으로 깊이 있게 작업한다. PC 작업을 하고 있는 동안 개인은 다른 일을 할 수가 없다.

PC는 특별하고, 다소 비싼 물건이고, 원하는 곳은 어디든지 가져가고, 작동하는 데 특별한 주의가 필요하다. 즉 여러 개의 PC를 소유할 수 있다. 예를 들어서 집에서, 회사에서, 길에서. 개인과 특별한 관련이 있거나, 사용할 때 개인 혼자 점유하여 사용하는 컴퓨터는 모두 PC이다.

(3) TRANSITION-INTERNET

인터넷은 경제와 기술의 응용 측면에 큰 영향을 끼쳤다. 수백만의 새로운 사람들과 그들의 정보가 서로 연결되어 있다. 재미있는 것은 인터넷이 메인 프레임 시대와 개인용 컴퓨터(PC) 시대의 요소를 결합한 것이라는 점이다. 그 결합은 대규모 클라이언트-서버 컴퓨팅(Client-Server Computing)으로 인터넷상의 클라이언트는 PC들이고, 서버(Server)는 메인 프레임이다. 향후 10년 이내에 개인, 회사와 정부 사이의 대규모 상호 정보 교류의 결과가 새로운 분야와 새로운 미디어를 생성할 것이다.

(4) 유비쿼터스 컴퓨팅 시대

컴퓨팅의 네 번째 조류는 유비쿼터스(Ubiquitous Computing)이다. PC 사용자와 유비쿼터스 사용자의 교차점은 대략 2005~2020년 사이가 될 것이다. 유비쿼터스 시대에는 사람들 사이에 공유되는 대량의 컴퓨터가 있다. 이런 컴퓨터 중 일부는 인터넷을 브라우징(browsing)하는 수분 동안에 접속하는 수백 개의 컴퓨터이다. 다른 종류의 컴퓨터들은 벽, 의자, 옷, 스위치, 차 등 도처에 스며들어 있다. 유비쿼터스는 컴퓨터를 통해 세상의 물건과 접촉하는 것을 특징으로 한다. 이것은 아주 작은 것부터 거대한 것까지를 포함한 다양한 규모로써 다른 것들을 대신하게 될 것이다.

4.3 유비쿼터스의 적용

유비쿼터스는 일상생활에서 다양하게 적용된다. 주변 환경의 여러 사물에 컴퓨터가 내장되어 있어 사용자가 그것을 의식하지 않고 보통의 사물을 대하듯이 사용함으로써 컴퓨터를 이용하게 되고, 삶의 편리함을 추구하게 된다.

(1) 휴대폰

우리 생활에서 없어서는 안 될, 이미 생활의 필수품이 되어버린 휴대폰은 유비쿼터스 생활에서도 핵심적인 역할을 하게 되었다. 휴대폰 하나만 가지고 다니면 언제, 어디서나 필요한 정보 서비스를 제공받을 수 있다. 예를 들어서 위급한 상황에 처했을 때, 혹은 신상에 위협을 느낄 때 신속하게 119나 경찰에 신고할 수 있다. 또한 주식거래 및 은행업무 같은 계좌이체나 금융업무도 휴대폰으로 가능하다. 이동통신 업체는 은행과 제휴하여 모바일 뱅킹 상용 서비스를 제공하고 있다.

휴대폰의 위치 기반 서비스는 그 활용성이 상당히 크고 성장가능성이 큰 비즈니스 모델로도 평가되고 있다. 휴대폰은 음성통화 기능은 물론 카메라 센서의 내장으로 영상 기능까지 기본이 되어버렸다. 집 안에서는 리모컨을 대신하여 텔레비전과 같은 가전제품을 제어하는 단말기 기능, 온도센서, 맥박센서 등과 같은 여러 가지 부가장치를 통해 휴대용 건강검진기의 역할도 하게 되었다.이렇게 휴대폰은 카메라, PDA, DMB 기능을 통합하여 언제 어디서나 사용이 가능한 멀티미디어 및 개인 정보단말기로서 중추적 역할을 하고 있다.

(2) 교 육

주요 대학들이 유비쿼터스 캠퍼스 구축에 나서고 있다. 스마트폰, GPS, 이어폰, 마이크 등이 내장된 재킷을 입고 교내 곳곳을 돌아다니며 바코드의 일종인 코드를 이용하여 캠퍼스의 정보를 제공받을 수 있다. 또한 교내에 설치된 무선 랜을 이용하여 교내 어디에서든 인터넷을 사용할 수 있다.

해외에서는 UCLA, MIT와 같은 대학 등에서 스마트 유치원에 관한 연구를 진행하고 있다. 전자종이를 이용하여 멀티미디어를 교과와 연계함으로써 저렴하면서도 효율적인 학습도구를 제공한다. 숫자, 사물 등에 대한 개념을 이해하기 시작

그림 12-6 디지털학습 애플리케이션

교원 「아이캔두」

대교 「써밋」

웅진 「스마트올」

하는 어린이들을 대상으로 사물에 갖가지 센서 및 칩을 내장하여 어린이들이 장난 감처럼 가지고 놀면 소리, 빛 등으로 반응하여 학습이 즐겁고 재미있게 이루어지 도록 하는 것이다.

스마트폰과 태블릿PC가 몰고 온 모바일 혁명이 교육출판 시장의 판도를 바꾸 고 있다. 종이책이 모바일 애플리케이션(앱)으로 옷을 갈아입고 다양한 재미 요소 를 추가해 책 속의 지식을 보다 입체적이고 살아 움직이는 형태로 전달할 수 있게 되면서 높은 인기를 누리고 있다. 전문가들이 특히 주목하는 분야는 유아 · 아동 콘텐츠 부문이다. 읽기만 하던 책이 만지고 흔들며 가지고 놀 수 있는 대상이 되 면서 아이들의 흥미를 유발해 교육 효과를 극대화할 수 있다는 점에서 다른 앱과 차별되는 경쟁력을 갖추고 있기 때문이다. 이 같은 맥락에서 웅진씽크빅, 교원, 대교, 한솔교육 등 교육 출판 업체들은 스마트폰과 태블릿PC 시장을 겨냥한 [그림 12-6]에서와 같은 디지털 학습 앱을 앞다퉈 개발하고 있다.

(3) 가 정

홈 네트워크라는 기술로도 유비쿼터스를 접할 수 있다. 광고에서 흔히 볼 수 있는 장면처럼 외부에서 집 안의 가전제품을 가동시킬 수 있다. 집 안의 모든 제 품들이 네트워크 되어 있어서 거실의 TV를 보면서 세탁기나 에어컨 동작 상태를 모니터링하거나 제어할 수 있다.

유비쿼터스 아파트는 인터넷과 가전이 융합된 신개념 주거환경이다. TV로 전 자상거래를 하고 인터넷으로 가전제품을 제어한다. 홈 네트워크로 구성된 이러 한 유비쿼터스 아파트는 국내 많은 건설업체들이 통신업체와 제휴하여 시공 중에 있다.

홈 네크워크가 구축이 되면 원격교육, 재택근무, 원격검침, 원격제어 등 그동안 영화 속에서나 볼 수 있었던 미래의 생활모습이 실제로 가능해진다. 무선으로 작동되는 스마트 디스플레이는 집, 사무실 등 실내 어느 곳에서나 PC를 자유롭게 사용할 수 있도록 해준다. PC와 무선 랜으로 연결해 이용하므로 자유롭게 집 안을 돌아다니며 채팅이나 게임을 즐길 수 있다. 사무실에서는 복잡하게 얽혀 있는 선을 최소화하고 회의 등을 할 때 장소를 마음껏 옮겨 다닐수 있다.

(4) 의 학

고령화사회를 앞두고 노인들의 건강관리도 사회문제로 대두되고 있다. 건강관리 시스템을 구축함으로써 실버타운 실내 곳곳에 설치된 카메라와 초음파 센서로 노인들의 동작 관찰만으로 건강 체크가 가능하게 된다. 또한 거울 뒤 카메라로 일상생활 중에 얼굴 상태를 관찰함으로써 병원에 가서 종합검진을 받지 않아도 손쉽게 건강상태를 파악할 수 있게 된다.

세포가 몸속에서 움직이는 모습을 영상으로 나타내는 "바이오이미징" 기술이 국내 연구진에 의해서 개발되었다. 이 영상은 실험실에서 멀리 떨어진 곳에서 스마트폰이나 스마트 패드로도 볼 수 있어 향후 원격진료 등에 활용될 전망이다. 기술의 핵심은 세포와 결합해 영상신호를 내보내는 나노 크기 물질인 "나노프로브"이다. 이 바이오이미징 기술을 이용하면 환자가 집에서 혼자 약을 복용해도 멀리 있는 병원의 의사가 그 약물이 환자의 몸에서 어떻게 반응하는지 확인할 수 있다. 이런 식으로 치료제가 타깃 세포로 정확하게 접근하면 약물의 효능을 극대화하고 부작용을 줄일 수 있을 것이다.

의료 현장에서 스마트폰이나 태블릿PC를 활용해 실시간으로 의료영상을 볼 수

그림 12-7 모바일 팩스 시스템

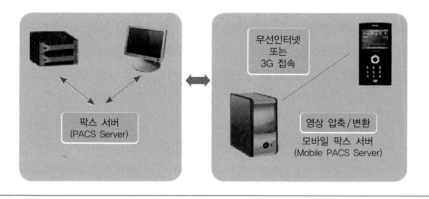

있는 시스템이 상용화될 전망이다. 식품의약품안전청은 X-ray, CT 등 의료 데이터를 실시간으로 스마트폰을 통해 주고받을 수 있는 [그림 12-7]의 "모바일 팍스 시스템"에 대한 허가 · 심사 가이드라인을 마련했다. 식약청의 가이드라인에는 모바일 팍스 시스템(PACS: 의료용영상저장전송장치)을 구성하고 있는 "모바일 팍스 서버"와 "모바일 팍스 앱"에 대한 내용이 담겨 있으며, 그 내용에 따르면 의료기관 내에서 X-ray, CT 등을 통해 진단된 의료영상을 디지털로 변환 · 저장하고, 그 판독과 진료기록을 각 단말기로 전송하고 검색하는 데 필요한 기능을 통합적으로 제공한다. 이번 가이드라인 마련에 따라 앞으로 의사나 환자는 자신의 진단결과를 손안의 스마트폰을 활용해 실시간으로 조회하거나 공유할 수 있게 돼 보다 효과적인 진단과 치료가 가능해질 것으로 기대된다.

(5) 교 통

버스를 이용하여 출퇴근하는 사람이라면 일부 노선을 운행하는 버스에서 라디오 교통정보 사이사이에 버스의 운행간격을 알려주는 안내음성을 들어본 경험이 있을 것이다. 바로 GPS와 무선 송수신기로 구성된 버스정보관리시스템(Bus Management System: BMS) 서비스를 체험한 것이다. 이 서비스는 버스 정류장에서 버스를 기다리는 승객들에게는 전광판, 휴대폰을 통하여 버스가 언제쯤 도착하는지에 대한 정보를 제공하고, 운전하는 운전자에게 는 앞차 및 뒤차와의 운행간격을 조정할 수 있도록 정보를 제공한다. 이와 같은 정보를 가 지고 버스를 타려면 얼마나 기다려야 하는지 알 수 있게 되었다.

운전자에게는 이동통신사에서 제공하는 길안내 서비스가 요긴하게 사용이 되고 있다. 운전에 방해되지 않도록 음성인식을 통하여 사용자가 가고자 하는 목적지를 파악한 다음에 사용자의 운행방향을 음성으로 안내를 해준다.

스마트 웨이(Smart Way)는 도로변에 설치된 도로기상 관측 장비와 도로 표면에 박힌 습도 · 온도센서로부터 기상정보를 제공받아 차량 운전에 위험이 되는 기상상황을 운전자에게 미리 통보해주어 안전 운전을 하도록 도와준다. 도로결빙방지시스템은 센서를 이용하여 도로에 결빙 조짐을 감지하면 도로 주위에 설치된 장비를 이용하여 결빙 방지액을 자동으로 뿌림으로써 결빙을 사전에 예방한다.

(6) 유통, 물류

대형 할인마트에서는 재고를 최대한 줄이기 위해 유비쿼터스를 사용할 수 있다. 과일, 채소의 수량을 파악하고 필요할 때 바이어가 산지에서 무선발주단말기를 통해 상품을 매입할 수 있도록 한다. 광우병 파동 이후 산지정보와 식품의 가공 및 유통경로가 담긴 RFID(Radio Frequency Identification) 칩을 부착함으로써 식품에 대한 신뢰성을 확보하려는 노력이 이루어지고 있다. 유통은 물론 매장에서의 재고 파악이 순식간에 이루어짐으로써 관리비용 절감 효과를 기대할 수 있다.

국내의 사례로 부산항만공사(BPA)는 "부산항 항만물류정보시스템(BPA-NET)"을 구축하였다. 이 시스템은 국가 물류망과 BPA, 컨테이너 터미널 같은 관련기관과 업·단체에 흩어져 있는 항만 물류정보를 하나로 통합·연결하는 정보시스템이다. 부산항 환경에 최적화된 항만운영정보시스템(Port-MIS)이 구축되어 선사, 운송사, 화주, 하역사, 유관기관 등 다양한 항만 이해관계자들이 필요한 물류정보를 한곳에서 실시간으로 얻을 수 있다. 선사는 민원신고 서비스가 통합돼 선박 스케줄 예약을 보다 편리하게 할 수 있다. 운송사는 화물 반·출입 정보 등을 실시간으로 받을 수 있다. 화주는 화물의 위치와 상태를 정확하게 파악할 수 있고 하역사는 화물 반·출입, 도착 예정시간을 제때 알 수 있다. 또 선박 스케줄 정보 공유 등으로 컨테이너 반·출입과 환적 시간이 단축되는 효과와 함께 물류 처리 효율성도 높아지고, 스마트폰으로 항만관련 정보 검색과 업무 처리가 가능하게 되었다.

4.4 유비쿼터스 컴퓨팅

(1) 생활 속의 컴퓨팅

사실상 모든 객체가 유무선 통신망에 연결되어 프로세싱 파워를 가지는 것을 유비쿼터스 컴퓨팅(ubiquitous computing)이라 한다. 다시 말해서 자동차, 가전용품, 벽, 휴대폰 등 우리 주위의 모든 객체가 비가시적으로 어디에서나 컴퓨팅 가능하다는 것이다. 여기서 비가시적이란 의식적으로 느끼지 않는다는 의미이다. 마치 안경을 끼고 일하는 사람이 자신이 안경을 끼고 있다는 것을 의식하지 않고 작업을 하는 것과 같다. 그래서 컴퓨터가 제품에 장착되어 있더라도 그것을 어떻게 이용하는지 고려할 필요가 없다. 시스템이 자동적으로 작업을 도와주기 때문이다. 옷을 전문적으로 판매하는 몰에서 쇼핑을 하고 있다고 가정하자. 옷에는 RFID(Radio Frequency Identification) 태그(tag)가 부착되어 있다. 태그에는 프로세서와 안테나가 장착되어 있다. 관심을 가지고 알고자 하면 그 옷을 디스플레이 화면으로 가져 간다. 디스플레이는 자동적으로 그 옷을 식별하고 여러 가지 정보와 함께 그

옷을 입은 사람의 모습을 비디오로 보여준다.

액티브 배지(active badge)는 종업원이 ID카드로서 소지할 수 있다. 회사 내에서 다른 사람의 연락을 언제든지 받는 데 이용된다. 그 배지에는 마이크로프로세서가 장착되어 있는데 그것을 소지한 사람의 위치를 빌딩의 센서에 전송하고 센서는 그 정보를 컴퓨터에 보낸다. 그래서 누군가 그 배지를 가진 사람과 연락하고자 하면 통화할 수 있는 전화를 자동적으로 식별해낸다.

아래에는 유비쿼터스 컴퓨팅 관련 용어를 설명하였다.

① 유비쿼터스(ubiquitous)

원래 라틴어에서 유래한 단어로 "언제 어디에나 존재한다"는 뜻이다. 정보기술 용어로 사용되기 시작한 것은 1991년 미국의 마크 와이저 박사가 기술이 배경으로 사라진다고 주장하며 "유비쿼터스 컴퓨팅(ubiquitous computing)"이란 말을 사용하면서부터이다. 와이저 박사는 당시 논문을 통해 복잡한 컴퓨터가 미래에는 소형화되면서 모든 제품(사물) 속으로 들어가 사람들이 컴퓨터의 존재를 전혀 의식하지 못할 것이라고 예언했다. 전기모터가 소형화되면서 자동차와 카세트플레이어 속에 들어가 사람들이 모터의 존재를 느끼지 않고도 모터의 혜택을 입는 것과 같은 이치이다. 즉 컴퓨터 기술이 일상생활 속으로 녹아들 것이라는 설명이다. 그는 2010년쯤 우리는 수많은 컴퓨터에 둘러싸일 것이지만 우리는 이를 알지 못할 것이라고 주장했다. 유비쿼터스 컴퓨팅과 비슷한 개념으로 생활 속의 컴퓨팅(pervasive computing), 눈에 보이지 않는 컴퓨팅(invisible computing), 끊김 없는 컴퓨팅(seamless computing) 등 여러 개념이 사용되고 있다.

② 무선주파수 인식기술(Radio Frequency Identification: RFID)

RFID 안에는 정보 저장 공간인 태그가 있다. 또 초소형 안테나가 있어 라디오 주파수를 이용하여 외부 정보 판독기 정보를 내보내고 받는다. 이 시스템이 갖춰지면 재고관리와 도난방지, 상품주문에 사람의 손길이 필요 없다. 제품을 보낼 때 위치추적도 가능하다. 크기가 작아 옷에 붙일 수도 있다.

③ 디지털 멀티미디어방송(Digital Multimedia Broadcasting: DMB)

걷거나 차로 이동하면서 볼 수 있는 고품질 차세대 멀티미디어 방송이다. 위성 DMB와 지상파 DMB로 나뉜다. SK텔레콤 자회사인 TU미디어는 위성 "한별"을 띄웠다.

④ 홈 네트워크(home network)

PC와 TV, 냉장고, 에어컨 등 가전제품과 통신제품을 한 네트워크로 연결하여 쌍방향 통신을 가능하게 한 시스템이다. 가전제품을 원격조정할 수 있고 제품끼리 데이터를 주고받을 수 있는 시스템이다.

(2) 유비쿼터스 컴퓨팅의 응용

지구상의 많은 프로세서는 전통적인 데스크톱 컴퓨터나 노트북 컴퓨터뿐만 아니라 가정의 전자제품, 자동차와 기계, 근무공간에도 있다. 유비쿼터스 컴퓨팅에서 이러한 장치들은 인터넷에 연결될 수 있다.

① 스마트 홈

개인용 컴퓨터, 텔레비전, 난방기구, 보안시스템과 같이 많은 가정에서 사용하는 기기들은 인터넷이나 가정용 인트라넷에 의해 데이터를 주고받을 수 있다. 즉 연결된 기기들은 다양한 방법으로 제어될 수 있다.

- 조명: 전기 공급을 프로그램화하여 켜고 끄고 혹은 무드에 맞게 밝기를 조절할 수 있다.
- 에너지 관리: 난방기구나 에어컨을 프로그램화하여 에너지 효율성을 높일 수 있고 전화나 PDA를 통해 접근할 수 있다.
- 가정 보안과 커뮤니케이션: 윈도우 블라인드, 차고의 문, 현관문, 연기 탐지기와 가정 보안 시스템을 모두 네트워크 제어 패널을 이용하여 자동화할 수 있다. 외출하거나 여행을 떠날 때 일정에 맞추어 반응하도록 프로그래밍 할 수 있다.
- 가정 극장: 집에 오디오와 비디오 센터를 꾸밀 수 있다. 침실에 DVD 플레이어가 있는데 아이들 방에서 영화를 보고 싶다면 방을 전환하기 위해 리모컨으로 클릭하면 된다.

② 스마트 자동차

오늘날 대부분의 자동차는 적어도 하나의 컴퓨터 장치가 있어서 엔진을 작동하고, 연료 소비를 제어하고, 배기가스를 제어한다. 그리고 보통의 자동차는 여러 개의 마이크로프로세서를 가지고 있다. 마이크로프로세서는 라디오를 제어하고, 기어변경을 결정하고, 실내 온도를 조절한다. 자동차의 마이크로프로세서를 인터넷에 연결하여 운전 방향의 제시, 긴급 상황 보조, 이메일을 지원할 수 있다. 미래

표 12-2 자동차와 모바일의 결합

기 업	내 용
현대자동차 · 삼성전자	• 차량 장착 태블릿PC에 스마트폰 연결, 인터넷 사용, 모바일 콘텐츠 활용, 차량 진단 및 내비게이션
SK텔레콤 · 르노삼성	• 차량 빌트인 텔레매틱스 제휴, 차량 탑재형 내비게이션, 원격 제어, 차량 진단, 차량 보안 등에 활용
포드 · 버라이즌 · 스프린트	• 마이포드 터치 솔루션 개발, 터치와 음성으로 차량 주요기능 제어, 스마트폰 활용 텔레매틱스 기능 강화
KT-팅크웨어	• 통신모듈 탑재 내비게이션 개발

그림 12-8 교통사고 예방시스템 개념도

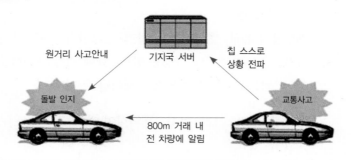

의 자동차는 자동차 충돌의 가능성을 미리 감지하여 경고하는 장치를 가질 것이다. 실시간 무선통신을 통해 전방 차량의 위험을 감지, 사고를 예방할 수 있는 기술은 차량 간 통신은 물론 차량과 인프라스트럭처 간 통신을 지원해 전방 도로와 차량의 위험정보를 긴급 전송할 수 있기 때문에 차세대 지능형교통시스템 (ITS)의 핵심 기술로 꼽힌다. [그림 12-8]은 교통사고 예방시스템의 개념도를, 〈표 12-2〉는 확대되는 자동차와 모바일의 결합 내용을 기업별로 보여준다.

③ 모바일 오피스와 스마트 워크

홍길동은 출근길에 갑자기 회사 교육 프로그램에 참가하라는 통보를 받았다. 일반적인 상황이라면 먼저 사무실에 출근해 보고를 하고, 할 일을 처리한 뒤, 교육장으로 이동했겠지만 홍길동은 그냥 교육장으로 이동했다. 스마트폰 근태 시스템에 접속해 "교육에 참가하란 지시를 받았다"고 입력하고 다른 보고 사항도 마찬가지로 처리하면 만사형통이기 때문이다. 출근길, 지하철, 버스 안이 홍길동에겐 그대로 사무실인 셈이다. 바야흐로 시간과 장소에 구애받지 않고 업무를 할 수 있는 "모바일 오피스와 스마트 워크" 시대가 열린 것이다. [그림 12-9]에서와 같이

그림 12-9 모바일 오피스 개념도

처리 가능 업무
• 사내 이메일 송수신
• 서류 결재(실시간 결재)
• 직원 조회
• 원격 파일 관리
• 내부 관리사항 파악

노트북
컴퓨터
(회사 내부)

스마트폰
(회사 외부)

회사 서버

스마트폰 붐이 직장 안까지 변화의 바람을 일으키고 있다.

예를 들면, 냉난방 전문업체인 귀뚜라미가 모바일 오피스를 활용하고 있는 사례를 [그림 12-10]에서와 같이 소개하고 있다. 귀뚜라미는 언제 어디서나 업무를 편리하게 처리해 고객 만족도를 높이기 위한 차원에서 모바일 오피스 체제를 구축하였다.

과거에는 직원에게 스마트폰을 나눠주기만 했지만 최근에는 다양한 업무용 애플리케이션과 스마트폰용 사내 네트워크를 개발해 확산시키는 기업이 늘고 있다. 특히 사내 인트라넷 모바일 버전을 통해 스마트폰으로 메일 확인, 임직원 조회, 결재 업무 등이 가능하다. 직원을 대상으로 스마트폰이나 태블릿PC로 사내 문서

그림 12-10 귀뚜라미의 모바일 오피스

보일러 수리 후 스마트폰으로 완료 보고

귀뚜라미의 애프터서비스(AS)기사가 서울시 강서구에 있는 집을 방문해 보일러를 점검·수리한 후 스마트폰상에서 수리 완료 버튼을 누르고 있다.

AS직원 통보받은 후 고객에게 전화

귀뚜라미 고객만족센터 직원이 수리가 완료됐다는 애프터서비스(AS)직원의 통보를 받자마자 해당 고객에게 AS결과를 모니터링하기 위해 통화하고 있다.

그림 12-11　스마트 워크

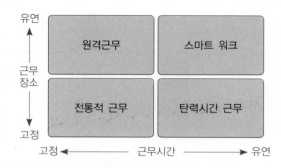

들을 확인할 수 있는 모바일 문서관리체계를 구축하고, 스마트 기기를 가진 직원은 전국 어느 곳에서나 모바일 오피스 기능을 활용할 수 있다. 사무실에 출근하지 않고도 업무를 볼 수 있는 시대가 되었다. 스마트 워크란 [그림 12-11]에서와 같이 정보기술을 이용하여 유연한 시간과 유연한 장소에서 업무를 처리하는 유연한 근무방식이다.

　　스마트 워크는 다음과 같은 특징을 가지고 있으며, 스마트 워크에 따른 일하는 방식의 변화를 [그림 12-12]처럼 예측해볼 수 있다.

- 시간, 장소에 구애받지 않고 집단지성을 활용한 업무처리가 가능하다.
- 조직구성원을 통제하는 대신 그들의 자율성과 창의성을 존중한다.

그림 12-12　스마트 워크와 업무방식

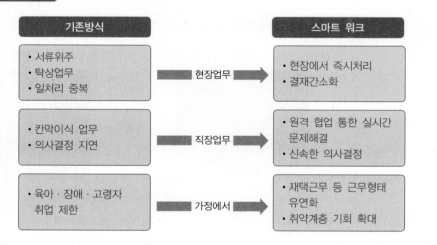

- 조직구성원에게 신뢰향상을 위한 학습의 기회부여 등 개인발전과 성취동기를 부여한다.
- 원격근무(재택근무, 스마트워크센터), 모바일 워크(모바일 오피스) 등 다양한 근무환경이 가능하다.

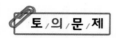

토/의/문/제

e-Business

01 모바일상거래의 개념과 특성에 대하여 논의하시오.

02 모바일상거래의 확산에 미치는 요인들을 설명하시오.

03 모바일마케팅 애플리케이션에 대하여 논의하시오.

04 위치기반상거래의 개념에 대하여 설명하시오.

05 위치기반상거래의 응용분야에 대하여 논의하시오.

06 유비쿼터스의 개념과 적용에 대하여 설명하시오.

07 유비쿼터스 컴퓨팅의 개념을 설명하시오.

08 유비쿼터스 컴퓨팅의 응용분야를 논의하시오.

참고문헌

References

- 천면중 · 이민화 · 허명숙, 경영정보시스템(2판), 비앤엠북스, 2016.
- Laudon, K. C., and J. P. Laudon, Essentials of Management Information Systems: Transforming Business and Management, 3rd ed., Upper Saddle River, NJ: Prentice-Hall, 1999.
- Laudon, K. C., and J. P. Laudon, Management Information Systems: Organization and Technology in the Networked Enterprise, 6th ed., Upper Saddle River, NJ: Prentice-Hall, 2000.
- Laudon, K. C., and J. P. Laudon, Management Information Systems: Managing the Digital Firm, 7th ed., Upper Saddle River, NJ: Prentice-Hall, 2002.
- Laudon, K. C. and J. P. Laudon, Essentials of Business Information Systems, 7th ed., Upper Saddle River, NJ: Prentice Hall, 2007.
- Laudon, K. C. and J. P. Laudon, Management Information Systems: Managing the Digital Firm, 12th ed., Upper Saddle River, NJ: Pearson Education, 2012.
- McLeod, R. Jr., Management Information Systems, 7th ed., Upper Saddle River, NJ: Prentice-Hall, 1998.
- McNurlin, B. C., and R. H. Sprague, Jr., Information Systems Management in Practice, 4th ed., Upper Saddle River, NJ: Prentice-Hall, 1998.
- O'Brien, J. A., Management Information Systems: Managing Information Technology in the Internetworked Enterprise, 4th ed., The McGrow-Hill, 1999.
- O'Brien, J. A., Management Information Systems: Managing Information Technology

in the Business Enterprise, 6th ed., The McGrow-Hill, 2004.

- O'Brien, J. A., Introduction to Information Systems: Essentials for the Internetworked E-Business Enterprise, 10th ed., The McGrow-Hill, 2001.

- Turban, E., D. Leidner, E. McLean, and J. Wetherbe, Information Technology for Management: Transforming Organizations in the Digital Economy, 5th ed., New York: John Wiley & Sons, Inc., 2006.

- Turban, E., E. McLean, and J. Wetherbe, Information Technology for Management: Making Connections for Strategic Advantage, 2nd ed., New York: John Wiley & Sons, Inc., 1999.

- Turban, E., E. McLean, and J. Wetherbe, Information Technology for Management: Transforming Organizations in the Digital Economy, 4th ed., New York: John Wiley & Sons, Inc., 2004.

- Turban, E., D. Leidner, E. McLean, and J. Wetherbe, Information Technology for Management: Transforming Organizations in the Digital Economy, 6th ed., Hoboken, NJ: John Wiley &Sons, 2008.

- Turban, E. and L. Volonino, Information Technology for Management: Transforming Organizations in the Digital Economy, 7th ed., Danvers, MA: John Wiley & Sons, Inc., 2010.

탈규모 시대의 제조업, '플랫폼 비즈니스'로 도약한다

이 시대 경제와 비즈니스가 구조적으로 변하고 있다. 세계에서 시가총액이 높은 상위 10개 기업 중 6개가 플랫폼 비즈니스 기업이다. 10년 전만 해도 에너지와 은행·금융 분야의 전통 거대 기업들이 상위권에 포진되어 있던 것과 비교해보면 놀라운 변화다. 기업가치가 1조원 이상인 스타트업 상위에 랭크되어 있는 기업의 대다수도 플랫폼 비즈니스가 차지하고 있다.

산업경제시대에는 규모의 경제가 사업을 발전시키는 성장 엔진이었다. 기술적 부흥으로 대량 생산, 매스 마케팅이 가능하게 되면서 전통 기업들은 규모 확대에 집중했다. 하지만 새로운 기술 발전으로 인해 탈규모의 경제(economies of unscale)로 성장의 축이 이동하고 있다(그림 1 참조).

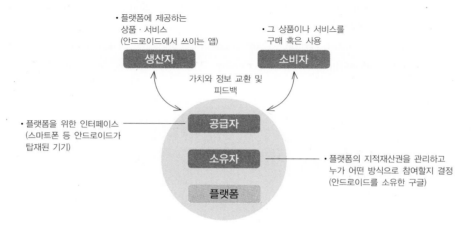

[그림 1] 플랫폼 생태계 구성요소

규모 대신 생산과 소비 시장 참여자간의 상호작용을 촉진하여 네트워크 효과를 극대화하는 것이 가치창출의 동력이 되고 있다. 고객가치창출 원천이 규모의 경제에서 네트워크 효과로 변하고 있다(그림 2 참조).

다양한 분야에서 플랫폼 비즈니스가 생겨나고 성공하면서 플랫폼 형성과 유지 능력이 새로운 경쟁우위의 원천으로 부상하고 있다. 도요타, 존디어, GE 등 제조 기업들은 지속적 성장기반 확보의 기회 탐색을 위해 플랫폼 접목을 시도하고 있다. 이유는 제품의 일상재화(commoditization)로 가격 경쟁이 심화되고, 스마트, 커넥티드 요소가 제품의 핵심 부분이 되어가면서 더 이상 물리적 개선만으로 가치 창출이 어려울 수 있다는 제조업의 위기 때문이다.

다양한 분야에서 플랫폼 비즈니스가 생겨나고 성공하면서 플랫폼 형성과 유지 능력 이 새로운 경쟁우위의 원천으로 부상하고 있다. 제조기업들은 성장 가능성 및 기회 탐색의 일환으로 플랫폼

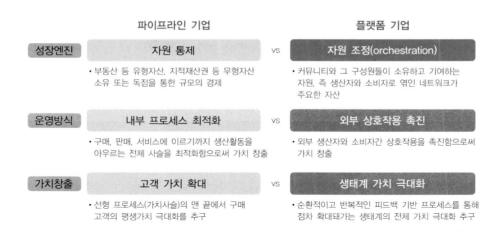

	파이프라인 기업		플랫폼 기업
성장엔진	자원 통제	vs	자원 조정(orchestration)
	• 부동산 등 유형자산, 지적재산권 등 무형자산 소유 또는 독점을 통한 규모의 경제		• 커뮤니티와 그 구성원들이 소유하고 기여하는 자원, 즉 생산자와 소비자로 엮인 네트워크가 주요한 자산
운영방식	내부 프로세스 최적화	vs	외부 상호작용 촉진
	• 구매, 판매, 서비스에 이르기까지 생산활동을 아우르는 전체 사슬을 최적화함으로써 가치 창출		• 외부 생산자와 소비자간 상호작용을 촉진함으로써 가치 창출
가치창출	고객 가치 확대	vs	생태계 가치 극대화
	• 선형 프로세스(가치사슬)의 맨 끝에서 구매 고객의 평생가치 극대화를 추구		• 순환적이고 반복적인 피드백 기반 프로세스를 통해 점차 확대돼가는 생태계의 전체 가치 극대화 추구

[그림 2] 파이프라인에서 플랫폼으로 이동하는 과정에서의 핵심적 변화

을 비즈니스에 접목하는 시도를 하고 있다.

1. 도요타, 이팔레트를 기반으로 한 모빌리티 서비스 플랫폼

2018년 포춘 글로벌 500에서 6위를 차지한 자동차업계 1위 도요타는 올해 CES에서 다목적 모듈식 전기차 '이팔레트(E-Palette)'를 선보이며 차량 제조사를 넘어 모빌리티 서비스 제공 기업으로 무게 중심 이동을 선언했다. 이팔레트는 커넥티드, 자율주행 기술을 활용하여 다양한 산업 분야에서 필요한 모빌리티 서비스를 제공하는 다목적 모듈식 전기차이다. 이를 이동식 상점, 사무실, 레스토랑, 이벤트 부스 등으로 활용할 수 있다. 도요타는 완전 자율 주행으로 운전자조차 필요 없어진 상황에 사람들이 자동차를 이용해서 무엇을 할 수 있을지 고민했다. 그 결과 자동차(car)가 아닌 이동(mobility)에서 새로운 가치를 발견했다. 그리고 그 가치를 창출하기 위해 플랫폼을 시도하고 있다.

도요타는 모빌리티 서비스 플랫폼(mobility service platform)을 주축으로 모빌리티 단말과 서비스를 통합한 사업을 추진하고 있다. 모빌리티 서비스 플랫폼은 도요타 빅 데이터 센터에 모인 차량 속도, 위치 등 다양한 운행 정보를 축적하고 이를 API(application programming interface)형태로 공개해서 서비스 혁신을 유발하는 역할을 한다. 모빌리티 서비스 플랫폼을 중심으로 이팔레트를 사용하는 기업들의 차량 상태, 운행 정보 등 차량 정보와 모빌리티 서비스 이용자의 이용행태 데이터 등을 분석하여 더 나은 서비스를 제공하면 이를 이용하는 기업도, 이용자도 늘어날 것이다. 도요타가 그 중심에서 양쪽을 매개할 수 있다. 도요타는 이팔레트를 통한 다양한 서비스 런칭을 위해 우버, 피자헛, 디디추싱, 아마존 등과 얼라이언스를 구성하는 등 제휴를 확대하고 있다.

2. 존디어의 마이 존디어(MyJohndeere)

세계 1위의 농업관련 중장비 제조업체인 미국의 존 디어(John Deere)는 단순히 제품 판매에 그치지 않고 플랫폼을 활용하여 시장 지위를 유지하고 있다. 농기계에 부착된 센서를 통해 농장에서 작업할 때 수집된 데이터와 기후나 토양의 질 등 외부 데이터를 같이 분석하여 정보를 제공하며 새로운 가치를 제공하고 있다.

예를 들면 수천 개의 농장에서 온 데이터를 분석함으로써 최적의 수확량을 얻기 위해 어떻게 운영하는 것이 가장 효율적인지를 제안한다. 기계가 언제 어디서 멈출지를 예측하여 다운타임(downtime)을 최소화하는데도 활용한다. 팜사이트(farmsight) 서비스는 농장에서 수집된 데이터를 분석하여 어떤 작물을 언제 어디에 심는 것이 좋을지 농부가 주도적으로 결정할 수 있도록 지원한다. 이처럼 효과적으로 작물을 재배하는데 필요한 정보를 농부에게 제공하고 농장 관리에 관한 노하우를 축적하고 전달하는 것을 주된 비즈니스 역량으로 쌓아 나갔다. 존디어는 마이 존디어 플랫폼을 활성화하기 위해 소프트웨어와 애플리케이션을 개발자와 기업에 오픈하여 협력할 수 있는 장을 만들었다. 존디어의 시가총액은 플랫폼을 도입한 이듬해인 5년 전 310억 달러에서 올해 430억 달러로 급증했다.

존디어는 과거에 기술력으로 글로벌 시장에서 압도적 지위를 차지했었다. 하지만 시대가 변하고 경쟁이 심해지면서 차별화를 위해 제품 개발에 막대한 투자를 하였으나 경쟁기업 역시 좋은 제품을 저렴한 가격에 만들어 내면서 경쟁력 확보가 어려워졌다. 이를 극복하기 위해 180년 이상 된 제조기업이 환경 변화를 감지하고 플랫폼을 도입하며 시장에서 우위를 확보하고 있다.

3. GE 프레딕스(Predix)

미국의 대표 제조업체 GE는 소프트웨어 기업으로 변신을 꾀했다. 프레딕스는 GE가 개발한 산업인터넷 운영 플랫폼이다. 여러 산업에서 사용하고 있는 GE의 제트엔진, 가스터빈, MRI 스캐너 등의 센서를 통해 데이터를 수집, 분석하고 이를 통해 운영 최적화를 달성할 수 있다. 2015년에는 모든 기업에 프레딕스를 전면 개방함으로써 산업용 앱 생태계를 구축했다. 기업들은 이에 기반해 애플리케이션을 빠른 시간 안에 개발해 운영할 수 있었다. 공개 이후 약 2만2천여명의 소프트웨어 개발자가 250개 이상 빅데이터 관련 앱을 개발하였고 GE는 400곳 이상의 파트너와 협업하여 생태계를 구축하였다.

GE라는 거대 제조기업의 시도는 세상의 많은 주목을 받았으나, 올해 7월 디지털 사업부 매각 작업을 위한 투자 은행 선정을 완료하면서 GE의 변신은 실패 상태로 보인다. 비즈니스 모델 전환보다는 기존 모델에 단지 기술을 더한 실행에 가까웠다는 평가와 장기적인 전략 목표보다 단기 매출 성장에 초점을 맞췄다는 점 등이 실패 요인으로 분석된다. 플랫폼 비즈니스는 양면 시장이 형성되는데 오랜 시간이 걸리고 시장이 형성되더라도 네트워크 효과가 발생하기까지 기나긴 기다림이 필요하다. 플랫폼 비즈니스의 원리를 간과하고 출시된 지 3년 만에 매출을 따진 기존 관행으로 플랫폼 비즈니스 전환 이니셔티브가 제대로 이행되지 않은 것이다. 거대 제조기업의 플랫폼 시도 실패에서 얻을 수 있는 교훈이다.

위에 살펴본 제조업의 플랫폼화 사례들에는 공통적으로 추구하는 방향이 있다. 제품의 물리적 가치에 '정보적 가치'를 더해 새로운 가치를 만드는 것이다. GE는 제트엔진에 수많은 센서를 부착, 데이터를 실시간으로 분석해 엔진의 고장 징후를 미리 감지하고 예방 정비를 할 수 있도록 만들었다. 엔진 성능이나 연료 효율과 같은 제트엔진의 물리적 가치는 바뀐 것이 없으나 정보의 가치가 증가하면서 고객이 느끼는 전체 가치는 크게 높아졌다. 이처럼 제조업은 물리적 가치에 정보(서비스) 가치를 더하는 방식으로 자사 비즈니스에 플랫폼을 접목시킬 수 있다. (LG경제연구원, 2018년 12월 21일)

사례연구 토의

1. 플랫폼의 개념과 생태계 구성요소를 설명하시오.
2. 도요타의 모빌리티 서비스 플랫폼을 설명하시오.
3. 존디어의 팜사이트 서비스 플랫폼을 설명하시오.
4. GE의 산업인터넷 운영 플랫폼 프레딕스의 기능을 설명하시오.

올랜도 매직의 '매직'…앱 하나로 팬 홀리다

'올랜도 매직'은 플로리다주 올랜도에 연고지를 둔 NBA 프로농구팀이다. 팀 명칭인 '매직'은 이 농구팀의 스폰서이기도 한 디즈니 및 팀 연고지에 위치한 '월트 디즈니 월드 리조트'와 잘 어울린다는 평가를 받아왔다. 흥미로운 것은 하이테크 디지털 기술과 멀리 떨어져 있을 것 같은 이 농구팀이 인공지능(AI) 기술을 통해 마법 같은 고객 경험을 전달하고 있다는 점이다.

올랜도 매직은 미국 농구팀 중 가장 적극적으로 디지털 기술을 활용해 그들의 팬에게 다양한 온·오프라인 연계(O2O) 경험을 주고 있다. 그들이 설계한 정교한 고객 경험은 농구 시즌 티켓을 구매한 고객이 경기장에 도착하기 전부터 시작된다. 시즌 티켓을 구매한 고객이 차를 몰고 그들의 홈경기장인 암웨이 센터 1마일 반경 안에 들어서면, 좌석 번호가 올랜도 매직 모바일 애플리케이션(앱)을 통해 휴대폰으로 전달된다. 주차장에선 발레파킹 비용을 앱으로 계산하면 된다. 경기장에 입장한 후 앱 안의 지도를 누르면 예약 좌석으로 가장 빠르게 이동할 수 있는 방법이 표시돼 손쉽게 좌석을 찾을 수 있다.

경기 시작 15분 전에는 경기가 어떻게 진행될 수 있는지 AI가 분석해주는 정보가 앱으로 전달된다. 이 정보를 기반으로 함께 온 친구·가족들과 경기 전에 즐겁게 이야기 나눌 수 있도록 한 것이다. 경기 시작 전이나 경기 중 출출하다면 걱정할 필요가 없다. 좌석에 편안하게 앉아서 핫도그·나초 등을 주문할 수 있으며 앱을 통해 고객 위치를 파악해 좌석으로 음식이 배달된다. 빨리 음식을 먹고 싶다면 주문 후 음식 판매하는 곳의 '익스프레스 픽업' 코너에 가서 QR 코드를 보여준 뒤 계산하고 음식을 받아 오면 끝난다.

이 밖에도 단순히 경기만 보고 떠나는 것이 아니라 관람객이 올랜도 팬이 될 수 있도록 고객 경험을 디지털 앱을 통해 다양한 형태로 전달한다. 특별한 날이라면 앱을 켜고 '하프타임 매직 그램' 메뉴에 가서 원하는 메시지를 넣고 구매 버튼을 누르면 경기장 메인 디지털 전광판에 생일 축하 메시지나 프러포즈 메시지를 걸 수 있는 서비스를 제공한다. 경기장 선수들에게 응원 메시지를 보내기 위해 자신이 원하는 노래를 선곡해 경기장 DJ에게 틀어 달라는 요청도 앱을 통해 할 수 있다. 또 경기 후 코트 위에서 사진을 찍을 수 있는 서비스도 사전에 앱을 통해 신청할 수 있다. 이 모든 과정이 간단하게 앱을 실행하고 클릭 몇 번으로 이뤄진다. 이러한 하이테크 기술을 활용한 '끊김 없는' 고객 경험에 대한 팬들의 반응은 폭발적이었다. 올랜도 매직 자체 발표에 따르면 2018~2019시즌 시즌티켓 소유자 중 100%가 이 앱을 사용했고 고객 만족도는 20% 증가했다. 수집된 고객 데이터는 다시 AI 기술을 이용해 분석되고, 개인화된 고객 경험을 설계하기 위해 사용된다. 취합된 고객 데이터는 이들이 어떤 경기의 티켓을 구매했는지, 경기장에서 어떤 음식을 먹었는지, 어떤 선수와 관련된 물품을 많이 찾아봤는지 등을 기반으로 재분석돼 수백 개가 넘는 고객 세분집단으로 분류하는 데 사용됐다. 그리고 이 데이터 분석을 기반으로 고객들이 어떠한 선수에게 관심이 많은지 파악해, 해당 선수의 특별한 기념품이 출시되면 알려주는 형태의 개인화된 고객 경험이 끊임없이 만들어져 전달되고 있다.

하이테크 AI 기술을 통해 혁신적인 고객 경험을 전달하려는 올랜도 매직의 노력은 자연스럽게 그들의 비즈니스 전체 운영 전략을 기술을 통해 향상하는 방향으로 이어졌다. 2021년 7월 올랜도 매직은 혁신적인 AI 기반의 움직임 포착 기술을 가지고 있는 오토스태츠(AutoStats) 서비스의 사용을 연장하기로 결정했다고 발표했다. 올랜도 매직은 2019년부터 이 기술을 통해 대학 농구팀 선수들을 분석해왔다. 이 AI 기반의 데이터 기술을 사용하면 비디오로 찍힌 경기 속 농구 선수들의 움직임이 분석되고 개별 선수의 잠재력, 장점, 단점 등에 대한 데이터 기반 분석이 가능해진다. 이러한 기술 도입에 앞장선 올랜도의 움직임은 코로나19라는 팬데믹 상황에서 더욱 빛났다. 미국 내 코로나19 확산으로 전국 대학 농구 경기에 스카우트나 관계자들을 보내 선수를 발굴하고 경기를 분석하기 어려워졌지만 이러한 하이테크 AI 기술을 통해 비대면 방식으로 잠재력 있는 선수를 빠르게 파악할 수 있었던 올랜도 매직의 방식은 크게 주목을 받았다. 결국 좋은 선수를 타 구단보다 더 정확하게 파악해 선제적으로 기용하는 것이 팬의 만족도와 직결된다는 점에서 올랜도 매직이 하이테크 기술을 통해 고객 경험을 잘 혁신해 나가고 있다는 것을 알 수 있다.

최근 들어 많은 기업이 CX(고객 경험 · Customer Experience)를 넘어 BX(경험의 비즈니스화 · Business of Experience) 체계로 전환해야 한다고 강조한다. 사용자 인터페이스를 혁신하고 온라인과 오프라인을 넘나드는 정교한 O2O 고객 접점 관리를 넘어, 전체 비즈니스에 하이테크 기술을 도입해 혁신적인 경험을 만들어가야 한다는 말이다. 비즈니스 운영의 핵심인 선수 채용부터 팬 관리까지 AI와 같은 최첨단 하이테크 기술을 통해 혁신적인 경험을 전달하고 있는 올랜도 매직의 움직임이 더욱 주목받고 있는 이유다. (MK Business Story, 2021년 12월 16일)

사례연구 토의

1. 올랜도 매직이 디지털 기술을 활용해 그들의 팬에게 다양한 온 · 오프라인 연계(O2O) 경험을 주고 있는지 설명하시오.
2. 올랜도 매직이 고객 경험을 디지털 앱을 통해 다양한 형태로 전달하는지 설명하시오.
3. 올랜도 매직이 비즈니스 전체 운영 전략을 디지털 기술을 통해 향상하는 방향으로 추진하는지 설명하시오.

찾아보기

■ **문태수**(tsmoon@dongguk.ac.kr)　고려대학교 경영학과에서 경영정보학(MIS) 전공으로 경영학 박사학위를 취득하고, 현재 동국대학교 경주캠퍼스 정보경영학과 교수로 재직하고 있다. 포항산업과학연구원, 고려대 기업경영연구원, 한국전산원, 경주대학교 경영정보학과 등에서 근무하였다. 주요 관심분야는 정보시스템 전략계획(ISP)과 전사적자원관리(ERP), 공급망관리(SCM) 등이며, 주요 저서로는 '정보관리론(학현사)' 등이 있다.

■ **윤종수**(jongsoo@kangnam.ac.kr)　고려대학교 대학원 경영학과에서 경영학 박사학위(MIS)를 취득하였고, 현재 강남대학교 경영학부 교수로 재직하고 있다. NCR Korea와 SAS Korea에서 DW, CRM, BSC 분야의 컨설턴트로 활동하였으며, 주요 연구분야는 e-Business/EC 기회, 정보시스템 활용 및 평가, 모바일 인터넷 서비스, CRM/BSC 응용 등이다.

■ **윤한성**(hsyun@dreamwiz.com)　한국과학기술원에서 경영정보공학 박사 학위를 취득하였으며, 현재 경상대학교 경영학부 교수로 재직하고 있다. e-비즈니스 전략 및 시스템, 정보보안, SCM 등의 분야에서 다수의 논문 및 저서가 있다.

■ **천면중**(mjcheon@ulsan.ac.kr)　Indiana State University에서 경영학석사, University of South Carolina에서 MIS 전공으로 경영학박사를 취득하고, 현재 울산대학교 경영정보학과 교수로 재직하고 있다. 주요 연구 관심분야는 지식경영, 개인창의성, 학습민첩성 등이다. 주요 저서로는 '지식경영-이론과 시스템(한경사)', '경영정보시스템(비앤엠북스)', 'e비즈니스원론(법문사)', '전사적자원관리(한경사)', '최신 경영학의 이해(비앤엠북스)' 등이 있다.

e-비즈니스 경영 [개정판]

2018년 2월 25일 초판 발행
2022년 2월 25일 개정판 인쇄
2022년 3월 5일 개정판 발행

저 자   문 태 수 · 윤 종 수
발행인   윤 한 성 · 천 면 중
배   효   선

발행처 도서
출판   法 文 社

주소 10881 경기도 파주시 회동길 37-29
등록 1957년 12월 12 일 / 제2-76호(윤)
전화 (031)955-6500~6 Fax (031)955-6525
e-mail(영업): bms@bobmunsa.co.kr
(편집): edit66@bobmunsa.co.kr
홈페이지 http://www.bobmunsa.co.kr
조 판 광   진   사

정가 34,000원   ISBN 978-89-18-91301-8